OBRAS

COLECCIÓN CUMBRE

FORMATO MAYOR

PABRO NERUDA
OBRAS

MIGUEL HERNÁNDEZ
OBRAS COMPLETAS

LEÓN FELIPE
OBRAS COMPLETAS

RAFAEL ALBERTI
POESÍAS COMPLETAS

ANTONIO MACHADO
OBRAS

JEAN-PAUL SARTRE
OBRAS
NOVELAS Y CUENTOS

JEAN-PAUL SARTRE
OBRAS
TEATRO Y ESTUDIOS
LITERARIOS

FORMATO MENOR

PABLO NERUDA
CANTO GENERAL
PABLO NERUDA
LIBRO DE LAS ODAS

ERNESTO SÁBATO
OBRAS
ENSAYOS

PABLO NERUDA

OBRAS

III

EDITORIAL LOSADA, S. A.
BUENOS AIRES

© Editorial Losada, S. A.
Moreno 3362
Buenos Aires, 1957

Quinta edición: agosto 1993

ISBN: 950-03-5314-8
ISBN (Tomo III) 950-03-5315-6

Queda hecho el depósito que marca la ley 11.723

ARTE DE PÁJAROS

MIGRACIÓN

I

Todo el día una línea y otra línea,
un escuadrón de plumas,
un navío
palpitaba en el aire,
atravesaba
el pequeño infinito
de la ventana desde donde busco,
interrogo, trabajo, acecho, aguardo.

La torre de la arena
y el espacio marino
se unen allí, resuelven
el canto, el movimiento.

Encima se abre el cielo.

Entonces así fue: rectas, agudas,
palpitantes, pasaron
hacia dónde? Hacia el Norte, hacia el Oeste,
hacia la claridad,
hacia la estrella,
hacia el peñón de soledad y sal
donde el mar desbarata sus relojes.

Era un ángulo de aves
dirigidas
aquella latitud de hierro y nieve

que avanzaba
sin tregua
en su camino rectilíneo:
era la devorante rectitud
de una flecha evidente,
los números del cielo que viajaban
a procrear formados
por imperioso amor y geometría.

Yo me empeñé en mirar hasta perder
los ojos y no he visto
sino el orden del vuelo,
la multitud del ala contra el viento:
vi la serenidad multiplicada
por aquel hemisferio transparente
cruzado por la oscura decisión
de aquellas aves en el firmamento.

No vi sino el camino.

Todo siguió celeste.

Pero en la muchedumbre de las aves
rectas a su destino
una bandada y otra dibujaban
victorias
triangulares
unidas por la voz de un solo vuelo,
por la unidad del fuego,
por la sangre,
por la sed, por el hambre,
por el frío,
por el precario día que lloraba
antes de ser tragado por la noche,
por la erótica urgencia de la vida:
la unidad de los pájaros
volaba
hacia las desdentadas costas negras,
peñascos muertos, islas amarillas,
donde el sol dura más que su jornada

y en el cálido mar se desarrolla
el pabellón plural de las sardinas.

En la piedra asaltada
por los pájaros
se adelantó el secreto:
piedra, humedad, estiércol, soledad,
fermentarán y bajo el sol sangriento
nacerán arenosas criaturas
que alguna vez regresarán volando
hacia la huracanada luz del frío,
hacia los pies antárticos de Chile.

Ahora cruzan, pueblan la distancia
moviendo apenas en la luz las alas
como si en un latido las unieran,

vuelan sin desprenderse

del cuerpo

migratorio

que en tierra se divide
y se dispersa.

Sobre el agua, en el aire,
el ave innumerable va volando,
la embarcación es una,
la nave transparente
construye la unidad con tantas alas,
con tantos ojos hacia el mar abiertos
que es una sola paz la que atraviesa
y sólo un ala inmensa se desplaza.

Ave del mar, espuma migratoria,
ala del Sur, del Norte, ala de ola,
racimo desplegado por el vuelo,
multiplicado corazón hambriento,
llegarás, ave grande, a desgranar
el collar de los huevos delicados

que empolla el viento y nutren las arenas
hasta que un nuevo vuelo multiplica
otra vez vida, muerte, desarrollo,
gritos mojados, caluroso estiércol,
y otra vez a nacer, a partir, lejos
del páramo y hacia otro páramo.

Lejos
de aquel silencio, huid, aves del frío,
hacia un vasto silencio rocalloso
y desde el nido hasta el errante número,
flechas del mar, dejadme
la húmeda gloria del transcurso,
la permanencia insigne de las plumas
que nacen, mueren, duran y palpitan
creando pez a pez su larga espada,
crueldad contra crueldad la propia luz
y a contraviento y contramar, la vida.

PAJARINTOS

ALBATROS ERRANTES

(Diomedea Exulans)

En alta mar navega el viento
dirigido por el albatros:
ésa es la nave del albatros:
cruza, desciende, danza, sube,
se suspende en la luz oscura,
toca las torres de la ola,
anida en la hirviente argamasa
del desordenado elemento
mientras la sal lo condecora
y silba la espuma frenética,
resbala volando el albatros
con sus grandes alas de música
dejando sobre la tormenta
un libro que sigue volando:
es el estatuto del viento.

ÁGUILA

(Geranoaftus Melanoleucus Australis)

Pájaro amargo, águila fría,
espada de las cordilleras,
inmóvil en tu eternidad,
en los años indiferentes,
en la piedra de la agonía.

Águila de plumas duras,
yo conozco tu idioma negro,
la amenaza de tus ciclones,
tu transparencia sanguinaria,
tus garras manchadas de muerte
y sé que vuelves derrotada
a tus montes de piedra y nieve,
al gran silencio de los Andes,
a la torre de las espinas.

La rosa siguió floreciendo,
el manantial hizo de nuevo
su conversación de cristal:
los nuevos nidos se poblaron
por orden de la primavera,
se extendió la liebre en el musgo
para parir en el crepúsculo:
desembocó la claridad
de la luna, de las estrellas,
como los ríos de un estuario
y allí sólo tú, desvelada,
no nacías ni florecías:
estabas sola con la noche.

ALCATRAZ

(Pelecanus Thagus)

Sentado en el mar el pelícano
resuelve problemas profundos:
la capacidad del océano
en su faena alimenticia,
la repetición de las olas,
la soledad de la ballena,
los sortilegios de la luna,
las coordenadas del viento.

El tiempo cae por su cráneo
de juez impasible del agua
y de su larga nariz resbala
una gota de ola o de lluvia
como un dictamen transparente.

La marea mece su peso
de nido o cuna abandonada
mientras mide los peces previos
que como elásticas monedas
acumula en el monedero
que le cuelga de la garganta.

Una tras otra llegarán
congregaciones de sardinas,
de pálidos peces de otoño,
suaves merluzas de Taitao,
fureles color de cuchillo
y hasta su bolsa llegarán
fosfóreos moluscos, ventosas,
satanizados calamares,
cefalópodos urticarios.

De pronto el avaro levanta
su bolsa pesada de peces,
extiende dos alas de plomo,
el férreo plumaje enarbola
y cruza en silencio el silencio
como una nave religiosa.

BANDURRIA

(Theristicus Laudatus Melanopis)

Yo las fluviales aguas conozco
y de tanto amar agua y tierra
sonidos secretos del bosque
se incorporaron a mi cuerpo

de tal modo que a veces voy
con tantos pájaros andando,
con tal silencio de raíces
y de semillas que estallaron,
que me duermo y sigo viviendo
con aquel silencio sonoro,
pero despierto o me despiertan
las grandes, las lentas bandurrias
que continuaron en mi sueño
con sus trompetas de aluminio.

Desde Ranco hasta el Lago Maihue
y las praderas de Llanquihue
se desplazan los regimientos
de las metálicas bandurrias:
entraron de pronto en mi sueño
con un vuelo de muebles blancos:
las alas lentas, las pausadas,
el sonámbulo amor del sur,
el podrido aroma del bosque
hundiendo los pies en las hojas,
los lagos como ojos abiertos
que buscan algo en el follaje,
olor de laureles quebrados,
olor a tiempo y humedad.

Desperté en medio de la calle:
volaban sonando en el viento
las aves del Extremo Sur.

CERNÍCALO

(Falco Sparverius Cinnamomimus)

El medio día estaba abierto:
el sol en medio, coronado.

La tierra esperaba indecisa
algún movimiento del cielo
y todo el mundo se había quedado
indescifrablemente inmóvil.

En ese momento delgado
clavó el cernícalo su vuelo,
se desprendió del firmamento
y cayó como escalofrío.

No pasó nada en el paisaje
y no se asustó la arboleda,
los volcanes siguieron solos,
el río siguió pregonando
su abrupto y mojado linaje:
todo continuó palpitando
en la pausa de pauta verde
menos algo, una liebre, un ave,
algo que volaba o corría,
algo que existió donde ahora
hay una mancha colorada.

CISNE

(Cygnus Melanchoryphus)

SOBRE la nieve natatoria
una larga pregunta negra.

CODORNIZ

(Lophortyx Californeca Brunnescens)

ENTRE Yumbel y Cuatro Trigos
vi resbalar con su hermosura
una sombra, una forma, un ave,

una fruta, una flor de plumas,
una pera pájaro pura,
una circunstancia del aire,
un huevo de arena y de humo:
me acerqué: la llamé, sus ojos
brillaban de hostil entereza
como dos lanzas encendidas
y sobre su orgullo llevaba
dos plumas como dos banderas:
apenas vi aquella visión
se disipó aquella visión
y me quedé con el crepúsculo,
con el humo, el polvo y la noche,
con la soledad del camino.

CÓNDOR

(Vultur Gryphus)

En su ataúd de hierro vive
entre las piedras oxidadas
nutriéndose de herraduras.

En los montes el cierzo aúlla
con silbido de proyectil
y sale el cóndor de su caja,
afila en la roca sus garras,
extiende el místico plumaje,
corre hasta que no puede más,
galopa la cóncava altura
con sus alas ferruginosas
y picotea el cinc del cielo
acechando un signo sangriento:
el punto inmóvil, el latido
del corazón que se prepara
a morir y ser devorado.

Vuela bajando el ciclón negro
y cae como un puño cruel:
la muerte esperaba allá abajo.

Arriba, crueles cordilleras,
como cactus ensangrentados
y el cielo de color amargo.

Sube de nuevo a su morada,
cierra las alas imperiosas
y otra vez extendido duerme
en su ataúd abominable.

CORMORÁN

(Phalacrocorax Bouganvillii)

Crucificado en la roca,
inmóvil cruz de pelo negro,
se quedó allí terco y torcido.
El sol cayó como un caballo
sobre las piedras de la costa:
sus herraduras desataron
un millón de chispas furiosas,
un millón de gotas de mar
y el crucificado volante
no parpadeó sobre la cruz:
la ola se hinchaba y daba a luz:
temblaba la piedra en el parto:
susurraba suave la espuma
y allí como un negro ahorcado
seguía muerto el cormorán,
seguía vivo el cormorán,
seguía vivo y muerto y cruz,
con las rígidas alas negras
abiertas encima del agua:
seguía como un garfio cruel
clavado a la sal de las rocas

y de tantos golpes de cólera,
de tanto verde y fuego y furia,
de los poderes reunidos
en el silbante litoral
él parecía la amenaza:
él era la cruz y la horca:
la noche clavada en la cruz,
la agonía de las tinieblas:
pero de pronto huyó en el cielo,
voló como una flecha negra
y subió cíclico volando
con su traje de nieve negra,
con pausa de estrella o de nave.
Y sobre el desorden del mar
—dentelladas de mar y frío—
voló voló voló voló
su ecuación pura en el espacio.

CHERCÁN

(Troglodytes Musculus Chilensis)

P<small>EQUEÑO</small> vecino redondo,
todo de pluma revestido,
siempre detrás de tu tesoro:
buscando un átomo extraviado,
una noción, un filamento,
un otrosí de la maleza,
un párpado del matorral:
algo que debe estar allí
porque el chercán vuelve y revuelve:
sus ágiles ojos chispean,
su mínima cola dirige
enderezada hacia las nubes
y entra y sale y vuelve a volver,
chilla de pronto, y ya no está ,
hasta que otra vez ha brotado
de su nido color de pluma

dejando allí sus huevos mínimos,
el pequeño esplendor redondo
de donde algún día saldrá
la curiosidad del chercán
a investigar la primavera.

CHINCOL

(Zonotrichia Lapensis Chilensis)

ME DESPERTASTE ayer, amigo,
y salí para conocerte:
el universo olía a trébol,
a estrella abierta en el rocío:
quién eres y por qué cantabas
tan íntimamente sonoro,
tan inútilmente preciso?

Por qué subía el surtidor
con la exactitud de tu trino,
el reloj de una gota de agua,
tu pequeño violín fragante
preguntándole a los ciruelos,
al manantial indiferente,
al color de las lagartijas,
preguntando preguntas puras
que nadie puede contestar?

Apenas te vi, pasajero,
músico mínimo, tenor
de la frescura, propietario
de la pureza matutina,
y comprendí que devolvías
con tu pequeña flauta de agua
tantas cosas que habían muerto:
tantos pétalos enterrados
bajo las torres del humo,

en el gas, en el pavimento,
y que con tu acción de cristal
nos restituyes al rocío.

CHIRIGÜE

(Sicalis Luteola Luteiventiis)

Ya no hay dudas, continuará
entre aire y hojas la verdura,
continuará trinando el trino:
llegó el sonoro delegado,
llegó, dejando caer
su mínimo peso amarillo
como un limón que desgranaba
entre vuelo y ala el rocío,
el agua errante que canta,
las circunstancias melodiosas.

Descendió planeando en el aire
y chisporroteaba su trino
como si fuera encendiendo,
como si fuera cayendo
y se sostuviera en la música.

Parece que hubiera bajado
envuelto en polen, de la rama
y hubiera dejado fragante
el aire que siguió temblando
cuando trinó su desvarío
y sus noticias de cristal.

CHOROY

(Enicognathus Leptorhynchus)

Tuvo tantas hojas el árbol
que se caía de riqueza,
con tanto verde parpadeaba
y nunca cerraba los ojos.

Así no se puede dormir.

Pero el follaje palpitante
se fue volando verde y vivo,
cada brote aprendió a volar,
y el árbol se quedó desnudo,
llorando en la lluvia de invierno.

CHUCAO

(Seelorchilus Rubecula)

Ay qué grito en las soledades!

Voy por los bosques, anchas hojas,
gotas de lluvias o cantáridas
y se hunden mis pies en el suelo
como en una esponja mojada:
es fría la sombra que cruzo,
frío el silencio y transparente:
no pasa nadie por aquí,
por este lado de la tierra,
por estas páginas del agua:
no hay pasajeros perdidos
ni caballos, la selva sola,
la emanación de la montaña:
su cabellera triturada:

sus infinitos ojos verdes
y el chucao lanza su lanza,
su largo grito desbordante:
él rompe con su grito de agua
mil años largos de silencio
en que sólo cayeron hojas
y las raíces ocuparon
como invasores este reino.

Alta tristeza errante, canto,
campana de las soledades,
oscura flecha del chucao,
único trino sobrehumano
en la humedad enmarañada
del Golfo de Roloncaví.

DIUCA

(Diuca Diuca Diuca)

Para la misa, con su manto,
sube la suave sentadita,
sube la pulcra de atavío,
perfectamente gris y blanca,
perfectamente clara y cuerda,
vuela bien peinada y vestida,
para que no se arrugue el aire,
tiene tantas cosas que hacer:
inspeccionar las amapolas,
dirigir las crueles abejas,
interrogar al rocío,
hasta que toma la guitarra
y se pone a trinar trinar.

FLAMENCO

(Phoenicopterus Chilensis)

Niño era yo, Pablo Neruda,
vecino del agua en Toltén,
del implacable mar, del río,
del agua encerrada en el lago.

La espesa montaña olorosa
se fotografiaba en las aguas
y el ulmo doble florecía
sobre la selva y en el agua.

Entonces, oh entonces, viví,
honor del tiempo transparente,
la visión de un ángel rosado
que traía pausado vuelo.

Era su cuerpo hecho de plumas,
eran de pétalos sus alas,
era una rosa que volaba
dirigiéndose a la dulzura.

Se posó el ángel en el agua
como una nave nacarada
y resplandecía en la luz
el rosal rosa de su cuello.

Abandoné aquellas regiones,
me vestí de frac y de hierro,
cambié de idioma y de estatura,
resucité de muchas muertes,
me mordieron muchos dolores,
sin cesar cambié de alegría,
pero en el fondo de mí mismo
como en aquel lago perdido,
sigue viviendo la visión
de un ave o ángel indeleble

que transformó la luz del día
con el esplendor de su ser
y su movimiento rosado.

GARZA

(Casmerodius Albus Egretta)

La nieve inmóvil tiene 2
piernas largas en la laguna,
la seda blanca tiene 1
cuerpo de nieve pescadora.

Por qué se quedó pensativa?

Por qué sobre una sola pata
espera un esposo nevado?

Por qué duerme de pie en el agua?

Duerme con los ojos abiertos?

Cuándo cierra sus ojos blancos?

Por qué diablos te llamas garza?

GAVIOTA

(Larus Modestus)

La gaviota abrió con destreza,
con espuma, con estupor,
dos direcciones peregrinas
y así se mantuvo en el cielo
con dos alas, dos claridades,

dos secretarias de la luz
hasta que voló, sin embargo,
hacia el este y hacia el oeste,
hacia el norte y hacia la nieve,
hacia la Luna y hacia el Sol.

GOLONDRINA

(Pygochelidon Cyanoleuca Patagonica)

LA GOLONDRINA que volvió
me traía una carta clara,
una carta escrita con aire,
con humo de la primavera:
voló, cruzó, rayó, volando,
amenazando los minutos
con su virtud de terciopelo
y su dirección de saeta.

Y ya se sabe que volvió
a las espumas de Isla Negra
bailando en el cielo del mar
como si estuviera en su casa
y dejando caer del cielo
una fragancia prematura
con las noticias que me trajo
en una carta transparente,

JILGUERO

(Spinus Barbatus)

ENTRE los álamos pasó
un pequeño dios amarillo:
veloz viajaba con el viento

y dejó en la altura un temblor,
una flauta de piedra pura,
un hilo de agua vertical,
el violín de la primavera:
como una pluma en una ráfaga
pasó, pequeña criatura,
pulso del día, polvo, polen,
nada tal vez, pero temblando
quedó la luz, el día, el oro.

JOTE

(Goragips Atratus)

El jote abrió su Parroquia,
endosó sus hábitos negros,
voló buscando pecadores,
diminutos crímenes, robos,
abigeatos lamentables,
todo lo inspecciona volando:
campos, casas, perros, arena,
todo lo mira sin mirar,
vuela extendido abriendo al sol
su sacerdótica sotana.

No sonríe a la primavera
el jote, espía de Dios:
gira y gira midiendo el cielo,
solemne se posa en la tierra
y se cierra como un paraguas.

LOICA

(Pezites Militaris)

Por qué me muestras cada día
tu corazón ensangrentado?

Qué culpa llevas suspendida,
qué beso de sangre indeleble,
qué disparo de cazador?

Por qué corres y buscas y ardes
con ese pecho colorado
mirando sin prisa y sin miedo,
mirando al hombre con tus ojos?

Si buscas juez, por qué resbalas,
con ojos fríos y alas secas,
hacia otra señal del camino
donde otra vez tu corazón
brilla en el sol ensangrentado?

MARTÍN PESCADOR

(Megaceryle Torcuata Stellata)

Miró Martín desde su rama
y se sumergió Pescador,
bajó Martín Pescador
y pescó Martín Pescador,
bajó Martín, pájaro pobre
y subió rico Pescador
con su carga de plata viva
y algunas gotas de agua azul,
porque el pescador Martín
sólo se nutre de arco iris,

de la luz que ondula en el agua:
y luego se sienta y consume
pescaderías palpitantes.

PÁJARO CARPINTERO

(Ipocrantor Magellanicus)

EL CARPINTERO toco toc:
los bosques destilan al sol
agua, resina, noche, miel,
los avellanos revistieron
galones de pompa escarlata:
aún sangran los palos quemados,
duermen los zorros de Boroa,
crecen las hojas en silencio
mientras circula, bajo tierra,
el idioma de las raíces:
de pronto en el silencio verde
el carpintero toco toc.

INTERMEDIO

EL VUELO

*El alto vuelo sigo
con mis manos:
honor del cielo, el pájaro
atraviesa
la transparencia, sin manchar el día.*

*Cruza el oeste palpitando y sube
por cada grada hasta el desnudo azul:
todo el cielo es su torre
y limpia el mundo con su movimiento.*

*Aunque el ave violeta
busque sangre en la rosa del espacio
aquí está su estructura:
flecha y flor es el pájaro en su vuelo
y en la luz se reúnen
sus alas con el aire y la pureza.*

*Oh plumas destinadas
no al árbol, ni a la hierba, ni al combate,
ni a la atroz superficie,
ni al taller sudoroso,
sino a la dirección y a la conquista
de un fruto transparente!*

*El baile de la altura
con los trajes nevados
de la gaviota, del petrel, celebro,
como si yo estuviera*

perpetuamente entre los invitados:
tomo parte
en la velocidad y en el reposo,
en la pausa y la prisa de la nieve.

Y lo que vuela en mí se manifiesta
en la ecuación errante de sus alas.

Oh viento junto al férreo
vuelo del cóndor negro, por la bruma!
Silbante viento que traspuso el héroe
y su degolladora cimitarra:
tú guardas el contacto
del duro vuelo como una armadura
y en el cielo repites su amenaza
hasta que todo vuelve a ser azul.

Vuelo de la saeta
que es la misión de cada golondrina,
vuelo del ruiseñor con su sonata
y de la cacatúa y su atavío!

Vuelan en un cristal los colibríes
conmoviendo esmeraldas encendidas
y la perdiz sacude
el alma verde
de la menta volando en el rocío.

Yo que aprendí a volar con cada vuelo
de profesores puros
en el bosque, en el mar, en las quebradas,
de espaldas en la arena
o en los sueños,
me quedé aquí, amarrado
a las raíces,
a la madre magnética, a la tierra,
mintiéndome a mí mismo
y volando
solo dentro de mí,
solo y a oscuras.

Muere la planta y otra vez se entierra,
vuelven los pies del hombre al territorio,
sólo las alas huyen de la muerte.

El mundo es una esfera de cristal,
el hombre anda perdido si no vuela:
no puede comprender la transparencia.

Por eso yo profeso
la claridad que nunca se detuvo
y aprendí de las aves
la sedienta esperanza,
la certidumbre y la verdad del vuelo.

PERDIZ

(Nothoprocta Perdicaria)

Exhalación! Corrió, voló,
patinó con un aleteo
y quedó temblando el aroma
a la orilla de la quebrada,
quedó temblando el rocío,
los cereales soñolientos,
la mañana que se peinaba
perdió una flor de su diadema:
olía a estiércol el domingo
y a cada súbito estampido,
a cada grito de la pólvora,
el cielo no parpadeaba.

Pero, tal vez, de las raíces,
del suelo brotó la perdiz
y sonaron sus alas secas:
pasó volando su perfume
como el alma de la barranca:
un beso de musgo y de polvo,
un movimiento matorral,

la topa topa fulguró
con sus regalos amarillos
en el aire azul, la perdiz
perdió su plumaje de polvo
y se convirtió en aire azul.

PEUCO

(Parabuteo Unincinctus)

NI UN halcón blanco suspendido
del cielo como por un hilo,
pero no había hilo ninguno:
el halcón blanco palpitaba,

era nevado el movimiento,
sus grandes alas palpitaban,
adentro de él crecía el fuego
como una hoguera que lo ardía:
el hambre afilaba el acero,
el ciclón negro de sus garras:
preparaba la sangre ciega
para caer como pedrada:
terror terror su luz de nieve,
terror su paz devoradora.

PICAFLOR

I

(Sephanoides I)

SE ESCAPÓ el fuego y fue llevado
por un movimiento de oro
que lo mantuvo suspendido,
fugaz, inmóvil, tembloroso:

vibración eréctil, metal:
pétalo de los meteoros.

Siguió volando sin volar
concentrando el sol diminuto
en helicóptero de miel,
en sílaba de la esmeralda
que de flor a flor disemina
la identidad del arco iris.

Al sol sacude el tornasol
la suntuaria seda suntuosa
de las dos alas invisibles
y el más minúsculo relámpago
arde en su pura incandescencia,
estático y vertiginoso.

PICAFLOR

II

(Sephanoides II)

EL COLIBRÍ de siete luces,
el picaflor de siete flores,
busca un dedal donde vivir:
son desgraciados sus amores
sin una casa donde ir
lejos del mundo y de las flores.

Es ilegal su amor, señor,
vuelva otro día y a otra hora:
debe casarse el picaflor
para vivir con picaflora:
yo no le alquilo este dedal
para este tráfico ilegal.

El picaflor se fue por fin
con sus amores al jardín

y allí llegó un gato feroz
a devorarlos a los dos:
el picaflor de siete flores,
la picaflora de colores:
se los comió el gato infernal
pero su muerte fue legal.

PIDÉN

(Ortygonax Rityrhynchos Landbecki)

Resbaló el pidén por la sombra
hacia la sombra del pidén:
silbó, y la tarde se hizo sombra,
convocada por el pidén
que resbaló como una sombra
dando un silbido, como de agua,
y se vio pasar al pidén
entre la sombra y su silbido:
la cimitarra del pidén,
las plumas vagas de la sombra:
algo cruzó con el pidén,
pluma sombría o agua aguda,
rayo encorvado del pidén,
corrió una sombra al matorral,
del matorral salió una sombra:
silbó la sombra del pidén.

PINGÜINO

(Spheniscus Magellanicus)

Ni bobo ni niño ni negro
ni blanco sino vertical
y una inocencia interrogante
vestida de noche y de nieve.

Ríe la madre al marinero,
el pescador al astronauta,
pero no ríe el niño niño
cuando mira al pájaro niño
y del océano en desorden
inmaculado pasajero
emerge de luto nevado.

Fui yo sin duda el niño pájaro
allá en los fríos archipiélagos:
cuando él me miró con sus ojos,
con los viejos ojos del mar:
no eran brazos y no eran alas,
eran pequeños remos duros
los que llevaba en sus costados:
tenía la edad de la sal,
la edad del agua en movimiento
y me miró desde su edad:
desde entonces sé que no existo,
que soy un gusano en la arena.

Las razones de mi respeto
se mantuvieron en la arena:
aquel pájaro religioso
no necesitaba volar,
no necesitaba cantar
y aunque su forma era visible
sangraba sal su alma salvaje
como si hubieran cercenado
una vena del mar amargo.

Pingüino, estático viajero,
sacerdote lento del frío:
saludo tu sal vertical
y envidio tu orgullo emplumado.

QUELTEHUE

(Belonopterus Chilensis)

Voló el queltehue centelleando
de nieve blanca y nieve negra
y abrió su traje a plena luz,
a plena plata matutina:
era costoso el abanico
de sus dos alas nupciales:
era rico el cuerpo adornado
por la mañana y el plumaje.

Sobre las piedras de Isla Negra
relucía el lujo silvestre
del pájaro de terciopelo
y yo pensaba: Dónde va?

A qué celeste recepción?

A qué bodas de agua con oro?

A qué salón de pura púrpura,
entre columnas de jacinto,
donde con él puedan entrar
sólo las nubes bien vestidas?

En fin, dije, tal vez irá
a coronar la cabellera
de la náyade del Genil
amiga de Pedro Espinosa.

No hizo tal cosa el agorero:
voló y planeó para bajar
en un trigal desmoronado,
entre terrones de rastrojo
y desde allí lanzó su idioma,
su tero tero lancinante,

mientras picaba, picoteaba
y devoraba sin pasión
un simple gusano terrestre.

SIETE COLORES

(Tachuris Rubrigastra)

En la laguna la espadaña,
el totoral humedecido,
algunas gotas viven y arden:
he aquí de pronto un movimiento,
una minúscula bandera,
una escama del arco iris:
el sol lo encendió velozmente,
cómo se unieron sus siete colores?
Cómo asumió toda la luz?

Allí estaba pero no estaba:
no está la ráfaga, se fue,
tal vez no existe pero aún
está temblando la espadaña.

TAPACULO

(Scelorchilus Albicollis)

Surge saltando entre las piedras
sobre la hierba chamuscada
y pica pica picotea:
con rápido golpe bajó
los ojos redondos, el pico
es un relámpago amarillo.

Y se trasladó de paisaje:
su larga cola vertical,
con las plumas recalcitrantes
que señalan el mediodía
enarboladas en el culo.

TENCA

(Mimus Thenca)

Voló la tenca cola larga
vestida como una tijera:
se paró en un hilo, escuchó
la voz profunda del telégrafo,
el pulso azul del alambre:
oyó palabras, besos, números,
rápidos pétalos del alma,
sólo entonces lanzó su trino,
soltó un estero transparente
y desgranó su desvarío.

Tenca, no aprendí tu lección
de vuelo y canto y pensamiento:
todo lo aprendí del humo,
de la humedad, del silencio:
no supe bailar y volar
sobre la hermosura del peumo,
sumergir el alma en los boldos,
transcurrir silbando en el viento:
no supe tu sabiduría,
la velocidad de tu trino,
la república de tu canto.

Juro aprender cuanto profesas:
saber cruzar como una flecha,
estudiar las secretas sílabas
del aire libre y de las hojas,

cantar con el agua y la tierra
y establecer en el silencio
una cátedra cristalina.

TIUQUE

(Milvago Chimango)

INACEPTABLE, necesario,
pájaro impávido, inspector
embalsamado sin morir,
tiuque seco, tiuque plumero,
tiuque esperando el funeral,
tiuque indeciso en la basura,
desinteresado, aparente,
caballo viejo del cielo,
pantalón roto en el tejado,
desvencijado volador,
montón de plumas irritantes,
gancho oxidado en los orines
de una aldea deshabitada,
benéfico tiuque caído
y levantado por el polvo,
lavado por el aire claro,
manchado por la polvareda,
hasta que de tanto trajín
se destiñó tu voluntad:
ya no tienes ningún color
sino el del racimo sin uvas,
sino el de hollejo de poroto,
sino el de pelo de hospital,
sino el de plumas enterradas.

TORCAZA

(Columba Araucana)

En mi infancia las patas rojas
de las torcazas adoré:
los pies de cuero colorado
y aquellos dedos escarlata.
De qué mundo de pluma y sueño,
de qué inaccesible vestuario
se desgranó la cetrería
hacia mi pobre condición?

Hacia mi pobre condición
de cazador sin escopeta
perdido en la lluvia y las hojas:
del bosque bajaban volando
las innumerables torcazas,
comiendo las negras semillas,
el pan secreto de la selva,
las bayas del áspero estío,
comiendo los granos del cielo,
las direcciones del barranco,
el amanecer cereal,
las golosinas de la aurora.

Y ahora bajaban a mí.

Eran mi familia salvaje.

Venían vestidas de viento
y en cada pluma resplandecían
las rayas ocres de la greda,
los colores de las colinas:
vestían el poncho campestre
de mi bautismo nacional.

Adiós, torcazas fragantes
a polvo, a pólvora, a polen:
ya no sé dónde se posaron

aquellos pies de cuero rojo:
desaparecieron las alas,
las muchedumbres del canelo,
y ahora por aquellos bosques
se fue del árbol mi familia:
no me espera nadie volando.

Parece que sólo subsisten
algunos árboles quemados.

TORDO

(Nutiopsar Curacus)

Al que me mire frente a frente
lo mataré con dos cuchillos,
con dos relámpagos de furia:
con dos helados ojos negros.

Yo no nací para cautivo.

Tengo un ejército salvaje,
una milicia militante,
un batallón de balas negras:
no hay sementera que resista.

Vuelo, devoro, chillo y paso,
caigo y remonto con mil alas:
nada puede parar el brío,
el orden negro de mis plumas.

Tengo alma de palo quemado,
plumaje puro de carbón:
tengo el alma y el traje negros:
por eso bailo en el aire blanco.

Yo soy el negro Floridor.

ZORZAL

(Tordus Falklandii Magellanicus)

Zorzal seguro en el jardín,
firme en los pies, ojo seguro,
oído que siente ondular
bajo la tierra las lombrices,
calzado como un caballero
con botas de piel amarilla
no necesita levantar
sus alas llenas de rocío
ni su plumaje de pimienta,
viaja por tierra y por hierba,
recorre el perfume de Chile,
el olor a trigales secos,
la sombra de las naranjas,
el aire verde de la menta
y cuando se siente agobiado
por tantos dones naturales
suspira el zorzal melancólico,
toma en sus alas la tristeza
con su guitarra vegetal
y grita con la voz del agua,
canta su líquida canción
como una gota o una uva
o una saeta que tembló
y sigue el zorzal su camino
pisando con delicadeza
el cuerpo fragante de Chile.

PAJARANTES

EL BARBITRUQUI

(Birba Insularia)

Descarbado pájaro de agua,
pálido y hecho de alambre
de tal manera que su barba
se enredó, al volar, en un número.
en el número ochenta y siete
y así circula por el aire
confundiendo a los cazadores
que alguna vez le dispararon
sin saber si era punto o pájaro,
si era dos puntos o ceniza,
si tenía paciencia o plumas.

EL HUMARANTE

(Anquistilus Fumosus)

Se vio llegar desde Osorno
como una nube forastera,
como un embudo amenazante,
una celeste oscuridad
que crecía en el viento pálido
hasta tomar las dimensiones
de un autobús o una ballena.

Se llenó la ciudad de pánico:
cerraban las panaderías,
corrían al sur los caballos,
hasta que voló y continuó
su paso el pájaro humarante.

Sólo cambiaba de planeta.

Asustó a los pobres chilenos
la navegación migratoria,
la celeste circulación
de un pájaro lleno de humo,
de una humareda con plumaje.

LA QUEBRANTALUNA

(Columba Planetaris Sun)

Su LAMENTO repercutió
en la palúdica oceanía
y ascendió con la noche ajada
como una espiga de metal
hasta que golpeó la bodega,
el aluminio de la luna,
y se oyó trizarse el planeta
con un sonido extrarremoto
como de un anillo que cae:
era la luna que lloraba.

LA OCTUBRINA

(Primaverina Solstitii)

NACE, vive y muere en octubre
la tricolor octubrina:
tiene forma azul de revólver,

plumas de estirpe nacarada,
cola como un signo celeste
y es este pájaro oloroso
como la patria de la abeja:
canta siete notas de cobre:
luego siete notas de plata:
luego siete notas de lluvia.

Y muere la intensa octubrina
de muerte azul y natural.

EL PÁJARO JEROGLÍFICO

(Tordus Alphabeticus)

E<small>NTRECRUZADO</small> pluma a pluma
extiende su zona de acción
el laberíntico, el anfíbico,
el pájaro de los enigmas.

Solo en su suave selva salta
devorando letras y números,
catecismos y palinodias,
mágicas sopas de raíces.
Se estrella en la estrella, se aterra
en la tierra de todo el mundo,
se ennuba en la nube nubosa,
se enagua y se ahoga en el agua
y en su plumaje confundido
como en su canto desquiciado
se barajan plumas lejanas
que aparecían insondables,
remotas sílabas, secretos,
colores abiertos de pronto
como provincias descubiertas
por algún ciego explorador
hasta que asume el ave oscura

por las orillas de la arena
los jeroglíficos tenaces
que allí transcurren tintineando
entre el viento que los combate
y el agua negra que los besa.

LA RASCARROSA

(Rosacea Luminica)

Con sus tres patas rasca el oro,
el azafrán y la molicie
de la erigida rosa rósea,
emperadora del rosal:
así centrífuga, despliega
sus tres alas como tres velas
y se va navegando al sur
precedida por el aroma
de muchas rosas arrasadas.

EL PÁJARO COROLARIO

(Minus Cothapa)

De tanto ver y no ver
el pájaro corolario
supe que sí que sabía,
supe que no que no vuela,
supe que estaba en su rama
parado en su parasombra
acechando los ciclones
que caen al Amazonas:
su canto de tumbo en tumbo
se reparte y se divide

entre el Orinoco negro
y nuestro Acario caudaloso.

Cae el canto sobre el zumbar
de moscas recalcitrantes
grandes como berenjenas,
cae sobre el vapor verde
que se levanta del río,
sobre los exploradores
que anotan en el reloj
el nombre del corolario,
las circunstancias del canto.

Y rebotando en las barrancas,
le crecen sílabas roncas
hasa que se apaga el ave
para que duerma el Brasil.

LA TIUMBA

(Petrosina Vulnerabilis)

La DIMINUTA pica el vidrio
hasta perforar las ventanas
y entrar de noche y acechar
el letargo de los desnudos.

Entra en los sueños picoteando,
triturando cristal y avena,
bebe del agua de los sueños,
se quema en la vaga ceniza,
cruza el enjambre vespertino,
flota en el río de la noche
y cuando despierta el dormido
la tiumba siguió siendo sueño.

EL TINTITRÁN

(Jorgesius Saniversus)

Llegó a la orilla el tintitrán
y bebiendo en el agua larga
dejó caer su cola azul
hasta que cantó con el río,
cantó la cola con el agua.

Es transparente el tintitrán,
no se ve contra los cristales
y cuando vuela es invisible:
es una burbuja del viento,
es una fuga de hielo,
es un latido de cristal.

Pude ver en invierno blanco
en regiones desmanteladas
del Aysén, lejos y lloviendo,
una bandada migratoria
que volvía del Ventisquero.

Los tintitranes asustados
del furor ronco de la lluvia
golpearon su vuelo de hielo
contra la proa del navío.

Y se rompieron en astillas,
en pedazos de transparencia
que cuando cayeron al agua
silbaron como agua marina
desordenada por el viento.

EL TONTIVUELO

(Autoritarius Miliformis)

El tontipájaro sentado
sentía que no lo sabía,
que no volaba y no volaba,
pero dio órdenes de vuelo
y fue explicando ala por ala
lo que pasaría en la atmósfera:
dictaminó sobre las plumas,
reveló el cielo y sus corrientes.

Nació sentado el tontipájaro.

Creció sentado y nunca tuvo
este triste pájaro implume
alas ni canto ni volar.

Pero dictaba el dictador.

Dictaba el aire, la esperanza,
las sumas de ir y venir.

Y si se trataba de arriba
él era nacido en la altura,
él indicaba los caminos,
él subiría alguna vez,
pero ahora números van
números vienen, conveniencias,
es mejor no volar ahora:
"Vuelen ustedes mientras tanto".
El tontipájaro feroz
se sienta sobre sus colmillos
y acecha el vuelo de los otros:
"Aquí no vuela ni una abeja
sin los decretos que estipulo".

Y así vuela pero no vuela
desde su silla el tontipájaro.

EL PÁJARO ELLA

(Matildina Silvestre)

Con mi pajarita terrestre,
cántara del territorio,
desencadeno cantando
la lluvia de la guitarra:
llega el otoño presunto
como una carga de leña
desencantando el aroma
que volaba en las montañas
y uva por uva se unieron
mis besos en su racimo.

Esto prueba que la tarde
acumuló la dulzura
como el sistema del ámbar
o el orden de las violetas.

Ven volando, pasajera,
volemos con los carbones
encendidos o apagados,
con el desorden sombrío
de los oscuros y ardientes.

Entremos en la ceniza,
caminemos con el humo:
vamos a vivir al fuego:

en la mitad del otoño
preparemos la mesa
sobre la hierba del monte,
volando sobre Chillán
con tu guitarra en las alas.

EL PÁJARO YO

(Pablo Insulidae Nigra)

Me llamo pájaro Pablo,
ave de una sola pluma,
volador de sombra clara
y de claridad confusa,
las alas no se me ven,
los oídos me retumban
cuando paso entre los árboles
o debajo de las tumbas
cual un funesto paraguas
o como espada desnuda,
estirado como un arco
o redondo como una uva,
vuelo y vuelo sin saber,
herido en la noche oscura,
quiénes me van a esperar,
quiénes no quieren mi canto,
quiénes me quieren morir,
quiénes no saben que llego
y no vendrán a vencerme,
a sangrarme, a retorcerme
o a besar mi traje roto
por el silbido del viento.
Por eso vuelvo y me voy,
vuelo y no vuelo pero canto:
soy el pájaro furioso
de la tempestad tranquila.

EPÍLOGO

EL POETA SE DESPIDE DE LOS PÁJAROS

Poeta provinciano,
pajarero,
vengo y voy por el mundo,
desarmado,
sin otro sí, silbando,
sometido
al sol y su certeza,
a la lluvia, a su idioma de violín,
a la sílaba fría de la ráfaga.

Entre una y otra vez,
entre pasadas vidas
y pretéritos desenterramientos
fui perro de intemperie
y sigo siendo un muerto en la ciudad:
no me acostumbro al nicho,
prefiero el matorral y las torcazas
atónitas, el barro, el desvarío
de un ramo de choroyes,
el presidio del cóndor prisionero
de su implacable altura,
el barro primordial de las quebradas
condecorado por las topa topas.

Sí sí sí sí sí sí,
soy un desesperado pajarero,
no puedo corregirme
y aunque no me conviden

los pájaros a la enramada,
al cielo
o al océano,
a su conversación, a su banquete,
yo me invito a mí mismo
y los acecho
sin prejuicio ninguno:
jilgueros amarillos,
tordos negros,
oscuros cormoranes pescadores
o metálicos mirlos,
ruiseñores,
vibrantes colibríes,
codornices,
águilas inherentes
a los montes de Chile,
loicas de pecho puro
y sanguinario,
cóndores iracundos
y zorzales,
peucos inmóviles, colgados del cielo,
diucas que me educaron con su trino,
pájaros de la miel y del forraje,
del terciopelo azul o la blancura,
pájaros por la espuma coronados
o simplemene vestidos de arena,
pájaros pensativos que interrogan
la tierra y picotean su secreto
o atacan la corteza del gigante
y abren el corazón de la madera
o construyen con paja, greda y lluvia
la casa del amor y del aroma
o van entre millares de su especie
formando cuerpo a cuerpo, ala con ala,
un río de unidad y movimiento,
solitarios
pájaros duros entre los peñascos,
ardientes, fugitivos,
polvorientos, eróticos,
inaccesibles en la soledad

de la niebla, la nieve,
la hostilidad hirsuta
de los páramos,
o jardineros suaves
o ladrones
o inventores azules de la música
o tácitos testigos de la aurora.

Yo, poeta
popular, provinciano, pajarero,
fui por el mundo buscando la vida:
pájaro a pájaro conocí la tierra:
reconocí dónde volaba el fuego:
la precipitación de la energía
y mi desinterés quedó premiado
porque aunque nadie me pagó por eso
recibí aquellas alas en el alma
y la inmovilidad no me detuvo.

UNA CASA EN LA ARENA

LA LLAVE

Pierdo la llave, el sombrero, la cabeza! La llave es la del almacén de Raúl, en Temuco. Estaba afuera, inmensa, perdida, indicando a los indios el almacén "La Llave". Cuando me vine al Norte se la pedí a Raúl, se la arranqué, se la robé entre borrasca y ventolera. Me la llevé a caballo hacia Loncoche. Desde allí la llave, como una novia blanca, me acompañó en el tren nocturno.

Me he dado cuenta de que cuanto extravío en la casa se lo ha llevado el mar. El mar se cuela de noche por agujeros de cerraduras, por debajo y por encima de puertas y ventanas.

Como de noche, en la oscuridad, el mar es amarillo, yo sospeché sin comprobar su secreta invasión. Encontraba en el paragüero, o en las dulces orejas de María Celeste gotas de mar metálico, átomos de su máscara de oro. Porque el mar es seco de noche. Guardó su dimensión, su poderío, su oleaje, pero se transformó en una gran copa de aire sonoro, en un volumen inasible que se despojó de sus aguas. Por eso entra en mi casa, a saber qué tengo y cuánto tengo. Entra de noche, antes del alba: todo queda en la casa quieto y salobre, los platos, los cuchillos, las cosas restregadas por su salvaje contacto no perdieron nada, pero se asustaron cuando el mar entró con todos sus ojos de gato amarillo.

Así perdí la llave, el sombrero, la cabeza.

Se los llevó el océano en su vaivén. Una nueva mañana las encuentro. Porque me las devuelve una ola mensajera que deposita cosas perdidas a mi puerta.

Así, por arte de mar la mañana me ha devuelto la llave blanca de mi casa, mi sombrero enarenado, mi cabeza de náufrago.

EL MAR

El Océano Pacífico se salía del mapa. No había dónde ponerlo. Era tan grande, desordenado y azul que no cabía en ninguna parte. Por eso lo dejaron frente a mi ventana.
Los humanistas se preocuparon de los pequeños hombres que devoró en sus años:
No cuentan.
Ni aquel galeón cargado de cinamomo y pimienta que lo perfumó en el naufragio.
No.
Ni la embarcación de los descubridores que rodó con sus hambrientos, frágil como una cuna desmantelada en el abismo.
No.
El hombre en el océano se disuelve como un ramo de sal. Y el agua no lo sabe.

EL MAR

El Mar del Sur! Adelante, descubridores! Balboas y Laperouses, Magallanes y Cookes, por aquí, caballeros, no tropezar en este arrecife, no enredarse en el sargazo, no jugar con la espuma! Hacia abajo! Hacia la plenitud del silencio! Conquistadores, por aquí! Y ahora basta!
Hay que morir!

EL MAR

Y siguen moviéndose la ola, el canto y el cuento, y la muerte!
El viejo océano descubrió a carcajadas a sus descubridores. Sostuvo sobre su movimiento maoríes inconstantes, fijianos que se devoraban, samoas comedores de nenúfares, locos de Rapa Nui que construían estatuas, inocentes de Tahití, astutos de las islas, y luego vizcaínos, portugueses, extremeños con espadas, castellanos con cruces, ingleses con talegas, andaluces con guitarra, holandeses errantes. Y qué?

EL MAR

El mar los descubrió sin mirarlos siquiera, con su contacto frío los derribó y los anotó al pasar en su libro de agua.

Siguió el océano con su sacudimiento y su sal, con el abismo. Nunca se llenó de muertos. Procreó en la gran abundancia del silencio. Allí la semilla no se entierra ni la cáscara se corrompe: el agua es esperma y ovario, revolución cristalina.

LA ARENA

Estas arenas de granito amarillo son privativas, insuperables. (La arena blanca, la arena negra se adhieren a la piel, al vestido, son impalpables e intrusas.) Las arenas doradas de Isla Negra están hechas como pequeñísimos peñascos, como si procedieran de un planeta demolido, que ardió lejos, allá arriba, remoto y amarillo.

Todo el mundo cruza la ribera arenosa y agachándose, y buscando, removiendo, tanto que alguien llamó a esta costa "la Isla de las cosas Perdidas".

El océano es incesante proveedor de tablones carcomidos, bolas de vidrio verde o flotadores de corcho, fragmentos de botella ennoblecidos por el oleaje, detritus de cangrejos, caracolas, lapas, objetos devorados, envejecidos por la presión y la insistencia. Existe entre espinas quebradizas o erizos minúsculos o patas de jaiva morada, el serpentino *cochayuyo*, nutrición de los pobres, alga interminable y redonda como una anguila, que resbala y brilla, sacudida aún en la arena por la ola reticente, por el océano que la persigue. Y ya se sabe que esta planta del mar es la más larga del planeta creciendo hasta cuatrocientos metros, prendida con un titánico chupón al roquerío, sustentándose con una división de flotadores que sostienen la cabellera del alga macrocristis con millares de tetitas de ámbar. Y como en el territorio andino vuela el cóndor y sobre el mar chileno se reúnen planeando todas las familias del albatros y como el cachalote o ballena dentada se sumergió en nuestras aguas y aquí sobrevive, somos una pequeña patria de alas muy grandes, de cabelleras muy largas sacudidas por el gran océano, de presencias sombrías en las bodegas del mar.

LAS ÁGATAS

Pero de dónde vienen a mis manos estas ágatas? Cada mañana aparecen frente a mi puerta, y es la arrebatiña auroral, pues algún extraviado pastor de tierra adentro, o González Vera, o Lina o María pueden disputar las pequeñas piedras translúcidas a los Yankas, mariscadores de oficio, que, al pie del mar, acechan la mercadería, y se creen con derecho a cuanto bota la ola.

Lo cierto es que ellos me madrugaron siempre y he aquí una vez más el tesoro que me manda el mar, solo en sus manos, a tanto la piedra o las cien piedras o el kilo o el tonel.

Y en la mano las misteriosas gotas de luz redonda, color de la miel o de ostra, parecidas a uvas que se petrificaron para caber en los versos del Genil de Espinosa, suavemente espolvoreadas por alguna deidad ceniciente, horadadas a veces en su centro por algún aguijón de oro, socavadas como por la más diminuta de las olas: ágatas de Isla Negra, neblinosas o celestes, suavemente carmíneas o verdiverdes, o avioletadas o rojizas o ensaladas por dentro como racimos moscateles: y a menudo estáticas de transparencia, abiertas a la luz, entregadas por el panal del océano al albedrío del cristal: a la pura pureza.

LAS PLANTAS

Nadie conoce apenas, o todos desconocen en vilo, estas plantas hirsutas de la orilla. Pregunté muchas veces, a éste y al otro, pero tuve evasivas respuestas de pescadores, campesinos o chiquillos. En verdad nadie sabe cómo se llama el pellejo de uno, la piel de la oreja: no tiene nombre el cutis que te rodea el ombligo: y estas vegetaciones castigadas por el viento salobre son la piel y el pellejo del territorio marino.

PREMIO NOBEL EN ISLA NEGRA (1963)

Cuando por la radio dijeron, repitiéndolo varias veces, que mi nombre se discutía entre los otros candidatos al Premio Nobel de Literatura, Matilde y yo pusimos en práctica el plan nº 3 de Defensa Doméstica. Pusimos un candado grande en el viejo portón de Isla Negra y nos pertrechamos de alimentos y vino tinto. Agregué algunas novelas policiales a estas perspectivas de enclaustramiento.

Los periodistas llegaron pronto. Los mantuvimos a raya. No pudieron traspasar aquel portón. El gran candado de bronce no sólo es bello, sino poderoso. Detrás de él rondaban como tigres. Qué se proponían? Qué podía decir yo de una discusión en que sólo tomaban parte académicos suecos en el otro extremo del mundo? Sin embargo, ahí estaban los periodistas mostrándome con sus miradas sus intenciones de sacar agua de un palo seco. Pronto emigraron.

La costa quedaba libre de amenaza. No obstante, continuamos invisibles.

La primavera ha sido tardía en este año de 1963, en el litoral del Pacífico Sur. Estos días solitarios me sirvieron para intimar con la primavera marina. Aunque tarde se había engalanado para su solitaria fiesta. Durante el verano no cae una sola gota de lluvia. La tierra es gredosa, hirsuta, pedregosa. No se ve una brizna verde. En el invierno el viento del mar desata furia, sal, espuma de las grandes olas, y la naturaleza aparece acongojada, víctima de una fuerza terrible.

La primavera comienza con un gran trabajo amarillo. Todo se cubre con innumerables, minúsculas flores doradas. Estas germinaciones pequeñas y poderosas cubren laderas, rodean las rocas, se adelantan hacia el mar y aparecen en medio del camino, allí donde hay que pisar todos los días, como si quisieran desafiarnos, probarnos su existencia. Tanto tiempo sostuvieron una vida invisible, la desolada negación de la tierra estéril, que ahora todo les parece poco para su fecundidad amarilla.

Luego se van las pequeñas flores pálidas y todo se cubre con una intensa floración violeta. El corazón de la primavera pasó del amarillo al azul, y luego al rojo. Cómo se sustituyeron unas a otras las pequeñas, desconocidas, infinitas corolas? Lo cierto es que un día el viento sacudía un color y luego otro color, como si allí, entre aquellas colinas, cambiara el pabellón de la primavera, y sus repúblicas diferentes ostentaran los estandartes de la invasión.

En esta época florecen los cactus de la costa. Lejos de esta región, en los contrafuertes de la cordillera andina, los cactus se elevan gigantescos, estriados y espinosos, como columnas hostiles. Los cactus de la costa son pequeños y redondos. Ahora los vi coronarse cada uno con veinte botones escarlata, como si una mano hubiera dejado allí su tributo de sangre. Pero se abrieron y frente a las grandes espumas se divisan miles de cactus encendidos por sus flores plenarias.

El viejo agave de mi casa sacó desde el fondo de su entraña su floración suicida. Esta planta, azul y amarilla, gigantesca y carnosa, duró más de diez años junto a mi puerta, creciendo hasta ser más alta que yo. Y ahora florece para morir. Erigió una poderosa lanza verde que subió hasta siete metros de altura, interrumpida por una seca inflorescencia, apenas cubierta por polvillo de oro. Luego, las hojas colosales del *agave americana* se desploman y mueren.

Junto a la gran flor que muere, he aquí otra flor titánica que nace. Nadie la conocerá fuera de mi patria. No existe sino en estas orillas antárticas. Se llama chahual (*puya chilensis*). Esta planta ancestral fue adorada por los araucanos. Ya el antiguo Arauco no existe. La sangre, la muerte, el tiempo y luego el arpa épica de Ercilla cerraron la antigua historia: la tribu de arcilla que despertó bruscamente de la geología y salió a defender la tierra patria contra los invasores. Al ver surgir sus flores otra vez, sobre siglos de oscuros muertos, sobre capas y capas de sangriento olvido, creo que el pasado de la tierra florece contra lo que somos, contra lo que somos ahora. Sólo la tierra continúa siendo, defendiendo la esencia.

Pero olvidé describirla.

Es una bromeliácea de hojas agudas y aserradas. Irrumpe en los caminos como un incendio verde, acumulando en una panoplia sus misteriosas espadas. Pero, de pronto, una sola colosal flor, un racimo le nace de la cintura, como una inmensa rosa verde de la altura de un hombre. Esta única flor compuesta, como un pólipo marino, de una muchedumbre de florecillas que se agrupan en una sola catedral verde, coronada por el polen de oro, resplandece a la luz del mar. Es la única inmensa flor verde, el verde monumento de la ola.

Los campesinos y los pescadores de mi país olvidaron hace tiempo los nombres de las pequeñas plantas, de las pequeñas flores que no tienen nombre. Poco a poco lo fueron olvidando y lentamente las flores perdieron su orgullo. Se quedaron enredadas y oscuras, como las piedras que los ríos arrastran desde la nieve andina hasta los desconocidos litorales. Campesinos y pescadores, mineros y contrabandistas, estuvieron dedicados a su propia aspereza, a la continua muerte y resurrección de sus deberes y derrotas. Es difícil ser héroes de territorios aún no descubiertos: la verdad es que en ellos, en su pobreza, no resplandece sino la sangre anónima y florecen las flores cuyo nombre nadie conoce.

Entre ellas hay una que ha invadido toda mi casa. Es una flor azul de largo y orgulloso talle. Este talle es lustroso y resistente. En su extremo se balancean las múltiples florecillas infra-azules. No sé si a todos les será dado contemplar el más excelso azul. Será revelado sólo a algunos y permanecerá cerrado, invisible, para algunos otros humanos a quienes algún dios azul les negará esta contemplación? O se tratará de mi propia alegría, nutrida en la soledad y transformada en orgullo al encontrarme este azul, esta espiga azul, este fuego azul, en la abandonada primavera?

Por último hablaré de las docas. No sé si existen en otras partes estas plantas, millonariamente multiplicadas, que arrastran por la arena sus dedos triangulares. La primavera llenó estas manos caídas con insólitas sortijas de color amaranto. Estas docas llevan un nombre griego: aizoaceae. El esplendor de Isla Negra en estos tardíos días de primavera son las *aizoaceae* que derraman una invasión marina, como la emanación de la gruta del mar, de los racimos que acumuló en su bodega Neptuno Marinero.

Y, justo en este momento, la radio nos anuncia que un buen poeta griego ha obtenido el renombrado Premio. Ya, Matilde y yo, nos quedamos tranquilos. Con solemnidad retiramos el gran candado del viejo portón para que todo el mundo siga entrando sin llamar a las puertas de mi casa, sin anunciarse. Como la primavera.

LAS PIEDRAS

Piedras, peñas, peñascos... Tal vez fueron segmentos del estallido. O estalagmitas alguna vez sumergidas o fragmentos hostiles de la luna llena o cuarzo que cambió de destino o estatuas que el tiempo y el viento trizaron y sobaron o mascarones de navíos inmóviles o muertos gigantes que se transmutaron o tortugas de oro o estrellas encarceladas o marejadas espesas como lava que de pronto se quedaron quietas o sueños de la tierra anterior o verrugas de otro planeta o centellas de granito que se detuvieron o pan para antepasados furiosos o huesos oxidados de otra tierra o enemigos del mar en sus bastiones o simplemente piedra rugosa, centelleante, gris, pura y pesada para que construyas con fierro y madera una casa en la arena.

LA CASA

La casa... No sé cuándo me nació... Era a media tarde, llegamos a caballo por aquellas soledades... Don Eladio iba delante, vadeando el estero de Córdoba que se había crecido... Por primera vez sentí como una punzada este olor a invierno marino, mezcla de boldo y arena salada, algas y cardos.

DON ELADIO

Aquí, dijo don Eladio Sobrino (navegante) y allí nos quedamos. Luego la casa fue creciendo, como la gente, como los árboles. Don Eladio se nos murió, más tarde. Tenía muchos años y era infatigable y alegre. Era andaluz el capitán Sobrino. La última vez que vino a vernos cantó toda la tarde antiguas canciones serranas y marinas. El mismo día que dejó de cantar y navegar para siempre, me encaramé en la escalera, y en la gran goleta velera colgada sobre la chimenea escribí su nombre con letras mayúsculas. Así se llama "Don Eladio" la embarcación que hicieron para mí en Veracruz los marineros emigrados del "Manuel Arnús".

(Estaba el gran barco pegado a la ribera, ondulando con todas sus camisetas, sábanas y calzoncillos largos.

Me reconoció la marinería. Me invitaron a sus pobrezas. Y porque cantamos y bebimos juntos, los andaluces construyeron con paciencia este modelo. "De los que salen de Puerto de Santa María", me advirtieron.)

Sobre la chimenea de piedra de Isla Negra navega la "Don Eladio". Qué bien nombrada estuvo!

EL PUEBLO

Cuando años más tarde intervino Germán, el arquitecto, tuvo que entenderse con el maestro mayor don Alejandro. Hay que ver esas manos. No hay piedra que las resista. Ni clavo, ni tornillo, ni grapa, ni serrucho, ni martillo, ni perno, ni botella. No hay cantero como él, ni carpintero como él, ni albañil, ni estupendo bebedor de vino tinto como el Maestro Mayor. Aquí por estas orillas, mar infinito (que él no mira), trabajo y vino.

Germán constató cómo don Alejandro levantaba una de esas piedras pesadas y cuadradas, la miraba al trasluz y rápido le volaba una arista. La piedra centelleaba. Y luego se emparedaba en la asociación del cemento. La casa fue así como un racimo de uvas de granito, que se fue granando en las manos tremendas del maestro García.

Germán y yo lo buscábamos arriba entre las vigas, para modificarlo y para mejor aprender.

No había ninguno.

Voló con sus aprendices. No podía ser, sólo era jueves. Pero tal vez el viento de Oceanía que llega de tarde en tarde por la costa, se encontró con los albañiles y con el día jueves, allá encima, en los tijerales. Entonces bajaron o ascendieron al vino más cercano, el de Florencio, y por tres días quedaron los martillos y los combos botados en la arena. Pero, cuidado! Allá arriba, otra vez, trabajando como tremendos, cautelosos titanes. Allí están.

Y don Alejandro García sopesando el adoquín, cortando las uvas del granito, y haciendo crecer mi casa como si ella fuera un arbolito de piedra, plantado y elevado por sus grandes manos oscuras.

EL PUEBLO

Así como yo me pensé siempre poeta carpintero, pienso que Rafita es poeta de la carpintería. Trae sus herramientas envueltas en un periódico, bajo el brazo, desenrolla lo que me parecía un capítulo y toma los mangos gastados de martillos y escofinas, perdiéndose luego en la madera. Sus obras son perfectas. El chiquillo y el perro lo acompañan y miran sus manos circulando prolijas. Él tiene esos ojos de San Juan de la Cruz y esas manos que levantan troncos colosales con tanta fragilidad como sabiduría.

Escribí con tiza los nombres de mis amigos muertos, sobre las vigas de raulí y él fue cortando mi caligrafía en la madera con tanta velocidad como si hubiera ido volando detrás de mí y escribiera otra vez los nombres con la punta de un ala.

LOS NOMBRES

No los escribí en la techumbre por grandiosos, sino por compañeros.

Rojas Giménez, el trashumante, el nocturno, traspasado por los adioses, muerto de alegría, palomero, loco de la sombra.

Joaquín Cifuentes, cuyos tercetos rodaban como piedras del río.

Federico, que me hacía reír como nadie y que nos enlutó a todos por un siglo.

Paul Eluard, cuyos ojos color de nomeolvides me parece que siguen celestes y que guardan su fuerza azul bajo la tierra.

Miguel Hernández, silbándome a manera de ruiseñor desde los árboles de la calle de la Princesa antes de que los presidios atraparan a mi ruiseñor.

Nazim, aeda rumoroso, caballero valiente, compañero.

Por qué se fueron tan pronto? Sus nombres no resbalarán de las vigas. Cada uno de ellos fue una victoria. Juntos fueron para mí toda la luz. Ahora, una pequeña antología de mis dolores.

DIENTE DE CACHALOTE

D EL MAR vino algún día
rezumando
existencia,
sangre, sal, sombra verde,
ola que ensangrentó la cacería,
espuma acuchillada
por la erótica forma

de su dueño:
baile
de los
oscuros,
tensos,
monasteriales
cachalotes
en el Sur del océano
de Chile.
Alta
mar
y marea,
latitudes
del más lejano
frío:
el aire
es una
copa
de
claridad helada
por donde
corren
      las alas
            del albatros
como skíes del cielo.

Abajo,
el mar
es una
torre
desmoronada y construida,
una paila en que hierven
grandes olas de plomo,
algas que sobre
el lomo de las aguas
resbalan
como escalofríos.
De pronto sobrevienen
la boca
de la vida
y de la muerte:

la bóveda
del semisumergido
cachalote,
el cráneo
de las profundidades,
la cúpula
que
sobre
la ola eleva
su dentellada,
todo
su
aserradero submarino.
Se encienden, centellean
las ascuas del marfil,
                    el agua
inunda
aquella atroz sonrisa,
mar y muerte navegan
junto
al navío negro que entreabre
como una catedral su dentadura.
Y cuando ya la cola
enfurecida
cayó como palmera
sobre el agua,
el animal
salido del abismo
recibió
la centella
del hombre pequeñito
(el arpón
dirigido
por la mano mojada
del chileno).

Cuando
regresó
de los
mares,

de su sangriento día,
el marinero
en uno
de los dientes
de la bestia
grabó con un cuchillo
dos retratos: una
mujer y un hombre
despidiéndose,
un navegante
por el amor
herido,
una novia en la proa
de la ausencia.

Cuántas
veces tocó mi corazón, mi mano,
aquella
luna
de miel
marina
dibujada
en el diente.
Cómo amé
la corola
del
doloroso
amor
escrita
en marfil
de ballena
carnicera,
de cachalote loco.

Suave
línea
del
beso
fugitivo,
pincel
de flor marina

tatuada
en el hocico
de la ola,
en la fauce terrible
del océano,
en el alfanje
desencadenado
desde
las tinieblas:
allí
estampado
el canto
del amor errante,
la despedida
de los
azahares,
la niebla,
la luz
de aquel
amanecer
mojado
por tempestuosas lágrimas
de aurora ballenera.

Oh amor,
allí
a los labios
del mar,
condicionado
a
un
diente
de la ola,
con el
rumor
de
un
pétalo
genérico
(susurro de ala rota
entre el intenso

olor
de los jazmines),
(amor
de hotel
entrecerrado, oscuro,
con hiedras amarradas
al ocaso),
(y un beso
duro como
piedra que asalta),
luego
entre boca y boca
el mar
eterno,
el archipiélago,
el collar de las
islas
y las naves
cercadas
por el frío,
esperando
el animal azul
de las profundidades
australianas
del océano,
el animal nacido
del diluvio
con su ferretería
de zafiros.

Ahora aquí descansa
sobre mi mesa y frente
a las aguas de marzo.

Ya vuelve
al regazo arenoso de la costa,
el vapor del otoño, la lámpara
perdida,
el corazón de niebla.
Y el diente de la bestia,
tatuado por los dedos delicados

73

del amor,
es la mínima nave
de marfil que regresa.

      Ya las vidas
del hombre y sus amores,
su arpón sangriento, todo
lo que fue carne y sal, aroma y oro,
para el desconocido marinero
en el mar de la muerte se hizo polvo.
Y sólo de su vida
quedó el dibujo
hecho
por el amor
en el diente terrible
y el mar, el mar
latiendo
igual que ayer, abriendo
su abanico de hierro,
desatando y atando
la rosa sumergida
de su espuma,
el desafío
de su vaivén eterno.

LA MEDUSA. I

Me ocultaron en Valparaíso. Eran días turbulentos y mi poesía andaba por la calle. Tal cosa molestó al Siniestro. Pidió mi cabeza.

Era en los cerros del Puerto. Los muchachos llegaban por la tarde. Marineros sin barco. Qué vieron en la rada? Van a contármelo todo.

Porque yo, desde mi escondrijo, no podía mirar sino a través de medio cristal de la empinada ventana. Daba sobre un callejón, allá abajo.

La noticia fue que una vieja nave se estaba desguazando. No tendrá una figura en la proa?, pregunté con ansiedad.

Claro que tiene una *mona*, me dijeron los muchachos. Una mona o un mono es para los chilenos la denominación de una estatua imprecisa.

Desde ese momento dirigí las faenas desde la sombra. Como costaba gran trabajo desclavarla, se la darían a quien se la llevara.

Pero la Mascarona debía seguir mi destino. Era muy grande y había que esconderla. Dónde? Por fin, los muchachos hallaron una barraca anónima y extensa. Allí se la sepultó en un rincón mientras yo cruzaba a caballo las cordilleras.

Cuando volví del destierro, años después, habían vendido la barraca (con mi amiga, tal vez). La buscamos. Estaba honestamente erigida, en un jardín de tierra adentro. Ya nadie sabía de quién era ni quién era.

Costó tanto trabajo sacarla del jardín como del mar. Solimano me la llevó una mañana en un inmenso camión. Con esfuerzo la descargamos y la dejamos inclinada frente al océano en la puntilla, sobre el banco de piedra.

Yo no la conocía. Toda la operación del desguace la precisé desde mis tinieblas. Luego nos separó la violencia, más tarde, la tierra.

Ahora la vi, cubierta de tantas capas de pintura que no se advertían ni orejas ni nariz. Era, sí, majestuosa en su túnica volante. Me recordó a Gabriela Mistral, cuando, muy niño, la conocí en Temuco, y paseaba, desde el moño hasta los zapatones, envuelta en paramentos franciscanos.

LA MEDUSA. II

"La Medusa" se quedó pues con ojos al noroeste y el cuerpo grande se dispuso como en su proa, inclinado sobre el océano. Así, tan bien dispuesta, la retrataron los turistas de verano y se las arreglaba para tener con frecuencia un pájaro sobre la cabeza, gaviotín errante, tórtola pasajera. Nos habituamos todos los de casa, agregándose también Homero Arce, a quien dicté muchas veces mis renglones bajo la frente cenicienta de la estatua.

Pero comenzaron las velas. Encontramos a las beatas del caserío muy arrodilladas, rezándole al aventurero mascarón.

Y por la tarde le encendían velas que el viento, antiguo conocedor de santos, apagaba con indiferencia.

Era demasiado: Desde la bahía de Valparaíso, en compañía continua de marineros y cargadores, haciendo vida ilegal en el subterráneo político de la patria hasta ser Pomona de Jardín, sacerdotisa sonora y ahora santísima sectaria. Porque como de cuanto pasa en Chile me echan a mí la culpa, me habrían colgado luego la fundación de una nueva herejía.

Disuadimos, Matilde y yo, a las devotas contándoles la historia privada de aquella mujer de madera, y las persuadimos de no seguir encendiéndole velas que además podrían incendiar a la pecadora.

Pero por fin, contra las amenazas del cerote que ensucia, de las llamas que incineran y de la lluvia que pudre, llevamos a Medusa adentro. La dispusimos en el coro de los mascarones.

Vivió una vez más. Porque al sacarla con formón y gubia retiramos una pulgada de pintura gruesa y grosera que la escondía y salió a relucir su perfil decidido, sus exquisitas orejas, un medallón que nunca se le divisó siquiera y una cabellera selvática que cubre su clara cabeza como el follaje de un árbol petrificado que aún recuerda su pajarerío.

EL ARMADOR

No sabían que era mascarón, tan lejos se apartó del bauprés ancestral. Porque me dijeron en Venezuela que hizo de busto monumental de Padre de la Patria. Luego rodó por los patios de un colegio, centro de travesuras y blanco de los alborotos.

Yo, apenas lo vi, ensimismado y perdido entre la iconografía, comprendí de inmediato su origen marinero. La orla de la ola no dejaba duda, esa voluta de agua que el artesano siempre dejó a la vera del conductor de proa. También el mar y un piedrazo de colegial, con ruptura de nariz, le acentuó el romántico rostro tan parecido a Pushkin. Entre héroe o poeta, no podía ser sino armador, naviero allí tallado por su propia empresa y luego aureolado por la ráfaga.

Los poetas reunidos en Caracas me lo dieron con una ceremonia que recuerdo porque tintineaban las copas y la poesía venezolana estrellaba la noche del jardín.

CEREMONIA

En el año 1847 un navío norteamericano, el Clipper "Cymbelina", debió recalar en una caleta sin nombre del Norte de Chile. Allí los hombres de mar procedieron a desclavar el mascarón de proa del velero. Esta estatua blanca y dorada parecía ser una novia muy joven ceñida por un ropaje isabelino. El rostro de aquella niña de madera asombraba por su desgarradora belleza. Los marineros del "Cymbelina" se habían amotinado. Sostenían que el Mascarón de Proa movía los ojos durante el viaje, desorientando el derrotero y aterrorizando a la tripulación.

No es cosa fácil destronar a la rectora de un viejo y férreo navío. Pero, llevados por aquel religioso terror, los marineros aserraron el poderoso perno que la aseguraba al bauprés, cortaron clavos y tornillos hasta que pudieron, no sin cierto temor o respeto, descenderla y colocarla en una lancha que los llevó a la playa.

El mar estaba agitado aquel día de julio. Era pleno invierno y una lluvia grave y lentísima, extraña en aquella desértica región, caía sobre el mundo.

Siete hombres de a bordo levantaron en hombros a la niña de madera insólitamente separada de su nave. Luego cavaron una fosa en la arena. Los guanayes, aves estercorarias de la costa, volaban en círculo, graznaban y chillaban mientras duró la inquietante faena. La extendieron en tierra, la cubrieron con la arena salitrosa del desierto. No se sabe si alguno de los enterradores quiso rezar o sintió alguna repentina racha de arrepentimiento y tristeza. La garuga, lenta lluvia nortina que oscila entre niebla o fantasmagoría, cubrió pronto la ribera del mar, los amarillos acantilados y la embarcación que en el gran silencio retornó con los hombres de mar al velero "Cymbelina" en aquella mañana del mes de julio de 1847.

EL GRAN JEFE COMANCHE

No sé cómo pudo entrar su colosal estatura y el carcaj amenazante. Aquí llegó y domina por sus plumas, por el indomable perfil, por la dureza de sequoia roja que resistió el oleaje férreo.

Un piel roja de navío ballenero, de Massachusetts, como el que tal vez guiaba el barco del joven Melville por los puertos peruanos y chilenos. Pues es sabido que fue estatua preferida de los perseguidores de ballenas. Y los artesanos de Nantucket los esculpieron más de una vez. Cuando sobrevino el vapor y fueron olvidados los veleros, los viejos artesanos siguieron tallando este Piel Roja, convertido en insignia de farmacia o de cigarrería. (Aquellas "Boticas del Indio" con aroma de cien raíces, cuando el alquímico practicaba ungüentos y obleas con morteros y delicadeza!)

Lo cierto es que nunca desarrugó el ceño: que con arco, hacha, cuchillón y ademán es el valiente entre mis desarmadas doncellas del mar. Ni Búffalo Bill con sus andanadas de pólvora ni el océano lleno de monstruos recalcitrantes pudo alterar su poderío. Aquí sigue intacto y duro.

LA SIRENA

Fue en el extremo Sur, donde Chile se desgrana y se desgrana. Los archipiélagos, los canales, el territorio entrecortado, los ciclones de la Patagonia, y luego el Mar Antártico.

Allí la encontré: colgaba del pontón pútrido, grasiento, enhollinado. Y era patética aquella diosa en la lluvia fría, allí en el fin de la tierra.

Entre chubascos la libertamos del territorio austral. A tiempo, porque algún año después el pontón se fue con el maremoto a la profundidad o al mismo infierno. Aquél, cuando fue nave, se llamó Sirena. Por eso ella conserva su nombre de Sirena. Sirena de Glasgow. No es tan vieja. Salió del astillero en 1886. Terminó transportando carbón entre las barcas del Sur.

Sin embargo, cuánta vida y océano, cuánto tiempo y fatiga, cuántas olas y cuántas muertes hasta llegar al desamparado puerto del maremoto! Pero también, a mi vida.

LA MARIA CELESTE

Alain y yo la sacamos del mercado de las Pulgas donde yacía bajo siete capas de olvido. En verdad costaba trabajo divisarla entre camas desmanteladas, fierros torcidos. La llevamos en aquel coche de Alain, encima, amarrada, y luego en un cajón, tardando mucho, llegó a Puerto San Antonio. Solimano la rescató de la aduana, invicta, y me la trajo hasta Isla Negra.

Pero yo la había olvidado. O tal vez conservé el recuerdo de aquella aparición polvorienta entre la "ferraille". Sólo cuando destaparon la pequeña caja sentimos el asombro de su imponderable presencia.

Fue hecha de madera oscura y tan perfectamente dulce! Y se la lleva el viento que levanta su túnica! Y entre la juventud de sus senos un broche le resguarda el escote. Tiene dos ojos ansiosos en la cabeza levantada contra el aire. Durante el largo invierno de Isla Negra algunas misteriosas lágrimas caen de sus ojos de cristal y se quedan por sus mejillas, sin caer. La humedad concentrada, dicen los escepticistas. Un milagro, digo yo, con respeto. No le seco sus lágrimas, que no son muchas, pero que como topacios le brillan en el rostro. No se las seco porque me acostumbré a su llanto, tan escondido y recatado, como si no debiera advertirse. Y luego pasan los meses fríos, llega el sol, y el dulce rostro de María Celeste sonríe suave como la primavera.

Pero, por qué llora?

LA NOVIA

Es la más amada por más dolorosa.

La intemperie le rompió la piel en fragmentos o cáscaras o pétalos. Le agrietó el rostro. Le rompió las manos. Le trizó los redondos acariciados hombros. Acariciados por la borrasca y por el viaje.

Quedó como salpicada por las mil espumas. Su noble rostro agrietado se convirtió en una máscara de plata combatida y quemada por la tempestad glacial. El recogimiento la envolvió en una red de cenizas, en un enjambre de nieblas.

LA CYMBELINA

Oh novia Cymbelina, pura purísima, suavísima suave! Oh tú, doncella de mantilla y nariz rota! Oh sueño de la nave turbulenta, rosa de sal, naranja clara, nenúfar!

Cuando me condujeron a aquella casa donde no me esperaban, algo me hizo volver y mirar aquella casa desierta por el ojo de la llave. Y allí, en el hueco, encontré por vez primera tu perfil errante. Juré que volverías al mar, al mar de Isla Negra.

Rondé por las afueras de la casa, expulsado por el propietario feudal como si hubiera sido un malhechor. Él recurrió a la astucia y a la fuerza. Mis cartas de amor fueron devueltas, los regalos con que intenté sobornar al egoísta, fueron rechazados.

Mis amados secuaces Pedregala y Matazán lo asediaron, entraron a saco en la mansión, descuartizaron centinelas, pulverizaron vitrinas y a fuerza de artillería y blasfemias rescataron a la nevada Cymbelina. Aquellas hazañas aún se cuentan en las bodegas de Valparaíso.

Mírala tú, antes de que la luz o la noche se la lleven. Marinera del cielo, aún no se acostumbra a la tierra. En siglos de viaje perdió fragmentos, recibió golpes, acumuló hendiduras, sobrevivió fragante. La edad marina, el transcurso, la estrellada soledad, las olas bruscas, los combates acérrimos, le infundieron una mirada perdida, un corazón sin recuerdos. Es pura noche, pura distancia, pura rosa y claridad sosegada, virtud celeste.

Nunca se sabe si volará o navegará de pronto, sin aviso, circulando en su noche o en su nave, estampada como una paloma en el viento.

(Nota: Descubrí entre tanto que era ella. *Cymbelina*, la que hacía cambiar de rumbo al navío. Fue ella la enterrada en la arena.)

LA BONITA

No sólo se llamó "La Bonita" la barcaza sino que, ya desmantelada, cogida por las ventoleras del Estrecho, pasó a ser, siempre bella, juguete de tempestades y desventuras. Las costillas del barco pudieron mantenerse por años después del naufragio, pero la Figura de Proa se desmembró a pedazos. Las grandes olas la atacaron y las vestiduras se perdieron, fueron exterminados los brazos y los dedos, hasta que por milagro, se sostuvo aquella solitaria cabeza, como empalada, en el último orgullo de la proa.

Allí, en un mediodía apaciguado, la encontraron las manos rapaces. Anduvo así, de manos en manos.

Pero por aquel rostro no había pasado nada. Ni la guerra del mar, ni el naufragio, ni la soledad tempestuosa de Magallanes, ni la ventisca que muerde con dientes de nieve. No.

Se quedó con su rostro impertérrito, con sus facciones de muñeca, vacía de corazón.

La hicieron lámpara de vestíbulo y la encontré por primera vez bajo una horrible pantalla de rayón, con la misma sonrisa que nunca comprendió la desdicha. Hasta una oreja, que la tempestad no destruyó, mostraba el lóbulo quemado por la corriente eléctrica. Lleno de ira le hice volar el sombrero barato que parecía satisfacerla, la libré de su electrificación ignominiosa para que siguiera mirándome como si no hubiera pasado nada, tan bonita como antes de naufragar en el mar y en los vestíbulos.

LA MICAELA

La última en llegar a mi casa (1964) fue la Micaela.

Es corpulenta, segura de sí misma, de brazos colosales. Estuvo después de sus travesías, dispuesta en un jardín, entre las chacarerías. Allí perdió su condición navegativa, se despojó del enigma que ciertamente tuvo (porque lo trajo de los embarcaderos) y se transformó en terrestre pura, en mascarona agrícola. Parece llevar en sus brazos alzados no el regalo del crepúsculo marino sino una brazada de manzanas y repollos. Es silvestre.

LA BANDERA

Mi bandera es azul y tiene un pez horizontal que encierran o desencierran dos círculos armilares. En invierno, con mucho viento y nadie por estos andurriales, me gusta oír la bandera restallando y el pescado nadando en el cielo como si viviera.

Y por qué ese pez, me preguntan. Es místico? Sí, les digo, es el simbólico ictiomín, el precristense, el cisternario, el lucicrático, el fritango, el verdadero, el frito, el pescado frito.

—Y nada más?
—Nada más.

Pero en el alto invierno allá arriba se debate la bandera con su pez en el aire temblando de frío, de viento, de cielo.

EL ANCLA

El ancla llegó de Antofagasta. De algún barco muy grande, de aquellos que cargaban salitre hacia todos los mares. Allí estaba durmiendo en los áridos arenales del Norte grande. Un día se le ocurrió a alguien mandármela. Con toda su grandeza y su peso fue un viaje difícil, de camión a grúa, de barco a tren, a puerto, a barco. Cuando llegó a mi puerta no quiso moverse más. Trajeron un tractor. El ancla no cedió. Trajeron cuatro bueyes. Éstos la arrastraron en una corta carrera frenética, y entonces sí se movió, hasta quedarse reclinada entre las plantas de la arena.

—La pintarás? Se está oxidando.

No importa. Es poderosa y callada como si continuara en su nave y no la desgañitara el viento corrosivo. Me gusta esa escoria que la va recubriendo con infinitas escamas de hierro anaranjado.

Cada uno envejece a su manera y el ancla se sostiene en la soledad como en su nave, con dignidad. Apenas si se le va notando en los brazos el hierro deshojado.

EL LOCOMÓVIL

Tan poderoso, tan triguero, tan procreador y silbador y rugidor y tronador! Trilló cereales, aventó aserrín, taló bosques, aserró durmientes, cortó tablones, echó humo, grasa,

chispas, fuego, dando pitazos que estremecían las praderas.
Lo quiero porque se parece a Walt Whitman.

AMOR PARA ESTE LIBRO

EN ESTAS soledades he sido poderoso
de la misma manera que una herramienta alegre
o como hierba impune que suelta sus espigas
o como un perro que se revuelca en el rocío.
Matilde, el tiempo pasará gastando y encendiendo
otra piel, otras uñas, otros ojos, y entonces
el alga que azotaba nuestras piedras bravías,
la ola que construye, sin cesar, su blancura,
todo tendrá firmeza sin nosotros,
todo estará dispuesto para los nuevos días.

Qué dejamos aquí sino el grito perdido
que no conocerán nuestro destino
del queltehue, en la arena del invierno, en la racha
que nos cortó la cara y nos mantuvo
erguidos en la luz de la pureza,
como en el corazón de una estrella preclara?

Qué dejamos viviendo como un nido
de ásperas aves, vivas, entre los matorrales
o estáticas, encima de los fríos peñascos?
Así, pues, si vivir fue sólo anticiparse
a la tierra, a este suelo y su aspereza,
líbrame tú, amor mío, de no cumplir, y ayúdame
a volver a mi puesto bajo la tierra hambrienta.

Pedimos al océano su rosa,
su estrella abierta, su contacto amargo,
y al agobiado, al ser hermano, al herido
dimos la libertad recogida en el viento.
Es tarde ya. Tal vez
sólo fue un largo día color de miel y azul,
tal vez sólo una noche, como el párpado

de una grave mirada que abarcó
la medida del mar que nos rodeaba,
y en este territorio fundamos sólo un beso,
sólo inasible amor que aquí se quedará
vagando entre la espuma del mar y las raíces.

EL MAR

El mar retumba como un combate antiguo. Qué acarrea allá abajo? Tomates, toneles, toneladas de truenos, torres y tambores. Cuando estremece sus ferreterías se estremece mi casa. La noche se sacude, el sonido alcanza un oscuro paroxismo en que ya no sabemos nada, en el entresueño, en la espesura del apogeo tempestuoso, despertando a destiempo cuando ya el golpe de aquella ola gigante se fue por la arena y se convirtió en silencio.

EL MAR

Lo inquietante es la gran barriga azul, grávida y grave, que se mece, despaciosa, que no viene ni va ni ataca ni acecha.
Qué va a nacer?, pregunta el hombre a la tranquilidad redonda. Y poco a poco va meciéndose y durmiéndose, metido una vez más en la cuna terrible.

EL MAR

Me rodea el mar, me invade el mar: somos salobres, mesa mía, pantalones míos, alma mía: nos convertimos en sal. No sabemos qué hacer en las calles, entre la gente apresurada, en las boticas, en el baile, perdimos las costumbres, las palabras en clave para comprar y vender. Nuestra mercadería fueron algas relucientes, serpentinas o foliáceas, pétalos enyodados, mariscos sangrientos. La sal de la espuma nos chisporroteó de tal manera, la sal del aire nos impregnó como si fuéramos una casa perdida, hasta que circuló sólo salmuera en las habitaciones.

EL MAR

La sal de siete leguas, la sal horizontal, la sal cristalina del rectángulo, la sal borrascosa, la sal de siete mares, la sal.

EL MAR

Este cerco, esta puerta hacia lo ilimitado, y por qué?
Heredamos los cercos, los candados, los muros, las prisiones. Heredamos los límites. Y por qué?
Por qué no rechazamos a la hora de nacer cuanto nos concedían y cuanto no abarcábamos? Es que teníamos que estar de acuerdo antes de ser. Después de ser y saber se aprende a cercar y a cerrar. Nuestra mezquina contribución al mundo es un mundo más estrecho.

EL MAR

Este pobre cerco sólo fue edificado para que mis dos perros —Panda y Yufú— no se escaparan a matar ovejas en las tierras de los sacerdotes. Éstos tienen rebaños aquí cerca, en Punta de Tralca, junto al más alto peñasco de la costa. Mis ancestrales perros descubrieron las ovejas, y esto nos pareció peligroso y salvaje.

Ahora las hierbas de la orilla, alimentadas de rocío salado, suben por los palos viejos. Los que se blanquearon como huesos de ballena y se debilitaron al golpe del viento férreo. No sirve para nada el viejo cerco. De este lado mis ojos se abren hacia el circundante infinito.

EL MAR

Más allá de estos barrotes inútiles, el mar que de verdad no sabe que está circunscrito, y no lo reconoce, cantando. Su ímpetu es amargo, su canto es estruendo. Su espuma revolucionaria me cuenta y estalla, me cuenta y se desploma, me llama y ya se fue.

EL MAR

Canta y golpea el mar, no está de acuerdo. No lo amarren. No lo encierren. Aún está naciendo. Estalla el agua en la piedra y se abren por vez primera sus infinitos ojos. Pero se cierran otra vez, no para morir, sino para seguir naciendo.

LA BARCAROLA

COMIENZA LA BARCAROLA:

TE AMO

AMANTE, te amo y me amas y te amo:
son cortos los días, los meses, la lluvia, los trenes:
son altas las casas, los árboles, y somos más altos:
se acerca en la arena la espuma que quiere besarte:
transmigran las aves de los archipiélagos
y crecen en mi corazón tus raíces de trigo.

No hay duda, amor mío, que la tempestad de septiembre
cayó con su hierro oxidado sobre tu cabeza
y cuando, entre rachas de espinas te vi caminando
   indefensa,
tomé tu guitarra de ámbar, me puse a tu lado,
sintiendo que yo no podía cantar sin tu boca,
que yo me moría si no me mirabas llorando en la lluvia.

Porque los quebrantos de amor a la orilla del río,
porque la cantata que en pleno crepúsculo ardía en mi
   sombra,
por qué se encerraron en ti, chillaneja fragante,
y restituyeron el don y el aroma que necesitaba
mi traje gastado por tantas batallas de invierno?

EN LAS CALLES DE PRAGA

Recuerdas las calles de Praga qué duras sonaban
como si tambores de piedra sonaran en la soledad
de aquel que a través de los mares buscó tu recuerdo:
tu imagen encima del puente de Carlos era una naranja.

Entonces cruzamos la nieve de siete fronteras
desde Budapest que agregaba rosales y pan a su estirpe
hasta que los amantes, tú y yo, perseguidos, sedientos y
   hambrientos,
nos reconocimos hiriéndonos con dientes y besos y
   espadas.

Oh días cortados por las cimitarras del fuego y la furia
sufriendo el amante y la amante sin tregua y sin llanto
como si el sentimiento se hubiera enterrado en un
   páramo entre las ortigas
y cada expresión se turbara quemándose y volviéndose lava.

LAS HERIDAS

Fue la ofensa tal vez del amor escondido y tal vez la incerteza,
   el dolor vacilante,
el temer a la herida que no solamente tu piel y mi piel
   traspasara,
sino que llegara a instalar una lágrima ronca en los párpados
   de la que me amó,
lo cierto es que ya no teníamos ni cielo ni sombra ni rama
   de rojo ciruelo con fruto y rocío
y sólo la ira de los callejones que no tienen puertas
   entraba y salía en mi alma
sin saber dónde ir ni volver sin matar o morir.

LOS VERSOS DEL CAPITÁN

Oh dolor que envolvieron relámpagos y fueron
   guardándose
en los versos aquellos, fugaces y duros, floridos y amargos,
en que un Capitán cuyos ojos esconde una máscara negra
te ama, oh amor, arrancándose con manos heridas
las llamas que queman, las lanzas de sangre y suplicio.

Pero luego un panal substituye a la piedra del muro
   arañado:
frente a frente, de pronto sentimos la impura miseria
de dar a los otros la miel que buscábamos por agua y por
   fuego,

por tierra y por luna, por aire y por hierro, por sangre y
  por ira:
entonces al fondo de tú y al fondo de yo descubrimos que
  estábamos ciegos
adentro de un pozo que ardía con nuestras tinieblas.

COMBATE DE ITALIA

Europa vestida de viejas violetas y torres de estirpe
  agobiada
nos hizo volar en su ola de ilustres pasiones
y en Roma las flores, las voces, la noche iracunda,
los nobles hermanos que me rescataron de la Policía:
mas pronto se abrieron los brazos de Italia abrazándonos
con sus jazmineros crecidos en grietas de roca
y su paroxismo de ojos que nos enseñaron a mirar el
  mundo.

LOS AMANTES DE CAPRI

La isla sostiene en su centro el alma como una moneda
que el tiempo y el viento limpiaron dejándola pura
como almendra intacta y agreste cortada en la piel del
  zafiro
y allí nuestro amor fue la torre invisible que tiembla en el
  humo,
el orbe vacío detuvo su cola estrellada y la red con los peces
  del cielo
porque los amantes de Capri cerraron los ojos y un ronco
  relámpago clavó en el silbante circuito marino
al miedo que huyó desangrándose y herido de muerte
como la amenaza de un pez espantoso por súbito arpón
  derrotado:
y luego en la miel oceánica navega la estatua de proa,
desnuda, enlazada por el incitante ciclón masculino.

DESCRIPCIÓN DE CAPRI

La viña en la roca, las grietas del musgo, los muros que
  enredan
las enredaderas, los plintos de flor y de piedra:
la isla es la cítara que fue colocada en la altura sonora

y cuerda por cuerda la luz ensayó desde el día remoto
su voz, el color de las letras del día,
y de su fragante recinto volaba la aurora
derribando el rocío y abriendo los ojos de Europa.

TÚ ENTRE LOS QUE PARECÍAN EXTRAÑOS

Tú, clara y oscura, Matilde morena y dorada,
parecida al trigo y al vino y al pan de la patria,
allí en los caminos abiertos por reinos después devorados,
hacías cantar tus caderas y te parecías, antigua y terrestre araucana,
al ánfora pura que ardió con el vino en aquella comarca
y te conocía el aceite insigne de las cacerolas
y las amapolas creciendo en el polen de antiguos arados
te reconocían y se balanceaban
bailando en tus pies rumorosos.
Porque son los misterios del pueblo ser uno y ser todos
e igual es tu madre campestre que yace en las gredas de Ñuble
a la ráfaga etrusca que mueve las trenzas tirrenas
y tú eres un cántaro negro de Quinchamalí o de Pompeya
erigido por manos profundas que no tienen nombre:
por eso al besarte, amor mío, y apretar con mis labios tu boca,
en tu boca me diste la sombra y la música del barro terrestre.

LOS SUEÑOS

Hermana del agua empeñada y de sus adversarias
las piedras del río, la arcilla evidente, la tosca madera:
cuando levantabas soñando la frente en la noche de Capri
caían espigas de tu cabellera, y en mi pensamiento
volaba el hipnótico enjambre del campo de Chile:
mi sueño desviaba sus trenes hacia Antofagasta:
entraban lloviendo en el alba de Pillanlelbún,
allí donde el río recoge el olor de la vieja curtiembre
y la lluvia salpica el recinto de los derribados.

LA NOSTALGIA

De aquellas aldeas que cruza el invierno y los ferrocarriles
invicto salía a pesar de los años mi oscuro relámpago
que aún ilumina las calles adversas en donde se unieron el
   frío
y el barro como las dos alas de un ave terrible:
ahora al llegar a mi vida tu aroma escarlata
tembló mi memoria en la sombra perdida como si en el
   bosque
rompiera un eléctrico canto la palpitación de la tierra.

EL DESTIERRO

Porque, bienamada, es el hombre que canta el que muere
   muriendo sin muerte
cuando ya no tocaron sus brazos las originarias tormentas,
cuando ya no quemaron sus ojos los intermitentes
   conflictos natales
o cuando la patria evasiva negó al desterrado su copa de
   amor y aspereza
no muere y se muere el que canta, y padece muriendo y
   viviendo el que canta.

LA DULCE PATRIA

La tierra, mi tierra, mi barro, la luz sanguinaria del orto
   volcánico,
la paz claudicante del día y la noche de los terremotos,
el boldo, el laurel, la araucaria ocupando el perfil del
   planeta,
el pastel de maíz, la corvina saliendo del horno silvestre,
el latido del cóndor subiendo en la ascética piel de la nieve,
el collar de los ríos que ostentan las uvas de lagos sin
   nombre,
los patos salvajes que emigran al polo magnético rayando
   el crepúsculo de los litorales,
el hombre y su esposa que leen después de comida novelas
   heroicas,
las calles de Rengo, Rancagua, Renaico, Loncoche,
el humo del campo en otoño cerca de Quirihue,

allí donde mi alma parece una pobre guitarra que llora
cantando y cayendo la tarde en las aguas oscuras del río.

EL AMOR

Te amé sin por qué, sin de dónde, te amé sin mirar, sin
  medida,
y yo no sabía que oía la voz de la férrea distancia,
el eco llamando a la greda que canta por las cordilleras,
yo no suponía, chilena, que tú eras mis propias raíces,
yo sin saber cómo entre idiomas ajenos leí el alfabeto
que tus pies menudos dejaban andando en la arena
y tú sin tocarme acudías al centro del bosque invisible
a marcar el árbol de cuya corteza volaba el aroma
  perdido.

RESURRECCIONES

Amiga, es tu beso el que canta como una campana en el
  agua
de la catedral sumergida por cuyas ventanas
entraban los peces sin ojos, las algas viciosas,
abajo en el lodo del lago Llanquihue que adora la nieve,
tu beso despierta el sonido y propaga a las islas del
  viento
una incubación de nenúfar y sol submarino.
Así del letargo creció la corriente que nombra las cosas:
tu amor sacudió los metales que hundió la catástrofe:
tu amor amasó las palabras, dispuso el color de la arena,
y se levantó en el abismo la torre terrestre y celeste.

EL CANTO

La torre del pan, la estructura que el arco construye en la
  altura
con la melodía elevando su fértil firmeza
y el pétalo duro del canto creciendo en la rosa,
así tu presencia y tu ausencia y el peso de tu cabellera,
el fresco calor de tu cuerpo de avena en la cama,
la piel victoriosa que tu primavera dispuso al costado
de mi corazón que golpeaba en la piedra del muro,
el firme contacto de trigo y de oro de tus asoleadas
  caderas,

tu voz derramando dulzura salvaje como una cascada,
tu boca que amó la presión de mis besos tardíos,
fue como si el día y la noche cortaran su nudo mostrando entreabierta
la puerta que une y separa a la luz de la sombra
y por la abertura asomara el distante dominio
que el hombre buscaba picando la piedra, la sombra, el vacío.

PODERES

Tal vez el amor restituye un cristal quebrantado en el fondo
del ser, una sal esparcida y perdida
y aparece entre sangre y silencio como la criatura
el poder que no impera sino adentro del goce y del alma
y así en este equilibrio podría fundarse una abeja
o encerrar las conquistas de todos los tiempos en una amapola,
porque así de infinito es no amar y esperar a la orilla de un río redondo
y así son transmutados los vínculos en el mínimo reino recién descubierto.

REGRESO

Amor mío, en el mar navegamos de vuelta a la raza,
a la herencia, al volcán y al recinto, al idioma dormido
que se nos salía por la cabellera en las tierras ajenas:
el mar palpitaba como una nodriza repleta:
los senos atlánticos sostienen el mínimo barco de los pasajeros
y apenas sonríen los desconocidos bebiendo substancias heladas,
trombones y misas y máscaras, comidas rituales, rumores,
cada uno se amarra a su olvido con su predilecta cadena
y los entresíes del disimulado de oreja furtiva
la cesta de hierro nos lleva palpando y cortando el océano.

LOS BARCOS

Como en el mercado se tiran al saco carbón y cebollas,
alcohol, parafina, papas, zanahorias, chuletas, aceite,
  naranjas,
el barco es el vago desorden en donde cayeron
melifluas robustas, hambrientos tahúres, popes,
  mercaderes:
a veces deciden mirar el océano que se ha detenido
como un queso azul que amenaza con ojos espesos
y el terror de lo inmóvil penetra en la frente de los
  pasajeros:
cada hombre desea gastar los zapatos, los pies y los huesos,
moverse en su horrible infinito hasta que ya no exista.
Termina el peligro, la nave circula en el agua del círculo
y lejos asoman las torres de plata de Montevideo.

DATITLA

Amor, bienamada, a la luz solitaria y la arena de
  invierno
recuerdas Datitla? Los pinos oscuros, la lluvia uruguaya
  que moja el graznido
de los benteveos, la súbita luz de la naturaleza
que clava con rayos la noche y la llena de párpados rotos
y de fogonazos y supersticiosos relámpagos verdes
hasta que cegados por el resplandor de sus libros
  eléctricos
nos dábamos vueltas en sueños que el cielo horadaba y
  cubría.

Los Mántaras fueron presencia y ausencia, arboleda
  invisible
de frutos visibles, la casa copiosa de la soledad,
las claves de amigo y amiga ponían su marca en el muro
con el natural generoso que envuelve en la flor la
  ambrosía
o como en el aire sostiene su vuelo nocturno
la estrella bruñida y brillante afirmada en su propia
  pureza
y allí del aroma esparcido en las bajas riberas

tú y yo recogimos mastrantos, oréganos, menzelia,
   espadañas:
el herbario interregno que sólo el amor recupera en las
   costas del mundo.

LA AMISTAD

Amigos, oh todos, Albertos y Olgas de toda la tierra!
No escriben los libros de amor la amistad del amigo al
   amor,
no escriben el don que suscitan y el pan que otorgaron al
   amante errante,
olvida el sortílego mirando los ojos de puma de su
   bienamada
que manos amigas labraron maderas, llevaron estacas
para que enlazaran en paz su alegría los dos errabundos.
Injusto o tardío tú y yo inauguramos Matilde en el libro
   de amor
el capítulo abierto que indica al amor lo que debe
y aquí se establece con miel la amistad verdadera:
la de los que acogen la dicha sin palidecer de
   neuralgia
y elevan la copa de oro en honor del honor y el amor.

LA CHASCONA

La piedra y los clavos, la tabla, la teja se unieron: he aquí
   levantada
la casa chascona con agua que corre escribiendo en su
   idioma,
las zarzas guardaban el sitio con su sanguinario ramaje
hasta que la escala y sus muros supieron tu nombre
y la flor encrespada, la vid y su alado zarcillo,
las hojas de higuera que como estandartes de razas
   remotas
cernían sus alas oscuras sobre tu cabeza,
el muro de azul victorioso, el ónix abstracto del suelo,
tus ojos, mis ojos, están derramados en roca y madera
por todos los sitios, los días febriles, la paz que construye
y sigue ordenada la casa con tu transparencia.
Mi casa, tu casa, tu sueño en mis ojos, tu sangre siguiendo
   el camino del cuerpo que duerme

como una paloma cerrada en sus alas inmóvil persigue su
   vuelo
y el tiempo recoge en su copa tu sueño y el mío
en la casa que apenas nació de las manos despiertas.

La noche encontrada por fin en la nave que tú
   construimos,
la paz de madera olorosa que sigue con pájaros,
que sigue el susurro del viento perdido en las hojas
y de las raíces que comen la paz suculenta del humus
mientras sobreviene sobre mí dormida la luna del agua
como una paloma del bosque del sur que dirige el
   dominio
del cielo, del aire, del viento sombrío que te pertenece,
dormida, durmiendo en la casa que hicieron tus manos,
delgada en el sueño, en el germen del humus nocturno
y multiplicada en la sombra como el crecimiento del
   trigo.

Dorada, la tierra te dio la armadura del trigo,
el color que los hornos cocieron con barro y delicia,
la piel que no es blanca ni es negra ni roja ni verde,
que tiene el color de la arena, del pan, de la lluvia,
del sol, de la pura madera, del viento,
tu carne color de campana, color de alimento fragante,
tu carne que forma la nave y encierra la ola!

De tantas delgadas estrellas que mi alma recoge en la
   noche
recibo el rocío que el día convierte en ceniza
y bebo la copa de estrellas difuntas llorando las lágrimas
de todos los hombres, de los prisioneros, de los carceleros,
y todas las manos me buscan mostrando una llaga,
mostrando el dolor, el suplicio o la brusca esperanza,
y así, sin que el cielo y la tierra me dejen tranquilo,
así consumido por otros dolores que cambian de rostro,
recibo en el sol y en el día la estatua de tu claridad
y en la sombra, en la luna, en el sueño, el racimo del
   reino,
el contacto que induce a mi sangre a cantar en la muerte.

La miel, bienamada, la ilustre dulzura del viaje completo
y aún, entre largos caminos, fundamos en Valparaíso una
   torre,
por más que en tus pies encontré mis raíces perdidas
tú y yo mantuvimos abierta la puerta del mar insepulto
y así destinamos a La Sebastiana el deber de llamar los
   navíos
y ver bajo el humo del puerto la rosa incitante,
el camino cortado en el agua por el hombre y sus
   mercaderías.

Pero azul y rosado, roído y amargo entreabierto entre sus
   telarañas,
he aquí, sosteniéndose en hilos, en uñas, en enredaderas,
he aquí victorioso, harapiento, color de campana y de
   miel,
he aquí, bermellón y amarillo, purpúreo, plateado,
   violeta,
sombrío y alegre, secreto y abierto como una sandía
el puerto y la puerta de Chile, el manto radiante de
   Valparaíso,
el sonoro estupor de la lluvia en los cerros cargados de
   padecimientos,
el sol resbalando en la oscura mirada, en los ojos más
   bellos del mundo.

Yo te convidé a la alegría de un puerto agarrado a la furia
   del alto oleaje,
metido en el frío del último océano, **viviendo en peligro**,
hermosa es la nave sombría, la luz vesperal de los meses
   antárticos,
la nave de techo amaranto, el puñado de velas o casas o
   vidas
que aquí se vistieron con trajes de honor y banderas
y se sostuvieron cayéndose en el terremoto que abría y
   cerraba el infierno,
tomándose al fin de la mano los hombres, los muros, las
   cosas,
unidos y desvencijados en el estertor planetario.

Cada hombre contó con sus manos los bienes funestos, el
   río
de sus extensiones, su espada, su rienda, su ganadería,
y dijo a la esposa: "Defiende tu páramo ardiente o tu
   campo de nieve"
o "Cuida la vaca, los viejos telares, la sierra o el oro".
Muy bien, bienamada, es la ley de los siglos que fueron
   atándose
adentro del hombre, en un hilo que ataba también sus
   cabezas:
el príncipe echaba las redes con el sacerdote enlutado,
y mientras los dioses callaban, caían al cofre monedas
que allí acumularon la ira y la sangre del hombre
   desnudo.

Por eso, erigida la base y bendita por cuervos oscuros
subió el interés y dispuso en el zócalo su pie mercenario,
después a la Estatua impusieron medallas y música,
periódicos, radios y televisores cantaron la loa del Santo
   Dinero,
y así hasta el probable, hasta el que no pudo ser hombre,
el manumitido, el desnudo y hambriento, el pastor
   lacerado,
el empleado nocturno que roe en tinieblas su pan disputado
   a las ratas,
creyeron que aquel era Dios, defendieron el Arca
   suprema
y se sepultaron en el humillado individuo, ahítos de orgullo
   prestado.

VIAJEROS

Recuerdo la fina ceniza celeste que se desprendía
cayendo en tus ojos, cubriendo el vestido celeste,
azul, extrazul, azulento era el cielo desnudo
y el oro era azul en los senos sagrados con que
   Samarkanda
volcaba sus copas azules sobre tu cabeza
dándote el prestigio de un viento enterrado que vuelve
   a la vida
derramando regalos azules y frutos de pompa celeste.

Yo escribo el recuerdo, el reciente viajero, el **perdido
 homenaje**
que mi alma trazó navegando las duras regiones
en que se encontraron los siglos más viejos, cubiertos de
 polvo y de sangre,
con la irrigación floreciente de las energías:
tú sabes, amor, que pisamos la estepa recién entregada al
 clavel:
recién amasaban el pan los que ordenan que canten las
 aguas:
recién se acostaban al lado del río inventado por ellos
y vimos llegar el aroma después de mil años de ausencia.

Despierto en la noche, despiertas de noche, perdido en la
 paz cenicienta
de aquellas ciudades que tumban la tarde con torres de
 oro
y encima racimos de mágicas cúpulas donde la turquesa
fraguó un hemisferio secreto y sagrado de luz femenina
y tú en el crepúsculo, perdida en mi sueño repites
con dos cereales dorados el sueño del cielo perdido.

Lo nuevo que trazan los hombres, la risa del claro
 ingeniero
que nos dio a probar el producto orgulloso nacido en la
 estepa maldita
tal vez olvidamos tejiendo en el sueño la continuidad del
 silencio
porque así determina el viajero que aquella ceniza
 sagrada,
las torres de guerra, el hotel de los dioses callados,
todo aquello que oyó los galopes guerreros, el grito
del agonizante enredado en la cruz o en la rueda,
todo aquello que el tiempo encendió con su lámpara y
 luego
tembló en el vacío y gastó la corriente infinita de otoños y
 lunas
parece en el sueño más vivo que todos los vivos
y cuando este huevo, esta miel, esta hectárea de lino,
este asado de reses que pastan las nuevas praderas,
este canto de amor koljosiano en el agua que corre

parecen irreales, perdidos en medio del sol de Bokhara,
como si la tierra sedienta, violada y nutricia,
quisiera extender el mandato, y el puño vacío
de cúpulas, tumbas, mezquitas, y de su esplendor
   agobiado.

Primer episodio:

TERREMOTO EN CHILE

EL BARCO camina en la noche sin pies resbalando
en el agua sin fondo ni forma, en la bóveda negra del mundo
en las pobres cabinas el hombre resuelve sus mínimas normas,
la ropa, el reloj, la sortija, los libros sangrientos que lee:
el amor escogió su escondite y la sombra entrelaza
un férreo relámpago que cae frustrado al vacío
y en plena substancia impasible resbala el navío
con un cargamento de pobres desnudos y mercaderías.

Allí, en el comienzo de la primavera marina,
cuando el ave asustada y hambrienta persigue a la nave
y en la sal apacible del cielo y el agua aparece el aroma
del bosque de Europa, el olor de la menta terrestre,
supimos, amada, que Chile sufría quebrado por un
   terremoto.
Dios mío, tocó la campana la lengua del antepasado en mi
   boca,
otra vez, otra vez el caballo iracundo patea el planeta
y escoge la patria delgada, la orilla del páramo andino,
la tierra que dio en su angostura la uva celeste y el cobre
   absoluto.
otra vez, otra vez la herradura en el rostro
de la pobre familia que nace y padece otra vez el espanto y la
   grieta,
el suelo que aparta los pies y divide el volumen del alma
hasta hacerla un pañuelo, un puñado de polvo, un gemido.

Tal vez eres, Chile, la cola del mundo, el cometa marino
apenas pegado al asombro nevado de la cordillera
y el paso instantáneo de un átomo suelto en la vena magnética:
se cimbra tu sombra de ámbar y tu geología
como si el rechazo del Polo al imán de tus viñas azules
hiciera el conflicto, y tu esencia, otra vez derramada,
otra vez debe unir su desgracia y su gracia y nacer
    otra vez.

Por los muros caídos, el llanto en el triste hospital,
por las calles cubiertas de escombros y miedo,
por la mina que forma la sombra a las doce del día,
por el ave que vuela sin árbol y el perro que aúlla
    sin ojos,
patria de agua y de vino, hija y madre de mi alma,
déjame confundirme contigo en el viento y el llanto
y que el mismo iracundo destino aniquile mi cuerpo y mi
    tierra.

Oh sin par hermosura del norte desierto,
la arena infinita, las huellas metálicas de los meteoros,
la sombra cortando el dibujo de su geografía violeta
en la clara paciencia del día vacío como una basílica
en la que estuvieran sentadas las piedras caídas desde otro
    planeta:
a su alrededor las colinas de cuello irisado esperando y más
    tarde
las estrellas más frescas del mundo palpitan tan cerca
que huelen a sombra, a jazmín, a la nieve del cielo.

Oh pampas desnudas, capítulos crueles que sólo recorren los
    ojos del ceibo,
sin par es el nombre del hombre que cava en la puerta
    maldita
y rompe dejando sus manos en los cementerios
la costra del astro escondido, nitrato, sulfato, bismuto,
y arriba en la nieve desierta de cruces la altura erizada,
la entrega a través de su sangre la sangre maligna del cobre,

sin par es el nombre del hombre y modesta es su suave
   costumbre,
se llama chileno, está arriba y abajo en el fuego, en el frío,
no tiene otro nombre y le basta con eso, no tiene apellido,
se llama también arenal o salitre o quebranto
y sólo si miras sus manos amargas sabrás que es mi hermano.

Rosales, Ramírez, Machucas, Sotos, Aguileras,
Quevedos, Basoaltos, Urrutias, Ortegas, Navarros,
   Loyolas
Sánchez, Pérez, Reyes, Tapias,
Conejeros, González, Martínez,
Cerdas, Montes, López, Aguirres, Morenos, Castillos,
Ampueros, Salinas, Bernales, Pintos, Navarretes,
Núñez, Carvajales, Carrillos, Candias, Alegrías,
Parras, Rojas, Lagos, Jiménez, Azócares,
Oyarzunes, Arces, Sepúlvedas, Díaz,
Álvarez, Rodríguez, Zúñigas, Pereiras, Robles, Fuentes, Silvas,
nombres que son hombres o granos de pólvora o trigo,
éstos son los nombres que firman las páginas de la
   primavera,
del vino, del duro terrón, del carbón, del arado,
éstos son los nombres de invierno, de las oficinas, de los
   ministerios,
nombres de soldados, de agrarios, de pobres y muchos, de
   entrada temprano
y salida abierta en la sombra sin gloria y sin oro:
a éstos pertenezco y ahora en la noche de alarma, tan lejos
en medio del mar, en la noche, los llamo y me llamo:
el que cae me cae, el herido me hiere, el que muere me
   mata.

Oh patria, hermosura de piedras, tomates, pescados, cereales,
   abejas, toneles,
mujeres de dulce cintura que envidia la luna menguante,
metales que forman tu claro esqueleto de espada,
aromas de asados de invierno con luz de guitarras nocturnas,
perales cargados de miel olorosa, chicharras, rumores

de estío relleno como los canastos de las chacareras,
oh amor de rocío de Chile en mi frente, destruye este sueño
   de ira,
devuélveme intacta mi patria pequeña, infinita, callada sonora
   y profunda!

Oh ramos del sur, cuando el tren dejó atrás los limones
y sigue hacia el sur galopando y jadeando rodando hacia el
   Polo,
y pasan los ríos y entran los volcanes por las ventanillas
y un olor de frío se extiende como si el color de la tierra
   cambiara y mi infancia
tomara su poncho mojado para recorrer los caminos de agosto.

Recuerdo que la hoja quebrada del peumo en mi boca cantó
   una tonada
y el olor del raulí mientras llueve se abrió como un arca
y todos los sueños del mundo son una arboleda
por donde camina el recuerdo pisando las hojas.

Ay canta guitarra del sur en la lluvia, en el sol lancinante
que lame los robles quemados pintándoles alas,
ay canta, racimo de selvas, la tierra empapada, los rápidos
   ríos,
el inabarcable silencio de la primavera mojada,
y que tu canción me devuelva la patria en peligro:
que corran las cuerdas del canto en el viento extranjero
porque mi sangre circula en mi canto si cantas,
si cantas, oh patria terrible, en el centro de los terromotos
porque así necesitas de mí, resurrecta,
porque canta tu boca en mi boca y sólo el amor resucita.

No sé si te has muerto y he muerto: esperando saberlo te
   canto este canto.

SIGUE LA BARCAROLA:

LOS INVULNERABLES

Tu mano en mis labios, la seguridad de tu rostro,
el día del mar en la nave cerrando un circuito
de gran lontananza cruzada por aves perdidas,
oh amor, amor mío, con qué pagaré, pagaremos la espiga
    dichosa,
los ramos de gloria secreta, el amor de tu beso en mis besos,
el tambor que anunció al enemigo mi larga victoria,
el callado homenaje del vino en la mesa y el pan merecido
por la honestidad de tus ojos y la utilidad de mi oficio
    indeleble:
a quién pagaremos la dicha, en qué nido de espinas
esperan los hijos cobardes de la alevosía,
en qué esquina sin sombra y sin agua las ratas peludas del
    odio
esperan con baba y cuchillo la deuda que cobran al mundo?

Guardamos tú y yo la florida mansión que la ola estremece
y en el aire, en la nave, en la luz del conflicto terrestre,
la firmeza de mi alma elevó su estrellada estructura
y tú defendiste la paz del racimo incitante.
Está claro, al igual que los cauces de la cordillera trepidan
abriéndose paso sin tregua y sin tregua cantando,
que no dispusimos más armas que aquellas que el agua dispuso
en la serenata que baja rompiendo la roca,
y puros en la intransigencia de la catarata inocente
cubrimos de espuma y silencio el cubil venenoso
sin más interés que la aurora y el pan,
sin más interés que tus ojos oscuros abiertos en mi alma.

Oh dulce, oh sombría, oh lluviosa y soleada pasión de estos
    años,
arqueado tu cuerpo de abeja en mis brazos marinos,
sentimos caer el acíbar del desmesurado, sin miedo,
con una naranja en la copa del vino de otoño.

Es ahora la hora y ayer es la hora y mañana es la hora:
mostremos saliendo al mercado la dicha implacable

y déjame oír que tus pasos que traen la cesta de pan y
suenan entreabriendo el espejo del tiempo distante y presente
como si llevaras en vez del canasto selvático
mi vida, tu vida: el laurel con sus hojas agudas y la miel de
    los invulnerables.

Segundo episodio:

SERENATA DE PARÍS

Hermosa es la rue de la Huchette, pequeña como una
    granada
y opulenta en su pobre esplendor de vitrina harapienta:
allí entre los beatniks barbudos en este año del sesenta y
    cinco
tú y yo transmigrados de estrella vivimos felices y sordos.
Hace bien cuando lejos temblaba y llovía en la patria
descansar una vez en la vida cerrando la puerta al lamento,
soportar con la boca apretada el dolor de los tuyos que es tuyo
y enterrar la cabeza en la luz madurando el racimo del llanto.

París guarda en sus techos torcidos los ojos antiguos del tiempo
y en sus casas que apenas sostienen las vigas externas
hay sitio de alguna manera invisible para el caminante,
y nadie sabía que aquella ciudad te esperaba algún día
y apenas llegaste sin lengua y sin ganas supiste sin nadie que
    te lo dijera
que estaba tu pan en la panadería y tu cuerpo podía soñar
    en su orilla.

Ciudad vagabunda y amada, corona de todos los hombres,
diadema radiante, sargazo de rotiserías,
no hay un solo día en tu rostro, ni una hoja de otoño en tu
    copa:
eres nueva y renaces de guerra y basura, de besos y sangre,
como si en cada hora millones de adioses que parten
y de ojos que llegan te fueran fundando, asombrosa
y el pobre viajero asustado de pronto sonríe creyendo que lo
    reconoces

107

y en tu indiferencia se siente esperado y amado
hasta que más tarde no sabe que su alma no es suya
y que tus costumbres de humo guiaban sus pasos
hasta que una vez en su espejo lo mira la muerte
y en su entierro París continúa caminando con pasos de niño,
con alas aéreas, con aguas del río y del tiempo que nunca envejecen.

SOLEDAD

Viajero, estoy solo en la rue de la Huchette. Es mañana.
Ni un solo vestigio de ayer se ha quedado pegado en los muros.
Se prepara pasado mañana en la noche ruidosa
que pasa enredada en la niebla que sube de las cabelleras.
Hay un vago silencio apoyado por una guitarra tardía.
Y comprendo que en esta minúscula callecita tortuosa
alguien toca a rebato el metal invisible
de una aguda campana que extiende en la noche su círculo
y en el mapa redondo bajando la vista descubro
caminos de hormiga que vienen surcando el otoño y los mares
y van deslizando figuras que caen del mapa de Australia,
que bajan de Suecia en los ferrocarriles de la madrugada desierta,
pequeños caminos de insecto que horadan el aire y la tierra
y que se desprendieron de España, de Escocia, del Golfo de México,
taladrando agujeros que tarde o temprano penetran la tierra
y aquí a medianoche destapa la noche su frío orificio
y asoma la frente de algún colombiano que amarra en el cinto
su vieja pistola y la loca guitarra de los guerrilleros.

Tal vez Aragon junto a Elsa extendió el archipiélago
de sus sueños poblados por anchas sirenas que peinan la música
y sobre la rue de Varennes una estrella, la única del cielo vacío,
abre y cierra sus párpados de diamante y platino,

y más lejos el traje fragante de Francia se guarda en un arca
porque duermen las viñas y el vino en las cubas prepara
la salida del sol, profesor de francés en el cielo.

Hacia Menilmontant, en mis tiempos, hacia los acordeones
del milnovecientosveinte año acudíamos: era seria la cita
con el hampa de pucho en la boca y brutal camisera.
Yo bailé con Friné Lavatier, con Marise y con quién?
Ah con quién? Se me olvidan los nombres del baile
pero sigo bailando la "java" en la impura banlieue
y vivir era entonces tan fácil como el pan que se come en los trenes,
como andar en el campo silbando, festejado por la primavera.

VALLEJO

Más tarde en la calle Delambre con Vallejo bebiendo calvados
y cerveza en las copas inmensas de la calle Alegría,
porque entonces mi hermano tenía alegría en la copa
y alzábamos juntos la felicidad de un minuto que ardía en el aire
y que se apagaría en su muerte dejándome ciego.

CREVEL

O tal vez aquí debo recordar en el canto que canto
cuando bajo del tren en Burdeos y compro un periódico
y la línea más negra levanta un puñal y me hiere:
Crevel había muerto, decía la línea, en el horno de gas, su cabeza,
su cabeza dorada, rizada en el horno como el pan para un rito,
y yo que venía de España porque él me esperaba
allí en el andén de Burdeos leyendo el cuchillo
con que Francia acogía mi viaje en aquella estación, en el frío.

Pasa el tiempo y no pasa París, se te caen
los cabellos, las hojas al árbol, los soldados al odio,
y en la catedral los apóstoles relucen con la barba fresca,
con la barba fresca de fresa de Francia fragante.

Aunque la desventura galopa a tu lado golpeando el tambor
   de la muerte
la rosa marchita te ofrece su copa de líquido impuro
y la muchedumbre de pétalos que arden sin rumbo en la
   noche
hasta que la rosa tomó con el tiempo entre los
   automóviles
su color de ceniza quemada por bocas y besos.

ISLA

Amor mío, en la Isla Saint Louis se ha escondido el otoño
como un oso de circo, sonámbulo, coronado por los
   cascabeles
que caen del plátano, encima del río, llorando:
ha cruzado el crepúsculo el Puente del Arzobispado,
en puntillas, detrás de la iglesia que muestra sus graves
   costillas,
y tú y yo regresamos de un día que no tuvo nada
sino este dolor y este amor dispersado en las calles,
el amor de París ataviado como una estación cenicienta,
el dolor de París con su cinta de llanto enrollada a su
   insigne cintura
y esta noche, cerrando los ojos, guardaremos un día como
   una moneda
que ya no se acepta en la tienda, que brilló y consumó su
   tesoro:
tendidos, caídos al sueño, siguiendo el inmóvil camino,
con un día de más o de menos que agregó a tu vestuario
un fulgor de oro inútil que, sin duda, o tal vez, es la vida.

SIGUE LA BARCAROLA:

REGRESO

Ardiente es volver a la espuma que acosa mi casa, al vacío
que deja el océano después de entregar su carreta de
 truenos,
tocar otra vez con la sangre la ráfaga de frío y salmuera
que muerde la orilla de Chile aventando la arena
 amarilla.

Es azul regresar a la tierra escogida durante el combate,
levantar la bandera de un hombre sin reino
y esperar de la luz una red que aprisione la trémula plata
de los peces oscuros que pueblan el piélago puro.

Es eterno comer otra vez con el vino ancestral en la copa
la carne arrollada, los tomates de enero con la longaniza,
el ají cuya fresca fragancia te ataca y te muerde,
y a esta hora de sol las humitas de sal y delicia
desenvueltas de sus hojas de oro como vírgenes en el
 sacrificio.

ESTOY LEJOS

Es mía la hora infinita de la Patagonia,
galopo extendido en el tiempo como si navegara,
atravieso los tiernos rebaños cambiando de paso
para no herir las nubes de espeso ropaje,
la estepa es celeste y huele el espacio a campana,
a nieve y a sol machacados en el pasto pobre:
me gusta la tierra sin habitaciones, el peso del viento
que busca mi pecho agachando el ramaje de mi alma.

De dónde he caído? Y cómo se llama el planeta que suena
 como el aluminio
bajo las pisadas de un pobre viajero ahogado en el ancho
 silencio?
Y busco en el rumbo sin rumbo de la oceanía terrestre
siguiendo las huellas borradas de las herraduras,

mientras sale la luna como el pan de la boca de un horno
y se va por el campo amarrada al caballo más lento del cielo.

Oh anillo espacioso que mueve contigo su círculo de oro
y que, caminando, te lleva en su centro sin abandonarte,
cuántas sombras cambiaron hostiles estilos de espinas
　　quemantes
mientras tú continuabas al centro del gris hemisferio
o el zorro de pies invisibles que se deslizó resbalando en
　　el frío
o la luz que cambió de bandera después de besar tu caballo,
o el follaje entendido en desdichas que acepta tu ausencia
o el postrer colibrí que encendió su pequeño reloj de
　　turquesa en el brazo de las soledades
o el trueno que se desarrolla rodando en su propia morada
o las avestruces de pies militares y ojos de colegio
o, más pura que todo, la tierra y sus respiraciones,
la tierra que muestra su piel de planeta, su cuero de amargo
　　caballo,
la tierra terrestre con el rastro extirpado de alguna fogata,
sin enfermedades, sin hombres, sin calles, sin llanto ni
　　muerte,
con el viento ilustre que limpia de noche y de día la
　　naturaleza
y bruñe la hirsuta medalla de la huracanada pradera,
de las patagonias nutridas por la soledad y el rocío.

Es adentro, en el hueco o la sombra, en la torre agobiada,
que busqué y te encontré suspirando, bien mío,
fue una hora en que todo el baluarte tembló, moribundo,
y en mi pecho la duda y la muerte volaban desnudas:
amor mío, cereza, guitarra de la primavera,
qué dulce tu cuello desviando las flechas del padecimiento
y tu rectitud de figura de proa en el viento salado que
　　impone su rostro al navío.

Amada, no fue en extensiones y costas, no fue en erizadas
　　arenas,
no fue tu llegada a un castillo rodeado por la geografía,
sino a una catástrofe pobre que apenas concierne al viajero,

a una grieta que multiplicaba cuchillos en mi desventura,
y así tu salud victoriosa inclinándose sobre el camino
encontró mi dolor y arrancó las espadas de aquella
   agonía.

Oceana, otra vez con tu nombre de ola visito el océano
y viviente y durmiente a mi lado en la luz implacable de
   enero
no sabemos sufrir, olvidamos la piedra enlutada
que pesó sobre un año incitando mi pecho a latir como un
   agonizante.

Yo cambié tantas veces de sol y de arte poética
que aún estaba sirviendo de ejemplo en cuadernos de
   melancolía
cuando ya me inscribieron en los nuevos catálogos de los
   optimistas,
y apenas me habían declarado oscuro como boca de lobo o de
   perro
denunciaron a la policía la simplicidad de mi canto
y más de uno encontró profesión y salió a combatir mi
   destino
en chileno, en francés, en inglés, en veneno, en ladrido, en
   susurro.

Aquí llevo la luz y la extiendo hacia el mal compañero.

La luz brusca del sol en el agua multiplica palomas, y
   canto.

Será tarde, el navío entrará en las tinieblas, y canto.

Abrirá su bodega la noche y yo duermo cubierto de estrellas.
   Y canto.

Llegará la mañana con su rosa redonda en la boca. Y yo
   canto.

Yo canto. Yo canto. Yo canto. Yo canto.

REGRESO

Ayer regresamos cortando el camino del agua, del aire
   y la nieve
y al aterrizar en la palma, en la mano de Chile,
vagamente inquietos de la permanencia en confines distantes,
abrumadamente dormidos aún en el sueño del vuelo
sin tocar apenas ni reconociendo la tierra temible y amada,
vino la bondad con su traje gris y la inmóvil grandeza que
   nadie conoce
y tuve a mi vista la estrella que te reconoce
y así con valijas que apenas tocaban los dedos de los
   aduaneros,
rodeado por tres automóviles de amigos amados,
entré con Matilde a la sala de los candelabros del mundo,
a mi patria pequeña que enciende sus velas volcánicas
entre el esplendor de las nieves intactas y el coro del agua
   marina.

Oh patria, al besar tu cintura de avispa volcánica,
al subir la mirada a tus cerros de párpados negros
y bajar a besar en la arena del mar la harapienta
   hermosura
de tus pies maltratados que suben y bajan por las cordilleras,
recibí de repente el olor de la costa marina
y cuanto dolor iracundo abrumó a mis pequeños hermanos,
miserias que matan con manos más duras que los terremotos,
injusticia vertiendo la sal en la herida, quemando la piedra
   del alma,
todo eso voló desprendido en la ráfaga del mar
   majestuoso,
del único océano, de la rosa gigante que se abre y se cierra
   en la orilla
perfumando tu hirsuta belleza con sus movimientos azules.

Aquí está el estilo, sin duda, a ver, salta! Supongo,
corazón de papel, que mi nave cruzaste bailando a la moda,
a la moda del andar, a la moda de ser, y es verdad que
   miramos
con los ojos cambiantes y abrimos la puerta con llaves
   futuras,

pero aquí entre el breñal sacudido y la insólita niebla de
   enero,
chamuscada la hierba, sedienta la luna, sin sol y sin nadie la
   arena,
y el vaivén de la ola que cava su tumba infinita
y el olor extenso de sal soberana que se desenrolla
como un episodio del frío, cantando con truenos,
aquí, dónde encuentro, pregunto, el consejo?
Y es claro lo leo en la ráfaga, en la huella del ave queltehue,
en la ronca advertencia del mar, en la noche que cuenta y que
   suma,
y en las cicatrices abiertas de los roqueríos
por las quebraduras del hielo de antiguas catástrofes.

La borrasca que enciende la espuma coronando el cenit del
   oleaje
me ha enseñado a limpiar las oscuras herramientas de mi
   desvarío,
me ha enseñado a extender y secar en el viento el linaje de mi
   profecía,
y en estas arrugas de piedra, en la roca quebrada por la
   eternidad movediza,
hallé un nido reciente de barro y de paja fragante
con los huevos del mar y las alas de la travesía.
De modo que un beso sin nombre con labios de tierra
o un nombre con labios de sombra marina o la miel de la
   costa salvaje
o los sordos susurros que indican al mes de septiembre
que la primavera enterrada comienza a arañar con sus uñas
   el féretro
o más bien la lluviosa llamada de un niño que tiene mi rostro
y que encuentro en las dunas, perdido, y que no reconozco,
todo esto, agregando el barril de las malas acciones que vuelven
   y asustan,
o el ramo de nardos inútiles que tal vez se pudrió en una
   puerta
sin que aquella a que fue destinado tocara o besara su aroma
todo esto es el libro, el manual de mi sabiduría:
y no puedo aprender otras cosas porque llego de la desventura
y ya descargué tantos sacos del color amaranto en la lluvia

que sólo me queda una hora para hacerme feliz: es temprano:
es temprano y es tarde, es temprano: amanece con luna
y en el sol de la noche recojo las mejores espigas del cielo.

AMOR

Dónde estás, oh paloma marina que bajo mis besos caíste
herida y salvaje en la trémula hierba del Sur transparente
alló donde mueve sus rayos glaciales mi soberanía,
muchacha campestre, amasada con barro y con trigo,
amante que al mar galopando robé con puñal, oh sirena,
y al volcán desafié para amarte trayendo sobre la montura
tus crines que el fuego tiñó elaborando su llama cobriza.

Amada, es tu sombra como la frescura que deja el racimo
sobre la amarilla campana del vasto verano
y es el sumergido calor de tu abrazo en mi cuerpo
la respuesta al rayo y al escalofrío de oro que yo precipito.
Porque dos nupciales con una cereza, con un solo río,
y una sola cama y una sola luna que el viento derriba sobre
    la pradera,
son dos claridades que funden sobre sus cabezas el arco del
    día
y estrellan la noche con los minerales de su desamparo,
con el desamparo del amor desnudo que rompe una rosa y
    construye una rosa,
y construye una rosa que vive, palpita, perece y renace,
porque ésa es la ley del amor y no sabe mi boca
sino hablar sin hablar con tu boca en el fin y el comienzo de
    todo,
amorosa, mi amor, mi mujer acostada en el trigo,
en las eras de marzo, en el barro de la Araucanía.

Tercer episodio:

CORONA DE ARCHIPIÉLAGO PARA RUBÉN AZÓCAR

DESDE Chile llegó la noticia mal escrita por mano de Muerte:
el mejor de los míos, mi hermano Rubén está inmóvil
adentro de un nicho, en la tumba mezquina de los ciudadanos.

Bienamada, en la hora del aire recoge una lágrima y llévala
a través del Atlántico negro a su ruda cabeza dormida:
no me traigas noticias: no puedo entender su agonía:
él debió terminar como un tronco quemado en la selva,
erguido en la ilustre armadura de su desarmada inocencia.

Nunca he visto otro árbol como éste, no he visto en el bosque
tal corteza gigante rayada y escrita por las cicatrices:
el rostro de Azócar, de piedra y de viento, de luz machacada,
y bajo la piel de la estatua de cuero y de pelo
la magnánima miel que ninguno posee en la tierra.

Tal vez en el fondo del África, en el mediodía compacto,
una flecha revela en el ave que cae volando la espléndida sal
    del zafiro,
o más bien el harpón ballenero saliendo sangriento de la
    bestia pura
tocó una presencia que allí preservaba el aroma del ámbar:
así fue en mi camino mi hermano que ahora llorando recubro
con la mínima pompa que no necesitan sus ojos dormidos.

Así fue por aquellos entonces felices y malbaratados
que yo descubrí la bondad en el hombre, porque él me enseñaba,
abriendo sonriendo, con cejas de árbol, el nido de abejas
    invictas
que andaba con él susurrando de noche y de día
y entonces, a mí que salía de la juventud envidiosa y
    suprema,
tocándose el pecho cubierto por su abandonada chaqueta,
me dio a conocer la bondad, y probé la bondad, y hasta
    ahora
no he podido cambiar la medida del hombre en mi canto:
nunca más aprendí sino aquello que aprendí de mi hermano
    en las islas.

Él paseaba en Boroa, en Temuco con un charlatán sinalefo,
con un pobre ladrón de gallinas vestido de negro
que estafaba, servil y silvestre, a los dueños de fundo:
era un perro averiado y roído por la enfermedad literaria

que, a cuento de Nietzsche y de Whitman, se disimulaba
   ladrando
y mi pobre Rubén antagónico soportaba al pedante inclemente
hasta que el charlatán lo dejó de rehén en el pobre hotelucho
sin plata y sin ropa, en honor de la literatura.
Mi hermano! Mi pobre león de las gredas amargas de Lota,
mineral, encendido como los fulgores del rayo en la noche de
   lluvia,
mi hermano, recuerdo tus ojos atónitos frente al desacato
y tu pura pureza empeñada por un espantajo vargasvilovante.
No he visto unos ojos tranquilos como en ti en ese instante tus
   ojos
al pesar el veneno del mundo y apartar con sombría entereza
el puñal del dolor, y seguir el camino del hombre.

Ay hermano, ay hermano de ciencia escondida, ay hermano
   de todo el invierno en las islas:
ay, hermano, comiendo contigo porotos con choclos recién
   separado
del marfil silencioso que educa el maíz en sus lanzas,
y luego los choros saliendo del mar archipiélago,
las ostras de Ancud, olorosas a mitología,
el vino de invierno bebido sin tregua en la lluvia
y tu corazón desgranándose sobre el territorio.

No es la vida la que hace a los hombres, es antes,
es antes: remoto es el peso del alma en la sangre:
los siglos azules, los sueños del bosque, los saurios perdidos
en la caravana, el terror vegetal del silencio,
se agregaron a ti antes de nada, tejieron con sombra y madera
el asombro del niño que te acompañó por la tierra.

Sé que en México huraño en un día desértico estuvo
tu cabeza agobiada, tu boca con hambre, tu risa hecha polvo.

Y no puedo olvidar que al cruzar el Perú te olvidaron en un
   calabozo.

Mientras de Panamá en la maraña de humedad y raíces,
tú, sabiendo que allí las serpientes tomaban el tórrido sol y
   mordían.

allí te tendiste a morir de regreso a las lianas, y entonces
un milagro salvó tu pellejo para nuestra alegría.

Ya se sabe que un día de Cuba, transformado en donoso
    doncel,
parodiaste con verso y donaire los exilios de aquel Caballero
que dejó a su galana Madama un recuerdo en un cofre oloroso,
y se sabe que cuando con flor en la mano tu gracia paseaba
por el equinoccio del cuento hilarante y patético,
Fidel con su barba y altura se quedó asombrado al oírte y
    mirarte
y luego abrazándote, con risa y delicia, bajó la cabeza,
porque entre batalla y batalla no hay laurel que cautive al
    guerrero
como tu generosa presencia regalando la magia y la miel,
adorable payaso, capitán del derroche, redentor de la sabiduría.

Si contara, si pudiera contar tus milagros, los cuentos
que colgaste en el cuello del mundo como un collar claro:
dispusiste de un ancho desván con navíos
y muñecas, muñecos que te obedecían apenas
se movían tus cejas pobladas por árboles negros.

Porque tú antes de ser, lo adivino, escogiste tu reino,
tu pequeña estatura, tu cabeza de rey araucano,
y de cuanto más noble y más firme encontraste en la nada
construiste tu cuerpo y tu sueño, pequeño monarca,
agregándole inútiles hebras que siguen brillando
con el oro enlutado de tu travesura grandiosa.

A veces mirándote el ceño con que vigilabas mis pasos,
temiendo por mí como el padre del padre del padre del
    hijo,
divisé en tu mirada una antigua tristeza.
y habría tenido razón la tristeza en tus ojos antiguos:
los cercanos a ti no supieron venerar tu madera celeste
y a menudo pusieron espinas en tu cabellera
y con lanzas de hierro oxidado te clavaron en la desventura.

Pero aquella agua oscura que a la vez encontré en tu mirada
guardaba el silencio normal de la naturaleza
y si habían caído las hojas al fondo del pozo en tinieblas
no pudrieron las hojas difuntas la cisterna de donde surgía
tu solemne bondad florecida por un ramo indomable de rosas.

Tengo el As! Tengo el Dos! Tengo el Tres!, cantarán y tal
   vez cantaremos:
cantarán, cantaremos al borde del vino de octubre:
cantaremos la inútil belleza del mundo sin que tú la veas,
sin que tú, compañero, respondas riendo y cantando,
cantando y llorando algún día en la nave o más bien a la
   orilla
del mar de las islas que amaste, marino sonoro:
cantarán, cantaremos, y el bosque del hombre perdido,
la bruma huaiteca, el alarce de pecho implacable
te acompañarán, compañero, en tu canto invisible.

Tengo el As! Tengo el Dos! Tengo el Tres! Pero faltas,
   hermano!
Falta el rey que se fue para siempre con la risa y la rosa en
   la mano.

SIGUE LA BARCAROLA:

LOS AÑOS

Va el tiempo bajando tal vez en mi cuerpo, en tu cuerpo, una
   rosa,
y como un termómetro la edad de la rosa desciende a la
   tierra:
es lenta y delgada la línea de su inexorable angostura
y en la transparencia del día camina la sed en la copa
y se va aminorando la llama del vino en tu cuerpo:
la rosa que estuvo en la altura de tu cabellera
infundiendo la pompa fragante de la primavera
bajó desbordando los ojos con agua de espaldas y relámpago
   de aguamarina,
puso en la nariz un temblor de aleteo de vuelo en la sombra

y el rastro que deja el aroma veloz del venado en la selva
todo fue percibido, cazado, quemado y perdido:

la rosa duplica los labios curiosos y ansiosos del enamorado,
levanta los pechos compactos de las azucenas
y crece la dura doncella como un obelisco
hasta derramarse en caricias mojadas por el embeleso
y baja la rosa en el hijo matando a la madre
y vuelve a brillar su destello en la altura del hombre que nace,
hasta que en el tránsito se cae del sexo la rosa
y se tambalea la edad en la noche del frío
hasta que la tierra recoge tu cuerpo que ya no florece.

No cuento el pasaje, no diga el viajero que yo lo examino,
no diga que veo a través de su cuerpo de vidrio la edad que
    sostiene o demuele sus pasos,
yo soy el distante que lleva en sus venas su vida y la mía
y si participo de su alma comparto con él el otoño
y en el movimiento estrellado de las estaciones floridas
resguardo la parte de la primavera que le corresponde.

Fue mi obligación transparente vivir otras vidas,
morir otras muertes y resucitar entre gentes que no me conocen.

Es ésta la hora del mar circundante y por la ventana comprendo
el agua infinita que no me interesa. Sabed, compañeros,
que los pescadores de erizos salieron y veo su mínima nave
tocar el peñón de Isla Negra alejarse bailando en la espuma
mientras sube y desciende en la ola un aciago debate:
la proa se cae de bruces y cede el vacío
hasta que otra vez se establece en la espuma su nenúfar negro.
Bajó enmascarado al silencio el que era Rodríguez
y ahora con ropa de escualo se llama sigilo y ondula
buscando pegado a la piedra el callado organismo
que late entreabierto pegado a su madre infinita
hasta que el cuchillo separe la vida y la piedra
y el hombre regresa llevando en un saco el molusco sangriento.

121

UN DÍA

Se fue ayer, se hizo luz, se hizo humo, se fue,
y otro día compacto levanta una lanza en el frío:
A quién falto? Qué voz que no escucho me llama llorando
o quién es el perdido en el bosque con una guitarra?
Tal vez huye entre ramas mojadas el puma de pies amarillos
o en la calle San Diego, en Santiago de Chile, una joven vestida
   de yedra
al amar entrelaza su abrazo con aquellos jazmines amargos
que treparon en mi adolescencia por mi voz quebrantando
   balcones.

LOS DÍAS

Quién separa el ayer de la noche y del hoy que preñaba su
   copa?
Y qué lámina de agua incesante o de bronce roído o de hielo
impidió que acudiera mi pecho a las llamas que me procrearon?
Y quién soy?, le pregunto a las olas cuando en fin navegué
   sin navío
y me pude dar cuenta que el mar lo llevaba yo mismo en los
   ojos.
Sin embargo este día que ardió y consumió su distancia
dejó atrás sus sombríos orígenes, olvidó la uterina tiniebla,
y creció como la levadura levantando hacia arriba los brazos
hasta que disgregó la substancia de la luz que lo favorecía,
y se fue separando del cielo hasta que convertido otra vez
   en familia del humo
se deshizo en la sombra que otra vez convertida en abeja
salía volando en la luz de otro día radiante y redondo.

RESURRECCIÓN

Yo me disminuyo en cada día que corre y que cae,
como si naciera: es el alba en mi sangre: sacudo la ropa,
se enredan las ramas del roble, corona el rocío con siete
diademas mis recién nacidas orejas,
en el mediodía reluzco como una amapola en un traje de luto,
más tarde la luz ferroviaria que huyó transmigrando de los
   archipiélagos
se agarra a mis pies invitándome a huir con los trenes

que alargan el día de Chile por una semana
y cuando saciada la sombra con el luminoso alimento
estática se abre mostrando en su seno moreno la punta de
   Venus
yo duermo hecho noche, hecho niño y naranja,
extinto y preñado del nuevo dictamen del día.

CAMPANAS

Me gustó desde que era nonato escuchar las campanas,
tocar el rocío en el bronce de los campanarios,
y luego creciendo salvaje entre empalizadas con barbas de
   musgo
hundí mis zapatos y berbecho cruzando la lluvia,
voló la paloma torcaza que como un brasero de plumas
ardía en su tornasolado linaje de cuello y de cola
y así me crié solitario cantando para quién? Para nadie:
tal vez para aquellas regiones de troncos podridos y lianas,
tal vez para la húmeda tierra que hundía mis pies en un tierno
   sarcófago de hojas caídas,
pero yo no crecí para oídos humanos y cuando cayó una
   medalla
en mi pecho, otorgada por merecimientos de canto,
miré alrededor, con los ojos busqué para quién era el Premio
y bajé la cabeza, confuso, porque descubrí que era mío
y que mi alma de alguna manera se encontró con los pueblos
   callados
y cantó publicando la pena o la flor de las gentes que no
   conocía.

AMOR

Oh amor, oh victoria de tu cabellera agregando a mi vida
la velocidad de la música que se electrizó en la tormenta
y fuera del ámbito puro que se desarrolla quemando
aquellas raíces cubiertas por la polvareda del tiempo
contigo, amorosa, vivieron el día de lluvia remota
y mi corazón recibió tu latido latiendo.

SONATA

Oh clara de luna, oh estatua pequeña y oscura,
oh sal, oh cuchara que saca el aroma del mundo y lo vuelca
  en mis venas,
oh cántara negra que canta a la luz del rocío,
oh piedra del río enterrado de donde volaba y volvía la
  noche,
oh pámpana de agua, peral de cintura fragante,
oh tesorería del bosque, oh paloma de la primavera,
oh tarjeta que deja el rocío en los dedos de la madreselva,
oh metálica noche de agosto con argollas de plata en el cielo,
oh mi amor, te pareces al tren que atraviesa el otoño en Temuco,
oh mi amada perdida en mis manos como una sortija en la
  nieve,
oh entendida en las cuerdas del viento color de guitarra
que desciende de las cordilleras, junto a Nahuelbuta llorando,
oh función matinal de la abeja buscando un secreto,
oh edificio que el ámbar y el agua construyeron para que
  habitara
yo, exigente inquilino que olvida la llave y se duerme a la
  puerta,
oh corneta llevada en la grupa celestial del tritón submarino,
oh guitarra de greda sonando en la paz polvorienta de Chile,
oh cazuela de aceite y cebolla, vaporosa, olorosa, sabrosa,
oh expulsada de la geometría por arte de nube y cadera,
oh máquina de agua, oh reloja de pajarería,
oh mi amorosa, mi negra, mi blanca, mi pluma, mi escoba,
oh mi espada, mi pan y mi miel, mi canción, mi silencio, mi
  vida.

LA CALLE

También te amo, calle repleta de rostros que arrastran
  zapatos,
zapatos que rayan la rueda del orbe instalando almacenes,
y vivo en el cauce de un río infinito de mercaderías,
retiro las manos de la devorante ceniza que cae,
que envuelven la ropa que sale del cinematógrafo,
me pego a los vidrios mirando con hambre sombreros
  que me comería

o alhajas que quieren matarme con ojos de cólera verde
o jabones tan suaves que se hicieron con jugo de luna
o libros de piel incitante que me enseñarían tal vez a
  morirme
o máquinas ópticas que fotografían hasta tu tristeza
o divanes dispuestos a las seducciones más inoxidables
o el claro aluminio de las cacerolas especializadas en
  huevos y espárragos
o los trajes de obispo que a menudo llevan bolsillos del
  Diablo
o ferreterías amadas por la exactitud de mi alma
o farmacias pálidas que ocultan, como las serpientes, bajo
  el algodón,
colmillos de arsénico, dientes de estricnina y ungüentos
  letales,
o tapices vinílicos, estocolmos, brocatos, milanos,
terylén, cañamazo, borlón y colchones de todo sosiego
o relojes que van a medirnos y por fin a tragarnos
o sillas de playa plegables adaptables a todo trasero
o telares con ratier, 1,36 Diederich, complicados y
  abstractos,
o vajillas completas o sofás floreados con funda
o implacables espejos que esperan demostrar la venganza
  del agua
o escopetas de repetición tan suavísimas como un hocico
  de liebre
o bodegas que se atiborraron de cemento: y yo cierro los
  ojos:
son los huevos de Dios estos sacos terribles que siguen
  pariendo este mundo.

AMANECIENDO

Amor mío, al buscarte recién despertado recorrí con mis
  manos tus dedos,
sorprendí el alabastro dormido en tu mano a esa hora
y encontré cada uña en mi tacto alargando la sílaba lisa
que forma tu nombre en el cielo estrellado del sol y
  la luna.
Cada uña en tu mano envolvía un fragmento del sueño
  en tu cuerpo

y con la frescura del ágata cambiaban tus dedos en
    piedra,
de alguna manera infundada el clamor de tu sangre
    viviente
en sal circulante, en estatua de nácar fue precipitado
y sólo toqué aquella estrella de cinco esmeraldas
    dormidas,
suavísimas puntas hundidas en la lentitud de la sombra,
pensando entre sueño y vigilia que se transmutaron
siguiendo el transcurso del agua en la roca
en frío, en espadas, en cuarzo robado a la tierra nocturna,
al aire del cielo en la noche que desenvainó sus estatuas
y se puso a brillar encendiendo las piedras en la magnitud
    silenciosa.

LA NOCHE

Oh noche, oh substancia que cambia tu cuerpo y devuelve
    a la tierra la estrella,
pensé, sacudido entre inciertos temores tocando tus
    dedos,
pensando en la rosa de sal deslumbrante que había caído
    del cielo.
Oh amor, oh infinito regado por la geología,
oh cuerpo de labios nocturnos que me anticiparon la
    aurora
con la exactitud de una fruta celeste amparada por la
    claridad del rocío.

LA TIERRA

Antártica patria que desde el racimo oloroso hasta los
    cereales,
desde la salitrera que esconde la luna enterrada y arriba
    en el frío
los siete episodios del cobre y sus páginas verdes,
extiendes, oh tierra delgada, entre olas de vino y de nieve
tus hijos insignes y desharrapados que cantan en plena
    agonía.

PAÍS

Pequeño país que sobre los montes huraños y el agua
   infinita
transcurres llevando entre torvas arrugas la luz mineral
   y las uvas del vino
y de un sitio al otro al chileno moreno y errante
que pica la piedra de su sepultura volcánica
con el pantalón remendado y los ojos heridos.

Ven a visitarme extranjero entre Arica y la Tierra del
   Fuego:
hace frío en las islas y el mar enarbola el molino de su
   movimiento,
las habitaciones se encogen al paso del cielo que como
   un caballo irritado
galopa en la noche frenética golpeando los techos del
   hombre.

Abrió el vendaval la ventana y entró en la cocina
   buscando
el fuego que cuece las pobres patatas del pueblo perdido.
País, torre erguida en la altura del agrio planeta,
quemado por una corona de crueles relámpagos
y luego entregado a las locomotoras de los terremotos
y luego a la hirviente inmundicia de los arrabales
y luego al desierto que espera y devora al viajero
y luego los mares hirsutos que rompen los ojos de los
   pescadores
y luego en el campo la sed de la tierra, la sed amarilla,
y luego el carbón que en su cueva aniquila a los héroes
   negros
y luego la pobre familia atacada por los agujeros
del techo y la ropa, mirando la zapatería,
divisa los pies de los ángeles con zapatos nuevos en el
   Paraíso.

PRIMAVERA EN CHILE

Hermoso es septiembre en mi patria cubierto con una
   corona de mimbre y violetas
y con un canasto colgando en los brazos colmado de
   dones terrestres:

127

septiembre adelanta sus ojos mapuches matando el
   invierno
y vuelve el chileno a la resurrección de la carne y el vino.
Amable es el sábado y apenas se abrieron las manos del
   viernes
voló transportando ciruelas y caldos de luna y pescado.

Oh amor en la tierra que tú recorrieras que yo
   atravesamos
no tuve en mi boca un fulgor de sandía como en
   Talagante
y en vano busqué entre los dedos de la geografía
el mar clamoroso, el vestido que el viento y la piedra
   otorgaron a Chile,
y no hallé duraznos de enero redondos de luz y delicia
como el terciopelo que guarda y desgrana la miel de mi
   patria.
Y en los matorrales de Sur sigiloso conozco el rocío
por sus penetrantes diamantes de menta, y me embriaga
   el aroma
del vino central que estalló desde tu cinturón de racimos
y el olor de tus aguas pesqueras que te llena de olfato
porque se abren las valvas del mar en tu pecho de plata
   abundante,
y encumbrado arrastrando los pies cuando marcho en los
   montes más duros
yo diviso en la nieve invencible la razón de tu soberanía.

PAÍS

Es mi patria y comprendo tu canto y tu llanto
y toco el contorno de tus tricolores guitarras llorando y
   cantando,
porque soy un puñado de polvo de tu cordillera
y vivo en tu amor el suplicio de condecorar tus
   tormentos.

Yo voy a contarte la historia de algunos, de algunas, de
   nadie,
oyendo la lluvia que rompe sus rombos de vidrio y se
   pierde,

yo voy a contarte la historia de aquel o del hijo de aquel
o de nadie, de todos, porque este destino de greda
nos hace en el horno del pueblo parejos, parientes
 profundos:
tenemos cabeza de cántaro y con ojos de buey manzanero
los pies más urgentes, las piernas que cambian de tierra
 y de río,
las manos hambrientas y el color de la avena quemada,
nosotros chilenos de costa y de monte, de lluvia o secano,
somos casi siempre los mismos errantes dispuestos al viaje
 del oro.

UN RELATO

Y ahora la lluvia redonda color de hemisferio
escucha este cuento de sangre y de oro y de muerte lejana:

Cuarto episodio:

FULGOR Y MUERTE DE
JOAQUÍN MURIETA

ÉSTA ES la larga historia de un hombre encendido:
Natural, valeroso, su memoria es un hacha de guerra.
Es tiempo de abrir el reposo, el sepulcro del claro
 bandido
y romper el olvido oxidado que ahora lo entierra.
Tal vez no encontró su destino el soldado, y lamento
no haber conversado con él, y con una botella de vino
haber esperado en la Historia que pasara algún día su
 gran regimiento.
Tal vez aquel hombre perdido en el viento hubiera
 cambiado el camino.
La sangre caída le puso en las manos un rayo violento,
ahora pasaron cien años y ya no podemos mover su
 destino:
así es que empecemos sin él y sin vino en esta hora quieta
la historia de mi compatriota, el bandido honorable don
 Joaquín Murieta.

Es larga la historia que aterra más tarde y que nace aquí
 abajo
en esta angostura de tierra que el Polo nos trajo y el mar
 y la nieve disputan:
aquí entre perales y tejas y lluvia brillaban las uvas
 chilenas
y como una copa de plata que llena la noche sombría
 de pálido vino
la luna de Chile crecía entre boldos, maitenes, albahacas,
 orégano, jazmines, porotos, laureles, rocío,
entonces nacía a la luz del planeta un infante moreno
y en la sombra serena es el rayo que nace: se llama
 Murieta,
y nadie sospecha a la luz de la luna que un rayo naciente
se duerme en la cuna entre tanto se esconde en los
 montes la luna:
es un niño chileno color de aceituna y sus ojos ignoran
 el llanto.

Mi patria le dio las medallas del campo bravío, de la
 pampa ardiente:
parece que hubiera forjado con frío y con brasas para
 una batalla
su cuerpo de arado y es un desafío su voz, y sus manos
 son dos amenazas.

Venganza es el hierro, la piedra, la lluvia, la furia, la
 lanza,
la llama, el rencor del destierro, la paz crepitante,
y el hombre distante enceguece clamando en la sombra
 venganza,
buscando en la noche esperanza sangrienta y castigo
 constante,
despierta el huraño y recorre a caballo la tierra nocturna.
 Dios mío,
qué busca el oscuro al acecho del daño que brilla en su
 mano cortante?

Venganza es el nombre instantáneo de su escalofrío
que clava la carne o golpea en el cráneo o asusta con
 boca alarmante

y mata y se aleja el danzante mortal galopando a la orilla
del río.
La llama del oro recorre la tierra de Chile del mar a
los montes
y comienza el desfile desde el horizonte hacia el Puerto,
el magnético hechizo
despuebla Quillota, desgrana Coquimbo, las naves
esperan en Valparaíso.

Creciendo a la sombra de sauces flexibles nadaba en los
ríos, domaba los potros, lanzaba los lazos,
ardía en el brío, educaba los brazos, el alma, los ojos y
se oían cantar las espuelas
cuando desde el fondo de otoño rojo bajaba al galope
en su yegua de estaño:
venía de la cordillera, de piedras hirsutas, de cerros
huraños, del viento inhumano,
traía en las manos el golpe aledaño del río que hostiga
y divide la nieve fragante y yacente
y lo traspasaba aquel libre albedrío, la virtud salvaje que
toca la frente
de los indomables y sella con ira y limpieza el orgullo
de algunas cabezas
que guarda el destino en sus actas de fuego y pureza, y
así el elegido
no sabe que está prometido y que debe matar y morir
en la empresa.

Así son las cosas, amigo y es bueno aprender y que sepa
y conozca
los versos que he escrito y repita contando y cantando el
recuerdo de un libre chileno proscrito
que andando y andando y muriendo fue un mito infinito:
su infancia he cantado al instante y sabemos que fue el
caminante muy lejos,
un día mataron al chileno errante, lo cuentan los viejos
de noche al brasero
y es como si hablara el estero, la lluvia silbante o en el
ventisquero llorara en el viento la nieve distante
porque de Aconcagua partió en un velero buscando en el
agua un camino

131

y hacia California la muerte y el oro llamaban con voces
  ardientes que al fin decidieron su negro destino.

Pero en el camino marino, en el blanco velero maulino
el amor sobrevino y Murieta descubre unos ojos oscuros,
se siente inseguro perdido en la nueva certeza:
su novia se llama Teresa y él no ha conocido mujer
  campesina
como esta Teresa que besa su boca y su sangre, y en el
  gran océano
perdida la barca en la bruma, el amor se consuma y
  Murieta presiente que es éste el amor infinito
y sabe tal vez que está escrito su fin y la muerte lo espera
y pide a Teresa, su novia y mujer, que se case con él en
  la nave velera
y en la primavera marina Joaquín, domador de caballos,
  tomó por esposa a Teresa, mujer campesina,
y los emigrantes en busca del oro inhumano y lejano
  celebran este casamiento
oyendo las olas que elevan su eterno lamento:
y tal es la extraña ceguera de hombre en el rito de la
  pasajera alegría:
en la nave el amor ha encendido una hoguera: no saben
  que ya comenzó la agonía.

DIÁLOGO AMOROSO

VOZ DE MURIETA:

Todo lo que me has dado ya era mío
y a ti mi libre condición someto.

Soy un hombre sin pan ni poderío:
sólo tengo un cuchillo y mi esqueleto.

Crecí sin rumbo, fui mi propio dueño
y comienzo a saber que he sido tuyo
desde que comencé con este sueño:
antes no fui sino un montón de orgullo.

VOZ DE TERESA:

Soy campesina de Coihueco arriba,
llegué a la nave para conocerte:
te entregaré mi vida mientras viva
y cuando muera te daré mi muerte.

VOZ DE MURIETA:

Tus brazos son como los alhelíes
de Carampangue y por tu boca huraña
me llama el avellano y los raulíes.
Tu pelo tiene olor a las montañas.

Acuéstate otra vez a mi costado
como agua del estero puro y frío
y dejarás mi pecho perfumado
a madera con sol y con rocío.

VOZ DE TERESA:

Es verdad que el amor quema y separa?
Es verdad que se apaga con un beso?

VOZ DE MURIETA:

Preguntar al amor es cosa rara,
es preguntar cerezas al cerezo.

Yo conocí los trigos de Rancagua,
viví como una higuera en Melipilla.
Cuanto conozco lo aprendí del agua,
del viento, de las cosas más sencillas.

Por eso a ti, sin aprender la ciencia,
te vi, te amé y te amo, bienamada.
Tú has sido, amor, mi única impaciencia,
antes de ti no quise tener nada.

Ahora quiero el oro para el muro
que debe defender a tu belleza:
por ti será dorado y será duro
mi corazón como una fortaleza.

Voz de Teresa:

Sólo quiero el baluarte de tu altura
y sólo quiero el oro de tu arado,
sólo la protección de tu ternura:
mi amor es un castillo delicado
y mi alma tiene en ti sus armaduras:
la resguarda tu amor enamorado.

Voz de Murieta:

Me gusta oír tu voz que corre pura
como la voz del agua en movimiento
y ahora sólo tú y la noche oscura.
Dame un beso, mi amor, estoy contento.
Beso a mi tierra cuando a ti te beso.

Voz de Teresa:

Volveremos a nuestra patria dura
alguna vez.

Voz de Murieta:

      El oro es el regreso.

Husmeando la tierra extranjera desde el alba oscura
hasta que rodó en la llanura la noche en la hoguera,
Murieta olfatea la veta escondida, galopa y regresa
y toca en secreto la piedra partida, la rompe o la besa
y es su decisión celestial encontrar el metal y volverse
    inmortal
y buscando el tesoro sufre angustia mortal y se acuesta
    cubierto de lodo
con arena en los ojos, con manos sangrantes acecha la
    gloria del oro
y no hay en la tierra distante tan valiente y atroz
    caminante:
ni ser ni serpiente acechante detienen sus pasos,
bebió fiebre en su vaso y no pudo la noche nevada
cortar su pisada: ni duelos ni heridas pudieron con él
y cuando cayó siete veces sacó siete vidas

y siguió de noche y de día el chileno montado en su
claro corcel.

Detente! le dice la sombra pero el hombre tenía su
esposa
esperando en la choza y seguía por la California dorada
picando la roca y el barro con la llamarada
de su alma enlutada que busca en el oro encontrar la
alegría
que Joaquín Murieta quería para repartirlo volviendo a su
tierra,
pero lo esperó la agonía y se halló de repente cubierto de oro
y de guerra.

Hirvió con el oro encontrado la furia y subió por los
montes,
el odio llenó el horizonte con manchas de sangre y lujuria
y el viento delgado cambió su vestido ligero y su voz
transparente
y el yanqui vestido de cuero y capucha buscó al forastero.
Los duros chilenos dormían cuidando el tesoro cansados del
oro y la lucha,
dormían y en sueños volvían a ser labradores, marinos,
mineros,
dormían los descubridores y envueltos en sombras los
encapuchados vinieron,
llegaron de noche los lobos armados buscando el dinero
y en los campamentos murió la picota porque en
desamparo
se oía un disparo y caía un chileno muriendo en el sueño,
ladraban los perros, la muerte cambiaba el destierro
y los asesinos en su cabalgata mataron a la bella esposa
de mi compatriota Joaquín y la canta por eso el poeta.

Salió de la sombra Joaquín Murieta sin ver que una rosa
de sangre tenía
en un seno su amada y yacía en la tierra extranjera su
amor destrozado,
pero al tropezar en su cuerpo tembló aquel soldado
y besando su cuerpo caído, cerrando los ojos de aquella
que fue su rosal y su estrella

juró estremecido matar y morir persiguiendo al injusto,
   protegiendo al caído,
y es así como nace un bandido que el amor y el honor
   condujeron un día
a encontrar el dolor y perder la alegría y perder mucho
   más todavía,
a jugar, a morir, combatiendo y vengando una herida
y dejar sobre el polvo del oro perdido su vida y su sangre
   vertida.

Dónde está este jinete atrevido vengando a su pueblo, a su
   raza, a su gente?
Dónde está el solitario insurgente, qué niebla ocultó su
   vestuario?
Dónde están su caballo y su rayo, sus ojos ardientes?
Se encendió intermitente, en tinieblas acecha su frente,
y en el día de las desventuras recorre un corcel, la venganza
   va en esa montura:
Galopa, le dice la arena que tragó la sangre de los
   desdichados
y alguna chilena prepara un asado escondido para el forajido
   que llega cubierto de polvo y de muerte.

"Entrega esta flor al bandido y besa sus manos y que tenga
   suerte".
"Tú dale, si puedes, esta gallinita", susurra una vieja de
   Angol de cabeza marchita,
"y tú dale el rifle", dice otra, "de mi asesinado marido, aún
   está manchado con sangre de mi bienamado",
y este niño le da su juguete, un caballo de palo, y le dice:
   "Jinete,
galopa a vengar a mi hermano que un gringo mató por la
   espalda" y Murieta levanta la mano
y se aleja violento con el caballito del niño en las manos del
   viento.

Galopa Murieta! La sangre caída decreta que un ser
   solitario
recoja en su ruta el honor del planeta y el sol solidario
despierta en la oscura llanura y la tierra sacude en los pasos
   errantes

de los que recuerdan amantes caídos y hermanos heridos
y por la pradera se extiende una extraña quimera, un fulgor,
es la furia de la primavera
y la amenazante alegría que lanza porque cree que son una
cosa victoria y venganza.

Se apretaron en sus cinturones, saltaron varones en la noche
oscura
al relampagueo de cabalgaduras, y marcha Joaquín
adelante,
con duro semblante dirige la hueste de los vengadores
y caen cabezas distantes y el chisporroteo
del rifle y la luz del puñal terminaron con tantas
tristezas:
vestido de luto y de plata Joaquín Murieta camina
constante
y no da cuartel este caminante a los que incendiaron los
pueblos con lava quemante,
a los que arrasaron envueltos en odio y pisotearon banderas
de pueblos errantes.

Oh nuevos guerreros, que surja en la tierra otro dios que
el dinero,
que muera el que mata el latido de la primavera y corona
con sangre la cuna del recién nacido,
que viva el bandido Joaquín Murieta, el chileno de estirpe
profeta
que quiso cortar el camino de los iracundos guerreros
groseros
que todo lo tienen y todo lo quieren y todo maltratan y
matan.

Adiós compañero bandido, se acerca tu hora, tu fin está claro
y oscuro,
se sabe que tú no conoces como el meteoro el camino
seguro,
se sabe que tú te desviaste en la cólera como un vendaval
solitario,
pero aquí te canto porque desgranaste el racimo de ira y se
acerca la aurora,

137

se acerca la hora en que el iracundo no tenga ya sitio en el
   mundo
y una sombra secreta no habrá sido tu hazaña, Joaquín
   Murieta.

Y dice la madre: "Yo soy una espiga sin grano y sin oro,
no existe el tesoro que mi alma adoraba, colgado en la
   viga
mi Pedro, hijo mío, murió asesinado y lo lloro
y ahora mis lágrimas Murieta ha secado con su valentía."
Y la otra enlutada y bravía mostrando el retrato de su
   hermano muerto,
levanta los brazos enhiestos y besa la tierra que pisa el caballo
   de Joaquín Murieta.

Pregunta el poeta: "No es digno este extraño soldado de
   luto
que los ultrajados le otorguen el fruto del padecimiento?"
No sé, pero siento tan lejos de aquel compatriota lejano
que a través del tiempo merece mi canto y mi mano
porque defendió mostrando la cara, los puños, la frente,
la pobre alegría de la pobre gente saqueada por el invasor
   inclemente y amargo
y sale del largo letargo en la sombra un lucero
y el pueblo dormido despierta ligero siguiendo la huella
   escarlata de aquel guerrillero,
del hombre que mata y que muere siguiendo una estrella.
Por eso pregunta el poeta si alguna cantata requiera
aquel caballero bandido que dio al ofendido una rosa
   concreta:
justicia se llama la ira de mi compatriota Joaquín
   Murieta.

CASI SONETO

Pero, ay, aquella tarde lo mataron:
fue a dejar flores a su esposa muerta
y de pronto el heroico acorralado
vio que la vida le cerró la puerta.

De cada nicho un yanqui disparaba,
la sangre resbalaba por sus brazos
y cuando cien cobardes dispararon
un valiente cayó con cien balazos.

Y cayó entre las tumbas desgranado
allí donde su amor asesinado,
su esposa, lo llamaba todavía.

Su sangre vengadora y verdadera
pudo besar así a su compañera
y ardió el amor allí donde moría.

El oro recibe a este muerto de pólvora y oro enlutado,
el descabellado, el chileno sin cruz de soldado, ni sol, ni
 estandarte,
el hijo sangriento y sangrante del oro y la furia terrestre,
el pobre violento y errante que en la California dorada
siguió alucinante una luz desdichada: el oro su leche
 nutricia
le dio, con la vida y la muerte, acechado y vencido por oro
 y codicia.

Nocturno chileno arrastrado y herido por las circunstancias
 del daño incesante,
el pobre soldado y amante sin la compañera ni la
 compañía,
sin la primavera de Chile lejano ni las alegrías que amamos
 y que él defendía
en forma importuna atacando en su oscuro caballo a la luz
 de la luna:
certero y seguro este rayo de enero vengaba a los suyos.
Y muerto en su orgullo si fue bandolero no sé ni me importa,
 ha llegado la hora
de una gran aurora que todas las sombras sepulta y oculta
 con manos de rosa fragante,
la hora, el minuto en que hallamos la eterna dulzura del
 mundo y buscamos
en la desventura el amor que sostiene la cúpula de la
 primavera.
Y Joaquín Murieta no tuvo bandera sino sólo un dolor
 asesino. Y aquel desdichado

halló asesinado su amor por enmascarados y así un extranjero
   que salió a vivir y vencer
en las manos del oro se tornó bandolero y llegó a padecer,
   a matar y morir.

HABLA LA CABEZA DE MURIETA

Nadie me escucha, puedo hablar por fin,
un niño en las tinieblas es un muerto.
No sé por qué tenía que morir
para seguir sin rumbo en el desierto.

De tanto amar llegué a tanta tristeza,
de tanto combatir fui destruido
y ahora entre las manos de Teresa
dormirá la cabeza de un bandido.

Fue mi cuerpo primero separado,
degollado después de haber caído,
no clamo por el crimen consumado,
sólo reclamo por mi amor perdido.

Mi muerta me esperaba y he llegado
por el camino duro que he seguido
a juntarme con ella en el estado
que matando y muriendo he conseguido.

Soy sólo una cabeza desangrada,
no se mueven mis labios con mi acento,
los muertos no debían decir nada
sino a través de la lluvia y del viento.

Pero, cómo sabrán los venideros,
entre la niebla, la verdad desnuda?
De aquí a cien años, pido, compañeros,
que cante para mí Pablo Neruda.

No por el mal que haya o no haya hecho,
ni por el bien, tampoco, que sostuve,
sino porque el honor fue mi derecho
cuando perdí lo único que tuve.

Y así en la inquebrantable primavera
pasará el tiempo y se sabrá mi vida,
no por amarga menos justiciera
no la doy por ganada ni perdida.

Y como toda vida pasajera
fue tal vez con un sueño confundida.
Los violentos mataron mi quimera
y por herencia dejo mis heridas.

Piedad a su sombra! Entreguemos la rosa que llevan a su
  amada dormida,
a todo el amor y al dolor y a la sangre vertida, y en las
  puertas del odio esperemos
que regrese a su cueva la oscura violencia y que suba la
  clara conciencia
a la altura madura del trigo y el oro no sea testigo de crimen
  y furia y el pan de mañana en la tierra
no tenga el sabor de la sangre del hombre caído en la
  guerra.

Ya duerme el dormido y reposa en su fosa la rosa.
Ya yace el bandido acosado y caído: descansa en la paz de
  su esposa.
Y sube la luna escarlata por las escaleras del cielo.
La noche se traga al que mata y al muerto y ruedan por su
  terciopelo,
las estrellas frías, la sombra extranjera se llena de espigas
  de plata
y aquí terminó mi cantata en la paz de la muerte y la
  noche.

No es mío el reproche por su cabalgata de fuego y
  espanto.
Quién puede juzgar su quebranto? Fue un hombre valiente
  y perdido
y para estas almas ardientes no existe un camino elegido:
el fuego los lleva en sus dientes, los quema, los alza, los
  vuelve a su nido
y se sostuvieron volando en la llama: su fuego los ha
  consumido.

Murieta violento y rebelde regresa en mi canto al metal y a
   las minas de Chile,
ya su juramento termina entre tanta venganza cumplida,
la patria olvidó aquel espanto y su pobre cabeza cortada
   y caída
es sólo la sombra del sueño distante y errante que fue su
   romántica vida.

Regresa y descansa y galopa en el aire hacia el sur su caballo
   escarlata:
los ríos natales le cantan con boca de plata y le canta también
   el poeta.

Fue amargo y violento el destino de Joaquín Murieta.

Desde este minuto el Pueblo repite como una campana
   enterrada mi larga cantata de luto.

SIGUE LA BARCAROLA:

Amada, perdona el papel que acumula la vida en tu casa, en
   mi casa,
el blanco papel enemigo que como el cabello en la
   peluquería
o como un otoño de impúdica nieve o follaje gastado
   y caído
reúne un ejército que asoma sus pálidas armas encima y
   debajo de nuestra república.

La inerme hoja blanca en que nunca andará mi escritura,
la dócil revista de las embajadas que parecería una
   insólita oveja
si no la siguiera el unánime e idéntico número de cada
   semana,
el libro de versos de la jovencita panamericana que lleva tal
   vez en lo alto de su cabellera
la selva enigmática de la poesía mojada en la lluvia de
   Buenaventura
y que por desgracia confió a los cuadernos los pobres ribetes
   que llegan peinados

142

y sobre las ávidas rocas que el trueno estremece
en el estupor del otoño vacila un certamen de ovarios.
Porque sobre el rostro de piedra que el mar atormenta
  y destruye
las máscaras verdes del alga marina, la tapicería del frío,
subyugan a la eternidad de la piedra, al mar, al conflicto.

EL MAR

Allí combatieron meciéndose en la turbulencia
los gérmenes, la espora turgente, las gomas del alga,
los huevos de un mar diminuto que hierve a la orilla del
  mar,
hasta que la red quebrantada rebalsa en la arena
los vástagos rotos, los tristes corales, los nardos del frío,
y allí se alimenta el otoño, el espacio, la costa litúrgica,
con la podredumbre menguante y creciente que arroja a la
  arena el enlace infinito.

EL TIEMPO

Otoño de fábula, oh vientre remoto del mar apagado,
latido de estrella redonda repleta de impuros racimos,
oh resurrecciones del ánfora, oh planta pletórica,
oh inmensa arboleda compacta que mece la luna en su
  copa,
comienza el desfile delgado de las migraciones, extensa
es la cóncava niebla y en ella va el coro y la flecha:
es la procesión procelaria, es el Polo que emigra en sus
  alas.
Parecen inmóviles aves durmiendo en la raya invisible de
  los hemisferios,
progresan colgadas al cielo, al rumor de este mar oxidado,
y en el aire navega la línea impecable de flechas
  hambrientas,
los plumajes que hasta ayer sostenían su estirpe de luto
sobre la primavera del témpano, como una aureola de nieve
  sombría.

De allí, de mi infierno raído, de los iracundos harapos de la
  Patagonia,

por este *coiffeur* surrealista y por ende un perverso
   rumiante.

Mas abunda el correo con sobres y citas y negras sesiones
   de parlamentarios
y partes de boda o de muerte que no compartimos,
el empapelado levanta su blanca bandera manchada de
   hastío
y sobrevivimos nadando entre sobres y libros
   desencuadernados.

DIURNO

El sol organiza tal vez en la noche su ramo amarillo
y por la ventana tropieza con la teoría de cuanto se
   imprime
y desalentado tal como si entrara en la sala de un triste
   hospital de Chicago
regresa al incendio del tigre en la selva y baila en la púrpura
   de las amapolas,
pero, sol errante no sólo tus ojos se escapan del lomo de la
   enciclopedia,
sino de mis pobres arterias sombrías que como raíces exploran
   la sombra
pidiendo que las condecore algún día la luz quebrantada de
   las cordilleras.
Amor, amor mío, la plebe de puros papeles prensados
   galopa,
circunda, ensimisma, susurra y sepulta.
Ay cuánto camino erizado de flores fogosas y desfiladeros
nos llama entre tanto incitante como una granada furiosa
que huyó desgranando rubíes en la polvareda del alto
   verano.

EL MAR

Las moscas de abril en el vientre inferior del otoño
se multiplicaron saliendo a volar con sus alas de agua,
con sus gotas de agua amanecen en la transparencia
rayando la luz o dejando inmóvil el aire vacío.
Las algas se pudren vestidas de hierro mojado

del negro desorden voló esta bandada de espinas, de plumas,
   de pájaros,
la ola desnuda en el cielo, la luz dirigida, la lanza formada
   en el viento
por la necesaria grandeza de las unidades unidas.

ESPACIOS

De allí, del honor del océano y de la Patagonia agachada
por el vendaval, por el peso de la soledad rencorosa,
volando va el vuelo, la furia y el orden, longitudinal y
   severo,
volando el transcurso quemando la dura distancia,
   tragando la niebla:
las aves del mar en su triángulo atraviesan el cielo como
   escalofrío
y en su movimiento reúnen la tierra salvaje del sur de mi
   patria
con mi corazón desbordado que espera en la torre del
   humo
el signo del hielo magnético, el sur del dolor borrascoso,
la hipnótica herencia olvidada entre el pasto y las
   cabalgaduras.

EL VIAJE

Labré en la mejilla de un rápido estío la cruz
   transparente
de un copo de nieve, fue un viaje hacia la desmesura:
los actos humanos hicieron las cosas más altas del orbe
y allí con el frío de mi territorio y el mar rectilíneo
llegué, sin saber, ni poder, ni cantar, porque pesa el racimo
   de la muchedumbre.

Se dice o dijeron o dije que el bardo barbudo y arbóreo
de Brooklyn o Camden, el herido de la secesión divisoria,
vivía tal vez en mí mismo extendiendo raíces o espadas
   o trigo
o ferruginosas palabras envueltas en cal y hermosura:
tal vez, dije yo, sin orgullo, porque se determina
   viviendo

145

que de una manera lluviosa o metálica la sabiduría
dispuso seguir existiendo o muriendo entre las criaturas
   terrestres
y porque no eres tú, no eres yo quien recibe el encargo
   escondido
y sin ver ni saber continúa creciendo mucho más, mucho
   más que tu vida o mi vida.

Quinto episodio:

LAS CAMPANAS DE RUSIA

ANDANDO, moviendo los pies sobre un ancho silencio de
   nieve
escúchame ahora, amor mío, un suceso sin rumbo:
estaba desierta la estepa y el frío exhibía sus duras
   alhajas,
la piel del planeta brillaba cubriendo la espalda desnuda
   de Rusia
y yo en el crepúsculo inmenso entre los esqueletos de los
   abedules,
andando, sintiendo el espacio, pesando el latido de las
   soledades.

Entonces salió del silencio la voz de la noche terrestre,
una voz, otra voz, o el total de las voces del mundo:
era bajo y profundo el estímulo, era inmenso el metal de la
   sombra,
era lento el caudal de la voz misteriosa del cielo,
y subía en la altura redonda aquel golpe de piedra celeste
y bajaba aquel río de plata sombría cayendo en la sombra
y es así como yo, caminante, escuché las campanas de
   Rusia
desatar entre el cielo y la sombra el profundo estupor de su
   canto.

Campanas, campanas del orbe infinito, distantes
en la gravedad del invierno que oscila clavado en el Polo
como un estandarte azotado por esta blancura furiosa,

campanas de guerra cantando con ronco ademán en el
   aire
los hechos, la sangre, la amarga derrota, las casas
   quemadas,
y luego la luz coronada por las victoriosas banderas.

Yo dije a la racha, a la nieve, al destello, a mí mismo, a las
   calles de barro con nieve:
la guerra se fue, se llevó nuestro amor y los huesos
   quemados
cubrieron la tierra como una cosecha de atroces semillas
y oí las campanas remotas tañendo en la luz sumergida
como en un espejo, como en una ciudad sepultada en un
   lago
y así el campanario furioso guardó en su tremendo
   tañido,
si no la venganza, el recuerdo de todos los héroes
   ausentes.

De cada campana caía el follaje del trueno y del canto
y aquel movimiento de hierro sonoro volaba a la luz de la
   luna nevada,
barría los bosques amargos que en un batallón de
   esqueletos
erguían las lanzas inmóviles del escalofrío
y sobre la noche pasó la campana arrastrando como una
   cascada
raíces y rezos, entierros y novias, soldados y santos,
abejas y lágrimas, cosechas, incendios y recién nacidos.

Desde la cabeza del zar y su solitaria corona forjada en la
   niebla
por medioevales herreros, a fuego y a sangre,
voló una esmeralda sangrienta desde el campanario
y como el ganado en la lluvia el vapor y el olor de los siervos
   rezando en la iglesia,
acompañó a la corona de oro en el vuelo de la campanada
   terrible.

Ahora a través de estas roncas campanas divisa el
   relámpago:

la revolución encendiendo el rocío enlutado de los
   abedules:
la flor estalló estableciendo una gran muchedumbre de
   pétalos rojos
y sobre la estepa dormida cruzó un regimiento de rayos.
Oigamos la aurora que sube como una amapola
y el canto común de las nuevas campanas que anuncian el
   sol de noviembre.

Yo soy, compañera, el errante poeta que canta la fiesta del
   mundo,
el pan en la mesa, la escuela florida, el honor de la miel,
   el sonido del viento silvestre,
celebro en mi canto la casa del hombre y su esposa, deseo
la felicidad crepitante en el centro de todas las vidas
y cuanto acontece recojo como una campana y devuelvo a la
   vida
el grito y el canto de los campanarios de la primavera.

A veces perdona si la campanada que cae de mi alma
   nocturna
golpea con manos de sombra las puertas del día amarillo,
pero en las campanas hay tiempo y hay canto sellado que
   espera soltar sus palomas
para desplegar la alegría como un abanico mundial y
   sonoro.
Campanas de ayer y mañana, profundas corolas del sueño
   del hombre,
campanas de la tempestad y del fuego, campanas del odio
   y la guerra,
campanas del trigo y de las reuniones rurales al borde del
   río,
campanas nupciales, campanas de paz en la tierra:
lloremos campanas, bailemos campanas, cantemos
   campanas,
por la eternidad del amor, por el sol y la luna y el mar y la
   tierra y el hombre.

SIGUE LA BARCAROLA:

CLARO DE SOL

Pero ahora no fue el enemigo que acecha montado en su
  escoba amarilla,
cubierto como un puercoespín con las púas del odio:
ahora entre hermanos nacieron racimos tortuosos
y desarrollaron los vinos amargos, mezclando mentira y
  vileza,
hasta preparar la sospecha, la duda, las acusaciones:
una gelatina asfixiante de transpiración literaria.

No puedo volver la cabeza y mirar la manada perdida.
Pasé entre los vivos haciendo mi oficio, y me voy de regreso
  a la lluvia
con algunos claveles y el pan que elaboran mis manos.

Yo busqué la bondad en el bueno y en el malo busqué la
  bondad
y busqué la bondad en la piedra que lleva al suplicio
y encontré la bondad en la cueva en que vive el halcón
y busqué la bondad en la luna cubierta de harina
  campestre
y encontré la bondad donde estuve: ése fue mi deber en la
  tierra.

LA BARCAROLA

(El viento frío corre compacto como un pez
y golpea los tallos de la avena. A ras del suelo vive
un movimiento múltiple y delgado. El día está desnudo.
El fulgor de noviembre como una estalactita
lisa y azul decide la pompa del estío.
Es verano. Y las lanzas del viento interminable
perforan el panal del espacio amarillo:
olvido al ver correr la música en la avena
la bóveda implacable del mediodía.
                    Escucha,
mujer del sol, mi pensamiento. Toca
con tus pies el temblor fugitivo del suelo.

Entre la hierba crece mi rostro contra el verde,
a través de mis ojos cruzan las espadañas
y bebo con el alma velocidad y viento.)

Pero yo, el ciudadano de un tiempo raído y roído, de calles
    derechas,
que vi convertirse en incendio, en detritus, en piedras
    quemadas, en fuego y en polvo,
y luego volver de la guerra al soldado con muertes arriba
    y abajo,
y otra vez levantar la ciudad desdichada pegando cemento
    a las ruinas
y ventana y ventana y ventana y ventana y ventana
y otra puerta otra puerta otra puerta otra puerta otra
    puerta
hasta el duro infinito moderno con su infierno de fuego
    cuadrado,
pues la patria de la geometría sustituye a la patria del
    hombre.

Viajero perdido, el regreso implacable, la victoria de piernas
    cortadas,
la derrota guardada en un cesto como una manzana
    diabólica:
este siglo en que a mí me parieron también, entre tantos que
    ya no alcanzaron,
que cayeron, Desnos, Federico, Miguel, compañeros
sin tregua a mi lado en el sol y en la muerte,
estos años que a veces al clavar la bandera y cantar con
    orgullo a los pueblos
me apuntaron con saña los mismos que yo defendí con mi
    canto
y quisieron tirarme a la fosa mordiendo mi vida
con las mismas feroces mandíbulas del tigre enemigo.

(Los inseguros temen la integridad, golpean
entonces mis costados con pequeños martillos,
quieren asegurar el sitio que les toca,
porque miedo y soberbia siempre estuvieron juntos
y sus acusaciones son sus medallas únicas.)

*(Temen que la violencia desintegre sus huesos
y para defenderse se visten de violencia.)*

*(Vea el testigo mudo de pasado mañana,
recoja los pedazos de la torre callada
y cuanto me tocó de la crueldad inútil.
Comprenderá? Tal vez. Los tambores
estarán rotos, y la bocina estridente
será polvo en el polvo.*
*La dicha te acompañe,
compañero, la dicha, patrimonio futuro
que heredarás de nuestra sangre encarnizada!)*

En mi barcarola se encuentran volando los clavos del
   odio
con el arroz negro que los envidiosos me dan en su plato
y debo estudiar el lenguaje del cuervo, tocar el plumaje,
mirar en los ojos de los insaciables y los insaciados
y en el mismo páramo de las inmundicias terrestres
arrojar las censuras de ahora y las adulaciones de
   entonces.

Cantando entre escorias el canto reluce en la copa de mi
   alma
y tiñe con luz de amaranto el crepúsculo aciago,
yo solo sostengo la copa de sangre y la espada que canta en
   la arena
y pruebo la sal en mis labios, la lluvia en mi lengua y el
   fuego recibo en mis ojos,
cantando sin prisa ni pausa, coronado por los
   ventisqueros.

Porque arriba y en torno de mí se sacude como una
   bandera
longitudinal, el capítulo puro de mi geografía,
y desde Taltal platinado por la camanchaca salobre
hasta Ruca Diuca cubierto por enredaderas y sauces
   llorones,
yo voy extendiendo entre montes y torres calcáreas mi
   vertiginoso linaje,

sin duda acosado por la temblorosa fragancia del trébol,
tal vez inherente producto del bosque en la lluvia en
 invierno
por las carreteras mojadas en donde pasó una culebra vestida
 de verde,
de todas maneras, sin ser conducido por las aventuras del
 río con su batallón transparente
recorro las tierras contando los pájaros, las piedras, el
 agua,
y me retribuye el otoño con tanto dinero amarillo
que lloro de puro cantor derramando mi canto en el
 viento.

Sexto episodio:

R. D.

I. CONVERSACIÓN MARÍTIMA

Encontré a Rubén Darío en las calles de Valparaíso,
esmirriado aduanero, singular ruiseñor que nacía:
era él una sombra en las grietas del puerto, en el humo
 marino,
un delgado estudiante de invierno desprendido del fuego de
 su natalicio.

Bajo el largo gabán tiritaba su largo esqueleto
y llevaba bolsillos repletos de espejos y cisnes:
había llegado a jugar con el hambre en las aguas de Chile,
y en abandonadas bodegas o invencibles depósitos de
 mercaderías,
a través de almacenes inmensos que sólo custodian el frío,
el pobre poeta paseaba con su Nicaragua fragante, como si
 llevara en el pecho
un limón de pezones azules o el recuerdo en redoma
 amarilla.

Compañero, le dije: la nave volvió al fragoroso estupor del
 océano,

y tú, desterrado de manos de oro, contempla este amargo
   edificio:
aquí comenzó el universo del viento
y llegan del Polo los grandes navíos cargados de niebla
   mortuoria.
No dejes que el frío atormente tus cisnes, ni rompa tu espejo
   sagrado,
la lluvia de junio amenaza tu suave sombrero,
la noche de antárticos ojos navega cubriendo la costa con su
   matrimonio de espinas,
y tú, que propicias la rosa que enlaza el aroma y la nieve,
y tú, que originas en tu corazón de azafrán la burbuja y el
   canto clarísimo,
reclama un camino que corte el granito de las cordilleras
o súmete en las vestiduras del humo y la lluvia de
   Valparaíso.

Ahuyenta las nieblas del sur de tu América amarga
y aunque Balmaceda sostenga sus guantes de plata en tus
   manos,
escapa montado en la racha de tu serpentina quimera!
Y corre a cantar con tu río de mármol la ilustre sonata
que se desenvuelve en tu pecho desde tu Nicaragua natal!

Huraño era el humo de los arsenales, y olía el invierno
a desenfrenadas violetas que se desteñían manchando el
   marchito crepúsculo:
tenía el invierno el olor de una alfombra mojada por años de
   lluvia
y cuando el silbato de un ronco navío cruzó como un cóndor
   cansado el recinto de los malecones,
sentí que mi padre poeta temblaba, y un imperceptible
   lamento
o más bien vibración de campana que en lo alto prepara el
   tañido
o tal vez conmoción mineral de la música envuelta en la
   sombra,
algo vi o escuché porque el hombre me miró sin
   mirarme ni oírme.

Y sentí que subió hasta su torre el relámpago de un
  escalofrío.

Yo creo que allí constelado quedó, atravesado por rayos de
  luz inaudita
y era tanto el fulgor que llevaba debajo de su vestimenta
  raída
que con sus dos manos oscuras intentaba cubrir su linaje.
Y no he visto silencio en el mundo como el de aquel hombre
  dormido,
dormido y andando y cantando sin voz por las calles de
  Valparaíso.

II. LA GLORIA

Oh clara! Oh delgada sonata! Oh cascada de clan
  cristalino!

Surgió del idioma volando una ráfaga de alas de oro
y entonces la niebla del mundo retrocede a la infame
  bodega
y la claridad del panal adelanta un torrente de trinos
que decretan la ley de cristal, el racimo de nieve del cisne:
el pámpano jádico ondula sus signos interrogativos
y Flora y Pomona descartan los deshilachados gabanes
sacando a la calle el fulgor de sus tetas de nácar marino.

Oh gran tempestad del Tritón encefálico! Oh bocina del cielo
  infinito!

Tembló Echegaray enfundando el paraguas de hierro
  enlozado
que lo protegió de las iras eróticas de la primavera
y por vez primera la estatua yacente de Jorge Manrique
  despierta:
sus labios de mármol sonríen y alzando una mano
  enguantada
dirige una rosa olorosa a Rubén Darío que llega a Castilla
  e inaugura la lengua española.

III. LA MUERTE EN NICARAGUA

Desfallece en León el león y lo acuden y lo solicitan,
los álbumes cargan las rosas del emperador deshojado
y así lo pasean en su levitón de tristeza
lejos del amor, entregado al coñac de los filibusteros.

Es como un inmenso y sonámbulo perro que trota y cojea
por salas repletas de conmovedora ignorancia
y él firma y saluda con manos ausentes: se acerca la noche
   detrás de los vidrios,
los montes recortan la sombra y en vano los dedos
   fosfóricos
del bardo pretenden la luz que se extingue: no hay luna, no
   llegan estrellas, la fiesta se acaba.

Y Francisca Sánchez no reza a los pies amarillos de su
   minotauro.

Así, desterrado en su patria mi padre, tu padre, poetas, ha
   muerto.

Sacaron del cráneo sus sesos sangrantes los crueles enanos
y los pasearon por exposiciones y hangares siniestros:
el pobre perdido allí solo entre condecorados, no oía
   gastadas palabras,
sino que en la ola del ritmo y del sueño cayó al
   elemento:
volvió a la substancia aborigen de las ancestrales regiones.

Y la pedrería que trajo a la historia, la rosa que canta en el
   fuego,
el alto sonido de su campanario, su luz torrencial de
   zafiro
volvió a la morada en la selva, volvió a sus raíces.

Así fue como el nuestro, el errante, el enigma de
   Valparaíso,
el benedictino sediento de las Baleares,
el prófugo, el pobre pastor de París, el triunfante perdido,

descansa en la arena de América, en la cuna de las
esmeraldas.

Honor a su cítara eterna, a su torre indeleble!

SIGUE LA BARCAROLA:

SOLEDADES

Estaba redonda la luna y estático el círculo negro
del acribillado silencio regido por un palpitante plantel:
el lácteo infinito que cruza como un río blanco la
   sombra,
las ubres del cielo esparcieron la extensa substancia o
   Andrómeda
y Sirio jugaron dejando sembrado de semen celeste la noche
   del Sur.

Fragantes estrellas abiertas volando sin prisa y atadas
a la misteriosa consigna del viaje de los universos,
avispas metálicas, eléctricos números, prismáticas rosas con
   pétalos de agua o de nieve,
y allí fulgurando y latiendo la noche electrónica desnuda y
   vestida, poblada y vacía,
llena de naciones y páramos, planetas y un cielo detrás de
   otro cielo,
allí, incorruptibles brillaban los ojos perdidos del tiempo con
   utensilios del orbe,
cocinas con fuego, herraduras que vieron rodar al
   sombrío caballo, martillos, niveles, espadas,
allí circulaba la noche desnuda a pesar del austral atavío, de
   sus amarillas alhajas.
Y yo, estremecido en el viaje, con el corazón constelado
bajé la cabeza y cerrando los ojos guardé lo que pude,
un negro fragmento del hierro nocturno, un jazmín
   penetrante del cielo.

**A quién pertenece mi frente, mis pies o mi examen
   remoto?**

De qué me sirvió el albedrío, la ronca advertencia de la
voluntad enterrada?
Por qué me disputan la tierra y la sombra y a qué
materiales que aún no conozco
están destinados mis huesos y la destrucción de mi sangre?

Y aún más misterioso como un nacimiento infinito de
abejas
el día prepara sus huevos de oro, sus firmes panales dispone
en el útero oscuro del mundo
y en la claridad, sobre el mar despertó la ballena bestial y
pintó con un negro pincel
una línea nocturna en la aurora que sale del mar
temblorosa
y camina en el laberinto el fermento del tifus que está
encarcelado
y salen del baño a la calle los pies simultáneos de
Montevideo
o bajan escalas en Valparaíso las ropas azules de la
muchedumbre
hacia los mercados y las oficinas, los embarcaderos,
farmacias, navío
hacia la razón y la duda, los celos, la tierna rutina de los
inocentes:
un día, un quebranto entre dos anchas noches copiosas de
estrellas o lluvia,
una quebradura de sol soberano que desencadena
explosiones de espigas.

Séptimo episodio:

LORD COCHRANE DE CHILE

I. PRÓLOGO

LA VOZ DE LORD COCHRANE:

*"Un teniente que pierde un brazo recibe una pensión de
91 libras.
Un capitán que pierde un brazo recibe 41 libras.
Un teniente que pierde una pierna, 40 libras.*

Un teniente que pierde ambas piernas en batalla recibe
   80 libras.
"Pero,
Lord Arden goza de una sinecura de 20.358 libras
   esterlinas.
Lord Campden recibe 20.536 libras.
Lord Buckingham, 20.683 libras.
Es decir,
que lo que se les da a todos los heridos de la flota
   británica
y a las viudas e hijos de los muertos en combate
ni siquiera alcanza a la sinecura de Lord Arden.
Los Welleslley reciben 34.720 libras al año.
Es decir,
reciben una suma
igual a 426 pares de piernas de tenientes
y la sinecura de Lord Arden equivale a 1.022 brazos
de capitán de navío!"

UNA VOZ:

"Cochrane, esto es una insolencia —la pagarás!"

II. EL PROCESO

Vive la niebla como un gran octopus hinchado de gas
   amarillo
y cae su gelatinoso ramal enredando la insigne cabeza.
Es Londres, la Casa Redonda y Justicia es la boca del
   pulpo.
La bestia desliza por calles de sombra sus brazos, sus pasos,
   sus pies resbalosos,
buscando a Tomás, el Marino, buscando su cuello
   desnudo:
porque la Justicia agoniza en su Casa Redonda y exige
   alimento,
alimentos del mar, caballeros del agua y del fuego.

La Justicia dorada te busca y tiene hambre de carne
   marina.

Tomás, marinero, levanta tu espada de guerra!
Descarga tu brazo salado y divide los brazos del pulpo de
   oro!
Rechaza las crueles ventosas que buscan detrás de la
   niebla!
Esconde, Tomás, tu semblante delgado de halcón
   oceánico!
Defiende la proa intranquila de tu embarcación orgullosa!
Protege los ojos del águila que espera mi patria en su cuna
y deja perdido en la niebla al octopus de boca amarilla!

III. LA NAVE

La nave es la rosa más dura del mundo: florece en el sol
   tempestuoso
y se abre en el mar la corola de sus imponente pistilos.
Silbante es el viento en los pétalos,
la ola levanta la rosa en las torres del agua
y el hombre resuelve el camino cerrado, cortando la gran
   esmeralda.

Mi patria llamó al marinero: Miradlo en la proa del siglo!
Si el tiempo no quiso moverse en los viejos relojes
   cansados
él hace del tiempo una nave y dirige este siglo al océano,
al ancho y sonoro Pacífico, sembrado por los
   archipiélagos,
en donde una espada de piedra delgada colgada de las
   cordilleras
espera las manos de Cochrane para combatir las tinieblas.

Mi patria es la espada de piedra de las cordilleras
   andinas.
Mi patria es el mar oprimido que espera a Tomás
   Marinero.

IV. CORO DE LOS MARES OPRIMIDOS

Lord del mar, ven a nos, somos agua y arena oprimidas!

Lord del mar, somos pueblos bloqueados y mudos!

Lord del mar, te llamamos cantando a la lucha!

Lord del mar, la cadena española nos cierra las aguas!

Lord del mar, nos amarra los sueños la noche española!

Lord del mar, en el puerto te esperan el llanto y la ira!

Lord del mar, te reclaman los Mares del Sur!

V. LA MIRADA

Contemplad al Halcón que prepara con ojos de fuego
   tranquilo
el vuelo violento que cruce como una centella la sombra!

VI. EL SUR DEL PLANETA

(Mi pueblo recién despertaba y los pobres laureles
   manchados de sangre y de lluvia
yacían en las carreteras confusas del alba: mi patria
envuelta en ropaje de nieve, como un monumento que aún
   no inauguran,
dormía y sangraba, sin voz, esperando).

Mineral y marina es mi patria como una figura de proa,
talada por las duras manos de dioses terribles.
En la Araucanía la selva no tiene otro idioma que los
   truenos verdes,
el norte lunario te ofrece su frente de arena sedienta,
el sur la corona del humo naciendo de las cicatrices
   volcánicas,
y la Patagonia camina agachada en el viento
hasta que las estepas de Tierra del Fuego elevaron la
   última estrella
y enciende con manos inmóviles el Polo del Sur en el
   cielo.

VII. TRISTEZA

El hombre maldice de pronto la aurora recién descubierta
y rompe las nuevas banderas golpeando al hermano y
   matando a sus hijos:

Así pasó entonces, así pasa ahora y así pasará, por
   desdicha.
Y no hay más amarga campana en el mundo que aquella que
   anuncia
con la libertad, la agonía de aquellos que la construyeron.
Carrera, Rodríguez, O'Higgins, comparten la gloria y el
   odio
y un paño de luto amenaza cubrir el destino de los
   estandartes.

VIII. UN HOMBRE EN EL SUR

Llegó el marinero! Los mares del sur acogieron al hombre
   que huyó de la niebla
y Chile le extiende sus manos oscuras mostrando el
   peligro.
Y no es arrogante el guerrero que cuando su nave recibe los
   cuatro regalos,
la Cruz Estrellada del cielo del sur, el trébol de cuatro
   diamantes,
y baja los ojos a mi pobre patria harapienta y sangrienta,
comprende que aquí su destino es fundar otra estrella en el
   vasto vacío,
una estrella en el mar que defienda con rayos de hierro la
   cuna de los ofendidos.

IX. LAS NAVES NACIERON

Lord Cochrane estudia, examina, dirige, resuelve, recoge al
   azar del camino
los hombres que la tierra amarga, mojada de sangre, le
   entrega,
los sube a la nave, bautiza sus ojos terrestres con aguas
   navales,
maneja los brazos chilenos del mar hasta entonces
   inmóvil,
coloca la insignia almirante y la nueva bandera en el áspero
   viento.
Las naves nacieron. Los ojos de Cochrane navegan,
   indagan, acechan.

X. PROCLAMA

Chilenos del mar! Al asalto! Soy Cochrane. Yo vengo de lejos!
Ya habéis aprendido las artes del fuego y el lujo de la simetría!
La sangre de Arauco es honor de mis tripulaciones!
Adelante! La tierra de Chile se gana o se pierde en el agua!
A mí, marineros! Yo no garantizo la vida de nadie,
sino la victoria de todos! A mí, marineros de Chile!

XI. TRIUNFO

Valdivia! La pólvora barrió las insignias de España!
Callao! Las proas de Chile del sur robaron los huevos del águila!
Y fueron abiertos los mares al viaje de todos los hombres!
Se abrió como caja de música el globo oceánico,
las islas de la Polinesia Sagrada y Secreta surgieron cantando y bailando
y una caracola instituye en la costa salvaje la miel, la verdad y el aroma de las profecías.

XII. ADIÓS

Lord Cochrane, adiós! Tu navío retorna al combate
y apenas selló la victoria las puertas de tus posesiones,
apenas el humo de la chimenea saluda la paz de tu huerto
navega otra vez tu destino hacia la libertad de otra tierra.

Adiós, marinero! La noche desnuda su cuerpo de plata marina
y sobre las olas australes resbala otra vez tu navío.
Las manos oscuras de Chile recogen tu insignia caída en la niebla
y elevan a lo alto de los campanarios y las cordilleras
tu escudo de padre guerrero, tu herencia de mar valeroso.

La noche del sur acompaña tu nave y levanta su copa de estrellas

por el navegante y su errante destino de libertador de los
pueblos.

XIII. COCHRANE DE CHILE

Y ahora pregunto al vacío, al pasado de sombra, quién
era

este caballero intranquilo de la libertad y las olas?

Es éste el que sus enemigos revisten de oscuros colores?

Es éste el desviado que esconde una bolsa de oro en la selva
de Londres?

Es ésta la espada expulsada de las abadías patricias?

Es éste el que aún el encarnizado enemigo persigue a través
de los libros?

Almirante, tus ojos se abren saliendo del mar cada día!

Con tu invulnerable esplendor se ilumina el delgado
hemisferio

y en la noche tus ojos se cierran sobre las cordilleras de
Chile!

SIGUE LA BARCAROLA:

BOSQUE

Hora verde, hora espléndida! He vuelto a decir sí
al perteneciente silencio, al oxígeno verde,
al avellano roto por las lluvias de entonces,
al pabellón de orgullo que asume la araucaria,
a mí mismo, a mi canto cantado por los pájaros.

Escuchen, es el trino repetido, el cristal
que a puro cielo clama, combate, modifica,
es un hilo que el agua, la flauta y el platino
mantienen en el aire, de rama en rama pura,

163

es el juego simétrico de la tierra que canta,
es la estrofa que cae como una gota de agua.

PÁJAROS

Oh delgada cascada de música silvestre!

Oh burbuja labrada por el agua en la luz!

Oh sonido metálico del cielo transparente!

Oh círculo del mundo convertido en pureza!

Hora de pies hundidos en el pastel del bosque,
viejas maderas víctimas de la humedad, ramajes
leprosos como estatuas de exploradores muertos,
y en lo alto se corona la selva con estrellas
que en la copa del ulmo fabrican la fragancia!

Luz verde, genital, de la selva! Es extraño
clavar en el papel estos signos: aquí
no cabe sino el musgo, la presencia del árbol,
la enemistad del lago que ondula su universo
y más allá de los bosques huracanados,
y más allá de todo este estupor fragante
los volcanes armados por invencible nieve.

Pobre mi ser! Pobre minúsculo extranjero
llegado de los libros y las carrocerías,
sobrino de las sillas, hermano de las camas,
pobre de las cucharas y de los tenedores!
Pobre yo, abandonado de la naturaleza!

El ave carpintera se acercó a mi cuaderno,
desgranó contra mí su feroz carcajada
y como piedra que cayó del cielo
rompió las vidrierías del infinito.
                        Adiós
tren torrencial, relámpago sonoro!

Acomodo el papel, persigo al tábano,

marcho hacia abajo hundiéndome en la alfombra del
   musgo
y dejo atrás estas montañas cristalinas.

Del lago Rupanco en el centro la isla Altuehuapi, rodeada por
   agua y silencio,
emerge como una corona fragante y florida trenzada por los
   arrayanes,
alzada por robles, maitenes, canelos, colihues, copihues, y por
el follaje de los avellanos cortados por tijeretazos
   celestes,
poblada por las gigantescas peinetas hirsutas de las
   araucarias,
mientras las abejas en la muchedumbre nupcial de las flores
   del ulmo
crepitan alando la luz encrespada de la monarquía en la
   selva
sobre colosales helechos que mueven la esmeralda fría de sus
   abanicos.

Oh desmantelado silencio de aquel continente lluvioso
bajo cuyas campanas de lluvia nació la verdad de mi
   canto,
aquí en el ombligo del agua recobro el tesoro quemado
y vuelvo a llorar y a cantar como el agua en las piedras
   silvestres.

Oh lluvia del lago Rupanco, por qué me desdije en el
   mundo,
por qué abandoné mi linaje de tablas podridas por el
   aguacero?
Ahora camino pisando las verdes insignias del musgo
y en sueños los escarabajos pululan bajo mi esqueleto.

PUCATRIHUE

En Pucatrihue vive
la voz, la sal, el aire.
En Pucatrihue.

En Pucatrihue crece
la tarde como cuando

una bandera
nace.

En Pucatrihue.

En Pucatrihue un día
se perdió y no volvió
de la selva.

En Pucatrihue.

En Pucatrihue creo
no sé por qué ni cuándo
nacieron
mis raíces.

Las perdí por el mundo.
O las dejé olvidadas
en un hotel oscuro,
carcomido, de Europa.

Las busqué sin embargo,
y sólo hallé las minas,
los viejos esqueletos
de mármol amarillo.

Ay, Delia, mis raíces
están en Pucatrihue.
No sé por qué, ni cómo,
ni desde cuándo, pero
están en Pucatrihue.

Sí.

En Pucatrihue.

EL LAGO

(Habla el lago Rupanco
toda la noche, solo.
Toda la noche el mismo
lenguaje rumoroso.

166

Para qué, para quiénes
habla
el lago?

Suave suena en la sombra
como un sauce mojado.
Con qué, con quién conversa
toda la noche el lago?

Tal vez para sí solo.

El lago
conversa con el lago?

Sus labios se sumergen,
se besan bajo el agua,
sus sílabas susurran,
hablan.

Para quién? Para todos?
Para ti?
Para nadie.

Recojo en la ribera
por la mañana, flores
destrozadas.

Pétalos blancos de ulmo,
aromas rechazados
por el vaivén del agua.

Tal vez fueron coronas
de novias ahogadas.

Habla el lago, conversa
tal vez con algo o alguien.

Tal vez con nadie o nada.

Tal vez son de otro tiempo
sus palabras

y nadie entiende ahora
el idioma del agua.

Algo quiere decir
la insistencia sagrada
del lago, de su voz
que se acerca y apaga.

Habla el lago Rupanco
toda la noche.
                    Escuchas?
Parece que llamara
a los que ya no pueden
hablar, oír, volver,
tal vez a nadie,
a nada.)

SÓLO DE SOL

Hoy, este momento, este hoy destapado, aquí afuera,
la dicha ofrecida al espacio como una campana,
el contacto del sol con mi meditación y tu frente
en las redes rotundas que alzó el mediodía
con el sol como un pez palpitando en el cielo.

Bienamada, este lejos está hecho de espigas y ortigas:
trabajó la distancia el cordel del rencor y el amor
hasta que sacudieron la nave los perros babosos del odio
y entregamos al mar otra vez la victoria y la fuga.

Borra el aire, amor mío, violento, la inicial del dolor en la
    tierra,
al pasar reconoce tus ojos y tocó tu mirada de nuevo
y parece que el viento de abril contra nuestra arrogancia
se va sin volver y sin irse jamás: es el mismo:
es el mismo que abrió la mirada total del cristal de este día,
derramó en el rectángulo un racimo de abejas
y creó en el zafiro la multiplicación de las rosas.

Bienamada, nuestro amor, que buscó la intemperie, navega
en la luz conquistada, en el vértice de los desafíos,

y no hay sombra arrastrándose desde los dormitorios del
   mundo
que cubra esta espada clavada en la espuma del cielo.

Oh, agua y tierra eres tú, sortilegio de relojería,
convención de la torre marina con la greda de mi
   territorio!

Bienamada, la dicha, el color del amor, la estatua del sur en
   la lluvia,
el espacio por ti reunido para satisfacción de mis besos,
la grandiosa ola fría que rompe su pompa encendida por el
   amaranto,
y yo, oscurecido por tu resplandor cereal,
oh amor, mediodía de sal transparente, Matilde en el
   viento,
tenemos la forma de fruta que la primavera elabora
y persistiremos en nuestros deberes profundos.

Octavo edisodio:

SANTOS REVISITADO
(1927-1967)

I

SANTOS! Es en Brasil, y hace ya cuatro veces diez años.
Alguien a mi lado conversa *"Pelé es un superhombre",*
"No soy un aficionado, pero en la televisión me gusta".
Antes era selvático este puerto y olía
como una axila del Brasil caluroso.
"Caio de Santa Marta". Es un barco, y es otro, mil barcos!
Ahora los frigoríficos establecieron catedrales
de bello gris, y parecen
juegos de dados de dioses los blancos edificios.
El café y el sudor crecieron hasta crear las proas,
el pavimento, las habitaciones rectilíneas:
cuántos granos de café, cuántas gotas salobres
de sudor? Tal vez el mar

se llenaría, pero la tierra no, nunca la tierra, nunca satisfecha,
hambrienta siempre de café, sedienta
de sudor negro! Tierra maldita, espero
que revientes un día, de alimentos, de sacos masticados,
y de eterno sudor de hombres que ya murieron
y fueron reemplazados para seguir sudando.

II

Aquel Santos de un día de junio, de cuarenta años menos,
vuelve a mí con un triste olor de tiempo y plátano,
con un olor a banana podrida, estiércol de oro,
y una rabiosa lluvia caliente sobre el sol.
Los trópicos me parecían enfermedades del mundo,
heridas pululantes de la tierra. Adiós
nociones! Aprendí el calor
como se aprenden las lágrimas, con sobresalto:
aprendí los meses del monzón y la insensata
fragancia del mango de Mandalay (penetrante
como flecha veloz de marfil y mejilla),
y respeté los templos sucios de mis semejantes,
oscuros como yo mismo, idólatras como todos los hombres.

III

Cuando tú hacemos, cuando yo hacemos el viaje del amor,
amor, Matilde, el mar o tu boca redonda
son, somos la hora que desprendió el entonces,
y cada día corre buscando aniversario.

IV

Santos, oh deshonor del olvido, oh paciencia
del tiempo, que no sólo pasó
sino que trajo barcos blancos, verdes, sutiles
y el temblor forestal se hizo ferruginoso.

V

Comprendo que he escuchado la esfera poniendo el oído en un punto
y a veces oigo sólo un rumor de mareas o abejas:

perdón si no pude y a tiempo escuchar esa locomotora
o el estruendo espacial de la nave que estalla en su huevo
 de acero
y que sube silbando entre constelaciones y temperaturas:
perdonen algún día si no vi el crecimiento de los edificios
porque estaba mirando crecer un árbol, perdón.
Trataré de cumplir con aquellas ciudades que huyeron de
 mi alma
y se armaron de duras paredes, ascensores altivos,
dejándome afuera en la lluvia, olvidado en los años
 ausentes,
ahora que vuelvo de entonces me saco el sombrero, y sonrío
saludando este gran esplendor sin deseo ni envidia:
sintiéndome vivo como una naranja cortada conserva en su
 mitad de oro el intacto vestido de ayer
y en el otro hemisferio respeta el cemento creciente.

SIGUE LA BARCAROLA:

IDA Y VUELTA.

Celebro el mensaje indirecto y la copa de tu transparencia
(cuando en Valparaíso encontraste mis ojos perdidos)
porque yo a la distancia cerré la mirada buscándote,
 amada,
y me despedí de mí mismo dejándote sola.

Un día, un caballo que cruza el camino del tiempo, una
 hoguera
que deja en la arena carbones nocturnos como quemaduras
y desvencijado, sin ver ni saber, prisionero en mi corta
 desdicha,
espero que vuelvas apenas partida de nuestras arenas.

Celebro esos pasos que no divisé entre tus pasos delgados,
la harina incitante que tú despertaste en las panaderías
y en aquella gota de lluvia que me dedicabas
hallé, al recogerla en la costa, tu rostro encerrado en el
 agua.

No debo bajar a las dunas ni ver el enjambre de la pesquería,
no tengo por qué ovizorar las ballenas que atrae el otoño a
   Quintay
desde sus espaciosas moradas y procreaciones antárticas:
la naturaleza no puede mentir a sus hijos y espero:
espera, te espero. Y si llegas, la sombra pondrá en su
   hemisferio
una claridad de violetas que no conocía la noche.

Noveno episodio:

HABLA UN TRANSEÚNTE DE LAS AMÉRICAS LLAMADO CHIVILCOY

I

Yo CAMBIO de rumbo, de empleo, de bar y de barco, de pelo
de tienda y mujer, lancinante, exprofeso no existo,
tal vez soy mexibiano, argentnayo, bolivio,
caribián, panamante, colomvenechilenomalteco:
aprendí en los mercados a vender y comprar caminando:
me inscribí en los partidos dispares y cambié de camisa
   impulsado
por las necesidades rituales que echan a la mierda el
   escrúpulo
y confieso saber más que todos sin haber aprendido:
lo que ignoro no vale la pena, no se paga en la plaza,
   señores.

Acostumbro zapatos quebrados, corbatas raídas, cuidado,
cuando menos lo piensen llevo un gran solitario en un
   dedo
y me planchan por dentro y por fuera, me perfuman, me
   cuidan, me peinan.

Me casé en Nicaragua: pregunten ustedes por el general
   Allegado
que tuvo el honor de ser suegro de su servidor, y más tarde
en Colombia fui esposo legítimo de una Jaramillo
   Restrepo.

Si mis matrimonios terminan cambiando de clima, no
   importa,
(Hablando entre hombres: Mi chola de Tambo! Algo serio
   en la cama).

Vendí mantequilla y chancaca en los puertos peruanos
y medicamentos de un poblado a otro de la Patagonia:
voy llegando a viejo en las malas pensiones sin plata,
   pasando por rico,
y pasando por pobre entre ricos, sin haber ganado ni perdido
   nada.

III

Desde la ventana que me corresponde en la vida
veo el mismo jardín polvoriento de tierra mezquina
con perros errantes que orinan y siguen buscando la
   felicidad,
o excrementicios y eróticos gatos que no se interesan por vidas
   ajenas.

IV

Yo soy aquel hombre rodado por tantos kilómetros y sin
   existencia:
soy piedra en un río que no tiene nombre en el mapa:
soy el pasajero de los autobuses gastados de Oruro
y aunque pertenezco a las cervecerías de Montevideo
en la Boca anduve vendiendo guitarras de Chile
y sin pasaporte entraba y salía por las cordilleras.
Supongo que todos los hombres dejan equipaje:
yo voy a dejar como herencia lo mismo que el perro:
es lo que llevé entre las piernas: mis bienes son ésos.

V

Si desaparezco aparezco con otra mirada: es lo mismo.
Soy un héroe imperecedero: no tengo comienzo ni fin
y mi moraleja consiste en un plato de pescado frito.

SIGUE LA BARCAROLA:

EXPLICACIÓN

Para este país, para estos cántaros de greda:
para este periódico sucio que vuela con el viento en la
   playa:
para estas tierras quebradas que esperan un río de invierno:
quiero pedir algo y no sé a quién pedirlo.
Para nuestras ciudades pestilentes y encarnizadas, donde hay
   sin embargo
escuelas con campanas y cines llenos de sueños,
y para los pescadores y las pescadoras de los archipiélagos
   del sur
(donde hace tanto frío y dura tanto el año)
quiero pedir algo ahora, y no sé qué pedir.

Ya se sabe que los volcanes errantes de las edades anteriores
se juntaron aquí como carpas de circo
y se quedaron inmóviles en el territorio:
los que aquí hemos nacido nos acostumbramos al fuego
que ilumina la nieve como una cabellera.

Pero luego la tierra se convierte en caballo
que se sacude como si se quemara vivo
y caemos rodando del planeta a la muerte.

Quiero pedir que no se mueva la tierra.

Somos tan pocos los que aquí nacimos.

Somos tan pocos los que padecemos
(y menos aún los dichosos aquí en las cordilleras),
hay tantas cosas que hacer entre la nieve y el mar:
aun los niños descalzos cruzan de invierno a invierno:
no hay techos contra la lluvia, faltan ropa y comida:
y así se explica que yo tenga que pedir algo
sin saber bien a quién ni cómo hacerlo.

(Cuando ya la memoria de lo que fui se borre
con la repetición de la ola en la arena
y no recuerde nadie lo que hice o no hice,
quiero que me perdonen de antemano,
no tuve tiempo nunca de hacer o no hacer nada:
porque la vida entera me la pasé pidiendo,
para que los demás alguna vez pudieran
vivir tranquilos.)

Décimo episodio:

EL ASTRONAUTA

I

SI ME encontré en estas regiones reconcentradas y calcáreas
fue por equivocaciones de padre y madre en mi planeta:
me aburrieron tanto los unos como los otros inclementes:
dejé plantados a los puros, desencadené cierta locura
y seguí haciendo regalos a los hostiles.

II

Llegué porque me invitaron a una estrella recién abierta:
ya Leonov me había dicho que cruzaríamos colores
de azufre inmenso y amaranto, fuego furioso de turquesa,
zonas insólitas de plata como espejos efervescentes
y cuando ya me quedé solo sobre la calvicie del cielo
en esta zona parecida a la extensión de Antofagasta,
a la soledad de Atacama, a las alturas de Mongolia,
me desnudé para vivir en el calor del mundo virgen,
del mundo viejo de una estrella que agonizaba o que nacía.

III

No me hacía falta la ropa sino el lenguaje, recogí
una suavísima, metálica flor, una rosa cuyo rocío
cayó perforando el suelo como un torrente de mercurio
y por ese cauce escuché de gruta en gruta el rocío

bajar las escalinatas de cristal dormido y gastado.
Gastado por quién? Por los sueños? Por la vida con
   apellido?
Por animales o personas, elefantes o analfabetos?
Y de pronto me sorprendí buscando otra vez con tristeza
la identidad, la historia, el cuento de los que dejé en la
   tierra.

IV

Tal vez aquí en estas arrugas, bajo estas costras esteparias,
bajo el volcánico estandarte de las cenizas celestiales
existió o existe la envidia que me mordió por los caminos
terrestres, como un caimán de cuarenta colas podridas?
Aquí también prosperará el caníbal parasitario,
el cínico, el frívolo dicharachista sostenido por sus
   cosméticos?

V

Pero encontré sólo los huesos del silencio carbonizado:
buscando bajé las estratas de mortífera astrología:
iguanas muertas tal vez eran los vestigios del polvo,
edades que se trituraron y quedaba solo el fulgor
y era toda la estrella aquella como una antigua mariposa
de ancestrales alas que apenas tocadas se desvanecían
apareciendo entonces un agujero de metal,
una cueva en cuyo pasado brillaban las piedras del frío.

VI

Me perdí por las galerías del sol tal vez derribado
o en la luna sin corazón con sus espejos carcomidos
y como en la seguridad de mi país inseguro
aquí el miedo me manejaba los pies en el descubrimiento.

Pero no hallé cómo alabar el alabastro que corría
derretido, por las gargantas de piedra pómez astringente,
y cómo, con quién hablar del tesoro negro que huía
con el río del azabache por las calles cicatrizadas?

VII

Poco a poco el silencio me hizo un Robinson asustadizo
sin ropa pero sin hambre, sin sed porque por los poros
la luz mineral nutría y humedecía, pero poco
a poco el planeta me descolgó de mi lengua,
y erré sin idioma, oscuro, por las arenas del silencio.

Oh soledad espacial del silencio! Se deshace
el ruido del corazón y cuando sobresaltado
oí un silencio debajo de otro silencio mayor:
me fui adelgazando hasta ser sólo silencio en aquel barrio del
   cielo
donde caí y fui enterrado por un cauce silencioso,
por un gran río de esmeraldas que no sabían cantar.

SIGUE LA BARCAROLA

LOS OFRECIMIENTOS

Desde hoy te proclamo estival, hija de oro, tristeza,
lo que quiera tu ser diminuto del ancho universo.
Bienamada, te doy o te niego, en la copa del mundo:
aun lo que explora la larva en su túnel estrecho
o lo que descifra el astrónomo en la paz parabólica
o aquella república de tristes estatuas que lloran al lado del
   mar
o el peso nupcial de la abeja cargada de oro oloroso
o la colección de las hojas de todo el otoño en los bosques
o un hilo del agua en la piedra que hay en mi país
   natalicio
o un saco de trigo arrastrado por cuatro ladrones
   hambrientos
o un trono de mimbre tejido por las elegantes arañas de
   Angol
o un par de zapatos cortados en piedra de luna
o un huevo nacido de cóndor de las cordilleras de Chile
o siete semillas de hierba fragante crecida a la orilla del río
   Ralún

o la flor especial que se abre en las nubes a causa del
   humo
o el rito de los araucanos con un caballito de palo en la
   selva
o aquel tren que perdí en California y encontré en el
   desierto de Gobi
o el ala del ave relámpago en cuya ancestral cacería
anduve perdido en el sur y olvidado por todo un invierno
o el lápiz marino capaz de escribir en las olas
y lo que tú quieras y lo que no quieras te doy y te niego
porque las palabras estallan abriendo el castillo, y
   cerramos los ojos.

Onceno episodio:

LA MÁSCARA MARINA

RESBALA en la húmeda suma la luna
sorteando la sala con su susurrante salida
las aves del suave solsticio los vuelos se alzaron
y el sol de la aurora aurorea en la sopa del mar
la sopa del mar sopa negra pasó por la sombra
parece que se abre una caja si sale la aurora
como un abanico cerrado es el sol en su cielo
salió de la caja la luz de la caja de jacarandá
salió perfumada la luz salió anaranjada la luz salió luz
abanico era entonces encima esplendor era fría esperanza
y yo dele que dele al navío yo no vuelo ni corro ni nado
yo en la proa celeste de acuerdo azutrina amaranto de
   acuerdo
de acuerdo con el abanico creciente de acuerdo llovía de
   pronto
y estatua de sal transparente en la lluvia o morada señora
ofrecí mi crepúsculo al viento a la noche que me devoraba
y seguí seguí sola en la noche en el día desnuda turgente
era el mar del navío la ruta la línea la misma salmuera
y otro día otra grieta en mis manos en mi vestidura
yo no miro los puertos he cerrado los ojos al daño

amo el solo elemento la luz que transcurre las lanzas del
   frío
sube el sol al cenit uva a uva hasta ser un racimo
y de noche la sombra resbala la luna en el vino
el mar alcohol del planeta la rosa que hierve y el agua
   que arde yo sigo yo sumo
no muevo los ojos no canto no tengo palabras no sueño
me mueven me cantan me sueñan me sume la ola
salpica levanta mi desventurada cabeza en la eterna
   intemperie
yo vivo en el gran movimiento del orbe en la nave
soy parte incesante de la dirección de la esencia
no tengo contrato firmado con gotas de sangre ni reina
   ni esclava
yo sé que armadores henchidos pagaron dolores con
   dólares
la barca la blanca vestida la Venus de ballenería
las velas al viento sobre la muchedumbre del mar hacia
   Chile
pero aquellas monedas cayeron en las alcancías del padre
   artesano
y pronto rodaron pagando ataúdes botellas zapatos escuelas
   o flores
yo fui liberada y entré en el navío sin deuda de sangre
no compro la aurora no salgo no muevo los brazos no
   reino
y sólo obedezco al latido del agua en la proa como una
   manzana
obedece a la savia que sube y navega en el árbol de la
   primavera
la sangre cetácea la esperma violeta del asesinato en las
   olas
no veo ni el círculo frío del duro petrel en el viento
ni el pez arrancado a una garra y partido por un picotazo
sin duda un camino de sangre surcó la salmuera
oí el espantoso silencio después de las llamas de la
   artillería
en el territorio inocente otros hombres vestidos de oro
con máscaras blancas metían en redes a sus semejantes

corrían aullando mujeres entre los castigos morían de amor
  y de furia
las redes subían repletas de oscuras miradas y manos
  heridas
yo vi desangrarse los ríos de los territorios y sé cómo lloran
  las piedras
oh rayo del mar amedrenta a tus hijos castiga a los
  crueles
decía la tierra y el mar continuó y subió el movimiento a
  mi pecho
y yo me incorporo al camino mis ojos no saben llorar
soy sólo una forma en la luz una vértebra de la alegoría.

LA BARCAROLA TERMINA:

SOLO DE SAL

(De pronto el día rápido se transformó en tristeza
y así la barcarola que crecía cantando
se calla y permanece la voz sin movimiento.)

Sabréis que en aquella región que cruzaba con miedo
crispaba la noche los ruidos secretos, la sombra selvática,
y yo me arrastraba con los autobuses en el misterioso
  universo:
Asia negra, tiniebla del bosque, ceniza sagrada.
y mi juventud temblorosa con alas de mosca
saltando de aquí para allá por los reinos oscuros.

De pronto se inmovilizaron las ruedas, bajaron los
  desconocidos
y allí me quedé, occidental, en la soledad de la selva:
allí sin salir de aquel carro perdido en la noche,
con veinte años de edad esperando la muerte, refugiado
  en mi idioma.

De pronto un tambor en la selva, una antorcha, un rumor
  de la ruta,
y aquellos que predestiné como mis asesinos

bailaban allí, bajo el peso de la oscuridad de la selva,
para entretener al viajero perdido en remotas regiones.

Así cuando tantos presagios llevaban al fin de mi vida,
los altos tambores, las trenzas floridas, los centelleantes
   tobillos
danzaban sonriendo y cantando para un extranjero.

Te canto este cuento, amor mío, porque la enseñanza
del hombre se cumple a pesar del extraño atavío
y allí se fundaron en mí los principios del alba,
allí despertó mi razón a la fraternidad de los hombres.

Fue en Vietnam, en Vietnam en el año de mil novecientos
   veintiocho.
Cuarenta años después a la música de mis compañeros
llegó el gas asesino quemando los pies y la música,
quemando el silencio ritual de la naturaleza
incendiando el amor y matando la paz de los niños.

Maldición al atroz invasor! dice ahora el tambor
   reuniendo
al pequeño país en el nudo de su resistencia.

Amor mío, canté para ti los transcursos de mar y de día,
y fue soñolienta la luna de mi barcarola en el agua
porque lo dispuso el sistema de mi simetría
y el beso incitante de la primavera marina.
Te dije: a llevar por el mundo del viaje tus ojos amados!
La rosa que en mi corazón establece su pueblo fragante!
Y, dije, te doy además el recuerdo de pícaros y héroes,
el trueno del mundo acompaña con su poderío mis besos,
y así fue la barca barquera deslizándose en mi barcarola.

Pero años impuros, la sangre del hombre distante
recae en la espuma, nos mancha en la ola, salpica la luna:
   son nuestros,
son nuestros dolores aquellos distantes dolores
y la resistencia de los destruidos es parte concreta de mi
   alma.

Tal vez esta guerra se irá como aquellas que nos
   compartieron
dejándonos muertos, matándonos con los que mataron
pero el deshonor de este tiempo nos toca la frente con dedos
   quemados
y quién borrará lo inflexible que tuvo la sangre inocente?

Amor mío, a lo largo de la costa larga
de un pétalo a otro la tierra construye el aroma
y ya el estandarte de la primavera proclama
nuestra eternidad no por breve menos lacerante.

Si nunca la nave en su imperio regresa con dedos
   intactos,
si la barcarola seguía su rumbo en el trueno marino
y si tu cintura dorada vertió su belleza en mis manos
aquí sometemos en este regreso del mar, el destino,
y sin más examen cumplimos con la llamarada.

Quién oye la esencia secreta de la sucesión,
de la sucesiva estación que nos llena de sol o de llanto?
Escoge la tierra callada una hoja, la ramificada postrera
y cae en la altura amarilla como el testimonio de un
   advenimiento.

El hombre trepó a sus motores, se hicieron terribles
las obras de arte, los cuadros de plomo, las tristes estatuas
   de hilo,
los libros que se dedicaron a falsificar el relámpago,
los grandes negocios se hicieron con manchas de sangre en
   el barro de los arrozales,
y de la esperanza de muchos quedó un esqueleto
   imprevisto:
el fin de este siglo pagaba en el cielo lo que nos debía,
y mientras llegaba a la luna y dejaba caer herramientas
   de oro,
no supimos nosotros, los hijos del lento crepúsculo,
si se descubría otra forma de muerte o teníamos un nuevo
   planeta.

Por mi parte y tu parte. cumplimos, compartimos
   esperanzas e inviernos
y fuimos heridos no sólo por los enemigos mortales
sino por mortales amigos (y esto pareció más amargo),
pero no me parece más dulce mi pan o mi libro
   entre tanto:
agregamos viviendo la cifra que falta al dolor
y seguimos amando el amor y con nuestra directa
   conducta
enterramos a los mentirosos y vivimos con los verdaderos.

Amor mío, la noche llegó galopando sobre las extensiones del
   mundo.

Amor mío, la noche borra el signo del mar y la nave resbala
   y reposa.

Amor mío, la noche encendió su instituto estrellado.

En el hueco del hombre dormido la mujer navegó
   desvelada
y bajaron los dos en el sueño por los ríos que llevan al
   llanto
y crecieron de nuevo entre los animales oscuros y los trenes
   cargados de sombra
hasta que no llegaron a ser sino pálidas piedras
   nocturnas.

Es la hora, amor mío, de apartar esta rosa sombría,
cerrar las estrellas, enterrar la ceniza en la tierra:
y en la insurrección de la luz, despertar con los que
   despertaron
o seguir en el sueño alcanzando la otra orilla del mar que
   no tiene otra orilla.

REFERENCIAS

La barcarola. Canción muy de moda a comienzos de siglo. Ha pasado a considerarse anónima.

El comienzo de *La Barcarola* apareció publicado como fragmento con el título de "Amores: Matilde" en la quinta parte del *Memorial de Isla Negra, Sonata crítica*. En las próximas ediciones del *Memorial de Isla Negra* se suprimirán los versos que pasaron a formar parte del libro *La Barcarola* (páginas 755 a 766).

Ñuble, Quinchamalí. En la provincia de Ñuble, ciudad de Chillán, nació Matilde Urrutia, la compañera del poeta. Quinchamalí es la aldea de esa región donde se elabora la más bella cerámica popular de Chile (página 758).

Pillanlelbún, Rengo, Rancagua, Renaico, Loncoche, Quirihue. Ciudades y aldeas del sur de Chile (páginas 758 y 759).

Datitla. Casa de la familia Mántaras en una playa de Uruguay (páginas 762 y 763).

"La Chascona" y *"La Sebastiana".* Casas construidas por el poeta en Santiago y en Valparaíso (páginas 763 y 765).

Terremoto en Chile. Se trata del terremoto de 1965 que afectó especialmente la zona de Valparaíso. La residencia del poeta sufrió daños considerables. Pablo Neruda y Matilde supieron la noticia de la catástrofe cerca de Lisboa. El poeta Aragon, de Francia, dedicó con este motivo y este tema su extraordinaria *Elegía a Pablo Neruda*, Gallimard, 1965 (página 768).

Rue de la Huchette. Calle del Quartier Latin que desemboca en el Boulevard Saint Michel en París (página 773).

Rubén Azócar (1901-1965). Escritor chileno, autor de la novela *Gente en la isla.* Una gran amistad lo unió a Pablo Neruda (página 783).

Boroa, Lota, Talagante, Angol. Pueblos del sur de Chile (páginas 784 y 785).

Temuco. Ciudad de la infancia del poeta (página 784).

Ancud. Puerto de Ancud, capital de la provincia de Chiloé (página 785).

Tengo el as! Tengo el dos! Tengo el tres! Tengo el rey con la espada en la mano! Estribillo de una canción criolla (página 787).

Nahuelbuta. Cordillera chilena (página 791).

Joaquín Murieta. Bandido chileno. Personaje de leyenda popular. Vivió y murió en California durante la época del descubrimiento del oro (página 797).

Arica, Antofagasta, Taltal, Coquimbo, Valparaíso, Quillota. Puertos y ciudades del norte chileno (páginas 797 y 809).

José Manuel Balmaceda. Presidente de Chile. Período 1886-1891 (página 820).

Lord Thomas Cochrane. Décimo conde de Dundonald (1775-1860). Navegante escocés. Fue el primer almirante de la Marina de Chile. Sus acciones de guerra más famosas —El Callao, Valdivia— permitieron el tráfico y comercio de todas las naciones al sur del Océano Pacífico. Fue perseguido y encarcelado en Inglaterra antes de entrar al servicio de Chile. El prólogo de este episodio, "Lord Cochrane de Chile", es la transcripción casi literal de uno de sus discursos en la Cámara de los Comunes *(The Autobiography of a Seaman,* London, Richard Dentley, 1860.) El poeta quiere significar con la transcripción en el poema de este discurso de Cochrane, que las persecuciones sufridas por el gran navegante tuvieron origen político (página 825).

Bernardo O'Higgins (1776-1802), *José Miguel Carrera* (1785-1821), *Manuel Rodríguez* (1786-1818). Próceres chilenos. Padres de la Patria (página 828).

Lago Rupanco. Lago del extremo austral de Chile (página 832).

Pucatrihue. Aldea chilena (página 832).

José Gervasio Artigas (1774-1850). Prócer uruguayo. Luchó por la separación del Uruguay de lo que había sido el Virreinato del Río de la Plata, consiguiendo sus propósitos (página 835).

Santos. Puerto del Brasil (página 839).

FULGOR Y MUERTE
DE JOAQUÍN MURIETA

Esta obra fue estrenada el 14 de octubre de 1967 en el Teatro Antonio Varas, de Santiago de Chile, por la Compañía del INSTITUTO DEL TEATRO DE LA UNIVERSIDAD DE CHILE bajo la dirección de *Pedro Orthous*, con música de *Sergio Ortega*, escenografía de *Guillermo Núñez*, vestuario de *Sergio Zapata*, iluminación de *Oscar Navarro* y coreografía de *Patricio Búnster*. Actuaron en su creación:

Matilde Broders, María Cánepa, Bélgica Castro, Peggi Cordero, Virginia Fischer, María Teresa Fricke, Kerry Keller, Lina Ladrón de Guevara, Coca Melnick, Sonia Mena, María Angélica Núñez, Claudia Paz, Alicia Quiroga, Berta Sandoval, Sergio Aguirre, Víctor Bogado, Jorge Boudon, Roberto Cabrera, Franklin Caicedo, Flovio Candia, Pablo Carrillo, Alejandro Castillo, Regildo Castro, Alejandro Cohen, Emilio Cossio, Jacinto Cruz, Rodrigo Durán, Tennyson Ferrada, Fernando González, Sergio Hernández, Alberto Lebrecht, Mario Lorca, Sergio Madrid, Héctor Maglio, Sergio Montero, Alberto Rivera, Iván Rodríguez, Andrés Rojas Murphy, Winston Rosales, Ramón Sabat, Alejandro Salas, Alejandro Sieveking, Rubén Sotoconil, Arturo Venegas y Tomás Vidiella.

ANTECEDENCIA

El fantasma de Joaquín Murieta recorre aún las Californias.

En las noches de luna se le ve cruzar, cabalgando su caballo vengativo, por los páramos de Sonora, o desaparecer en las soledades de la Sierra Madre mexicana.

Los pasos del fantasma, sin embargo, se dirigen a Chile, y esto lo saben los chilenos, los chilenos del campo y del pueblo, los chilenos de minas, montañas, estepas, caseríos, los chilenos del mar, del golfo de Penas.

Cuando salió de Valparaíso a conquistar el oro y a buscar la muerte, no sabía que su nacionalidad sería repartida y su personalidad desmenuzada. No sabía que su recuerdo sería decapitado como él mismo lo fuera por aquellos que lo injusticiaron.

Pero Joaquín Murieta fue chileno.

Yo conozco las pruebas. Pero estas páginas no tienen por objeto probar hechos ni sombras. Por el contrario. Porque entre sombras y hechos corre mi personaje invisible. Lo rodea una tormenta de fuego y sangre, de codicia, atropello e insurrección.

Tanto dio que hacer Joaquín Murieta que aún ahora quieren borrarlo del mapa. Una nueva teoría se ha agregado a las otras. Que no hubo un Murieta, sino varios: un Joaquín, sino siete. Siete jefes, siete bandas.

Ésta es una manera más de disolver al rebelde. Yo no la acepto.

Porque el que se acerca a la verdad y a la leyenda de nuestro bandido siente su mirada magnética.

Su cabeza cortada reclamó esta cantata y yo la he escrito

no sólo como un oratorio insurreccional, sino como una partida de nacimiento.

Sus papeles de identidad se perdieron en los terremotos de Valparaíso y en las contiendas del oro. Por eso tenía que nacer de nuevo, a su manera, sombra o llama, protagonista de una época dura, vengador sin esperanza.

Si me dejé llevar por el viento de furia que lo acompañó, si mis palabras parecieran excesivas, me quedaré contento.

Porque al emprender este canto tal vez sólo pretendí asomarme a las hazañas del rebelde. Pero éste me hizo participar de su existencia. Por eso aquí doy testimonio del fulgor de esa vida y de la extensión de esa muerte.

Pablo Neruda

Después de un mes de residencia, contemplé a San Francisco bajo otros aspectos y me pareció más singular todavía. Recorrí el barrio de los chinos, el de los mexicanos, el Chilecito (como llaman donde habita la parte femenina de Valparaíso), y todo tenía un carácter extraño y único. Era una aglomeración de ciudades, una Babilonia de todos los pueblos. En las calles se oían todas las lenguas modernas, de la China a San Petersburgo, de Noruega a las islas de Sandwich. Se veían los trajes de todas las naciones y había sastres para cada gusto. Los chinos con su pantalón de paño negro ceñido, su blusa azul y su trenza hasta las rodillas, el mexicano con su sarape o frazada, el chileno con su poncho, el parisiense con su blusa, el irlandés con su frac roto y su sombrero de felpa abollado, el yankee, supremo en todo, con su camisola de franela colorada, bota fuerte y el pantalón atado a la cintura.

Yo me aparté hacia un lado, y en unas colinas arenosas que dominaban toda la hermosa bahía, bajo un bosquecillo de arbustos, encontré algunos centenares de lápidas esparcidas en desorden y la mayor parte con cubierta de maderas. Aquel sitio y los epitafios de cada losa eran una lección terrible para los que ahí llegaban. El sepulturero había escrito ahí la historia de California. Asesinatos, naufragios, muertes de hambre y de pesar, juramentos de venganza escritos por algún hermano sobre los manes inmolados de un hermano, tal era el resumen de los epitafios. La mayoría de los sepultados eran jóvenes de 20 a 30 años.

Tal vez Rafael Martínez fue la primera víctima chilena inmolada en este país tan inclemente a nuestro nombre. Murió ahogado en la bahía. Otros murieron del cólera y la peste, otros por la bala del rifle de los galgos, cuántos por el puñal aleve, cuántos con el puñal en mano defendiendo sus tesoros y sus vidas.

Del libro *Viajes de Benjamín Vicuña Mackena*

IMPRENTA DEL FERROCARRIL

1856.

Esta es una obra trágica, pero, también, en parte está escrita en broma. Quiere ser un melodrama, una ópera y una pantomima.

Esto se lo digo al director para que invente situaciones u objetos fortuitos, trajes y decorados.

Las estrellas que aparecen en una escena, deben abrirse grandes como ruedas encima de los espectadores. Los Vigilantes (precursores del Ku-Klux-Klan) pueden llegar en caballos de palo, los parroquianos del cabaret pueden tener bigotes descomunales. El conejo puede ser sustituido por palomas. Si es posible, acompañarse por un agregado cinematográfico. Un buque velero debe aparecer constantemente en un cuadrado de la escena, durante el viaje del bergantín.

La ida del cortejo fúnebre, que debe tener mucho patetismo, pero patetismo andrajoso, lindando con lo grotesco, la he tomado de la visión inolvidable de una pieza "No" que vi una vez en Yokohama, en un teatro de suburbio, en donde entré como un marinero cualquiera, y me senté en el suelo. Me sobrecogió un desfile funeral de la pieza y siempre he pensado comunicar de alguna manera esa profunda emoción.

No tengo vanidad de autor teatral y, como se puede ver, doy cuenta de mis limitaciones. Por lo demás, nunca entendí nada de lo que se trataba en aquella obra japonesa. Espero que pase lo mismo con los espectadores de esta tragedia.

AGRADECIMIENTOS Y ADVERTENCIAS

A las personas e instituciones que generosamente me ayudaron a investigar la ruta de Joaquín Murieta en libros y lugares, mis rendidos agradecimientos. Especialmente a:

La Library of Congress, Washington, USA.
Señora Peggy de Aguilera, también de Washington.
David Valialo, de Hollywood, California.
Fernando Alegría, de Berkeley, California.
Alta California Bookstore, Berkeley, California.
José Papic, de Antofagasta, Chile.
Lautaro Guerra, de Santiago de Chile.
Armando Uribe, poeta y ensayista chileno.
Jorge Sanhueza, de la Universidad de Chile, y, en especial, al director Pedro Orthous, cuyos consejos han sido de valor inapreciable para la representación por el ITUCH de esta cantata, y al compositor Sergio Ortega, autor de la música.

El pequeño discurso de Rosendo Juárez es la versión auténtica tomada de "THE LAST OF THE CALIFORNIA RANGERS" *by Jill L. Cossley-Batt* FUNK & WAGNALLS COMPANY, NEW YORK AND LONDON, 1928).

REPRESENTANTES

JUAN TRESDEDOS
ADALBERTO REYES *(Oficinista)*
TRES CANTANTES MUJERES
UN CABALLERO TRAMPOSO
UN BARRAQUERO DE FERIA *(el mismo caballero tramposo)*
UN VENDEDOR DE PÁJAROS
UN MÚSICO VAGABUNDO
INDIO ROSENDO JUÁREZ
ENCAPUCHADOS Y CORIFEOS

Grupo de campesinos, mineros, pescadores y grupo de mujeres que se suponen esposas o familiares de los anteriores. Todos, con alguna característica nacional, intervienen alternativamente en las escenas tituladas Coro.

LA VOZ DEL POETA

LA VOZ DE JOAQUÍN MURIETA *Coro de canillitas*
LA VOZ DE TERESA MURIETA *Coro de tentadores*

LA ACCIÓN SE DESARROLLA EN SEIS CUADROS:

1. LA PARTIDA
2. LA TRAVESÍA Y LA BODA
3. EL FANDANGO
4. LOS GALGOS Y LA MUERTE DE TERESA
5. FULGOR DE JOAQUÍN
6. MUERTE DE MURIETA

PRÓLOGO

Se apagan todas las luces del teatro.

Voz del poeta

Ésta es la larga historia de un hombre encendido:
natural, valeroso, su memoria es un hacha de guerra.
Es tiempo de abrir el reposo, el sepulcro del claro bandido
y romper el olvido oxidado que ahora lo entierra.
Tal vez no encontró su destino el soldado, y lamento
no haber conversado con él, y con una botella de vino
haber esperado en la Historia que pasara algún día su gran
  regimiento.
Tal vez aquel hombre perdido en el viento hubiera cambiado
  el camino.
La sangre caída le puso en las manos un rayo violento,
ahora pasaron cien años y ya no podemos mover su
  destino:
así es que empecemos sin él y sin vino en esta hora quieta
la historia de mi compatriota, el bandido honorable don
  Joaquín Murieta.

CUADRO PRIMERO

PUERTO DE VALPARAÍSO. LA PARTIDA

Se encienden todas las luces del escenario. Música. El coro y todos los personajes entran como en una presentación circense.

Coro

Es larga la historia que aterra más tarde y que nace aquí abajo
en esta angostura de tierra que el Polo nos trajo y el mar y la nieve disputan.
Aquí entre perales y tejas y lluvia brillaban las uvas chilenas
y como una copa de plata que llena la noche sombría de pálido vino,
la luna de Chile crecía entre boldos, maitenes, albahacas, orégano, jazmines, porotos, laureles, rocío.
Entonces nacía a la luz del planeta un infante moreno,
y en la sombra serena es el rayo que nace, se llama Murieta,
y nadie sospecha a la luz de la luna que un rayo naciente
se duerme en la cuna entre tanto se esconde en los montes la luna:
es un niño chileno color de aceituna y sus ojos ignoran el llanto.
Mi patria le dio las medallas del campo bravío, de la pampa ardiente:
parece que hubiera forjado con frío y con brasas para una batalla

su cuerpo de arado, y es un desafío su voz, y sus manos son
dos amenazas.
La llama del oro recorre la tierra de Chile del mar a los
montes
y comienza el desfile desde el horizonte hacia el Puerto, el
magnético hechizo
despuebla Quillota, desgrana Coquimbo, las naves esperan en
Valparaíso.

ESCENA EN EL PUERTO DE VALPARAÍSO

Proyección de una panorámica de Valparaíso en 1850 según el grabado de Rugendas. Una banda pueblerina ejecuta una retreta que anima el paseo en la explanada. Futres y rotos se pasean. Entre los paseantes, está don Vicente Pérez Rosales.

Roto primero. No hay como el Puerto! No hay paseo como éste! Mira qué futrerío!

Roto segundo. Hay que distinguir, compañero. Hay futre y futre.

Roto primero. Hay tongo y tongo! Colero y colero!

Roto tercero. Ese que pasa es don Vicente.

Roto cuarto. Qué don Vicente?

Roto tercero. Don Vicente Pérez Rosales, el escritor.

Roto cuarto. Sabrá algo del oro?

Roto tercero. No ves que es escritor? Don Vicente lo sabe todo!

Roto cuarto. Preguntémosle, entonces!

Roto tercero. No me atrevo.

Roto cuarto. Échale, no más!

Roto tercero. Ya está, pues! Don Vicente!

Don Vicente. Qué hay, muchachos?

Roto tercero.   Qué sabe del oro, don Vicente? Dicen que hay montañas de oro en California!

Don Vicente.   Todo eso es prematuro. Hasta ahora, sólo son rumores dorados. Pero si hay oro, iremos a dar una vuelta. A pata'e perro no me la gana nadie. Ya veremos lo que dice la prensa.

Rumores callejeros. Irrumpe, desde la platea hasta subir al escenario, el coro de canillitas

Coro de canillitas

> El *Suplemento del Ferrocarril!*
> El *Suplemento del Mercurio!*
> Oro en California!
> Gran descubrimiento!
> Compre el *Suplemento!*
> Oro en California!
> *El Ferrocarril!*
> Montañas de oro!
> Ríos de oro!
> Arenas de oro!
> Compre el *Suplemento!*
> Oro en California!

Desfile de máscaras de los tentadores en lo alto del escenario. Máscaras de tejanos, encapuchados, etc. Una gran voz con acento extranjero desde detrás de la escena, muy amplificada.

Voz de los tentadores

Gold! Gold! Vengan al oro, chilenitos! Gold, Gold!
No más penurias. Todos a San Francisco. Aquí las están dando!
Al barco! De frente mar! Subdesarrolladitos! Gold! Gold! Gold!
Hambrientos! Sedientos! Venid a mí, soy el oro! California venid!
Con el oro se compran toros! Con el oro se compran moros!

CORO
>   Subió la carne!
>   Ya no hay leche!
>   Queremos comer!
>   Queremos ropa!

                    VOZ DE LOS TENTADORES

Venid a mí, soy el oro! Hay para todos! Aquí habla la voice
of California! Aquí está el oro!

CORO

Tirando sombreros, ropas, canastos al suelo.

>   Vámonos al oro!
>   Vámonos al oro!
>   No pasemos hambre!

Las mujeres del coro arrojan al suelo las flores y las pisotean.

>   Al oro! Al oro!

Los canillitas se incorporan tirando los periódicos al suelo y gritando

>   Al oro! A California! Al oro! Al oro!

*Suspendidos en lo alto del escenario pasan lentamente de un lado a otro,
pulseras, relojes, inmensos anillos y alhajas. Todo en dorado chillón. La
escena se ha vuelto frenética.*

>   Ya se acabó el decoro!
>   Nos vamos al oro!
>   Con el oro se compran moros!
>   Ya se acabó el decoro!
>   Nos vamos al oro!
>   Con el oro se compran toros!

*Durante la escena anterior el coro arma un bergantín e iza las velas.
Canción marinera. El coro tira las cuerdas que amarran la embarcación
acercándola al escenario, mientras cantan. La canción baja gradualmente
hasta ser un tarareo. El coro entra en el bergantín.*

CANCIÓN MARINERA
>   Adiós, adiós, adiós,
>   nos vamos a un mundo mejor.
>   Adiós, adiós, adiós,

se va por el mar el navío.
Adiós, adiós, adiós,
huyendo del hambre y del frío,
adiós, adiós, adiós,
nos vamos en este navío,
adiós, adiós, adiós,
buscando otro mundo mejor.
Adiós, adiós, adiós,
adiós, adiós, adiós!

Sobre los últimos rumores del coro anterior comienza el diálogo entre el Oficinista y Tresdedos, que han instalado una mesa, silla y papeles durante el barullo precedente.

DIÁLOGO

OFICINISTA. Oiga! Oiga! No se puede entrar!

TRESDEDOS. Me voy, entonces!

OFICINISTA. No pues, señor, por aquí no se sale.

TRESDEDOS. Así es que no se puede entrar?

OFICINISTA. No.

TRESDEDOS. Ni salir?

OFICINISTA. No.

TRESDEDOS. Entonces, qué hago?

OFICINISTA. Lo mejor es que no salga ni entre.

TRESDEDOS. Y cómo lo hago?

OFICINISTA. Voy a ver las instrucciones. De dónde es usted? Adónde va? Cómo se llama? Qué quiere?

TRESDEDOS. Eso es hablar. Me llamo Juan Tresdedos. Voy a California. Con don Joaquín Murieta me voy a embarcar.

OFICINISTA. Tiene todo listo?

TRESDEDOS. Claro que sí. Tengo pala, picota. Qué más? Tengo pantalones.

OFICINISTA. Tiene certificado de supervivencia?

TRESDEDOS.	Qué es eso?
OFICINISTA.	Tiene boletín de casado o recibo de concubinato?
TRESDEDOS.	No pienso.
OFICINISTA.	Tiene talón de opulencia?
TRESDEDOS.	Y eso cómo es?
OFICINISTA.	Es un papelito rosado.
TRESDEDOS.	*(Se busca y muestra un papelito rosado.)* Es esto?
OFICINISTA.	No. Ese es un boleto de empeño.
TRESDEDOS.	No sirve?
OFICINISTA.	A ver qué empeñó? Un violín! A quién se le ocurre! No sirve. Tiene estampilla de impuesto? Certificado de erupción? Tiene carruaje?
TRESDEDOS.	No, dejé mi caballo en Quilicura.
OFICINISTA.	Tiene perro?
TRESDEDOS.	Tenía.
OFICINISTA.	Tiene gato?
TRESDEDOS.	No tengo.
OFICINISTA.	Total que no tiene nada. Déjeme aquí el boleto de empeño y vuelva el año próximo. No tiene certificado de nacimiento?
TRESDEDOS.	No soy de Nacimiento.
OFICINISTA.	Entonces lo daremos por nonato. Esto le va a traer complicaciones.
TRESDEDOS.	Le traigo certificado de complicaciones?
OFICINISTA.	No se me bote a gracioso. Dónde dijo que iba?

TRESDEDOS.	Me voy con Murieta a buscar oro. Nos embarcamos en el bergantín.
OFICINISTA.	Y por qué no lo dijo antes? Para qué me hace perder el tiempo?
TRESDEDOS.	No se me había ocurrido. Vámonos juntos, si quiere.
OFICINISTA.	Métale, pues! Vamos andando! Estoy hasta la coronilla con estos papeles! Timbra que timbra todo el santo día. Con la miseria que nos pagan. Dónde me dice que hay oro? Dónde es eso?
TRESDEDOS.	En California, le dije. Para allá se va todo el mundo.
OFICINISTA.	Listo el bote! Partimos. Ayúdeme a empaquetar y nos vamos.
TRESDEDOS.	Oiga, por qué no nos vamos sin empaquetar, mejor. Para qué queremos tanta lesera? Mejor es romperlos!
OFICINISTA.	Cómo se le ocurre? Se trata de la documentación, de la inscripción, de la circunscripción, de la numeración...
TRESDEDOS.	Y de la transpiración... Al diablo con los papeles! Vamos a volver nadando en oro.
OFICINISTA.	Sabe que me está convenciendo?
TRESDEDOS.	Veamos cómo vuelan los certificados!

Arroja un papel al aire. El Oficinista tímidamente hace lo mismo. En seguida arrojan a dos manos montones de papeles que vuelan por el escenario. Al mismo tiempo cae de arriba una lluvia de papeles

OFICINISTA.	Y yo que le iba a dar certificado de tonto!

Se van del brazo hacia el barco seguidos por un grupo de cuatro o cinco rezagados, entre los cuales va una niña. Todos vuelven a cantar en sordina la canción marinera, que se interrumpe cuando alguien llama a Murieta.

UNO.	Murieta!
TODOS.	Joaquín! Joaquín Murieta!

Silencio. Todos se quedan estáticos, expectantes, salvo la niña, que regresa al borde del escenario y le tiende la mano a un haz de luz que ha caído allí. En tanto simultáneamente aparece en la vela mayor la proyección de una luz verde y blanca que dará la sensación de montes chilenos con viñedos y nieve en lo alto. En el escenario han bajado todas las luces. Al detenerse la niña, como también la luz junto al barco, se escucha sobre un fondo musical el siguiente coro.

CORO MASCULINO

Creciendo a la sombra de sauces flexibles, nadaba en los ríos, domaba los potros, lanzaba los lazos,
ardía en el brío, educaba los brazos, el alma, los ojos, y se oían cantar las espuelas,
cuando, desde el fondo del otoño rojo, bajaba al galope en su yegua de estaño.
Venía de la cordillera, de piedras hirsutas, de cerros huraños, del viento inhumano.
Traía en las manos el golpe aledaño del río que hostiga y divide la nieve fragante y yacente,
y lo traspasaba aquel libre albedrío, la virtud salvaje que toca la frente
de los indomables y sella con ira y limpieza el orgullo de algunas cabezas
que guarda el destino en sus actas de fuego y pureza, y así el elegido
no sabe que está prometido y que debe matar y morir en la empresa.

UNA VOZ MUY LEJANA. Joaquín! Joaquín Murieta!

NIÑA. Va!

La luz entra en el barco. Oscuridad total.

VOZ DEL POETA

Así son las cosas, amigo, y es bueno aprender y que sepa y conozca
los versos que he escrito, y repita contando y cantando el recuerdo de un libre chileno proscrito
que andando y andando y muriendo fue un mito infinito.
Su infancia he cantado al instante y sabemos que fue el caminante muy lejos.

Un día mataron al chileno errante. Lo cuentan los viejos de noche al brasero,
y es como si hablara el estero, la lluvia silbante o en el ventisquero llorara en el viento la nieve distante
porque de Aconcagua partió en un velero buscando en el agua un camino,
y hacia California la muerte y el oro llamaban con voces ardientes que al fin decidieron su negro destino.

CUADRO SEGUNDO

LA TRAVESÍA Y LA BODA

Se encienden las luces en el escenario. Puente de la nave. Sólo se ve nítidamente la inmensa vela. Diseminados en el suelo, apenas visibles, están los tripulantes, estáticos y en actitud de avivar una cueca. Avanzan los recitantes colocándose a plena luz en el proscenio y dicen el siguiente cuarteto.

CUARTETO

Voz 1.   Pero en el camino marino, en el blanco velero maulino,
el amor sobrevino y Murieta descubre unos ojos oscuros,
se siente inseguro, perdido en la nueva
certeza.

Voz 2.   Su novia se llama Teresa, y él no ha conocido mujer campesina
como esta Teresa que besa su boca y su sangre,
y en el gran océano,
perdida la barca en la bruma, el amor se consuma
y Murieta presiente que es éste el amor infinito.

Voz 3.   Y sabe tal vez que está escrito su fin y la muerte lo espera
y pide a Teresa, su novia y mujer, que se case con
él en la nave velera.

Voz 4.   Y en la primavera marina, Joaquín, domador de
caballos, tomó por esposa a Teresa, mujer
campesina,

	y los emigrantes en busca del oro inhumano y lejano celebran este casamiento
	oyendo las olas que elevan su eterno lamento!
LOS CUATRO.	y tal es la extraña ceguera del hombre en el rito de la pasajera alegría:
	en la nave el amor ha encendido una hoguera: no saben que ya comenzó la agonía.

Se encienden las luces en el puente. Cielo oscuro. Es de noche. Los tripulantes recobran sus movimientos aplaudiendo la cueca. Hay guirnaldas, papeles de colores, flores, vasos, botellas. Se afinan guitarras.

VOCES.	Una cueca más!
UNA VOZ.	Y un cachimbo!
OTRA VOZ.	A dormir la gente!
OTRA VOZ.	Ya se fueron los novios!
OTRA VOZ.	Vamos a mirarlos por el ojo de la llave!
VOCES.	La cueca!
OTRA VOZ.	Aún tenemos cueca, ciudadanos!
OTRA VOZ.	Y tenemos el cachimbo!
TODOS.	Venga!

En medio de la algazara, los hombres irrumpen cantando la canción masculina. La escena adquiere ribetes de frenética francachela. Atmósfera no sólo de juerga, sino también de ciego desafío a la muerte.

CANCIÓN MASCULINA

A California, señores,
me voy, me voy;
si se mejora la suerte,
ya sabes adónde estoy:
si me topo con la muerte,
chileno soy.

Chileno de los valientes,
tengo el corazón de cobre
y llevo el corvo en los dientes
para defender al pobre.

Le digo al que se me atreva
que donde las dan las toman.
No voy a pelar la breva
para que otros se la coman.

El oro de California
lo tengo ya en un bolsillo
y lo va a desenterrar
la punta de mi cuchillo.
El que se quiera volver
ahí tiene el mar,
el que no quiere pelear
no nació para soldado,
que se vuelva por el mar
nadando entre los pescados.

A California, señores, etc.

Un relámpago violento detiene súbitamente la francachela de los hombres, que se quedan inmóviles. Las mujeres, durante la canción masculina, han venido avanzando lentamente en un movimiento envolvente por ambos lados del escenario, quedando de espaldas al público. Al producirse el relámpago, se vuelven bruscamente hacia él y dicen el siguiente coro femenino, ya sea al unísono o en grupos o en forma solista.

CORO FEMENINO

Ahora la hora en el buque nos canta y nos llora,
las olas dibujan su eterno y amargo desfile:
qué sola se siente mi alma cuando en la distancia se apaga,
mi patria se aleja, no veo las costas de Chile.
Al oro nos dicen que vamos los hombres amados
y los seguiremos por tierra y por agua, por fuego y por frío,
por ello dejamos a la madre herida y al padre enterrado,
por ello dejamos la pobre casita junto al Bío-Bío.
Ay!, negros presagios nos dicen que no volveremos,
que ya no veremos las lomas de Angol ondular con el trigo,
el oro del campo, la luna chilena que ya no veremos,
y tal vez el oro que vamos buscando será el enemigo
que por rodar tierras
y por mala suerte,

nos haga la guerra,
nos lleve a la muerte.

Se retiran las mujeres y los hombres recobran su movimiento aguadísimo, cantando una vez más la estrofa "A California, señores", etc. Una luz destaca a Tresdedos y Reyes.

DIÁLOGO ENTRE TRESDEDOS Y REYES

REYES. Yo estaba más aburrido en la Aduana! Pero ahora me mareo. Es mucho mar para mí. Y este casamiento de Murieta con la Teresita, cómo se lo explica usted, señor Tresdedos? No le parece demasiado rápido?

TRESDEDOS. Lo que pasa, amigo Reyes, es que usted es de los despaciosos y Murieta de los vertiginosos. Le gustó la muchacha y allí los tiene en el camarote muy casaditos y muy tortolitos. Y no están perdiendo el tiempo como nosotros.

REYES. Tanto mar por todos lados, hasta por debajo del buque. Y no se ve la costa por ningún lado. La verdad es que sin aduanas no se puede vivir. Ahora mismo me vuelvo a Valparaíso.

TRESDEDOS. Si yo siempre le hallé cara de certificado, señor Reyes. Pero ésas son palabras mayores. Si se tira al agua, no va a llegar muy lejos. Hasta la guata de una albacora y de ahí no pasa. El hombre cuenta en la tierra, pero no debajo del agua. Lo pasaría mal allá abajo, don Reyes. Y no hay oro en el mar.

REYES. Usted de dónde es, Tresdedos?

TRESDEDOS. Nortino, copiapino, para que lo sepa. Minero. Allá en mi tierra y entre dos cerros dejé los dos dedos, que ni falta que me hacen. Con uno que me quede se puede apretar el gatillo.

REYES. Qué gatillo? Por qué quiere asustarme, amigo?

TRESDEDOS. Cómo que lo quiero asustar, si ya estaba asustado?

REYES. Usted cree que habrá trifulca?

TRESDEDOS. Donde hay oro hay trifulca, mi señor. Así es esa ensalada. Y así la vamos a comer. No tiene importancia el gusto.

REYES. Cuénteme algo de Murieta. Lo conoce mucho?

TRESDEDOS. He visto crecer al muchacho. Pero no hay que equivocarse. Es un jefecito. Es derecho como un palo de bandera. Pero cuidado con él. No tolera el abuso. Nació para intolerable. Yo soy como su tío y como su baqueano. Donde va lo sigo. Compartimos la suerte del pobre, el pan del pobre, los palos del pobre. Pero no me quejo. Sabemos aguantar en la mina. Y el mineral cuando aparece es como descubrir una estrella.

REYES. No exagere, señor mío, no hay estrellas aquí abajo.

TRESDEDOS. Mire para arriba. Se están luciendo como para despedirnos. Son estrellas de Chile. Son las mejores. Si parecen jazmines! Allá en el norte, en la pampa, en los cerros, la noche es más oscura, las estrellas son más grandes. A veces en la noche me daba miedo. Me parecía que si levantaba la cabeza de la almohada les podía dar un cabezazo y se podían romper encima de nuestra pobreza. Cuántas habrá?

REYES. Por lo menos aquí abajo no hay ninguna.

TRESDEDOS. Las hay también, mi amigo, pero hay que conquistarlas. El que no sabe aprende, compadre. Y hay tal vez algunas para nosotros allá arriba. Mire, esa que le hace el ojo debe ser la suya. Y aquella colorada es la mía.

213

Reyes.   Y la de Murieta?

Tresdedos.   La tiene bien calentina en su cama, en el camarote.

Irrumpe nuevamente la canción "A California, señores", pero la interrumpe la voz del poeta.

La voz del poeta

Silencio, muchachos, la luna, la estrella, la noche, la ruta de
   nuestro bajel,
imponen silencio de miel a la luna de miel!

Los juerguistas se retiran en puntillas, llevándose un dedo a los labios como indicando silencio. Bajan todas las luces en el escenario. Cielo intenso. Noche estrellada. Se va apagando la escena y las estrellas comienzan a agrandarse hasta convertirse en inmensas flores de luz. Sólo se ve un ojo de buey iluminado de donde salen la Voz de Murieta y la Voz de Teresa Murieta. Se escucha el ruido del mar.

DIÁLOGO AMOROSO

Voz de   Todo lo que me has dado ya era mío
Murieta.   y a ti mi libre condición someto.
                Soy un hombre sin pan ni poderío:
                sólo tengo un cuchillo y mi esqueleto.

                Crecí sin rumbo, fui mi propio dueño
                y comienzo a saber que he sido tuyo
                desde que comencé con este sueño:
                antes no fui sino un montón de orgullo.

Voz de   Soy campesina de Coihueco arriba,
Teresa.   llegué a la nave para conocerte:
                te entregaré mi vida mientras viva
                y cuando muera te daré mi muerte.

Voz de Tus brazos son como los alhelíes
Murieta. de Carampangue y por tu boca huraña
me llama el avellano y los raulíes.
Tu pelo tiene olor a las montañas.

Acuéstate otra vez a mi costado
como agua del estero puro y frío
y dejarás mi pecho perfumado
a madera con sol y con rocío.

Voz de Es verdad que el amor quema y separa?
Teresa. Es verdad que se apaga con un beso?

Voz de Preguntar al amor es cosa rara,
Murieta. es preguntar cerezas al cerezo.

Yo conocí los trigos de Rancagua,
viví como una higuera en Melipilla.
Cuanto conozco lo aprendí del agua,
del viento, de las cosas más sencillas.

Por eso a ti, sin aprender la ciencia,
te vi, te amé y te amo, bienamada.
Tú has sido, amor, mi única impaciencia,
antes de ti no quise tener nada.

Ahora quiero el oro para el muro
que debe defender a tu belleza.
Por ti será dorado y será duro
mi corazón como una fortaleza.

Voz de Sólo quiero el baluarte de tu altura
Teresa. y sólo quiero el oro de tu arado,
sólo la protección de tu ternura:
mi amor es un castillo delicado
y mi alma tiene en ti sus armaduras:
la resguarda tu amor enamorado.

VOZ DE
MURIETA.   Me gusta oír tu voz que corre pura
como la voz del agua en movimiento
y ahora sólo tú y la noche oscura.
Dame un beso, mi amor, estoy contento.
Beso mi tierra cuando a ti te beso.

VOZ DE
TERESA.   Volveremos a nuestra patria dura
alguna vez.

VOZ DE
MURIETA.   El oro es el regreso.

Silencio. En la oscuridad del barco sigue encendida la ventana del camarote de Murieta. Surge una canción en coro. Sólo se cantará una estrofa con estribillo. Coro invisible. Es la misma canción masculina de la escena anterior.

A California, señores,
me voy, me voy,
si se mejora mi suerte,
ya sabes adónde estoy:
si me topo con la muerte,
chileno soy.
A California, señores,
me voy, me voy.

Silencio. Se apaga la luz de la ventana.

216

CUADRO TERCERO

EL FANDANGO

Luz sobre el cantante en primer plano. Proyección panorámica de San Francisco en 1850. Es un grabado de la época.

CANCIÓN MASCULINA

    Antes que ninguna gente
al oro Chile llegó:
San Francisco parecía
otra cosa en aquel día:
sobre la arena llovía
y resbalaron las gotas
entre las calles desiertas
sobre las casas muertas
y tejas rotas.

    No había
nadie hasta que Dios llegó,
hasta que el oro brilló
y llegó la policía,
porque el diablo había llegado
y el puerto desamparado
se incendió
con el fuego del tesoro
y en el puerto
del desierto
comenzó a bailar el oro.

Pero el primero que entró
y el primero que bailó
en el nuevo paraíso
llegó de Valparaíso,
y el que bailó con ojotas
antes que nadie y ninguno
era un roto de Quillota,
y el que llegaba después
era un negro de Quilpué,
y el que se casó al llegar
venía de Vallenar,
y aquel que se nos murió
era natural, el pobre,
del Norte, de Copiapó:
se cayó al agua salobre,
al agua de San Francisco,
y se murió de porfiado:
no quería sino pisco.

Pero hablar de los finados
no es bueno,
lo que hay que dejar sentado
en este canto sereno
es que aunque nada ganó
el primero que llegó
fue un chileno.

Aparece una taberna, "El Fandango". Hay chilenos, mexicanos, peruanos, etc. En el fondo hay un grupo de "Rangers" con sombreros tejanos. Luego irrumpe el diálogo que, empezado por los chilenos, se extiende a los demás parroquianos. Entre ellos, sentados, Tresdedos y Reyes. Ruidos. Movimiento.

EL PRIMERO DE TODOS.	Comenzamos al amanecer. Déle que déle todo el día. Algo sacamos. Pero en estos lavaderos hay más barro que oro.
UNO.	Hay más sudor que oro.
OTRO.	Yo le saqué dos onzas a la arena.
OTRO.	Yo le saqué cinco. No me quejo.

TODOS.	Vamos sudando, compadre. El oro pide sudor.
UNO.	Y usted, compadre?
OTRO.	No me diga nada, compadre.
UNO.	Se siente fregado? Y por qué?
OTRO.	Me siento fregado.
UNO.	Cómo es eso?
OTRO.	Tengo lavandería.
OTRO.	Y yo panadería.
OTRO.	Y yo la pulpería.
ARGENTINO.	La pucha estos chilenos! Se la llevan suavecita! Yo soy maestro de baile. *(Bailando unos compases.)* "Gringuita, no te escapés, tenés que mover los pies".
TODOS.	Es poco el oro y mucho el baile.
UNO.	Y cómo les va a los de México?
MEXICANO.	Para decir verdad, voy a decírselo a usted. Apenas sacamos para una enchilada. De cuando en cuando, una pepita.

(Con música de corrido mexicano.)

Sudando hasta morir,
podemos descubrir
una pepita de oro
como un grano de anís.

CHILENO.	Bueno. A celebrar el orito, aunque sea poquito.
OTRO.	Mozo!
RANGERS.	*(Desde el fondo del escenario)* You must say boy.
CHILENO.	Boymozo! Una chicha!
TODOS.	Chicha para todos, boymozo!

Los mozos no se mueven. Avanzan los "Rangers" empuñando pistolones. Uno se queda al centro, mientras los otros encañonan a los parroquianos.

219

El Ranger
Del centro. You are now in California. Here's no chicha. In California you must have whisky!

Uno. Pero nosotros queremos chicha!

Todos los
Chilenos. Queremos chicha!

Todos los
Rangers. No chicha here! Whisky! Whisky! Whisky!

(Les ponen una pistola en la sien.)

Chilenos. Boymozo! Un whisky!

Otro. Hay que pedirlo con *water*!

Todos los
Chilenos. Un whisky con *water-closet*!

(Los "Rangers" se retiran. El ambiente decae.)

Reyes.
(Después de un silencio, a Tresdedos.)

Compadre, parece que hay que tener cuidado!

Tresdedos. Sí, compadre! Salimos de Chile a tomar el fresco, pero usted tiene razón. Hay que tener cuidado!

Reyes.
(Larga pausa.)

Qué hora será en Valparaíso?

Todos se quedan en actitud estática, mirando hacia el infinito. Sin que nadie lo anuncie, surge del escenario la cantante morena, que canta su número como una evocación, como algo que pasara en el recuerdo de los chilenos. La luz destaca a la cantante y baja sobre los parroquianos.

Cantante morena

(Música de "Barcarola")

Me piden, señores, que cante y les cuente la historia de mi enamorado
y quieren saber si mi amor fue tal vez marinero o soldado.

Les voy a contar que nací a las orillas de un río celeste
y el cielo era un río con piedras azules y estrellas silvestres.
Se llama Bío-Bío aquel río y tan lejos está que no sé si aún
  existe:
en mi alma resuenan sus aguas: por eso estoy triste.

A veces de noche escuchando las piedras azules que el agua
  golpea
despierto y no veo sino las paredes que ahora me encierran.

Y siento un dolor que me aprieta la boca y que mi alma
  desgarra
hasta que descuelgo del muro la voz de mi triste guitarra.

Y ahora pregunten si fue marinero o soldado, si joven o
  viejo
mi amor, les respondo: mi amor es un río que corre allá
  lejos!

Desaparece la Cantante morena como por arte de magia. Vuelve la luz. Ruido de un caballo galopando que se acerca y se detiene. Entra un jinete vestido de negro que habla agitadamente por el cansancio que trae.

JINETE.	Saben la noticia?
TRESDEDOS.	Qué noticia?
JINETE.	Mataron a diecisiete!
REYES.	Y a mí qué me importa?
JINETE.	Eran chilenos!
CHILENOS.	Chupalla!
JINETE.	Y a tres mexicanos!
MEXICANOS.	Caracho!
CHILENO.	Y dónde fue, compadre?
JINETE.	En Sacramento. Los sacaron de la cama y los hicieron hacer las zanjas. Luego los fusilaron!
CHILENO.	Y por qué los mataron?

221

MEXICANOS. Es porque no somos güeros, mano! Creen que Dios los premió colorados! Se creen sobrinos de Dios con ese color de huachimango!

Pausa.

TRESDEDOS. El otro día mataron a otros diez! Les echaron la culpa de la muerte de un tal Conley, que era un conocido matador de chilenos.

OTRO. Bueno. Ahí están los muertos hasta mal enterrados. Parece que a algunos se les ven los pies.

OTRO. Ovalle, se acuerda de Ovalle? Fue el único que se salvó.

REYES. Ah puchas, Tresdedos! No me está gustando la cosa! No se da cuenta de que nos consideran negros? Mejor me vuelvo a la Aduana!

TRESDEDOS Ya no es tiempo, don Reyes! Ahora no hay más que tener cuidado!

Todos se sienten apesadumbrados. Como una imagen del temor, aparece otra cantante. Es la Cantante negra.

CANTANTE NEGRA

(*Negro spiritual*)

Down goes the river
Down to the south
I've lost my ring
I've lost my soul.

Go, sailor, go, but don't inquire
where I have hidden my own heart!
My heart is there there there
in no man's land.

Down go the winds
down go the clouds
I've lost my ring
I've lost my soul.

> Down goes the river
> Down to the south
> I'll never see again my ring, my ring.
> I've for ever lost my soul, my soul.

En la última sílaba del número de la Cantante negra, dos Encapuchados cierran violentamente las cortinas del tinglado.

LOS DOS EN-
CAPUCHADOS.   Silence! No niggers here!

No bien cerrado el telón del tinglado, se introduce por su abertura un Ranger y anuncia con un redoble de tambor circense.

EL RANGER.   Distinguido público. Público subdesarrollado! Este honrado lupanar, el nunca bien ponderado "Fandango", se honra en presentarles el *Alma de California: La Pulga de Oro*.

Al retirarse el Ranger se abren las cortinillas y aparece La Pulga de Oro, dentro de un gran marco de oro, envuelta en una capa de terciopelo negro. Sólo se le ven la cara, el pelo y las manos de oro bataclanesco. Los Borrachos se lanzan a adorarla tratando de atraparla codiciosamente.

CORO DE   Buscando pepitas
BORRACHOS.   para su mamá.

                catita chiquita,
                no busques más.

Venía la catita
por el arenal,

                catita chiquita,
                no busques más.

El gringo te quita
tu pepa, catita,
no busques más.

                Aquí está tu amigo,
                cásate conmigo,
                cocina la sopa,
                sácate la ropa,
                no busques más.

                Catita chiquita,
                no busques pepitas
                para tu mamá.

Durante este número la Cantante rubia *se ha ido despojando de la capa y demás vestimentas en una especie de strip-tease, hasta quedar desnuda y dorada.*

CANTANTE RUBIA

                Lovely boy,
                don't talk
                to me!
                I want to see
                your daddy first!
                Please call your uncle Benjamin
                and your grand father Seraphim!
                Lovely boy,
                don't talk
                to me!

                I am so far
                you won't believe!

                I am as cold
                as a star fish!

                Don't talk to me
                I think because
                Your daddy was born for me!
                or your uncle Benjamin!
                or your grand father Seraphim!

Al terminar este número se escucha una salva de aplausos combinados con silbidos ensordecedores. Aparece el Caballero Tramposo. Trata de hacerse oír. Redoble de tambor.

CAB. TRAMPOSO. Y ahora, distinguido público...

Sigue la algazara. El Caballero Tramposo saca un pistolón y lanza un disparo que acalla a la gente. Le siguen disparos de unos seis revólveres. Se descorre el teloncillo. Aparecen los Corifeos del Caballero Tramposo. Cada uno de éstos se va a instalar amenazantemente junto a cada grupo de parroquianos.

LOS CORIFEOS.	Y ahora, el gran número de California!
CAB. TRAMPOSO.	Vengo llegando de San Blas. Soy el jugador eficaz.
CORIFEOS.	Es el jugador eficaz.
CAB. TRAMPOSO.	He llegado de Santa Inés. Soy un espejo de honradez.
CORIFEOS.	Es un espejo de honradez.
CAB. TRAMPOSO.	Recién pasé por Santa Mama. Sólo voy donde no me llaman.
CORIFEOS.	El sólo va donde no lo llaman.
CAB. TRAMPOSO.	Y cuando estuve en San Melchor me recibió el Gobernador.
CORIFEOS.	Lo recibió el Gobernador.
CAB. TRAMPOSO.	Pero al salir de Santa Lucía se equivocó la Policía.
CORIFEOS.	Se equivocó la Policía.
CAB. TRAMPOSO.	Me mandaron a San Ramón tomándome por un ladrón.
CORIFEOS.	Lo tomaron por un ladrón.
CAB. TRAMPOSO.	Yo les pregunto, caballeros,

(Se quita el sombrero.)

	si tienen joyas o dinero.
CORIFEOS.	Si tienen joyas o dinero.
CAB. TRAMPOSO.	Si encontrarán otra ocasión de comprobar mi condición.
CORIFEOS.	De comprobar su condición.
CAB. TRAMPOSO.	Ahora verán: este sombrero de caballero que es el mío está vacío.

CORIFEOS.	Está vacío.
CAB. TRAMPOSO.	Aquí no hay nada:

(Mostrando el sombrero.)

>Ni una mirada,
>ni una moneda,
>ni una monada
>ni una mierda:
>todo está bien,
>todo esá bien,
>nada está mal,
>y ahora vean
>este animal.

(Saca un conejo blanco.)

CORIFEOS.	Un animal!
CAB. TRAMPOSO.	Prepararemos
	en seguidilla
	una tortilla
	original,
	una omelette
	mineral.
	Quiero relojes exquisitos,
	quiero comer relojes fritos!
CORIFEOS.	Quiere comer relojes fritos!
CAB. TRAMPOSO.	Primero aceite en el sombrero

(Toma el sombrero y vierte aceite de una alcuza grande.)

>No tengan miedo. Ahora a la luz
>este huevito de avestruz.

(Toma un hueco grande de avestruz, lo quiebra y lo echa dentro.)

CORIFEOS.	Es un huevito de avestruz!
CAB. TRAMPOSO.	Con unos cuantos relojitos
	continuaré mi trabajito.

(Se arremanga.)

>Caigan relojes a granel
>en el sombrero de Luzbel.

Los concurrentes sacan inmensos relojes con cadenas doradas resistiéndose a entregarlos. Los Corifeos les dan golpes de bastón en la cabeza, de tal manera que, al ser derribados los parroquianos, los relojes van cayendo uno a uno en el sombrero del Caballero Tramposo.

                      (Cínico, al público.) Ven ustedes? Entregan sus relojes de todo corazón.

CORIFEOS.   Sí! De todo corazón!

CAB. TRAMPOSO.   Miren ahora con atención loca,
abran los ojos y cierren la boca:
      en mi sombrero
      batiendo vamos
      con un mortero
      lo que aquí echamos.

(Machaca y se oye un ruido de vidrios triturándose.)
                      No pongan caras
                      tan amarillas:
                      si es cosa rara
                      de estos relojes
                      hacer tortillas,
                      es más extraño
                      lo que ha pasado!
                      Y colorín colorado,
                      los relojes han volado!

El Caballero Tramposo y sus Corifeos huyen por el escenario. Los parroquianos quedan confundidos en gran algazara gritando:

PARROQUIANOS.   Maldito!
                      Agarrarlo!
                      A pegarle!
                      Dónde está?
                      Por aquí!
                      Se fue!
                      A romperle los huesos!
                      A romperle el alma!
                      Qué bribón!
                      Hijo de puta!
                      Cabrón!
                      Mi reloj!
                      Mi reloj!
                      Mi reloj!
                      Mi reloj!

Todos se precipitan hacia el escenario, pero en el momento de subir, sale del cortinaje un grupo de Encapuchados que, armas en mano, los detienen. De inmediato comienzan a golpear a los parroquianos y a destruir el local.

ENCAPUCHADOS. Shut up! Damn you!
Go to hell!

GRITOS. Mi reloj!
Mi reloj!

UN ENCAPU-
CHADO. There is no reloj!
Here you have it.

(Golpea en la cabeza a un mexicano con la porra.)
Una mujer rompe una guitarra en la cabeza de un Encapuchado. Éstos reducen a escombros el local. Quedan mesas rotas, las sillas tiradas. Durante todo este tiempo se oirá un ruido de vidrios quebrándose. Algunos cuerpos inermes en el suelo. Los Encapuchados beben en el mesón.

ENCAPUCHADO 1º. Every thing all right!

ENCAPUCHADO 2º. I thin so.

ENCAPUCHADO 3º. Let us see the relojes.

ENCAPUCHADO 4º.

(Se levanta el capuchón apareciendo la cabeza sonriente del Caballero Tramposo. Saca de sus faltriqueras los enormes relojes dorados repartiéndolos entre los Encapuchados parsimoniosamente.)

One...
Two...
Three...
Four...
Five...
Six...
Seven...
etc. ...
etc. ...

Se van con lentitud. En el suelo se levanta una cabeza, luego otra.

REYES. Nos volvemos a Chile, compadre?

TRESDEDOS. No hay caso, compañero. Nos quedamos! Le echamos para adelante!

Desde este instante Tresdedos aparecerá con un ojo vendado hasta el final de la obra, es decir, con un parche negro sobre un ojo.

CUADRO CUARTO

LOS GALGOS Y LA MUERTE DE TERESA

Voz del poeta

Husmeando la tierra extranjera desde el alba oscura
hasta que rodó en la llanura la noche en la hoguera,
Murieta olfatea la veta escondida, galopa y regresa
y toca en secreto la piedra partida, la rompe o la besa,
y es su decisión celestial encontrar el metal y volverse
  inmortal.
Y buscando el tesoro sufre angustia mortal y se acuesta
  cubierto de lodo.
Con arena en los ojos, con manos sangrantes, acecha la gloria
  del oro
y no hay en la tierra distante tan valiente y atroz caminante.
Ni sed ni serpiente acechante detienen sus pasos.
Bebió fiebre en su vaso y no pudo la noche nevada
cortar su pisada. Ni duelos ni heridas pudieron con él.
Y cuando cayó siete veces, sacó siete vidas,
y siguió de noche y de día el chileno montado en su claro
  corcel.

Detente! le dice la sombra. pero el hombre tenía su esposa
esperando en la choza y seguía por la California dorada
picando la roca y el barro con la llamarada
de su alma enlutada, que busca en el oro encontrar la
  alegría
que Joaquín Murieta quería para repartirlo volviendo a
  su tierra.

Pero lo esperó la agonía, y se halló de repente cubierto
de oro y de guerra.

Coro

Hirvió con el oro encontrado la furia y subió por los
montes.
El odio llenó el horizonte con manchas de sangre y lujuria.
Y el viento delgado cambió su vestido ligero y su voz
transparente.
y el yanqui vestido de cuero y capucha buscó al forastero.

Una luz descubre en el centro del escenario a un grupo de Encapuchados. Están realizando una especie de rito con un ceremonial a la vez lúgubre y grotesco.

Uno.	Quién es el padre?
Los Galgos.	El oro.
Uno.	Quién es el hijo?
Los Galgos.	El oro.
Uno.	Quiénes somos nosotros?
Los Galgos.	Los dueños del oro!
Todos.	Amén.
Uno.	Dios está con los indios?
Los Galgos.	Dios les quitó estas tierras!
Uno.	Y qué hizo con ellas?
Los Galgos.	Fueron para nosotros!
Uno.	Nuestro profeta Sullivan lo ha dicho:
Todos.	"Es nuestro absoluto destino extendernos hasta hacernos dueños de todo el continente que la Providencia nos ha entregado para el gran experimento de la libertad".

(Mientras lo dicen en castellano se proyecta en panorámica el facsímil del manifiesto en inglés.)

Los Galgos.	Indios y mestizos!
Uno.	Quiénes son los **mexicanos**?

Los Galgos.	Quiénes son los chilenos?
Uno.	Indios y mestizos!
Los Galgos.	Cuál es nuestro deber?
Uno.	Mandarlos al diablo!
Todos.	To hell! To hell!
Uno.	Quemarlos!
Otro.	Ahorcarlos!

(Arde una cruz.)

Se prosternan y colocan en forma ritual. Las capuchas con formas de chacales y galgos.

Uno.	Sólo la raza blanca!
Todos.	Somos la Gran Jerarquía. Los Galgos Rubios de California! Sólo la raza blanca!

(Se retiran.)

Canción femenina

> Ya parte el galgo terrible
> a matar niños morenos:
> ya parte la cabalgata,
> la jauría se desata
> exterminando chilenos:
> y con el rifle en la mano
> disparan al mexicano
> y matan al panameño
> en la mitad de su sueño.
> Ay qué haremos!
> Buscan la sangre y el oro
> los lobos de San Francisco,
> apalean las mujeres
> y queman los cobertizos
> y para qué nos vinimos
> de nuestro Valparaíso!
> Maldita sea la hora
> y el oro que se deshizo!
> Vienen a matar chilenos.
> Ay qué haremos! Ay, qué haremos!

CORO FEMENINO

Los duros chilenos reposan cuidando el tesoro, cansados del oro y la lucha.
Reposan, y en sueños regresan, y son otra vez labradores, marinos, mineros.
Reposan los descubridores y llegan envueltos en sombra los encapuchados.
Se acercan de noche los lobos buscando el dinero
y en los campamentos muere la picota porque en desamparo
se escucha un disparo y muere un chileno cayendo del sueño.
Los perros aúllan. La muerte ha cambiado el destierro.

Proyección de lavaderos en el panorama. Entran los buscadores de oro con sus herramientas y mientras cantan trabajan.

CORO DE LOS LAVADORES

   Buscando buscando buscando
   pasamos esta vida perra
   lavando lavando lavando
   metidos en barro y arena
   el oro reluce en el agua
   el oro se esconde en la tierra
   buscando buscando buscando
   con hambre con fiebre con pena
   lavando lavando lavando
   sin patria sin Dios sin estrella
   y el oro se va con los ricos
   y sigue la misma miseria.

Se repiten las frases del fandango, pero con acento triste.

EL PRIMERO DE TODOS.	Comenzamos al amanecer. Déle que déle todo el día. Algo sacamos. Pero en estos lavaderos hay más barro que oro.
UNO.	Hay más sudor que oro.
OTRO.	Yo le saqué dos onzas a la arena.
OTRO.	Yo le saqué cinco. No me quejo.

Todos.	Vamos sudando, compadre. El oro pide sudor.

(Entran los Galgos.)

Galgo.	Y ustedes qué hacen aquí? Son ciudadanos norteamericanos? No conocen la ley?
Chileno.	La ley del embudo? Sí, la conocemos. Poquito para nosotros, todito para ustedes!
Galgo.	Tienen que largarse! No estamos en México. Ésta es tierra de la Unión.
Chileno.	La tierra es de los que la trabajan. Y aquí somos nosotros los que sudamos lavando arena.
Galgo.	Ya lo saben. No queremos negros ni chilenos por aquí. Ni mexicanos. Ésta no es tierra mexicana. Si siguen aquí se van a enfermar.
Mexicano.	Mexicanos nacimos y mexicanos somos. Y a mucho honor, señor gringo. Estas tierras se bautizaron con sudor mexicano. Se llaman Tejas y San Francisco y Zamora.
Otro.	Se llaman Chapanal y Santa Cruz, San Diego, Calaveras.
Otro.	Se llaman Los Coyotes, San Luis Obispo, Arroyo Cantova.
Otro.	Camula, Buenaventura.
Otro.	San Gabriel, Sacramento.
Mexicano.	Se llama como Sonora, como Cuernavaca.
Chileno.	Como Valparaíso, como Chillán Viejo.
Mexicano.	Dígame, pues, si estos nombres son gringos o cristianos?
Galgo.	Se llenan la cabeza de nombres, de palabras...
Chileno.	Y ustedes se llenan de dólares.

GALGO.	Aquí se acaba la discusión. Los nativos fuera de aquí! La guerra la ganamos nosotros! Debemos enseñarles lo que es la libertad!
TODOS LOS GALGOS.	América for the Americans!
CHILENO.	Qué dicen? Qué gritan?
MEXICANO.	Dicen: "América para los norteamericanos!"
GALGO.	Y este trapo? Quién lo puso aquí?
CHILENO.	No es un trapo. Soy chileno. Es mi banderita.
LOS GALGOS.	A sacarla. Es bandera de nativos!
CHILENO.	Y quién la ha prohibido?
LOS GALGOS.	Nosotros! Los blancos! Los galgos! Han oído? A sacar la bandera!

(Hacen ademán de arriarlas.)
(Sacan los corvos.)

CHILENOS.	Así es que es así la cosa?

Gresca general. Un disparo hace arder la bandera convirtiéndola en una antorcha. Los Galgos se retiran perseguidos por los latinoamericanos.

VOZ DEL POETA

Y los asesinos en su cabalgata mataron la bella, la esposa
de mi compatriota Joaquín. Y la canta por eso el poeta.
Salió de la sombra Joaquín Murieta sin ver que una rosa de
    sangre tenía
en un seno su amada y yacía en la tierra extranjera su amor
    destrozado.
Pero al tropezar en su cuerpo tembló aquel soldado
y besando su cuerpo caído, cerrando los ojos de aquella que
    fue su rosal y su estrella,
juró estremecido matar y morir persiguiendo al injusto,
    protegiendo al caído.
Y es así como nace un bandido que el amor y el honor
    condujeron un día

a encontrar el dolor y perder la alegría y perder mucho más
todavía:
a jugar, a morir, combatiendo y vengando una herida
y dejar sobre el polvo del oro perdido su vida y su sangre
vertida.

Escena: El frontis del rancho de Murieta. Entran dos hombres, uno encapuchado y otro de sombrero tejano. Golpean a la puerta de la casa.

VOZ DE TERESA. Quién es?

Teresa habla desde adentro. No abrirá la puerta. Los hombres no responden. Se mueven sigilosamente examinando la manera de entrar en la casa. Golpean de nuevo.

VOZ DE TERESA. Quién es? Qué pasa?

ENCAPUCHADO. Mister Murieta?

VOZ DE TERESA. No está Joaquín! Se fue a los lavaderos! Aquí no está!

ENCAPUCHADO. Very well!

Se arrojan contra la puerta, que derriban a empujones y patadas. Entran en la casa. Ruidos, quebrazón.

VOZ DE TERESA. Socorro! Socorro! Asesinos!

Calla su voz. Uno de los atacantes, el de sombrero tejano, se asoma a la puerta y llama con un silbato. Acuden seis o siete encapuchados y tejanos.

TEJANO. Come on!

*Entran todos. Continúa el salvaje ruido de quebrazón y destrucción. Silencio. Luego se oye un largo alarido de Teresa. Pasan minutos. Silencio. Se oyen dos detonaciones desde el interior de la casa. Salen corriendo los atacantes. El primero en salir, descubierto, es el Caballero Tramposo, que rápidamente se cubre con el capuchón. Galope de caballos que se alejan. Se enrojecen las ventanas. Comienza a salir humo de incendio de la casa de Murieta. Acuden hombres y mujeres y el Vendedor de Pájaros, quien lleva a la espalda una gran jaula con algunas palomas en el interior. Entran, sacan sillas y enseres precipitadamente.
El incendio continúa. De pronto alguien grita:*

UNA VOZ. La mataron!
OTRA VOZ. Es Teresa!
OTRA VOZ. Está muerta!

Un Hombre.   La violaron también!

Un murmullo de odio recorre el grupo.

Voces.   Salvajes!

Voces.   Hay que avisarle a Joaquín!

Voces.   Hay que llamar a Murieta!

Vendedor de
Pájaros.   Compañeras palomas, vuelen a buscarlo! No vuelvan sin él!

Vuelan las palomas. Cierra la jaula vacía. Se seca las lágrimas con un pañuelo de colores. Sale lentamente entre las mujeres arrodilladas, diciendo:

Vendedor de
Pájaros.   Hasta cuándo!

Voz de
Mujeres.   Hasta cuándo!

Largo silencio. Se oye un grito trágico en la voz de Murieta. Las mujeres, que estaban arrodilladas, se levantan súbitamente y hablan al unísono.

Coro femenino

Venganza es el hierro, la piedra, la lluvia, la furia, la lanza,
la llama, el rencor del destierro, la paz crepitante.
Y el hombre distante enceguece clamando en la sombra
   venganza,
buscando en la noche esperanza sangrienta y castigo
   constante.
Despierta el huraño y recorre a caballo la tierra nocturna,
   Dios mío,
qué busca el oscuro al acecho del daño que brilla en su mano
   cortante?
Venganza es el nombre instantáneo de su escalofrío

que clava la carne o golpea en el cráneo o asusta con boca alarmante.
Y mata y se aleja el danzante mortal galopando a la orilla del río.

Se retira el coro femenino, salvo tres solistas, que escuchan la canción masculina con la cabeza gacha.

CUADRO QUINTO

EL FULGOR DE JOAQUÍN

En silueta aparecen ahorcados colgando de árboles y vigas. Cabalgatas.

CANCIÓN MASCULINA

    Con el poncho embravecido
    y el corazón destrozado,
    galopa nuestro bandido
    matando gringos malvados.

    Por estas calles llegaron
    estos hombres atrevidos,
    se encontraron con Joaquín
    y Joaquín con su destino.

RECITADO

    Ya
    cayó uno,
    ya van dos:
    son siete,
    lo digo yo.

        Galopa con poncho rojo
        en su caballo con alas,
        y allí donde pone el ojo,
        mi vida, ay, pone la bala.

        Y cómo se llama este hombre?
        Joaquín Murieta es su nombre.

Trío de voces femeninas

Acompañado por las voces de un coro interior que está entre telones. Al terminar la canción masculina, las tres solistas levantan la cabeza e interrogan al público.

Solista 1. Dónde está este jinete atrevido, vengando a su pueblo, a su raza, a su gente?

Solista 2. Dónde está el solitario insurgente? Qué niebla ocultó su vestuario?

Solista 3. Dónde están su caballo y su rayo, sus ojos ardientes?

Las Tres. Se encendió intermitente, en tinieblas acecha su frente.
Y en el día de las desventuras, recorre un corcel. La venganza va en esa montura.

Coro Interior. Galopa!

Solista 1. "Galopa!" le dice la arena que tragó la sangre de los desdichados.

Solista 3. Y alguna chilena prepara un asado escondido para el forajido que llega cubierto de polvo y de muerte.

Solista 2. "Entrega esta flor al bandido y que tenga suerte".

Solista 3. "Tú dale, si puedes, esta gallinita", susurra una vieja de Angol de cabeza marchita.

Solista 2. "Y tú, dale el rifle —dice otra— de mi asesinado marido. Aún está manchado con sangre de mi bienamado."

Solista 1. Y este niño le da su juguete, un caballo de palo, y le dice: "Jinete, galopa a vengar a mi hermano que un gringo mató por la espalda".

Las Tres. Y Murieta levanta la mano y se aleja violento con el caballito en las manos del viento.

SOLISTA 3.   Y dice la madre:

VOZ INTERIOR. "Yo soy una espiga sin grano y sin oro,
               no existe el tesoro que mi alma adoraba.
                 Colgado en la viga,
               mi Pedro, hijo mío, murió asesinado y lo
                   lloro.
               Y ahora, mis lágrimas Murieta ha secado con
                   su valentía".

SOLISTA 2.   Y la oira, enlutada y bravía, mostrando el
                   retrato de su hermano muerto,
               levanta los brazos enhiestos, y besa la tierra que
                   pisa el caballo de Joaquín Murieta.

CORO
INTERIOR.   Galopa Murieta!

LAS TRES.   Galopa Murieta!

SOLISTA 3.   La sangre caída decreta que un ser solitario
                   recoja en su ruta el honor del planeta.

SOLISTA 1.   Y el sol solidario
               despierta en la oscura llanura.

SOLISTA 2.   Y la tierra sacude en los pasos errantes
               de los que recuerdan amantes caídos y herma-
                   nos heridos.

LAS TRES.   Y por la pradera se extiende una extraña qui-
                   mera, un fulgor: es la furia de la primavera.
               Y la amenazante alegría que lanza, porque cree
                   que son una cosa victoria y venganza.

Se retiran las solistas por la izquierda. Entran Tresdedos
            y Reyes por la derecha.

REYES.   Parece que se armó la grande! Usted que sabe
               más que yo de lo que yo sé menos que usted,
               puede decirme qué vamos a hacer ahora, com-
               padre?

TRESDEDOS.   Con Murieta nos vamos! Hasta la muerte!

REYES.   Hasta su muerte será, compadre! Por qué dis-
               pone de la mía? ¿Qué, se la regaló mi mamita?

TRESDEDOS.   Allá en Copiapó lo aprendí, compadre! Cuando estalla el barreno, la tierra tiembla, se oscurece el cielo y la piedra dura se rompe en pedazos. No haga caso de la explosión, no le haga caso al humo. Aquí está la piedra dura y hay que romper la piedra o romperse el alma!... No ha visto nuestros hermanos heridos? La sangre caída por todas partes? Es nuestra sangre! Ya somos viejos, pero éste es nuestro destino! Yo creo en la venganza, pues por ahí puede comenzar la victoria.

Entra el Indio.

TRESDEDOS.   Alto! Quién va!

INDIO.   Rosendo Juárez anda buscando al general Murieta.

TRESDEDOS.   Y quién es ese Rosendo Juárez?

INDIO.   Rosendo Juárez soy yo.

TRESDEDOS.   Qué quieres hablar con Murieta?

INDIO.   Quiero pedirle que nos defienda.

TRESDEDOS.   Y qué les pasa a los indios?

INDIO.   Lo que digo me sale del corazón y lo diré con una lengua derecha, porque el Gran Espíritu me mira y me oye. Estos gringos no dicen la verdad. Nos quitan el oro o se lo llevan en el juego. Los podemos echar y lo haremos con piedras, con arcos, con flechas. Dicen buenas palabras, pero éstas no sirven. Con palabras no se pagan los insultos ni los muertos. No sacan a mi padre de su tumba. Las palabras no pagan nuestras tierras, no pagan los caballos ni el ganado que nos quitan. Las buenas palabras no me devolverán mis hijos ni darán buena salud a mi gente. Todos los hombres fueron hechos por el mismo Gran Espíritu y si los gringos blancos quieren vivir en paz con los indios,

241

	pueden vivir en paz. Todos los hombres son hermanos y la tierra es la madre de todos. Pero, la condición de mi gente me rompe el corazón y tenemos que pelear para protegernos. Rosendo Juárez ha terminado de hablar *.
TRESDEDOS.	Amigo Rosendo Juárez. Hay mucho que andar todavía. Pero ven con nosotros. *(A Reyes.)* No ve, compadre? Qué me dice ahora?
REYES.	Sabe que me estoy convenciendo, compadre Tresdedos?
TRESDEDOS.	Así tenía que ser! Hemos sido hermanos en tantas desgracias. Ahora nos vamos con Murieta! Apretarse los cinturones! Joaquín! Joaquín!

(Se oye un silbido.)

LOS TRES.	Allá vamos!

Entran tres hombres.

HOMBRE 1.	Adónde van?
TRESDEDOS.	Esto no se aguanta más! Nos vamos con Murieta.
HOMBRE 2.	Queremos ir con ustedes!
HOMBRE 3.	Y yo también!
CORO DE HOMBRES.	Murieta! Murieta! Contigo, Murieta!

Una ráfaga de hombres invade el escenario.
Los hombres se agrupan y cantan al mismo tiempo que bailan una danza que mima escenas de ferocidad y asalto.

CORO DE LOS ASALTANTES

> Llegaron las cuchilladas
> qué alegría,

---

* Este parlamento es transcripción textual de un documento publicado en *The last of the California Rangers*, de Jill L. Cossley-Batt.

aquí se matan por nada,
madre mía!

Aquí se juega y se canta
y se maldice
y el pobre diablo que cae
que agonice!

A nadie le importa un pito
lo que sucede en el cielo,
si me caigo de un balazo
no habré de pasar del suelo:
si me tienen que matar
del suelo no he de pasar!

Le voy a romper la crisma
al que me lance un sermón,
y a la rubia que me quiera
le comeré el corazón!

Los asaltantes detienen su danza con un gesto amenazador hacia el público. Se oye una voz desde dentro.

UNA VOZ. Aquí hay una sorpresa!

UN ASALTANTE. Pase la sorpresa!

OTRO. Pesa mucho?

TODOS. Es oro?

OTRA VOZ. Vale más que el oro! Allá va!

Entran dos asaltantes arrastrando al Caballero Tramposo y lo depositan en medio del escenario. Se ve inmensamente alto, con los brazos abiertos. Parece un muñeco.

LOS ASALTANTES. —Es el ladrón!
—Es el jefe de los Galgos!
—Es el asesino!
—Éste es el que me robó hasta mi ojo de vidrio!
—Bandido!
—Tú mataste a mi hermano!
—Tú incendiaste mi casa!
—Que lo pague todo ahora!

El Caballero Tramposo trata de escaparse.

TRESDEDOS. Atención! Apunten! Fuego!

Disparan. El Caballero Tramposo cae al centro del escenario como un monigote inerte.

UN ASALTANTE. Y ahora, hacia Arroyo Cantova! A repartir el oro a los pobres. Allá nos esperan!

El coro de los asaltantes hace mutis mimando una cabalgata mientras cantan la coda de "Llegaron las cuchilladas". Entran los Gálgos encapuchados y descubren el cuerpo inerte del Caballero Tramposo.

ENCAPUCHADO
PRIMERO. Y éste, quién es?

ENCAPUCHADO
SEGUNDO. Es Él!

ENCAPUCHADO
TERCERO. Está muerto!

ENCAPUCHADO
CUARTO. Está vivo!

ENCAPUCHADO
PRIMERO. Éste no muere nunca! Escúchanos! Puedes responder? Quiénes fueron?

CAB. TRAMPOSO. *(Con voz vacilante.)* Los de Murieta. Se llevaron el oro! Mataron a todos los hombres. Acuchillaron a las mujeres.

Los Galgos se yerguen lanzando un aullido rabioso y ejecutan una grotesca danza ritual para revivir al Caballero Tramposo, mientras entonan un ensalmo.

LOS GALGOS. Alfacadabra, Betacadabra, Blancocadabra!
Revive Trampón! Salta Saltón!
Blancocadabra, Betacadabra, Alfacadabra!
Salta Saltón! Revive Trampón!

Al final del ensalmo, los Galgos se prosternan y el Caballero Tramposo emerge de un brinco y pronuncia la sentencia. Mientras corean la sentencia, los Galgos se hacen más y más estridentes.

CAB. TRAMPOSO. Él debe morir!

LOS GALGOS. Murieta debe morir!

Cab. Tramposo.	Nos roba lo que hemos robado con nuestros esfuerzos.
Los Galgos.	Murieta debe morir!
Cab. Tramposo.	Es un subversivo!
Los Galgos.	Murieta debe morir!
Cab. Tramposo.	Son indios! No entienden el progreso!
Los Galgos.	Murieta debe morir!
Cab. Tramposo.	Juremos aquí mismo su muerte!
Los Galgos.	Murieta debe morir!

Todos, ya de pie, levantan al cielo sus pistolones, disparan y se van apresuradamente.

Coro femenino

Adiós, compañero bandido. Se acerca la hora. Tu fin está claro
    y oscuro.
Se sabe que tú no conoces, como el meteoro, el camino seguro.
Se sabe que tú te desviaste en la cólera como un vendaval
    solitario.
Pero aquí te canto porque desgranaste el racimo de ira. Y se
    acerca la aurora.
Se acerca la hora en que el iracundo no tenga ya sitio en el
    mundo.
Y una sombra secreta no habrá sido tu hazaña, Joaquín
    Murieta.

Voz del poeta

Pregunta el poeta: "No es digno este extraño soldado de luto
que los ultrajados le otorguen el fruto del padecimiento?"
No sé. Pero siento tan lejos aquel compatriota lejano,
que a través del tiempo merece mi canto y mi mano.
Porque defendió mostrando la cara, los puños, la frente,
la pobre alegría de la pobre gente saqueada por el invasor
    inclemente y amargo.
Y sale del largo letargo en la sombra un lucero
y el pueblo dormido despierta ligero siguiendo la huella
    escarlata de aquel guerrillero,

del hombre que mata y que muere siguiendo una estrella.
Por eso pregunta el poeta si alguna cantata requiere
aquel caballero bandido que dio al ofendido una rosa concreta:
justicia se llama la ira de mi compatriota Joaquín Murieta.

CUADRO SEXTO

MUERTE DE MURIETA

La escena se oscurece totalmente. Silencio. En la oscuridad una cara blanca de mujer, como de tiza, con manto chileno, aparece. Sólo se ve su rostro. Dice el casi soneto, mientras el coro permanece inmóvil en la penumbra

CASI SONETO

Pero, ay, aquella tarde lo mataron:
fue a dejar flores a su esposa muerta,
y de pronto el heroico acorralado
vio que la vida le cerró la puerta.

De cada nicho un yanqui disparaba,
la sangre resbalaba por sus brazos
y cuando cien cobardes dispararon,
un valiente cayó con cien balazos.

Y cayó entre las tumbas desgranado
allí donde su amor asesinado,
su esposa, lo llamaba todavía.

Su sangre vengadora y verdadera
pudo besar así a su compañera
y ardió el amor allí donde moría.

Estalla la música de la muerte. El coro se repliega al fondo formando un friso funerario a ambos lados de una tumba humilde. Al mismo tiempo, y sobre el ritmo agitado de la música obsesionante, irrumpen en el escenario seis Galgos que ejecutan una danza frenética. Esta danza representa la acción de una jauría de perros ladrando, aullando, olfateando por todos los rincones en busca de una presa. Dan la impresión de que llevan un arma con la cual apuntan a cada rincón que les parece sospechoso. Ritmo demoníaco y atmósfera de ferocidad monstruosa. El cuarteto de Solistas, que se han desprendido del coro, colocándose a ambos lados de la boca del escenario, expresan, durante la danza, advertencias a Murieta, esforzándose para que sus voces sobresalgan por encima del tumulto de la música y el baile.

(Inmediatamente después del estampido inicial.)

SOLISTA 1.	Escucha la arena que mueve el desierto!
SOLISTA 2.	Escucha el reloj que entierra a los muertos!
SOLISTA 3.	Atrás, bandolero! La muerte te aguarda!
SOLISTA 4.	Llegaron los Galgos!
SOLISTA 1.	Murió una guitarra!
SOLISTA 2.	Tu sangre invisible será derramada!
SOLISTA 3.	Oíste, Murieta?
SOLISTA 4.	La tierra te advierte!
SOLISTAS 1 y 2.	Se cumple el destino!
SOLISTA 4.	Los Galgos te acechan!
SOLISTA 3.	Termina tu suerte!
SOLISTA 1.	Te siguen las huellas!
SOLISTA 2.	Por ese camino se acerca la muerte!
SOLISTA 4.	No traigas la rosa para tu Teresa!
LOS 4 SOLISTAS.	Te aguarda la fosa!
SOLISTA 3.	Teresa dormía.
SOLISTA 1.	Por qué despertarla?

Solistas 2 y 4.	Para qué regar con sangre su cara?
Los 4 Solistas.	Murieta, detente!
Solista 4.	Separa tus pasos!
Solista 3.	La rosa que llevas, separa!
Solista 2.	Caerán tus ojos!
Solista 1.	Y se pudrirá tu mirada! Tus brazos serán una cruz derribada!
Solista 3.	Ya no montarás!
Solistas 3 y 4.	Ya no correrás!
Solistas. 1, 3 y 4.	Ya no comerás!
Los 4 Solistas.	Ya no vengarás!
Solista 1.	Ya no vivirás!
Solista 2.	Los Galgos ya pisan tus propias pisadas!
Solistas 1 y 4.	El frío del cielo toca sus campanas!
Solista 3.	El llanto en la luna la lluvia prepara!
Solistas 1, 2, y 4.	No te necesita Teresa, que vive en tu alma!
Solista 3.	Arroja la rosa que lleva tu mano malvada!
Solista 1.	Por qué tanta sangre?
Los 4 Solistas.	Quién es?

Súbitamente la danza se detiene y los Solistas se callan. Un haz de luz cae en el centro del escenario y avanza hacia la tumba, que está al fondo. Cuando la luz toca la tumba, los Galgos, agazapados en los rinco-

nes, disparan. La luz se torna roja y una flor se abre sobre la tumba de Teresa. Los cuatro Solistas, cubriéndose el rostro con un crespón negro, gritan. La música vuelve violentamente. Los Galgos se abalanzan sobre la tumba y, por breves segundos, miman rítmicamente la acción de segar o de cortar algo a hachazos. Luego, se retiran. Cesa la música. La flor ha desaparecido. El coro femenino avanza a primer plano para decir el lamento.

LAMENTO

Recitado por el coro femenino.

Se fue besando la tierra
donde dormía su esposa:
desarmado lo mataron.
Llevaba sólo una rosa
para Teresa, la muerta.
Se multiplicó la flor
con sus heridas abiertas
y dejó llena de rosas
la tumba de su Teresa.
Con una rosa en la mano
ha muerto Joaquín Murieta.
Murió como muere un rayo
y cayó junto a su muerta.
Tanto miedo le tenían
que se acercaban apenas
y disparaban aún
al cadáver de Murieta.
Y cuando ya se atrevieron,
para que no resucite,
le cortaron la cabeza
al muerto, en el cementerio.
Le cortaron la cabeza.
Al guerrillero caído,
le cortaron la cabeza.
Cuando ya no respiraba,
le cortaron la cabeza.
Tanto miedo le tenían
al bravo Joaquín Murieta,
que cuando murió el valiente
y no tenía defensa,
del miedo que le tenían,
le cortaron la cabeza.

Redoble de tambor y corneta de circo pobre. El coro se divide en dos, colocándose a ambos lados del escenario. Aparece una barraca de feria dividida en dos espacios por una cortina. En uno el Barraquero, que es el mismo Caballero Tramposo, invita a los transeúntes. En el otro está la cabeza de Murieta en una jaula. La cabeza es más grande que en el tamaño natural y tiene hilos de gotas de sangre, como rosarios, que llegan al suelo. Los ojos abiertos. Durante la escena entrarán incesantemente los mismos visitantes que darán la vuelta poniéndose sombreros, mantas, bufandas diferentes, o bien, cambiando lo que transportan, canastos, paraguas, niños en brazos, etc.

El Barraquero

(A gritos.)

Entrad here a my barraca
for only twenty centavos.
Here is Joaquin Murieta,
aquí está el tigro encerrado.

Freedom, freedom y negocios
sólo por twenty centavos;
única oportunidad
Murieta decapitado.

Here. Here veinte cents,
twenty centavos, señores,
una cabeza de tigro
en una jaula encerrado.

Señores, por veinte cents,
sólo por veinte centavos.

La cabeza de Murieta
por fin se la hemos cortado:
qué barato twenty cents,
entren a ver el malvado
que tanto nos asustaba
sólo por twenty centavos.
(Estribillo) Freedom, freedom, etc.

Avanzan las mujeres en actitud de increpar al público. Al promediar esta escena ella ya se está desarrollando en la platea. Al terminar, las mujeres salen corriendo hacia el foyer.

CORO FEMENINO

TODAS.
Cómo dejan en la jaula,
como dejan
en la jaula del oprobio
su cabeza?

UNA.
No recuerdan que sus manos
vengaron tantas ofensas?

OTRA.
Y tiene abiertos los ojos
y cortada la cabeza?

OTRA.
Porque sufrimos salió
a galopar en la arena
y por nosotros mató.

OTRA.
No tienen sangre en las venas?

OTRA.
No tienen luz en el alma,

OTRA.
no tienen manos chilenas,

OTRA.
no tienen pies los zapatos,

OTRA.
no has visto con qué tristeza
te mira el decapitado
buscándote y no te encuentra?

TODAS.
Hay que robar a los gringos
su desdichada cabeza.

OTRA.
Hay que darle sepultura
en la tumba de Teresa.

OTRA.
Ella murió asesinada
y él, por vengar su belleza,
llegó a tanta desventura!

TODAS.
Hay que robar su cabeza!

OTRA.
Qué infamia que en esa pieza
su condición orgullosa,
su apostura, su nobleza
derrotada y dolorosa!

TODAS.
Todo eso en exhibición!

OTRA.
Madre mía, qué vileza!

Unas.   Que no tienen corazón?

Todas.   Hay que robar la cabeza!

Los hombres repiten la acción realizada por las mujeres.

Coro viril
Todos.   Qué esperamos los hombres, qué esperamos?

Tenemos corazón! Tenemos manos!

Uno.   Yo soy de La Serena y lo que tuve,
un puñado de oro, fue una nube.
No tengo qué perder sino las penas.
Padre y madre y mujer en La Serena
no los veré ya más. Cuenten conmigo.
El finado Joaquín era mi amigo.
De Loncomilla soy, de los bravíos,
a mi nadie me ataja, soy un río,
y con Murieta voy donde me llame:
oigo su voz desde la jaula infame.

Otro.   Yo soy chilote y en la primavera
oigo caer la lluvia en la madera.
Mi tierra, me la comería a besos!
Pensar que aquí voy a dejar los huesos!
Yo abriré la barraca del malvado,
a mí no me resisten los candados.

Otro.   Hombres de Talagante o de Cherquenco,
de Lebu, de Rancagua, de Quillota,
de Púa, de Taltal, de Nacimiento,
de Parral, de Victoria, compatriotas
de Tongoy, de Renaico, de Perquenco,
a romper la barraca
y a romper
los huesos de ese mercader!

Unos.   A robar
la cabeza del capitán!

Otros.   Y aunque murió sin confesión,
a enterrarlo en su religión

Todos.   para que duerma con su espada
         junto a su muerta bienamada.

Dos mujeres, al fondo del escenario, ponen flores en una tumba y rezan en voz baja. Entra el cortejo por el fondo de la sala y avanza hacia el escenario, encabezado por Tresdedos y Reyes, que llevan la cabeza de Murieta. Todos marchan en silencio. Sólo se oye un redoble de campana puntuando el coro funerario. Mientras el cortejo avanza entre el público, las mujeres que oran en el escenario se levantan dejando en descubierto la tumba de Teresa. El cortejo llega hasta allí. Durante el desfile se oye el siguiente coro funerario

CORO FUNERARIO

El oro recibe a este muerto de pólvora y oro enlutado,
el descabellado, el chileno sin cruz de soldado, ni sol ni
   estandarte,
el hijo sangriento y sangrante del oro y la furia terrestre,
el pobre violento y errante que en la California dorada
siguió alucinante una luz desdichada: el oro su leche
   nutricia
le dio, con la vida y la muerte, acechado y vencido por odio
   y codicia.
Nocturno chileno arrastrado y herido por las circunstancias
   del daño incesante,
el pobre soldado y amante sin la compañera ni la compañía.
sin la primavera de Chile lejano ni las alegrías que amamos y
   que él defendía,
en forma importuna atacando en su oscuro caballo a la luz
   de la luna,
certero y seguro, este rayo de enero vengaba a los suyos.
Y muerto en su orgullo, si fue un bandolero no sé ni me
   importa. Ha llegado la hora
de una gran aurora que todas las sombras sepulta y oculta
   con manos de rosa fragante,
la hora, el minuto en que hallamos la eterna dulzura del
   mundo y buscamos
en la desventura el amor que sostiene la cúpula de la
   primavera.
Y Joaquín Murieta no tuvo bandera sino sólo un dolor asesino.
   Y aquel desdichado

halló asesinado su amor por enmascarados. Y así un extranjero
  que salió a vencer y vivir
en las manos del oro, se tornó bandolero y llegó a padecer,
  a matar y morir.
Piedad a su sombra! Entreguemos la rosa que llevaba a su
  amada dormida,
a todo el amor y al dolor y a la sangre vertida, y en las
  puertas del odio esperemos
que regrese a su cueva la oscura violencia, y que suba la clara
  conciencia
a la altura madura del trigo y el oro no sea testigo de crimen
  y furia y el pan de mañana en la tierra
no tenga el sabor de la sangre del hombre caído en la guerra.

Escena en el cementerio. La luna. Cavan para enterrar el despojo. Algunas mujeres rezan. Habla la cabeza de Murieta. Los enterradores se inmovilizan. El Músico Vagabundo acompaña el monólogo con una melodía que apenas se oye. Hay un ruido de viento que silba en la llanura.

HABLA LA CABEZA DE MURIETA

    Nadie me escucha, puedo hablar por fin.
    un niño en las tinieblas es un muerto.
    No sé por qué tenía que morir
    para seguir sin rumbo en el desierto.

    De tanto amar llegué a tanta tristeza.
    de tanto combatir fui destruido
    y ahora entre las manos de Teresa
    dormirá la cabeza de un bandido.

    Fue mi cuerpo primero separado,
    degollado después de haber caído.
    no clamo por el crimen consumado.
    sólo reclamo por mi amor perdido.

    Mi muerta me esperaba y he llegado
    por el camino duro que he seguido
    a juntarme con ella en el estado
    que matando y muriendo he conseguido.

Soy sólo una cabeza desangrada,
no se mueven mis labios con mi acento,
los muertos no debían decir nada
sino a través de la lluvia y el viento.

Pero cómo sabrán los venideros,
entre la niebla, la verdad desnuda?
De aquí a cien años, pido, compañeros,
que cante para mí Pablo Neruda.

No por el mal que haya o no haya hecho,
ni por el bien, tampoco, que sostuve,
sino porque el honor fue mi derecho
cuando perdí lo único que tuve.

Y así en la inquebrantable primavera
pasará el tiempo y se sabrá mi vida,
no por amarga menos justiciera
no la doy por ganada ni perdida.

Y como toda vida pasajera
fue tal vez con un sueño confundida.
Los violentos mataron mi quimera
y por herencia dejo mis heridas.

Cuando deja de hablar la cabeza se mueven los actores. Reyes y Tresdedos, quedan junto a la tumba recién cavada. En el silencio, el coro final.

CORO CANTADO

(Acompañado de órgano.)

La luz ilumina la noche de la desventura.
Y ya no es oscura la noche ni el alma del hombre es oscura.
Así, de la impura venganza, nació la segura esperanza.
Y si nuestra desdicha fue inmensa, más tarde tuvimos
  defensa.

No tendremos temor ni terror. No será derrotado el honor.
Serán respetados por fin el color de la piel y el idioma
  español.
Por fin encontraron castigo los Galgos en su propia casa.

Sigue el órgano en sordina, mientras la voz del poeta dice.

Voz del poeta

Murieta violento y rebelde, regresa en mi canto al metal y a las minas de Chile.
Ya su juramento termina entre tanta venganza cumplida.
La patria olvidó aquel espanto y su pobre cabeza cortada y caída,
es sólo la sombra del sueño distante y errante que fue su romántica vida.

No es mío el reproche por su cabalgata de fuego y espanto.
Quién puede juzgar su quebranto: fue un hombre valiente y perdido.
Y para estas almas no existe un camino elegido:
El fuego lo lleva en sus dientes, los quema, los alza, los vuelve a su nido.
Y se sostuvieron volando en la llama: su fuego los ha consumido.

Regresa y descansa y galopa en el aire hacia el sur su caballo escarlata.
Los ríos natales le cantan con boca de plata. Y le canta también el poeta.
Fue amargo y violento el destino de Joaquín Murieta. Desde este minuto
el Pueblo repite como una campana enterrada, mi larga cantata de luto.

Coro cantado

Retoma el himno anterior in crescendo, hasta el máximo.

Oh, tú, Justiciero que nos amparaste, recibe las gracias de tus compañeros!
Alabado sea, que sea alabado tu nombre, Murieta!

Reyes y Tresdedos se ponen en actitud de "firmes", adelantando en un gesto los dos rifles verticales, sin levantarlos del suelo. Sus rostros demuestran decisión y solemnidad.

TRES CANCIONES

Estas canciones se pueden dar directamente al público, en la sala o en el foyer, antes de iniciarse el espectáculo o durante los entreactos.

Canción masculina

Así como hoy matan negros
antes fueron mexicanos,
así matando chilenos,
nicaragüenses, peruanos,
se desataban los gringos
con instintos inhumanos
hasta que por la vereda
pasa un caballo de seda,
hasta que por los caminos
galopa nuestro destino
y como dos amapolas
se encendieron sus pistolas.
Quién les disputa el terreno
y quién de frente los reta?
Es un bandido chileno!
Es nuestro Joaquín Murieta!

Canción femenina

Ya llegó Joaquín Murieta
a defender nuestra gente,
ya responde el corazón
por el rifle de un valiente.

Que viva Joaquín Murieta,
vivan sus manos agrestes
y sus ojos vengadores
y su apostura celeste.

Que mate a los que mataron,
y si lo llaman bandido
quiero bandidos como éste!

CANCIÓN

Los ojos que se murieron,
no murieron, los mataron,
los matarán.
Todos los ojos del mundo
morirán,
porque el mundo está muriendo
en Vietnam.

Porque manejan la historia
los crueles y los ariscos
y ustedes ven la victoria
de la muerte en San Francisco.

Pregunta el hombre:
Algún día
terminará la agonía?
Maldición!
Terminará la crueldad
y reinará la alegría?
Maldición!

Los nazis con su guadaña
cortaron el corazón
de España!
Maldición!
Y ladra el perro a la luna
y el niño desde la cuna
crece sin duda ninguna
en la opresión.
Maldición!

Proclamamos la alegría!
Reclamamos rebeldía!
Bendición!

Para que el hombre algún día
se case con la alegría!
Bendición!

Si la vida es buena o mala
ustedes lo dirán:
esta es una suave sala,
pero matan en Vietnam.

Sigamos viendo esta farsa
del dolor
para continuar la vida
y el amor.

Porque si muere la muerte
no la matarán los otros:
la lucha la matará
antes
de que nos mate a nosotros.

COMIENDO EN HUNGRÍA

Comiendo en Hungría *es el título del libro escrito por Pablo Neruda y Miguel Ángel Asturias. En esta edición, lógicamente, sólo transcribimos la parte escrita por Neruda, que figura en el libro original alternando con el texto de Asturias.*

Está de moda comer!

Con piedra y palo, cuchillo y cimitarra, con fuego y tambor avanzan los pueblos a la mesa. Los grandes continentes desnutridos estallan en mil banderas, en mil independencias. Y todo va a la mesa: el guerrero y la guerrera. Sobre la mesa del mundo, con todo el mundo a la mesa, volarán las palomas.

Busquemos en el mundo la mesa feliz.

Busquemos la mesa donde aprenda a comer el mundo. Donde aprenda a comer, a beber, a cantar!

La mesa feliz.

Hungría nos gustó y la gustamos. Somos golosos venidos de allá lejos, de tierras calientes que siguen ardiendo y tierras frías que viven con la nieve. Teníamos hambre ancestral, siglos de hambre maya, edades de guerra y hambres de Arauco, hambrunas de Castilla que empujaron a América a la soldadesca imperial.

Estas hambres caminan en nuestra sangre y nos dotaron de una curiosidad infinita por cuanto se come. Estas hambres reunidas nos dieron un apetito devorador.

Miramos con hambre a Hungría. Tierra de carne asada al atardecer, con humo de mil cocinas en la llanura, y algunas campanas de iglesia que llamaban a la cena!

Y luego Budapest con su color de racimo y su alma de

pan, su luz de panadería. Sobre el Danubio se ciernen vapores
de platinada cacerola. Por las colinas el aire impregnado
por las flores se modifica bienhechoramente y reparte aromas
de manteca y páprika, de orégano y laurel.

La tarde budapestina con sus puentes como parrillas sacro-
santas y las faldas neogóticas del Parlamento, torta sublime
que miramos como los niños miran las maravillas. Budapest
es maravillosa y comestible.

Salve, vino de Hungra! Exclamamos, levantando las copas
de cristal reciente en las mismas colinas de Buda donde na-
cieron sus viñas. Vino de siete venas amarillas, de siete ramas
de ámbar, de siete azafranes pálidos y ardientes.

Del "Monje Gris" hasta el Tokay recomendamos la escala
de sus valores, desde la seca transparencia hasta la delirante
dulzura.

Y los vinos tintos, enrojecidos por la historia, fruto rojo
de los oscuros combates de la tierra húngara. Siete colores
del rubí, sangre de toro, sangre de venado, sangre de león...

Todo este manantial cristalino y purpúreo nos atrajo, a
nosotros, sedientos de América, veneradores de la vid, soste-
nedores de copas en la altura más fragante de la primavera.

Vinimos aquí a comer. Y nos dirán: y por qué no a pen-
sar, a filosofar, a estudiar? Todo eso lo hacemos y lo hici-
mos. Pero lo callamos.

Pero cuanto comimos con gloria se lo decimos en este pe-
queño libro al mundo. Es una tarea de amor y de alegría.
Queremos compartirla.

Sentémonos juntos todos los hombres del mundo alrededor
de la mesa, de la mesa feliz, de la mesa de Hungría.

BRINDIS EN LA TABERNA "EL PUENTE"

> *N.* No te recuerda este jardín,
> esta mesa bajo el nogal,
> y este vals sobre las olas
> que hace cosquillas en el recuerdo,
> aquellas viejas quintas alemanas,
> con música y cerveza, de
> nuestra juventud?

N. Lo bello son estas calles viejas de Obuda con tantos techos de tejas que no gastó el invierno milenario, y este río a esta hora silencioso como un gran bebedor que duerme su vino. Lo bello son estas consignas de la alegría que esperan en esta taberna a los comensales. Lo bello es este público de familias, de barrio popular, de gente que entona las viejas canciones que desgrana el violín. Lo bello es la vida común que aquí conocemos, que aquí vivimos, porque la llevábamos en el recuerdo, porque de alguna manera era nuestra propia vida.

N. Sí. Hizo bien Krudy Giula en dejar no sólo libros en las estanterías sino este plato que sale cada hora de la parrilla. Nada tan inmortal. Nada tan vaporoso y nada tan sólido. Estas escalopas que se sentaban, secas y tiernas, sobre un diván *capitonné* de arroz con hongos, los sabores sutiles acendrados por el fuego de leña, y esta fuente monumental que revive la sabiduría de Krudy, son parte de sus mejores páginas. Nos hemos comido estas páginas con deleite y bebemos una copa de vino rojo de la estepa a la memoria del compañero inmortal.

ANTES DEL ALMUERZO
BAJARON DEL CIELO
20 DE AGOSTO

Es fiesta. Nos sentamos a la sombra flamboyante del Parlamento. Nunca vi tanta gente junto a un río. La luz de agosto cae sobre las orillas florecidas por miles de sombreros, sombrillas, camisas, blusas, vestidos, verdes, amarillos, azules, blancos. Todo color es nuevo bajo el sol. El viejo Danubio es nuevo bajo el sol.

Entre el Puente Cadenas y el Puente Margarita que custodian el río con sus pilares pesados y sus arcos aéreos se desarrolla la fiesta popular. Cruzan las lanchas de carrera como insectos eléctricos. Dos se encuentran a toda velocidad en medio del río y se convierten en astillas. Se produjo un gran silencio de motores mientras la lancha *Cruz Roja* corre hacia el accidente.

Arriba el Palacio Real, entre sus dos alas sombrías la cúpula como un seno monumental y luego la cinta ceniciente de la orilla, con sus techumbres anaranjadas. El Bastión de Pescadores, irreal a pesar de su poder de convicción, se quedó inmóvil como un centinela dormido. Porque los paracaidistas acrobáticos se lanzan desde tranquilos aviones que dejan en el cielo azul, como grandes gallinas, hileras de huevos blancos. Luego este huevo se convierte en flor de amapola, en sombrilla suprema, en hongo y más tarde en medusa celeste que ostenta un muñeco entre sus hilos. El hombre! El hombre cae al agua como piedra, luego renace y nada mientras el paracaídas pierde su esférica gloria, se desengloba y muere. Otro y otro, y otro, arriba en el cielo azulísimo, abajo, sobre el río del verano.

La iglesia de Santa Ana, la iglesia del Portón de Viena, más lejos el antiguo Templo Medieval, la torre de la Plaza Szilágyi, la torre dorada del Reloj, todo es fino y vibrante, todo se eleva con las cúpulas esbeltas y las agujas delgadas y doradas.

El río, tranquilo, abundante, continuo, recibe más y más hombres que descienden del cielo, cada uno debajo de una flor.

HACIA KECSKEMÉT

Para almorzar atravesamos la llanura, la "gran llanura" entre el Danubio y el Tisza. Caminos sombreados por álamos y pinos, aldeas que pasan blancas como nubes, y la Hungría verde, maíz, viñas, hortalizas, ciruelos se despliega con sus aldeanas, sus obreros de fiesta, sus iglesias que llaman a la misa. Es una deslumbrante claridad. La pradera trabaja con tierra, arena, agua y hombres. Las norias de balanza, milenarias, con enorme viga y piedra que levantan el cubo, los techos de pasto impenetrable, los nuevos edificios espléndidos, todo se ve impecable al rigor de la luz estival.

Géza Reile, el alcalde de Kecskemét, nos recibe en la Plaza Central. En un pequeño carnaval desfilan las máscaras, las viejas máscaras del mundo, sultán con odaliscas, grupos de húsares, doncellas ataviadas como rosas, caníbales, marineros, brujas y un Petofi, con botas y bigotes, vestido de negro, como el alma de la poesía en la aventura más grande del amor.

El alcalde nos invita a conocer los vinos regionales. Productos dorados de la arena, los vinos de Kecskemét tienen una historia estrellada. Los viñedos detuvieron las olas de arena que venían de la puszta. La guerra y la paz con sus cabalgatas, dieron una herencia errante a las arenas. Había que inmovilizarlas. Y un viñador de genio plantó allí las uvas, protegiéndolas, exhortándolas, cuidándolas, hasta que los racimos de moscatel y de borgoña procrearon viñas gigantes y caldos cuyo fuego de ámbar sigue encendido en el corazón de Hungría.

ALABARDERO

Qué bello nombre para una constelación, para un navío, para un restaurante! Alabardero! En el antiguo pecho de la ciudad la catedral del Rey Matías eleva sus flechas de tiza. Es una vieja oración de encaje sagrado: cada palabra fue bordada en la suave ceniza del tiempo. Y este otro monumento, empequeñecido por la altura de las torres, es el ruego ante los dioses frente a la peste que subía por los cuatros costados de Budapest. Parece un bautisterio para lavarse y nacer de nuevo, inmunes, o un brazo barroco de Dios donde agarrarse para que te salve de la pústula.

En la noche el Alabardero ofrece a los nuevos peregrinos un manjar centelleante. En medio del salón antiguo el Capitán de Cocina mezcla hierbas y aceites, licores y vinos, condimentos ácidos y fragantes. Su mesa central se convirtió en cátedra de alquimista, y él, ceñudo y abstraído, acerca una probeta, aleja una alcuza, combate con mortero, probeta y cucharón hasta que entra a la sala la carne de la "brochette" suprema.

Yo, transportado por el azar de mi juventud a las ciudades de la India, en el año 1927 conocí en los mercados callejeros el arte y el sabor de los *Kebab*, ensartados y asados al aire libre sobre los fogones del Asia, tan olorosos como rumorosos. Luego, en Moscú, en el Aragby probé el mejor *chaslik* de Georgia, aderezado con una salsa de ciruelas ácidas infinitamente preciosa. Este *chaslik* es el predilecto de poetas tan terrenales como Kirsanov y Símonov, y la verdad, es que ellos en cuanto a palabra, a vino y manjar, son, entre mis amigos, autoridades que respeto.

Pero quiero verlos aquí cuando el Capitán de Cocina ensartó en una larga espada los trozos de *chaslik*, cuando los levanta dirigiendo la ofrenda gótica hacia el cielo, volcando en la copa de la espada las especies y el vino, y luego entre los violines gitanos que acompañan el rito, encender en el salón oscurecido el arma rutilante que arde en una larga llama azul, en un chisporroteo de topacio hasta apagarse cuando los violines sólo susurran y llega el *chaslik* al plato, como debe llegar el asado sublime, con música celestial, como si bajara del cielo.

EL PEZ Y LA FECHA

En el Tabernón del Rey Matías nos enfundamos, revestidos y protegidos, dispuestos al viejo placer de una mesa radiante.

Nos envolvían las pinturas murales del cóncavo plafond con la bella Ilonka acechada por la flecha del cazador, y a la altura de nuestras bocas centenares de comensales. Los violines húngaros ejercen aquí un dominio mayor. Sandor Lakatos eleva una melodía como en la punta de una espada, sube, sube y luego se derrama como un surtidor, como un fuego de bengala en la sombra del sueño. Estos músicos vestidos como húsares escarlatas parece que montaran guardia junto a cada mesa, para que la gula se proteja con galones dorados e instrumentos que cantan.

Nos trajeron el pescado a la manera del molinero de Dorozsma, viene a la parrilla, cuidadosamente desespinado, provisto y recamado de una salsa en que la páprika, el champiñón, la cebolla y la crema agria son la cúpula monumental del gusto.

Escribimos con nuestros tenedores la fecha: 17 de agosto del año 1965. Fecha en que una alianza entre las especies y la sabiduría nos hizo conocer un sabor inédito hasta entonces. Fecha en que la parrilla tostó un pescado hasta la delicia, fecha en que una salsa espesa, rica y fragante nos dio una razón más de saborear la vida.

Para qué hablar del asombroso filete a la kiskoros, cuya estructura tiernísima se debe al *foie gras* que lo divide en dos haciendo el insólito tabique. Ya no es necesario hablar sino llenar con suavidad las copas con vino de Badacsony.

Este Tabernón del Rey es un apogeo, un reino que cambia de habitantes cada noche, entre las fuentes aderezadas que se entrecruzan y las botellas que navegan sobre las olas de la música.

Hace años, en 1938, el poeta español Alberti y yo vivíamos en el segundo piso de una librería, en París. En la ventana se mostraban las abundantes obras de Víctor Hugo. Al bajar a nuestro paseo diario por los *quais* del Sena teníamos por costumbre medir nuestra silueta contra aquellas ilustres *Oeuvres Complètes*. Rafael, desalentado, exclamaba: —Ya estoy pasando al quinto tomo de *Los miserables*—. Y yo, a mi vez, después de controlarme, le respondía: —No he aumentado. Alcanzo sólo a *Notre Dame de Paris*.

Según Rafael ésta es la época de los poetas gruesos como él, como Nerval, como Guillevic, vates de buen apetito como Eluard, y siempre capitanes o corifeos del vino. El tiempo de los pálidos y delgados portaliras fue el siglo xix con la lira desnutrida que suspiraba en forma sublime.

En los caminos de Hungría florecen los mesones, con mantelería primaveral. Las posadas, tabernas, hosterías, cafés, tienen normas antiguas y felices. El aroma del *gulash*, aroma nómade, sale de las estepas y da siete vueltas al mundo. El vino color de miel es el anillo dorado en la mano de Hungría. Hungría trabaja, vive, lucha, florece y corre. Hungría es nerviosa y robusta, cambiante y sonora. Los rostros húngaros se diferencian entre sí vivamente y en una multitud se ven grandes contrastes de cabellos y bocas, de ojos y mejillas. Hungría tiene mil rostros diferentes y un solo corazón que canta como un tambor.

Por eso este libraco, librejo, librillo, distracción de poetas, sueño real de una noche de verano, fue premeditado y consumado entre las casas húngaras, entre sus baladas gitanas y los fogones de irresistible magnetismo. Las especias de toda la tierra entran en estas ollas generosas y los **húngaros** saben que convivir es concomer.

Si hay libros felices —o libracos, librejos, librillos—, éste es uno de ellos. No sólo porque lo escribimos comiendo sino porque queremos honrar con palabras la amistad generosa y sabrosa.

TIHANY

En la colina hay un merendero abierto al verano y al domingo, premiado por la gente sencilla, que se acoda allí, entre la claridad del lago y la del cielo. Todo es azul, todos tenemos sed. Todos estamos sentados en el agua y en el aire, elevados en la altura de Tihany, sumergidos en el fulgor del lago Balaton. El viajero sediento pedirá allí la frágil barra de queso, el *sajiasrud* salado y sabroso que se consumirá en su boca mientras la chisporreante cerveza de Pilsen refrescará su corazón sediento. Se sabe que los países de supremo vino como Hungría producen una cerveza incipiente, pocas veces aconsejable. Por eso allí en el sencillo merendero hay que beber el Riesling blanco, seco y ardiente de las viñas balatonas o bien la cerveza checa de Pilsen o simplemente el aire puro que allí circula abundante, alegre y azul.

FOIE GRAS

      Hígado de ángel eres!
      Suavísima substancia,
      peso puro
      del goce,
      sacrosanto
      esplendor de la cocina,
      compacto es tu regalo,
      es intensa tu estática riqueza.
      tu forma
      un continente diminuto,
      tu sabor toca el arpa
      del paladar, extiende
      su sonido en los tímpanos del gusto,
      y desde la cabeza hasta los pies
      nos recorre una ola de delicia.

LOS GITANOS

En Hungría se come con violines, acordeones, címbalos, violoncellos, guitarras. Es el mundo de la melodía dulcísima, azucarada y ondulante. Hay que comer, hablar y oír, de cuando en cuando, estos edificios musicales fugaces, que se elevan y se desploman, para el puro goce de un minuto.

Son las músicas gitanas, compañía de cada mesa, compañeros del alegre, triste vino, ruiseñores de cada noche húngara.

Los heredó la Hungría Popular de los señores feudales y ya pertenecen a la vida: no se puede vivir sin ellos. Todo restaurante parece triste sin esta música fácil: no se puede soñar sin ella. Los hay acrobáticos y melancólicos, viejos veteranos de czardas y virtuosos de Liszt, jóvenes llenos de dientes y otros con caras de bandoleros: todos son músicos innatos que no leen las notas pero las derraman en cascadas sobre los corazones nocturnos.

LA COPA GRANDE

Yo levanto la copa grande, la copa de los siglos, la lleno con el sol de Hungría y bebo el vino resplandeciente. La lleno con Bikavér robusto y oscuro, con Riesling de Csengöd, con Kadarka de Kiskorós. La copa brilló al levantarla, contuvo el sabor soleado, la luz del día contuvo el vino oscuro y poderoso, el secreto de la noche estrellada. Bebamos el día con su fuego y la noche con su sangre. Bebamos los vinos de la llanura, ardientes e intensos, el Moscatel de la Arena de Oro, el Galo Azul de la Arena de Oro, el Hoja de Tilo de la Llanura, el Veltelini de Kiskunhalas.

Por el corredor de Europa pasaron guerras e invasores pero también condimentos y fragancias. Todo quedó en la cocina húngara mezclando en las ollas y en las calderas nómades el jengibre y la páprika, el eneldo y el ajo. Gloriosas constelaciones que pedían ríos de vino para consumirse. Y la tierra húngara, las manos húngaras plantaron y estimularon las vides hasta que entregaron a los lagares el dulce y violento corazón de la uva esteparia, el indomable juego del racimo montañoso. Kôvidinkas y Szlankamenkas, Pinots Negros, Kadarkas de Pusztamérges, Szürkebaráts, Monjes Grises, Kéknjelu, Medocs de Villany, Tokays Furmit, Aszu, Szamorodni transparentes y sonrientes, dulces o airados, llamas de honor que alargan la vida como el vino de Somló, o acercan la canción y la dicha como todos ellos, porque todos ellos llenaron mi copa. Vinos que lloran o ríen acompañándote a tu alma, vinos con insignias antiguas, cubiertas de gloria o vinos sencillos de la pradera, vinos sin nombre. Vinos de mediodía y de crepúsculo, vinos que sólo cantan de noche, vinos que nacieron junto a las espigas de los segadores, vinos nuevos, recién salidos del orgullo de la cooperativa, vinos señoriales, de elegancia secular, vinos jóvenes, impetuosos y peligrosos, vinos para un minuto de tristeza, vinos para todos los sueños.

Levanto la copa llena con el fulgor de Hungría, y bebo en honor del sol y de la nieve, de la tristeza y de la dicha. Bebo por el amor y por el dolor. Bebo por el fuego y por la lluvia.

Bebo por la vida y por la vida.

CITADELLE

Cuando se cruza el río hay un minuto central inmóvil, tierra de nadie, en que tu cuerpo no está en Buda ni en Pest, en que tu alma pertenece al Danubio, a su plena corriente que se desliza por la historia.

Por un lado los techos de Pest y la superficie de viejos edificios plateados de la orilla y frente a ella las estructuras y colinas de Buda. Éste es más alto, rocoso y foliáceo, con la paz verde de las hojas arriba y con la cinta de oro y anaranjado de las edificaciones junto al agua.

Vámonos hacia Buda, hacia las colinas, pasemos.

Llegamos a la Ciudadela, a Citadelle Borozó. Por siglos fue guarnición y prisión. Detrás de sus colosales murallas de piedra dos mil soldados nazis resistieron aquí, sosteniéndose entre el miedo y la última cólera.

Muros de piedra que por siglos encerraron ruido de armas pesadas, estertores de agonía, peso y paso de cabalgaduras. Hoy la Ciudadela es la corona de Budapest, y roca de sus alegrías.

Pregunté un día al amigo húngaro cuántos virtuosos, maestros de violín, existirían en Hungría. Seguramente más de cuatro mil, me contestó.

Aquí en la taberna Ciudadela hay algunos de los buenos. Entre los barriles de vino perfecto, bajo los innumerables arcos, en las celdas y salas de piedra medioeval, entre las mesas alegres con manteles a cuadros, comemos *gulash* mien-

tras docenas de músicos gitanos bajan el sentimiento hasta
las lágrimas, detonan el Staccatto como maestros de armas, su-
ben al surtidor de la alegría. Que las alegres muchachas fres-
cas y bellas como Erika vayan y vengan cargando botellones
de Tokay, que nos miremos a los ojos en trance de amor o de
pensamiento, que afirmemos la amistad con una copa excesi-
va, que suban y bajen los inagotables violines, habremos per-
dido el tiempo pero habremos ganado la vida.

TOKAY

>Doy al Tokay translúcido
>la copa de mi canto:
>cae, fuego del ámbar,
>luz de la miel, camino
>de topacio,
>cae sin que termine
>tu cascada,
>cae en mi corazón, en mi palabra,
>y que la transparencia
>de tu verdad de oro
>enseñe a mis raíces
>a elevar la dulzura
>desde la seca sombra subterránea
>hasta la rectitud del mediodía.
>
>Oh vino, vino claro,
>don tranquilo
>del tiempo perturbado.
>Ay recónditos montes,
>zarzas ensangrentadas,
>ay estepas de Hungría!
>No sólo tiene aroma
>la primavera errante
>de los húngaros:
>la maltrató el galope
>de amargos invasores,
>la tierra se agrietó con los tormentos
>y sangre y llanto entraron por las grietas.
>Honor a tus racimos!
>La desencadenada cabalgata,

la cimitarra ciega, los castigos,
el viento de la furia
y las cenizas
de la tierra arrasada,
la espiga cruel del odio,
la tormenta
repetida en tu pecho de paloma,
nada pudo cortar el hilo de oro
de tu multiplicada primavera
y en esta copa clara
la dicha y la desdicha
compusieron
el vino de la patria vencedora,
el fuego y su triunfante alegoría.

En mi desordenado corazón
impón, oh vino de Tokay, fragante,
la razón de la luz:
ordena mi delirio!
Vengo de los volcanes insurrectos,
de los ásperos ríos que cortaron
las manos de mi pueblo,
ésta es mi copa, llénala
con tu fogosa fuerza
delicada,
enséñame a sacar de la aspereza
tu columna de oro y levantarla
intacta, contra el viento.
Hijo desnudo de la tierra deja
tu raíz en mi canto y en mi boca
tu experiencia celeste.

MEDIO DOMINGO EN BUDAPEST

1. ESPAÑOLES EN LA PARED

Esos suaves domingos existen, cuando a las 11 de la mañana, suena el verdadero cucú en el bosque budapestino, un sol de lujo corre con el río como si la luz se fuera con las embarcaciones, y quedara justo el sol que debemos compartir. Son los días de Museo, los domingos en que unos corren al agua y otros a la pintura.

Este Museo tiene muchísimas letras en su nombre y todo para significar Nacional. Porque Szepmuveszeti es eso, y así lo hacen saber la escalinata colosal y las columnas ceremoniales.

Veamos esta sala española que me recuerda domingos de Madrid, con escalinata y columnas del Prado, y casi el mismo sol de Hungría.

Gran belleza, dolorosa belleza!

Porque los Goya nos reciben. No son muchos pero nos hablan con ese lenguaje fino y cortante, y esa tranquilidad de cuchillo que puso Goya en su acerada expresión. Pasemos por alto el opíparo retrato del marqués Caballero que sigue condenando infieles a la hoguera, con la cruz de Santiago sobre el corazón vacío. El afilador de cuchillos y la moza del ánfora son nuestros españoles, populares y abrumados. El afilador nos lanza una mirada cargada con siete siglos de hambre, una mirada tan profunda y directa, tan acusadora que sólo Goya la pudo pintar sobre el molejón y el cuchillo, en actitud de dolor y de amenaza, y aquí pintó don Francisco los ojos negros de España y lo que pasó y pasará. La moza del otro cuadro fue por agua y se detuvo un instante con la jarra en la cadera y no hay rostro de campesina como ése, campesina que espera que la retraten, y ella lleva a su segador el agua y el pan, y agua y pan y segadores y campesina como manzana, aquí se quedaron en este cuadro de Budapest.

Los Zurbarán con sus camisas tiesas y los Ribera llenos de carne se acercan en la pared a seis o siete Grecos que abren la sala a la eternidad.

Los Grecos de Budapest con sus verdes recién inventados, sus azules espectrales, sus rojos de tinta y agua, tienen detrás el humo desconocido, como si las figuras de ángeles y madonas se fueran cociendo en un horno, fueran hechas de llamas y cenizas, y cubrieran por fin el panorama de Castilla con el humo de la elaboración. Y esta santa con cara de loca que lee un libro con el tacto de la mano y atiende la visita de un angelote que la invita al cielo, también es invitada al incendio universal y se mantiene neutral y estática en la humareda cósmica.

En este domingo me reconcilié con Murillo. Sucede que allí encontré el retrato de un desconocido, de grandes orejas y gruesos labios. Hay tanta profundidad en la expresión de este caballero desengañado, es tan dominante la realidad de este hombre vivo, que Murillo se me reveló como humano, como gran verdadero y no como ese celestial pintor celeste y rosa que nunca me gustó mucho. Me dije para mí mismo, mientras me alejaba del museo: cuidado con estos pintores españoles! El viento hace volar los ángeles azules y se queda frente a frente a nosotros una mirada sombría que nos hace temblar.

II. TERRAZA CON ISLA
11 A. M.

Los puentes de Budapest son musicales, y en la tranquila mañana del domingo se llenan de notas que los recorren, de sonidos que viven en sus arcos.

Pero nosotros, provincianos del domingo, seguimos a la Isla Margarita, isla colocada como una rosa verde en la cintura del Danubio. Allí nos sentamos al sol, cerca de las piscinas con sus racimos de jóvenes casi tan desnudos como las uvas. Nosotros nos repantigamos sorbiendo el aperitivo al sol, entre dos mil danubenses que tuvieron la misma idea. Pocas terrazas en el mundo con tantas disposiciones para la alegría:

1   *Insularidad*
    (con comunicaciones)

2   *Follaje forestal*
    (grandiosos castaños de Indias)

3   *Jardín florido*
    Salvias que gritan
    (tulipas, geranios)

4   *Música gitana*
    (uno de sus violinistas me dijo que po-

día tocar dos mil canciones, entre ellas
el vals "Sobre las olas").

5   *Los amargos*
Dos buenos bitters:
Unicum, seco y fulminante.
Humbertus, extracto de 99 hierbas pacíficas.

6   *La gente*
La gente de medio domingo en Budapest
es sosegada.
Los motorizantes partieron hacia montes
y playas. Nos rodea una multitud sentada que bebe, piensa, come, ríe y escucha
con una isla en la mano.

III. EL CIERVO SONRÍE
12.45 A. M.

> Pequeña balada antes de entrar a comer
> en el restaurante "El Ciervo de Oro".

Aquí están las colinas con tanto follaje
que el falso castillo de cabeza calva
no tiene perdón: no le crece una hoja
en el tejado. Pero
la Iglesia de Tabán es una fruta amarilla,
es una dulce pera de oro,
es un pequeño y largo pan ofrecido a los dioses.
Más allá están los puentes a punto de volar
y el río cuya cinta corre sin consumirse.

EL ALMUERZO
1 P. M.

Estas croquetas de cervatillo con salsa cumberland podrían ser llevadas a Marte por Valentina Astronauta.

Entre croquetas y Valentinas engatusaríamos a los habitantes galaxianos y de repente, en un domingo cualquiera, veríamos asaltado "El Ciervo de Oro" por golosos extraplanetarios. Hélas! No todo en la tierra son croquetas de ciervo y Valentinas! Hay también alimentos intragables y hombres con cara de Johnson!

Volviendo a las ensaladas croquetas, diré que son tiernas y crustillantes, envueltas por su indiferente costra frita como si quisieran pasar inadvertidas, y musicales por dentro, celestiales por dentro, indescriptibles por dentro! Silvestre alimento, crema de las delicias! Al romper los dientes la envoltura dorada no saben los dientes que abren pequeñas puertas a cien sabores no identificados, a hierba y rocío, a muslo selvático, a pezón de diosa! Porque la carne de cacería nos retroviaja a la esencial primavera, y recobramos en la mesa sabores ancestrales que ya eran secreto sellado y moratoria. Vengan ciervos y gacelas del "Ciervo de Oro", jabalíes y jabalitos, pichones del bosque, bestias hermosas que cayeron al certero cañón del cazador! Vengan y mézclense aquí en filetes y gulashes o en tajadas al horno resaltando sobre una cama de murtilla salvaje! Venga el faisán que aquí comimos a mediodía: deje el ave pentacolor su vestido de fiesta y tráiganos el regalo de su apretado cuerpo y su aroma insurrecto! Y cuando todo, todos estos dones se muevan en el mundo terrestre y aéreo de la mesa, las botellas de "Egri Medoc" y de "Sangre de Toro" como pequeñas torres llenas de rubíes!

Además, sí señor.
Ciervo a la cazadora.
Filete de ciervo a la cacerola.
Salsa de callampas y crema agria.
Pierna de ciervo a la bourguignonne.
Risotto de ciervo.
Ciervo a la páprika roja.
Pierna de liebre a la cazadora.
Jabalí en vino tinto con bayas de rosas.
Pierna de jabalí a la Tabán.
Gulash jabalí.
Fuente con mermelada ácida y ciervo asado.
Medallón de liebre mechada con arroz.
Costilla de ciervo a la Villafranca.
Filete de ciervo mechado con arroz.

PEQUEÑA BALADA
SALIENDO DEL "CIERVO DE ORO" EN 1965

Por qué la iglesia de Tabán es tan verde?
Por qué las colinas tienen color de cobre?
Qué risa! El castillo tiene largos cabellos
que corren hacia el río!
Qué bello es el Danubio con su cinta
que alguna vez se enrollará hasta ser
un ovillo de agua, como son los planetas!
Cuando llegue a Valparaíso voy a dormir un mes
porque quiero enrollar mis sueños una vez por todas
hasta que se transformen en una bola azul,
en un balón para que jueguen los niños.
Qué bello es caminar de cabeza al otro lado del mundo
pensando en Budapest justamente situado
donde el verano antípoda enciende una amapola.
Cantemos, compañeros y brindemos
porque todos los ríos lleguen al mismo mar.

SOPA DE PESCADO

Los pescados hallaron distinción en la bouillabaise, en los caldillos de congrio de Chile, en suculentas sopas mediterráneas y pacíficas. Aquí en Hungría, de lagos y ríos llegaron a la sopa nacional, empaprikada y encebollada, aromática como un armario de hierbas, suavemente pícara y picante. Sopa de invierno, sopa provocadora que clama por los bellos vinos dorados del Balatón, sopa popular que sostiene su categoría entre las sopas marinas del mundo.

LAS ARTES DEL REPOLLO

Así como la carpa, la humilde carpa, pez desapercibido entre los monseñores del agua, se eleva a categoría en la cocina húngarica, las artes ancestrales hacen del repollo transformaciones soberanas. Aquí está relleno y entre tajadas como pastel imperial al estragón, a la haidouk, a la transilvana y hasta en crépes de gran dulzura. El repollo manda en la mesa campesina y se adereza en Budapest hasta la perfección del decoro, hasta el lujo.

LEGUMBRES

Inolvidables berenjenas, lechugas saltadas, páprikas frescas en la ensalada vestida como una novia húngara, calabazas finas hasta olvidar su origen, convertidas en queso, en pastel, en sabor de oro, pepinos de agua pura, recién traídos de sus lechos de tierra o fermentados y agridulces, champiñones multiplicados por la lluvia en el bosque aromático, legumbres puras que al contacto del aceite, de las mantecas, del vinagre, de la sal y del fuego representan con maravillosa abundancia la tierra fecundísima.

SANGRE DE TORO

Robusto vino, tu familia ardiente
no llevaba diademas ni diamantes:
sangre y sudor pusieron en su frente
una rosa de púrpura fragante.

Se convirtió la rosa en toro urgente:
la sangre se hizo vino navegante
y el vino se hizo sangre diferente.
Bebamos esta rosa, caminante.

Vino de agricultura con abuelos,
de manos maltratadas y queridas,
toro con corazón de terciopelo.

Tu cornada mortal nos da la vida
y nos deja tendidos en el suelo
respirando y cantando por la herida.

PILVAX Y MELANCOLÍA

Hay que llegar al Pilvax en un día llovedizo, cuando cae la nostalgia sobre los paraguas y el cielo gris de otoño se comunica con las hojas secas de tu alma. El viejo café con sus divanes de felpa antigua, sus otoñales espejos, su estufa de mayólica, como una gran dama de marfil, y el silencio que se hizo cuando Petofi cayó herido de su caballo, silencio que dura todavía. "Y una íntima tristeza reaccionaria", dice el genial López Velarde.

Atravesamos la elegante sala de comidas con sus tres anacrónicas arañas de luz, sus retratos, menús, folletos antiguos, pistolones, recuerdos.

La "Sopa del novio" nos resucita con su afrodisíaca delicia. El asado Pilvax que aquí se hace en la misma forma desde de 1848 nos quita casi toda la melancolía acumulada. Una botella de "Muchacha de Egri" se termina de llevar la "tristeza reaccionaria". Y nos quedamos alegres para mucho tiempo bebiendo y cantando con Petofi.

LAS MANOS DEL DÍA

I

EL
CULPABLE.
Me declaro culpable de no haber hecho, con estas manos que me dieron, una escoba.

Por qué no hice una escoba?

Por qué me dieron manos?

Para qué me sirvieron
si sólo vi el rumor del cereal,
si sólo tuve oídos para el viento
y no recogí el hilo
de la escoba,
verde aún en la tierra,
y no puse a secar los tallos tiernos
y no los pude unir
en un haz áureo
y no junté una caña de madera
a la falda amarilla
hasta dar una escoba a los caminos?

Así fue:
no sé cómo
se me pasó la vida
sin aprender, sin ver,
sin recoger y unir
los elementos.

*En esta hora no niego
que tuve tiempo,
tiempo,
pero no tuve manos,
y así, cómo podía
aspirar con razón a la grandeza
si nunca fui capaz
de hacer
una escoba,
una sola,
una?*

II

EL VACÍO

Y cómo se hace el mar?
Yo no hice el mar:
lo encontré en sus salvajes
oficinas,
lo hallé dispuesto a todo,
crepitante,
pacífico,
atlántico de plomo,
mediterráneo
teñido de anilina,
todo era blanco y hondo,
hirviente y permanente,
tenía olas, ovarios,
naves muertas,
latía
su organismo.

Lo medí entre las rocas
de la tierra asombrada
y dije, no lo hice,
no lo hice yo, ni nadie:
en ese nadie soy
un sirviente inservible,
como un molusco roto
por los dientes del mar.

No hice la sal dispersa
ni el viento coronado
por la racha que rompe la blancura
no, no hice
la luz del agua ni el beso que estremece
la nave con sus labios de batalla,
ni las demoliciones de la arena,
ni el movimiento que envolvió en silencio
a la ballena y sus procreaciones.

Yo fui alejado
de estos infinitos:
ni un solo dedo de mis semejantes
tembló en el agua urgiendo la existencia
y vine a ser testigo
de la más tempestuosa soledad
sin más que ojos vacíos
que se llenaron de olas
y que se cerrarán
en el vacío.

III

4 SENTARSE. Todo el mundo sentado
a la mesa,
en el trono,
en la asamblea,
en el vagón del tren,
en la capilla,
en el océano,
en el avión, en la escuela, en el estadio
todo el mundo sentado o sentándose,
pero no habrá recuerdos
de una silla
que hayan hecho mis manos.

Qué pasó? Por qué, si mi destino
me llevó a estar sentado, entre otras cosas,
por qué no me dejaron

implantar cuatro patas
de un árbol extinguido
al asiento, al respaldo,
a la persona próxima
que allí debió aguardar el nacimiento
o la muerte de alguna que él amaba?
La silla que no pude, que no hice,
transformando en estilo
la naturalidad de la madera
y en aparato claro
el rito de los árboles sombríos.

La sierra circular
como un planeta
descendió de la noche
hasta la tierra
y rodó por los montes
de mi patria,
pasó sin ver por mi puerta larvaria,
se perdió en su sonido,
y así fue como anduve
en el aroma
de la selva sagrada
sin agredir con hacha la arboleda,
sin tomar en mis manos
la decisión y la sabiduría
de cortar el ramaje
y extraer
una silla
de la inmovilidad
y repetirla
hasta que esté sentado todo el mundo.

IV

LAS MANOS
NEGATIVAS

Cuándo me vio ninguno
cortando tallos, aventando el trigo?
Quién soy, si no hice nada?
Cualquiera, hijo de Juan,

tocó el terreno
y dejó caer algo
que entró como la llave
entra en la cerradura
y la tierra se abrió de par en par.

Yo no, no tuve tiempo,
ni enseñanza:
guardé las manos limpias
del cadáver urbano,
me despreció la grasa de las ruedas,
el barro inseparable de las costumbres claras
se fue a habitar sin mí las provincias
    silvestres:
la agricultura nunca se ocupó de mis libros
y sin tener que hacer, perdido en las bodegas,
reconcentré mis pobres preocupaciones
hasta que no viví sino en las despedidas.

Adiós dije al aceite, sin conocer la oliva,
y al tonel, un milagro de la naturaleza,
dije también adiós porque no comprendía
cómo se hicieron tantas cosas sobre la tierra
sin el consentimiento de mis manos inútiles.

V

EL OLVIDO. Mano: que sólo ropas y cuerpos
trabajaron,
camisas y caderas
y libros, libros, libros
hasta que sólo fueron
manos de sombra, redes
sin peces, en el aire:
sólo certificaron
el heroísmo de las otras manos,
y la procreadora construcción
que dedos muertos levantaron
y continúan dedos vivos.

No hay *antes* en mis manos:
olvidé los labriegos
que en el transcurso
de mi sangre
araron:
no mandaron en mí las recias razas
de herreros
que mano a mano elaboraron
anclas, martillos, clavos,
cucharas y tenazas,
tornillos, rieles, lanzas,
locomotoras, proas,
para que ferroviarios fogoneros
con lentitud de manos sucias
de grasa y de carbón, fueran de pronto
dioses del movimiento
en los trenes que cruzan por mi infancia
bajo las manos verdes de la lluvia.

VI

UNA CASA.   Alguien toca una piedra y luego estalla
la piedra y los pedazos
se amalgaman de nuevo:
es la tarea
de los jóvenes dioses expulsados
del jardín solitario.
Es la tarea de
romper, restablecer,
quebrar, pegar, vencer
hasta que aquella roca
obedeció a las manos de Aguilera,
a los ojos de Antonio y Recaredo,
a la cabeza de don Alejandro.

Así se hacen las casas en la costa.

Y luego entran y salen las pisadas.

VII

EL FRÍO. Mirad los pedernales de Aconcagua:
brillan millones de ojos en la nieve,
millones de miradas.

Está dormido sin embargo
el universo duro:
falta el rápido rayo,
el movimiento.

Entonces unas manos
abren el pecho amargo
de la altura
y dos piedras se besan,
se enlazan
hasta que una pequeña chispa ciega
todavía
sale sin rumbo y vuela
y otra cae y se une
al movimiento
del humo, allá en las cumbres
de Aconcagua.

Frío, padre del fuego!

VIII

EL CAMPA- Aun aquél que volvió
NERO. del monte, de la arena,
del mar, del mineral, del agua,
con las manos vacías,
aun el domador
que volvió del caballo
en un cajón, quebrado
y fallecido
o la mujer de siete manos
que en el telar
perdió de pronto el hilo

y regresó al ovario,
a no ser más que harapo,
o aun el campanero
que al mover
en la cuerda
el firmamento
cayó de las iglesias
hacia la oscuridad
y el cementerio:
aun todos ellos
se fueron
con las manos gastadas
no por la suavidad sino por algo:
el tiempo corrosivo,
la substancia
enemiga
del carbón, de la ola,
del algodón, del viento,
porque sólo el dolor enseñó a ser:
porque hacer fue el destino de las manos
y en cada cicatriz cabe la vida.

IX

DESTINOS. *De tu destino dame una bandera,*
un terrón, una espátula de fierro,
algo que vuele o pase, la cintura
de una vasija, el sol de una cebolla:
yo te lo pido por cuanto no hice nada.
Y antes de despedirme, quiero estar
preparado y llegar con tus trabajos
como si fueran míos, a la muerte.
Allí en la aduana me preguntarán
cuántas cosas labré, corté, compuse,
remendé, completé, dejé moviendo
entre manos hambrientas y mortales
y yo responderé:
esto es lo que hice, es esto lo que hicimos.

Porque sentí que de alguna manera
compartí lo que hacían
o mis hermanos o mis enemigos:
y ellos, de tanta nada que saqué
de la nada, de la nada mía,
tomaron algo y les sirvió mi vida.

X

EL VIAJERO. Cuando muy joven me extravié en el mundo,
cruzando, derrotado, los caminos.
Era iracunda y áspera la noche,
la noche con espinas de la selva.

Descubrí un desmedido pie de piedra:
un pie de piedra blanca como un monte
quebrado en el tobillo, y la blancura
del pie, de aquellos dedos enterrados,
de aquella planta hundida entre raíces,
no fue sólo misterio para mí.

Me sentí desdeñado,
mucho más enterrado y cercenado
que el gran vestigio blanco
del dios ausente escondido en la selva.

XI

AUSENTES. No hay nadie. Unos golpearon todo el día
la misma rueda hasta que ahora rueda,
otros cubrieron de lastex el mundo
hasta dejarlo verde,
anaranjado,
violeta
y amarillo.

Éstos vuelven del mar y ya se fueron.
Aquí estuvieron sin parar las manos
sacudiendo en el aire la blancura
las lavanderas, pero ya se fueron.
Y los que manejaron el alambre
o las locomotoras,
hasta los sacerdotes
del crepúsculo
todos tomaron el mismo navío,
todos se fueron entre tantas olas
de la noche
o con el polvo amargo del desierto
o con la combustión de las estrellas
o con el agua que se va y no vuelve
o con el llanto que busca a los muertos,
todos hicieron algo, y es de noche.

Yo navego perdido
entre la soledad que me dejaron.

Y como no hice nada,
miro en la oscuridad hacia tantas ausencias
que paulatinamente me han convertido en
    sombra.

XII

ASTRO EN   Oh sol lleno de uñas,
EL DÍA.   animal de oro, abeja,
perro pastor del mundo,
perdona
el extravío,
ya llegamos, volvimos,
todos juntos
ya estamos esperando
en el corral del día.

Si desobedecimos esa noche,
si nos fuimos al sueño de la luna,

a resolver el luto y los planetas,
si nos reconcentramos
en nuestra propia piel
hambrienta
de amor y de comida,
aquí estamos
de nuevo
en el redil,
obedeciendo
a tus largas espátulas de luz,
a tus dedos que se meten en todo,
a tu concubinato de semillas.

Ya se pusieron todos a moverse,
a correr. Ciudadano,
el día es corto y ahí está el sol como un toro
pataleando en la arena,
corra a buscar su pala,
su palanca,
su artesa,
su termómetro,
su pito, su pincel o sus tijeras,
su esparadrapo,
su montacargas, su buró político,
sus papas en el mercado:
corra, señora, corra,
caballero,
por aquí, por acá, mueva las manos,
se nos acaba la luz.

El sol llenó de estacas la alegría,
la esperanza, el padecimiento
se fue de un lado a otro con sus rayos
delimitando, atribuyendo tierras,
y cada uno tiene que sudar,
antes de que se vaya
con su luz a otra parte
a comenzar y comenzar de nuevo
mientras los de este lado se quedaron
inmóviles, dormidos,
hasta mañana lunes.

XIII

*EL HIJO DE
LA LUNA.* Todo está aquí viviendo,
haciendo,
haciéndose
sin participación de mi paciencia
y cuando colocaron estos rieles,
hace cien años,
yo no toqué este frío:
no levantó mi corazón mojado
por las lluvias del cielo de Cautín
un solo movimiento
que ayudara
a extender los caminos
de la velocidad que iba naciendo.

Ni luego puse un dedo
en la carrera
del público espacial que mis amigos
lanzaron hacia Aldebarán suntuoso.

Y de los organismos egoístas
que sólo oyeron, vieron
y siguieron
yo sufrí humillaciones que no cuento
para que nadie siga sollozando
con mis versos que ya no tienen llanto
sino energía que gasté en el viento,
en el polvo, en la piedra del camino.

Y porque anduve tanto sin quebrar
los minerales ni cortar madera
siento que no me pertenece el mundo:
que es de los que clavaron y cortaron
y levantaron estos edificios
porque si la argamasa, que nació
y duró sosteniendo los designios,
la hicieron otras manos,
sucias de barro y sangre,
yo no tengo derecho a proclamar
mi existencia: fui un hijo de la luna.

XIV

LA MANO
CENTRAL. Tocar la acción, vivir la transparencia
del cristal en el fuego,
circular en el bronce
hasta cantar por boca de campana,
olorosa alegría
de la tabla que gime
como un violín
en el aserradero,
polvo del pan
que viaja
desde una rumorosa
conversación de espigas
hasta la máquina
de los panaderos,
tocar la desventura
del carbón
en su muerta catarata
sometido al latido
de las excavaciones
hasta quebrarse, huir,
aliarse y revivir
en el acero
tomando la unidad
de la pureza, la paloma ovalada
del nuevo movimiento,
acción,
acción de sangre,
circulación del fuego,
circuito de las manos,
rosa de la energía.

XV

CICLO. Se repite una vez, más hacia el fondo,
la húmeda primavera:
mete los dedos entre las raíces
toca el hombre escondido.

Yo dormía allá abajo,
yo dormía.

Abre sus labios verdes,
se levanta:
es hombre, o planta, o río,
es ávida cintura,
es boca de agua.

Llegó la hora,
existo,
soy de luz y de arena.

Quién viene a verme? Nadie!

Yo soy nadie.

Y por qué este aire azul?

Yo soy azul.

En la rama una rosa?

Yo la enciendo.

XVI

ADIOSES. Yo no encendí sino un papel amargo.

Yo no fui causa de aquel Buenos Días
que se dieron el trueno con la rosa.
Yo no hice el mundo, no hice los relojes,
no hice las olas ni tampoco espero
hallar en las espigas mi retrato.

Y de tanto perder donde no estuve
fui quedándome ausente
sin derrochar ninguna preferencia
sino un monte de sal desmoronado
por una copa de agua del invierno.

Se pregunta el viajero si sostuvo
el tiempo, andando contra la distancia,
y vuelve adonde comenzó a llorar,
vuelve a gastar su dosis de yo mismo,
vuelve a irse con todos sus adioses.

XVII

CERCA **E**s *ésta el alma suave que esperaba,*
DE LOS *ésta es el alma de hoy, sin movimiento,*
CUCHILLOS. *como si estuviera hecha de luna*
sin aire, quieta en su bondad terrible.

Cuando caiga una piedra
como un puño
del cielo de la noche
en esta copa la recibiré:
en la luz rebosante
recibiré la oscuridad viajera,
la incertidumbre celeste.

No robaré sino este movimiento
de la hierba del cielo,
de la noche fértil:
sólo un golpe de fuego,
una caída.

Líbrame, tierra oscura, de mis llaves:
si pude abrir y refrenar
y volver a cerrar el cielo duro,
doy testimonio de que no fui nada,
de que no fui nadie,
de que no fui.

Solo esperé la estrella,
el dardo de la luna,
el rayo de piedra celeste,
esperé inmóvil en la sociedad
de la hierba que crece en primavera,

*de la leche en la ubre,
de la miel perezosa y peregrina:
esperé la esperanza,
y aquí estoy
convicto
de haber pactado con la tempestad,
de haber aceptado la ira,
de haber abierto el alma,
de haber oído entrar al asesino,
mientras yo conversaba con la noche.*

*Ahí viene otro, dijo ladrando el perro.
Y yo con mis ojos de frío,
con el luto plateado
que me dio el firmamento,
no vi el puñal ni el perro,
no escuché los ladridos.*

*Y aquí estoy cuando nacen las semillas
y se abren como labios:
todo es fresco y profundo.*

*Estoy muerto,
estoy asesinado:
estoy naciendo
con la primavera.*

*Aquí tengo una hoja,
una oreja, un susurro,
un pensamiento:
voy a vivir otra vez,
me duelen las raíces,
el pelo,
me sonríe la boca:
me levanto
porque ha salido el sol.*

Porque ha salido el sol.

XVIII

REGRESANDO. Así, pues, buenos días,
tierra sola,
soledad de este sol deshabitado
que con su nave
navega de la nieve a las espigas:
apenas despertaron
los pájaros cantores
tomó su decisión el claro día
y su campana la naturaleza.

Por eso, buenos días,
a la estabilidad, a la espesura
del imperioso espacio
en donde tú no pasas de ser hombre
mientras te desconoce y te acaricia
la eternidad de manos transparentes.

XIX

PÁJARO. Aquí en el árbol canta.

Es un pájaro solo, empedernido,
lleno de agua que cae,
de loca luz que sube,
de gutural cristal,
de trino inacabable.

Por qué?

Y la pregunta canta.

XX

EL SOL. Ya se sabe: la lluvia
lavó y borró los nombres.

Nadie se llama nada.

El agua impuso
en fin,
un comienzo,
una estrella apagada
en donde
no
tienen nombre
los días
ni los reinos,
ni el río.

Esto no se sabía
hasta que todos
yendo y viniendo
de sus
obligaciones
indicaban las plazas
con el dedo
y averiguaban en las librerías
la historia y geografía
de la región borrada
por la lluvia.

Hasta que el sol bajó
de su frontera
y fue escribiendo
nombres
amarillos
sobre todas las cosas
de este mundo.

XXI

EL LLANTO. Dice el hombre: en la calle he padecido
de andar sin ver, de ausencia con presencia,
de consumir sin ser, del extravío,
de los hostiles ojos pasajeros.

Dice además el hombre
que odia su *cada día* de trabajo,
su *ganarás el pan,* su triste guerra,
su ropa de oro el rico, el coronel su espada,
su pie cansado el pobre, su maleta el
  viajante,
su impecable corbata el camarero,
el banquero su jaula, su uniforme el
  gendarme,
su convento la monja, su naranja el frutero,
su carne el carnicero, el olor de farmacia
el farmacéutico, su oficio la ramera,
me dice el hombre que anda fugitivo
en el fluvial paseo del odio que ha llenado
la calle con sus pasos
rápidos, insaciables, equívocos, amargos
como si a todo el mundo le pesara en los
  hombros
una invisible pero dura mercadería.

Porque según me cuenta el transeúnte
se trastornó el valiente y odió la valentía,
y estuvo descontenta de sus pies la belleza
y odió el bombero el agua con que apagaba
  el fuego
hasta que un desagrado de algas en el
  océano,
un arrabal de brazos intrínsecos que llaman,
un agitado golfo de mareas vacías
es la ciudad, y el hombre ya no sabe que
  llora.

XXII

EL QUE
CANTÓ.
CANTARÁ.

*Yo, el anterior, el hijo de Rosa y de José
soy. Mi nombre es Pablo por Arte de
  Palabra
y debo establecer mis sinrazones:
las deudas que dejé sin pagar a mí mismo.*

*Sucede que una vez cuando ya no nacía,
cuando tal vez no fui o no fui destinado
a cuerpo alguno, incierto
entre la no existencia y los ojos que se
    abren,
entre cuentas de caos, en la lucha
de la materia y de la luz naciente,
lo que tuve de vida fue una vacilación,
estuve vivo sin designio alguno,
estuve muerto sin nacer aún,
y entre los muros que se tambaleaban
entré a la oscuridad para vivir.*

*Por eso, perdón por la tristeza
de mis alegres equivocaciones,
de mis sueños sombríos,
perdón a todos por innecesario:
no alcancé a usar las manos
en las carpinterías ni en el bosque.*

*Viví una época radiante y sucia,
vagué sobre las olas industriales,
comiendo la ceniza de los muertos
y tanto cuando quise hablar con Dios
o con un general, para entendernos,
todos se habían ido con sus puertas:
no tuve adonde ir sino a mi canto.*

*Canto, canté, cantando
hice los números
para que ustedes sumen, los que viven
sumando,
para que resten todo
los aminoradores,
después de tanto que sobreviví
me acostumbré a morir más de una muerte.*

XXIII

LOS SOBE-
RANOS. Sí, soy culpable
de lo que no hice,
de lo que no sembré, corté, medí,
de no haberme incitado a poblar tierras,
de haberme mantenido en los desiertos
y de mi voz hablando con la arena.

Otros tendrán
más luz en su prontuario,
yo había destinado a tantas cosas
crecer de mí, como de la madera
se recortan cantando los tablones,
que sin hablar de mi alma
sino mucho más tarde
yo tendré mala nota
porque no hice
un reloj: no cumplí con mi deber:
se sabe que un reloj es la hermosura.

La caracola no la puede hacer
sino la propia bestia
íntima, en su silencio,
y es propiedad de los escarabajos
la errante y enigmática estructura
de los siete relámpagos que ostentan.

Pero el hombre que sale con sus manos
como con guantes muertos
moviendo el aire hasta que se deshacen
no me merece
la ternura
que doy al diminuto oceánida
o al mínimo coloso coleóptero:
ellos sacaron de su propia esencia
su construcción y su soberanía.

XXIV

ENIGMA CON   Una victoria. Es tarde, no sabías.
UNA FLOR.   Llegó como azucena a mi albedrío
el blanco talle que traspasa
la eternidad inmóvil de la tierra,
empujando una débil forma clara
hasta horadar la arcilla
con rayo blanco o espolón de leche.
Muda, compacta oscuridad del suelo
en cuyo precipicio
avanza la flor clara
hasta que el pabellón de su blancura
derrota el fondo indigno de la noche
y de la claridad en movimiento
se derraman atónitas semillas.

XXV

2832567 45 49.   Una mano hizo el número.
Juntó una piedrecita
con otra, un trueno,
un águila caída
con otra águila,
una flecha con otra
y en la paciencia del granito
una mano
hizo dos incisiones, dos heridas,
dos surcos: nació el
número.

Creció el número dos y luego
el cuatro:
fueron saliendo todos
de una mano:
el cinco, el seis,
el siete,
el ocho, el nueve, el cero,

          como huevos perpetuos
          de un ave
          dura
          como la piedra,
          que puso tantos números
          sin gastarse, y adentro
          del número otro número
          y otro adentro del otro,
          prolíferos, fecundos,
          amargos, antagónicos,
          numerando,
          creciendo
          en las montañas, en los intestinos,
          en los jardines, en los subterráneos,
          cayendo de los libros,
          volando sobre Kansas y Morelia,
          cubriéndonos, cegándonos, matándonos
          desde las mesas, desde los bolsillos,
          los números, los números,
          los números.

                    XXVI

LA LUNA. Yo cuento tantas cosas a mis manos
          que no tienen recuerdos sino de pura seda,
          de suavidad de senos o de cántaros,
          que sin lucha obtuvieron,
          sin cerrarse guardaron:
          sin extender
          semillas,
          recogiendo la noche cada día,
          el ovillo del aire,
          hilando y deshilando la madeja
          en mi delgada ineptitud:
          oh manos,
          dije,
          levantando los brazos a la luna:
          qué claridad es ésta?

          Tú la hiciste?

XXVII

EL CORO. Era en el ejercicio
del otoño extrapuro,
cuando se pudre el manto
del oxígeno,
vacila el mundo entre el agua y la sombra,
entre el oro y el río,
y se escucha, escondida, una campana
como un pez de bronce en la altura,
hay que hablar,
hay que dar el sonido,
no importa
que se equivoque el viento:
son años de humedad,
siglos de tierra muda,
hay que contar lo que pasó en otoño,
no hay nadie:
hiere tu patrimonio sigiloso,
tu campana amarilla,
levanta tu profundidad
al coro,
que suban tus raíces
al coro:
el olvido está lleno
de gérmenes que cantan
contigo:
un gran otoño llega
a tu país
en una ola de rosas quebradas:
alguien desenterró
todo este aroma:
es el olor del cuerpo de la tierra.

Vamos.

XXVIII

EL CUERPO
DE LA MANO. *Una mano es un cuerpo,*
un cuerpo es una mano,
qué hacemos
cuerpo a cuerpo,
o el cuerpo
de la mano?
Recogimos
de tierra y mar:
sabemos
hasta el fondo,
vivimos
cuerpo a cuerpo,
y mano a mano fue la vida,
alcanzar, poseer,
tocar, entrelazar
y despedir.

XXIX

NACIMIENTO
NOCTURNO. Oh noche cenital,
directa, recta
con tu hasta ayer inaccesible
techo,
hoy eres polvareda
o beso azul,
quebranto de fulgores,
transparente tiniebla!

Amamántame,
noche,
déjame sacudir,
vaciar el líquido
de tus ubres nocturnas,
húndeme en tu regazo
horizontal, entre las poblaciones
de tu maternidad, por las moradas
de tus frías antorchas:

309

ir dormido en el viaje de la esfera
   como un nuevo nacido, estremeciéndome
   en el contacto de la desmesura,
   entre las lámparas de tu litoral.

XXX

EL FONDO Poderoso del mar, desconocido
   autor del movimiento,
   causa en el fondo, canto,
   pausada furia o cabellera rota
   o ígneo motor
   en agua
   sepultado
   como el volcán que ordena su silencio.

   Es verdad que mis manos navegaron
   por la extensión, ahora
   confieso mi creencia:
   es el abismo,
   son las manos
   del mar
   las que me hicieron,
   las que educaron
   con sus guantes verdes
   mis dedos
   que siguen recordando
   la libertad del agua.

XXXI

EL VIAJERO Hombre para penumbra necesito,
   mujer para penumbra,
   en esta media tierra
   estoy vencido:
   yo necesito la luz más oscura:
   sé que otros pueblan

la sombra indeclinable,
que la extienden
como si fuera alfombra
y de otros es la luz, el alfabeto.

Yo no descanso
en esta
latitud:
acabo de llegar:
quiero seguir el viaje.

XXXII

LA CEREMO- Qué hiciste de tus manos,
NIA. árbol muerto?
Las dejaste
colgando
del otoño?
Las arrastraste
por la carretera
de la muerte amarilla?

Oh lento nido
de la hojarasca, el viento
llegó con su violín
y luego el fuego.

Yo vi la ceremonia:
dura una vida
entera:
eres tierra, eres semilla,
eres tacto,
eres tronco,
eres hojas,
eres trino,
eres oro,
estás desnudo, encima
del invierno,
no tienes manos,

eres
de nuevo
barro.
silencio negro,
sombra.

XXXIII

TEMPRANO. Yo soy el matinal: aquí llegó
tarde la alevosía.
Yo había hilado y deshilado el día
fresco, plateado aún de nacimiento,
y cuando Pavín Cerdo o sus parientes
letra con lepra imprimen en la charca,
qué hacerle, ya era tarde.

Sigo siendo temprano y tempranero.

XXXIV

EL USO DE El día es liso, suavizado,
LOS DÍAS. es un ágata, es un limón,
es una uva resbalada:
su servidumbre fue partir.

De tanto salir de la noche,
de tanto volver,
se convirtió en ámbar el día,
se convirtió en materia pura.
Como en los cuchillos gastados
se afinan el mango y la hoja,
cambian de tacto,
he visto este día volver
de un largo viaje por la noche
convertido en cuchillo azul,
en herramienta de la luna.

XXXV

EL SELLO
DEL ARADO. En esta tienda
quiero comprar manos,
quiero dejar
las mías:
no me sirven.

Quiero saber
si ya con tantos años
puedo
empezar otra vez,
trabajar otra vez,
continuar.
Quiero tocar con otro tacto
el mundo,
los cuerpos,
las campanas,
las raíces,
nacer
en otros dedos,
crecer en otras uñas,
pero
sobre todo
cortar madera, dominar metales,
construir maestranzas, acueductos,
y triturar la tierra hasta que el polvo
y el barro nos infundan,
de tanto arar, el sello triturado
de nuestra pobre eternidad terrestre.

XXXVI

SON PREGUN-
TAS. Se hizo uso del cuerpo?
Era tuyo?
No era vestigio, no era un uniforme,
no fue esqueleto de la simetría,
no fue la capa impune del espíritu?

Y si copa sedienta o arma blanca
fue tu desnudo, dime
a mí, entre mis tinieblas:
la llenaste de sangre en primavera
o buscaste otro cuerpo en que morir?

XXXVII

SEMEN. Porque ese grito no tiene palabra
es sólo sílaba color de sangre.

Y circula en el giro de un deseo
como un espeso manantial caliente:
sulfato de cal roja, sol secreto
que abre y cierra las olas genitales.

XXXVIII

ES ASÍ Pero la mano busca cumplir y no en vano vuela
EL DESTINO. buscando asir: quiere tomar, tocar,
quiere ser cuerpo y morir cuerpo a cuerpo.

Estuvo en esta claridad y en la otra
buscando entre dormido y despertado
otra mano, otra rosa, otra cadera
y luego de sobrevivir al amor,
cuando se abrió y quedó sin sustancia, ya
    muerta,
salió a buscar la herramienta de cada día,
salió a encontrar el pan de cada calle
y tocó así las máquinas y el barro,
el cemento y la lluvia, el papel y el petróleo,
lo que corre en las aguas, lo que trae el
    viento,
la vida, es decir, la muerte: es decir, la vida.

XXXIX

*NOS AHOGA-**A**y que se permita padecer al feliz,*
MOS.   *sin pegarle en el rostro con la ortiga,*
sin negarle el nombre ni el vino,
sino dejarlo que toque otra tristeza:
que eche en su plato tu alma:
tenemos el deber de cargar con los otros
y hundirnos al pasar el vado en sangre
  ajena.

Es bueno que las mismas aguas nos lleven,
perdiéndonos a todos, ganándonos a todos.

XL

EN VIET-NAM.   **Y** quién hizo la guerra?
Desde anteayer está sonando.

Tengo miedo.

Suena como una piedra
contra el muro,
como un trueno con sangre,
como un monte muriendo:
es el mundo
que yo no hice.
Que tú no hiciste.
Que hicieron.
Quién lo amenaza con dedos terribles?
Quién quiere degollarlo?
Verdad que parecía estar naciendo?
Y quién lo mata ahora porque nace?

Tiene miedo el ciclista,
el arquitecto.
Se esconde la mamá con su niño y sus senos,
en el barro.
Duerme en la cueva esta mamá y de pronto

la guerra,
viene grande la guerra,
viene llena de fuego
y ya quedan muertas,
muertas
la madre con su leche y con su hijo.

Murieron en el barro.

Oh dolor, desde entonces
hasta ahora
hay que estar con el barro
hasta las sienes
cantando y disparando? Santo Dios!
Si te lo hubieran dicho
antes de ser, antes de casi ser,
si por lo menos
te hubieran susurrado
que tus parientes o tus no parientes,
hijos de aquella risa del amor,
hijos de esperma humana,
y de aquella fragancia
a nuevo lunes y a camisa fresca
tenían que morir tan repentinamente
y sin saber jamás de qué se trata!

Son los mismos
que vienen a matarnos,
sí, son los mismos
que vendrán a quemarnos,
sí, los mismos,
los gananciosos y los jactanciosos,
los sonrientes que jugaban tanto
y que ganaban tanto,
ahora
por el aire
vienen, vendrán, vinieron,
a matarnos el mundo.

Han dejado una charca
de padre, madre e hijo:

busquemos
en ella,
busca tus propios huesos y tu sangre,
búscalos en el barro de Viet-Nam,
búscalos entre otros tantos huesos:
ahora quemados ya no son de nadie,
son de todos,
son nuestros huesos, busca
tu muerte en esa muerte,
porque están acechándote los mismos
y te destinan a ese mismo barro.

XLI

A PESAR. En Ecuador sale una putipintora
escribiendo mi nombre en su basura
y hoy el mundo clareaba
porque en alguna parte oscura, oscura
se divisó una estrella.

Todos llegaron a adorar la luz:
era sólo una gota de rocío.
Sin embargo la gota de rocío trabajó:
todo fue transparente:
y los oficinistas acudieron
corriendo al sitio de la claridad:
los inválidos iban a buscar
las piernas que perdieron:
las perdices dejaron en sus nidos
huevos redondeados llenos de humo
hasta que fue tan grande el aroma
y se cumplieron esperanzas
de tal manera que la tierra
se transformó en un onomástico.

Qué tristeza, en el Ecuador
una putipintora triste
rascándose su verruga
en un día tan cereal.

XLII

UN ESCARA- También llegué al escarabajo
BAJO. y le pregunté por la vida:
por sus costumbres en otoño,
por su armadura lineal.

Lo busqué en los lagos perdidos
en el sur negro de mi patria,
lo encontré entre la ceniza
de los volcanes rencorosos
o subiendo de las raíces
hacia su propia oscuridad.

Cómo hiciste tu traje duro?
Tus ojos de cinc, tu corbata?
Tus pantalones de metal?
Tus contradictorias tijeras?
Tu sierra de oro, tus tenazas?
Con qué resina maduró
la incandescencia de tu especie?

(Yo hubiera querido tener
un corazón de escarabajo
para perforar la espesura
y dejar mi firma escondida
en la muerte de la madera.)
(Y así mi nombre alguna vez
de nuevo irá tal vez naciendo
por nuevos canales nocturnos
hasta salir por fin del túnel
con otras alas venideras.)
(Nada más hermoso que tú,
mudo, insondable escarabajo,
sacerdote de las raíces,
rinoceronte del rocío),
le dije, pero no me dijo.

Le pregunté y no contestó.

Así son los escarabajos.

XLIII

J. S. De distraído murió Jorge Sanhueza.
Iba tan pálido en la calle
que poco a poco se perdió en sí mismo.
Y ahora cómo hallar
las lágrimas que faltan!

La verdad fue su ausencia
y aprendimos
a que se fuera retirando un poco,
un poco cada día, hasta enseñarnos
el juego de la muerte, de su muerte.
Si se escondió en el quicio de una puerta
a media luna de la noche, o bien
está detrás de una ventana oscura
haciéndonos creer que ya no existe,
yo no lo sé, tú no lo sabes, es así:
seguiremos jugando a no saberlo.

XLIV

ESCRIBI- *El Mapús, el Mapís, se preocupa,*
DORES.   *me dicen, de mi sombra,*
vive en mi sombra el pobre y se la come.

Oh gusano sombrío,
amas mi pobre sombra que yo dejo
sentada y amarrada a mi sombrero
porque olvidé, olvidamos
que este deber de tener sombra
nos viene acompañado por la luz:
y así dejé en los cines de provincia
(a la entrada) mi sombra adolescente:
luego de nave en nave la perdí,
hasta encontrarla luego
entre desnudas cestas de naranjas
o a la orilla del mar en el invierno.

*Pensar que cada vez que la perdía,
mi pobre sombra aulló de abandonada
y un personaje turquestán, con cola,
vestido de plumero
y nariz puntiaguda de tijera
agusanaba su alma con mi sombra,
corroyendo su acíbar y su almíbar,
enroscándose adentro del chaleco
hasta verter mi sombra en su tintero
para escribirle a su macabro suegro
hasta pelafustarse inútilmente
y desvariar en su gusanería.*

XLV

*CONSTRUC-
CIÓN A
MEDIODÍA*

Oh golpe en la mañana
del edificio irguiendo su esperanza:
el ruido repetido
entre el sol y los pinos
de febrero.

Alguien construye, canta
la cantera,
un cubo cae, el sol
cruza de mano en mano
en el relámpago de los martillos
y en las arenas de Punta del Este
crece una casa nueva,
torpe, sin encender y sin hablar,
hasta que el humo de los albañiles
que a mediodía comen carne asada
despliega una bandera
de rendición.

Y la casa regresa
a la paz del pinar y de la arena
como si arrepentida de nacer
se despidiera de los elementos
y quedara de pronto convertida
en un pequeño puñado de polvo.

XLVI

EL GOLPE. *Tinta que me entretienes*
gota a gota
y vas guardando el rastro
de mi razón y de mi sinrazón
como una larga cicatriz que apenas
se verá, cuando el cuerpo esté dormido
en el discurso de sus destrucciones.

Tal vez mejor hubiera
volcado en una copa
toda tu esencia, y haberla arrojado
en una sola página, manchándola
con una sola estrella verde
y que sólo esa mancha
hubiera sido todo
lo que escribí a lo largo de mi vida,
sin alfabeto ni interpretaciones:
un solo golpe oscuro
sin palabras.

XLVII

LAS DOCE. Y me darán las mismas doce
que se dan en la fábrica,
a mí,
invitado feliz
de las arenas,
agasajado por las siete espumas
del gran océano misericorde,
a mí
me darán las mismas doce,
las mismas campanadas
que al prisionero entre sus cuatro muros,
las mismas doce horas
que al asesino junto a su cuchillo,
las mismas
doce

son para mí y para el gangrenado
que ve subir su enfermedad azul
hasta la boca quemante?

Por qué no dan mis doce de sol puro y arena
a otros mucho mejores que yo mismo?

Por qué las doce del día feliz
no se reparten invitando a todos?
Y quién dispuso para mí esta alegría
cada vez más amarga?

XLVIII

AL PUENTE CURVO DE LA BARRA DE MALDONADO. EN URUGUAY.

Entre agua y aire brilla el Puente Curvo,
entre verde y azul las curvaturas
del cemento, dos senos y dos simas,
con la unidad desnuda
de una mujer o de una fortaleza,
sostenida por letras de hormigón
que escriben en las páginas del río.

Entre la humanidad de las riberas
hoy ondula la fuerza de la línea,
la flexibilidad
de la dureza,
la obediencia impecable
del material severo.

Por eso, yo, poeta
de los puentes,
cantor de construcciones,
con orgullo
celebro
el atrio
de Maldonado, abierto
al paso pasajero,
a la unidad errante de la vida.

Lo canto,
porque no una pirámide

de obsidiana sangrienta,
ni una vacía cúpula sin dioses,
ni un monumento inútil de guerreros
se acumuló sobre la luz del río,
sino este puente que hace honor al agua
porque la ondulación de su grandeza
une dos soledades separadas
y no pretende ser sino un camino.

XLIX

CASA DE MÁNTARAS EN PUNTA DEL ESTE.

Cuántas cosas caen del pino,
bigotes verdes,
música,
piñas como peñascos
o armadillos
o como libros para deshojar.

También cayó en mi cara
el pétalo sutil
que sujetaba una semilla negra:
era un ala himenóptera
del pino,
una transmigración
de suavidades
en que el vuelo se unía
a las raíces.

Caen
gotas del árbol,
puntuaciones,
vocales, consonantes,
violines,
cae lluvia,
silencio,
todo cae del pino,
del aire vertical:
cae el aroma,
la sombra acribillada

por el día,
la noche clara
como leche de luna,
la noche negra
como aquella ausencia.

Amanece.

Y cae
un nuevo día
desde lo alto del pino,
cae con su reloj,
con sus agujas
y sus agujeros,
y anocheciendo cosen
las agujas del pino
otra noche a la luz,
otro día a la noche.

L

RETRATOS   **T**rabajé *mucho para estar inmóvil*
MUERTOS.   *y hasta ahora me siguen sacudiendo!*
(Me susurró el difunto, y se durmió.)

Ay tanto nos movemos los humanos
que cuando el movimiento se detuvo
los demás continuaron con tu sombra
sembrándola, ay Señor, en sus batallas.
(Y los demás somos nosotros mismos
que no dejamos en paz a los muertos
lavando y refregando sus memorias,
erigiendo sin fin lo que quedó
de ellos: un patrimonio de retratos,
de bigotes y barbas que peinamos
para que estén los muertos con nosotros.)

Tanto que nos costó este movimiento
infernal, de matar hasta morir,
y ahora que nos creíamos inmóviles

hay que salir a palos por la calle
en la resurrección de los retratos.

LI

ESTO ES
SENCILLO.
Muda es la fuerza (me dicen los árboles)
y la profundidad (me dicen las raíces)
y la pureza (me dice la harina).
Ningún árbol me dijo:
"*Soy más alto que todos*".
Ninguna raíz me dijo:
"*Yo vengo de más hondo*".
Y nunca el pan ha dicho:
"*No hay nada como el pan*".

LII

LA LLUVIA.
Llueve en Punta del Este sobre el verde
como si se tratara de lavar,
de lavar la cabeza de los pinos.

Se enorgullece el verde con la lluvia.
Sobre el orgullo llueve de otro modo

Llueve llorando ahora entre los pinos.

LIII

MORALIDA-
DES.
Que la razón no me acompañe más,
dice mi compañero, y lo acompaño
porque amo, como nadie, el extravío.
Vuelve mi compañero a la razón
y acompaño otra vez al compañero
porque sin la razón no sobrevivo.

LIV

NO TODO ES
HOY EN
EL DÍA

Algo de ayer quedó en el día de hoy,
fragmento de vasija o de bandera
o simplemente una noción de luz,
un alga del acuario de la noche,
una fibra que no se consumió,
pura tenacidad, aire de oro:
algo de lo que transcurrió persiste
diluido, muriendo en las saetas
del agresivo sol y sus combates.
Si ayer no continúa
en esta deslumbrante independencia
del día autoritario
que vivimos,
por qué como un portento de gaviotas
giró hacia atrás, como si titubeara
y mezclara su azul con el azul
que ya se fue?

Contesto.
Adentro de la luz
circula tu alma
aminorándose hasta que se extingue,
creciendo como un toque de campana.

Y entre morir y renacer
no hay tanto
espacio, ni es tan dura
la frontera.
Es redonda la luz como un anillo
y nos movemos en su movimiento.

LV

LA SOMBRA

Aún no vuelvo,
no he vuelto,
ando de viaje adentro
de la conflagración:

adentro de esta
vena
siguió viaje la sangre
y no puedo llegar
adentro de mí mismo.

Veo las plantas, las personas vivas,
las ramas del recuerdo,
el saludo en los ojos de las cosas,
la cola de mi perro.
Veo el silencio de mi casa, abierto
a mi voz, y no rompo las paredes
con un grito de piedra o de pistola:
ando por el terreno que conoce mis pies,
toco la enredadera que subió
por los arcos oscuros de granito
y resbalo en las cosas,
en el aire,
porque sigue mi sombra en otra parte
o soy la sombra de un porfiado ausente.

LVI

UN TAL, SU PROPIA BESTIA. Fue el escritor con su pequeña bestia
sobre los hombros, siempre
creyó que eran sus alas.

Anduvo vagamente en redacciones
mostrando sus estériles
escritos, cursieróticos
versos: no
interesó, pero, cuando exhibiendo
sus credenciales, se le vio la bestia
montada sobre el hombro,
se los leyeron, y se destinó
a perpetuarse en la maledicencia.

Y le pagaron cada cuchillada.

Ya relució por fin
pero no fue firmando clara sombra,
constelación o pétalo o grandeza:
fue apresuradamente contratado
para morder, con gloria y regocijo,
y así se fue negando
a lo que fue
hasta que aquella bestia sobre el hombro,
antes inadvertida,
se convirtió en su rostro
borrando al hombre que la sostenía.

LVII

LAS MANOS Al azar de la rosa
DE LOS DÍAS. nace la hora iracunda
o amarilla.
Lámina de volcán, pétalo de odio,
garganta carnicera,
así es un día, y otro
es tiernamente,
sí, decididamente, epitalamio.

LVIII

EL PASADO. No volverán aquellos anchos días
que sostuvieron, al pasar, la dicha.

Un rumor de fermentos
como sombrío vino en las bodegas
fue nuestra edad. Adiós,
adiós, resbalan
tantos adioses como las palomas
por el cielo, hacia el sur, hacia el silencio.

LIX

EL VINO. Esta es mi copa, ves
brillar la sangre
detrás del filo del cristal?
Ésta es mi copa, brindo
por la unidad
del vino,
por la luz desgranada,
por mi destino y por otros destinos,
por lo que tuve y por lo que no tuve,
y por la espada de color de sangre
que canta con la copa transparente.

LX

VERBO. Voy a arrugar esta palabra,
voy a torcerla,
sí,
es demasiado lisa,
es como si un gran perro o un gran río
le hubiera repasado lengua o agua
durante muchos años.

Quiero que en la palabra
se vea la aspereza,
la sal ferruginosa,
la fuerza desdentada
de la tierra,
la sangre
de los que hablaron y de los que no
    hablaron.

Quiero ver la sed
adentro de las sílabas:
quiero tocar el fuego
en el sonido:
quiero sentir la oscuridad
del grito. Quiero

palabras ásperas
como piedras vírgenes.

LXI

EL CANTO. La mano en la palabra,
la mano en medio
de lo que llamaban Dios,
la mano en la medida,
en la cintura del alma.

Hay que alarmar las cajas del idioma,
sobresaltar hasta que vuelen
como gaviotas las vocales,
hay que amasar
el barro
hasta que cante,
ensuciarlo con lágrimas,
lavarlo con sangre,
teñirlo con violetas
hasta que salga el río,
todo el río,
de una pequeña vasija:
es el canto:
la palabra
del río.

LXII

OTROS
DIOSES. Los dioses blancos duermen
en los libros:
se les ha roto el almidón, el frío
les devoró los ojos,
subsisten sin la claridad de entonces
y apenas queda una memoria
de amor entre los muslos.

La estatua quebrada
no guardó en la cintura
los relámpagos.

Se apagó la blancura.

Sin embargo, sabed, héroes cansados
de rodillas de mármol,
que el dios intransigente
de las islas marinas
o la hirsuta, emplumada
sangrienta
divinidad del África,
ceñuda en su envoltorio
o desnuda en la fiesta de la especie,
fiera tribal o corazón totémico,
tambor, escudo, lanza que vivió en la
    espesura
o junto a negros ríos que lloraban,
siguen ardiendo, vivos,
actuales, ancestrales,
llenos de sangre y sueños y sonidos:
aún no se sentaron en el trono
como espectros de mármol
nacidos de la espuma,
sino que continúan en la sombra
su sombría batalla.

LXIII

INVIERNO. *Amigo de este invierno, y del de ayer,*
o enemigo o guerrero:
Frío,
a pleno sol me toca
tu contacto
de arco nevado, de irritada espina.

Con estos dedos, sin embargo,
torpes, vagos

como si se movieran en el agua,
debo desarrollar este día de invierno
y llenarlo de adioses.

Cómo agarrar en el aire el penacho
con estos dedos fríos
de muerto en su cajón,
y con los pies inmóviles
cómo puedo correr detrás del pez
que a nado cruza el cielo
o entrar en el barbecho
recién quemado, con zapatos gruesos
y con la boca abierta?

Oh intemperie del frío, con el seco
vuelo de una perdiz de matorral
y con la pobre escarcha y sus estrellas
despedazadas entre los terrones.

LXIV

EL ENFERMO Qué haces tú, casi muerto, si el nueve
TOMA EL SOL.   día lunes
hilado por el sol, fragante a beso,
se cuelga de su cielo señalado
y se dedica a molestar tu crisis?

Tú ibas saliendo de tus intestinos,
de tus suposiciones lacerantes
en cuyo extremo el túnel
sin salida, la oscuridad con su final dictamen
te esperaba: el silencio
del corazón o de otra
víscera amenazada
te hundió en la certidumbre del adiós
y cerraste los ojos, entregado
al dolor, a su viento sucesivo.

Y hoy que desamarrado de la cama
ves tanta luz que no cabe en el aire

piensas que si, que si te hubieras muerto
no sólo no hubiera pasado nada
sino que nunca cupo tanta fiesta
como en el bello día de tu entierro.

LXV

YA NO SÉ NADA. En el perímetro y la exactitud
de ciencias inexactas, aquí estoy,
   compañeros,
sin saber explicar estos vocablos
que se trasladan poco a poco al cielo
y que prueban robustas existencias.

De nada nos valió
enterrar el avestruz en la cabeza,
o hacernos agujeros en la tierra.
"No hay nada que saber, se sabe todo".
"No nos molesten con la geometría".

Lo cierto es que una abstracta incertidumbre
sale de cada caos que regresa
cada vez a ser orden,
y qué curioso, todo
comienza con palabras,
nuevas palabras que se sientan solas
a la mesa, sin previa invitación,
palabras detestables que tragamos
y que se meten en nuestros armarios,
en nuestras camas, en nuestros amores,
hasta que son, hasta que comienza
otra vez el comienzo por el verbo.

LXVI

ARRABALES Andando por San Antonio arriba
vi la quietud de la pobreza:
rechinaban los goznes quebrados,

*las puertas cansadas querían
ir a sollozar o a dormir.
Debajo de los cristales rotos
en las ventanas, alguna flor,
un geranio amargo y sediento,
sacaba a pasear por la calle
su anaranjado fuego sucio.*

*Los niños del silencio aquel
desde sus ojos negros me vieron
como mirando desde un pozo,
desde las aguas olvidadas.*

*De pronto entró por la calle el viento
como si buscara su casa.*

*Se movieron los papeles muertos,
el polvo, perezosamente,
cambió de sitio, se agitó
un trapo en la ventana rota
y todo siguió como estaba:
la calle inmóvil, los ojos
que me miraron desde el pozo,
las casas que no parecían
esperar a nadie, las puertas
ya demolidas y desnudas:
todo era duro y polvoriento:
estaba muerto, estaba vivo,
quería morir y nacer.*

*Se preparaba para el fuego
la madera de la pobreza.*

LXVII

EL REGALO. De cuántas duras manos
desciende la herramienta,
la copa,
y hasta la curva insigne

de la cadera que persigue luego
a toda la mujer con su dibujo!

Es la mano que forma
la copa de la forma,
conduce el embarazo del tonel
y la línea lunar de la campana.

Pido unas manos grandes
que me ayuden
a cambiar el perfil de los planetas:
estrellas triangulares
necesita el viajero:
constelaciones como dados fríos
de claridad cuadrada:
unas manos que extraigan
ríos secretos para Antofagasta
hasta que el agua rectifique
su avaricia perdida en el desierto.

Quiero todas las manos de los hombres
para amasar montañas
de pan y recoger
del mar todos los peces,
todas las aceitunas
del olivo,
todo el amor que no despierta aún
y dejar un regalo
en cada una de las manos
del día.

LXVIII

LA BANDERA. **D**ale *un golpe de fuego a tu guitarra,*
levántala quemando:
es tu bandera.

AÚN

1971

I

Hoy es el día más, el que traía
una desesperada claridad que murió.
Que no lo sepan los agazapados:
todo debe quedar entre nosotros,
día, entre tu campana
y mi secreto.

Hoy es el ancho invierno de la comarca olvidada
que con una cruz en el mapa y un volcán en la nieve
viene a verme, a volverme, a devolverme el agua
desplomada en el techo de mi infancia.
Hoy cuando el sol comenzó con sus espigas
a contar el relato más claro y más antiguo
como una cimitarra cayó la oblicua lluvia,
la lluvia que agradece mi corazón amargo.

Tú, mi bella, dormida aún en agosto,
mi reina, mi mujer, mi extensión, geografía,
beso de barro, cítara que cubren los carbones,
tú, vestidura de mi porfiado canto,
hoy otra vez renaces y con el agua negra
del cielo me confundes y me obligas:
debo reanudar mis huesos en tu reino,
debo aclarar aún mis deberes terrestres.

II

Araucanía, rosa mojada, diviso
adentro de mí mismo o en las provincias del agua
tus raíces, las copas de los desenterrados,
con los alerces rotos, las araucarias muertas,
y tu nombre reluce en mis capítulos
como los peces pescados en el canasto amarillo!
Eres también patria plateada y hueles mal,
a rencor, a borrasca, a escalofrío.

Hoy que un día creció para ser ancho
como la tierra o más extenso aún,
cuando se abrió la luz mostrando el territorio
llegó tu lluvia y trajo en sus espadas
el retrato de ayer acribillado,
el amor de la tierra insoportable,
con aquellos caminos que me llevan
al Polo Sur, entre árboles quemados.

III

Invierna, Araucanía, Lonquimaya!
Leviathana, Archipiélaga, Oceana!

Pienso que el español de zapatos morados
montado en la invasión como en la náusea,
en su caballo como en una ola,
el descubridor, bajó de su Guatemala,
de los pasteles de maíz con olor a tumba,
de aquel calor de parto que inunda las Antillas;
para llegar aquí, de descalabro en derrota,
para perder la espada, la pared, la Santísima,
y luego perder los pies y las piernas
y el alma.
Ahora en este 65 que cumplo
mirando hacia atrás,

hacia arriba,
hacia abajo,
me puse a descubrir descubridores.
Pasa Colón con el primer colibrí
(pájaro de pulsera), relampaguito,
pasa don Pedro de Valdivia sin sombrero
y luego, de regreso, sin cabeza,
pasa Pizarro entre otros hombres tristes.
Y también don Alonso, el claro Ercilla.

IV

Ercilla el ramificado, el polvoroso,
el diamantino, el pobre caballero,
por estas aguas anduvo, navegó estos caminos,
y aunque les pareció petimetre a los buitres
y éstos lo devolvieron, como carta sobrante,
a España pedregosa y polvorienta,
él solamente solo nos descubrió a nosotros:
sólo este abundantísimo palomo
se enmarañó en nosotros hasta ahora
y nos dejó en su testamento
un duradero amor ensangrentado.

V

Bueno pues, llegaron otros:
eximios, medidores, chilenos meditativos
que hicieron casas húmedas en que yo me crié
y levantaron la bandera chilena
en aquel frío para que se helara,
en aquel viento para que viviera,
en plena lluvia para que llorara.
Se llenó el mundo de carabineros,
aparecieron las ferreterías,
los paraguas

fueron las nuevas aves regionales:
mi padre me regaló una capa
desde su poncho invicto de Castilla
y hasta llegaron libros
a la Frontera como se llamó
aquel capítulo que yo no escribí
sino que me escribieron.

Los araucanos se volvieron raíz!
Les fueron quitando hojas
hasta que sólo fueron esqueleto
de raza, o árbol ya destituido,
y no fue tanto el sufrimiento antiguo
puesto que ellos pelearon como vertiginosos,
como piedras, como sacos, como ángeles,
sino que ahora ellos, los honorarios,
sintieron que el terreno les faltaba,
la tierra se les iba de los pies:
ya había reinado en Arauco la sangre:
llegó el reino del robo:
y los ladrones éramos nosotros.

VI

PERDÓN si cuando quiero
contar mi vida
es tierra lo que cuento.
Ésta es la tierra.
Crece en tu sangre
y creces.
Si se apaga en tu sangre
tú te apagas.

VII

Y UMBEL!
Yumbel, Yumbel!
De dónde
salió tu nombre al sol?
Por qué la luz
tintinea en tu nombre?
Por qué, por la mañana
tu nombre como un aro
sale sonando de las herrerías?

VIII

A NGOL sucede seco
como un golpe de pájaro
en la selva,
como un canto
de hacha desnuda
que le pega a un roble.
Angol, Angol, Angol,
hacha profunda,
canto
de piedra pura
en la montaña,
clave de las herencias,
palabra como el vuelo
del halcón enlutado,
centrífugo, fugante
en las almenas
de la noche nevada!

IX

Temuco, corazón de agua,
patrimonio
del digital: antaño
tu casa arbórea
fueron cuna y campana
de mi canto
y fortaleza
de mi soledad.

X

Boroa clara,
manzana cristalina
y elemento
de la fecundidad, yo sigo
tus recostadas sílabas
irse en el río,
irse
en el transcurso
de la plata sombría
que corre en la frescura.

XI

Arpa de Osorno bajo los volcanes!
Suenan las cuerdas oscuras
arrancadas al bosque.
Mírate en el espejo de madera!
Consúmete
en la más poderosa
fragancia del otoño
cuando las ramas dejan
caer hoja por hoja

un planeta amarillo
y sube sangre para que los volcanes
preparen fuego cada día.

XII

TORRE fría del mundo,
volcán, dedo de nieve
que me siguió por toda la existencia:
sobre la nave mía el mastelero
y aún oh primavera atolondrada,
viajero intermitente,
en el arañadero
de Buenos Aires, lejos
de donde me hice yo,
de donde me hice mí,
en Katiabar, en Sandokán, en Praga,
en Mollendo, en Toledo, en Guayaquil
con mi volcán a cuestas,
con mi nieve,
con fuego austral y noche calcinada,
con lenguas de volcán, con lava lenta
devorando la estrella.
Ígneo deudor, compañero de nieve,
a donde fui conmigo
fui contigo,
torre de las secretas neverías,
fábrica de las llamas patriarcales.

XIII

CRECE el hombre con todo lo que crece
y se acrecienta Pedro con su río,
con el árbol que sube sin hablar,
por eso mi palabra crece
y crece:

viene de aquel silencio con raíces,
de los días del trigo,
de aquellos gérmenes intransferibles,
del agua extensa,
del sol cerrado sin su consentimiento,
de los caballos sudando en la lluvia.

XIV

Todos me reclamaban,
me decían: "Idiota,
quédate aquí. Está tibia
la cama en el jardín
y a tu balcón se asoman
los jazmines, honor
de Europa, el vino
suave toro
sube hasta el Partenón, Racine dirige
los árboles rimados y Petrarca
sigue siendo de mármol y de oro".

No pude ir sin volver a parte alguna:
la tierra me prestaba, me perdía
y pronto, tarde ya, golpeaba el muro
o desde un pájaro me reclamaba.
Me sentí vagamente tricolor
y el penetrante signo del ají,
ciertas comidas, los tomates frescos,
las guitarras de octubre, las ciudades
inconclusas, las páginas del bosque
no leídas aún en sus totales:
aquella catarata
que en el salvaje Aysén cae partiendo
una roca en dos senos salpicados
por la blancura torrencial, la luna
en las tablas podridas de Loncoche,
el olor a mercado pobre, a cholga seca,

a iglesia, a alerce, allá en el archipiélago,
mi casa, mi Partido, en el fuego de cada día,
y tú misma sureña, compañera de mi alma,
patrona de mis ojos, centinela,
todo lo que se llama lluvia y se llama patria,
lo que te ignora y te hiere y te acaricia a veces,
todo eso, un rumor cada semana más abierto,
cada noche más estrellado, cada vez más preciso,
me hizo volver y quedarme y no volver a partir:
que sepa todo el mundo que por lo menos en mí
la tierra me propone, me dispone y me embarga.

XV

Nosotros, los perecederos, tocamos los metales,
el viento, las orillas del océano, las piedras,
sabiendo que seguirán, inmóviles o ardientes,
y yo fui descubriendo, nombrando todas las cosas:
fue mi destino amar y despedirme.

XVI

Cada uno en el saco más oculto guardó
las alhajas perdidas del recuerdo,
intenso amor, noches secretas o besos permanentes,
el trozo de dicha pública o privada.
Algunos, retozones, coleccionaron caderas,
otros hombres amaron la madrugada escarbando
cordilleras o témpanos, locomotoras, números.
Para mí la dicha fue compartir cantando,
alabando, imprecando, llorando con mil ojos.
Pido perdón por mi mal comportamiento:
no tuvo utilidad mi gestión en la tierra.

XVII

Fue temblorosa la noche de septiembre.
Yo traía en mi ropa
la tristeza del tren que me traía
cruzando una por una las provincias:
yo era ese ser remoto
turbado por el humo del carbón
de la locomotora.
Yo no era.
Tuve que ver entonces con la vida.
Mi poesía me incomunicaba
y me agregaba a todos.
Aquella noche a mí
me tocó declarar la Primavera.
A mí, pobre sombrío,
me hicieron desatar la vestimenta
de la noche desnuda.
Temblé leyendo ante dos mil orejas desiguales
mi canto.
La noche ardió
con todo el fuego oscuro
que se multiplicaba en la ciudad,
en la urgencia imperiosa del contacto.
Murió la soledad aquella vez?
O nací entonces, de mi soledad?

XVIII

Los días no se descartan ni se suman, son abejas
que ardieron de dulzura o enfurecieron
el aguijón: el certamen continúa,
van y vienen los viajes desde la miel al dolor.
No, no se deshila la red de los años: no hay red.
No caen gota a gota desde un río: no hay río.
El sueño no divide la vida en dos mitades,

ni la acción, ni el silencio, ni la virtud:
fue como una piedra de vida, un solo movimiento,
una sola fogata que reverberó en el follaje,
una flecha, una sola, lenta o activa, un metal
que ascendió y descendió quemándose en tus huesos.

XIX

Mi abuelo don José Ángel Reyes vivió
ciento dos años entre Parral y la muerte.
Era un gran caballero campesino
con poca tierra y demasiados hijos.
De cien años de edad lo estoy viendo: nevado
era este viejo, azul era su antigua barba
y aún entraba en los trenes para verme crecer,
en carro de tercera, de Cauquenes al Sur.
Llegaba el sempiterno don José Ángel, el viejo,
a tomar una copa, la última, conmigo:
su mano de cien años levantaba
el vino que temblaba como una mariposa.

XX

Otras cosas he visto, tal vez nada, países
purpúreos, estuarios que traían del útero
de la tierra, el olor seminal del origen,
países ferruginosos con cuevas de diamantes
(ciudad Bolívar, allá en el Orinoco)
y en otro reino estuve, de color amaranto
en que todos y todas eran reyes y reinas
de color amaranto.

XXI

Yo viví en la baraja de patrias no nacidas,
en colonias que aún no sabían nacer,
con banderas inéditas que se ensangrentarían.
Yo viví en el fogón de pueblos malheridos
comiendo el pan extraño con mi padecimiento.

XXII

Alguna vez, cerca de Antofagasta,
entre las malgastadas vidas del hombre
y el círculo arenoso
de la pampa,
sin ver ni oír me detuve en la nada:
el aire es vertical en el desierto:
no hay animales (ni siquiera moscas)
sólo la tierra, como la luna, sin caminos,
sólo la plenitud inferior del planeta,
los kilómetros densos de noche y material.
Yo allí solo, buscando la razón de la tierra
sin hombres y sin alas, poderosa,
sola en su magnitud, como si hubiera
destruido una por una las vidas
para establecer su silencio.

XXIII

Arenas de Isla Negra, cinturón,
estrella demolida, cinta de la certeza:
el peligro del mar azota con su rosa
la piedra desplegada de la costa.
Abrupta estirpe, litoral combate!
Hasta Quebrada Verde, por el frío.

como un diamante se detuvo el día
poderoso, como un avión azul.

El sol nuevo amontona sus espadas
desde abajo y enciende el horizonte
rompiendo ola por ola su dominio.
Arrugas del conflicto! Quebrada
de Mirasol, por donde
corrió el carro glacial del ventisquero
dejando esta cortante cicatriz:
el mar bajo muere y agoniza
y nace y muere y muere
y nace y muere y nace.

XXIV

La Ballenera de Quintay, vacía
con sus bodegas, sus escombros muertos,
la sangre aún sobre las rocas, los
huesos de los monárquicos cetáceos,
hierro roído, viento y mar, el graznido
del albatros que espera.

Se fueron las ballenas: a otro mar?
Huyeron de la costa encarnizada?
O sumergidas en el suave lodo
de la profundidad piden castigo
para los oceánicos chilenos?

Y nadie defendió a las gigantescas!

Hoy, en el mes de julio
resbaló aún en el aceite helado:
se me van los zapatos hacia el Polo
como si las presencias invisibles
me empujaran al mar,
y una melancolía grave como el invierno

va llevando mis pies
por la deshabitada Ballenera.

XXV

SE va el hoy. Fue una cápsula
de fría luz que volvió a su recinto,
a su madre sombría, a renacer.
Lo dejo ahora envuelto en su linaje.
Es verdad, día, que participé en la luz?
Tiempo, soy parte de tu catarata?
Arenas mías, soledades!

Si es verdad que nos vamos,
nos fuimos consumiendo
a plena sal marina
y a golpes de relámpago.
Mi razón ha vivido a la intemperie,
entregué al mar mi corazón calcáreo.

XXVI

SI hay una piedra devorada
en ella tengo parte:
estuve yo en la ráfaga,
en la ola,
en el incendio terrestre.

Respeta esa piedra perdida.

Si hallas en un camino
a un niño
robando manzanas
y a un viejo sordo
con un acordeón,
recuerda que yo soy

el niño, las manzanas y el anciano.
No me hagas daño persiguiendo al niño,
no le pegues al viejo vagabundo,
no eches al río las manzanas.

XXVII

Hasta aquí estoy.
Estamos.
Los lineales, los encarnizados,
los sombreros que pasaron la vida
midiendo mi cabeza y tu cabeza,
los cinturistas
que se pegaban a cada cintura,
a cada teta del mundo.
Aquí vamos a seguir codo a codo
con los anacoretas,
con el joven con su tierna indigestión de guerrillas,
con los tradicionales que se ofuscaban
porque nadie quería comer mierda.
Pero además,
honor del día fresco,
la juventud del rocío,
la mañana del mundo,
lo que crece a pesar
del tiempo amargo:
el orden puro
que necesitamos.

XXVIII

Hasta luego, invitado.
Buenos días.
Sucedió mi poema
para ti, para nadie,
para todos.

Voy a rogarte: déjame intranquilo.
Vivo con el océano intratable
y me cuesta mucho el silencio.

Me muero con cada ola cada día.
Me muero con cada día en cada ola.
Pero el día no muere
nunca.
No muere.
Y la ola?
No muere.

Gracias.

FIN DE MUNDO

FIN DE MUNDO

PRÓLOGO

LA PUERTA Qué siglo permanente!

Preguntamos:
Cuándo caerá? Cuándo se irá de bruces
al compacto, al vacío?
A la revolución idolatrada?
O a la definitiva
mentira patriarcal?
Pero lo cierto
es que no lo vivimos
de tanto que queríamos vivirlo.

Siempre fue una agonía:
siempre estaba muriéndose:
amanecía con la luz y en la tarde era sangre:
llovía en la mañana, por la tarde lloraba.

Los novios encontraron
que la torta nupcial tenía heridas
como una operación de apendicitis.

Subían hombres cósmicos
por una escala de fuego
y cuando ya tocábamos
los pies de la verdad
ésta se había marchado a otro planeta.

Y nos mirábamos unos a otros con odio:
los capitalistas más severos no sabían qué hacer:
se habían fatigado del dinero
porque el dinero estaba fatigado
y partían los aviones vacíos.
Aún no llegan los nuevos pasajeros.

Todos estábamos esperando
como en las estaciones en las noches de invierno:
esperábamos la paz
y llegaba la guerra.

Nadie quería decir nada: todos
tenían miedo de comprometerse:
de un hombre a otro se agravó la distancia
y se hicieron tan diferentes los idiomas
que terminaron por callarse todos
o por hablarse todos a la vez.

Sólo los perros siguieron ladrando
en la noche silvestre de las naciones pobres.
Y una mitad del siglo fue silencio:
la otra mitad los perros que ladraban
en la noche silvestre.

No se caía el diente amargo.
Siguió crucificándonos.

Nos abría una puerta, nos seguía
con una cola de cometa de oro,
nos cerraba una puerta, nos pegaba
en el vientre con una culata,
nos libertaba un preso y cuando
lo levantábamos sobre los hombros
se tragaba a un millón el calabozo,
otro millón salía desterrado,
luego un millón entraba por un horno
y se convertía en ceniza.

Yo estoy en la puerta partiendo
y recibiendo a los que llegan.

Cuando cayó la Bomba
(hombres, insectos, peces calcinados)
pensamos irnos con el ataditо,
cambiar de astro y de raza.
Quisimos ser caballos, inocentes caballos.
Queríamos irnos de aquí.
Lejos de aquí, más lejos.

No sólo por el exterminio,
no sólo se trataba de morir
(fue el miedo nuestro pan de cada día)
sino que con dos pies ya no podíamos
caminar. Era grave
esta vergüenza
de ser hombres
iguales
al desintegrador y al calcinado.

Y otra vez, otra vez.
Hasta cuándo otra vez?

Ya parecía limpia la aurora
con tanto olvido con que la limpiamos
cuando matando aquí matando allá,
continuaron absortos
los países
fabricando amenazas y guardándolas
en el almacén de la muerte.

Sí, se ha resuelto, gracias:
nos queda la esperanza.

Por eso, en la puerta, espero
a los que llegan a este fin de fiesta:
a este fin de mundo.

Entro con ellos pase lo que pase.

Me voy con los que parten
y regreso.

Mi deber es vivir, morir, vivir.

I

LA PASIÓN ENTRELAZADO he sido hoy
por un concurso de tinieblas
y a mi edad debo declarar
otros caminos incesantes:
la transformación de las olas,
la veracidad del silencio.

Soy sólo un número caído
de un árbol que no tuvo objeto
porque llegó con sus raíces
al otro lado de la tierra.

Mi cantidad es mi tormento.

No tengo nombre todavía.

Recuerdo que en una ciudad
me dormí esperando el otoño:
me encontraron bajo la nieve
tan congelado de blancura
que allí sigo siendo una estatua
sin dirección ni movimiento.

Mi vocación más verdadera
fue llegar a ser un molino:
estudié cantando en el agua
la razón de la transparencia
y aprendí del trigo abundante
la identidad que se repite.

Así llegué a ser lo que soy:

el corazón más repartido.

Se sabe que no sólo es tuyo
tu corazón y su alimento:
presumimos que la bondad
no hay que guardarla en los bolsillos:
tus dolores causan dolores.
Tu techo pertenece al viento.

Hay una cadena que amarra
con invisibles eslabones
la sombra de todos los cuerpos:
por eso el que vende su sombra
vende lo tuyo y lo suyo.

EL TARDÍO Que se sepa por el transcurso
del lento día de mi vida
que llegué tarde a todas partes:

sólo las sillas me esperaban

(y las olas negras del mar).

Este siglo estaba vacío.

Estaban haciendo las ruedas
de un carruaje de terciopelo.
Para un navío que nacía
se necesitaban adioses.

Las locomotoras aún
tenían sueños de la selva,
se derramaban por los rieles
como cascadas de caimanes
y así la tierra poco a poco
llegó a ser una copa de humo.

Caballos en la amanecida
con los hocicos vaporosos
y las monturas mojadas.
Ah, que galopen como yo,
les pido a los claros poetas,
sobre cinco leguas de barro.

Que se levanten en el frío
(el mundo atónito del alba,
los manzanos llenos de lluvia)
y ensillen en aquel silencio
y galopen hacia la luna!

UN RECUERDO Recuerdo en medio de un trigal
una amapola morada
aún más sedosa que la seda
y con aroma de serpiente.
Lo demás era la aspereza
del trigo cortado y dorado.

Yo me enlacé más de una vez
al lado de una trilladora
con una manzana campestre
de sexo abierto y repentino
y quedó en la paja temblando
un olor a semen y a luna.

EL MISMO Me costó mucho envejecer,
acaricié la primavera
como a un mueble recién comprado,
de madera olorosa y lisa,
y en sus cajones escondidos
acumulé la miel salvaje.

Por eso sonó la campana
llevándose a todos los muertos
sin que la oyera mi razón:
uno se acostumbra a su piel,
a su nariz, a su hermosura,

hasta que de tantos veranos
se muere el sol en su brasero.

Mirando el saludo del mar
o su insistencia en el tormento
me quedé volando en la orilla
o sentado sobre las olas
y guardo de este aprendizaje
un aroma verde y amargo
que acompaña mis movimientos.

MARES La razón de la desventura
aprendí en la escuela del agua.
El mar es un planeta herido
y la ruptura es su grandeza:
cayó esta estrella en nuestras manos:
desde la torre de la sal
se desprendió su patrimonio
de sombra activa y luz furiosa.

No se ha casado con la tierra.

No lo entendemos todavía.

EL OCIO Que me perdone el enemigo
si perdí tanto tiempo hablando
con arenas y minerales:
no tuve ninguna razón
pero aprendí mucho silencio.
Me gusta tocar y gastar
estas piedras de cada día:
el granito color de mosca
que se desgrana y desparrama
en los litorales de Chile.
Nadie sabe cómo llegaron
estas estatuas a la costa.

Si bien adoro el resplandor
de las fosfóricas bengalas.

los castillos de fuego fatuo,
amo en la piedra el corazón,
el fuego que allí se detuvo:
su intransigente permanencia.

1967 La hora de Praga me cayó
como una piedra en la cabeza,
era inestable mi destino,
un momento de oscuridad
como el de un túnel en un viaje
y ahora a fuerza de entender
no llegar a comprender nada:
cuando debíamos cantar
hay que golpear en un sarcófago
y lo terrible es que te oigan
y que te invite el ataúd.

Por qué entre tantas alegrías
que se construyeron sangrando
sobre la nieve salpicada
por las heridas de los muertos
y cuando ya el sol olvidó
las cicatrices de la nieve
llega el miedo y abre la puerta
para que regrese el silencio?

Yo reclamo a la edad que viene
que juzgue mi padecimiento,
la compañía que mantuve
a pesar de tantos errores.
Sufrí, sufrimos sin mostrar,
sin mostrar sino la esperanza.

Sufrimos de no defender
la flor que se nos amputaba
para salvar el árbol rojo
que necesita crecimiento.

Fue fácil para el adversario
echar vinagre por la grieta

y no fue fácil definir
y fue más difícil callar.
Pido perdón para este ciego
que veía y que no veía.

Se cierran las puertas del siglo
sobre los mismos insepultos
y otra vez llamarán en vano
y nos iremos sin oír,
pensando en el árbol más grande,
en los espacios de la dicha.

No tiene remedio el que sufre
para matar el sufrimiento.

EL TIEMPO   No me alimentan los recuerdos
EN LA VIDA y salto a la vida evidente
moviendo el yeso de este siglo
y el zapato de cada día,
sufriendo sin cruz el tormento
de ser el más crucificado,
hecho trizas bajo las ruedas
del falso siglo victorioso.

Valía la pena cantar
cuando en España los puñales
dejaron un millón de ausentes,
cuando allí murió la verdad?
La despeñaron al osario
y se tejieron las banderas
con el silencio de los muertos.

Yo vuelvo al tema desangrado
como un general del olvido
que sigue viendo su derrota:
no sólo los muertos murieron
en los brazos de la batalla,
en la prisión, en el castigo,
en las estepas del destierro,
sino que a nosotros también,

a los que vivimos aún,
ya se sabe que nos mataron.

OTRA VEZ Íbamos recién resurrectos
buscando otra vez la ambrosía,
buscando la vida lineal,
la limpieza de los rectángulos,
la geometría sin recodos:
otra vez tuvieron aroma
las mujeres y los antílopes,
los alhelíes, las campanas,
las gotas del mar en invierno,
y otra vez la muerte en Europa
nos naufragó sobre la sangre.

Ardieron en sus madrigueras
aquellos lobos circunspectos
y la presencia del incendio
se fue de país a país:
la noche cruzaba el terror
nacido en las cervecerías
y con la cruz de la crueldad
cruzó como un escalofrío
el bigotito del frenético
sobre las vértebras del mundo.
Nadie podía detener
su locomotora sangrienta.

Ya se fatigó la memoria
de contar a todos los muertos:
muertos de encías destrozadas
porque tenían dientes de oro,
muertos de cabello cortado
para desnudarlos de todo,
muertos que cavaron la fosa
en la que fueron sepultados,
muertos que buscan su cabeza
entre las manos del verdugo,
muertos de un golpe de aire rojo
en la sombra del bombardeo.

Oh cuánto dispuso la muerte
en las praderas de este siglo:
se conoce que la Cabrona
quería jugar con nosotros
y nos dejó un planeta roto
atiborrado de esqueletos
con llanuras exterminadas
y con ciudades retorcidas,
desdentadas por el incendio,
ciudades negras y vacías
con calles que sólo sustentan
el silencio y las quemaduras.

LA CENIZA Esta es la edad de la ceniza.
Ceniza de niños quemados,
de ensayos fríos del infierno,
cenizas de ojos que lloraron
sin saber de qué se trataba
antes de que los calcinaran,
cenizas de vírgenes góticas
y ventanitas alambradas,
cenizas de roncas bodegas,
desmoronados almacenes,
cenizas de manos insignes.
Y para contar y cerrar
el capítulo ceniciento
en la victoria de Berlín,
las cenizas del asesino
sobre su propio cenicero.

EL CULTO (I) Ay qué pasión la que cantaba
entre la sangre y la esperanza:
el mundo quería nacer
después de morir tantas veces:
los ojos no tenían lágrimas
después de haber llorado tanto.

No había nada en las arterias,
todo se había desangrado

II

y sin embargo se arregló
otra vez el pecho del hombre.
Se levantaron las ciudades,
fueron al mar los marineros,
tuvieron niños las escuelas,
y los pájaros, en el bosque,
pusieron sus huevos fragantes
sobre los árboles quemados.

Pero fue duro renovar
la sonrisa de la esperanza:
se plantaba en algunos rostros
y se les caía a la calle
y en verdad pareció imposible
rellenar de nuevo la tierra
con tantos huecos que dejó
la dentellada del desastre.

Y cuando ya crecieron las flores,
las cinerarias del olvido,
un hombre volvió de Siberia
y recomenzó la desdicha.

Y si las manos de la guerra,
las terribles manos del odio
nos hundieron de no creer,
de no comprender la razón,
de no conocer la locura,
siempre fue ajena aquella culpa
y ahora sin comprender nada
y sin conocer la verdad
nos pegamos en las paredes
de los errores y dolores
que partían desde nosotros
y estos tormentos otra vez
se acumularon en mi alma.

MAREJADA
EN 1968.
OCÉANO
PACÍFICO

La marejada se llevó
todos los cercos de la orilla:
tal vez era el sueño del mar,
la dinamita del abismo:
la verdad es que no hay palabras
tan duras como el oleaje,
ni hay tantos dientes en el mundo
como en la cólera marina.

Cuando se enrolla la diadema
del mar y arrecian sus escudos
y las torres se levantaron,
cuando galopa con los pies
de mil millones de caballos
y la cabeza enfurecida
pega en la piedra del relámpago,
dice el pescador pequeñito
golpeándose el pecho mojado
para morir sin agonía.

Crispado mar, tortuga amarga,
panoplia del asesinato,
diapasón de la guerra a muerte,
piano de dientes carniceros,
hoy derribaste mis defensas
con un pétalo de tu furia
y como un ave crepitante
cantabas en los arrecifes.

Aquí está el mar, dicen los ojos,
pero hay que esperar una vida
para vivirlo hasta la muerte
y te premia una tempestad
con cuatro gotas de granito.

En la Punta del Trueno anduve
recogiendo sal en el rostro

y del océano, en la boca
el corazón huracanado:
lo vi estallar hasta el cenit,
morder el cielo y escupirlo.

En cada ráfaga llevaba
el armamento de una guerra,
todas las lágrimas del mundo
y un tren repleto de leones,
pero no era bastante aún
y derribaba lo que hacía
despeñando sobre la piedra
una lluvia de estatuas frías.

Oh, firmamento del revés
oh estrellas hirvientes del agua,
oh marejada del rencor,
dije, mirando la hermosura
de todo el mar desordenado
en una batalla campal
contra mi patria sacudida
por un temblor inexorable
y los designios de la espuma.

ÉPOCA Aquí no descansa un pasado
que llamé con una campana
para que despierten las cosas
y me rodeen los anillos

que se apartaron de los dedos
obedeciendo a la muerte:

no quiero reconstituir
ni las manos ni los dolores:

después de todo morirá
de una vez por todas tal vez
este siglo de la agonía
que nos enseñó a asesinar
y a morir de sobrevivientes.

EL PELIGRO Sí, nos dijeron: No resbalen
en los salones encerados
ni en barro ni en nieve ni en lluvia.
Muy bien, dijimos, a seguir
sin resbalar en el invierno.
Pero qué sucedió? Sentimos
bajo los pies algo que huía
y que nos hacía caer.

Era la sangre de este siglo.

Bajó de las secretarías,
de los ventisqueros saqueados,
del mármol de las escaleras
y cruzó el campo, la ciudad,
las redacciones, los teatros,
los almacenes de ceniza,
las rejas de los coroneles:
la sangre cubría las zanjas
y saltaba de guerra en guerra
sobre millones de ojos muertos
que sólo miraban la sangre.

Esto pasó. Yo lo atestiguo.

Ustedes vivirán tal vez
resbalando sólo en la nieve.

A mí me tocó este dolor
de resbalar sobre la sangre.

SEPAN Ay la mentira que vivimos
LO SEPAN fue el pan nuestro de cada día.
LO
SEPAN Señores del siglo veintiuno,
es necesario que se sepa
lo que nosotros no supimos,
que se vea el contra y el por,
porque no lo vimos nosotros,
y que no coma nadie más

el alimento mentiroso
que en nuestro tiempo nos nutría.

Fue el siglo comunicativo
de las incomunicaciones:
los cables debajo del mar
fueron a veces verdaderos
cuando la mentira llegó
a tener mayor latitud
y longitudes que el océano:
los lenguajes se acostumbraron
a aderezar el disimulo,
a sugerir las amenazas,
y las largas lenguas del cable
enrollaron como serpientes
el mentidero colosal
hasta que todos compartimos
la batalla de la mentira
y después de mentir corriendo
salimos mintiendo a matar,
llegamos mintiendo a morir.

Mentíamos con los amigos
en la tristeza o el silencio
y el enemigo nos mintió
con la boca llena de odio.

Fue la edad fría de la guerra.

La edad tranquila del odio.

Una bomba de cuando en cuando
quemaba el alma de Viet Nam.

Y Dios metido en su escondite
acechaba como una araña
a los remotos provincianos
que con soñolienta pasión
caían en el adulterio.

LAS GUERRAS Ven acá, sombrero caído,
zapato quemado, juguete,
o montón póstumo de anteojos
o bien, hombre, mujer, ciudad,
levántense de la ceniza
hasta esta página cansada,
destituida por el llanto.

Ven, nieve negra, soledad
de la injusticia siberiana,
restos raídos del dolor,
cuando se perdieron los vínculos
y se abrumó sobre los justos
la noche sin explicaciones.

Muñeca del Asia quemada
por los aéreos asesinos,
presenta tus ojos vacíos
sin la cintura de la niña
que te abandonó cuando ardía
bajo los muros incendiados
o en la muerte del arrozal.

Objetos que quedaron solos
cerca de los asesinados
de aquel tiempo en que yo viví
avergonzado por la muerte
de los otros que no vivieron.

De ver la ropa tendida
a secar en el sol brillante
recuerdo las piernas que faltan,
los brazos que no las llenaron,
partes sexuales humilladas
y corazones demolidos.

Un siglo de zapaterías
llenó de zapatos el mundo
mientras cercenaban los pies

o por la nieve o por el fuego
o por el gas o por el hacha!

A veces me quedo agachado
de tanto que pesa en mi espalda
la repetición del castigo:
me costó aprender a morir
con cada muerte incomprensible
y llevar los remordimientos
del criminal innecesario:

porque después de la crueldad
y aun después de la venganza
no fuimos tal vez inocentes
puesto que seguimos viviendo
cuando mataban a los otros.
Tal vez le robamos la vida
a nuestros hermanos mejores.

LOS DESAPARE-
CIDOS

Lumumba va con su razón,
pregunto, dónde está Ben Bella?
Ben Barka desapareció.
Y así este siglo pululado
por los diestros y los siniestros
ladrones de hombres, usurpantes,
secuestradores y asesinos.

Lumumba va con su razón,
su deslumbrante geometría
por las nubes de la tortura
entregado a los sanguinarios.

África amarga, dónde están
sus delgadas manos morenas?
Cómo entregaste a los verdugos
la flor negra de tu derecho?
Ben Barka en medio de París
condenado a morir a oscuras
por monarquías y burdeles,

crucificado en el silencio
de esta época de agonía!

Ben Bella que la ira llevó
en una oscura ola callada
hacia el secreto, y no volvió
de la eternidad de la arena.

Yo prefiero el ruido escarlata
de las ametralladoras
en el infierno de Chicago
de los hombres sin Dios ni ley,
a estos guantes que se movieron
sin manos, para estrangular,
a estas cabezas sin mirada
que buscan en la noche cruel
corazones de héroes perdidos,

Oh silencio! Oh terror! Adiós!

No queda nada, ya lavaron
las gradas del crimen. Se fueron.

Fueron secretas las condenas
y los verdugos invisibles.

A nosotros nos tocó ver
en vez de la luna en la noche
paseando el cielo como un astro
la dentadura de la muerte.

VAMOS No nos volvamos a medir
A VER con la atmósfera delicada,
ella depende de una gota,
de una nube, de un alhelí:
tú pestañeas y en el acto
el cielo cambia de camisa.

Entremos a nosotros mismos,
a tu zaguán, a tu almanaque,

y sobre todo a la bodega
donde guardas los muebles rotos
y las lámparas apagadas,
más aún, las tristes rupturas
que se escondieron en silencio,
los secretos que se pudieron,
las llaves tiradas al mar.

Bajemos al piso de abajo
y destapemos el infierno,
siempre de allí te están llamando
en idiomas que nadie entiende,
salvo tú mismo sólo a veces
porque nunca quieres oír
cuando te llaman desde adentro,
desde el recuerdo inoxidable.

SIEMPRE El sol nace de su semilla
NACER   a su esplendor obligatorio,
lava con luz el universo,
se acuesta a morir cada día
bajo las sábanas oscuras
de la noche germinadora
y para nacer otra vez
deja su huevo en el rocío.
Pido que mi resurrección
también sea reproductiva,
sea solar y delicada,
pero necesito dormir
en las sábanas de la luna
procreando modestamente
mis propias substancias terrestres.

Quiero extenderme en el vacío
desinteresado del viento
y propagarme sin descanso
en los cuarenta continentes,
nacer en formas anteriores,
ser camello, ser codorniz,

ser campanario en movimiento,
hoja del agua, gota de árbol,
araña, ballena del cielo
o novelista tempestuoso.

Ya sé que mi inmovilidad
es la garantía invisible
de todo el establecimiento:
si cambiamos de zoología
no nos admiten en el cielo.

Por eso sentado en mi piedra
veo girar sobre mis sueños
los helicópteros que vuelven
de sus estrellas diminutas
y no necesito contarlos,
siempre hay algunos en exceso.
sobre todo en la primavera.

Y si me voy por los caminos
recurro al aroma olvidado
de una rosa deshabitada,
de una fragancia que perdí
como se extravía la sombra:
me quedé sin aquel amor
desnudo en medio de la calle.

III

HOY ES TAMBIÉN

FLORECE este día de invierno
con una sola rosa muerta,
la noche prepara su nave,
caen los pétalos del cielo
y sin rumbo vuelve la vida
a recogerse en una copa.

Yo no sé decir de otro modo:
la noche negra, el día rojo,

y recibo las estaciones
con cortesía de poeta:
espero puntual la llegada
de las verbales golondrinas
y monto una guardia de acero
frente a las puertas del otoño.

Por eso el invierno imprevisto
me sobrecoge en su accidente
como el humo desalentado
del recuerdo de una batalla:
no es la palabra *padecer*,
no es *escarmiento*, no es *desdicha*.
es como un sonido en la selva,
como un tambor bajo la lluvia.
Lo cierto es que cambia mi tema
con el color de la mañana.

CAYENDO Yo te llamo, rosa de leche,
duplicada paloma de agua,
ven desde aquella primavera
a resucitar en las sábanas,
a encender detrás del invierno
el sol erótico del día.

Hoy en mi propia circunstancia
soy un desnudo peregrino
viajando a la iglesia del mar:
crucé las piedras saladas,
seguí el discurso de los ríos
y me senté junto a la hoguera,
sin saber que era mi destino.

Sobreviviente de la sal,
de las piedras y de las llamas,
sigo cruzando las regiones
sosteniéndome en mis dolores,
enamorado de mi sombra.
Por eso no por mucho andar
llego a alejarme de mí mismo.

Es este día mentiroso
de falsa luz encapotada,
lo que me puso macilento:
me caigo en *el tiempo del pozo*
y después de nadar debajo
de la inexacta primavera
salgo a la luz en cualquier parte
con el mismo sombrero gris
tocando la misma guitarra.

TAL VEZ Es cuerdo el hombre que voltea
y parpadeando en el alambre
cambia de piel y paladar
buscando el sol o el equilibrio.
(La astucia cambia de color
y el conservador no conserva
sino las máscaras que usó
ya convertidas en ceniza.)

DIABLOS He visto cómo preparaba
su condición el oportuno,
su coartada el arribista,
sus redes la rica barata,
sus inclusiones el poeta.

Yo jugué con el papel limpio
frente a la luz todos los días.
Yo soy obrero pescador
de versos vivos y mojados
que siguen saltando en mis venas.
Nunca supe hacer otra cosa
ni supe urdir los menesteres
del intrínseco jactancioso
o del perverso intrigador,
y no es propaganda del bien
lo que estoy diciendo en mi canto:
sino que no lo supe hacer,
y les pido excusas a todos:

déjenme solo con el mar:
yo nací para pocos peces.

SI, SEÑOR Yo nací para pocos peces,
para la infinita frescura
de cada gota del trabajo,
y el rosario que se fue hilando,
la escama clara y repetida.
Me declararon transparente
y así sin darme cuenta yo.
llegué a hablar como todo el mundo.

CAMINOS Encontré un hombre en un camión
que me entretuvo conversando
en el camión que manejaba
entre Osorno y Antofagasta.
La noche de Chile es más larga,
la noche de Chile es eterna,
la noche de la carretera
desenrollada por los faros,
y no termina en parte alguna.
No se sabe dónde comienza
la cinta nocturna de Chile
de estrellas secas en el Norte,
en el Sur de estrellas mojadas.
En la estrecha sombra chilena
sigue el camión intermitente
con el camionero que fuma
junto a los sacos taciturnos
dejando atrás la noche angosta,
redonda como una culebra.
Se llamaba Jesús González
mi amigo del camión de carga.

PAISAJE Anduve diciéndole adiós
a muchos distantes, y ahora
me gustaría recoger
el hilo de aquellos adioses,
volver a ver ojos perdidos.

No sé si a todos les conviene
mi melancolía de hoy:
estoy dispuesto a repartirla
en pequeños granos redondos
alrededor del campamento,
en las rodillas del camino.
Quiero ver si crece la pena,
las flores de la incertidumbre,
la indecisión apesarada:
quiero saber de qué color
son las hojas del abandono.

Cuando un día te mira el sol
como un tigre desde su trono
y quiere obligarte a vivir
su condición voluntariosa,
recibo una racha lunática,
me desespero de sombrío,
y cuando menos lo esperaba
me pongo a repartir tristeza.

EL FUEGO Qué momento tan musical
me dice un río inteligente
al mover junto a mí sus aguas:
él se divierte con las piedras,
sigue cantando su camino,
mientras yo decidido a todo
lo miro con ojos de furia.

Dediquemos a la desdicha
un pensamiento vaporoso
como la tierra matinal
sucia de lágrimas celestes
levanta un árbol de vapor
que desenfoca la mañana:
sufre la luz que iba naciendo,
se amotina la soledad
y ya no se cuenta con nada,
no se ve el cielo ni la tierra
bajo la neblina salobre.

Exageramos este asunto,
dije volviendo a la fogata
que se apagaba en la espesura
y con dos ramas de laurel
se levantó una llama roja
con una castaña en el centro,
y luego se abrió la castaña
enseñándome la lección
de su dulzura aprisionada
y volví a ser un ciudadano
que quiere leer los periódicos.

EL SIGLO Treinta y dos años entrarán
MUERE trayendo el siglo venidero,
treinta y dos trompetas heroicas,
treinta y dos fuegos derrotados,
y el mundo seguirá tosiendo
envuelto en su sueño y su crimen.

Tan pocas hojas que le faltan
al árbol de las amarguras
para los cien años de otoño
que destruyeron el follaje:
lo regaron con sangre blanca,
con sangre negra y amarilla,
y ahora quiere una medalla
en su pechera de sargento
el siglo que cumple cien años
de picotear ojos heridos
con sus herramientas de hierro
y sus garras condecoradas.

Me dice el cemento en la calle,
me canta el pájaro enramado,
me advierte la cárcel nombrando
los justos allí ajusticiados,
me lo declaran mis parientes,
mis intranquilos compañeros,
secretarios de la pobreza:
siguen podridos estos años

parados en medio del tiempo
como los huesos de una res
que devoran los roedores
y salen de la pestilencia
libros escritos por las moscas.

POR QUÉ A los cinco años de este siglo
SEÑOR? Estados Unidos cantaba
como una máquina de plata,
susurraba con el sonido
de un granero que se desgrana,
tenía las manos de Lincoln
y la abundancia de Walt Whitman,
bajaban por el Mississippi
las barcarolas de los negros
y Nueva York era una olla
con un repollo gigantesco.
Dónde está ahora aquella gente?
Y aquella nación qué se hizo?
Lincoln y Whitman qué se hicieron?

Dónde están las nieves de antaño?
Ahora con tantas estrellas
que condecoran su chaleco,
con tantos edificios de oro
y tantas bombas en el puño
y con la sangre que derraman
no los quiere nadie en la tierra:
no son los Estados Unidos,
son los Estados Escupidos.
Sin tener ni por qué ni cuándo
se deshonraron en Viet Nam.
Por qué tenían que matar
a los lejanos inocentes
cuando hacen nata los delitos
en los bolsillos de Chicago?
Por qué ir tan lejos a matar?
Por qué ir tan lejos a morir?

Primos hermanos por la tierra,
por el espacio y las praderas,
por qué nuestros primos tomaron
los estandartes del asalto
y en despoblado a media noche
entraron a la casa ajena
a romper todos los cristales,
a quemar niños con napalm,
y luego sin gloria ni pena
salir con la cola caída
y los guantes ensangrentados?

EN CUBA Corrió la luz por estas horas
hacia nuestra tierra dormida
y en un relámpago terrestre
se encendió la estrella de Cuba.

Honor, honor a aquel puñado
de hirsutos héroes en la aurora,
honor a la lumbre primera
del sol latinoamericano:
honor y tambor y loor
a los pájaros de la pólvora
y al perfil de los insurgentes.
Yo vi y canté a los que llegaron
y celebré los edificios
que elevó el amor y el combate,
las reses nuevas que nacieron
y el tumultuoso movimiento
que corre cortando y cantando
azúcar del cañaveral.

Sepan ustedes, los de ahora,
que conocí el ayer cubano,
los anteayeres de La Habana:
todo era baraja y Daiquiri,
blancas y negras se vendían
mientras subía a los balcones
un clamor de bocas amargas
con la serenata del hambre:

yo certifico que era así:
torta podrida, estercolero,
atardecer prostibulario.

Antes que nadie y que ninguno
yo canté la cubita hazaña,
declaré la gesta en mi libro,
propagué la rosa de fuego
y puso a Cuba en la ventana
mi compañera poesía.
No pretendí halago ni honor,
sino el deber del combatiente.

Cuando todo estaba ganado
se asociaron los escribientes
y acumularon firmadores:
todos ellos se acorralaron
disparando contra mi voz,
contra mi canto cristalino
y mi corazón comunista.

En este siglo la amargura
se ocultó antes y después
de cada espléndida victoria:
fue como un gato que acechara
el vuelo más vertiginoso
y restituyera a la jaula
un aletazo moribundo.
Sin embargo el amanecer
se sostuvo y brillaba el cielo.

TRISTEZA EN LA MUERTE DE UN HÉROE

Los que vivimos esta historia,
esta muerte y resurrección
de nuestra esperanza enlutada,
los que escogimos el combate
y vimos crecer las banderas,
supimos que los más callados
fueron nuestros únicos héroes
y que después de las victorias
llegaron los vociferantes

llena la boca de jactancia
y de proezas salivares.

El pueblo movió la cabeza:
y volvió el héroe a su silencio.
Pero el silencio se enlutó
hasta ahogarnos en el luto
cuando moría en las montañas
el fuego ilustre de Guevara.

El comandante terminó
asesinado en un barranco.

Nadie dijo esta boca es mía.
Nadie lloró en los pueblos indios.
Nadie subió a los campanarios.
Nadie levantó los fusiles,
y cobraron la recompensa
aquellos que vino a salvar
el comandante asesinado.

Qué pasó, medita el contrito,
con estos acontecimientos?

Y no se dice la verdad
pero se cubre con papel
esta desdicha de metal.
Recién se abría el derrotero
y cuando llegó la derrota
fue como un hacha que cayó
en la cisterna del silencio.

Bolivia volvió a su rencor,
a sus oxidados gorilas,
a su miseria intransigente.
y como brujos asustados
los sargentos de la deshonra,
los generalitos del crimen,
escondieron con eficiencia
el cadáver del guerrillero
como si el muerto los quemara.

La selva amarga se tragó
los movimientos, los caminos,
y donde pasaron los pies
de la milicia exterminada
hoy las lianas aconsejaron
una voz verde de raíces
y el ciervo salvaje volvió
al follaje sin estampidos.

IV

*OLIVERIO
GIRONDO*

Pero debajo de la alfombra
y más allá del pavimento
entre dos inmóviles olas
un hombre ha sido separado
y debo bajar y mirar
hasta saber de quién se trata.
Que no lo toque nadie aún:
es una lámina, una línea:
una flor guardada en un libro:
una osamenta transparente.

El Oliverio intacto entonces
se reconstituye en mis ojos
con la certeza del cristal,
pero cuanto adelante o calle,
cuanto recoja del silencio,
lo que me cunda en la memoria,
lo que me regale la muerte,
sólo será un pobre vestigio,
una silueta de papel.

Porque el que canto y rememoro
brillaba de vida insurrecta
y compartí su fogonazo,
su ir y venir y revolver,
la burla y la sabiduría,
y codo a codo amanecimos

rompiendo los vidrios del cielo,
subiendo las escalinatas
de palacios desmoronados,
tomando trenes que no existen,
reverberando de salud
en el alba de los lecheros.
Yo era el navegante silvestre
(y se me notaba en la ropa
la oscuridad del archipiélago)
cuando pasó y sobrepasó
las multitudes Oliverio,
sobresaliendo en las aduanas,
solícito en las travesías
(con el plastrón desordenado
en la otoñal investidura),
o cerveceando en la humareda
o espectro de Valparaíso.

En mi telaraña infantil
sucede Oliverio Girondo.

Yo era un mueble de las montañas.

Él, un caballero evidente.
Barbín, barbián, hermano claro,
hermano oscuro, hermano frío,
relampagueando en el ayer
preparabas la luz intrépida,
la invención de los alhelíes,
las sílabas fabulosas
de tu elegante laberinto
y así tu locura de santo
es ornato de la exigencia,
como si hubieras dibujado
con una tijera celeste
en la ventana tu retrato
para que lo vean después
con exactitud las gaviotas.

Yo soy el cronista abrumado
por lo que puede suceder

y lo que debo predecir
(sin contar lo que me pasó,
ni lo que a mí me pasaron),
y en este canto pasajero
a Oliverio Girondo canto,
a su insolencia matutina.

Se trata del inolvidable.

De su indeleble puntería:
cuando borró la catedral
y con su risa de corcel
clausuró el turismo de Europa,
reveló el pánico del queso
frente a la francesa golosa
y dirigió al Guadalquivir
el disparo que merecía.

Oh primordial desenfadado!
Hacía tanta falta aquí
tu iconoclasta desenfreno!

Reinaba aún Sully Prud'homme
con su redingote de lilas
y su bonhomía espantosa.
Hacía falta un argentino
que con las espuelas del tango
rompiera todos los espejos
incluyendo aquel abanico
que fue trizado por un búcaro.

Porque yo, pariente futuro
de la itálica piedra clara
o de Quevedo permanente
o del nacional Aragon,
yo no quiero que espere nadie
la moneda falsa de Europa,
nosotros los pobres américos,
los dilatados en el viento,
los de metales más profundos,

los millonarios de guitarras,
no debemos poner el plato,
no mendiguemos la existencia.

Me gusta Oliverio por eso:
no se fue a vivir a otra parte
y murió junto a su caballo.
Me gustó la razón intrínseca
de su delirio necesario
y el matambre de la amistad
que no termina todavía:
amigo, vamos a encontrarnos
tal vez debajo de la alfombra
o sobre las letras del río
o en el termómetro obelisco
(o en la dirección delicada
del susurro y de la zozobra)
o en las raíces reunidas
bajo la luna de Figari.

Oh energúmeno de la miel,
patriota del espantapájaros,
celebraré, celebraré, celebro
lo que cada día serás
y lo Oliverio que serías
compartiendo tu alma conmigo
si la muerte hubiera olvidado
subir una noche y por qué?
buscando un número y por qué?
por qué por la calle Suipacha?

De todos los muertos que amé
eres el único viviente.

No me dedico a las cenizas,
te sigo nombrando y creyendo
en tu razón extravagante
cerca de aquí, lejos de aquí,
entre una esquina y una ola
adentro de un día redondo.

en un planeta desangrado
o en el origen de una lágrima.

CAMINANDO De noche, por las carreteras
CAMINOS de la sequía, piedra y polvo,
tartamudea el carromato.

No pasa nadie por aquí.

El suelo no tiene habitantes
sino la aspereza encendida
por los faros vertiginosos:
es la noche de las espinas,
de los vegetales armados
como caimanes, con cuchillos:
se ven los dientes del alambre
alrededor de los potreros,
los cactus de hostil estatura
como obeliscos espinosos,
la noche seca, y en la sombra
llena de estrellas polvorientas
el nido negro de la aurora
que prepara sin descansar
los horizontes amarillos.

LA SOLEDAD Cuando llega la soledad
y tú no estás acostumbrado
se destapan cosas cerradas,
baúles que creías muertos,
frascos que asumen la advertencia
de una invariable calavera,
se abren algunas cerraduras,
se destapan ollas del alma.

Pero no nos gusta saber,
no amamos los descubrimientos
de nuestra vieja identidad,
encontrar al irreductible
que estaba adentro, agazapado,
esperando con un espejo.

Es mucho mejor ir al cine
o conversar con las mujeres
o leer la historia de Egipto.
o estimular la complacencia,
la numismática o la iglesia.

Los que se dedican a Dios
de cuando en cuando, están salvados.
Llenos de ungüento medioeval
regresan a sus oficinas
o se dan un soplo de infierno
o usan dentífrico divino.

Los que no queremos a Dios
desde que Dios no quiere a nadie,
llegamos al campo, temprano,
a Rumay, junto a Melipilla,
y nos pensamos lentamente,
nos rechazamos con fervor,
con paciencia nos desunimos
y nos juntamos otra vez
para seguir siendo los mismos.

EL VIENTO Pero no hay nada como el viento
de los duros montes, el agua
de riego en los fríos canales,
el espacio inmóvil, la luz
colmando la copa del mundo
y el olor verde de la tierra.

Por eso tengo que volver
a tantos sitios venideros
para encontrarme conmigo
y examinarme sin cesar,
sin más testigo que la luna
y luego silbar de alegría
pisando piedras y terrones,
sin más tarea que existir,
sin más familia que el camino.

LA MÚSICA Si no me enseñaron la tierra,
si sólo para recorrerla,
si nunca entré con el arado,
si no viví con los terrones
ni dormí sobre la cebada
no puedo hablar con los violines
porque la música es terrestre.

Pero es terrestre la cintura
de mi mejor enamorada
y tiene tierra el porvenir,
todas las cosas son de tierra.

Es de tierra el pan, el silencio,
el fuego es el polvo que arde,
el agua es la tierra que corre
y todos los sueños nocturnos
vienen del fondo de la tierra.

META- He recibido un puntapié
MORFOSIS del tiempo y se ha desordenado
el triste cajón de la vida.
El horario se atravesó
como doce perdices pardas
en un camino polvoriento
y lo que antes fue la una
pasó a ser las ocho cuarenta
y el mes de abril retrocedió
hasta transformarse en noviembre.

Los papeles se me perdieron,
no se encontraban los recibos,
se llenaron los basureros
con nombres de contribuyentes,
con direcciones de abogados
y números de deliciosas.
Fue una catástrofe callada.
Comenzó todo en un domingo
que en vez de sentirse dorado
se arrepintió de la alegría

y se portó tan lentamente
como una tortuga en la playa:
no llegó nunca al día lunes.

Al despertarme me encontré
más descabellado que nunca,
sin precedentes, olvidado
en una semana cualquiera,
como una valija en un tren
que rodara a ninguna parte
sin conductor ni pasajeros.

No era un sueño porque se oyó
un mugido espeso de vaca
y luego trajeron la leche
con calor aún de las ubres,
además de que me rodeaba
un espectáculo celeste:
la travesura de los pájaros
entre las hojas y la niebla.
Pero lo grave de este asunto
es que no continuaba el tiempo.

Todo seguía siendo sábado
hasta que el viernes se asomaba.
¿Adónde voy? ¿Adónde vamos?
¿A quién podía consultar?

Los monumentos caminaban
hacia atrás empujando el día,
como guardias inexorables.
Y se desplomaba hacia ayer
todo el horario del reloj.

No puedo mostrar a la gente
mi colección de escalofríos:
me sentí solo en una casa
perforada por las goteras
de un aguacero inapelable
y para no perder el tiempo,

que era lo único perdido,
rompí los últimos recuerdos,
me despedí de mi botica,
eché al fuego los talonarios,
las cartas de amor, los sombreros,
y como quien se tira al mar
yo me tiré contra el espejo.

Pero ya no me pude ver.
Sentía que se me perdía
el corazón precipitado
y mis brazos disminuyeron,
se desmoronó mi estatura,
a toda velocidad
se me borraban los años,
regresó mi cabellera,
mis dientes aparecieron.

En un fulgor pasé mi infancia,
seguí contra el tiempo en el cauce
hasta que no vi de mí mismo,
de mi retrato en el espejo
sino una cabeza de mosca,
un microscópico huevillo
volviendo otra vez al ovario.

EL Me pongo a estrellar lo que falta
ESTRELLERO en el firmamento nocturno
con tan constante condición
que volando todos los días
vi mis pobres astros campestres
desencadenar la hermosura,
y estrellas que yo fabriqué
no parecían fabricadas:
todo parecía mejor
en el pavimento celeste.

Fue de pequeño que aprendí
a mirar las botellas rotas,

395

a esconder en la oscuridad
del subterráneo del Liceo
aquellos fragmentos de vidrio
en los que yo precipité
las vocaciones espaciales.

Acumulé clavos torcidos,
herraduras deshabitadas,
todo lo dispuse allí
clasificando con paciencia,
estimulando con astucia,
educando con energía,
hasta que pude despertar
la fosforescencia del vidrio,
el frenesí de los metales.

Equiparado por la edad
a los sabios más eminentes
y hechicero como ninguno
logré asumir la posesión
del tesoro de mi subsuelo,
y premunido de herramientas
hereditarias, insondables,
construí primero una ráfaga
y luego un vuelo de luciérnagas.

El cometa me costó más.
Una estrella de cola ardiente,
una desposada del cielo,
una náufraga del espacio,
un elemento natural
lleno de velos y de luz
como un pez plateado de China
convocado en el coliseo
de Aldebarán y de Saturno
pareció difícil de hacer
hasta que de nieve y botellas
propulsado por su fulgor

subió de mis manos un astro
caudal, nupcial y vaporoso.

Luego de ilustres tentativas
desencadené un meteoro
elaborado con los restos
de mi subterráneo natal.
De tumbo en tumbo rodó
en el espacio el meteoro
con todos los clavos secretos
de mi total ferretería.
Sonaron los astros quebrados
por el mandoble de mis dedos,
por mi estallido celeste,
y la noche se estremeció
recibiendo la catarata.

Así me entretuve, señores
en el colegio de mi infancia.

EL XIX   Lo curioso es que en este siglo
Mozart, el suave enlevitado,
continuó con su levitón,
con su vestido de música:
en estos cien años apenas
se escucharon otros ruidos,
y Fiodor Dostoyevski aún
desarrolla su folletín,
su dictamen de las tinieblas,
su larga cinta con espinas.

Bueno, y Rimbaud? Gracias, muy bien
contesta el vago vagabundo
que aún se pasea solitario
sin otra sombra en este siglo.

Yo que llegué desde Parral
a conocer este siglo,
por qué me dan el mismo frío,
el mismo plato, el mismo fuego

de los amables abuelitos
o de los abuelos amargos?

Hasta cuándo llueve Verlaine
sobre nosotros? Hasta cuándo
el paraguas de Baudelaire
nos acompaña a pleno sol?
Queremos saber dónde están
las araucarias que nacieron,
las encinas del Siglo Veinte,
o dónde están las manos, los dedos,
los guantes de nuestra centuria.
Walt Whitman no nos pertenece,
se llama Siglo Diecinueve,
pero nos sigue acompañando
porque nadie nos acompaña.
Y en este desierto lanzó
el sputnik su polen rojo
entre las estrellas azules.

El siglo veinte se consume
con el siglo pasado a cuestas
y los pálidos escritores
bajo los gigantes muertos
hemos subido la escalera
con un saco sobre los hombros,
con la pesada precedencia
de los huesos más eminentes.

Pesa Balzac un elefante,
Victor Hugo como un camión,
Tolstoy como una cordillera,
como una vaca Emile Zola,
Emilia Bronte como un nardo,
Mallarmé como un pastelero,
y todos juntos aplastándonos
no nos dejaban respirar,
no nos dejaban escribir,
no nos querían dejar,
hasta que el tío Ubú Dada
los mandó a todos a la mierda,

V

ARTES POÉTICAS (I)

Como poeta carpintero
busco primero la madera
áspera o lisa, predispuesta:
con las manos toco el olor,
huelo el color, paso los dedos
por la integridad olorosa,
por el silencio del sistema,
hasta que me duermo o transmigro
o me desnudo y me sumerjo
en la salud de la madera:
en sus circunvalaciones.

Lo segundo que hago es cortar
con sierra de chisporroteo
la tabla recién elegida:
de la tabla salen los versos
como astillas emancipadas,
fragantes, fuertes y distantes
para que ahora mi poema
tenga piso, casco, carena,
se levante junto al camino,
sea habitado por el mar.

Como poeta panadero
preparo el fuego, la harina,
la levadura, el corazón,
y me complico hasta los codos
amasando la luz del horno,
el agua verde del idiota,
para que el pan que me sucede
se venda en la panadería.

Yo soy y no sé si lo sepan
tal vez herrero por destino
o por lo menos propicié
para todos y para mí
metalúrgica poesía.

En tal abierto patrocinio
no tuve adhesiones ardientes:
fui ferretero solitario.

Rebuscando herraduras rotas
me trasladé con mis escombros
a otra región sin habitantes,
esclarecida por el viento.
Allí encontré nuevos metales
que fui convirtiendo en palabras.

Comprendo que mis experiencias
de metafísico manual
no sirvan a la poesía,
pero yo me dejé las uñas
arremetiendo a mis trabajos
y ésas son las pobres recetas
que aprendí con mis propias manos:
si se prueba que son inútiles
para ejercer la poesía
estoy de inmediato de acuerdo:
me sonrío para el futuro
y me retiro de antemano.

ARTES POÉTICAS (II)

No he descubierto nada yo,
ya todo estaba descubierto
cuando pasé por este mundo.
Si regreso por estos lados
le pido a los descubridores
que me guarden alguna cosa,
un volcán que no tenga nombre,
un madrigal desconocido,
la raíz de un río secreto.

Fui siempre tan aventurero
que nunca tuve una aventura
y las cosas que descubrí
estaban dentro de mí mismo,
de tal modo que defraudé

a Juan, a Pedro y a María,
porque por más que me esforcé
no pude salir de mi casa.

Contemplé con envidia intensa
la inseminación incesante,
el ciclo de los sateloides,
la añadidura de esqueletos,
y en la pintura vi pasar
tantas maneras fascinantes
que apenas me puse a la moda
ya aquella moda no existía.

ABEJAS (1) Qué voy a hacerle, yo nací
cuando habían muerto los dioses
y mi insufrible juventud
siguió buscando entre las grietas:
ése fue mi oficio y por eso
me sentí tan abandonado.

Una abeja más una abeja
no suman dos abejas claras
ni dos abejas oscuras:
suman un sistema de sol,
una habitación de topacio,
una caricia peligrosa.

La primera inquietud del ámbar
son dos abejas amarillas
y atado a las mismas abejas
trabaja el sol de cada día:
me da rabia enseñarles tanto
de mis ridículos secretos.

Me van a seguir preguntando
mis relaciones con los gatos,
cómo descubrí el arco iris,
por qué se vistieron de erizos
las beneméritas castañas,

y sobre todo que les diga
lo que piensan de mí los sapos,
los animalen escondidos
bajo la fragancia del bosque
o en las pústulas del cemento.

Es la verdad que entre los sabios
he sido el único ignorante
y entre los que menos sabían
yo siempre supe un poco menos
y fue tan poco mi saber
que aprendí la sabiduría.

ABEJAS (II) Hay un cementerio de abejas
allá en mi tierra, en Patagonia,
y vuelven con su miel a cuestas
a morir de tanta dulzura.

Es una región tempestuosa
curvada como una ballesta,
con un permanente arco iris
como una cola de faisán:
rugen los saltos de los ríos,
salta la espuma como liebre,
restalla el viento y se dilata
por la soledad circundante:
es un círculo la pradera
con la boca llena de nieve
y la barriga colorada.
Allí llegan una por una,
un millón junto a otro millón,
a morir todas las abejas
hasta que la tierra se llena
de grandes montes amarillos.

No puedo olvidar su fragancia.

LA ROSA Dejo en la nave de la rosa
DEL la decisión del herbolario:
HERBOLARIO si la estima por su virtud
o por la herida del aroma:
si es intacta como la quiere
o rígida como una muerta.

La breve nave no dirá
cuál es la muerte que prefiere:
si con la proa enarbolada
frente a su fuego victorioso
ardiendo con todas las velas
de la hermosura abrasadora
o secándose en un sistema
de pulcritud medicinal.

El herbolario soy, señores,
y me turban tales protestas
porque en mí mismo no convengo
a decidir mi idolatría:
la vestidura del rosal
quema el amor en su bandera
y el tiempo azota el esqueleto
derribando el aroma rojo
y la turgencia perfumada:
después con una sacudida
y una larga copa de lluvia
no queda nada de la flor.

Por eso agonizo y padezco
preservando el amor furioso
hasta en sus últimas cenizas.

AGUA La desventaja del rocío
cuando su luz se multiplica
es que a la flor le nacen ojos
y estos ojos miran el mundo.

Ya dejaron de ser rocío.

Son las circunstancias del día:
reflexiones de la corola:
eternidad del agua eterna.

OTOÑO Para la patria del topacio
designé una espiga infinita
y le agregué la ramazón
de la estirpe más amarilla:

Son mis deberes en otoño.

ALIANZA Cuando la hoja no converse
con otras hojas y preserve
infinitos labios el árbol
para susurrarnos susurros,
cuando la patria vegetal
con sus banderas abolidas
se resigne al precario idioma
del hombre o a su silencio
y por mi parte cuando asuma
como agua o savia los deberes
de la raíz a la corola,
ay ese mundo es la victoria,
es el paraíso perdido,
la unidad verde, la hermosura
de las uvas y de las manos,
el signo redondo que corre
anunciando mi nacimiento.

RAZÓN La oblonga razón de la rama
parece inmóvil pero escucha
cómo suena la luz del cielo
en la cítara de sus hojas
y si te inclinas a saber
cómo sube el agua a la flor
oirás la luna cantar
en la noche de las raíces.

ÁRBOL Anoche al apagar la luz
se me durmieron las raíces
y se me quedaron los ojos
enredados entre las hojas
hasta que, tarde, con la sombra
se me cayó una rama al sueño
y por el tronco me subió
la fría noche de cristal
como una iguana transparente.

Entonces me quedé dormido.

Cerré los ojos y las hojas.

SILENCIO Yo que crecí dentro de un árbol
tendría mucho que decir,
pero aprendí tanto silencio
que tengo mucho que callar
y eso se conoce creciendo
sin otro goce que crecer,
sin más pasión que la substancia,
sin más acción que la inocencia,
y por dentro el tiempo dorado
hasta que la altura lo llama
para convertirlo en naranja.

UNIDAD Esta hoja son todas las hojas,
esta flor son todos los pétalos
y una mentira la abundancia.
Porque todo fruto es el mismo,
los árboles son uno solo
y es una sola flor la tierra.

LA ROSA De una rosa a otra rosa había
tantos rosales de distancia
que me fui de una vida a otra
sin decidirme el arrebato
y cuando era tarde sin duda
muerto de amor me despedí

de toda mi triste entereza.
Volví a buscar aquel aroma,
la rosa roja del dolor
o la amarilla del olvido
o la blanca de la tristeza
o la insólita rosa azul:
lo cierto es que es vano volver
al país de la primavera:
era tan tarde que caían
las estrellas en el camino

y me detuve a recoger
el fulgor del trigo nocturno.

EL *Dejé* las espinas caer
MALHERIDO para no herir a nadie nunca,
por eso he llegado a esta página
entre desnudo y malherido.
Dejé caer las amarguras
para que no sufriera nadie
y tanto me hicieron sufrir
que me moriré de indefenso.

CAE LA Los siete pétalos del mar
FLOR se juntan en esta corola
con la diadema del amor:
sucedió todo en el vaivén
de una rosa que cayó al agua
cuando el río llegaba al mar.
Así un borbotón escarlata
saltó del día enamorado
a los mil labios de la ola
y una rosa se deslizó
hacia el sol y sobre la sal.

BESTIARIO El antílope clandestino
(I) se desarrolla en la fogata:

Su hocico se nutre de fuego
y su cola parece de humo.

Van y vienen las llamaradas
por la corona cornamenta
y el animal, fiel a su signo,
resuelve el extraño sistema
de los ardientes alimentos
dejando como puntuaciones
detrás de su cola quemada
un collar tácito de ámbar.

BESTIARIO
(II)

Inventando el ornitorrinco
me pasé los meses dorados
de aquel reino sin esperanza:
todos los días eran jueves
y se unía el mar con el aire
en una sola monarquía.
Repetí en aquel animal
los encarnizados plumajes
del cóndor amargo y patriota.
Me costó establecer el pico
del selvático personaje
y para sus patas, qué hacer?
Cómo dotarlo de naufragios,
de paroxismo, de señales?

Abrí mi cajón de esperpento
que acarreaba por esos mares
y sacando un huevo exquisito,
rectangular y tricolor,
soplé con loco frenesí,
con invención desesperada,
hasta que nació el desvarío
que se pasea por la selva.

ANIMAL

Aquel certero escarabajo
voló con élitros abiertos
hasta la cereza infrarroja.

La devoró sin comprender
la química del poderío
y luego volvió a los follajes
convertido en un incendiario.

Su corazón derivó
como un cometa saturado
por la radiación deliciosa
y se fue ardiendo en la substancia
de tan quemantes electrones:

al disolverse alcanzó a ser
un síntoma del arco-iris.

PERRO Los perros desinteresados
por los caminos, sin regreso,
por el polvo errante, a la luz
de la intemperie indiferente.

Oh Dios de los perros perdidos,
pequeño dios de patas tristes,
acércate a nuestro hemisferio
de largas colas humilladas,
de ojos hambrientos que persiguen
a la luna color de hueso!

Oh Dios descuidado, yo soy
poeta de las carreteras
y vago en vano sin hallar
un idioma de perrería
que los acompañe cantando
por la lluvia o la polvareda.

CABALLO Me he preguntado muchas veces
al amanecer, cuando subo
a un esqueleto de caballo,
por qué el corcel no se desarma
entre los peñascos que cruzo
o las arboledas que paso

o las olas que dejo atrás
o la polvareda que sigue
mi insobornable cabalgata.

Oh caballo grabado en blanco
sobre el pizarrón estepario
de la patagónica noche,
cuando regreso galopando
en mi montura de ceniza
como inspector de torbellinos
o como coronel glacial
de los ventisqueros que ruedan
el mar con sus caballerías!

Después recojo las distancias,
vuelvo a mi sueño cotidiano,
apaciguo mis fundamentos
hasta que en el alba del frío
siento golpear las herraduras
y me despierto a recorrer
el invierno recién llegado
con mi caballo transparente.

OTRO Perseguí por aquellas calles
PERRO a un perro errante, innecesario,
para saber adónde van
de noche trotando los perros.
Sólo mil veces se detuvo
a orinar en sitios remotos
y siguió como si tuviera
que recibir un telegrama.

Pasó casas y cruzó esquinas,
parques, aldeas y países,
y yo detrás del caminante
para saber adónde iba.

Siguió sin fin sobrepasando
los barrios llenos de basura,

los puentes desiertos e inútiles
cuando dormían los carruajes.

Los regimientos, las escuelas,
las estatuas de bronce muerto,
la tristeza de los prostíbulos
y los cabarets fatigados,
cruzamos, el perro adelante
y yo, cansado como un perro.

PEZ Aquel pez negro de Acapulco
me miró con ojos redondos
y regresó a la transparencia
de su océano de anilina:
vi sus bigotes despedir
unas cuantas gotas de mar
que resplandecieron, celestes.

Y cuando cayó de mi anzuelo
volviendo al susurro entreabierto
de la piedra y del agua azul
no había en sus ojos estáticos
reconocimiento ninguno
hacia la tierra, ni hacia el hombre.

Yo me sacudí de reír
por mi fracaso y por su cara
y él se deslizó a revivir
sin emociones, en el agua.

LA TIERRA El lagartijo iridiscente,
la concha con alas de nácar,
las hojas de pangue excesivas
como las manos de Goliat,
y estos insectos que me siguen
me cantan y me continúan.

Oh cuántos relojes perversos
inventó la naturaleza

para que solidarizara
cada minuto de mi vida
y me lo pasara firmando
mi adhesión a sus invenciones:
a los cisnes, a las arañas,
a pájaros y mariposas.

De tanto fulgor refulgí
como los colores del agua
y tuve olor a barro negro
donde se pudren las raíces:
tuve voz de rana sombría,
dedos de puma adolescente,
mirada triste de abejorro,
pies de pésimo paquidermo,
testículos de callampa,
ombligo serio como el ojo
de un antiguo caballo tuerto,
piernas de perro perseguido
y corazón de escarabajo.

BODAS De qué sirve un ciervo sin cierva,
de qué sirve un perro sin perra,
una abeja sin su abejo,
una tigresa sin su tigre,
o una camella sin camello,
o una ballena sin balleno
o un rinoceronte soltero?

De qué sirve un gato sin gata,
un ruiseñor sin ruiseñora,
una paloma sin palomo,
un caballito sin caballa,
una cangreja sin cangrejo,
un agujero sin raíces?

A casarse, peces del mar,
pumas de la pumería,
zorros de cola engañosa,
pulgas hambrientas de provincia.

A procrear! dice la tierra
con una voz tan invisible
que todos la ven y la tocan
y todos la oyen, y esperan.

VI

AYER Todos los poetas excelsos
se reían de mi escritura
a causa de la puntuación,
mientras yo me golpeaba el pecho
confesando puntos y comas,
exclamaciones y dos puntos,
es decir, incestos y crímenes
que sepultaban mis palabras
en una Edad Media especial
de catedrales provincianas.

Todos los que nerudearon
comenzaron a vallejarse
y antes del gallo que cantó
se fueron con Perse y con Eliot
y murieron en su piscina.

Mientras tanto yo me enredaba
con mi calendario ancestral
más anticuado cada día
sin descubrir sino una flor
descubierta por todo el mundo,
sin inventar sino una estrella
seguramente ya apagada,
mientras yo embebido en su brillo,
borracho de sombra y de fósforo,

seguía el cielo estupefacto.

La próxima vez que regrese
con mi caballo por el tiempo

voy a disponerme a cazar
debidamente agazapado
todo lo que corra o que vuele:
a inspeccionarlo previamente
si está inventado o no inventado,
descubierto o no descubierto:
no se escapará de mi red
ningún planeta venidero.

SE LLENÓ EL MUNDO Hermosos fueron los objetos
que acumuló el hombre tardío,
el voraz manufacturante:
conocí un planeta desnudo
que poco a poco se llenó
con los lingotes triturados,
con los limones de aluminio,
con los intestinos eléctricos
que sacudían a las máquinas
mientras el Niágara sintético
caía sobre las cocinas.

Ya no se podía pasar
en mil novecientos setenta
por las calles y por los campos:
las locomotoras raídas,
las penosas motocicletas,
los fracasados automóviles,
las barrigas de los aviones
invadieron el fin del mundo:
no nos dejaban transitar,
no nos dejaban florecer,
llenaban arenas y valles,
sofocaban los campanarios:

no se podía ver la luna.

Venecia desapareció
debajo de la gasolina,
Moscú creció de tal manera
que murieron los abedules

413

         desde el Kremlin a los Urales
         y Chicago llegó tan alto
         que se desplomó de improviso
         como un cubilete de dados.

         Vi volar el último pájaro
         cerca de Mendoza, en los Andes.
         Y recordándolo derramo
         lágrimas de penicilina.

BOMBA (1) Pero en estos años nació
         la usina total de la muerte,
         el núcleo desencadenado,
         y no nos bastó asesinar
         a cien mil japoneses dormidos,
         sino que se perfeccionó
         la herramienta del aserrín
         hasta alimentarla y pulirla,
         fortificarla, fecundarla,
         dejándola arriba colgando
         sobre la cabeza del mundo.

         Esperando están los neutrones
         las ondas de ataque, los largos
         dedos de la cohetería,
         el asesinato orbital,
         y así como la tierrra pura
         nos prepara la primavera.
         así con cuidado exquisito
         entre guantes y gabinetes
         hay otra fiesta preparada:
         el suicidio del universo.

         Yo conozco el humo del bosque
         y toqué la ceniza verde
         de las montañas olorosas
         y luego viví bajo el humo
         de la ciudad recalcitrante
         y de sus panaderías.

Pero más tarde conocí
en España de mis dolores
el humo de la destrucción,
y odio hasta ahora ese recuerdo

porque no hay humo más amargo
que el humo inútil de la guerra.

Y ahora un planeta de humo
nos espera a todos los hombres:
no nos podremos saludar
los muertos bajo los escombros,
se terminarán las palabras,
los idiomas serán quemados
y pondrá veneno en las flores
la primavera radioactiva
para que caigan en pedazos
el fruto muerto, el pan podrido.

ASÍ SOMOS   Si ustedes saben cómo se hace
díganmelo y no me lo digan
porque aunque tarde he comprendido
que no lo sé, ni lo sabré,
y de tanto no haber sabido
sobreviviendo a mi ignorancia
creyeron que yo lo sabía.

Yo los creía mentirosos:
pero después del sufrimiento
su mentira fue mi verdad.

(Cómo se hace para saber?
Para no saber cómo se hace?
Y los sabios de la mentira
siguen diciendo la verdad?)

MUERTE   Dicen que ha muerto Neponiavsky
DE UN   dentro de un tanque y hacia Praga
PERIODISTA con su máquina de escribir
en la maldita coyuntura.

415

No sé si por melancolía
me deja duro la noticia.
Conocí sus ojos brillantes,
su periodismo intransigente:
fuimos amigos, sin embargo,
no quería que lo quisieran:
era un héroe de nuestro tiempo:
fue devorado por un tanque.

Preparémonos a morir
en mandíbulas maquinarias,
preparemos piernas, espaldas,
meditaciones y caderas,
codos, rodillas, entusiasmo,
párpados y sabiduría
serán tragados, triturados
y digeridos por un tanque.
Debo cumplir con mi deber:
hacerme aceitoso y sabroso
para que me coma una máquina
en una calle o una plaza
y arroje luego a la basura
las durezas de mi esqueleto.

Hay que buscarles carne tierna
de niños bien amamantados
para que cuando trepidando
se desate la maquinaria
y abran la boca sus cañones
implorándonos alimentos,
comprendamos nuestro deber:
hay que morir para saciarlos.

En nuestra época pesada,
la edad de las patas de fierro,
el siglo sangriento y redondo,
y debemos reconocer
las ruedas del Apocalipsis.

Los motores enmascarados
desempeñaron sus trayectos
dirigidos por la agonía
y necesitan devorar:
parece pues innecesario
negarse a los devoradores
y hay que proclamar con ardor
que queremos ser devorados.

Después de todo no sirvieron
las frágiles torres humanas,
todo fue blando o quebradizo,
toda pintura se perfora,
no nos defiende una sonata,
los libros arden y se van.

El siglo negro se prepara
para morir con elegancia
en el otoño del mundo:
no le daremos este gusto:
vamos a escupirle la cara
y a echarlo debajo de un tanque.

RESURREC- Si alguna vez vivo otra vez
CIONES   será de la misma manera
porque se puede repetir
mi nacimiento equivocado
y salir con otra corteza
cantando la misma tonada.

Y por eso, por si sucede,
si por un destino hindostánico
me veo obligado a nacer,
no quiero ser un elefante,
ni un camello desvencijado,
sino un modesto langostino,
una gota roja del mar.

Quiero hacer en el agua amarga
las mismas equivocaciones:

417

ser sacudido por la ola
como ya lo fui por el tiempo
y ser devorado por fin
por dentaduras del abismo,
así como fue mi experiencia
de negros dientes literarios.

Pasear con antenas de cobre
en las antárticas arenas
del litoral que amé y viví,
deslizar un escalofrío
entre las algas asustadas,
sobrevivir bajo los peces
escondiendo el caparazón
de mi complicada estructura,
así es como sobreviví
a las tristezas de la tierra.

SIGLO Con apenas alas y ruedas
nació el año número uno
del mil novecientos año
y ahora que se va enterrando
si bien tiene piernas podridas,
ojos sangrientos, uñas tristes,
tiene más ruedas que jamás,
tiene alas para todo el cielo.

Vamos volando, nos invita
con el corazón a cuestas
arrastrando por el espacio
un saco impúdico de crímenes:
lo vemos subir y subir
agujereando la estratósfera
y dejando atrás el sonido.
No sólo nosotros oímos
el cuchillo que clava el cielo
y que recorta los planetas:
en islas malditas lo siguen
los poetas encadenados

de Atenas, y en los calabozos
de las prisiones paraguayas
celebran el fruto espacial
los ojos de los torturados.

Tal vez pensamos que la dicha
nos ofrecerá sus planetas
y que debemos alejar
la mirada de la agonía.
No nos hagamos ilusiones
nos aconseja el calendario,
todo seguirá como sigue,
la tierra no tiene remedio:
en otras regiones celestes
hay que buscar alojamiento.

LA Hace un año que en Astrolabia
GUERRI- murió una niña guerrillera,
LLERA bella como una cineraria.
Fue asesinada por los malos.
Con dolor y con alegría
los buenos mataron a un juez.
Los malos mataron entonces
a un estudiante valeroso.
Y anoche oímos que los buenos,
cumpliendo sus obligaciones,
mataron un veterinario.

Astrolabia es una angostura
de agua y volcán, es un recinto
de antigüedad y frutería:
allí se apretó la belleza
como un saquito de esmeralda.
Pero está muriendo Astrolabia
entre los buenos asesinos
y los asesinos malvados,
hasta que la dejen difunta
entre dos ametralladoras.

QUÉ PASÓ Se ha cargado el aire de letras:
floreció el secreto sonido:
se acercaron los continentes
y ya podemos adquirir
en el almacén venidero
pulmón recién reconstruido,
corazón de segunda mano.
Hay signos terrestres plantados
en las arenas de la luna:

Son victorias, son amenazas?

Son amarguras o dulzuras?

Para quedarnos satisfechos
las celebraremos llorando
o dispongámonos mejor
a llorarlas con alegría.

EL CULTO Un millón de horribles retratos
(II) de Stalin cubrieron la nieve
con sus bigotes de jaguar.

Cuando supimos y sangramos
descubriendo tristeza y muerte
bajo la nieve en la pradera
descansamos de su retrato
y respiramos sin sus ojos
que amamantaron tanto miedo.

Cambió el color de la blancura:
floreció de nuevo la hierba.

Yo fui férreo en este dolor
y registrando los tormentos
dentro de mi alma desollada
después de cargar con la muerte
me puse a cargar con la duda
y luego es mejor el olvido
para sostener la esperanza.

Ignoraba lo que ignoramos.
Y aquella locura tan larga
estuvo ciega y enterrada
en su grandeza demencial
envuelta a veces por la guerra
o propalada en el rencor
por nuestros viejos enemigos.

Sólo el espanto era invisible.

Fue la proliferación
de aquel impasible retrato
la que incubó lo desmedido.
Celebramos la frente dura
sin comprender que nos medía
bajo las cejas georgianas
la catadura del monarca,
la geología del terror.

Pero la luz se descubrió
y recobramos la razón:
no por un hombre y por su crimen
arrojaríamos el bien
a la bodega del malvado:
recuperamos el amor
y seguimos de pueblo en pueblo
mostrando al hombre la verdad
y la bandera venidera.

NUNCA MÁS Ya no podían volver más
los retratos ni los monarcas,
ya no podría florecer
la primavera autoritaria:
la lección la enseñó la muerte
y levantamos la cabeza.

Así es de clara la verdad
aunque venga de noche oscura.

EL CULTO   Pero, silencio, que otra vez,
(III)   otra vez aparece un rostro
sin sonrisa ya para siempre
multiplicado en los retratos:
otra vez Dios se disimula
bajo unos ojos amarillos
y Mao Tse Tung revistió
la túnica de los imperiales
y se coloca en un altar.

En vez de las flores que no
comenzaron nunca a nacer
se plantaron en los jardines
sus monumentales estatuas.
Sus oraciones reunidas
en un cuadernito escarlata
formaron el frasco infalible
de píldoras medicinales.
Lo cierto es que nadie mandó,
sino aquel hombre enmascarado.
Él otra vez pensó por todos.
Y sus palabras convertidas
en incantaciones sagradas
se repitieron hasta el mar
por tantas bocas como arena,
por diez mil millones de lenguas.

LA LUZ   Siglo electrónico, tuviste
en tu frente pegado el ojo
de un nuevo dios que nos mataba
y que nos dictó la receta
de una salvación dolorosa!

Esto pasó cuando la olla
de los continentes ardía
y no servían los ejércitos:
no tenían a quién matar.

Una por una las regiones
extirpaban sus injusticias,

los pobres llegaban al pan,
se derramaba desde Cuba
la luz de los abecedarios
y a pesar de tantos pesares
crecía el sol en las escuelas.

Rusia elevó su torre insigne
sobre invasores castigados
y siguió trabajando el agua
por sus ríos horizontales
con más espacio cada día
en su estrella trabajadora.

VIET NAM Se llamaba Westmoreland
el inaudito estrangulante
que desde Washington llegó
a sembrar el padecimiento
en las entrañas vietnamesas,
pero fue extraño su destino:
sus propios muertos lo expulsaron
y ahora padece por su cuenta:
dejó para siempre a su patria
con las manos ensangrentadas.
De Viet Nam salió un hilo oscuro
que fue amarrando nuestras vidas
a la lucha de aquel tan lejos
un hilo de aguja tan cruel
que nos dolía y nos unía
dando vueltas al orbe amargo.

Será tal vez la última lucha
hecha por los pentagonales
en contra de los venideros?
Porque vivieron en el fuego
y murieron en la ceniza
los malvados de siempre ayer
y los heroicos de mañana:
los colonialistas manchados
por sus sinrazones perversas
y los defensores del reino

que llora en su cuna de sangre,
pero que nace cada día.

VII

EL
QUE
BUSCÓ

Salí a encontrar lo que perdí
en las ciudades enemigas:
me cerraban calles y puertas,
me atacaban con fuego y agua,
me disparaban excrementos.
Yo sólo quería encontrar
juguetes rotos en los sueños,
un caballito de cristal
o mi reloj desenterrado.

Nadie quería comprender
mi melancólico destino,
mi desinterés absoluto.

En vano expliqué a las mujeres
que no quería robar nada,
ni asesinar a sus abuelas.
Daban gritos de miedo al ver
que yo salía de un armario
o entraba por la chimenea.

Sin embargo, por largos días
y noches de lluvia violeta
mantuve mis expediciones:
furtivamente atravesé
a través de techos y tejas
aquellas mansiones hostiles
y hasta debajo de la alfombra
luché y luché contra el olvido.

Nunca encontré lo que buscaba.

Nadie tenía mi caballo,

ni mis amores, ni la rosa
que perdí como tantos besos
en la cintura de mi amada.

Fui encarcelado y malherido,
incomprendido y lesionado
como un malhechor evidente
y ahora no busco mi sombra.
Soy tan serio como los otros,
pero me falta lo que amé:
el follaje de la dulzura
que se desprende hoja por hoja
hasta que te quedas inmóvil,
verdaderamente desnudo.

MORIR Cómo apartarse de uno mismo
(sin desconocerse tampoco):
abrir los cajones vacíos,
depositar el movimiento,
el aire libre, el viento verde,
y no dejar a los demás
sino una elección en la sombra,
una mirada en ascensor
o algún retrato de ojos muertos?

De alguna manera oficial
hay que establecer una ausencia
sin que haya nada establecido,
para que la curiosidad
sienta una ráfaga en la cara
cuando destapen la oratoria
y hallen debajo de los pies
la llamarada del ausente.

SIEMPRE YO Yo que quería hablar del siglo
adentro de esta enredadera,
que es mi siempre libro naciente,
por todas partes me encontré
y se me escapaban los hechos.

Con buena fe que reconozco
abrí los cajones al viento,
los armarios, los cementerios,
los calendarios con sus meses
y por las grietas que se abrían
se me aparecía mi rostro.

Por más cansado que estuviera
de mi persona aceptable
volvía a hablar de mi persona
y lo que me parece peor
es que me pintaba a mí mismo
pintando un acontecimiento.

Qué idiota soy dije mil veces
al practicar con maestría
las descripciones de mí mismo
como si no hubiera habido
nada mejor que mi cabeza,
nadie mejor que mis errores.

Quiero saber, hermanos míos,
dije en la Unión de Pescadores,
si todos se aman como yo.
La verdad es —me contestaron—
que nosotros pescamos peces
y tú te pescas a ti mismo
y luego vuelves a pescarte
y a tirarte al mar otra vez.

CONDICIO- Con tantas tristes negativas
NES me despedí de los espejos
y abandoné mi profesión:
quise ser ciego en una esquina
y cantar para todo el mundo
sin ver a nadie porque todos
se me parecían un poco.

Pero buscaba mientras tanto
cómo mirarme hacia detrás,

hacia donde estaba sin ojos
y era oscura mi condición.
No saqué nada con cantar
como un ciego del populacho:
mientras más amarga la calle
me parecía yo más dulce.

Condenado a quererme tanto
me hice un hipócrita exterior
ocultando el amor profundo
que me causaban mis defectos.
Y así sigo siendo feliz
sin que jamás se entere nadie
de mi enfermedad insondable:
de lo que sufrí por amarme
sin ser, tal vez, correspondido.

ANDUVE Solo con árboles y olor
a sauce mojado, es aún
tiempo de lluvia en el transcurso,
en la intemperie de Linares.

Hay un cielo central: más tarde
un horizonte abierto y húmedo
que se despliega y se desgarra
limpiando la naturaleza:

mas acá voy, desventurado,
sin tierra, sin cielo, remoto,
entre los labios colosales
de la soledad superior
y la indiferencia terrestre.

Oh antigua lluvia, ven y sálvame
de esta congoja inamovible!

RELÁM- Si fue una estrella innecesaria,
PAGO si de aquel fuego tembloroso
no quedó una huella encendida,

si se durmió el carbón oscuro
en la mina oscura del cielo,
no sé, no supe, no sabré.

Yo vi el fulgor de pez dorado
arriba, en la red que dejaba
caer sus gotas infinitas,
y luego perdí en las tinieblas
aquella inicial que temblaba
en el campamento celeste.

Dónde está, dije, crepitando
con su fuego comunicado,
dónde está la cítara verde?

Dónde se fue la llave ardiente?

Me sentí negro en la cintura
de la noche, negro y vacío
después de haber sido estrellado:
perdí la luz que se perdió
y por la noche intransigente
voló un aroma de humo amargo,
como si el mundo se quemara
en alguna parte del cielo
y se me apagaran los ojos
en la iniquidad del silencio.

VOLVER Sacude el camino cortando
VOLVIENDO heroicas flores amarillas
y sigue apartando los cerros
abriendo el cielo a borbotones:
voy hacia lejos otra vez,
a la humedad enmarañada
de las cumbres de Nahuelbuta
y en el titánico transcurso
crece en mi ropa la distancia
y me voy haciendo camino.

Atravesando cordilleras
sin saber cómo se afiló
mi frente longitudinal
y saqué los pies de la tierra
para que no fueran raíces,
sino festín del movimiento.

El día izquierdo olvidará
la rosa rápida y perdida
antes de ser inaugurada,
porque debo llegar temprano
a mis lejanas circunstancias,
a saber lo que deja el río
en la insistencia de la orilla
con tantas palabras de piedra
como los pelos de un caballo.

La carretera corre abajo
hacia tal vez, hacia Coyhaique,
donde el agua se desarrolla
como el violín en un lamento.
Y tengo patria más allá
donde corre el avestruz verde
contra las ráfagas navales
y comienza el reino sin dioses
donde el hielo es la claridad.

SEXO Se abrió tal vez el gineceo
en el año de nuestros años
y el sexo saltó las ventanas,
los ministerios y las puertas,
y vimos asomar los senos
en la celeste timidez
de las tarjetas postales
hasta que sobre el escenario
se deshojaron las mujeres
y una ola inmensa de desnudos
sobrepasó las catedrales,

Luego el comercio estableció
con libros, pantallas, revistas,
el imperio inmenso del culo
hasta inundar las poblaciones
con esperma industrializada.

Era difícil escapar
hacia el amor o tus trabajos,
te perseguían los ladridos
del sexo desencadenado
depositado en almacenes,
chorreando gotas mensajeras,
alcanzándote en los anuncios,
siguiéndote en la carretera
o regando hasta las aldeas
con su acueducto genital.

La literatura cruzó
este siglo de falo en falo
haciendo graciosas piruetas
o cayéndose de agonía
y los libros que se ensuciaron
no cayeron en otra charca
que la del alma malherida.
Sépase que sin jardinero
fue más bello el jardín hirsuto,
pero una negra enredadera
enrolló su pelo de espanto
en los libros de la desdicha.
Y así fue la página blanca,
que se parecía a la luna,
transformándose en patrimonio
de una tristísima impudicia,
hasta que no tuvimos libros
para leer sino la luz
y cinco sílabas de sol
son una palabra desnuda
y la razón de la pureza.

BOMBA (II) Yo no estoy seguro del mar
en este día presuntuoso:
tal vez los peces se vistieron
con las escamas nucleares
y adentro del agua infinita
en vez del frío original
crecen los fuegos de la muerte.

Se empeñan en poblar de espanto
las bruscas mareas del mundo
y no hay torre que nos ampare
de tantas olas enemigas.

No se contentan con la tierra.

Hay que asesinar el océano.

Con algunas gotas de infierno
se mezcla la sal de las olas
y se descargan al abismo
los minerales de la cólera,
hasta batir la tempestad
en una taza de veneno
y servir al hombre la sopa
de fuego de mar y de muerte.

VIII

ADENTRO **H**A CIERTA luz de un día tiene
alas tan duras y seguras
que se derrochan en la rosa:
parece que van a morir:
parece que tantos anillos
sobran a los dedos del día:
parece que no vuelve a arder
otro reloj con esta esfera:
hay demasiada claridad
para mi pequeño planeta.

No es así, lo sabe la tierra
en su mojada intimidad.
Los minerales recibieron
noticias que reverberaban
y el átomo cristalizó
un movimiento de relámpago.

Yo asumo este día delgado
como una cinta alrededor
de la tristeza circundante
y me hago un cinturón, un vaso,
un buque para transmigrar,
un océano de rocío.

Vengan a ver sobre la abeja
una cítara de platino,
sobre la cítara la miel
y sobre la miel la cintura
de mi amorosa transparente.

Me pasé la vida en la dicha
y en la desdicha me pasé
toda mi vida y otras vidas,
por eso en este día azul
he convidado a todo el mundo.

No me saluden al entrar,
pero no me insulten tampoco.

Soy un pequeño profesor:
doy clases de luz a la tierra.

PUNTA Sin saberlo vengo a llegar,
DEL ESTE vengo llegando el mismo día
1968 a la misma punta del día
y se repite mi recuerdo
con el contenido fragante
que tuvo el tiempo de otro tiempo.
Aquí está el mismo sol caído

sobre las dunas y las olas
y el aire que rompe las púas
de las hostiles bromeliáceas.
Por fin después de navegar
llego adonde yo me esperaba.
Es Olga la que se sentó
hace diez años en su silla
cuando Alberto se descalzó
en honor de las golondrinas.
Es claro que las dracaemas
proclamaron nuevas espadas
y la glicina derramó
su color de idilio perfecto.
(Supongamos que pasó el tiempo
en el corazón del copihue
y en la patria de Lautréamont,
y que además tanques y huelgas
convocaron nuestros dolores
agregando arrepentimiento
a la copa de cada día.)

Pero la verdad que es idéntico
el aquel pasado con éste
y que descansa la razón
cuando se repite el pasado.

No nos queremos desdichar.

Todas las citas escondieron
uno que otro o muchos lamentos:
es estática la alegría:
es azul el fuego del cielo:
a pesar de todos sus ojos
es ciega la noche estrellada.
Vengo a vivir lo que viví
aunque sea una gota de agua
o la cintura de la arena,
los pinos de Punta del Este
o una camiseta morada.
Yo te regalo dos pistolas

　　　　　　si eres más valiente que yo
　　　　　　o por lo menos más difícil:
　　　　　　avanzar volviendo a partir:
　　　　　　dormir cada vez más despierto.

JANEIRO　Dejadme este vago esplendor
　　　　　　de una ciudad, de una distancia
　　　　　　que brille en mí como el recuerdo
　　　　　　de una luciérnaga en la mano:
　　　　　　tal vez Río centelleando
　　　　　　como una enorme mariposa
　　　　　　de precisión fosforescente
　　　　　　o tal vez São Paulo establece
　　　　　　la azucena rectangular
　　　　　　de su vertical estructura
　　　　　　o Brasilia con su fulgor
　　　　　　de diamante deshabitado
　　　　　　nos hicieron vivir mañana,
　　　　　　nos enseñaron a después.

　　　　　　Pero son los densos designios
　　　　　　de vegetales derramados
　　　　　　o las anchas aguas que fluyen
　　　　　　por el espacio brasilero
　　　　　　o el olor a goma salvaje
　　　　　　del fondo, o las bestias durmiendo
　　　　　　en la somnolencia mojada
　　　　　　o el linaje negro en la orilla
　　　　　　del baile, cerca de la espuma,
　　　　　　o arriba en Bahía sonora
　　　　　　con el sortilegio macumbo
　　　　　　o la sacrílega sonata
　　　　　　de las fabelas desdentadas
　　　　　　o el vaho negro del café
　　　　　　o la insigne pajarería
　　　　　　o las cascadas desplomando
　　　　　　la torre de las esmeraldas,
　　　　　　la lengua del oso hormiguero
　　　　　　con la muchedumbre adhesiva

                    del crecimiento pululante,
                    pero más que el vestido verde
                    o la voz loca del turpial
                    es el espacioso silencio,
                    el patrimonio imperturbado,
                    el que me visita en mis sueños:
                    oh Brasil, brasero brutal
                    que calla encendido en su brasa,
                    en su placenta planetaria,
                    como si siguiera naciendo
                    sin voz, sin ojos todavía,
                    corriendo inmóvil sin llegar,
                    edificando sin nacer,
                    comenzando toda la luz
                    sin separarse de la sombra.

VENEZUELA Por Caracas dura y desnuda
                    y sus alturas matorrales
                    anduve, loco de vivir,
                    ahíto de luz, atropellado
                    por la salud de Venezuela.

                    Enarbolada por la luz
                    entre los verdes masteleros
                    recorre la estatua yacente
                    una burbuja de petróleo
                    que concurre por las arterias
                    al corazón electoral.

                    Yo soy el bardo que cantó
                    la trinitaria afirmación
                    de sus pájaros encendidos,
                    porque no hay canto que no canten
                    los frenéticos cantarines
                    y no hay fulgor que no inauguren
                    los voladores venezuelos.

RETRATO Se llamaba Caramelaira,
DE UNA era rosada de costumbres,
MUJER iba con besos deliciosos

que se le caían del pelo,
de las caderas, de la boca,
era completamente azul
aquella mujer amarilla.

Yo la perdí con avidez
en el otoño ceniciento,
cuando a causa de mis dolores
me preparé para partir.
Llorando con todos los ojos
me acomodé en mi bicicleta.

Qué tiempo remoto cubierto
por el polen de su contacto,
por los metales de su ausencia!

Edifiqué mi alegoría
pensando en sus pámpanas piernas,
en su corazón de coral,
en sus uñas alimenticias.

Yo soy aquel que desertó
en plena vigencia del viento
desamparando mi tristeza
hasta que la soledad
me enseñó a mirar las manzanas,
a dar la mano al coronel,
a entenderme con las palmeras.

Voy a tratar de describir
aquellos acontecimientos,
aquel reino adonde llegué
sin un perro que me ladrara:
aquel castillo enharinado
devorado por las abejas
en que viví sin asomarme
a ninguna ventana, nunca.

NACIMIEN- Voy a contarles cómo nace
TOS un volcán en la tierra mía:
en Paricutín o Chillán,
me da lo mismo, buenas gentes:
las tribus no saben de ceros
y no se divide el verano.
Antes de alzarse hay un vacío
como de luz recién lavada
y luego llega el terciopelo
a participar en las flores
hasta que una cinta delgada
de vapor con color de luna
comienza a brotar de una piedra:
se abrió la boca de la tierra.

Se abre la boca de la tierra
y se delinea un embudo,
un seno de mujer de arcilla,
algo que crece y que se mueve
como potro o locomotora
exhalando el acre vahído
de una sulfúrica cerveza
que quiere arder y desbordar
desde su copa subterránea.

Milagro es ahora el silencio
mientras crece el monte del fuego
hasta que estallan las espadas
y toda la ferretería:
cuelgan los panales calientes
y las abejas del infierno,
crepitan y caen subiendo
las cenizas de la montaña.

Los truenos que vienen de abajo
no son los mismos del cielo:
son carcajadas con azufre,
son alegrías enterradas,
y ruge subiendo el volcán

como si saliera a jugar
con la dicha y la llamarada.

Ya nació, ya mide milímetros,
ya tiene su nube en la punta
como un pañuelo en la nariz.
Ya tiene derecho a crecer:
preocupémonos del maíz
porque aquí no ha pasado nada.

CANCIÓN De Villarrica los collados,
CON PAISAJE los rectángulos amarillos,
Y RÍO la fiesta verde horizontal,
las fucsias de boca violeta,
además del último orgullo
de los robles sobrevivientes
voy entrando en mi propia edad:
en las aguas que me nacieron.

A mí me dio a luz el golpe
de la lluvia entre los terrones
y nunca pude abrir los ojos
de par en par, como es debido:

yo me quedé semienterrado
como la simiente olvidada
y jugué con la oscuridad
sin olvidar los buenos días.

Ahora que se reintegran
a estas soledades mis huesos
varias veces vuelvo a nacer
por arte del sol tempestuoso,
hundo en el pasto la cabeza,
tocan el cielo mis raíces.

A Villarrica por el río
Tolén Tolén Tolén Tolén.

PUERTOS Olor rabioso de pescado
hay en las puertas del puerto:
un olor sucio y sombrío
como un invierno envenenado,
atacado por la gangrena.

Son los vestigios de la vida.

Son los rayos de la pobreza.

Ay la pobre patria arrugó
sus viejos párpados de nieve
y se sentó a llorar, tal vez
en los polvorientos andenes,
en los malecones del Sur,
cerca de las pescaderías.

Sentada ve correr el agua
de las tenebrosas acequias,
el detritus del arrabal,
las agallas asesinadas
y los rígidos gatos muertos.

Un color de naranja y nieve
tenía la patria en los libros
y por el pelo le caía
una cascada de cerezas.
Por eso da pena mirarla
sentada en una silla rota
entre las cáscaras de papas
y los muebles desvencijados.

En las puertas rotas del puerto
se oye el lamento abrumador
de un remolcador moribundo.
Y la noche cae de bruces
como un saco negro de harapos
en las rodillas de la patria.

IX

REGRE- A DIEZ días de viaje largo
SANDO   y desprovisto de opiniones
vuelvo a mi ser, a ser yo mismo,
el societario solitario
que pide siempre la palabra
para retener el derecho
de quedarse luego callado.

Resulta que llego otra vez
al centro inmóvil de mí mismo
desde donde nunca salí
y como en un reloj dormido
veo la hora verdadera:
la que se detiene una vez
no para inducir a la muerte,
sino para abrirte la vida.

Sucede que me moví tanto
que mis huesos se despertaban
en pleno sueño, caminando
hacia arrabales que crucé,
mercados que me sostuvieron,
escuelas que me perseguían,
aviones bajo la tormenta,
plazas llenas de gente urgente
y sobre mi alma que sin duda
se puso a dormir su fatiga
mi cuerpo continuó los viajes
con la vibración trepidante,
con un camión repleto de piedras
que machacaba mi esqueleto.

A ver, alma, resucitemos
el punto en que se saludaron
el horario y el minutero:
ésa es la rendija del tiempo

para salir de la desdicha
y penetrar en la frescura.

(Allí hay un estanque infinito
hecho con láminas iguales
de transcurso y de transparencia
y no necesito mover
los cinco dedos de una mano
para recoger mis dolores
o la naranja prometida.)

De tanto volver a ese punto
comprendí que no necesito
tantos caminos para andar,
ni tantas sílabas externas,
ni tantos hombres ni mujeres,
ni tantos ojos para ver.

Parece —yo no lo aseguro—
que basta con ese minuto
que se detiene y precipita
lo que llevabas incluso
y no importa tu perfección,
ni tu ansiedad diseminada
en polvorientos derroteros:
basta con bajar a ver
el silencio que te esperaba
y sientes que van a llegarte
las tentaciones del otoño,
las invitaciones del mar.

PRENSA Contemplé la edad de papel
vestida de hojas amarillas
que poco a poco sumergieron
la superficie de la tierra:
un periodismo matorral
encendió incendios alevosos
o mató con una mentira
o propagó desodorantes

o confitó las tiranías
o difundió la oscuridad.

Cada periódico propuso
las leyes de su propietario
y se vendieron las noticias
rociadas con sangre y veneno.

La guerra esperaba sentada
leyendo los diarios del mundo
desde sus órbitas sin ojos.
Y yo escuché cómo reía
con sus mandíbulas amargas
leyendo los editoriales
que la trataban con ternura.

El hombre de piedra pasó
a ser el hombre de papel,
vestido por fuera y por dentro
con pasiones prefabricadas
o con tapiz intestinal.

El sexo y la sangre llenaron
todas las páginas del mundo
y era difícil encontrar
una jovencita desnuda
comiéndose una manzana
junto al agua de un río azul,
porque los ríos se llenaron
de tinta tétrica de imprenta
y el viento cubrió de periódicos
las ciudades y los volcanes.

EL ENEMIGO Hoy vino a verme un enemigo.
Se trata de un hombre encerrado
en su verdad, en su castillo,
como en una caja de hierro,
con su propia respiración
y las espadas singulares
que amamantó para el castigo.

Miré los años en su rostro,
en sus ojos de agua cansada,
en las líneas de soledad
que le subieron a las sienes
lentamente, desde el orgullo.

Hablamos en la claridad
de un medio día pululante,
con viento que esparcía sol
y sol combatiendo en el cielo.
Pero el hombre sólo mostró
las nuevas llaves, el camino
de todas las puertas. Yo creo
que adentro de él iba el silencio
que no podía compartirse.
Tenía una piedra en el alma:
él preservaba la dureza.

Pensé en su mezquina verdad
enterrada sin esperanza
de herir a nadie sino a él
y miré mi pobre verdad
maltratada adentro de mí.

Allí estábamos cada uno
con su certidumbre afilada
y endurecida por el tiempo
como dos ciegos que defienden
cada uno su oscuridad.

EL PUÑO No se trata de perdonar:
Y LA el perdonado no perdona.
ESPINA Tampoco se trata de dar
porque el que recibe recuerda
como una herida tu bondad.

Entonces, de qué se nutrió,
yo te pregunto, tu alegría?
Por dónde salieron tus ojos
sin que no los acribillaran?

Qué razón para sonreír
y qué viento para bailar
y qué contacto para siempre
y con qué perdura tu canto?

Adentro del puño la espina
te hiere para defenderte
y pesa la piedra en tu mano
o el revólver en tu desvelo.

Así, pues, no matas a nadie
cuando todos te están matando
como si tuvieras repuesto
para la vida que te matan,
porque las armas son pesadas
o las palabras son azules
o porque no debes bajar
cuando no quisiste subir
o porque no existen, te dicen,
los que patean tu cabeza
o porque los proliferantes
se irán a proliferar
o porque ocultas el orgullo
como un dragón de siete suelas
o porque te sientes culpable
de haber nacido, de crecer,
de comprar uvas en la tienda,
de desistir y de llegar.

Por estas variadas razones
—o simplemente de tristeza—
enrollas el mal que te hicieron,
recoges las piedras del daño,
y te vas silbando y silbando
por la mañana y por la arena.

COLONIANDO Este siglo fue devolviendo
aquellas tierras devoradas
por las centurias anteriores

y fue un espectáculo abierto
ver imperiales señoríos
vomitando con parsimonia
independencias engullidas,
oscuras banderas tragadas,
naciones negras o amarillas,
razas de reinos consumidos.

Otras veces a tiro limpio,
Congos cargados de metralla
o vietnameses insurrectos
quebrantaron el protocolo:
los que ya sabían morir
pronto aprendieron a matar.

Java, donde me fui a vivir
adolescente y casadero
acribilló a sus coloniales
y las tres mil islas ardieron:
se incendiaron los arrozales
y se llenaron de rubíes
los templos de piedra dorada
cuando bailaron los relámpagos
de los krisses ondulatorios.

Ceylán que amé cambió de luz,
brilló como un panal marino
y sus palmeras crepitaron.

Fue vaporoso el medio siglo
con las colonias reventando
como negras frutas podridas
en la esclavitud del sudor.

Las manos que fueron cortadas
a comienzos de nuestra edad
se reintegraron a los cuerpos
de los callados insepultos
o de furiosos moribundos

y África se sacudió
como un elefante incendiado
en una bodega infernal.

Salieron los últimos belgas,
escoceses de última hora,
y adentro de la oscuridad
en su silencio sanguinario,
Salazar siguió encadenando
los brazos oscuros de Angola,
hasta que la muerte llegó
a sentarse a su cabecera
atormentándolo por fin:
devolviéndole sus tormentos.

En estas horas en que escribo
aún agoniza Salazar
y pido con tacto a la muerte,
con humildad, con cortesía,
que no lo maté todavía.
De esta manera, en este punto
escribo mi ruego a la muerte.

Mátalo, Muerte, lentamente:
que primero derrame un ojo,
que guarden ese ojo podrido
en un orinal o un tintero
y que Salazar se lo trague
con un aliño de alfileres.

Muerte, te ruego que confundas
sus fríos hígados de hiena
con una pelota de fútbol
que, sin que lo sepa el tirano,
sin desprenderse de su cuerpo,
sirva a los negros de juguete
en la cancha hirsuta de Angola.

Te pido, Muerte, que sus pies
conserven fragmentos sensibles

y sean quemados a pausa
en la salsa que sus orejas
dejen caer a goterones
derritiéndose en el infierno,
en el infierno que el tirano
emprendió para sus suplicios.

Muerte, entrega sin vacilar
a las hormigas africanas
los testículos del tirano:
que los testículos resecos
sean mordidos y comidos
por insectos devoradores.

ES Hoy me parece que sostengo
DEMASIADO todo el cielo con mis anteojos
y que la tierra no se mueve
debajo de mis pies pesados:
Sucede al hombre y a su estirpe
sentirse crecer falsamente
y falsamente destinarse
una falsa soberanía!

Así se levanta a sí mismo
una cabeza colosal
y se siente grande por dentro,
por la izquierda y por la derecha,
a la distancia y de perfil,
y por delante y por detrás.

Se busca el escritor creciente
un crítico color de mosca
que le dore cada domingo
su pildorita de moda,
Pero no menos le sucede
al militar inoportuno
que comanda y comanda números
y regimientos de papel:
caballeros, caballerizas,

tanques grandes como volcanes,
proyectiles ferruginosos.

Algo así le pasa también
al hipotético político
que conduce sin conducir
a multitudes invisibles.

Entonces cuando se me sube
la cabeza al humo, o más bien
el humo al pelo, el pelo al humo,
o me siento mayor que ayer,
la experiencia, con su tristeza,
me da un golpe de sopetón,
un torpe tirón de chaqueta,
y me derrumbo en mi verdad,
en mi verdad sin desmesura,
en mi pequeña y pasajera
verdad de ayer y todavía.

CIERTOS CONSPI- RADORES Sale debajo del periódico
un criticante y se dispone
a dictar medidas de muerte
contra mi canto permanente.
No es sólo ese hombre de papel
sino que en su negra silueta
caben otros desesperados
que, con tenedor y tijera,
con oraciones y amuletos,
quieren que para complacerlos
se practiquen mis funerales.

No hablaré mal de estos cuantiosos:
recordaré de cuando en cuando
sus atributos animales
y no quiero tratarlos con,
ni tampoco tratarlos sin:
son merecedores del sol
como las uñas de mis pies,

pero no puedo estar de acuerdo
con la exquisita ceremonia
que destinaron para mí
al declararme fallecido.

Por qué fallecer, me pregunto,
sin otra razón valedera
que satisfacer sus decretos,
sus operaciones sagradas,
dejar de ser sin más ni más
para que se mueran de gusto?

Cómo repite sus palabras!
Qué satisfecha es su estatura
Hasta cuándo canta este diablo
un poco mejor que nosotros?
—dicen— mezclando con cuidado
la voz con los ojos al cielo
y la tinta con la estricnina.

Yo pienso darles esperanza,
dejarlos que acerquen las manos
al ataúd, hacerme el muerto,
y cuando las lágrimas salgan
de sus ojos de cocodrilo
resucitar cantando el canto.
el mismo canto que canté:
el que voy a seguir cantando
hasta que estos hijos de puta
resuelvan darse por vencidos
y acepten lo que se merecen:
un cementerio de papel.

X

ESCRITORES Canta Cortázar su novena
de imponente sombra argentina
en su iglesia de desterrado

y es difícil para los muchos
el espejo de este lenguaje
que se pasea por los días
cargado de besos veloces
escurriéndose como peces
para brillar sin fin sin par
en Cortázar, el pescador,
que pesca los escalofríos.

Del Perú cuyo rostro guarda
como cicatrices salobres
los versos de César Vallejo
surgió en mi edad un escritor
que floreció contando cuentos
del territorio tempestuoso,
y así escuché la nueva voz
de Vargas Llosa que contó
llorando sus cuentos de amor
y, sonriendo, los dolores
de su patria deshabitada.

(Yo soy el cronista irritado
que no escucha la serenata
porque tiene que hacer las cuentas
del siglo verde y su verdura,
del siglo nocturno y su sombra,
del siglo de color de sangre.)

(Todo lo tengo que traer
al redondel de mis miradas
y ver donde salta el conejo
y donde rugen los leones.)

ALGUNOS En Cuba rugía Fidel
con indiscutible grandeza,
pero sexuales escritores
se adueñaron de la cuestión:
sólo publicaron los besos
de una conducta irregular.

Ay qué chiquillos tan traviesos!

Pero no sintieron crecer
sino secretos paradisos:
dijeron: Esta boca es mía!
Como tenían sólo un ojo
estos algunos olvidaron
la magia terrestre de Cuba
y la insigne Revolución.
Estaban, sin duda, ocupados.

Mientras el azúcar crecía
y el humo de Cuba aromaba
con su tabaco el mundo entero,
crecían industrias extensas
o plantaciones de milagro,
ellos no vieron sino pies,
ombligos, falos pegajosos,
y cuando un ciclón derrotó
por un minuto a las Antillas
ciertos escritores unidos
determinaron exaltar
las pulgas más retroactivas
en el pubis surrealista.

Oh tú, Juan Rulfo de Anahuac,
o Carlos Fuentes de Morelia
o Miguel Otero Orinoco
o Revueltas de pecho en pelo
o Siqueiros cantando aún
con todo el mar de los colores
y la violencia celestial,
en qué quedamos, por favor?

Sábato, claro y subterráneo,
Onetti, cubierto de luna,
Roa Bastos, del Paraguay,
me pareció que ustedes eran
los transgresores del planeta,
los descubridores del mar,
pero el deber que compartimos

es llenar las panaderías
destinadas a la pobreza.
Ahora resulta que es mejor
el pornosófico monólogo!

GARCÍA También en este tiempo tuvo
MÁRQUEZ tiempo de nacer un volcán
que echaba fuego a borbotones
o, más bien dicho, este volcán
echaba sueños a caer
por las laderas de Colombia
y fueron las mil y una noche
saliendo de su boca mágica,
la erupción magna de mi tiempo:
en sus invenciones de arcilla,
sucios de barro y de lava,
nacieron para no morir
muchos hombres de carne y hueso.

ESCRITORES Fueron así por estos años
levantando mis compañeros
un relato crespo y nocturno,
dilatado como el planeta,
lleno de acontecimientos,
de pueblos, calles, geografía,
y un idioma de tierra pura
con soledades y raíces.

A éstos yo canto y yo nombro,
no puedo contarlos a todos.

Nosotros sudamericanos,
nosotros subamericanos,
por nuestra culpa y maleficio
vimos nuestros nombres por fin,
las sílabas de nuestra nieve
o el humo de nuestras cocinas
estudiados por otros hombres
en trenes que bajan de Hamburgo
o que suben desde Tarento.

VIENEN DE LEJOS

Oh cuánto se desenterró
debajo de nuestras campanas,
cuánto se supo de nosotros
porque hablaron mis compañeros
en sus libros de letra oscura
como si fueran caminando
por nuestro planeta harapiento.

Y los de la triste voz,
predecesores de la lluvia
con tormentos encadenados
desde el Paraguay lastimero
donde llora el urutaú.

Ay ausentes, ay sumergidas
tribus azules del Mayab,
indios de Chile derrotados
por una espada sifilítica.

Ay reyes muertos, extendidos
en los surcos y en las terrazas,
acumulados por la muerte
hasta callar en el olvido,
esperando el germen del fuego
de la guerrillera verdadera,
tal vez otra vez estáis vivos
en la escritura que publica
mi compañero manantial.

Por eso y por lo que canté
y me mantuve resurrecto
celebro al cronista de ahora
y lo declaro venerable:
ahora suenan las campanas
sobre tantísimo silencio
que se nos estaba pudriendo.
Y vinieron los escritores
a vengarse de los culpables,
es decir, del tiempo callado
y de sus cómplices amargos.

Cantando se funda la patria
y si no se sigue cantando
se muere la tierra en tus brazos
y esto lo vengo a proclamar
porque el amor es mi venganza.

XI

CONTRA-
AZUL

Cómo quitamos el azul,
la palabra azul, y qué haremos
sin tener nunca más azul?

A veces pienso que ocupó
demasiado sitio en mi casa,
en mi cielo, en mi poesía:
y he llamado tantos azules
a poblar el pobre infinito
que poco a poco y sin saber
yo me fui poniendo azul
como si me hubieran pintado
el corazón y la camisa.

Atrás, animales azules,
fuera de mí, noche celeste,
quiero un aire color de tierra,
bestias de cuernos iracundos
que rompan el cielo y que caiga
sangre del cielo a borbotones:
quiero una Venus amarilla
saliendo de la espuma negra
y que los lagos se derramen
y se derroche su dulzura
hasta ver el fondo reseco
como un cráter de cicatrices.

FÍSICA El amor como la resina
de un árbol colmado de sangre
cuelga su extraño olor a germen
del embeleso natural:

　　　　　　　entra el mar en el extremismo
　　　　　　　o la noche devoradora
　　　　　　　se desploma el alma en ti mismo,
　　　　　　　suenan dos campanas de hueso
　　　　　　　y no sucede sino el peso
　　　　　　　de tu cuerpo otra vez vacío.

PROVERBIOS Es estímulo de la sombra
　　　　　　　hizo brillar rastros oscuros,
　　　　　　　huesos que el aire derribó
　　　　　　　detrás de los ferrocarriles,
　　　　　　　o simplemente estrellas negras
　　　　　　　que nadie quiere ni conoce.
　　　　　　　Ésa fue mi estación primera.

　　　　　　　Tuve que hacer y adivinar
　　　　　　　para vivir y subsistir,
　　　　　　　tuve que trenzar el dolor
　　　　　　　hasta sacar fuerza de donde
　　　　　　　nadie podía sacar nada,
　　　　　　　especialicé mi tristeza
　　　　　　　y trabajando a la intemperie
　　　　　　　endurecí mi viejo traje.
　　　　　　　Ésa fue la estación segunda.

　　　　　　　La tercera es ésta que vivo
　　　　　　　contando y recontando mi alma,
　　　　　　　seguro de tantos errores,
　　　　　　　satisfecho de mis desvíos.

　　　　　　　Si sirve o no mi corazón
　　　　　　　que otros saquen la consecuencia.

EL VIAJERO Sobrecogido va el viajero
　　　　　　　con tantas deudas a la vida,
　　　　　　　sostenido por su escasez,
　　　　　　　ido y venido por las ruedas
　　　　　　　que constituyen su tesoro,
　　　　　　　su pánico y su movimiento.

Ya son las ocho del verano.
Cruza un satélite la luz
con la tristeza plateada
de una abeja de precisión.

No tiene mi protagonista
ningún interés en el cielo:
va a dejar su mercadería
al mercado de Talcachifa
y mientras suma sus miserias
en un coche destartalado
va entrando la noche en sus ojos,
en sus bolsillos, en sus manos,
y de pronto se siente negro:
lo ha devorado gradualmente
la soledad de la comarca.

Así es cada hombre en el camino:
Salió de su casa blindado
por su destino patriarcal
y entre los números urgentes
se cuelan sábanas, recuerdos,
un transitorio escepticismo,
y aquel viajero crepitante
sin darse cuenta va borrando
su identidad y sus negocios
hasta que termina su viaje.

Y el que llegó ya no es ninguno.

FUNDA- Llegué tan temprano a este mundo
CIONES que escogí un país inconcluso
donde aún no se conocían
los noruegos ni los tomates:
las calles estaban vacías
como si ya se hubieran ido
los que aún no habían llegado,
y aprendí a leer en los libros
que nadie había escrito aún:

no habían fundado la tierra
donde yo me puse a nacer.

Cuando mi padre hizo su casa
comprendí que no comprendía
y había construido un árbol:
era su idea del confort.

Primero viví en la raíz,
luego en el follaje aprendí
poco a poco a volar más alto
en busca de aves y manzanas.
No sé cómo no tengo jaula,
ni voy vestido de plumero
cuando pasé toda mi infancia
paseándome de rama en rama.
Luego fundamos la ciudad
con exceso de callejuelas,
pero sin ningún habitante:
invitábamos a los zorros,
a los caballos, a las flores,
a los recuerdos ancestrales.

En vano en vano todo aquello:

no encontramos a nadie nunca
con quien jugar en una esquina.

Así fue de feliz mi infancia
que no se arregla todavía.

EL CABALLERO NATURAL

Yo estuve tan mal conformado
que nunca pude aprender nada
y si no ladré es porque entonces
no me enseñaron a ladrar.
Y así me pasé la vida
entre bellezas naturales,
entre las islas y el olor
de las jovencitas salvajes:

a pesar de todo lo que hice
soy un esclavo de la tierra.

Por eso paso sin mirar
al lado de la maquinaria:
no sé el idioma del motor,
me asustan las televisiones,
los aeropuertos, las centrales
de dentaduras hidroeléctricas
y apenas si amo, en el invierno,
los antiguos trenes cansados
que van desde el Sur hacia el Norte
mezclando el humo con la lluvia.

Detengo aquí la flor y nata
de mi plural lapicería:
dejo el papel sobre la arena
y me voy detrás de un relámpago
que se metió bajo una piedra
disfrazado de coleóptero
y si no molesto a ninguno
me quedaré a vivir aquí
al lado de una lagartija.

TRISTISIMO El siglo de los desterrados,
SIGLO el libro de los desterrados,
el siglo pardo, el libro negro,
esto es lo que debo dejar
escrito y abierto en el libro,
desenterrándolo del siglo
y desangrándolo en el libro.

Porque yo viví el matorral
de los perdidos en la selva:
en la selva de los castigos.
Yo conté las manos cortadas
y las montañas de cenizas
y los sollozos separados
y los anteojos sin ojos
y los cabellos sin cabeza.

Luego busqué en el mundo
a quienes perdieron la patria
llevando donde las llevé
sus banderitas derrotadas
o sus estrellas de Jacob
o sus pobres fotografías.

Yo también conocí el destierro.

Pero, nacido caminante
volví con las manos vacías
a este mar que me reconoce,
pero son otros los aún,
los todavía cercenados,
los que siguen dejando atrás
sus amores y sus errores
pensando que tal vez tal vez
y sabiendo que nunca nunca
y así me tocó sollozar
este sollozo polvoriento
de los que perdieron la tierra
y celebrar con mis hermanos
(los que se quedaron allí).
las construcciones victoriosas,
las cosechas de panes nuevos.

EXILIOS Unos por haber rechazado
lo que no amaban de su amor,
porque no aceptaron cambiar
de tiempo, cambiaron de tierra:

sus razones eran sus lágrimas.

Y otros cambiaron y vencieron
adelantando con la historia.

Y también tenían razón.

La verdad es que no hay verdad.

Pero yo en mi canto cantando
voy y me cuentan los caminos
a cuántos han visto pasar
en este siglo de apátridas.
Y el poeta sigue cantando
tantas victorias y dolores
como si este pan turbulento
que comemos los de esta edad
tal vez fue amasado con tierra
bajo los pies ensangrentados,
tal vez fue amasado con sangre
el triste pan de la victoria.

LIBRO Mi cuaderno de un año a un año
se ha llenado de viento y hojas,
caligrafía, cal, cebollas,
raíces y mujeres muertas.

Por qué tantas cosas pasaron
y por qué no pasaron otras?

Extraño incidente de amor,
del corazón embelesado
que no vino a inscribir su beso,
o bien el tren que se movió
a un planeta deshabitado
con tres fumadores adentro
capaces de ir y de volver
sin ventaja para ninguno,
si desventaja para nadie.

Y así se prueba que después
aprenderemos a volver
en forma desinteresada,
sin hacer nada aquí ni allí,
puesto que resulta muy caro
en los finales de este siglo
residir en cualquier planeta,

de tal manera que, ni modo,
no hay sitio aquí para los pobres,
ni menos aún en el cielo.

Así las bodas espaciales
de nuestros insectos terrestres
rompieron la razón a tiempo
que rompían la sinrazón:
como una cáscara de huevo
se quebró la tapa del mundo
y otra vez fuimos provincianos,
entre nosotros se sabía
cómo hacer calles en la tierra
y cómo amar y perseguir
y crucificar a tu hermano.
Ahora el interrogatorio
de la luz con la oscuridad
toma una nueva proporción:
la del miedo con esperanza
y la de la sabiduría
que tiene que cambiar de tiesto.

Yo me perdono de saber
lo poco que supe en mi vida,
pero no me lo perdonaron
los avestruces de mi edad.
Ellos siempre sabían más
porque metían la cabeza
en los diarios de los domingos.

Pero mi error más decidido
fue que entrara el agua en el rostro
de mis intensas letanías:
por las ventanas se divisa
mi corazón lleno de lluvia.

Porque nacer es una cosa
y otra cosa es el fin del mundo
con sus volcanes encendidos
que se propusieron parirte:

461

así pasó con mis destinos
desde las uvas de Parral
(donde nací sin ir más lejos),
hasta las montañas mojadas
con indios cargados de humo
y fuego verde en la cintura.

VIVIR   Estos cien años los viví
CIEN AÑOS   transmigrando de guerra en guerra,
bebiendo la sangre en los libros,
en los periódicos, en la
televisión, en la casa,
en el tren, en la primavera,
en España de mis dolores.

Europa se olvidó de todo,
de la pintura y de los quesos,
de Rotterdam y de Rimbaud
para derramar sus racimos
y salpicarnos a nosotros,
americanos inocentes,
con la sangre de todo el mundo.

Oh Europa negra, codiciosa
como las serpientes hambrientas,
hasta se te ven las costillas
en tu moderna geografía
y entregas tu luz insensata
a otros soldados sempiternos
que se empeñan en enseñar
sin haber aprendido nunca:
sólo saben ensangrentar
la historia norteamericana.

Pero no se trata de tanto,
sino de mucho más aún,
no sólo de lo que vivimos
o de lo que viviremos,
sino de cuál es la razón

de reventar lo que tuvimos,
de quebrar lo que sostenía
la copa de lo cristalino
y hundir el hocico en la sangre
insultándonos mutuamente.

Yo tantas preguntas me hice
que me fui a vivir a la orilla
del mar heroico y simultáneo
y tiré al agua las respuestas
para no pelearme con nadie,
hasta que ya no pregunté
y de todo un siglo de muerte
me pongo a escuchar lo que dice
el mar que no me dice nada.

EL MAR Porque de tal manera el mar
me acostumbró a su poderío
que las palabras le faltaron:
no hizo nada más que existir.

(Fue su conducta arrolladora
la que condujo mi energía.)

Yo vi sostener el volumen
de su insistencia decidida
sin más interés que las olas
derrochadoras de blancura
y el convulso estanque instigado
por la sal y por las estrellas.

Es la verdad: no comprendí
ningún mensaje, sin embargo
su actividad se despeñaba,
sus torres de sal se rompían
golpeando la misma frontera
con tan amarga identidad
que me mantuve en las arenas
despidiéndolo cada noche
y esperándolo cada día.

Sólo el océano existió.

Sólo su sangre y su tormento
fuera del bosque de mi vida.
Me expulsaron de las ciudades.

(Constato porque me lo exige
mi obligación más transparente
la resurrección de la envidia.)

Se fueron todas las mujeres
y en un punto muerto me hallaron
indefenso, los envidiosos.

CANTO Para los pueblos fue mi canto
escrito en la zona del mar
y viví entre el mar y los pueblos
como un centinela secreto
que defendía sus batallas
lleno de amor y de rumor:
porque soy el hombre sonoro,
testigo de las esperanzas
en este siglo asesinado.
Cómplice de la humanidad
con mis hermanos asesinos.

Todos queríamos ganar.

Fue el siglo del participante,
de partidos y de participios.

El mundo se nos terminaba
y continuábamos perdiendo
ganando más cada día.

Acompañamos a la tierra
en cada marea de amor
y la fuimos llenando de hombres
hasta que no cabían más

y llegaron los desde lejos
a apoderarse de cuanto hay.

Es triste historia esta tristeza.

Por eso la debo cantar.

Es temprano.
                1970.
Estos treinta años de crepúsculo
que vienen, que se agregan solos
al largo día, estallarán
como cápsulas en el silencio,
flores o fuego, no lo sé.
Pero algo debe germinar,
crecer, latir entre nosotros:
hay que dejar establecida
la nueva ternura en el mundo.

CANTO Me morí con todos los muertos,
por eso pude revivir
empeñado en mi testimonio
y en mi esperanza irreductible.

CANTO Uno más, entre los mortales,
profetizo sin vacilar
que a pesar de este fin de mundo
sobrevive el hombre infinito.

CANTO Rompiendo los astros recientes,
golpeando metales furiosos
entre las estrellas futuras,
endurecidos de sufrir,
cansados de ir y de volver,
encontraremos la alegría
en el planeta más amargo.

ADIÓS Tierra, te beso, y me despido.

LA ESPADA ENCENDIDA

Echó, pues, fuera al hombre, y puso al oriente del huerto de Edén querubines, y una espada encendida que se revolvía por todos lados para guardar el camino del árbol de la vida.

GENESIS, III, 24

ARGUMENTO

En esta fábula se relata la historia de un fugitivo de las grandes devastaciones que terminaron con la humanidad. Fundador de un reino emplazado en las espaciosas soledades magallánicas, se decide a ser el último habitante del mundo, hasta que aparece en su territorio una doncella evadida de la ciudad áurea de los Césares.

El destino que los llevó a confundirse levanta contra ellos la antigua espada encendida del nuevo Edén salvaje y solitario.

Al producirse la cólera y la muerte de Dios, en la escena iluminada por el gran volcán, estos seres adánicos toman conciencia de su propia divinidad.

I

**EL POETA
COMIENZA
A CANTAR**

Lo cierto es que en la cordillera necesaria,
bajo el volcán de siete lenguas, allí
donde por todas partes la voz vertiginosa
del agua, hija nevada, descendió,
nada puede nacer sino los días en el
  bosque,
temblorosos de viento y de rocío.

La voluntad de los motores se consumía
  lejos:
el humo de los trenes iba hacia las
  ciudades
y yo, el empecinado, minero del silencio,
hallé la zona sombra, el día cero,
donde el tiempo parecía volver
como un viejo elefante, o detenerse,
para morir tal vez, para seguir tal vez,
pero entre noche y noche se preparaba
  el siguiente,
el día sucesivo como una gota.

Y aquí comienza esta sonata negra.

II

**RHODO
Y
ROSÍA**

Rhodo, pétreo patriarca, la vio sin verla, era
Rosía, hija cesárea, labradora.

473

Ancha de pechos, breve de boca y ojos,
salía a buscar agua y era un cántaro,
salía a lavar ropa y era pura,
cruzaba por la nieve y era nieve,
era estática como el ventisquero,
invisible y fragante era Rosía Raíz.

Rhodo la destinó, sin saberlo, al silencio.

Era el cerco glacial de la naturaleza:
de Aysén al Sur la Patagonia infligió
las desoladas cláusulas del invierno
    terrestre.

La cabeza de Rhodo vivía en la bruma,
de cicatriz en cicatriz volcánica,
sin cesar a caballo, persiguiendo
el olor, la distancia, la paz de las praderas.

III

APARICIÓN   Y FUE allí donde ella se apareció desnuda
entre nieves y llamas, entre guerra y rocío,
como si bajo el techo del huracán se
    encendiera
un vuelo de palomas perdidas en el frío
y una de ellas cayera contra el pecho de
    Rhodo
y allí hubiera estallado su blancura.

IV

DESDE
LAS   RHODO el guerrero había transmigrado
GUERRAS desde los arenales del Gran Desierto:
la edad de las lanzas verdes vivió, el
    trueno
de las caballerías, la dirección del rayo.

La sangre fue bandera del terrible.

La muerte lo enlutó de manera espaciosa
como a tierra nocturna,
hasta que decidió dedicarse al silencio,
a la profundidad desconocida,
y buscó tierra para un nuevo reino,
aguas azules para lavar la sangre.

(En el extremo de Chile se rompe el
planeta:
el mar y el fuego, la ciencia de las olas,
los golpes del volcán, el martillo del
   viento,
la racha dura con su filo furioso,
cortaron tierras y aguas, las separaron:
   crecieron
islas de fósforo, estrellas verdes, canales
   invitados,
selvas como racimos, roncos desfiladeros:
en aquel mundo de fragancia fría
Rhodo fundó su reino.)

V

LAS   Sus setenta mujeres se habían convertido
ESTATUAS   en sal,
y por los monasterios de la naturaleza,
fuego y rencor, Rhodo contempló las
   estatuas
diseminadas en la noche forestal.

Allí estaba la que parió sus hijos errantes:
Niobe, la roja, ya sin voz y sin ojos
erigida en su olvido de alabastro.

Y allí también prisionera, Rama, la
   delicada,
y Beatriz de tan interminable cabellera
que cuando se peinaba llovía en Rayaruca:

caía de su cabeza lluvia verde,
hebras oscuras descendían del cielo.

Y Rama, la que robaba frutas,
trepada a la incitante tormenta como a
   un árbol
poblado de manzanas y relámpagos.

Y Abigail, Teresara, Dafna, Leona,
Dulceluz, Lucía, Blancaflor, Loreto,
Cascabela, Cristina, Delgadina,
Encarnación, Remedios, Catalina,
   Granada,
Petronila, Doralisa, Dorada, Dorotea,
allí bajo las bóvedas de cuarzo, yacían
mudas, ferruginosas, quemadas por la
   nieve
o elevaban piernas y pechos cubiertos de
   musgo,
roídas por las raíces de árboles
   imperiosos.

VI

EL SOLITARIO RHODO, en la soledad, entre las muertas,
cubría su corazón con lianas indomables:
no quería nada de aquel esplendor:
no tenía la culpa de aquellas estatuas
   rotas:
ellas acompañaron su pasado
y sus formas nacieron
como peñones de ágata o como cuerpos
de cascada en la selva: la insistencia
que con un rayo inmóvil destruye como
   el mar.

Pero él llegó a Araucaria con un mandato:
la salud de la selva: la virginal vigencia
del primer hombre y su primer deber
fue sólo una infinita soledad.

VII

LA TIERRA   Por sobre los follajes de Traihuán
vuela la lentitud de los flamencos
hacia las aguas de Pichivar y Longoleo.
La bandurria salpica con canto de cuchara
la dulzura fluvial de estas oceanías,
el ave carpintera reparte en los raulíes
una correspondencia con gotas de rocío,
el puma abre los ojos y desarrolla el
    miedo:
todo vive en la selva fría que se parece a
    la muerte:
dentro de cada sombra crece un vuelo,
las garras viven entre las raíces.

VIII

EL AMOR   Rosía desnuda en la agricultura
    enmarañada,
Rosía blanca y azul, fina de pétalos,
clara de muslos, sombría de cabellos,
se abrió para que entrara Rhodo en ella
y un estertor o un trueno
manifestó la tierra:
el río torrencial saludaba a la luna:
dos estirpes contrarias se habían
    confundido.

Y de pronto el gigante de la gran
    cordillera
y la fragancia hija de la nieve
se sintieron desnudos y se destinaron:
eran de nuevo dos inocentes perdidos,
mordidos por la serpiente de fuego,
otra vez solos en el jardín original.

La escarcha del nuevo día se complicó en
   la hierba,
la nupcial platería que congeló el rocío
cubrió el inmenso lecho de Rosía terrestre,
y ella entreabrió entre sueños otra vez su
   delicia
para que Rhodo penetrara en ella.

Así fue procreado en la luz fría
un nuevo mundo interno
como un panal salvaje
y otra vez el origen del hombre remontó
todo el secreto río de las edades muertas
a regar y cantar y temblar y fundar
bajo la poderosa sombra blanca
de los volcanes y sus piedras magnéticas.

IX

*EL
HALLAZGO*

El fundador detuvo el paso: Rosía Verde
parecía un pedazo desprendido a la luna:
un cuerpo horizontal caído de la noche:
un silencio desnudo entre las hojas.

Amó de nuevo Rhodo con tormento,
con furia sigilosa, con dolor:
cada sombra en sus ojos le parecía un
   desdén,
y la inmovilidad de su novia campestre
hizo dudar a Rhodo de la dicha:
A quién reservó la suave su suavidad de
   musgo?
Para quién destinó sus anteriores manos?
En qué estaba pensando con los ojos
   cerrados?
Pedía posesión de su cuerpo y su miel,
de su cada minuto y cada pelo,
posesión de su sueño y de sus párpados.

de su sexo hasta el fondo, de sus pies labradores,
de su pasado entero, de su día siguiente,
de sus sutiles huellas en la nieve
y mientras más la tuvo, devorándola
en el abrazo cuerpo a cuerpo que los aniquilaba,
él parecía consumirla menos,
como si la galana de los bosques, la huérfana,
la muchacha casual con aroma de leña
hubiera abierto una herida como un pozo a sus pies
y por allí cayera el trueno que él trajo al mundo.

Rhodo reconoció su derrota besando
en la boca de Rosía su propio amor salvaje
y ella se estremeció como si la quemara
un rayo de oro que encendió su sexo
y paseó el incendio sobre su alma.

X

LAS FIERAS

Se deseaban, se lograban, se destruían,
se ardían, se rompían, se caían de bruces
el uno dentro del otro, en una lucha a muerte,
se enmarañaban, se perseguían, se odiaban,
se buscaban, se destrozaban de amor,
volvían a temerse y a maldecirse y a amarse,
se negaban cerrando los ojos. Y los puños
de Rosía golpeaban el muro de la noche,
sin dormir, mientras Rhodo desde su almena cruel

vigilaba el peligro de las fieras despiertas
sabiendo que él llevaba el puma en su
   sangre,
y aullaba un león agónico en la noche
   sin sueño
de Rhodo, y la mañana le traía
a su novia desnuda, cubierta de rocío,
fresca de nieve como una paloma,
incierta aún entre el amor y el odio,
y allí los dos inciertos resplandecían de
   nuevo
mordiéndose y besándose y arrastrándose
   al lecho
en donde se quedaba desmayada la furia.

XI

EL HOMBRE Ciento treinta años tenía Rhodo, el viejo.
Rosía sin edad era una piedrecita
que el mismo viento de Nahuelbuta
   amarga
hubiera suavizado como una intacta
   almendra:
bella y serena era como una piedra blanca
en los brazos de Rhodo, el milenario.

XII

EL CONO-CIMIENTO Varona, dijo el señor silvestre,
por qué sabemos que estamos desnudos?
Todos los frutos nos pertenecían
y los siete volcanes iracundos supieron
que sin tus ojos yo no podía vivir,
que sin tu cuerpo entraba en la agonía
y sin tu ser me sentía perdido.

Ahora la ciudadela sin murallas,
las cascadas de sal, la luna en los cipreses,
la selva de rabiosas raíces, el silencio,
los muermos estrellados, la soledad vacía,
acuática, volcánica, la que busqué a pesar
y en contra de mí mismo, el reino amargo,
tempestuoso, fundado a sol y a lluvia,
con las estatuas muertas del pasado
y el rumor de la primavera en las abejas
   del ulmo,
la espesura que el canto del chucao
   taladra
como risa o sollozo o exhalación o fuga
y los nevados de Ralún, donde comienza
el terrible archipiélago con sus campanas
   de frío,
Varona mía, Evarosa, Rosaflor,
se despiden de mí, porque sabemos.

Es la selva del árbol de la vida. El racimo
de cada planta, el peso de la fruta salvaje,
nos nutrió de repente, y estuvimos
   desnudos
hasta morir de amor y de dolor.

XIII

LA CULPA   El sufrimiento fue como una sangre negra
que por las venas subió sin descanso
cuando el goce bajaba del árbol de vida:
allí estaban los dos hijos terribles del
   amor desdichado
en una selva
que de pronto se unió, piedra y
   enredaderas,
para ahogarlos sin ruido de agua entre las
   hojas,
para darles tormento en cada beso.

481

para empujarlos hacia la salida glacial.
Comenzaron por huirse y llamarse,
por agredirse en pie y amarse de rodillas,
morder cada rincón de los cuerpos amados,
herirse sin tregua hasta morir cada día
sin comprender, rodeados por los bosques
    hostiles
que compartieron algo y no sobrevivieron,
algo probaron que les quemó la sangre
y la naturaleza, nieve y noche,
los persiguió de nieve en nieve y noche
    en noche,
de volcán en volcán, de río a río,
para darles la vida o aniquilarlos juntos.

XIV

EL POETA   Ahora, el que cuenta esta historia te pregunta,
INTERROGA   viajero,
si Dios no visitó sus patagonias,
si allí, en el último Edén, el de los
    dolores,
nadie apareció sentado en el cielo,
quién o qué cosa, trueno o árbol o falso
    dios,
dictó de nuevo el castigo para los
    amorosos?

XV

SOBREVI-   Qué había pasado en la tierra?
VIENTES   Es este último hombre o primer hombre?
En tierras desdichadas o felices?
Por qué fundar la humanidad de nuevo?
Por qué saltaba el sol de rama en rama

hasta cantar con garganta de pájaro?
Qué debo hacer, decía el viento,
y por qué debo convertirme en oro,
decía el trigo, no vale la pena
llegar al pan sin manos y sin bocas:
el vacío terrestre
está esperando fuera
o dentro del hombre:
todas las guerras nos mataron a todos,
nunca quedó sobreviviente alguno.

De la primera guerra
a piedra y luego
a cuchillo y a fuego
no quedó vivo nadie:
la muerte quiso repetir su alimento
e inventó nuevos hombres mentirosos
y éstos ahora con su maquinaria
volvieron a morirse y a morirnos.

Caín y Abel cayeron muchas veces
(asesinados un millón de veces)
(un millón de quijadas
y quebrantos)
murieron a revólver y a puñal,
a veneno y a bomba,
fueron envueltos en el mismo crimen
y derramaron toda su sangre cada vez.
Ninguno de ellos podía vivir
porque el asesinado era culpable
de que su hermano fuera el asesino
y el asesino estaba muerto:
aquel primer guerrero
murió también cuando mató a su
    hermano.

XVI

LA
SOLEDAD

Rhodo al dejar atrás lo que se llama el
   pasado
dejó de ser el cómplice del crimen, de un
   crimen,
de lo que había sido y no sido, de los
   demás, de todos,
y cuando se vio manchado por sangre
remota o anterior o presente o futura
rompió el tiempo y llegó a su destino,
volvió a ser primer hombre sin alma
   ensangrentada,
no huyó: era más simple que eso:
estaba otra vez solo el primer hombre
porque esta vez no lo quería nadie:
lo rechazaron las calles oscuras,
los palacios desiertos,
ya no podía entrar en las ciudades
porque se había ido todo el mundo.

Ya nadie, nadie lo necesitaba.

Y no sabía bien si era harina o ceniza
lo que quedaba en las panaderías,
si peces o serpientes
en el mercado después del incendio,
y si los esqueletos olvidados en las zanjas
eran sólo carbón o soldados que ardieron.
El redivivo se comió territorios,
primaveras heridas, provincias calcinadas:
no tuvo miedo, había
salido de sí mismo:
era una criatura
recién creada por la muerte,
era el sonido de una campana rota
que azota el aire como el fuego,
estaba condenado a vivir
fuera del aire oscuro:

y como este hombre no tenía cielo
buscó la enmarañada rosa verde
del territorio secreto:
nadie allí había matado una paloma,
ni una abeja, ni un nardo,
los zorros color de humo bebían con los
 pájaros
bajo la magnitud virgen del avellano:
el albatros reinaba sobre las aguas duras,
el ave carpintera trabajaba en el frío
y una gran lengua clara que lamía el
 planeta
bajaba del volcán hacia los ventisqueros.

XVII

*EL REYNO
DESOLADO*

Ved el recinto huraño
de Rhodo, el fundador,
la acción, el desvarío
entre follaje y bestias,
el paraíso de agua y soledad
y las estatuas del amor pasado
abandonadas hasta por sus sueños:
hasta que el hombre solo necesitó mujer
y como sombra agazapó su ciencia
de cazador maldito y olvidado.
Ya no podía nacer de su cuerpo
porque en su cielo no mandaba nadie.
Él era su propio cielo verde.
El rey de la espesura
se convirtió en mendigo.
Buscó el amor a tientas en el bosque.

Así pasaron las cosas.

XVIII

ALGUIEN Se movía, era un hombre,
el primer hombre.
Se hizo los ojos para defenderse.
Se hizo las manos para defenderse.
Se hizo el cráneo para defenderse.
Luego se hizo las tripas
para conservarse.

Tembló de miedo, solo
entre el sol y la sombra.

Algo cayó como una fruta muerta,
algo corrió en la luz como un reptil.
Le nacieron los pies para escapar,
pero crecieron nuevas amenazas.

Y tuvo tanto miedo que encontró a una
    mujer
parecida a un erizo, a una castaña.
Era un ser comestible
pero aquel hombre la necesitaba
porque eran los dos únicos,
eran los renacidos de la tierra
y tenían que amarse o destruirse.

XIX

ROSÍA LIBERADA Cuando se desplomó la ciudad de oro
ignorada en la selva, los Césares murieron
bajo el peso metálico de sus propios
    castillos.

El terremoto destrozó el orgullo,
volvió la selva a devorar
con lianas y raíces el esplendor amarillo,

y como el mar levanta la amargura en
   la ola
así la tierra alzó su paroxismo
recobrando de nuevo espacio puro.

Allí quedó vacía como un anillo de oro
que cae y rueda desde un dedo muerto
la secreta ciudad que los conquistalores
no alcanzaron: derrotó la codicia
pero cayó tragada por la tierra.

De los escombros áureos salió una luz
   dorada,
sola sobreviviente, Rosía montesina.
hija imperial de los dinastas muertos,
entendida en los frutos de la selva,
de manos transparentes y de pezones de
   oro.

Huyó de la ciudad aniquilada,
atravesó las aguas bruscas, quebrantó
la espesa hostilidad de las espinas:
árboles que dormían, peñascos como
   dientes,
animales hirsutos, fuego blanco de lava,
y anduvo hasta volver a la pureza,
al animal perdido entre las hojas.

XX

DOS Los resurrectos, el antiguo varón
y la joven varona centelleante
fueron dos enemigos en la selva,
eran los dos dragones que se acosaban,
en la noche los cuatro ojos fosforescentes
que se temían, y el rencor y el amor
los devoraba sin dejarlos dormir.
Se llamaban a través de millones de hojas.

a través del silencio general de los bosques.
Se llamaban como se llaman las raíces
creciendo en la oscuridad uno hacia otro.

Todo estaba ferviente de espinas que
   surgían.
El mundo era una copa de terror
y los pies que avanzaban hacia los otros
   pies
o la boca que abría la noche con un beso
hallaban la dureza compacta de la sombra
y los amantes iban extraviados
sin conocer que se pertenecían:
sin probarse o morderse ni quemarse en
   el éxtasis.

Oh pobres dos, oh varón y varona
destinados a ser uno solo, otra vez,
y sin saberlo, bajo la arboleda
y no saberlo, con la Cruz del Sur
recién lavada sobre sus cabezas,
y no saberse hiriéndose en la zarza
del amor enemigo que los encendería.

XXI

INVIERNO A QUEL invierno de color de hierro
EN EL SUR cayó sin tregua sobre el sol antártico
apagando hasta el último latido de la luz:
piedra y follaje se vistieron de nieve,
bestias hurañas taladraban
la oscuridad con golpes subterráneos
y caía la lluvia de alas negras
sobre el techo de Rhodo y de Rosía.

Los ríos se vistieron de vestigios, maderas,
raíces calcinadas, caballos derramados,

nidos de inmensos pájaros que transportaba
   el río
como si los llevara a otro planeta.

La tempestad no tenía medallas:
era un cielo sin fin y sin relámpagos,
no transcurría, parecía un muro
sosegado en la furia, desplegado
como el metal de un abanico atroz
sobre un tambor golpeado por el viento.

El Edén recobrado se estremecía de llanto,
se adelgazaba como delirio de violín,
amenazaba como los dientes de la selva,
con los ojos salvajes del agua regional,
y los dos destinados a repoblar el reino
se abrazaron, inmóviles bajo el terror del
   mundo.

XXII

EL AMOR

Nadie conoce como los dos solos,
los destinados, los penúltimos, los que se
   hallaron
sin otro parecido que ellos mismos,
nadie puede pensar, lejos de los orígenes,
que una mujer y un hombre reconstruyan
   la tierra.

Y la pareja en plena soledad, agredida
por odio y tempestades de la naturaleza
sufrió y siguió bajo el follaje negro
buscando la infinita claridad exterior
hasta que sólo en sí mismos y en su fuego,
cuerpo a cuerpo, y a golpes de brazos y
   de besos
fueron hallando un túnel largo como la
   vida

que los unió, sellándolos, en un solo
   camino,
alarmados, heridos, espiados por el bosque
que con ojos malignos acechaba
hasta seguir cayendo en la alegría
con el peso total de la tierra en sus huesos.

El temor, el amor, el dolor los golpeaban
y de un incendio a otro despertaron
para andar sin saber hasta perderse.

XXIII

LOS CONSTRUC-TORES

R HODO, el refundador, sobreviviente,
y Rosía, la rosa de la tierra perdida,
no imaginaron sus deberes sobrehumanos:
persistir y crear el reino limpio,
paso a paso, cavando, sin pasado,
construyendo de nuevo el esplendor
sin sangre ni ceniza.
Pero el Edén amargo
de las montañas, la loca latitud de los ríos,
la amenaza nevada de los siete volcanes,
el espacio que abría la boca una vez más,
tragándolos, llevándolos entre espina y
   espina
como en una oceánica guerra sin
   regimientos,
sin más tambor que el trueno, y adelante
y atrás, arriba, abajo,
aquel reino erizado que continuaba hacia
   el Polo,
y ellos solos, los dos, palpitando, perdidos
sobre la inmensidad de su soberanía.

XXIV

LA VIRGEN ELLA le dijo: Fui piedra de oro
de la ciudad de oro, fui madera
de la virginidad y fui rocío.
Fui la más escondida de la ciudad secreta,
fui la zorra selvática o la liebre relámpago.

Aquí estoy más inmóvil que el muro de
 metal
sostenida por una enredadera o amor,
levantada, arrastrada, combatida
por la ola que crece desde tus manos de
 hombre.

Cuando hacías el mundo me llamaste
a ser mujer, y acudí
con los nuevos sentidos que entonces me
 nacieron.

Yo no sabía que tenía sangre.

Y fui mujer desde que me tocaste
y me hiciste crecer como si tú me hubieras
hecho nacer, porque de dónde
sino de ti salieron mis pestañas,
nacidas de tus ojos, y mis senos
de tus manos hambrientas, y mi cuerpo
que por primera vez se encendió hasta
 incendiarme?
Y mi voz no venía de tu boca?

No era yo el agua de tu propio silencio
que se iba llenando de hojas muertas del
 bosque?

No era yo ese fragmento de corteza que
 cae
del árbol y que pierde, condenado

a una unidad perdida, su solitario aroma?
Oh Rhodo, abrázame hasta consumirme,
bajo el follaje de los bosques oscuros!
Es tu amor como un trueno subterráneo
y ya no sé si comenzamos el mundo
o si vivimos el final del tiempo.
Bésame hasta el dolor y hasta morirme.

XXV

EL GRAN INVIERNO

Es la época de la nieve sola en la estepa,
del silbido corpóreo contra el volcán
    austral
cuando el viento abocina su garganta
y hoja por hoja llora la lluvia en los
    raulíes.

Cercado está el amor sin puertas ni
    paredes,
la noche hostil, la soledad fragante,
las ramas enemigas de la selva,
la pradera de sueño blanco y cruel
y más arriba como el dios de la dureza
el volcán comenzó a mostrar su sangre.

Nieve, sangre sombría, fuego descabellado
rodearon el recinto de los últimos
y la que huyó de un reino destruido
y el que salió a fundar un dominio
    orgulloso
de pronto se quedaron solos con el amor.

Y fueron oprimidos por su dicha terrible.

XXVI

LOS
DESTRUC-
TORES

Porque el espacio los atropelló
hasta enterrarlos en un solo ser,
en la unidad del fuego perseguido,
y nunca tuvo tanta soledad el amor
como si en vez de hacer de nuevo el
  mundo
hombre y mujer allí se destinaron
a devorarse como dos águilas hambrientas.

Porque de tanta amarga geografía,
reino, extensión, descubrimiento, fatiga,
como una maldición de la naturaleza
se convirtieron en dioses desamparados,
vencidos por la furia del relámpago,
aniquilados por el amor hostil.

XXVII

LA
CADENA

No hablaban sino para desearse en un
  grito,
no andaban sino para acercarse y caer,
no tocaban sino la piel de cada uno,
no mordían sino sus mutuas bocas,
no miraban sino sus propios ojos,
no quemaban carbón sino sus venas,
y mientras tanto el reino despiadado
  temblaba,
crecía la crueldad del viento patagónico,
rodaban las manzanas crueles del
  ventisquero.

No había nada para los amantes.
Estaban presos de su paroxismo
y estaban presos en su propio Edén.

De cada paso hacia la soledad
habían regresado con cadenas.

Todos los frutos eran prohibidos
y ellos lo habían devorado todo,
hasta las flores de su propia sangre.

XXVIII

RHODO
HABLA
Él le dijo: He caído
en tu insondable transparencia. Veo
alrededor de mí, como en el agua,
debajo de un cristal, otro cristal.

Y me ahogo en un pozo cristalino.

Por qué has venido y de dónde has
   venido?
No puedes ahora volver a la ceniza
de la ciudad de oro? Adónde voy sin ti
y adónde voy si se termina el mundo?

Si tu reposo no me da reposo
qué haré yo con el fuego de Dios?

Si no saldrán mis hijos de tu cintura clara
qué dicha otorgaremos a la tierra?

Yo, Rhodo, destruí el camino
para no regresar. Busqué y amé
la paz deshabitada y la llené
de castillos, de amor imaginario,
hasta que tú, Eva de carne y hueso,
Rosía terrenal, rosa nutricia,
desnuda, incierta, sola, apareciste
y sin llamarte, entró tu escondida
   hermosura
en mi cama salvaje.

                    Yo reniego
de ti, vuelve a tu ciudad muerta,
regresa a tu quemado poderío!

Y continuó Rhodo: No separes
tu cuerpo del mío, ni un minuto.
Vive entre mis dos ojos, cabalga
mi nariz, deja que duerma
tu pelo entre mis piernas, deja enredados
tus dedos para siempre en mi deseo,
y que tu vientre ondule bajo el mío
hasta que el fuego de la sangre baje
hasta tus pies, encadenada mía.

XXIX

HABLA   ELLA, Rosía, suave y salvaje, dice
ROSÍA   dirigiéndose a Rhodo, sin palabras:

Nací de tu estallido.
De un relámpago tuyo vine al mundo.
Mi cabellera era la noche,
la confusión, la soledad, la selva
que no me pertenece. Oh varón mío,
ancha es tu sombra y es tu sol penetrante
el que me reveló desde los pies
hasta mi frente, la pequeña luna
que te aguardaba, amor, descubridor de
    mi alma.

No eres tú gran espejo, Rhodo, en que
    yo me miro
y por primera vez yo sé quién soy?
No una rama de espinas peligrosas
ni una gota de sangre levantada en la
    espina,
sino un árbol entero con frutos
    descubiertos.

Cuando tú, primer hombre, descansaste
una mano
sobre mi vientre, y cuando
tus labios conocieron mis pezones
dejé de ser la gota de sangre abandonada,
o la rama espinosa caída en el camino:
se levantó el follaje de mi cuerpo
y recorrió la música mi sangre.

XXX

*SIGUE
HABLANDO
ROSÍA*

Y continuó Rosía: Me vi clara,
me vi verde, en el agua del espejo
y supe que era ancha como la tierra para
recibirte, varón, terrestre mío.
Como un espejo tú reflejabas la tierra
con la extensión de tantos terrenos y
   dolores
que no me fatigué de mirarme en tus ojos
y viajé por tus grandes venas navegatorais.

Oh extenso amor, te traje la fragancia
de una ciudad quemada, y la dulzura
de la sobreviviente, de la que no encontró
a nadie en la espesura de un mundo
   clausurado
y errante anduvo, sola con mi herencia
de pesada pureza, de sagrada ceniza.

Quién me diría que se terminaba
el mundo y comenzaba con nosotros
otra vez el castigo del amor, el racimo
de la ira derribado por el conocimiento?

XXXI

HABLA
RHODO

Dice Rhodo: "Tal vez somos dos árboles
encastillados a golpes de viento,
fortificados por la soledad.
Tal vez aquí debimos
crecer hacia la tierra,
sumergir el amor en el agua escondida,
buscar la última profundidad
hasta enterrarnos en mi beso oscuro.
Y que nos condujeran las raíces."

Pero esto fue para comienzo o fin?

Yo sé, amor mío, que tu eternidad
es mía, que hasta aquí alcanzamos
medidos, perseguidos y triunfantes,
pero se trata de nacer o morir?

Dónde puede llevarnos el amor
si esta gran soledad nos acechaba
para escondernos y para revelarnos?

Cuando ya nos fundimos y pasamos
a través del espejo
a lo más ancho del placer pasmoso,
cuando tú y yo debimos renunciar
a los reinos perdidos que nos
    amamantaron,
cuando ya descubrimos
que nos pertenecía esta aspereza
y que ya nos tenía destinados
la tierra, el agua, el cielo, el fuego,
y tú, la sola, la maldita mía,
la hija del oro muerto de la selva,
y yo, tu fundador desengañado,
yo el pobre diablo que imitaba a Dios,
cuando nos encontramos encendidos
por la centella amarga que nos quema,

fue para consumirnos,
para inventar de nuevo la muerte?

O somos inmortales
seres equivocados, dioses nuevos
que sobrevivirán desde la miel?

Nadie nos puede oír desde la tierra.

Todos se fueron, y esto era la dicha.
Ahora, qué haremos para reunir
la colmena, el ganado, la humanidad
    perdida,
y desde nuestra pobre pureza compartir
otro pan, otro fuego sin llanto,
con otros seres parecidos a nosotros,
los acosados, los desiertos, los fugitivos?

A quién desde hoy daremos nuestro sueño?
A dónde iremos a encontrarnos en otros?
Vinimos a vivir o a perecer?
De nuestro amor herido
debe soltar la vida un fulgor de fruto
o bajar a la muerte desde nuestras raíces?

XXXII

EL
ENLUTADO Rosía, cierra tus ojos pasajeros:
fatigada, resuelve la luz y enciende el vino:
duérmete y deja caer las hojas de tus
    sueños,
cierra tu boca y déjame que bese tu
    silencio.

Nunca amé sino sombras que transformé
    en estatuas
y no sabía yo que no vivía.

Mi orgullo me iba transformando en
   piedra,
hasta que tú, Rosía, despertando
desnuda, despertaste mi sangre y mis
   deberes.

Dejé la monarquía de luto en las
   montañas
y comprendí que volvía a sufrir.
Si bien tu amor me volvió al sufrimiento
abrió la puerta de la dicha pura
para que nos halláramos caídos
en el jardín más áspero y salvaje.

XXXIII

LA ESPADA   Cuando nació el volcán no sabía
SE   que se llamaba Muerte.
PREPARA   Iba creciendo con algunos truenos
y volaba la nieve
en su cabeza
como muchas palomas que murieran.

Allí creció y creció
más alto, más, más alto,
y tuvo un cuerpo azul
como un embudo
y ahora, soberano,
una corona,
diadema o rosa de agua.

Adentro tierra ciega,
tiempo ferruginoso
trabajaron
preparando la sílice,
el azufre, la furia:
todo era pedernal, vísceras vivas,
latido celular. garras de fuego,

todo dormía en la amenaza
de la pavorosa herrería.

Se establecieron las olas de lava,
los estatutos de clavos ardientes:
de piedra a piedra se hizo la milicia
del volcán negro que subía al cielo,
del volcán blanco que descendería,
del volcán rojo, señor de la Tierra.

XXXIV

EL LLANTO Por qué los ojos de Rosía se mojaron
entonces, como si vieran a través de la
lluvia?

Por qué como dos piedras en el agua
velaron el fulgor de su alegría?

De dónde aparecía aquel tormento?

Era opresión el peso de la tristeza
invisible?

Era ronco el lamento que escuchaba Rosía.

Adentro de su propio ser secreto
escuchó un crecimiento de campanas:
sonaba el agua en su profundidad.

Palpitaban los ojos de Rosía
como dos graves aves prisioneras,
como dos gotas de enlutada luz.

XXXV

EL DOLOR **H**ACIA el mar, hacia el mar! dijo el
creciente.
Hacia la ola! dijo la que no conocía
el mar, la desterrada de los Césares.

Ella creía en una catarata de sal,
en un árbol extenso, de hojas horizontales,
en un abismo de viviente azul.
Rhodo, el errante, conoció su cita.
La hora de la tierra terminada.
Se había desprendido el fruto negro
del árbol de la sed, de la agonía:
ya no podía construir cantando.

Por qué llegó la destinada a él?

Por qué su fuerza que destinó al dolor
se encontró en el amor con la desdicha?

Él no quería comenzar el mundo.

Llevaba sólo siglos a la espalda
y si evadió el desastre de las razas
caídas y quemadas, si resistió la noche
y la errante dureza del desierto,
cuando recibió el cuerpo de Rosía
volvió a encontrar la soledad.
                        El hombre
había dispuesto su destino
y un Dios intruso repetía el dolor.

Había predispuesto su linaje
de sol sombrío y luna hereditaria:
él solo para no volver al hombre:
él, el pobre inmortal con todo el mundo
  a cuestas.

Pero de la ciudadela perdida,
del acontecimiento abandonado
en medio de la selva, áurea virtud,
Rosía, claridad sobreviviente,
llegó al reducto y despertó al dormido.

XXXVI

*EL
ESPACIO*

PERO la selva antártica dormía
con la fría pereza de los pies de la tierra:
las cabezas coníferas no se decían nada
en lo alto del follaje reunido
y enredado en un nudo de puñales
que cortaban el vasto cielo inmóvil
hecho de azul, de acero, de volcanes
   hostiles.
Aquel invierno edénico
caía gota a gota,
frío a frío.

Caía el trueno sobre los amantes
como un castigo celeste.
Quién es? se preguntaban
y entraba entre las piedras un relámpago.

Oscura era la mano de Dios,
duros eran sus dedos,
y no había crepúsculo
sino el parto perdido
de aquella aurora que no llegaba nunca,
del puma que nacía,
del terror envuelto en la niebla
entre las agujas del cielo.

XXXVII

VOLCÁN El volcán perforaba el peso
de la montaña, acumulaba
su cólera ferruginosa,
hería, hería las paredes,
hacía un río vertical.
Abajo, más abajo, el fuego
trabajaba como una abeja
hasta encenderse y elevarse:

piedra y azufre, estrella y barro,
antracita y pólvora, cobre
se desentrañaban y ardían,
pero hacia más abajo aún
buscaba el mortero metales,
cavaba sombras y lingotes,
acumulaba la dureza.

Nadie podía oír aún
el estertor del subterráneo:
ni una burbuja de la nieve
traicionaba aquella amenaza
y sin embargo aún, aún
abajo, abajo se amasaban
el incendio con la agonía:
la panadería del fuego.

XXXVIII

LA SILVESTRE Rosía era nacarada y dorada
a la luz del ramaje
y así se vio de pronto
disminuida, hierba o rana,
insecta verde, rosa fea
en las manos de Rhodo.
          Quién soy,

se dijo, y por qué me perdí,
y en este laberinto de raíz y ramaje
yo no soy ni la fruta del esplendor, ni el
   canto
del tembloroso río cuando amanece el
   viento!

Oh dolor, que la última en la tierra
sea yo con mi rostro de primavera inmóvil
y no la torrencial fosforescente,
la belleza que Rhodo debía recibir
en su reino, en el Edén final.

Yo viví cosechando manzanas amarillas,
montando los caballos patagónicos
y no hay jazmín ni aurora en mis mejillas:
el viento Sur me separó con su espada,
la nieve quebrantó mi cabellera,
la lluvia era mi mejor vestido
y si crecí desnuda en la intemperie
fue mi raza secreta la que educó mi piel,
la que formó mis manos metálicas y
   agrestes.

Oh amor, no pude ser tierna como la
   leche,
sino erizada como la castaña polar.

Pero cuando tú llegas sube en mí una
   fragancia
de bosque verde, y me convierto en rosa.

XXXIX

VOLCÁN Mientras tanto el volcán buscaba hierro:
desmantelaba el fondo de la tierra, agredía
el granito, liquidaba la sal:
se hundía, hundía en el subsuelo abierto

hasta caer y llegar y recoger
el ígneo pez o el tigre del incendio.

XL

LA FLOR
AZUL

RHODO cortó una flor y la dejó en su lecho.
Era una flor de linaje violeta,
semiazul, entreabierta como un ojo
de la profundidad, del mar distante.

Dejó Rhodo esa flor bajo Rosía
y ella durmió sobre la flor azul.

Toda esa noche soñó con el mar.

Una ola redonda se la llevó en el sueño
hasta una roca de color azul.

Allí esperaba ella por años y por siglos
entre la espuma repetida y el
cabeceo de los cachalotes.
                    Sola
está Rosía hasta que luego
el cielo descendió de su estatura
y la cubrió con una nube azul.

Al despertar del sueño bajo sus ancas
    claras
y entre sus piernas una flor caliente:
todo su cuerpo era una luz azul.

XLI

LA CLARIDAD

Oh amada, oh claridad bajo mi cuerpo,
oh suave tú, de la aspereza desprendida,
eres toda la noche con su acción constelada
y el peso de la luz que la atraviesa.

Eres la paz del trigo que se prepara a ser.

Oh amada mía, acógeme y recógeme ahora
en esta última isla nupcial que se
    estremece
como nosotros con el latido de la tierra.

Oh amada de cintura parecida a la música,
de pechos agrandados en el Edén glacial,
de pies que caminaron sobre las
    cordilleras,
oh Eva Rosía, el reino no esperaba
sino el frío estallido de la tormenta, el
    vuelo
de tórtolas salvajes, y eras tú que venías,
soberana perdida, fugitiva del cielo.

XLII

VOLCÁN

Las montañas ignívomas
callan allí, allá lejos.

Excavan,
crujen,
parten. Desde el cráter
levantan
hacia el cielo
una copa terrible
de azufre y cicatrices,

de selenio y sienita:
hendiduras por donde
caerá lava negra
y feldespato,
arterias
granulares
de la escoria,
trabajando
en el barro
hasta ser trueno,
columna de ceniza,
larga cola de cielo.
Ardiendo allí como en la jaula
el tigre negro
que yo vi en Birmania,
allí junto a la cama de Rosía y de
Rhodo
junto al sueño mojado
por la infinita tempestad, el humo
quería nacimiento,
se unía la caliza con el vapor naciente,
respiraba el volcán,
rondaba con sus garras
bajo tierra,
con ojos amarillos.

XLIII

LA CULPA Algo había en el fruto
o en el conocimiento,
un síntoma, un gusano
que roía.

Rhodo y Rosía se cubrieron
de pardas pieles, buscaron el río,
y trabajaron una barca fresca,
dura como él y curva como ella:

la madera era suave
bajo los dedos: pura
fue la nave,
alerce y ulmo, con hacha de piedra
elevada y tendida.

Era la proa como nueva luna,
el cuerpo como un pez del Río Roto,
y los dos últimos novios del mundo,
Adán antiguo y Eva errante,
Rhodo y Rosía, durmieron en ella
el casto sueño después del amor.

Ella sobre el oscuro brazo derecho suyo,
él con su mano izquierda entre sus senos,
y el sueño aquél fue el viaje
de aquella nueva nave sobre el agua,
sobre las aguas que se repetían
desde los ventisqueros abundantes
hasta el océano que no espera a nadie.

Pero ellos no sabían
porque ellos acababan de nacer.

XLIV

LA ESPERANZA R HODO olvidó el pasado,
las abejas, las ruedas
de la guerra, la miel,
la sangre, el luto
de las uvas.

El hombre rompió el tiempo.

Había muerto el mundo.

Estaba solo.

Solo con el fulgor
de un nuevo día hirviente y espacioso:

Huyó de todos los muertos
y supo que no sólo la sola soledad
era el destino:

tenía que defender dos cuerpos suyos
y continuar la vida de la tierra.

XLV

VOLCÁN Era siempre de noche
y madriguera:
llovía
con las gotas del diluvio,
con las campanas del cielo:
los setecientos lagos
se encrespaban
silbando, y tomó el mundo
olor a humo mojado,
a pubis verde,
a leña.

Dónde se habían ido
el sol con su marea,
la luna con su sueño,
el mar con su herrería?

Iba creciendo un número
adentro de la tierra:
como un germen terrible
se iba agregando la piedra al silencio,
la amenaza al follaje.

Crecía cien a mil,
súlfuro, cieno,
cien mil multiplicaba

la fogata secreta,
algo se machacaba
multiplicando el fuego.

XLVI

LA SELVA Rosía despertó sola: un rumor
mineral, devorante,
la cercaba. Agua y música
caían con las hojas
del día sacudido:
la hija selvática corrió con pies rosados
desde el amanecer ferruginoso.

Qué aroma, qué rumor,
qué número cantaba,
qué puerta iba a nacer
o a crepitar?

Como una llama
Rosía,
era la única claridad corriendo.

Daba luz como un pájaro encendido.

XLVII

LA NAVE Rhodo alisaba el mástil,
afilaba la proa.
Tocarás el océano, Rosía,
el único camino que palpita,
la libertad marina del peligro.

Sí,
hacia el mar
rodaría el destino,

el mar desnudo,
sin bien, sin ojos, sin pecado,
sin juez, sin mal, sin fin,
el mar.

XLVIII

VOLCÁN El volcán recogía
cada estrella
de abajo,
la golpeaba hasta darle
corazón de puñal, puño de muerte.
Amasaba los ríos
de la lava,
escudriñaba incendios,
acechaba sulfatos,
temblaba:
la hoguera arrolladora
era sólo semilla,
la semilla enlutada
del sol, del sol sangriento.
Cavaba,
recavaba,
aun sin fuego ardía
y sin boca tronaba:
era una olla que hervía
sin agua, sin vapor:
era el rayo enterrado
en el útero amargo
de la tierra.

XLIX

HABLA Rhodo dijo: Quiero tu cabellera para
EL   sembrarla en el mar.
ADÁNICO Tu cabellera es la proa de mi nave.

Quiero tu boca para soltarla en el viento.
Quiero que me abracen tus brazos:
son dos enredaderas.

Quiero tus senos blancos en el cielo
como dos lunas llenas de rocío.

Quiero tu vientre recostado en Dios.

Quiero tu sexo, tu raíz marina.

Quiero tus piernas para dos nubes nuevas
y tus caderas para dos guitarras.

Y quiero los diez dedos de tus pies
para comerme uno cada día.

L

VOLCÁN Era un agudo monte
y en la punta
se detenía una constelación,
una diadema de impalpable harina,
nube tal vez, coronación del orbe,
pasión, paloma, luna.

Encima del volcán
una presencia
siempre.

Temblaba allá una estrella,
la más alta del cielo,
o un fantasma caído
de la sombra polar, la vestidura
del corazón antártico,
la rama congelada de la aurora,
la noche que cambiaba de vestido,
o simplemente una rueda,

una raya, una línea,
un asterisco,
un diamante,
o de pronto un combate
de relámpagos negros,
de profecías,
de confusión azul y acero.

Oh montañas de América
sin nombre,
pobladas de rencor,
de minerales,
de lava subterránea!

Oh silencio que espera
derramarse,
extenderse
hacia la destrucción
y el nacimiento!

LI

EL MAR DICE Rosía sin mover los labios
desde su inmóvil desconocimiento:

El mar que no conozco soy yo misma,
tal vez, mi ser remoto
revelado en los brazos de mi amado,
bajo su cuerpo, cuando
siento que desde mi profundidad
suben de mí las olas poderosas
como si yo fuera dueña del mar,
del mar que no conozco y soy yo misma.

Esta frecuencia ciega,
esta repetición del paroxismo
que va a matarme y que me da la vida,
la ondulación que estalla

y vuelve y surge y crece
hasta que se derriba la luz
y caigo en el vacío,
en el océano:

Soy dueña de las olas que reparto
y empujo desde mi pequeño abismo.

LII

ANIMALES Los saurios verdes escondidos
en la verdura, los leones
de dos cabezas, las tribelias
nacidas en los lodazales
cruzaban silbando la víspera
o remontaban al origen:
a la cueva de las estirpes.

Ahí llegan los polytálamos
congregados desde la arcilla
a la edificación coral,
pero el salamandro enlutado
del ventisquero, hijo del frío,
palpitó con su terciopelo
desapareciendo en el bosque.

El astrolante alzó su vuelo
de plumas que tintineaban
y se divisó el resplandor
de una tijera anaranjada
junto a su vuelo de metal.
Las esporas desenroscaban
leñosos y tiernos anillos
que abrían los dedos gigantes
de los helechos de Volcania.

Se fragua el pórfido, el insecto
trepa y extiende a las recientes,

la larva rompe una estructura,
se desarrolla el animal.
Las plantas se tragan la luz,
la humedad se aproxima al fuego,
se amalgaman los minerales,
aparece el sol escarlata,
saca el ciervo su monarquía
a relucir entre las hojas
y un susurro de crecimiento
llena de música la tierra.

LIII

LA FUGITIVA Rhodo y Rosía: he aquí los dos hallados,
los dos perdidos, los presentes.

Por qué? Ya no era el vencedor o el
  vencido,
sino el descubridor que en la aspereza,
en la extensión, en el final del límite,
en el Polo inclinado por el viento,
halló otra vez una mano minúscula,
un cuerpo breve arañado de espinas,
una mujer externa que salía
tal vez y una vez más de su cuerpo o su
  sueño.
Venía o no venía de la ciudad cesárea
entrelazada por el origen del mundo
o por la tierna fábula o la historia?

Quién era, oruga o flor, mariposa o
  camelia?

Y él mismo, el solitario fundador,
debía renunciar al territorio,
debía matar él su soledad,
su construcción final, su reino amargo?

LIV

DOS Y ELLA, la leñadora,
llama insurgente del incendio, lámpara
apenas encendida en las tinieblas,
ella, la transitoria, la mujer,
debía persistir o perecer?

Rosía, la que nunca vio el mar,
la virgen escapada de la ciudadela,
nació o sobrevivió para este hombre
  enlutado
cubierto de raíces y recuerdos?
                              Adán
de las desdichadas guerras del hombre,
de las naciones convertidas en polvo,
de las ciudades hechas cicatrices,
Rhodo, el héroe de la última fuga
que encontró otro planeta en su planeta,
era el comienzo de su estirpe o el fin?

Por qué sobrevivían? Dónde estaba
la libertad? Era esta soledad
de témpanos poblados de campanas que
  crujen
rompiendo el infinito pecho del
  ventisquero,
era el espacio abierto, enmarañado, hostil,
su Edén, la eternidad de su recinto?
O bien hacia el océano,
hacia la luz extensa, labradora,
ella, Rosía, la recién llegada,
debía dirigir sus pies silvestres?

LV

LA MUERTE Rhodo en el bosque, donde estaba
Y LA VIDA él, el bosque era la ausencia.
Ella tal vez detrás de los helechos,
ella tal vez encerrada en sí misma,
ella dentro de él, sellada en él,
cortada en piedra pura!

Por qué llegaron y de dónde llegaron
a vivir el amor agonizante?

Y quién era ella y para qué venía
si el hombre sin destino la esperaba?

Si aquella hija de la tempestad
pertenecía a un mundo destruido?

Y cuál era la culpa del dolor
y por qué unidos los dos desterrados
eran llevados de nuevo al deseo
y eran precipitados al castigo?

Se esperaba de ellos el racimo
de hijos que continuaran al hombre y a
 sus guerras?
Los herederos de las uvas amargas?

LVI

EL Oh amada mía, acércate y aléjate.
EXTRAVÍO Ven a besarme, ven a separarme.
Ven a quemarme y dividirme.
Ven a no continuarme, a mi extravío.

Ven, oh amor, a no amarme, a destruirme,
para que encadenemos la desdicha
con la felicidad exterminada.

LVII

VOLCÁN Las grandes bestias del bosque,
los pumas, los guanacos,
los pájaros reunidos,
las culebras,
las ranas, las cantáridas,
las lombrices, las avispas
amaranto,
las hormigas, los zorros,
los lagartos,
sintieron
que crecía
el humo
bajo la tierra,
supieron
antes que el hombre o la mujer,
supieron
antes que el viento lo supiera:
algo
crecía
bajo
sus alas y sus pies, sus cuerpos lisos,
sus vientres, sus plumajes, sus escamas:
aroma,
olor magnético,
rosa explosiva,
magnitud enterrada:
algo
vibraba, renacía
en la espesura,
en la paciencia silvestre.

Carbón, sílice roja,
minería,
azufre o luz calcárea,
trabajaban
y la miel
se lo dijo a la abeja,

lo repitió la abeja
en el follaje
del ulmo, y el follaje
lo contó a las raíces,
y éstas al agua,
el agua, al vaporoso
nimbo del ventisquero,
el ventisquero al hielo,
éste al rocío,
el rocío a la hierba
y la hierba, la voz breve del mundo,
se lo dijo a los pies de la mujer Rosía
y los pies de Rosía levantaron
la campanada oscura que subió
al corazón de la mujer Rosía
llenándolo de miedo:
era el tañido de la oscuridad,
del subterráneo que quería arder,
de las tinieblas que la perseguían.

LVIII

EL MIEDO   D IJO al hallar a Rhodo: Tengo miedo.
Te amo con todo el miedo subterráneo,
con la maldad del castigo.
Tengo miedo
de la amapola
que quiere morder,
del rayo que prepara su serpiente
en el árbol secreto del volcán:
tengo miedo de su luz espantosa,
de día puro convertido en ceniza.

Dónde vamos?
Y para qué vinimos?

Anoche, Rhodo, me dejaste sola.
No me bastaba el recuerdo,

no sólo era la ausencia
de tu abrazo:
necesitaba el beso de tu cuerpo
sobre mi cuerpo. En las tinieblas
todo se despedía
de mi sueño.

Era la selva que lloraba,
eran los animales del presagio,
y tú, mi amor, mi amante,
dónde
dormías
bajo la amenaza,
bajo la luna sangrienta?

LIX

LA NAVE Rhodo levanta una mano invisible.
"La nave me llamó,
la nave tiene miedo:
me dijo: al agua pura,
a la sal repetida,
a la tormenta,
vamos!

Pero si cae sobre mí la mano
del volcán vengativo,
el viaje será un rito de pavesas,
de chispas que arderán y caerán
en las manos del fuego."

Eso me dijo la nave.

Dormí toda la noche
entre la nave y las estrellas frías,
esperando,
hasta que un gran silencio me devolvió a
   tu vida,

a la morada,
y sin partir aguardo
la decisión del fuego.

LX

VOLCÁN — No hay día, luz, no hay nada. Sólo
el silencio existe,
la espera verde.
La selva retiró su lenguaje y huyeron
los sonidos a la espesura.
No hay asombro como éste.
La desesperación de la esperanza.
Quién?
Llegará quién?
El humo?
Por qué se esconde el negro escarabajo
en una gota de luna?

Por qué hasta el cuarzo tiembla
sin agregar la luz en que trabaja
a su mirada transparente?

Por qué se aleja el paso
del roedor, y las bandadas
de las bandurrias con sus pies metálicos
golpean la puerta del cielo?

LXI

LA FUGA — Los dos amantes interrogaban la tierra:
ella con ojos que heredó del ciervo:
él con los pies que gastó en los caminos.

Iban de un lado a otro de los bosques,
buscaban la frontera del peligro,

521

acechaban de noche cada estrella
para leer las letras del latido
y al viento preguntaban por el humo.

Fue musgosa y errante aquella vida
de los desnudos y rápido
era el encuentro del amor:
recorrían distancias como países o nubes
sólo para yacer, enlazarse, partir,
y quedarse enredados en la nueva
   distancia,
en el peligro de aquella boca blanca
que con toda la nieve de la altura
quería hablar con la lengua del fuego.

LXII

ÁGUILA El vuelo del águila azul es transparente.
AZUL   Hombres! Os congregaré sólo para el
       milagro.

Vive sobre la luz esta presencia:
dos alas como dos balas, dos espolones,
   dos flechas
que ascendieron llevando sangre y polen
es el águila lineal de aquella latitud.
Sube su torbellino, rompe el alma celeste,
devora el hilo insigne de la altura
y lo que fuera mancha o meteoro
o resplandor directo de la velocidad
se queda fijo, rígido en el aire
y sus plumas azules se integraron
   y se restituyeron al azul.

Así desaparece en plena luz
el ave pura, centro del anillo.
ojo del universo, pez del cielo,

que continúa desde las raíces
la exhalación, la dirección, la vida.
Vertical es su acción, su alma es violenta
hasta ser equilibrio transparente.

LXII

VOLCÁN   El volcán es un árbol hacia abajo.
Encima están sus raíces de nieve.

Pero abajo construye su follaje,
hoja por hoja, azufre por azufre:
mineral machacado hasta ser flor,
pétalo a pétalo de profundo fuego,
y cada rama hundida
en la dureza
excava para que florezca el fuego.

Crece y crece hacia abajo
el árbol vivo que arde,
derritiendo, agregando,
amalgamando
la espada del castigo.

LXIV

SONATA   Rosía, te amo, enmarañada mía,
araña forestal, luna del bosque,
solitaria nacida del desastre,
durazna blanca entre los aguijones.

Te amo desde el origen del amor
hasta el final del mundo, hasta morir,
te amo en la ocupación de mis deberes,
te amo en la soledad que deja el día
cuando abandona su vestido de oro,

y no sé si encontrarte fue la vida
cuando yo estaba solo con el viento,
con los peñascos, solo en las montañas
y en las praderas, o si tú llegabas
para la certidumbre de la muerte.

Porque el amor original, tus manos
venían de un incendio a conmoverme,
de una ciudad perdida y para siempre
deshabitada ahora, sin tus besos.
Oh flor amada de la Patagonia,
doncella de la sombra, llave clara
de la oscura región, rosa del agua,
claridad de la rosa, novia mía.

Pregunto, si mi reino ha terminado
en ti, qué haremos, para renunciar
y para comenzar, para existir,
si el plazo de los días se acercara
a nuestro amor dejándonos desnudos,
sin nadie más, eternamente solos
en la felicidad o en la desdicha?

Pero me bastas tú, como una copa
de agua del bosque destinada a mí:
acércate a mi boca, transparente,
quiero beber la luz que te ilumina,
detenerme en tus ojos, y quedarme
muerto en el luto de tu cabellera.

LXV

VOLCÁN LÁGRIMAS de hierro tuvieron
los negros ojos del volcán,
garras rojas se le soltaban,
largos latidos arteriales,
dientes de máquina malvada:
era ardiente su alevosía,

Se preparaba en el dolor
la ira del parto planetario,
en los ovarios de la furia
el trueno quería estallar:
la lava hervía en su sopera,
rugían los tigres de piedra,
ardía el subterráneo azul,
y por una grieta invisible
salió un alambre de humo duro
como si quisiera amarrar
la incertidumbre con el miedo:
entonces trepidó la tierra
anticipando el estertor
de la oscuridad que revienta
en forma de fuego y de luz.

LXVI

LOS UNOS **A**L mar! dice Rosía,
al mar que no conozco,
a sumergir la llave de mi amor,
a buscarla otra vez bajo las olas!

Hoy no te acerques, hombre,
a mi costado!
Hoy déjame en la oscuridad
buscándome a mí misma.

Por qué me amaste, Rhodo?

Porque era yo la única,
la que salía de mi soledad
hacia tu soledad?

Quién designó el designio?
Quién me salvó de la ciudad destruida?

Quién me ordenó en las tinieblas
andar, andar, romperme ojos y pies,

atravesar el callado latido
de la naturaleza,
piedra y espina, dientes y sigilo,
hasta llegar a ti, mi desterrado?

Yo fui la última mujer: cayeron
los muros sobre mis muertos
y así formamos la última pareja
hasta que entré en tu abrazo,
en tu medida desmedida,
y tal vez somos los primeros,
los dos primeros seres,
los dos primeros dioses.

LXVII

VOLCÁN Los desnudos del frío,
la nieta de los Césares,
campesina,
el aterrado
que huía de la tierra y de la guerra,
el fundador de un imposible reino,
vieron la sacudida
del planeta.
Como sólo una hoja
tembló el mundo:
un trueno
sepultado:
un clamor
sordo:
un tambor
de la tierra:
un ancho ruido
que llega desde abajo,
desde dónde?

Un sonido
circular, un anuncio
de inmensa boca amarga
o de campana muerta,
entonces
se iluminó la copa
del volcán
con llama, resplandor
o vino férreo,
y primero una lágrima
de lava
cayó como sufriendo
desde la torre del volcán desnudo.

LXVIII

LA **E**s el ancho camino de la luz,
SOMBRA de la blancura, de la nueva nieve,
o se trata del síntoma
del odio?

Tal vez era la hora del expulso?

La vida, un jardín perdido,
la muerte, al fin, entre los otros muertos,
la hora llegada para ser mortales?

Era la hora
anaranjada
de la calcinación y del castigo?

Era la hora sin jardín,
sin selva,
sin regreso?

LXIX

LA　Oh amor, pensó el acongojado
HISTORIA　que por primera vez sobre la lengua
sintió el sabor de la muerte,
oh amor, manzana del conocimiento,
miel desdichada, flor de la agonía,
por qué debo morir si ahora nací,
si recién confundíanse las venas,
si sueño y sangre se determinaron,
si volví a ser injusto como el amontonado,
el pobre hombre, el hermano, el todavía,
y cuando ya me despojé de Dios,
cuando la claridad de la pobre mujer,
Rosía, predilecta de los árboles,
Rosía, rosa de la mordedura,
Rosía, araña de las cordilleras,
cuando me sorprendió la sencillez
y desde fundador de un triste reino
llegué a los puros brazos de una hija de
　　oro,
de una exiliada, huyendo del desastre
y llegó la corteza, la enredadera roja
a cubrirme hasta darme silencio y
　　magnitud,
entonces, en el saco de la derrota,
　　agobiado
por mi destino, libertador al fin
de mi propia prisión, cuando salí a la luz
de tus besos, oh amor, llega el anuncio,
la campana, el reloj, la amenaza, la tierra
que crepita, la sombra
que arde.

Oh amor, abrázate a mi cuerpo
frente al fulgor de la espada encendida!

LXX

ADVENI- ELLA sintió crecer adentro de ella
MIENTO no la razón, sino una rosa dura,
una pasión como una cruz de piedra,
un grito vegetal de sus raíces.
De la tierra erizada brota el humo,
incierta torre, lista
para caer, bocina de los truenos,
río de los dolores.

LXXI

LA ESPADA SUBIÓ la sangre del volcán al cielo,
ENCENDIDA se desplomó la grieta,
ígnea ceniza, lava roedora,
lengua escondida, ahora derramada,
luna caliente transformada en río.

Salió la espada ardiendo encima
de la boca nevada
y un estertor del fuego
quebró la oscuridad,
luego el silencio
duró un segundo
como una mano helada
y estalló la montaña
su parto de planeta:
lodo y peñascos bajaron, de dónde?
En dónde se juntaron?
Qué querían rodando?
A quí venían?
A qué venía el fuego?
Todo ardía,
el viento repartió
la noticia incendiada

y un trueno ahogado habló toda la noche
como una gran garganta estrangulada.

Oh pavor encendido
de la naturaleza!
Oh muerte de la tierra!
El volcán hambriento
salía a devorar por los caminos.
El volcán roto
desgranó sus racimos,
su cargamento amargo,
su saco de desdicha.
El volcán muerto
revivía rugiendo,
nacía agonizando
en la gran alegría
que destruye.

Saltó la levadura
de las panaderías del subsuelo.
Gemía Dios
como un encarcelado
que fue quemado vivo.
Se derretía Dios
en sus derrotas
y desde su pasión, tortura y muerte,
Dios, muerto para siempre,
amenazó a los hombres con su espada
   encendida.

LXXII

LA NAVE　La nave ya estaba llena de pájaros,
Y SUS　llena de zorros, llena de serpientes.
VIAJEROS　La leona quemada trajo sus cachorros,
el águila se sentó en la proa,
los pequeños venados de ojos verdes

duermen junto al jaguar devorador,
los colibríes bailan en la nube
de ceniza mortal que va cayendo,
las ratas de los montes atormentan
las costillas del barco,
las mariposas tejen sus mortajas,
las avispas de corazón azul.
los hormigueros de milicia negra,
los lagartos vestidos de dragones,
los últimos caballos,
los gatos y los perros del bosque,
las liebres y los cisnes,
los chucaos de grito envuelto en lluvia,
las torcazas calzadas de carmín,
los jabalíes con sus dentaduras,
los chingues con relámpago a la espalda,
los patos parecidos al ámbar,
las gallinas del frío,
las enlutadas aves del estiércol,
el ánade amarillo,
la culebra,
la lagartija ensortijada,
la mantis rezadora, rezando,
la abeja de los ulmos,
la pulga del conejo,
el cóndor con su caja de sepulcro,
el murciélago pálido,
allí estaban colmando
la embarcación. Y aquella
nave
parecía un racimo
de cabezas, de plumas asustadas,
de garras procelarias.

No había sitio para los humanos:
para Rhodo y Rosía que llegaban
quemantes y sangrantes a su nave,
a la nave que hicieron con sus manos,
que hicieron con sus sueños
de las duras maderas

531

que nadie conocía,
sin clavos ni martillos:
con manos y con dientes:
con ternura y pureza.

LXXIII

EL VIAJE La nave!
La nave hacia el destino!
Qué destino?
Hacia el mar!
Qué es el mar?

El sueño fue la nave
cortada en la fragancia,
amor, agua, madera,
allí los fugitivos
se abrazaron
antes, después, entonces.

De qué huían?
Del bosque?
De la tierra o del cielo,
de estar juntos o de la soledad?

Trabajaron, amándose, enlazándose
a hurtadillas, caídos en la arena,
entre los árboles como en casas cerradas
de ausentes, casas de hojas:
todo había sido lecho para los dos
  errantes,
todo era beso, boca rumorosa,
selva, latido, cópula, silencio,
hasta que se decidió la aurora
a detener la noche, y entró el trueno
a rugir y quemar: surgió del tiempo
la espada del castigo

que nadie conocía,
caminaron los condenados.

LXXIV

VOLCÁN Corría el hombre, corría la lava,
corría el agua, corría la lava.

Volaba el viento quemador, el fuego
bajaba royendo roca,
sobresaltando ríos
se despeñaba el fuego,
el volcán palpitaba
y diente a diente remordía,
seguía a los que huyeron,
a los pájaros,
al aire para enfurecerlo,
al agua para aniquilarla.

El volcán vivo,
vivía, resurrecto,
mordía con los pétalos
del humo,
mataba con integridad terrible.

LXXV

EL VIAJE Se soltó el barco, el barco
de animales oscuros,
de palomas y perros fugitivos.
Y allí, entre gatos y aves,
los desnudos del frío,
Rhodo y ella, los solos
que salían
del gran desierto verde,
de la lluvia,

del reino negro de la soledad.
Y ahora
los alcanzaba el fuego,
los mordía la muerte,
los seguía el silencio
calcinado.

LXXVI

LA NAVE Nave, arranca, atraviesa
la rosa de ceniza!
Nave del Sur, redonda como luna o
    manzana,
poblada por el miedo,
avanza! Arden los lagos.
chisporrotea el rostro del invierno,
galopan los caballos del volcán.
Avanza, nave de los delicados,
de los resurrectos,
de los que quieren ser,
nave de Rhodo,
rosa de Rosía.
avanza hacia la espuma litoral,
hacia la azul milicia de la ola,
hacia los siete océanos y sus valientes
    islas,
nave del Sur, fragancia
de la pura frescura
de los bosques,
hacia todos los números del mar,
oh nave, naveguemos!

LXXVII

VOLCÁN Allí viene el quemante,
el río del azufre,

la lengua que devora,
se arrastra,
cruje y sigue
calcinando:
los árboles sintieron
la mordedura
de un hocico de fuego,
los brotes, las raíces
estallaban,
los dulces animales
eran sobrepasados
por la arteria candente:
baja la muerte ígnea,
la brasa abrasadora
extirpa toda vida
con su cauce sulfúrico,
con sus guadañas rojas:
arde la escoria
sobre la copa de las araucarias,
la lava rompe rocas,
el lento incendio corre
y sigue al barco.
Te quema el paraíso,
te persigue el infierno.
Aléjate, varón,
se quema el reino!
Eres el expulsado de la selva.
El gran amor se paga
con la carne y el alma,
con el fuego.

LXXVIII

LA NAVE La embarcación salta de las lagunas
y navega
entre los ventisqueros, los cuchillos
de nieve y poderío.

Un ojo de la tierra es agua azul,
otra laguna es verde como alfalfa,
otra es de color de puma,
y la nave resalta,
cruje y corre y escapa.

El volcán la persigue
con su implacable ola,
con sus garras ardientes,
y la nave
cruza nieve y pantanos,
cae por los barrancos,
sube los montes en un hilo de agua,
sigue
desvencijándose:
ya la queman las llamas,
ya se la traga la ceniza:
rugen las fieras, mueren las abejas,
se agitan los pesados animales,
tiemblan las mariposas
en la incineración de la belleza.

LXXIX

LOS DIOSES **E**L hombre se llama Rhodo
y la mujer Rosía.

Conducían la nave,
dirigían el mundo de la nave:
de pronto allí, cerca de la cascada
y cerca de morir, con las pestañas
quemadas y los cuerpos desollados,
y los ojos amargos de dolor,
sólo allí comprendieron
que eran dioses,
que cuando el viejo Dios levantó la
columna

de fuego y maldición, la espada ígnea,
allí murió el antiguo,
el maldiciente,
el que había cumplido y maldecía su obra,
el Dios sin nuevos frutos
había muerto y ahora
pasó el hombre a ser Dios.
Puede morir, pero debe nacer
interminablemente:
no puede huir: debe poblar la tierra,
debe poblar el mar: sólo los nuevos dioses
mordieron la manzana del amor.

LXXX

VOLCÁN La espada derretida
baja entre los peñascos
ofendiendo.
El aluvión de brasa,
la lenta estrella que consume y quema,
desciende carcomiendo.
Arde la vida,
se rompe el mineral,
caen los vegetales abrumados
por la ceniza ardiente
y sigue el sol de lava
destruyendo.
Las colmenas se parten y reparten
chispas de miel y fuego.
Entra la racha por las madrigueras
calcinando las garras que dormían:
a la nave, a la nave
se dirige
el castigo.

La embarcación desciende
entre el amanecer y el ventisquero
con su cargamento asustado:

las bestias mudas
bajo el mando del hombre,
del hombre y la mujer autorizados
para salvar el mundo:
gobernadores de la nueva nave,
progenitores de la salvación.

LXXXI

LA
CATARATA
EL río abre las aguas de repente
y un sonido de trueno, llanto, océano,
llega a Rosía y la despierta y corre
ella hacia Rhodo y se desploman
nave, bestias, amor, en el abismo:
la catarata los levanta en vilo
y los hace caer desde su cielo,
los inunda y los pierde y los naufraga,
los recobra y los hunde,
los precipita al vértigo, en la espuma,
al rayo de agua, al golpe,
los recoge en sus manos de vapor,
los enlaza en el arcoiris.

La nave cae y cruza:
ha muerto y redivive.

Como piedra que cae se sumerge,
vuela después como pluma de pájaro,
se hace trizas tal vez y un dedo de agua
sostuvo su estructura procelaria,
Las cabezas bestiales se dispersan,
Rhodo y Rosía mueren y no mueren
hasta que un nuevo río como un brazo
los lleva destrozados hacia el mar.

La venganza del fuego quedó atrás.

El volcán abdicó su profecía.

LXXXII

LA LUZ La boca de él en su boca.

La mano de ella sobre la piel del hombre

Durmieron cuarenta horas de luz

y cuarenta de sombra.

El mar los sostenía.

El aire azul, sin mancha,

sin lluvia, sin ceniza.

El sol central con su fuego redondo.

La extensión del océano,

su estímulo profundo,

y la espaciosa libertad del día.

LXXXIII

LOS NUEVOS DIOSES Como el mundo había muerto
los maltratados dos,
los expulsados,
escapados del último castigo,
sin Dios, sin nadie, sin Edén, caídos
con un racimo de animales locos
en medio del océano,
Rhodo y Rosía, humanos y divinos,
muertos de amor y de conocimiento,
golpeados, desollados, hijos de la catástrofe,
eran de nuevo el destino.

La libertad del mar los levantaba
en su espacioso vientre:
ondulaban sin rumbo y sin dolor
en una nave sola,
de nuevo solos, pero ahora dueños
de sus arterias, dueños
de sus palabras, dioses
comunes, libres en el mar.

LXXXIV

EL PASADO OH estatuas en la selva, oh soledad,
oh ciudad destruida en el follaje,
atrás, atrás bendición, maldición,
Edén prestado por un Dios ausente,
envuelto en su codicia, amenazante!
el primer hombre era el primer divino.
Porque cuando fundaron el amor
y se extendieron como vegetales
sobre la tierra natural, llegó
la ley del fuego con su espada
para vencerlos, para incinerarlos.
Pero ya habían aprendido el oficio
de metal y madera, eran divinos:
la primera mujer su rosa diosa:
ya no tenían por deber morir,
sino multiplicarse sobre el mar.

LXXXV

AMANECER RHODO puso su cuerpo en Rosía,
Rosía recibió su caricia ondulando
y ambos una vez más se estrellaron,
    distantes,
cercanos, infinitamente puros,
se recorrieron con la boca y la médula,

se hundieron en la ola que tocaba un
   abismo,
se abrieron para sembrarse y revivir,
se cayeron de bruces, se apagaron,
   murieron.

LXXXVI

AQUI **D**ICE Rhodo: Yo me consumí
TERMINA Y
COMIENZA en aquel reino que quise fundar
ESTE LIBRO y no sabía ya que estaba solo.
Fue mi noción quebrantar esa herencia
de sangre y sociedad: deshabitarme.
Y cuando dominé la paz terrible
de las praderas, de los ventisqueros,
me hallé más solitario que la nieve.

Fue entonces: tú llegaste del incendio
y con la autoridad de tu ternura
comencé a continuarme y a extenderme.

Tú eres el infinito que comienza.

Tan simple tú, hierba desamparada
de matorral, me hiciste despertar
y yo te desperté, cuando los truenos
del volcán decidieron avisarnos
que el plazo se cumplía
yo no quise extinguirte ni extinguirme.

LXXXVII

DICEN Y **D**ICE Rosía: Rompimos la cadena.
VIVIRÁN Dice Rhodo: Me darás cien hijos.
Dice Rosía: Poblaré la luz.
Dice Rhodo: Te amo. Viviremos.

Dice Rosía: Sobre aquellas arenas
diviso sombras.
Dice Rhodo: Somos nosotros mismos.
Dice Rosía: Sí, nosotros, al fin.
Dice Rhodo: Al principio: nosotros.
Dice Rosía: Quiero vivir.
Dice Rhodo: Yo quiero comer.
Dice Rosía: Tú me diste la vida.
Dice Rhodo: Vamos a hacer el pan.
Dice Rosía: Desde toda la muerte
llegamos al comienzo de la vida.
Dice Rhodo: No te has visto?
Dice Rosía: Estoy desnuda. Tengo frío.
Dice Rhodo: Déjame el hacha.
Traeré la leña.
Dice Rosía: Sobre esta piedra
esperaré para encender el fuego.

NOTA

LA CIUDAD DE LOS CÉSARES

En el Sur de Chile, en un lugar de la Cordillera de los Andes que nadie puede precisar, existe una ciudad encantada de extraordinaria magnificencia. Todo en ella es oro, plata y piedras preciosas. Nada puede igualar a la felicidad de sus habitantes, que no tienen que trabajar para subvenir a las necesidades de la vida, ni están sujetos a las miserias y dolores que afligen al común de los mortales. Los que ahí llegan, pierden la memoria de lo que fueron mientras permanecen en ella, y si un día la dejan se olvidan de que la han visto.

La ciudad de los Césares está encantada en la Cordillera de los Andes, a la orilla de un gran lago.

El pavimento de la ciudad es de plata y oro macizos.

Para asegurar mejor el secreto de la ciudad, no se construyen allí lanchas ni buques, ni ninguna clase de embarcación. El que una vez ha entrado en la ciudad pierde el recuerdo del camino que a ella le condujo.

Sebastián Caboto, marino veneciano al servicio de España, antes de partir al descubrimiento de "las minas comarcanas al río del Paraguay", dio licencia al capitán Francisco César para que, en unión de catorce individuos que le seguían, fuese a descubrir las minas de oro y plata que existían "en la tierra adentro". César partió del fuerte de Sancti Spiritus (edificado por Caboto a la orilla del río Carcarañá) en noviembre de 1528, y dividió su gente en tres grupos, que tomaron otros tantos caminos distintos. Dos meses y medio después, regresó César acompañado de siete de sus compañeros, y de lo que él y los suyos contaron de la expedición sólo se sabe que dijeron "que habían visto grandes riquezas de oro e plata e piedras preciosas". "Siendo el hecho exacto, dice Medina, es necesario suponer que alcanzaron hasta los límites del imperio de los Incas, atravesando así toda la pampa". (*El veneciano Sebastián Caboto al servicio de España*, I, 194.)

Muchas fueron las expediciones que en los siglos dieciséis, diecisiete y dieciocho se organizaron para descubrir la Ciudad de los Césares, o "los Césares", como más comúnmente se decía, y aun "hace pocos años salió una nueva expedición capitaneada por respetables vecinos del Archipiélago", escribe don F. J. Cavada en su interesante libro *Chiloé y los chilotes*, 87-88. Huelga decir que todas fracasaron. Pero es curioso leer las relaciones de los expedicionarios, ninguno de los cuales insinúa siquiera la sospecha de que pueda tratarse de una fábula: tanta era la fe de aquellos maravillosos aventureros en la absurda tradición. Alguno hubo —el P. Menéndez, franciscano— que en las postrimerías del siglo XVIII realizó nada menos que cuatro viajes en busca de los famosos Césares.

Tomado del libro de JULIO VICUÑA CIFUENTES, *Mitos y supersticiones de Chile*, Santiago, 1919.

LAS PIEDRAS DEL CIELO

I

De endurecer la tierra
se encargaron las piedras:
pronto
tuvieron alas:
las piedras
que volaron:
las que sobrevivieron
subieron
el relámpago,
dieron un grito en la noche,
un signo de agua,
una espada violeta,
un meteoro.

El cielo
suculento
no sólo tuvo nubes,
no sólo espacio con olor a oxígeno,
sino una piedra terrestre
aquí y allá, brillando,
convertida en paloma,
convertida en campana,
en magnitud, en viento
penetrante:
en fosfórica flecha, en sal del cielo.

II

El cuarzo abre los ojos en la nieve
y se cubre de espinas,
resbala en la blancura.
en su blancura:
fabrica los espejos,
se retrata en estratas y facetas:
es el erizo blanco
de las profundidades,
el hijo de la sal que sube al cielo.
el azahar helado
del silencio,
el canon de la espuma:
la transparencia que me destinaron
por virtud del orgullo de la tierra.

III

Turquesa, te amo como si fueras mi novia,
como si fueras mía;
en todas partes eres:
eres recién lavada,
recién azul celeste:
recién caes del cielo:
eres los ojos del cielo:
rompes la superficie
de la tienda y del aire:
almendra azul:
uña celeste:
novia.

IV

Cuando todo era altura,
altura,
altura,

allí esperaba la esmeralda fría,
la mirada esmeralda:
era un ojo:
miraba
y era centro del cielo,
el centro del vacío:
la esmeralda
miraba:
única, dura, inmensamente verde,
como si fuera un ojo
del océano,
ojo inmóvil del agua,
gota de Dios, victoria
del frío, torre verde.

V

(Es difícil decir lo que me pasó en Colombia, patria reconocida de las supremas esmeraldas. Sucede que allí buscaron una para mí, la descubrieron y la tallaron, la levantaban en los dedos todos los poetas para ofrecérmela, y, en lo alto de las manos de todos los poetas reunidos, mi esmeralda ascendió, piedra ceelstial, hasta evadirse en el aire, en medio de una tormenta que nos sacudió de miedo. En aquel país, las mariposas, especialmente las de la provincia de Muzo, brillan con fulgor indescriptible y en aquella ocasión, después de la ascensión de la esmeralda y desaparecida la tormenta, el espacio se pobló de mariposas temblorosamente azules que oscurecieron el sol envolviéndolo en un gran ramaje, como si hubiera crecido de pronto en medio de nosotros, atónitos poetas, un gran árbol azul.

Este acontecimiento sucedió en Colombia, departamento de Charaquira, en octubre de 194... Nunca recuperé la esmeralda).

VI

Busqué una gota de agua,
de miel, de sangre: todo
se ha convertido en piedra,
en piedra pura:
lágrima o lluvia, el agua
sigue andando en la piedra:
sangre o miel caminaron
hasta el ágata.
El río despedaza
su luz líquida,
cae
el vino a la copa,
arde su suave fuego
en la copa de piedra:
el tiempo corre
como un río roto
que lleva graves muertos,
árboles despojados
de susurro, todo
corre hacia la dureza:
se irá el polvo, el otoño,
los libros y las hojas,
el agua: entonces
brillará el sol de piedra
sobre todas las piedras.

VII

Oh actitud sumergida
en la materia,

opaco muro que resguarda
la torre de zafiro,
cáscaras de las piedras
inherentes
a la firmeza y la docilidad,
al ardiente secreto
y a la piel permanente de la noche,
ojos adentro,
adentro
del escondido resplandor,
callados
como una profecía
que un golpe claro desenterraría.
Oh claridad radiante,
naranja de la luz petrificada,
íntegra fortaleza de la luz
clausurada en lentísimo silencio
hasta que un estallido
desentierre el fulgor de sus espadas.

VIII

Largos labios del ágata marina,
bocas lineales, besos
transmigrados,
ríos que detuvieron sus azules
aguas de canto inmóvil.

Yo conozco
el camino
que transcurrió de una edad a una edad
hasta que fuego o vegetal o líquido
se transformaron en profunda rosa,
en manantial de gotas encerradas,
en patrimonio de la geología.

Yo duermo a veces, voy
hacia el origen, retrocedo en vilo

llevado por mi condición intrínseca
de dormilón de la naturaleza,
y en sueños extravago
despertando en el fondo de las piedras.

IX

Un largo día se cubrió de agua,
de fuego, de humo, de silencio, de oro,
de plata, de ceniza, de transcurso,
y allí quedó esparcido el largo día:
cayó el árbol intacto y calcinado,
un siglo y otro siglo lo cubrieron
hasta que convertido en ancha piedra
cambió de eternidad y de follaje.

X

Yo te invito al topacio,
a la colmena
de la piedra amarilla,
a sus abejas,
a la miel congelada
del topacio,
a su día de oro,
a la familia
de la tranquilidad reverberante:
se trata de una iglesia
mínima, establecida en una flor,
como abeja, como
la estructura del sol, hoja de otoño
de la profundidad más amarilla,
del árbol incendiado
rayo a rayo, relámpago a corola,
insecto y miel y otoño
se transformaron en la sal del sol:

aquella miel, aquel temblor del mundo,
aquel trigo del cielo
se trabajaron hasta convertirse
en sol tranquilo, en pálido topacio.

XI

Del estallido a la ruptura férrea,
de la grieta al camino,
del sismo al fuego, al rodamiento, al río,
se quedó inmóvil aquel corazón
de agua celeste, de oro,
y cada veta de jaspe o sulfuro
fue un movimiento, un ala,
una gota de fuego o de rocío.

Sin mover o crecer vive la piedra?

Tiene labios el ágata marina?

No contestaré yo porque no puedo:
así fue el turbulento génesis
de las piedras ardientes y crecientes
que viven desde entonces en el frío.

XII

Yo quiero que despierte
la luz encarcelada:
flor mineral, acude
a mi conducta:
los párpados levantan la cortina
del largo tiempo espeso
hasta que aquellos ojos enterrados
vuelvan a ser y ver su transparencia.

XIII

El liquen en la piedra, enredadera
de goma verde, enreda
el más antiguo jeroglífico,
extiende la escritura
del océano
en la roca redonda.
La lee el sol, la muerden los moluscos,
y los peces resbalan
de piedra en piedra como escalofríos.
En el silencio sigue el alfabeto
completando los signos sumergidos
en la cadera clara de la costa.

El liquen tejedor con su madeja
va y viene sube y sube
alfombrando la gruta de aire y agua
para que nadie baile sino la ola
y no suceda nada sino el viento.

XIV

Piedra rodante, de agua o cordillera,
hija redonda del volcán, paloma
de la nieve,
descendiendo hacia el mar dejó la forma
su cólera perdida en los caminos,
el peñasco perdió su puntiaguda
señal mortal, entonces
como un huevo del cielo entró en el río,
siguió rodando entre las otras piedras
olvidado de su progenitura,
lejos del infernal desprendimiento.

Así, suave de cielo, llega al mar
perfecta, derrotada,

reconcentrada, insigne,
la pureza.

XV

Hay que recorrer la ribera
del Lago Tragosoldo en Antiñana,
temprano, cuando el rocío
tiembla en las hojas duras del canelo,
y recoger mojadas piedras, uvas
de la orilla, guijarros
encendidos, de jaspe,
piedrecitas moradas o panales
de roca, perforados
por los volcanes o las intemperies,
por el hocico del viento.

Sí, el crisolito oblongo
o el basalto etiopista
o la ciclópea carta
del granito
allí te esperan, pero nadie acude
sino el ignoto pescador hundido
en su mercadería palpitante.

Sólo yo acudo, a veces,
de mañana,
a esta cita con piedras resbaladas,
mojadas, cristalinas,
cenicientas,
y con las manos llenas
de incendios apagados,
de estructuras transparentes
regreso a mi familia,
a mis deberes,
más ignorante que cuando nací,
más simple cada día,
cada piedra.

XVI

Aquí está el árbol en la pura piedra,
en la evidencia, en la dura hermosura
por cien millones de años construída.
Ágata y cornalina y luminaria
substituyeron savias y madera
hasta que el tronco del gigante
rechazó la mojada podredumbre
y amalgamó una estatua paralela:
el follaje viviente
se deshizo
y cuando el vertical fue derribado,
quemado el bosque, la ígnea polvareda,
la celestial ceniza lo envolvió
hasta que tiempo y lava le otorgaron
un galardón de piedra transparente.

XVII

Pero no alcanza la lección al hombre:
la lección de la piedra:
se desploma y deshace su materia,
su palabra y su voz se desmenuzan.
El fuego, el agua, el árbol
se endurecen,
buscan muriendo un cuerpo mineral,
hallaron el camino del fulgor:
arde la piedra en su inmovilidad
como una nueva rosa endurecida.

Cae el alma del hombre al pudridero
con su envoltura frágil y circulan
en sus venas yacentes
los besos blandos y devoradores
que consumen y habitan
el triste torreón del destruído.

No lo preserva el tiempo que lo borra:
la tierra de unos años lo aniquila:
lo disemina su espacial colegio.
La piedra limpia ignora
el pasajero paso del gusano.

XVIII

Ilustre calcedonia,
honor del cielo,
delicada,
oval, tersa, indivisa,
resurrecta,
celebro la dulzura de tu fuego,
la dureza sincera
del homenaje en el anillo fresco
de la muchacha, no eres
el carísimo infierno del rubí,
ni la personalidad de la esmeralda.
Eres más piedra de los caminos,
sencilla como un perro,
opaca en la infinita
transmigración del agua,
cerca de la madera
de la selva olorosa,
hija de las raíces
de la tierra.

XIX

Se concentra el silencio
en una piedra,
los círculos se cierran,
el mundo tembloroso,
guerras, pájaros, casas,
ciudades, trenes, bosques,

la ola que repite las preguntas del mar,
el sucesivo viaje de la aurora,
llega a la piedra, nuez del cielo,
testigo prodigioso.

La piedra polvorienta en un camino
conoce a Pedro y sus antecedentes,
conoce el agua desde que nació:
es la palabra muda de la tierra:
no dice nada porque es la heredera
del silencio anterior, del mar inmóvil,
de la tierra vacía.

Allí estaba la piedra antes del viento,
antes del hombre y antes de la aurora:
su primer movimiento
fue la primera música del río.

XX

RONCA es la americana cordillera,
nevada, hirsuta y dura,
planetaria:
allí yace el azul de los azules,
el azul soledad, azul secreto,
el nido del azul, el lapislázuli,
el azul esqueleto de mi patria.

Arde la mecha, crece el estallido
y se desgrana el pecho de la piedra:
sobre la dinamita es tierno el humo
y bajo el humo la osamenta azul,
los terrones de piedra ultramarina.

Oh catedral de azules enterrados,
sacudimiento de cristal azul,
ojo del mar cubierto por la nieve

otra vez a la luz vuelves del agua,
al día, a la piel clara
del espacio,
al cielo azul vuelve el terrestre azul.

XXI

Las pétreas nubes, las amargas nubes
sobre los edificios del invierno
dejan caer los negros filamentos:
lluvia de piedra, lluvia.

La sociedad espesa
de la ciudad no sabe
que los hilos de piedra descendieron
al corazón de la ciudad de piedra.

Las nubes desembarcan saco a saco
las piedras del invierno
y cae desde arriba el agua negra,
el agua negra sobre la ciudad.

XXII

Entré en la gruta de las amatistas:
dejé mi sangre entre espinas moradas:
cambié de piel, de vino, de criterio:
desde entonces me duelen las violetas.

XXIII

Yo soy este desnudo
mineral:
eco del subterráneo:

estoy alegre
de venir de tan lejos,
de tan tierra:
último soy, apenas
vísceras, cuerpo, manos,
que se apartaron sin saber por qué
de la roca materna,
sin esperanza de permanecer,
decidido al humano transitorio,
destinado a vivir y deshojarse.

Ah ese destino
de la perpetuidad oscurecida,
del propio ser —granito sin estatua,
materia pura, irreductible, fría:
piedra fui: piedra oscura
y fue violenta la separación,
una herida en mi ajeno nacimiento:
quiero volver
a aquella certidumbre,
al descanso central, a la matriz
de la piedra materna
de donde no sé cómo ni sé cuándo
me desprendieron para disgregarme.

XXIV

Cuando regresé de mi séptimo viaje, antes de abrir la puerta de mi casa, se me ocurrió extraviarme en el laberinto rocoso de Trasmañán, entre el peñón de Tralca y las primeras casas del Quisco Sur. En busca de una anémona de color violentísimo que muchas veces, años antes, contemplé adherida a los muros de granito que la rompiente lava con sus estallidos salados. De pronto me quedé inmovilizado frente a una antigua puerta de hierro. Creí que se trataba de un despojo del mar: no era así: empujando con fuerza cedieron los goznes y entré en una gruta de piedra amarilla que se alumbraba sola, tanta luz irradiaban grietas, estalactitas y promontorios. Sin duda alguien o algo habitó alguna vez esta morada, a juzgar por los restos de latas oxidadas que sonaron a mi paso. Llamé en voz alta por si alguien estuviera oculto entre las agujas amarillas. Extrañamente, fui respondido; era mi propia voz, pero al eco ronco se agregaba al final un lamento penetrante y agudo. Repetí la experiencia, preguntando en voz más alta aún: Hay alguien detrás de estas piedras? El eco me respondió de nuevo con mi propia voz enronquecida y luego extendió la palabra piedras con un aullido delirante, como venido de otro planeta. Un largo escalofrío me recorrió clavándome a la arena de la gruta. Apenas pude zafar los pies, lentamente, como si caminara bajo el mar, regresé hacia la puerta de hierro de la entrada. Pensaba durante el esforzado retorno que si miraba hacia atrás me convertiría en arena, en piedra dorada, en sal de estalactita. Fue toda una victoria aquella evasión silenciosa. Llegado al umbral volví la cabeza entrecerrando el ala oxidada del portón y de pronto oí de nuevo, desde el fondo de aquella oscuridad amarilla, el lamento agudo y redoblado, como si un violín enloquecido me despidiera llorando.

Nunca me atreví a contar a nadie este suceso y desde entonces evito aquel lugar salvaje de grandes rocas marinas que castiga el océano implacable de Chile.

XXV

Cuando se toca el topacio
el topacio te toca:
despierta el fuego suave
como si el vino en la uva
despertara.
Aún antes de nacer, el vino claro
adentro de una piedra
busca circulación, pide palabras,
entrega su alimento misterioso,

comparte el beso de la piel humana:
el contacto sereno
de piedra y ser humano
encienden una rápida corola
que vuelve luego a ser lo que antes era:
carne y piedra: entidades enemigas.

XXVI

Déjame un subterráneo, un laberinto
donde acudir después, cuando sin ojos,
sin tacto, en el vacío
quiera volver a ser o piedra muda
o mano de la sombra.

Yo sé—, no puedes tú, nadie, ni nada,
otorgarme este sitio, este camino,
pero, qué haré de mis pobres pasiones
si no sirvieron en la superficie
de la vida evidente
y si no busco, yo, sobrevivir,
sino sobremorir, participar
de una estación metálica y dormida,
de orígenes ardientes.

XXVII

Repártase en la crisis,
en otro génesis, en el cataclismo,
el cuerpo de la que amo,
en obsidiana, en ágata, en zafiro,
en granito azotado
por el viento de sal de Antofagasta.
Que su mínimo cuerpo,
sus pestañas,

sus pies, sus senos, sus piernas de pan,
sus anchos labios, su palabra roja
continúen la piel del alabastro:
que su corazón muerto
cante rodando y baje
con las piedras del río
hacia el océano.

XXVIII

El cuadrado al cristal llega cayendo
desde su simetría:
aquel que abre las puertas de la tierra
halla en la oscuridad, claro y completo,
la luz de este sistema transparente.

El cubo de la sal, los triangulares
dedos del cuarzo: el agua lineal
de los diamantes: el laberinto
del azufre y su gótico esplendor:
adentro de la nuez de la amatista
la multiplicación de los rectángulos:
todo esto hallé debajo de la tierra:
geometría enterrada:
escuela de la sal: orden del fuego.

XXIX

Hay que hablar claro de las piedras claras,
de las piedras oscuras,
de la roca ancestral, del rayo azul
que quedó prisionero en el zafiro,
del peñasco estatuario en su grandeza
irregular, del vuelo submarino,
de la esmeralda con su incendio verde.

Ahora bien, el guijarro
o la mercadería fulgurante,
el relámpago virgen del rubí
o la ola congelada de la costa
o el secreto azabache que escogió
el brillo negativo de la sombra,
pregunto yo, mortal, perecedero,
de qué madre llegaron, de qué esperma
volcánica, oceánica, fluvial,
de qué flora anterior, de cuál aroma,
interrumpido por la luz glacial?
Yo soy de aquellos hombres transitorios
que huyendo del amor en el amor
se quedaron quemados, repartidos
en carne y besos, en palabras negras
que se comió la sombra:
no soy capaz para tantos misterios:
abro los ojos y no veo nada:
toco la tierra y continúo el viaje
mientras fogata o flor, aroma o agua,
se transforman en razas de cristal,
se eternizan en obras de la luz.

XXX

Allá voy, allá voy, piedras, esperen!

Alguna vez o voz o tiempo
podemos estar juntos o ser juntos,
vivir, morir en ese gran silencio
de la dureza, madre del fulgor.

Alguna vez corriendo
por fuego de volcán o uva del río
o propaganda fiel de la frescura
o caminata inmóvil en la nieve
o polvo derribado en las provincias

de los desiertos, polvareda
de metales,
o aún más lejos, polar, patria de piedra,
zafiro helado,
antártica,
en este punto o puerto o parto o muerte
piedra seremos, noche sin banderas,
amor inmóvil, fulgor infinito,
luz de la eternidad, fuego enterrado,
orgullo condenado a su energía,
única estrella que nos pertenece.

GEOGRAFÍA INFRUCTUOSA

EL SOL

A plena luz de sol sucede el día,
el día sol, el silencioso sello
extendido en los campos del camino.

Yo soy un hombre luz, con tanta rosa,
con tanta claridad destinada
que llegaré a morirme de fulgor.

Y no divido el mundo en dos mitades,
en dos esferas negras o amarillas
sino que lo mantengo a plena luz
como una sola uva de topacio.

Hace tiempo, allá lejos,
puse los pies en un país tan claro
que hasta la noche era fosforescente:
sigo oyendo el rumor de aquella luz,
ámbar redondo es todo el cielo:
el azúcar azul sube del mar.

Otra vez, ya se sabe, y para siempre
sumo y agrego luz al patriotismo:
mis deberes son duramente diurnos:
debo entregar y abrir nuevas ventanas,
establecer la claridad invicta
y aunque no me comprendan, continuar
mi propaganda de cristalería.

No sé por qué le toca a un enlutado
de origen, a un producto del invierno,

a un provinciano con olor a lluvia
esta reverberante profesión.

A veces pienso imitar la humildad
y pedir que perdonen mi alegría
pero no tengo tiempo: es necesario
llegar temprano y correr a otra parte
sin más motivo que la luz de hoy,
mi propia luz o la luz de la noche:
y cuando ya extendí la claridad
en ese punto o en otro cualquiera
me dicen que está oscuro en el Perú,
que no salió la luz en Patagonia.

Y sin poder dormir debo partir:
para qué aprendería a transparente!

Hoy, este abierto mediodía vuela
con todas las abejas de la luz:
es una sola copa la distancia,
el territorio claro de mi vida.

Y brilla el sol hacia Valparaíso.

SER

Soy de anteayer como todo rumiante
que mastica el pasado todo el día.
Y qué pasado? Nadie
sino uno mismo, nada
sino un sabor
de asado y vino negro callado
para unos,
para otros de sangre
o de jazmines.

Yo eres el resumen
de lo que viviré, garganta o rosa,
coral gregario o toro,

pulsante ir y venir por las afueras
y por los adentros:
nadie invariable, eterno
solo porque la muchedumbre de los muertos,
de los que vivirán, de los que viven,
tienen atribuciones en ti mismo,
se continúan como un hilo roto
que sigue entrecortándose y siguiendo
de una vida a la otra, sin que nadie
asuma tanta esperma derramada:
polen ardiente, sexo, quemadura,
paternidad de todo lo que canta.

Ay yo no traje un signo
como corona sobre mi cabeza:
fui un pobre ser: soy un orgullo inútil,
un seré victorioso y derrotado.

SUCESIVO

Así pues enseñémonos,
mostremos cada uno su recodo,
su canasto con peces:
aún palpita la plata
que recoges del agua,
aún vive el fuego
encendido en los otros (que es el tuyo):
examinemos sin tristeza el robo
que nos hicimos paulatinamente
y el regalo de todos que nos dimos.

Lo sucesivo que tiene la vida
es este ir y venir de los iguales:
Muerte a la identidad, dice la vida:
cada uno es el otro, y despedimos
un cuerpo para entrar en otro cuerpo.

Hombres: nos habitamos mutuamente
y nos gastamos unos a los otros,

desconocidos e irreconciliables
como colores que se contradicen
y se reúnen en la oscuridad.

Oh amamantadora sobresombra,
arcilla, patria negra
que reproduce el infinito humano,
el corazón innumerable, el río
de individuos con nombre y con corbata,
con número y congoja,
latitudes pobladas de caderas
compañeros cobrizos, hembras verdes,
razas hostiles, labios migratorios:
seres sabrosos para todo el orbe.

TODOS SENTADOS

El hombre caminando hacia la silla:
desde aquel horizonte hasta esta noche,
desde más lejos, desde más cerca:
un paso más hasta llegar a ella,
a la silla, a sentarse en desconsuelo
o en la dicha, a sentarse a plena luz
o a comer entre todos los sentados.

No hay elección como ésta: vive el aire
sentado en esta silla de la tierra,
y cada amanecer conduce a todos
a la postura que te da una silla,
una sencilla silla de madera.

De tanto ir y romper, de tanta furia
y de cuanto se vio de amaneceres
o cazadores despuntando el día
a plena pólvora y con selva oscura,
todo termina en silla y ceremonia:
la parábola se abre para irse
hasta que se cerró sobre una silla.

No hay nadie más andando en este mundo.

A NUMERARSE

Hoy es el veintisiete, un veintisiete.

Quién numeró los días?

De qué se trata?

Yo
pregunto
en este mundo, en esta tierra, en este
siglo, en este tiempo,
en esta vida numeral, por qué,
por qué nos ordenaron, nos sumieron
en cantidades, y nos dividieron
la luz de cada día,
la lluvia del invierno,
el pan del sol de todos los veranos,
las semillas, los trenes,
el silencio,
la muerte con sus casas numeradas
en los inmensos cementerios blancos,
las calles con hileras.
Cada uno a su número
gritan no sólo aquellos infernales
de campamento y horno,
sino las deliciosas,
impostergables brunas
o azucaradas rubias:
nos enrollan en números que pronto
se caen de sus listas al olvido.
Yo me llamo trescientos,
cuarenta y seis, o siete,
con humildad voy arreglando cuentas
hasta llegar a cero, y despedirme.

POSESIONES

El brillo
del cristal desprendido y sorprendido
sería un pez moviéndose en el cielo
si no llegara al establecimiento:
es bueno el pan o el sol sobre tu mesa:
hay que tener el mar en una copa:
la rosa en libertad es mi enemiga.
Tener palabra y libro, boca y ojos,
tener razón y luna, hallar
la silla fresca cuando tienes sombra,
el agua tuya para tu propia sed.

Yo busqué por los montes y las calles
las evidencias de mi propiedad,
muchas veces más claras que el rocío,
otras veces amargamente hostiles:
con arañas y espigas,
piedra, fulgor, caderas,
prodigios forestales o industriales,
vinos de honor, palomas, bicicletas:
agrupé los menajes
de mi sabiduría,
fui siempre fugitivo y posesivo,
amé y amé y amé lo que era mío
y así fui descubriendo la existencia,
uva por uva me fui haciendo dueño
de todas las ventanas de este mundo.

SONATA CON DOLORES

Cada vez resurrecto
entrando en agonía y alegría,
muriendo de una vez
y no muriendo,
así es, es así y es otra vez así.

El golpe que te dieron
lo repartiste alrededor de tu alma,
lo dejaste caer de ropa en ropa
manchando los vestuarios
con huellas digitales
de los dolores que te destinaron
y que a ti sólo te pertenecían.

Ay, mientras tú caías
en la grieta terrible,
la boca que buscabas
para vivir y compartir tus besos
allí cayó contigo, con tu sombra
en la abertura destinada a ti.

Porque, por qué, por qué te destinaste
corona y compañía en el suplicio,
por qué se atribuyó la flor azul,
la participación de tu quebranto?

Y un día de dolores como espadas
se repartió desde tu propia herida?
Sí, sobrevives. Sí, sobrevivimos
en lo imborrable, haciendo
de muchas vidas una cicatriz,
de tanta hoguera una ceniza amarga,
y de tantas campanas
un latido, un sonido bajo el mar.

SOLILOQUIO INCONCLUSO

Al azar de la luz
de la distancia,
me envuelvo en esto mismo, en mi razón,
en la sinceridad de mi albedrío
y cuando salgo ya a decirme adiós
me encuentro con el mismo,
con yo, con este soy que me esperaba
y que no quiere despedirse nunca.

Adiós, adiós, le digo
y toma el mismo paso que yo dejo
y recomienza con las manos mías
a buscar en la arena o en la sombra
mis propios materiales inconclusos.

Me seguí por las mesas y los mares
de jardín en jardín, de vino en vino,
sin sorprenderme de mi identidad
envidiándome a veces, despreciándome,
sin justificativo ni evidencia:
empeñado en la más oscura sal,
teñido por amargas circunstancias
y tan lleno y tan harto de mí mismo
que entré en los otros transitoriamente
como en una estación de tantos trenes
que uno toma el de ayer, el que no existe.

No es raro que ante el hombre, el uno solo,
multiplicado, longitudinal,
el que acumula sol en su granero,
luna extendida, espadas torrenciales,
el viajero hacia donde y hacia adentro,
siempre en su ser, resplandeciente y duro,
el hombre que seré, que fui, que soy,
ante el perecedero imperecible
se pare el más reciente
con un hueso sarnoso en el hocico
y teleladre algún chacal precario,
encadenado a su amargura amarga.

De mar a mediodía hay un transcurso
que no por ser destello es inasible
sino por ser fragancia:
olor del tiempo, estrella enardecida
por las repeticiones de la espuma
y en ese cascabel descabellado
sigo siendo mi próximo testigo.

*No sólo son los ojos
los que integran
la infinita limpieza, el sano cielo,
los matorrales, la salud silvestre,
sino el ir y venir de tus trabajos:
y este recomenzarte cada día,
alcanzarte cansado y renacerte,
vivirte una vez más y continuarte
volcando sombra y sangre, tierra y tierra
en lo que te tocó para sembrar,
para cavar y para cosechar,
para parir y para continuar
tu ayer y tu seguir en este mundo.*

CEREZAS

Sucedió en ese mes y en esa patria.

*Aquello que pasó fue inesperado,
pero así fue: de un día al otro día
aquel país se llenó de cerezas.*

*Era recalcitrante
el tiempo masculino desollado
por el beso polar: nadie supone
lo que yo recogía en las tinieblas:
(metales muertos, huesos de volcanes)
(silencios tan oscuros
que vendaban los ojos de las islas)
y ya entre los peñascos
se dio por descontado el laberinto
sin más salida que la nieve
cuando llegó sin advertencia previa
un viento de panales que traía
el color que buscaban las banderas.*

De cereza en cereza cambia el mundo.

Y si alguien duda
pido a quien corresponda que examinen
mi voluntad, mi pecho transparente,
porque aunque el viento se llevó el verano
dispongo de cerezas escondidas.

A JOSE CABALLERO, DESDE ENTONCES

Dejé de ver a tantas gentes,
por qué?

Se disolvieron en el tiempo.
Se fueron haciendo invisibles.

Tantas cosas que ya no veo,
que no me ven. Y por qué?

Aquellos barrios con barricas
y cuerdas y quesos flotantes
en los suburbios del aceite.

Dejé la calle de la Luna
y la taberna de Pascual.

Dejé de ver a Federico.
Por qué?

Y Miguel Hernández cayó
como piedra dura en el agua,
en el agua dura.

También Miguel es invisible.

De cuanto amé, qué pocas cosas
me van quedando para ver,
para tocar,
para vivir.

*Por qué dejé de ver el frío
del mes de enero, como un lobo
que venía de Guadarrama
a lamerme con una lengua,
a cortarme con su cuchillo?
Por qué?*

*Por qué no veo a Caballero,
pintor terrestre y celestial,
con una mano en la tristeza
y la otra mano en la luz?*

A ése lo veo.

*Tal vez más entrado en la tierra,
en el color, en el silencio,
enamorado, anaranjado,
viviendo un sol sobreviviente.*

Así es.

*A través de él veo la vida
que dejé de ver para nunca.
La dicha que yo no perdí
(porque aprendí después las cosas
luchando).*

*A través de su tinta ardiente
y de su arcilla delirante,
a través del puro fulgor
que lo delata,*

*veo lo que amé y no perdí,
y sigo amando:
calles, tierras, dulzura, frío,
la sepulcral Plaza Mayor,
el tiempo con su larga copa.*

*Y en el suelo una rosa blanca,
ensangrentada.*

TRONCOS CORTADOS SOBRE UN CAMIÓN EN UN CAMINO DE CHILE

Ocho troncos cortados
en un camión, de viaje:
de la montaña vienen,
vienen del verde duro
de Lonquimay, tierras de cielo y nieve,
mis recintos de luz, mis soledades.

Oh moribundos bosques,
follajes fríos, vértebras penúltimas
del ayer iracundo:
de la guerra española y araucana:
espadas y caballos
bajo la sorda lluvia rencorosa!

Ocho troncos tendidos
a lomo de camión, en línea recta
por los caminos de Santiago al Polo,
al Polo Sur, a la distancia blanca.
Ocho mis compañeros
de raíces cortadas
en mi propio linaje.

Hay sol, es una feria
florida, al sol, la agricultura
de un verano violento:
violeta y amarillo es el camino,
azul el obelisco
del digitalis,
el estampido
de la amapola, y por todas partes
una persecución de zarzamoras.

Es el verano de las cordilleras.

El mediodía es un reloj azul
estático, redondo, atravesado

por el lento
vuelo de un ave negra que parece
acompañar los troncos en su viaje,
seguir los árboles destituidos.

SIEMPRE POR LOS CAMINOS

Amanecí nublado
entre Metrenco y Villarrica, andando,
con campo adentro, robles, animales,
y el corazón nublado,
metido bajo extensas nubes verdes,
nubes lluviosas, negra geografía.

Hay que morder silencio
en las mañanas, por estos caminos
con caballos echados, transparentes
bajo la luz oblicua
mientras el sol de ayer, el de mañana
ven en otra parte,
por otras tierras adonde no estoy,
en la otra mitad del mismo día.

Y escogí esta ceniza,
esta mañana de ojos plateados
adentro de mí mismo:
yo continué los ríos pedregosos
y las vacilaciones de la luz:
amaneciendo
entre el sol y mis ojos que se abrían,
entre este territorio y mi destino
se dispuso la llave de la lluvia.

Y abrió sus cerraduras el invierno.

SIGUE LO MISMO

Es tarde y es temprano a cada hora:
a cada resplandor, a cada sombra
nos amanece cada atardecer:
el tiempo inmóvil
enmascara
su rostro inevitable
y muda sin cambiar su vestidura:
noche o delgada aurora,
largo silencio de los ventisqueros,
manzana arrebolada del estío:
todo es tan pasajero como el viento:
el tiempo aguarda, inmóvil,
sin color ni calor, sin sol ni estrella:
y es este absolutismo el que nos reina:

adiós! adiós! Y no se altera nada.

PERO TAL VEZ

*Sí, no se altera nada pero tal vez se altera
algo, una brizna, el aire, la vida, o en fin, todo,
y cuando ya cambió todo ha cambiado,
se ha ido uno también, con nombre y huesos.*

*Bien, bien, un día más: qué grande es esto:
como saltar en un nuevo vacío
o en otros unos más, en otro
reino de pasajeros: el asunto
nunca termina cuando ha terminado
y cuando comenzó no estás presente.*

*Y por qué tanta flor, tanto linaje
vegetal extendido, levantando
pistilos, polen, luz, insectos, luna
y nuestros pies y nuestras bocas llenas*

de palabras, de polvo
perecedero,
aquí embarcados, aquí desarrollados
a plena deliciosa luz de cielo?

Y por qué? Para qué? Pero por qué?

HACIA TAN LEJOS

A la Isla de Pascua y sus presencias
salgo, saciado de puertas y calles
a buscar algo que allí no perdí.

El mes de enero, seco
se parece a una espiga:
cuelga de Chile su luz amarilla
hasta que el mar lo borre
y yo salga otra vez a regresar.

(Estatuas que la noche construyó
y desgranó en un círculo cerrado
para que no las viera sino el mar.)

Viajé a recuperarlas, a erigirlas
en mi domicilio desaparecido,
y aquí rodeado de presencias grises,
de blancura espacial, de movimiento
azul, agua marina, nubes, piedra,
recomienzo las vidas de mi vida.

DE VIAJES

El aparente mar, el mar redondo
del navío, sin alas,
liso, extendido en el final del día,
y yo, yo que soy tú, yo que no soy,

ensimismado pasajero, raza
de honor gastado en piedras y arenales,
aquí esperando a la misma hora siempre
la tiniebla de cada día.

Porque, después de todo o antes de eso
qué hay entre luz y luz sino el transcurso?

Y cada día con su copa abierta
nos entrega y nos roba claridad
hasta que naufragamos en la sombra
con el navío y con los pasajeros,
con el pequeño mundo de aquel día.

Hasta mañana, rayo.

Hasta la luz, noche sombría.

Hasta verte otra vez alrededor,
cielo del día, cinturón del mar,
hasta ser otra vez y transcurrir
de nuevo dirigidos
por voluntad del sol o de la sombra.

SONATA DE MONTEVIDEO

Cuando brotaba sangre
de la ciudad, por grietas
se deslizaba, inmóvil
como un lagarto lento,
y en cada casa de Montevideo
algún tipo de duelo, de odio, de error, de duda,
de recelo, de honor o de terror
cundía sin que nadie pareciera
cerca del fin, de algún final, y todos
callaban o iban ciegos mirándose,
iban ciegos callándose

o con ojos abiertos sin saber dónde iban,
los secuestrados, los secuestradores,
con madres en pena por un lado y otro,
con asesinos, con asesinados,
en casas rotas que se desangraban
de irse quedando tantas veces heridas
o colas de pescado y revoltijo
de papeles y barro, arena, cáscaras
de cebolla, sombreros perdidos, fruta muerta
como si a la orgullosa, a la ciudad de largos peces
plateados como espadas, le hubiera caído una
    nube
que no se abría, que no dejaba lluvia
sino una sombra seca, de cartón que cruje,
una nube opresora que tal vez
no bajó de arriba sino que subió de abajo,
del amor polvoriento, de la tierra pelada,
de las habitaciones que nunca tuvieron tiempo
para la dicha: aquella nube en verdad
la toqué viniendo de mi país, al pasar,
y pensé que el martirio del hombre es la
    transición,
la tierra de nadie en que cuatro pies avanzan,
dos de cada lado, dos pies, seguidos de dos manos,
seguidos de dos ojos ciegos que se quieren matar.

Oh tiempo que me ha tocado compartir con mi
    enemigo
y con mi amigo, hora amarga
entre todas las horas que se me destinaron:
te repites aquí, en un viaje, entre las cordilleras
    y el dolor
como si mi destino, para llegar al mar
fuera absorber el luto
de los remotos y de los cercanos,
como el pan mojado por las lágrimas.

Por eso, atlántico mar, cerca de Santos,
agradezco tu día sosegado:
un ancho huevo azul es el espacio, una copa

volcada, transparente: y el mar parece duro
en la verdad de su infinito rostro.

(Sí, gracias, intranquila permanencia,
naturaleza al fin, rosa insalvable
otra vez pura, imperecedera tal vez,
inalcanzada por el conflicto terrestre,
humana o inhumana, sin manchas de odio o amor,
sin lucha justa, sin esperanza y sin sangre.)

PAISAJE EN EL MAR

El rey azul es un día elevado
sobre el mar, sobre todos los navíos,
un rey inaccesible
duro en su molde,
impersonal, remoto
como una nube, como una mirada
y todo lo demás es cuerpo y ojos,
cuerpo celeste, párpado del cielo,
copa intachable de su vino azul.

A PLENA OLA

Es muy serio el viento del mes de marzo en el océano:
sin miedo: es día claro, sol ilustre,
yo con mil otros encima del mar
en la nave italiana que retorna a Nápoli.

Tal vez trajeron todos sus infidelidades,
enfermedades, tristes papeles, deudas, lágrimas,
dineros y derrotas en los números:
pero aquí arriba es difícil jugar con la razón
o complacerse con las desdichas ajenas
o mantenerse heridos por angas o por mangas:
hay tal ventolera que no se puede sufrir:

*y como no veníamos preparados
aun para ser felices, aun y sin embargo
y subimos puentes y escalas para reflexionar,
el viento nos borró la cabeza, es extraño:
de inmediato sentimos que estábamos mejor:
sin cabeza se puede discutir con el viento.*

*A todos, melancólicos de mi especialidad,
los que inútilmente cargamos con pesadumbre propia
y ajena, los que pensamos tanto en las pequeñas cosas
hasta que crecen y son más grandes que nosotros,
a todos recomiendo mi claro tratamiento:
la higiene azul del viento en un día de sol,
un golpe de aire furioso y repetido
en el espacio atlántico sobre un barco en el mar,
dejando sí constancia de que la salud física
no es mi tema: es el alma mi cuidado:
quiero que las pequeñas cosas que nos desgarran
sigan siendo pequeñas, impares y solubles
para que cuando nos abandone el viento
veamos frente a frente lo invisible.*

INVIERNO EN EUROPA

Hacia el mes de noviembre me dirigí, con sombrero,
enguantado.
Era invierno, en el país de Francia.

No fui a buscar razones, ni la verdad ni la sombra.

Lo primero que hallé fue una señora frágil
que volvía de Chile, fatigada:
(en un camino cerca de Isla Negra
un tal Montiel [que lo parta un rayo]
casi la sucumbió con su automóvil).

Ahora con su bello rostro levantino, afilado
por el dolor, sus ojos

aún viajaban conmigo como dos lámparas negras:
siguieron encendidos a través del invierno.

Nadie ha viajado como yo por la bruma
entre las últimas hojas doradas
y al cielo frío y blanco, conducido
por dos ojos de dama moribunda.

Sólo la hiedra pertinaz
conservaba su triste grito verde
subiendo desde el suelo por los árboles:
los bosques eran sólo líneas secas
que se desvanecían en la bruma.

Yo buscaba las letras del nombre de noviembre.

NACE UN DIA

Era de ventana cerrada el día,
era de noche aún, era de piedra
cuando fui despertando,
cuando fue despertando
el sonido de aquél, del cada día,
el sonido del sol,
y me di cuenta, casi aún dormido,
que yo era la campana de color,
el despertar amarillo.

EL CAMPANARIO DE AUTHENAY

Contra la claridad de la pradera
un campanario negro.

Salta desde la iglesia triangular:
pizarra y simetría.

*Mínima iglesia en la suave extensión
como para que rece una paloma.*

*La pura voluntad de un campanario
contra el cielo de invierno.*

*La rectitud divina de la flecha
dura como una espada*

*con el metal de un gallo tempestuoso
volando en la veleta.*

*(No la nostalgia, es el orgullo
nuestro vestido pasajero*

*y el follaje que nos cubría ·
cae a los pies del campanario.*

*Este orden puro que se eleva
sostiene su sistema gris*

*en el desnudo poderío
de la estación color de lluvia.*

*Aquí el hombre estuvo y se fue:
dejó su deber en la altura,*

*y regresó a los elementos,
al agua de la geografía.*

*Así pude ser y no pude,
así no aprendí mis deberes:*

*me quedé donde todo el mundo
mirara mis manos vacías:*

*las construcciones que no hice:
mi corazón deshabitado;*

*mientras oscuras herramientas
brazos grises, manos oscuras*

*levantaban la rectitud
de un campanario y de una flecha.*

*Ay lo que traje yo a la tierra
lo dispersé sin fundamento,*

*no levanté sino las nubes
y sólo anduve con el humo*

*sin saber que de piedra oscura
se levantaba la pureza*

*en anteriores territorios,
en el invierno indiferente.)*

*Oh asombro vertical en la pradera
húmeda y extendida:*

*una delgada dirección de aguja
exacta, sobre el cielo.*

*Cuántas veces de todo aquel paisaje,
árboles y terrones*

*en la infinita estrella horizontal
de la terrestre Normandía,*

*por nieve o lluvia o corazón cansado,
de tanto ir y venir por el mundo,*

*se quedaron mis ojos amarrados
al campanario de Authenay,*

*a la estructura de la voluntad
sobre los dominios dispersos*

*de la tierra que no tiene palabras
y de mi propia vida.*

*En la interrogación de la pradera
y mis atónitos dolores*

*una presencia inmóvil rodeada
por la pradera y el silencio:*

*la flecha de una pobre torre oscura
sosteniendo un gallo en el cielo.*

PAÍS

Yo vivo ahora en un país tan suave
como la piel otoñal de las uvas:
verde blanco y violeta es este tiempo:
el sol se fue hace rato y no regresa:
los árboles desnudos se dibujan
levantando el fulgor penúltimo en sus copas:
la voz de los poetas corre por las alfombras:
nada se clava en tus ojos para herirte:
nadie desobedece a la dulzura.

Yo habito ahora la delicadeza
de grandes ríos inmóviles, de riberas
pintadas por los años más claros y tenaces:
todos los dramas se terminaron antes:
las guerras se enterraron por un pacto
entre el honor y el olvido:
nadie tiene derecho al martirio ni al hambre:
hay que entrar a la casa dorada del otoño.

LA MORADA SIGUIENTE

Volviendo a la madera, por el mes del frío,
en diciembre, en Europa, con el sol
escondido, enfundado en su ropaje
de nube y nieve, me esperaba
la morada siguiente:
grandes ventanas hacia el agua inmóvil
y grandes vigas amigas del humo.

Tal vez me destinó o me destinaron
entre tantos quiénsabes
a esta penúltima vez, a esta enramada
de árboles milenarios que murieron
y otra vez verticales
levantaron con piedras y con pájaros
y árboles despojados por el frío
esta casa, este espacio
para que el viejo errante se durmiera
sabiendo que temprano la mañana
blanca, de nieve, es verdadera,
sin ciudad, en un pobre caserío:
la mañana desnuda está entreabierta
como una fruta fría y verdadera.

La verdad tiene rostro:
de agua y madera son sus ojos,
de nieve son sus dientes:
sonríe al sol celeste y a la lluvia:
hay que buscarla:
el cuerpo de la vida se desliza
entre un amanecer de infancia, lejos,
camas y cines, trenes,
salas de clase, fábricas, hoteles,
oficinas, cuarteles,
y entre ir y volver se va la vida
escondiendo los pies y la mirada.

Por eso hay que pararse, de repente,
oler la piedra, tocar la madera,
atravesar la escarcha:
establecer por fin nuestra evidencia:
existir sin razones ni sentido
en esta desnudez de la mañana
que ya la tarde vestirá de negro.

(Aquí entre la madera y la madera
rodeado de silenciosa pureza
siento el espacio una vez más seguirme
y circundarme, abierto
hasta tal vez el mar, tal vez el cielo,
en el centro de un círculo habitado
por troncos sin follaje, por las líneas
que el invierno dibuja, por el vuelo
rápido y seco de unas aves grises,
yo vuelvo a ser, vuelvo a reconocerme,
estático tal vez, no sin fatiga,
pero fresco y metálico,
seguro de ser árbol y campana.)

FUGA DE SOL

Hacia países donde crece la mostaza,
regiones rubias, vegetales, ácidas,
debemos ir, nosotros, los dormidos,
a contagiarnos: es hora, Antonieto
de cambiar el papel ferruginoso
que nos impuso el día en que nacimos,
aquel día de hierro,
aquella estrella de carbón quemado
que nos dio nacimientos y dolores:
ay hacia el sol picante, hacia la dicha
llevemos nuestros corazones negros:
ya es hora de ir descalzos
a pisar las cebollas,

los berros, los nenúfares:
alguna vez hay que dejar de ver
el mundo con mirada mineral
y prosternarse ante la sencillez
de la vida más verde que alcancemos.

PRIMER INVIERNO

Yo observo el día como si lo criara,
como si yo lo hubiera dado a luz
desde que llega, oscuro, a mi ventana
como un pájaro negro
hasta que convertido en nieve y luz
palpita apenas: vive.

Vive el sol indeciso: es su destino
aclarar estos árboles desnudos,
tocar el agua inmóvil,
gravitar sin medida, sin lenguaje,
sin peso, hasta que la boca
del cielo se lo traga
sin que destellen a la luz del frío
las plumas que volaron desde ayer
hasta volver mañana a mi ventana.

EL MISMO SIEMPRE

De las melancolías que consumí hasta llegar a joven
me dejé para mí, como un coleccionista, las mejores tristezas,
aquellas sin ton ni son, las inseparables del alma,
las que se parecen al vapor de la mañana de abril en los árboles.

No son exactamente residuos de la edad
aquellas nubes desgarradoras, aquellas amapolas amargas
sino más bien el complemento terrenal de la vida:

el corazón deshabitado que siente un ruido oscuro
como si entrara el viejo viento después de la lluvia
por una ventana que sin explicación alguna, se quedó sin cerrar.

Porque si separamos los verdaderos maleficios, los golpes
que destrozaron vísceras o vértebras, si pudimos
apartar la desdicha, la aflicción, el tormento,
así como la envidia, los celos, la agresión,
guardamos las raíces del llanto pasajero,
esta niebla mojada por la melancolía
como una duradera sustancia inseparable.
rechazo, condición de la energía.

Así pues yo me envuelvo en mi destino
sin extraviar aquella capa recalcitrante,
honor de la desnuda primavera,
y seguro de ser, firme en mi duración,
inextinguible, vivo mis besos más antiguos,
tengo aún en los labios un sabor
a luna llena errante, la más lejana, aquella
que viajaba en el cielo como una novia muerta
en la noche salvaje de Temuco.

NO SÉ CÓMO ME LLAMO

Hasta cuándo este yo, me preguntaba a todos,
qué cansado está uno
de ser el mismo ser, con nombre y número,
con un silencio nuevo
de olvidado reloj o de herramienta
de empuñadura usada por la mano.

La muerte cae
sobre la identidad y al fin descansan
no sólo las rodillas y las venas
sino este nombre nuestro
tan traído y llevado y escupido

como un pobre soldado
medio muerto entre el barro y la batalla.
Yo recuerdo aquel día
en que perdí mis tres primeros nombres
y las palabras que pertenecían
a quién? a mí? o a los antepasados?

Lo cierto es que no quise cuenta ajena
y creí inaugurarme:
darme apellido, nombrarme a mí mismo
y crecer en mi propia levadura.

Pero así entre dulzura y ajetreo
el cuerpo largo, el rayo intermitente
de la vida
se deslizó gastando mi cintura
y encontré que ya todos me llamaban,
todos le arremetían a mi nombre:
algunos lo arañaban
en el Senado con escarbadientes,
otros agujereaban mi estatura
como si yo fuera hecho de queso:
no me sirvió mi máscara nocturna,
mi vocación silvestre.
Y me sentí desnudo
después de tantas condecoraciones,
listo para volver de donde vine,
a la humedad del subsuelo.

No hay piedad para el hombre entre los hombres,
y aunque escondas los ojos serás visto,
oído aunque no hables,
no serás invisible,
no seguirás intacto:
tus nombres te delatan
y te muerden los dientes del camino.

FELICIDAD

Sin duda, sí, contesto
sin que nadie pregunte y me pregunte:
lo bueno es ya sin interrogaciones,
sin compromiso, responder
a nuestra sombra lenta y sucesiva.

Sí, en este tiempo mío, en esta historia
de puerta personal, acumulé
no el desvarío sino la nostalgia
y la enterré en la casa de cemento:
duelo o dolor de ayer no me acompañan
porque no sólo se mueren los huesos,
la piel, los ojos, la palabra, el humo,
sino también el llanto devorado
por las sesenta bocas de la vida.

Así de lo que de uno en otro sitio
guardé —tristeza o súbita amargura—
la devolví cual pesca temblorosa
al mar, al mar, y me acosté desnudo.

Ésta es la explicación de mi ventura;
yo tengo el sueño duro de la piedra.

EL COBARDE

Y ahora, a dolerme el alma y todo el cuerpo,
a gritar, a escondernos en el pozo
de la infancia, con miedo y ventarrón:
hoy nos trajo el sol joven del invierno
una gota de sangre, un signo amargo
y ya se acabó todo: no hay remedio,
no hay mundo, ni bandera prometida:
basta una herida para derribarte:

con una sola letra
te mata el alfabeto de la muerte,
un solo pétalo del gran dolor humano
cae en tu orina y crees
que el mundo se desangra.

Así, con sol frío de Francia, en mes de marzo,
a fines del invierno dibujado
por negros árboles de la Normandía
con el cielo entreabierto ya al destello
de dulces días, flores venideras,
yo encogido, sin calles ni vitrinas,
callada mi campana de cristal,
con mi pequeña espina lastimosa
voy sin vivir, ya mineralizado,
inmóvil esperando la agonía,
mientras florece el territorio azul
predestinado de la primavera.

Mi verdad o mi fábula revelan
que es más tenaz que el hombre
el ejercicio de la cobardía.

AL FRÍO

Frío en la cara entre árboles sin hojas
por caminos brillantes
de hora blanca y escarcha matutina!

Frío de manos puras, corazón salvaje
gritándome en los ojos
un grito que no ahoga
la inmóvil ecuación
que el cielo y la pradera establecieron:
la doctrina infinita del invierno:
luz reprimida en la extensión del día
blanco como un pez muerto:
sólo el frío es acción: el frío vive.

Ay, acaricia aún la tierra
antes que la visita del verano
imponga su letárgica amapola!
Saca el cuchillo y que restalle
tu escalofrío eléctrico
sobre cuerpos cobardes
y almas acurrucadas en el sueño!

Oh frío, ala de piedra,
recóbrame,
devuélveme
tu copa de energía y amenaza,
lo que el placer o la ternura roban:
tu frente a frente dándome en los ojos,
vital, mortal, indómito enemigo!

DONDE SE ESCOGE EL PASADO

Es hacia atrás este hoy, hacia el recuerdo,
hacia un tal vez, hacia un no fue tal vez
con todo lo que en el pasado se pierde:
aquel anillo, aquel aroma, aquella
dulzura sin palabras que perdimos.

Porque si yo me pongo a recordar
voy sin saber por una casa oscura
sin mirada, perdido en antesalas,
corredores, paredes, dormitorios
y ya no hay nadie, todo sigue oscuro,
alguien se fue de mis recuerdos
y no salgo de aquella oscuridad:
no tengo arte ninguno
que me devuelva con exactitud
un corazón, un cuerpo que me amó.

Por eso, de lo que así recojo,
si se trata de ayer,

mis manos buscan bosques o guitarras
o tambores de tristes fiestas que se olvidaron
o serenatas largas de la lluvia
en un puerto, en el desembarcadero
sin que tampoco yo esperara a nadie
ni me fuera a embarcar a parte alguna.

Lo que me pasa o pasa es que este ayer,
este anteayer hacia el que salgo
como a entrar a un mercado que no existe
no tiene personajes ni manzanas,
se fueron todas, todos los que entraban:
los que salían no volvieron más
como si hubiera un agujero, un pozo
al que saliendo de anteayer a hoy
fueron cayendo todos uno a uno.

Así pues ya no acostumbro, ahora,
entrar en calles desaparecidas
alcoba por alcoba, a buscar muertos
o mujeres borradas por la lluvia:
no hay pasado en aquellos edificios:
vuelven las redes desde el mar vacío:
las ciudades trituran sus recuerdos
en el hacinadero del olvido
y nadie deja un beso en el desván:
los ascensores lo molieron todo
machacando con golpes de molino
el tiempo tristemente derramado.

En cambio en aquel sitio
sin nadie, con océano y arena,
perdido, con mi traje
de soledad, mirando
sin ver, lo más lejano
en la distancia que borra las flores,
allí soy, continuo,
como si el tiempo hubiera detenido
en lo remoto mi fotografía
apasionada en su inmovilidad.

EL SOBREVIVIENTE SALUDA
A LOS PÁJAROS

Fundé con pájaros y gritos de sol la morada:
temprano a la hora del manantial, salí al frío
a ver los materiales del crecimiento: olores
de lodo y sombra, medallas que la noche dejó
sobre los temblorosos follajes y la hierba.

Salí vestido de agua, me extendí como un río
hacia el horizonte que los más antiguos geógrafos
tomaron como final del presupuesto terrestre:
yo fui entre las raíces, bañando con palabras
las piedras, resonando como un metal del mar.

Hablé con el escarabajo y aprendí
su idioma tricolor, de la tortuga
examiné paciencia convexa y albedrío, encontré
un animal recién invitado al silencio:
era un vertebrado que venía de entonces,
de la profundidad, del tiempo sumergido.

Tuve que reunir los pájaros, cercar
territorios a fuerza de plumajes, de voces
hasta que pude establecerme en la tierra.

Si bien mi profesión de campana
se probó a la intemperie, desde mi nacimiento
esta experiencia fue decisiva en mi vida:
dejé la tierra inmóvil: me repartí en fragmentos
que entraban y salían de otras vidas,
formé parte del pan y la madera,
del agua subterránea, del fuego mineral:
tanto aprendí que puse mi morada
a la disposición de cuanto crece:
no hay edificación como la mía en la selva,
no hay territorio con tantas ventanas,
no hay torre como la que tuve bajo la tierra.

*Por eso, si me encuentras ignominiosamente
vestido como todos los demás, en la calle,
si me llamas desde una mesa en un café
y observas que soy torpe, que no te reconozco,
no pienses, no, que soy tu mortal enemigo:
respeta mi remota soberanía, déjame
titubeante, inseguro, salir de las regiones
perdidas, de la tierra que me enseñó a llover,
déjame sacudir el carbón, las arañas,
el silencio: y verás que soy tu hermano.*

NOTA DECLARATORIA

El año 1971 fue muy cambiante para mis costumbres. Por eso y por no aparecer enigmático sin razón esencial dejo constancia de desplazamientos, enfermedades, alegrías y melancolías, climas y regiones diferentes que alternan en este libro. Algo fue escrito entre Isla Negra y Valparaíso, y en otros caminos de Chile, casi siempre en automóvil, atrapando el paisaje sucesivo.

También en automóvil muchos otros poemas fueron escritos en otoño e invierno por los caminos de la Normandía francesa.

POESÍA Y PROSA
NO INCLUIDAS EN LIBRO

LA CANCIÓN DE LA FIESTA

Hoy que la tierra madura se cimbra
en un temblor polvoroso y violento,
van nuestras jóvenes almas henchidas
como las velas de un barco en el viento.

Por el alegre cantar de la fuente
que en cada boca de joven asoma:
por la ola rubia de luz que se mueve
en el frutal corazón de la poma,

tiemble y estalle la fiesta nocturna
y que la arrastren triunfantes cuadrigas
en su carroza, divina y desnuda,
con su amarilla corona de espigas.

La juventud con su lámpara clara
puede alumbrar los más duros destinos,
aunque en la noche crepiten sus llamas
su lumbre de oro fecunda el camino.

Tiemble y estalle la fiesta. La risa
crispe las bocas de rosa y de seda
y nuestra voz dulcifique la vida
como el olor de una astral rosaleda.

Hombres de risa vibrante y sonora,
son los que traen la fiesta en los brazos,
son los que llenan la ruta de rosas
para que sean más suaves sus pasos.

Y una canción que estremece la tierra
se alza cantando otra vida mejor
en que se miren el hombre y la estrella
como se miran el ave y la flor.

Se harán agudas las piedras al paso
de nuestros blancos y rubios efebos
que seguirán con los ojos en alto
volcando siembras y cánticos nuevos.

Tiemble y estalle la fiesta. Que el goce
sea un racimo de bayas eximias
que se desgrane en las bocas más nobles
y que fecunde otras bellas vendimias.

(Santiago, ediciones *Juventud*, 1921).

UN HOMBRE ANDA BAJO LA LUNA

P ENA de mala fortuna
que cae en mi alma y la llena.
Pena.
Luna.

Calles blancas, calles blancas...
...Siempre ha de haber luna cuando
por ver si la pena arranca
ando
y ando...

Recuerdo el rincón oscuro
en que lloraba en mi infancia
—los líquenes en los muros
—las risas a la distancia.

... Sombra... silencio... una voz
que se perdía...
La lluvia en el techo. Atroz
lluvia que siempre caía...

y mi llanto, húmeda voz
que se perdía.

...Se llama y nadie responde,
se anda por seguir andando...
Andar... Andar... Hacia dónde?...
Y hasta cuándo?...
Nadie responde
y se sigue andando.

Amor perdido y hallado
y otra vez la vida trunca.
Lo que siempre se ha buscado
no debiera hallarse nunca!

Uno se cansa de amar...
Uno vive y se ha de ir...
Soñar... Para qué soñar?
Vivir... Para qué vivir?

...Siempre ha de haber calles blancas
cuando por la tierra grande
por ver si la pena arranca
ande
y ande...

...Ande en noches sin fortuna
bajo el vellón de la luna,
como las almas en pena...

Pena de mala fortuna
que cae en mi alma y la llena.
Pena.
Luna.

(Revista *Claridad*, edición del 29 de
abril de 1922).

EL BARCO DE LOS ADIOSES

Desde la eternidad navegantes invisibles vienen llevándome a través de atmósferas extrañas, surcando mares desconocidos. El espacio profundo ha cobijado mis viajes que nunca acaban. Mi quilla ha roto la masa movible de icebergs relumbrantes que intentaban cubrir las rutas con sus cuerpos polvorosos. Después navegué por mares de bruma que extendían sus nieblas entre otros astros más claros que la tierra. Después por mares blancos, por mares rojos que tiñeron mi casco con sus colores y sus brumas. A veces cruzamos la atmósfera pura, una atmósfera densa, luminosa que empapó mi velamen y lo hizo fulgente como el sol. Largo tiempo nos deteníamos en países domeñados por el agua o por el viento. Y un día —siempre inesperado— mis navegantes invisibles, levantaban mis anclas y el viento hinchaba mis velas fulgurantes. Y era otra vez el infinito sin caminos, las atmósferas astrales abiertas sobre llanuras inmensamente solitarias.

Llegué a la tierra, me anclaron en un mar, el más verde, bajo un cielo azul que yo no conocía. Acostumbradas al beso verde de las olas mis anclas descansan sobre la arena de oro del fondo del mar, jugando con la flora torcida de su hondura, sosteniendo las blancas sirenas que en los días largos vienen a cabalgar en ellas. Mis altos y derechos mástiles son amigos del sol, de la luna y del aire aromoso que los prueba. Pájaros que nunca han visto se detienen en ellos después de un vuelo de flechas, rayan el cielo, alejándose para siempre. Yo he empezado a amar este cielo, este mar. He empezado a amar estos hombres...

Pero un día, el más inesperado, llegarán mis navegantes invisibles. Llevarán mis anclas arborecidas en las algas del agua profunda, llenarán de viento mis velas fulgurantes... Y será otra vez el infinito sin caminos, los mares rojos y blancos que se extienden entre otros astros eternamente solitarios.

LOS HÉROES

Como si los llevara dentro de mi ansiedad encuentro los héroes donde los busco. Al principio no supe distinguirles, pero ya enrielado en las artimañas de la vida, los veo pasar a mi lado y aprendo a darles lo que no poseen. Pero he aquí que me siento abrumado de este heroísmo y lo rechazo cansado. Porque ahora quiero hombres que doblen la espalda a la tormenta, hombres que aúllen bajo los primeros latigazos, héroes sombríos que no sepan sonreír y que miren la vida como una gran bodega, húmeda, lóbrega, sin rendijas de sol.

Pero ahora no los encuentro. Mi ansiedad está llena de los viejos heroísmos, de los antiguos héroes.

LA LUCHA POR EL RECUERDO

Mis pensamientos se han ido alejando de mí, pero llegado a un sendero acogedor rechazo los tumultuosos pesares presentes y me detengo, los ojos cerrados, enervado en un aroma de lejanía que yo mismo he ido conservando, en mi lucha pequeña contra la vida. Sólo he vivido ayer. El ahora tiene esa desnudez en espera de lo que desea, sello provisional que se nos va envejeciendo sin amor.

Ayer es un árbol de largas ramazones, y a su sombra estoy tendido, recordando.

De pronto contemplo sorprendido largas caravanas de caminantes que, llegados como yo a este sendero, con los ojos dormidos en el recuerdo, se cantan canciones y recuerdan. Y algo me dice que han cambiado para detenerse, que han hablado para callarse, que han abierto los atónitos ojos ante la fiesta de las estrellas para cerrarlos y recordar...

Tendido en este nuevo camino, con los ávidos ojos florecidos de lejanía, trato en vano de atajar el río del tiempo que tremola sobre mis actitudes. Pero el agua que logro recoger queda aprisionada en los ocultos estanques de mi corazón en que mañana habrán de sumergirse mis viejas manos solitarias...

CANCIÓN

Mi prima Isabela... Yo no la conocí a mi prima Isabela. He atravesado, años después, el patio ajardinado en que, me dicen, nos vimos y nos amamos en la infancia. Es un sitio de sombra: como en los cementerios, hay en él árboles invernizos y endurecidos. Un musgo amarillo rodea las cinturas de unas tazonas de greda parda recostadas en el patio de estos recuerdos... Allí fue, pues, donde la vi, a mi prima Isabela.

Debo de haberle puesto esos ojos de los niños que esperan algo que va a pasar, está pasando, pasó...

Prima Isabela, novia destinada, corre un caudal continuado, eterno entre nuestras soledades. Yo desde este lado echo a correr hacia valles que no diviso, mis gritos, mis acciones, que regresan a mi lado en ecos inútiles y perdidos. Tú desde el otro lado...

Pero muchas veces te he rozado, Isabela. Porque tú serás quién sabe dónde! esa recogida mujer que, cuando camino en el crepúsculo, cuenta desde la ventana, como yo, las primeras estrellas.

Prima Isabela, las primeras estrellas.

VIENTOS DE LA NOCHE

Como una bambalina la luna en la altura se debe cimbrar... Vientos de la noche, tenebrosos vientos! Que rugen y rajan las olas del cielo, que pisan con pies de rocío los techos. Tendido, durmiendo, mientras que las ebrias resacas del cielo se desploman bramando sobre el pavimento. Tendido, durmiendo, cuando las distancias terminan y vuelan trayendo a mis ojos lo que estaba lejos. Vientos de la noche, tenebrosos vientos! Qué alas más pequeñas las mías en este aletazo tremendo! Qué grande es el mundo frente a mi garganta abatida! Sin embargo, puedo, si quiero, morir, tenderme en la noche para que me arrastre la rabia del viento. Morirme, tenderme dormido, volar en la violenta marea, cantando, tendido, durmiendo! Sobre los tejados galopan los cascos del cielo. Una chimenea solloza... Vientos de la noche, tenebrosos vientos!

ES MUY TEMPRANO

G RAVE inmovilidad del silencio. La raya el cacareo de un gallo. También la pisada de un hombre de labor. Pero continúa el silencio.

Luego una mano distraída sobre mi pecho, ha sentido el latido de mi corazón. No deja de ser sorprendente.

Y de nuevo —oh los antiguos días!— mis recuerdos, mis dolores, mis propósitos caminan agachados a crucificarse en los senderos del espacio y del tiempo.

Así se puede transitar con facilidad.

UN AMOR

P OR ti junto a los jardines recién florecidos me duelen los perfumes de primavera.

He olvidado tu rostro, no recuerdo tus manos, cómo besaban tus labios?

Por ti amo las blancas estatuas dormidas en los parques, las blancas estatuas que no tienen voz ni mirada.

He olvidado tu voz, tu voz alegre, he olvidado tus ojos.

Como una flor a su perfume, estoy atado a tu recuerdo impreciso.

Estoy cerca del dolor como una herida, si me tocas me dañarás irremediablemente.

Tus caricias me envuelven como las enredaderas a los muros sombríos.

He olvidado tu amor y sin embargo te adivino detrás de todas las ventanas.

Por ti me duelen los pesados perfumes del estío: por ti

vuelvo a acechar los signos que precipitan los deseos, las estrellas en fuga, los objetos que caen.

LA LEPROSA

HE visto llegar a la leprosa. Quedó tendida junto a la mata de azaleas que sonríe en el abandono del hospital.

Cuando llegue la noche se irá la leprosa. Se irá la leprosa porque el hospital no la acoge. Se irá cuando el día vaya hundiéndose dulcemente en el atardecido, pero hasta el día prolongará sus lumbres amarillas para no irse junto a la leprosa.

Llora, llora junto a la mata de azaleas. Las hermanas rubias y vestidas de azul la han abandonado: no curarán sus tristes llagas las hermanas rubias y vestidas de azul.

Los niños, prohibidos de acercársele, han huido por los corredores.

La han olvidado los perros, los perros que lamen las heridas de los olvidados.

Pero la mata rosada de las azaleas —sonrisa única y dulce sonrisa del hospital— no se ha movido del rincón del patio. del rincón del patio donde la leprosa quedó abandonada.

LA CARPA

Arreglábamos entonces un pilotaje derrumbado, en pleno campo austral. Era el estío. En las noches se recogían las cuadrillas, y fatigados, nos tirábamos sobre el pasto o las mantas extendidas. El viento austral cargaba de rocíos la campiña en éxtasis, y sacudía nuestra carpa movediza como un velamen. Con qué extraña ternura amé en aquellos días el pedazo de lona que nos protegía, la vivienda que quería mecer nuestro sueño a la vuelta de la jornada agotadora!

Después de medianoche, abría los ojos, e inmóvil, escuchaba... A mi lado, en ritmos iguales, la respiración de los hombres dormidos... Por una abertura oval de la carpa pasaba el amplio aliento de la noche en los campos... De cuando en cuando la angustiosa voz de amor de las mujeres poseídas: intermitentes y lejanos, el alucinado croar de las ranas o el azotar de la corriente del río contra las obras del pilotaje.

A veces, arrastrándome como una cuncuna, salía furtivamente de la carpa. Al lado afuera me tendía sobre el trébol mojado, la cabeza apretada de nostalgias, con las pupilas absortas en cualquiera constelación. La noche campesina y oceánica me mareaba, y mi vida flotaba en ella como una mariposa caída en un remanso.

Una estrella filante me llenaba de una alegría inverosímil.

MUJER LEJANA

Esta mujer cabe en mis manos. Es blanca y rubia, y en mis manos la llevaría como a una cesta de magnolias.

Esta mujer cabe en mis ojos. La envuelven mis miradas, mis miradas que nada ven cuando la envuelven.

Esta mujer cabe en mis deseos. Desnuda está bajo la anhelante llamarada de mi vida y la quema mi deseo como una brasa.

Pero, mujer lejana, mis manos, mis ojos y mis deseos te guardan entera su caricia por que sólo tú, mujer lejana, sólo tú cabes en mi corazón.

LA BONDAD

Endurezcamos la bondad, amigos. Ella es también bondadosa, la cuchillada que hace saltar la roedumbre y los gusanos: es también bondadosa la llama en las selvas incendiándose para que rajen la tierra los arados bondadosos.

Endurezcamos nuestra bondad, amigos. Ya no hay pusilánime de ojos aguados y palabras blandas, ya no hay cretino de soterrada intención y gesto condescendiente que no lleve la bondad, por vosotros otorgada, como una puerta cerrada a toda penetración de nuestro examen. Ved que necesitamos que sean llamados buenos los de recto corazón, y los no doblegados, y los sumisos.

Ved que la palabra va haciéndose acogedora de las más viles complicidades, y confesad que la bondad de vuestras palabras fue siempre —o casi siempre— mentirosa. Alguna vez hay que dejar de mentir ya que, a fin de cuentas, sólo de nosotros dependemos y siempre estamos remordiéndonos a solas de nuestra falsedad, y viviendo así encerrados en nosotros mismos entre las paredes de nuestra astuta estupidez.

Los buenos serán los que más pronto se liberten de esta mentira pavorosa y sepan decir su bondad endurecida contra todo aquel que se la merezca. Bondad que marcha, no con alguien, sino contra alguien. Bondad que no soba, ni lame sino que desentraña y pelea porque es el arma misma de la vida.

Y así sólo serán llamados buenos los de derecho corazón, los no doblegados, los insumisos, los mejores. Ellos reivindicarán la bondad podrida por tanta bajeza, ellos serán el brazo de la vida y los ricos de espíritu. Y de ellos, sólo de ellos, será el reino de la tierra.

EL HUMO

A veces me alcanza el deseo de hablar un poco, sin poema, con las frases mediocres en que existe esta realidad, del rincón de calle, horizonte y cielo que avizoro al atardecer, desde la alta ventana donde siempre estoy pensando. Deseo, sin ningún sentido universal, atadura primaria que es necesario estirar para sentirse vivo, junto a la más alta ventana, en el solitario atardecer.

Decir, por ejemplo, que la calle polvorienta me parece un canal de tierras inmóviles, sin poder de reflejo, definitivamente taciturno. Los grandes roces invaden de humo el aire detenido, y la luna asomada de esa orilla gotea gruesas uvas de sangre.

La primera luz se enciende en el prostíbulo de la esquina,

cada tarde. Siempre sale a la vereda el maricón de la casa, un adolescente flaco y preocupado debajo de su guardapolvo de brin. El maricón ríe a cada rato, suelta agudos gritos, y siempre está haciendo algo, con el plumero o doblando unas ropas o limpiando con una escoba las basuras de la entrada. De tal modo que las putas salen a asomarse perezosamente a la puerta, asoman la cabeza, vuelven a entrar, mientras que el pobre maricón siempre está riéndose o limpiando con un plumero o preocupado por los vidrios de la ventana. Esos vidrios deben estar negros de tierra.

Yo, mirando estas pequeñas acciones, puedo estar con el alma en viaje: Isabel tenía la voz triste, o tratando de recordar, por ejemplo, en qué mes me vine al pueblo. Ah, qué días caídos en mi mano extendida! Sólo ustedes lo saben, zapatos míos, cama mía, ventana mía, sólo ustedes. Tal vez me creen muerto. Andando, andando, pensando. Llueve, ah Dios mío!

Aunque supongo que un perro flaco y agachadizo atraviesa oliendo y meando lentamente por la orilla de las casas, ese perro es exacto y real, y nunca mudará su caminata imaginaria.

Parece que es forzoso poner un poco de música entre estas letras que tiro al azar sobre el papel. Indispensable acordeón, escalera de borrachos que a veces tropiezan. Pero también un organillo haciendo girar sus gruesos valses encima de las techumbres.

También ahora me parece ella la que viene, pero ahora, a qué vendría? Aúllan los lebreles del campo. Qué larga corrida de eucaliptus miedosos, negros y miedosos! Recordarla es como si enterrara mi corazón en el agua. También ahora me parece ella, pero a qué vendría ahora? Ah qué días tristes! Me tenderé otra vez en la cama, no quiero mirar otra vez esta perspectiva húmeda. Tus ojos: dos soñolientas tazas negreadas con maquis de la selva. En la selva qué hoja de enredadera blanca, fragante, pesada, te habría traído. Todo se aleja de esta soledad forjada a fuerza de lluvia y pensamiento. Dueño de mi existencia profunda, limito y extiendo mi poder sobre las cosas. Y después de todo, una ventana, un cielo de humo, en fin, no tengo nada.

Carretones pasan tambaleando, resonando, arrastrando. La gente garabatea, al andar, figuras sobre el suelo. Alumbra una voz detrás de aquella ventana. Cigarros encendidos entre la sombra. Quién golpea con tanta prisa en la casa de abajo? La montaña del fondo, sombrío cinturón que ciñe la noche. Nada más fatal que ese golpe a la puerta, después los pasos que ascienden mi pobre escalera: alguien me viene a ver. Entonces escribo con apuro: la noche, como un árbol, tiene en mí raíces, tenebrosas raíces. Enredado de frutas ardiendo, arriba, arriba el follaje, entoldando la luna.

Pobre, pobre campanero, ahuyentando la soledad a golpes de badajo. La campanada agujerea el aire y cae velozmente. Te quedas solo, trepado a tus campanas, allá arriba.

(Textos en la revista *Claridad*, diciembre de 1922).

REPÚBLICA

De alguna manera haré tu elogio.
Andando por la costa
o comprando frutas recientes.
Cuando la sombra trepa al continente
gusanos de luz errante enervan tu cabeza.

Patria, palabra triste
como "termómetro" o "ascensor".
Algún día, ahíta de pájaros,
fuiste el terreno de gracia,
cordillera de palabras muertas.

El mar golpeando por todas partes.
Toda una familia de visita.

VIADUCTO

He ahí corriendo
agua entre piedras partidas.
Trapecio de la noche.

Todo de triángulos y de vértebras hunde
su trenza de fierro entre dos esmeraldas inmensas.

Tren de juguete, a veces,
aventando los pájaros.
Ahí debajo nubes.
Vacas de aceite.
A media noche
de prisa, anduvo hacia el Norte.
Al lado allá, donde hay una cruz
mataron a Lonconao, ladrón de animales.

(Poemas firmados Lorenzo Rivas en la
revista *Claridad*, edición 125, septiembre
de 1924).

POEMA EN LA PROVINCIA

Estoy esperando a mi novia
en la mañana de un domingo provincial.
Como mi novia coquetea,
hace más de dos años que la estoy esperando
ver asomar
por las cuatro esquinas abiertas de esta plaza
en la mañana de este domingo provincial.

Oh forestal
liturgia de las horas,
oh forestal
encanto de esperar
tendido en un escaño de una plaza de pueblo.

Arriba el cielo como un mar.
Abajo los árboles verdes
y el corazón latiente y forestal!

De repente una música de alas blancas se extiende
y un coro de oros puros hiende el azul sutil.

Como a una flor del mar los dedos de las redes
esta música absorta me ha aprisionado a mí.

Dulce coro anglicano: delgada voz unánime
que he sentido doblarse como un junco en la brisa,
mientras el cielo inmóvil es un extenso oído
y la tierra una iglesia rural cantando misa.

Más que sabor a música, tienes sabor a pan.
Pan provincial, aroma de manzanas maduras.
En este quieto día sólo yo te he probado,
yo y el viento que, a veces, se detiene y escucha.

Música de esta plaza, cruzas, corres. Te alejas.
Errante olor a siembras y frutas y follajes.
He aquí mi corazón que la esperaba a Ella,
ávido de seguirte para siempre en tu viaje.

Y eres como una puerta abierta bajo el cielo,
puerta por donde pasa toda la voz del mar:
ante ti se arrodillan los ingleses del pueblo
y mi corazón, triste de esperar.

Dulce coro anglicano que arrodillado escucho
mientras espero a mi novia
en la mañana de un domingo provincial.

(Revista *Claridad*, edición del 1º de
septiembre de 1923).

POESÍA DEL VOLANTÍN

VOLANTÍN de los niños, alto, sobre los pueblos, designas
tu subida.
Tulipán de papel, sujeto con humo, te caes hacia el Este.
Subí la loma orillando el cielo.
Ah, más libre que mi alma, errante, solo.
Pasé el invierno detrás de una ventana
y un sol de rocío de repente se paró en la hierba.

De otra parte, de las ciudades, lejos, lejos de aquí.
Sin embargo, orillando el cielo, surgiste en la colina.

Bailas, grave y audaz, como enfermándote.
Hermano de la flecha, asustas las abejas y trepas a tu arco
    de hilo.
Viento, viento sin presencia, tiendes la cuerda que sostiene
    el juguete y encumbras esa frágil alegría.
Mariposa sin suerte, vacilante ante todo.
Publicas la primavera más arriba de los manzaneros
    blancos.
Gota de color, flor hechiza, entusiasmo de todo.
Yo grité sobre la loma, huía lejos hacia donde arranca la
    campanada, donde
mi amiga está con su triste sonrisa.
O más allá todavía, porque nadie me espera.

Vienes de lejos, corazón mío, y aún te alejas.
Te miro, enredado en la hierba, mirando hacia los bosques
    y no te reconozco.
Aquí juegas, abres tu abandono en abanico.
Sin embargo, encendida la luz, y la mano en la frente.
para qué decir: "esto fue así", "esto se ha muerto".
Es que renace de entre cicatrices la raíz enterrada.
A quién pertenece el blanco viento? Grité solo en el
    bosque.
Triste, libre de todos, defendiste tu alma.
Tristeza para qué decirla, y huyendo, huyendo siempre.

A ti te asocio, compañera,
mi mujer dulce.
Era, sin duda, la que el viento quería arrastrar
detrás de su trineo, entre mariposas difuntas.

Lejos de la colina, atajando cielo, de pronto vacilas.
Lejos, lejos y ardiendo alto sobre los árboles.

Tulipán de papel, sostenido con humo en el viento
    apresurado
giras entre sus aspas pesadas de silencio.

(Revista *Atenea*, Concepción, año 1,
Nº 10, diciembre de 1924).

POEMA 9

Fimbria rubia de un sol que no atardece nunca,
que no se va, que aún amarilla el ambiente,
con una humanidad de boca inmensa y pura
que nos madura el alma besándonos la frente.

Luminosa quietud de las cosas presentes.
Silenciosa advertencia de las cosas lejanas:
el dolor que renace junto al dolor que muere:
sombra y lumbre que llegan por la misma ventana.

Líbrame de tu amor, mujer lejana y bella
que por bella y lejana me dueles cada día.
Rompe las claras cuerdas, suelta las blancas velas
del barco que aprisionan tus manos todavía.

Y oh minuto, no vuelvas a ser como ahora fuiste!
Mi alma errante y nostálgica a toda sed se enreda.
El mar inmenso y libre para nadie es más triste
que para un barco atado por anclas de oro y seda!

(Este poema figuró en la 1ª edición de
los *Veinte poemas de amor y una canción
desesperada*, Santiago, Nascimento, 1924.
Fue reemplazado por el actual poema 9
a partir de la edición de 1932).

EXÉGESIS Y SOLEDAD

Emprendí la más grande salida de mí mismo: la creación, *queriendo iluminar las palabras*. Diez años de tarea solitaria, que hacen con exactitud la mitad de mi vida, han hecho sucederse en mi expresión ritmos diversos, corrientes contrarias. Amarrándolos, trenzándolos, sin hallar lo perdurable, porque no existe, ahí están *Veinte poemas de amor y una canción desesperada*. Dispersos como el pensamiento en su inasible variación, alegres y amargos, yo los he hecho y algo he sufrido haciéndolos. Sólo he cantado mi vida y el amor de algunas mujeres queridas, como quien comienza por saludar a gritos grandes la parte más cercana del mundo. Traté de agregar cada vez más la expresión a mi pensamiento y alguna victoria logré: me puse en cada cosa que salió de mí, con sinceridad y voluntad. Sin vacilar, gente honrada y desconocida —no empleados y pedagogos que me detestan personalmente— me han mostrado sus gestos cordiales, desde lejos. Sin darles importancia, concentrando mi fuerza para atajar la marea, no hice otra cosa que dar intensidad a mi trabajo. No me cansé de ninguna disciplina porque nunca la tuve: la ropa usada que conforma a los demás, me quedó chica o grande, y la reconocí sin mirarla. Buen meditador, mientras he vivido he dado alojamiento a demasiadas inquietudes para que éstas pasaran de golpe por lo que escribo. Sin mirar hacia ninguna dirección, libremente, incontenibleniente, se me soltaron mis poemas.

(Diario *La Nación*, Santiago, edición del miércoles 20 de agosto de 1924).

CERCANÍA DE SUS PÁRPADOS

Tus párpados de leguas he debido recorrer.
Ellos tienen el síntoma, el alcance puro.
Entre ellos como el cuerpo entre las sábanas
alimenta un crecido ejercicio de fulgor.

Acercándose hasta el punto de rodar
hasta la hierba en cuyos dedos crece el rocío,
de duelo y luto permanecidos a la orilla de los ojos
como centinelas en la sombra de la aurora, callados,
oscuros, con color de campanas que el viento ha pedido,
de un extremo a otro del verano está nuestro sueño.

Acercad vuestras uvas a lo ciego mío
cuando vuestro mineral de loza quiere llorar
y estáis como dos viudas después de la guerra
sentadas en la luz con llanto en los dedos.

De todas partes llega el color del cielo.
Tus párpados guardan la fuerza del día. Cruzan
las golondrinas volando hacia arriba.

(Revista *Atenea*. Concepción, año IV,
nº 4, junio de 1927).

MADRAS, CONTEMPLACIONES DEL ACUARIO

Por la mañana se instala en el barco un juglar hindú y encantador de serpientes. Sopla una calabaza de sonido estridente, lúgubre, y como eco se desenrolla desde un canastillo redondo una cobra parda, de cabeza aplastada: la terrible naja. Fastidiada en su reposo, quiere en cada momento pinchar al encantador: otras veces, con horrible pánico de los pasajeros, trata de aventurarse sobre el puente. El virtuoso no para en eso: hace crecer árboles, nacer pájaros a la vista de todos: fomenta sus trucos hasta lo increíble.

Madras da idea de una ciudad extendida, espaciosa. Baja, con grandes parques, calles anchas, es un reflejo de ciudad inglesa en que de repente una pagoda, un templo, muestran su arquitectura envejecida, como restos de instinto, rastros oscurecidos del resplandor original. La primera miseria indígena se hace presente al viajero, los primeros mendigos de la India avanzan con pasos majestuosos y mirada de reyes, pero sus dedos agarran como tenazas la pequeña moneda, el anna de níquel: los coolíes sufren por las calles arrastrando pesadas carretas de materiales: se reconoce al hombre reemplazando los duros destinos de la bestia, del caballo, del buey. Por lo demás, estos pequeños bueyes asiáticos, con su larga cornamenta horizontal, son de juguetería, van ciertamente rellenos de aserrín o son tal vez apariciones del bestiario adorativo.

Pero quiero celebrar con grandes palabras las túnicas, el traje de las mujeres hindúes, que aquí encuentro por primera vez. Una sola pieza que luego de hacerse falda, se tercia al torso con gracia sobrenatural envolviéndolas en una sola llama de seda fulgurante, verde, púrpura, violeta, subiendo desde los anillos del pie hasta las joyas de los brazos y del cuello. Es la antigüedad griega o romana, el mismo aire, igual majestuosa actitud las grecas doradas del vestido, la severidad del rostro ario, parecen hacerlas resurgir del mundo sepultado, criaturas purísimas, hechas de gravedad, de tiempo.

Un ricksha me lleva a lo largo de la Avenida Marina, orgullo de Madras, ancha de asfalto, con sus jardines ingleses entrecortados de palmeras, con su orilla de agua, el agua extensa del Golfo de Bengala. Grandes construcciones públicas llenas de árboles, canchas de tennis con jugadores morenos en verdad entusiastas. Estamos bajo el sol del primer mes de invierno, un sol terrible que golpea sin conmoverse ante esa fría palabra. La espalda de mi rickshaman chorrea sudor, por la hendidura de su espinazo de bronce veo correr los hilos gruesos y brillantes.

Vamos al Acuario Marino de Madras, famoso en un vastísimo alrededor por sus extraordinarios ejemplares. En verdad es extraordinario.

Hay no más de veinte estanques, pero llenos de excelentes monstruos. Los hay inmensos peces caparazudos y sedentarios, leves medusas tricolores, peces canarios, amarillos como azufre. Hay pequeños seres elásticos y barbudos: graciosos naderas que comunican a quien los toca un sacudimiento eléctrico: "peces dragones", trompiformes, aletudos, enjaezados de defensas, parecidos a caballeros de torneo medioeval, con gran ruedo de cachivaches protectores.

Pasean por su soleado estanque, los "peces mariposas", anchos como lenguados, como una varilla enmarcada en el lomo y anchas cintas azules y doradas. Los hay como cebras, como dominós de un baile subterráneo, con azules eléctricos, con grecas dibujadas en bermellón, con ojos de pedrería verde semicubiertos de oro. Los caballitos de mar se sostienen enroscados de la cola en su trasplantada coralífera.

Las serpientes marinas son impresionantes. Pardas, negras, algunas se elevan como columnas inmóviles desde el fondo del estanque. Otras en un perpetuo martirio de movimiento ondulan con velocidad sin detenerse un segundo. Ahí están las siniestras cobras del mar, iguales a las terrestres, y aún más venenosas. Se sobrevive sólo algunos minutos a su mordedura, y ay! del pescador que en su red nocturna aprisionó tal siniestro tesoro.

Al lado de ellas, metidas todas en una pequeña gruta, las murenas del Océano Índico, crueles anguilas de vida gregaria, forman un indistinto nudo gris. Es inútil intentar separarlas, atraviesan los altos estanques del Acuario para juntarse de nuevo a su sociedad. Son un feo montón de brujas o condenadas al suplicio, moviéndose en curvaturas inquietas, verdadera asamblea de monstruos viscerales.

Hay pequeños peces milimetrales, de una sola escama: agudos escualos manchados de pintura: pulpos curiosos como trampas: peces que caminan en dos pies como humanos: habitantes del mar nocturno, sombríos, forrados de terciopelo: peces cantores, a cuyo llamado se congrega su cardumen: ejemplares contemporáneos del que se tragó Ángel Cruchaga, pez diluvial, remotísimo. Inmóviles en el fondo de los estanques o girando en anillos eternos, dan idea de un mundo desconocido, casi humano: condecorados, guerreros, disfrazados, traidores, héroes, se revuelven en un coro mudo y anhelante de su profundísima soledad oceánica. Se deslizan, puros de materia, como colores en movimiento, con sus bellas formas de bala o de ataúd.

Es tarde cuando regreso del movible Museo. Ya a la puerta de las casas, hindúes en cuclillas comen su carie, sobre hojas anchas, en el suelo, con lentitud: las mujeres mostrando sus tobilleras de plata y sus pies con pedrerías: los hombres melancólicos, más pequeños y oscuros, como aplastados por el inmenso crepúsculo de la India, por su palpitación religiosa.

En los lanchones del malecón, en la semioscuridad, los pescadores tejen redes con destreza, y la mirada sobrecogida, ausente. Uno de ellos, en cada grupo, lee a la luz de una lámpara que vacila: su lectura es un canturreo, a veces un poco gutural y salvaje, otras veces desciende apenas hasta los labios en un palabrerío imperceptible. Son oraciones, alabanzas sagradas, leyendas rituales, ramayanas.

Bajo su amparo hallan consuelo los sometidos, los dominados: resucitando sueños cósmicos y heroicos, buscan caminos para el olvido, nutrición para la esperanza.

Madras, noviembre, 1927.
(Diario <i>La Nación</i>, Santiago, 12 de febrero de 1928).

DIURNO DE SINGAPORE

Despierto: pero entre yo y la naturaleza aún queda un velo, un tejido sutil: es el mosquitero de mi cama. Detrás de él las cosas han tomado el lugar que les corresponde en el mundo: las novias reciben una flor: los deudores una cuenta. Dónde estoy? Sube de la calle el olor y el sonido de una ciudad, olores húmedos, sonidos agudos. En la blanca pared de mi habitación toman el sol las lagartijas. El agua de mi lavatorio está caliente, zancudos nacidos en la línea ecuatorial me muerden los tobillos. Miro la ventana, luego el mapa. Estoy en Singapore.

Sí, porque al oeste de la bahía viven los oscuros hindostánicos, más acá los morenos malayos: frente a mi ventana los chinos verdaderamente amarillosos, y al este los rosados ingleses: en transición progresiva, como si sólo aquí hubieran ido cambiando de color, y lentamente hubieran adoptado unos el budismo, otros el arroz: otros el tenn.

Pero verdaderamente, la capital de los Strait Settlements es China. Hay 300 mil pálidos y oblicuos ciudadanos, ya sin coleta, pero todavía con opio y bandera nacionalista. Hay dentro de la ciudad una inmensa hervidora, activísima ciudad china. Es el dominio de los grandes letreros con bellas letras jeroglíficas, misteriosos alfabetos que cruzan de lado a lado la calle, salen de cada ventana y cada puerta, en espléndida laca roja y dorada, entremedio de dragones de auténtico coromandel. Desde entonces, son la pura advertencia de los nuevos enigmas, de la gorda tierra, y aunque anuncien el mejor betún, o la perfecta sombrerería, hay que darles significación oculta y desconfiar de su apariencia.

Magnífica muchedumbre! Las anchas calles del barrio chino dejan apenas trecho para el paso de un poeta. La calle es mercado, restaurante, inmenso montón de cosas vendibles y seres vendedores. Cada puerta es una tienda repleta, un almacén reventado que no pudiendo contener sus mercancías las hace invadir la calle. En ese revolverse de abarrotes y juguetes, de lavanderos, zapatistas, panaderos, prestamistas, muebleros, en esa jungla humana no hay sitio apenas para el comprador. A cada lado de la calle las comidas se amontonan en hileras de mesas, largas de cuadras y cuadras, frecuentadas a toda hora por pacientes comedores de arroz, por distinguidos consumidores de spaghetis que caen a veces sobre el pecho como cordones honoríficos.

Hay forjadores que manejan sus metales en cuclillas, vendedores ambulantes de frutas y cigarros, juglares que hacen tiritar su mandolino de dos cuerdas. Casas de peinadoras en que la cabeza de la cliente se transforma en un castillo duro, barnizado con laca. Hay ventas de pescados adentro de frascos: corredores de hielo molido y cacahuetes: funciones de títeres: aullidos de canciones chinas: fumaderos de opio con su letrero en la puerta: *Smoking Room*. Los mendigos ciegos anuncian su presencia a campanillazos. Los encantadores de serpientes arrullan sus cobras sonando su música triste, farmacéutica. Es un inmenso espectáculo de multitud cambiante, de distribución millonaria: es el olor, el traqueteo, la paciencia, el color, la sed, el hambre, la mugre, la costumbre del Lejano Este.

Es en la ciudad europea donde se agitan confundidas las remotas razas detenidas en la puerta del Extremo Oriente. Pasan tomados de la mano con largas cabelleras y faldas los cingaleses: los indostánicos con sus torsos desnudos: las mujeres del Malabar con su pedrería en la nariz y en las orejas: los musulmanes con su bonete truncado. Entre ellos los policías, de la raza sikh, todos igualmente barbudos y gigantescos. El malayo originario escasea, ha sido desplazado del oficio noble, y es humilde coolí, infeliz rickshaman. Eso han devenido los viejos héroes piratas: ahí están los nietos de los tigres de la Malasia. Los herederos de Sandokan han muerto o se han fatalizado, no tienen aire heroico, su presencia es miserable. Su único barco pirata lo he visto ayer en el Museo Raffles: era el navío de los espíritus de la mitología malaya. De sus mástiles colgaban tiesos ahorcados de madera, sus terribles mascarones miraban al infierno.

Dirigen el tránsito los policías con alas de tela en cada hombro, matapiojos de pie. Los tranvías de dos trolleys cruzan blandamente el asfalto brillante. Todo tiene un aire corroído, patinado de viejas humedades. Las casas sustentan grandes costurones de vejez, de vegetaciones parásitas: todo parece blando, carcomido. Los materiales han sido maleados por el fuego y el agua, por el sol blanco de mediodía, por la lluvia ecuatorial, corta y violenta como un don otorgado de mala gana.

Al otro lado de la isla de Singapore, separado por una angosta visitación del mar, está el sultanato de Johore. El auto corre por espacio de una hora el camino recién abierto entre la jungla. Vamos rodeados por un silencio pesado, acumulado: por una vegetación de asombro, por una titánica empresa de la tierra. No hay un hueco, todo lo cubre el follaje violentamente verde, el tronquerío durísimo. Se encrespan las trepadoras parecidas al coille, en los árboles del pan, se nutren de la altura las rectas palmas cocoteras, los bamboos gruesos como pata de elefante, los treveller-trees en forma de abanico.

Pero lo extraordinario es una venta de fieras que he visto en Singapore. Elefantes recién cazados, ágiles tigres de Sumatra, fantásticas panteras negras de Java. Los tigres se revuelven en una furia espantosa, no son los viejos tigres de los circos de fieras, tienen otra apostura, diverso color.

Singapore, octubre, 1927.
(Diario *La Nación*, Santiago, 5 de febrero de 1928).

DISCURSO AL ALIMÓN SOBRE RUBÉN DARÍO POR FEDERICO GARCÍA LORCA Y PABLO NERUDA

Neruda: Señoras...
Lorca: y señores: Existe en la fiesta de los toros una suerte llamada "toreo al alimón" en que dos toreros hurtan su cuerpo al toro cogidos de la misma capa.
Neruda: Federico y yo, amarrados por un alambre eléctrico, vamos a parear y a responder esta recepción muy decisiva.
Lorca: Es costumbre en estas reuniones que los poetas muestren su palabra viva, plata o madera, y saluden con su voz propia a sus compañeros y amigos.
Neruda: Pero nosotros vamos a establecer entre vosotros un muerto, un comensal viudo, oscuro en las tinieblas de una muerte más grande que otras muertes, viudo de la vida, de quien fuera en su hora marido deslumbrante. Nos vamos a

esconder bajo su sombra ardiendo, vamos a repetir su nombre hasta que su poder salte del olvido.

Lorca: Nosotros vamos, después de enviar nuestro abrazo con ternura de pingüino al delicado poeta Amado Villar, vamos a lanzar un gran nombre sobre el mantel, en la seguridad de que se han de romper las copas, han de saltar los tenedores, buscando el ojo que ellos ansían, y un golpe de mar ha de manchar los manteles. Nosotros vamos a nombrar al poeta de América y de España: Rubén...

Neruda: Darío. Porque, señoras...

Lorca: y señores...

Neruda: Dónde está, en Buenos Aires, la plaza de Rubén Darío?

Lorca: Dónde está la estatua de Rubén Darío?

Neruda: Él amaba los parques. Dónde está el parque Rubén Darío?

Lorca: Dónde está la tienda de rosas de Rubén Darío?

Neruda: Dónde está el manzano y las manzanas de Rubén Darío?

Lorca: Dónde está la mano cortada de Rubén Darío?

Neruda: Él amaba los parques. Dónde está el parque Rubén Darío?

Lorca: Rubén Darío duerme en su "Nicaragua natal" bajo su espantoso león de marmolina, como esos leones que los ricos ponen en los portales de sus casas.

Neruda: Un león de botica, a él, fundador de leones, un león sin estrellas a quien dedicaba estrellas.

Lorca: Dio el rumor de la selva con un adjetivo, y como fray Luis de Granada, jefe de idioma, hizo signos estelares con el limón, y la pata de ciervo, y los moluscos llenos de terror e infinito: nos puso al mar con fragatas y sombras en las niñas de nuestros ojos y construyó un enorme paseo de Gin sobre la tarde más gris que ha tenido el cielo, y saludó de tú a tú el ábrego oscuro, todo pecho, como un poeta romántico, y puso la mano sobre el capitel corintio con una duda irónica y triste, de todas las épocas.

Neruda: Merece su nombre rojo recordarlo en sus direcciones esenciales con sus terribles dolores del corazón, su incertidumbre incandescente, su descenso a los hospitales del infierno, su subida a los castillos de la fama, sus atributos de poeta grande, desde entonces y para siempre e imprescindible.

Lorca: Como poeta español enseñó en España a los viejos maestros y a los niños, con un sentido de universalidad y de generosidad que hace falta en los poetas actuales. Enseñó a Valle Inclán y a Juan Ramón Jiménez, y a los hermanos Machado, y su voz fue agua y salitre, en el surco del venerable idioma. Desde Rodrigo Caro a los Argensolas o don Juan Arguijo no había tenido el español fiestas de palabras, choques de consonantes, luces y forma como en Rubén Darío. Desde el paisaje de Velázquez y la hoguera de Goya y desde la melancolía de Quevedo al culto color manzana de las payesas mallorquinas, Darío paseó la tierra de España como su propia tierra.

Neruda: Lo trajo a Chile una marea, el mar caliente del Norte, y lo dejó allí el mar, abandonado en costa dura y dentada, y el océano lo golpeaba con espumas y campanas, y el viento negro de Valparaíso lo llenaba de sal sonora. Hagamos esta noche su estatua con el aire, atravesada por el humo y la voz y por las circunstancias, y por la vida, como ésta su poética magnífica, atravesada por sueños y sonidos.

Lorca: Pero sobre esta estatua de aire yo quiero poner su sangre como un ramo de coral, agitado por la marea sus nervios idénticos a la fotografía de un grupo de rayos, su cabeza de minotauro, donde la nieve gongorina es pintada por un vuelo de colibrís, sus ojos vagos y ausentes de millonario de lágrimas, y también sus defectos. Las estanterías comidas ya por los jaramagos, donde suenan vacíos de flauta, las botellas de coñac de su dramática embriaguez, y su mal gusto encantador, y sus ripios descarados que llenan de humanidad la muchedumbre de sus versos. Fuera de normas, formas y escuelas queda en pie la fecunda substancia de su gran poesía.

Neruda: Federico García Lorca, español, y yo, chileno, declinamos la responsabilidad de esta noche de camaradas, hacia esa gran sombra que cantó más altamente que nosotros, y saludó con voz inusitada a la tierra argentina que posamos.

Lorca: Pablo Neruda, chileno, y yo, español, coincidimos en el idioma y en el gran poeta nicaragüense, argentino, chileno y español, Rubén Darío.

Neruda y Lorca: Por cuyo homenaje y gloria levantamos nuestro vaso.

(Publicado en *El Sol*, Madrid, 1934).

NÚMERO Y NOMBRE

De un sueño al sueño de otros!
De un rayo húmedo, negro,
vertiendo sangre negra!
Qué corcel espantoso
de brida soñolienta
y látigos de espuma
y patas paralelas!

Aguas del corazón
metidas en el sueño,
olas, canales, lenguas,
en desarrollo lento,
invasoras y activas
trepando al sueño de otros,
escalando silencios,
atravesando párpados,
modificando sueños!

Sueños solos, temibles,
sueños de labios secos,
solos, sin dirección,
en busca de otros sueños,
con boca de vampiros,
en la noche corriendo,
carcomiendo como ácidos,
saltando sobre sueños,
corroborando espantos,
comunicando muertos.

Campanas de olas muertas,
disparan aves negras
de cartílago inmenso,
alas que agarran sombras,
picos y uñas de sueño,
latitudes golpeadas
de sonidos y vuelos,
sonidos cazadores,

sueños vencidos, húmedos,
respirados, opresos.

Sueños que inundan sueños,
crecen y cortan sueños,
tragan y botan sueños,
lavan y tiñen sueños,
hunden y rompen sueños,
sueños que comen sueños,
crecen dentro de sueños,
duermen dentro de sueños,
sueñan dentro de sueños.

Entre barrotes negros,
cerraduras heladas,
escaleras oscuras,
sueño a sueño se amarra,
sueño a sueño se bate,
sueño con sueño baila.

Con espadas de gas,
con estrellas de vino
se sumergen en negros
corredores vacíos,
vagos como cenizas
y largos como ríos,
como ciudades muertas
o ejércitos heridos,
o túneles espesos,
callados y vacíos,
blandos seres que se hunden
o se unen como hilos,
lentas ropas de miedo,
de sopor, de sigilo,
que tiemblan y se caen
como lágrimas de humo,
cenizas instantáneas,
reuniones de olvido.

(La escala vertical
y su paso de plata,

633

y su cuerpo delgado,
desnudo como el agua,
su olor a té y orgullo,
su rostro de topacio,
confusos, titubeando,
corren la noche clara,
tropezando con sombras,
sedientos como mi alma).

Domicilios del sueño
con árboles de trapo
y sombras de manzana,
y brillos en el fondo,
brillos heridos, húmedos,
como espadas con sangre
caídas en el agua.

(Diario *El Mercurio*, Santiago, 26 de febrero de 1933).

SEVERIDAD

Os condeno a cagar de mañana y de noche
leyendo periódicos atrasados y novelas amargas,
os condeno a cagar arrepentimiento y melancolía
y suaves atardeceres amarillos.
Os condeno a cagar en corset y en camisa
en vuestras casas llenas de bicicletas y canarios,
con vuestras posaderas azules y calientes
y vuestros lamentables corazones a plazo.

De un mundo hundido salen cosas siniestras:
aparatos mecánicos y perros sin hocico,
embajadores gordos como rosas,
cigarrerías negras y cines averiados.

Yo os condeno a la noche de los dormitorios
interrumpida apenas por irrigadores y por sueños.

sueños como eucaliptus de mil hojas
y raíces mojadas en orines y espuma.

No me dejéis tocar vuestras aguas sedentarias
ni vuestras reclamaciones intestinales, ni vuestras
   religiones,
ni vuestras fotografías prematuramente colgadas:
porque yo tengo llamas en los dedos,
y lágrimas de desventura en el corazón,
y amapolas moribundas anidan en mi boca
como depósitos de sangre infranqueable.

Y odio vuestras abuelas y vuestras moscas,
odio vuestras comidas y vuestros sueños,
y vuestros poetas que escriben sobre "la dulce esposa",
y "las felicidades de la aldea":
en verdad merecéis vuestros poetas y vuestros pianos
y vuestros desagradables enredos a cuatro piernas.

Dejadme solo con mi sangre pura,
con mis dedos y mi alma,
y mis sollozos solos, oscuros como túneles.
Dejadme el reino de las largas olas.
Dejadme un buque verde y un espejo.

(Inédito hasta la fecha, este poema está
en *Paloma por dentro*, ejemplar único en
poder de Sara Tornú de Rojas Paz. 1933).

ODA TÓRRIDA

VENID con vuestro cargamento de direcciones rojas,
veranos duros, permanentes, agrios de estas zonas de la
   tierra,
cargad sobre mis sienes sacos de sudor blanco,
cegadme de luz loca, de relámpagos viejos,
heridme el corazón con vuestros besos de brasa y vidrio,
entrad en mis materias intestinales, mordiendo
mi blando ser interior con alimentos devoradores,

pimienta, ají, jengibre, marisco, nueces ardientes,
alimentos que atenazan como cangrejos y aún
corred, zona infinita, vuestras influencias líquidas,
en mi garganta extrañamente exasperada,
vuestros espesos manantiales de azúcar,
vuestros infinitos espermas, oh, tierra creadora de la vida,
vuestros petróleos sutiles mezclados a la orina de las bestias
   salvajes,
el barro apocalíptico de los búfalos y el lodo fino de los
   arrozales,
el té y la lluvia del monzón y el rocío entre las orquídeas,
oh, tierra de los infiernos reunidos,
cielo mío,
junta desde luego tus sólidos en mi alma,
tu suelo exorbitante y tenaz,
tus piedras capaces de nutrir, y aun
la raíz de tus minerales, la piel y el cuero de tus bestias,
las uñas y el pico de tus vivientes pájaros,
la sed de tus instrumentos, el sonido
oscuro, turbador del trueno en tu cielo,
tu lento vital silencio como alcohol o ácido,
y tus cifras secretas de muerte y permanencia
entierra en las pasajeras tierras de mi alma.

Isla de Java, 1931.
(Publicado en *Revista del Pacífico*.
Santiago, nº 1, junio de 1935).

SOBRE UNA POESÍA SIN PUREZA

Es muy conveniente, en ciertas horas del día o de la noche, observar profundamente los objetos en descanso: Las ruedas que han recorrido largas, polvorientas distancias, soportando grandes cargas vegetales o minerales, los sacos de las carbonerías, los barriles, las cestas, los mangos y asas de los instrumentos del carpintero. De ellos se desprende el contacto del hombre y de la tierra como una lección para el torturado poeta lírico. Las superficies usadas, el gasto que las manos han infligido a las cosas, la atmósfera a menudo trágica y siempre patética de estos objetos, infunde una especie de atracción no despreciable hacia la realidad del mundo.

La confusa impureza de los seres humanos se percibe en ellos, la agrupación, uso y desuso de los materiales, las huellas del pie y de los dedos, la constancia de una atmósfera humana inundando las cosas desde lo interno y lo externo.

Así sea la poesía que buscamos, gastada como por un ácido por los deberes de la mano, penetrada por el sudor y el humo, oliente a orina y a azucena salpicada por las diversas profesiones que se ejercen dentro y fuera de la ley.

Una poesía impura como un traje, como un cuerpo, con manchas de nutrición, y actitudes vergonzosas, con arrugas, observaciones, sueños, vigilia, profecías, declaraciones de amor y de odio, bestias, sacudidas, idilios, creencias políticas, negaciones, dudas, afirmaciones, impuestos.

La sagrada ley del madrigal y los decretos del tacto, olfato, gusto, vista, oído, el deseo de justicia, el deseo sexual, el ruido del océano, sin excluir deliberadamente nada, sin aceptar deliberadamente nada, la entrada en la profundidad de las cosas en un acto de arrebatado amor, y el producto poesía manchado de palomas digitales, con huellas de dientes y hielo, roído tal vez levemente por el sudor y el uso. Hasta alcanzar esa dulce superficie del instrumento tocado sin descanso, esa suavidad durísima de la madera manejada, del orgulloso hierro. La flor, el trigo, el agua tienen también esa consistencia especial, ese recurso de un magnífico tacto.

Y no olvidemos nunca la melancolía, el gastado sentimentalismo, perfectos frutos impuros de maravillosa calidad olvidada, dejados atrás por el frenético libresco: la luz de la luna, el cisne en el anochecer, "corazón mío" son sin duda lo poético elemental e imprescindible. Quien huye del mal gusto cae en el hielo.

LOS TEMAS

Hacia el camino del nocturno extiende los dedos la grave estatua férrea de estatura implacable. Los cantos sin consulta, las manifestaciones del corazón corren con ansiedad a su dominio: la poderosa estrella polar, el alhelí planetario, las grandes sombras invaden el azul.

El espacio, la magnitud herida se avecinan. No los frecuentan los miserables hijos de las capacidades y del tiempo a tiempo. Mientras la infinita luciérnaga deshace en polvo ardiendo su cola fosfórea, los estudiantes de la tierra, los seguros geógrafos, los empresarios se deciden a dormir. Los abogados, los destinatarios.

Sólo solamente algún cazador aprisionado en medio de los bosques, agobiado de aluminio celestial, estrellado por furiosas estrellas, solemnemente levanta la mano enguantada y se golpea el sitio del corazón.

El sitio del corazón nos pertenece. Sólo solamente desde allí, con auxilio de la negra noche, del otoño desierto, salen, al golpe de la mano, los cantos del corazón.

Como lava o tinieblas, como temblor bestial, como campanada sin rumbo, la poesía mete las manos en el miedo, en las angustias, en las enfermedades del corazón. Siempre existen afuera las grandes decoraciones que imponen la soledad y el olvido: árboles, estrellas. El poeta vestido de luto escribe temblorosamente muy solitario.

CONDUCTA Y POESÍA

CUANDO el tiempo nos va comiendo con su cotidiano decisivo relámpago, y las actitudes fundadas, las confianzas, la fe ciega se precipitan y la elevación del poeta tiende a caer como el más triste nácar escupido, nos preguntamos si ha llegado ya la hora de envilecernos.

La dolorida hora de mirar cómo se sostiene el hombre a puro diente, a puras uñas, a puros intereses. Y cómo entran en la casa de la poesía los dientes y las uñas y las ramas del feroz árbol del odio.

Es el poder de la edad o es, tal vez, la inercia que hace retroceder las frutas en el borde mismo del corazón, o tal vez lo "artístico" se apodera del poeta y en vez del canto salobre que las profundas olas deben hacer saltar, vemos cada día al miserable ser humano defendiendo su miserable tesoro de persona preferida?

Ay, el tiempo avanza con ceniza, con aire y con agua! La piedra que han mordido el légamo y la angustia florece de pronto con estruendo de mar, y la pequeña rosa vuelve a su delicada tumba de corola. El tiempo lava y desenvuelve, ordena y continúa.

Y entonces, qué queda de las pequeñas podredumbres, de las pequeñas conspiraciones del silencio, de los pequeños fríos sucios de la hostilidad? Nada, y en la casa de la poesía no permanece nada sino lo que fue escrito con sangre para ser escuchado por la sangre.

G. A. B.

(1836-1936)

...allí cae la lluvia
con un son eterno...

Esa mano de madreselva ardiendo inunda el crepúsculo con humo lleno de lluvia, con nieve llena de lluvia, con flores que la lluvia ha tocado.

Grande voz, dulce corazón herido!

Qué enredaderas desarrollas, qué palomas de luto celestial vuelan de tus cabellos? Qué abejas con rocío se establecen en tus últimas substancias?

Ángel de oro, ceniciento asfodelo!

Las viejas cortinas se han desangrado, el pulso de las arpas se ha detenido por largo tiempo oscuro. Los dolores del amor ponen ahora falanges de cólera y odio en el corazón. Pero las lágrimas no se han secado. Debajo de los nombres, debajo de los hechos corre un río de agua de sal sangrienta.

Triste traje, campana de flores!

Y debajo de las cosas se levanta tu estatua de bordados caídos, lavada por tanta lluvia y tantas lágrimas, tu estatua de fantasma con los ojos comidos por las aves del mar, tu estatua de jazmines borrados por el rayo.

Sol desdichado, señor de las lluvias!

> (Estas cuatro prosas se conocen con el nombre de *Prólogos a la revista «Caballo verde para la poesía»*, revista que Neruda dirigió en Madrid y de la cual salieron cuatro números, entre octubre de 1935 y enero de 1936).

FEDERICO GARCÍA LORCA

Cómo atreverse a destacar un nombre de esta inmensa selva de nuestros muertos! Tanto los humildes cultivadores de Andalucía, asesinados por sus enemigos inmemoriales, como los mineros muertos en Asturias, y los carpinteros, los albañiles, los asalariados de la ciudad y del campo, como cada una de miles de mujeres asesinadas y niños destrozados, cada una de estas sombras ardientes tiene derecho a aparecer ante vosotros como testigos del gran país desventurado, y tiene sitio, lo creo, en vuestros corazones, si estáis limpios de injusticias y de maldad. Todas estas sombras terribles tienen nombre en el recuerdo, nombres de fuego y lealtad, nombres puros, corrientes, antiguos y nobles como el nombre de la sal y del agua. Como la sal y el agua se han perdido otra vez en la tierra, en el nombre infinito de la tierra. Porque los sacrificios, los dolores, la pureza y la fuerza del pueblo de España se sitúan en esta lucha purificadora más que en ninguna otra lucha con un panorama de llanuras y trigos y piedras, en medio del invierno, con un fondo de áspero planeta disputado por la nieve y la sangre.

Sí, cómo atreverse a escoger un nombre, uno solo, entre tantos silenciosos? Pero es que el nombre que voy a pronunciar entre vosotros tiene detrás de sus sílabas oscuras una tal riqueza mortal, es tan pesado, y tan atravesado de significaciones, que al pronunciarlo se pronuncian los nombres de todos los que cayeron defendiendo la materia misma de sus cantos, porque era él el defensor sonoro del corazón de España.

Federico García Lorca! Era popular como una guitarra,

alegre, melancólico, profundo y claro como un niño, como el pueblo. Si se hubiera buscado difícilmente, paso a paso por todos los rincones a quién sacrificar, como se sacrifica un símbolo, no se hubiera hallado lo popular español, en velocidad y profundidad, en nadie ni en nada como en este ser escogido. Lo han escogido bien quienes al fusilarlo han querido disparar al corazón de su raza. Han escogido para doblegar y martirizar a España, agotarla en su perfume más rápido, quebrarla en su respiración más vehemente, cortar su risa más indestructible. Las dos Españas más inconciliables se han experimentado ante esta muerte: la España verde y negra de la espantosa pezuña diabólica, la España subterránea y maldita, la España crucificadora y venenosa de los grandes crímenes dinásticos y eclesiásticos, y frente a ella la España radiante del orgullo vital y del espíritu, la España meteórica de la intuición, de la continuación y del descubrimiento, la España de Federico García Lorca.

Estará muerto él, ofrecido como una azucena, como una guitarra salvaje, bajo la tierra que sus asesinos echaron con los pies encima de sus heridas, pero su raza se defiende como sus cantos, de pie y cantando, mientras le salen del alma torbellinos de sangre, y así estarán para siempre en la memoria de los hombres.

No sé cómo precisar su recuerdo. La violenta luz de la vida iluminó sólo un momento su rostro ahora herido y apagado. Pero en ese largo minuto de su vida su figura resplandeció de luz solar. Así como desde el tiempo de Góngora y Lope no había vuelto a aparecer en España tanto *élan* creador, tanta movilidad de forma y lenguaje, desde ese tiempo en que los españoles del pueblo besaban el hábito de Lope de Vega no se ha conocido en lengua española una seducción popular tan inmensa dirigida a un poeta. Todo lo que tocaba, aun en las escalas de esteticismo misterioso, al cual como gran poeta letrado no podía renunciar sin traicionarse, todo lo que tocaba se llenaba de profundas esencias, de sonidos que llegaban hasta el fondo de las multitudes. Cuando he mencionado la palabra esteticismo, no equivoquemos: García Lorca era el antiesteta, en este sentido de llenar su poesía y su teatro de dramas humanos y tempestades del corazón, pero no por eso renuncia a los secretos originales del misterio poético. El pueblo, con maravillosa intuición, se apodera de su poesía, que ya se canta y se cantaba como anónima en las aldeas de Andalucía, pero él no adulaba en sí mismo esta tendencia para beneficiarse, lejos de eso: buscaba con avidez dentro y fuera de sí.

Su antiesteticismo es tal vez el origen de su enorme popularidad en América. De esta generación brillante de poetas como Alberti, Aleixandre, Altolaguirre, Cernuda, etc., fue tal vez el único sobre el cual la sombra de Góngora no ejerció el dominio de hielo que el año 1927 esterilizó estéticamente la gran poesía joven de España. América, separada por siglos de océano de los padres clásicos del idioma, reconoció como grande a este joven poeta atraído irresistiblemente hacia el pueblo y la sangre. He visto en Buenos Aires, hace tres años, el apogeo más grande que un poeta de nuestra raza haya recibido, las grandes multitudes oían con emoción y llanto sus tragedias de inaudita opulencia verbal. En ella se renovaba cobrando nuevo fulgor fosfórico el eterno drama español, el amor y la muerte bailando una danza furiosa, el amor y la muerte enmascarados o desnudos.

Su recuerdo, trazar a esta distancia su fotografía, es imposible. Era un relámpago físico, una energía en continua rapidez, una alegría, un resplandor, una ternura completamente sobrehumana. Su persona era mágica y morena, y traía la felicidad.

Por curiosa e insistente coincidencia, los dos grandes poetas jóvenes de mayor renombre en España, Alberti y García Lorca, se han parecido mucho, hasta la rivalidad. Ambos andaluces dionisíacos, musicales, exuberantes, secretos y populares, agotaban al mismo tiempo los orígenes de la poesía española, el folklore milenario de Andalucía y Castilla, llevando gradualmente su poética desde la gracia aérea y vegetal de los comienzos del lenguaje hasta la superación de la gracia y la entrada en la dramática selva de su raza. Entonces se separan: mientras uno, Alberti, se entrega con generosidad total a la causa de los oprimidos y sólo vive en razón de su magnífica fe revolucionaria, el otro vuelve más y más en su literatura hacia su tierra, hacia Granada, hasta volver por completo, hasta morir en ella. Entre ellos no existió rivalidad verdadera, fueron buenos y brillantes hermanos, y así vemos que en el último regreso de Alberti de Rusia y México, en el gran homenaje que en su honor tuvo lugar en Madrid, Federico le ofreció, en nombre de todos, aquella reunión con palabras magníficas. Pocos meses después partió García Lorca a Granada. Y allí, por extraña fatalidad, le esperaba la muerte, la muerte que reservaban a Alberti los enemigos del pueblo. Sin olvidar a nuestro gran poeta muerto, recordemos un segundo a nuestro gran camarada vivo, Alberti, que con un grupo de poetas como Serrano Plaja, Miguel Hernández, Emilio Prados, Antonio Aparicio, están en este instante en Madrid defendiendo la causa de su pueblo y su poesía.

Pero la inquietud social, en Federico, tomaba otras formas más cercanas a su alma de trovador morisco. En su *troupe* "La Barraca" recorría los caminos de España representando el viejo y grande teatro olvidado: Lope de Rueda, Lope de Vega, Cervantes. Los antiguos romances dramatizados eran devueltos por él al puro seno de donde salieron. Los más remotos rincones de Castilla conocieron sus representaciones. Por él los andaluces, los asturianos, los extremeños volvieron a comunicarse con sus geniales poetas apenas recién dormidos en sus corazones, ya que el espectáculo los llenaba de asombro sin sorpresa. Ni los trajes antiguos, ni el lenguaje arcaico chocaba a esos campesinos que muchas veces no habían visto un automóvil, ni escuchado un gramófono. Por medio de la tremenda, fantástica pobreza del campesino español que aún yo, yo he visto vivir en cavernas y alimentarse de hierbas y reptiles, pasaba este torbellino mágico de poesía llevando entre los sueños de los viejos poetas los granos de pólvora e insatisfacción de la cultura.

Él vio siempre en aquellas comarcas agonizantes la miseria increíble en que los privilegiados mantenían a su pueblo, sufrió con los campesinos el invierno en las praderas y en las colinas secas, y la tragedia hizo temblar con muchos dolores su corazón del sur.

Me acuerdo ahora de uno de sus recuerdos. Hace algunos meses salió de nuevo por los pueblos. Se iba a representar *Peribáñez*, de Lope de Vega, y Federico salió a recorrer los rincones de Extremadura para encontrar en ellos los trajes, los auténticos trajes del siglo XVII que las viejas familias campesinas guardan todavía en sus arcas. Volvió con un cargamento prodigioso de telas azules y doradas, zapatos y collares, ropaje que por primera vez veía la luz desde siglos. Su simpatía irresistible lo obtenía todo.

Una noche, en una aldea de Extremadura, sin poder dormirse, se levantó al aparecer el alba. Estaba todavía lleno de niebla el duro paisaje extremeño. Federico se sentó a mirar crecer el sol junto a algunas estatuas derribadas. Eran figuras de mármol del siglo XVIII y el lugar era la entrada de un señorío feudal, enteramente abandonado, como tantas posesiones de los grandes señores españoles. Miraba Federico los torsos destrozados, encendidos en blancura por el sol naciente, cuando un corderito extraviado de su rebaño comenzó a pastar junto a él. De pronto cruzaron el camino cinco o siete cerdos negros que se tiraron sobre el cordero y en unos minutos, ante su espanto y su sorpresa, lo despedazaron y devoraron. Federico, presa de miedo indecible, inmovilizado de horror, miraba los cerdos negros matar y devorar al cordero entre las estatuas caídas, en aquel amanecer solitario.
Cuando me lo contó al regresar a Madrid su voz temblaba todavía porque la tragedia de la muerte obsesionaba hasta el delirio su sensibilidad de niño. Ahora su muerte, su terrible muerte que nada nos hará olvidar, me trae el recuerdo de aquel amanecer sangriento. Tal vez a aquel gran poeta, dulce y profético, la vida le ofreció por adelantado, y en símbolo terrible, la visión de su propia muerte.

He querido traer ante vosotros el recuerdo de nuestro gran camarada desaparecido. Muchos quizás esperaban de mí tranquilas palabras poéticas distanciadas de la tierra y de la guerra. La palabra misma España trae a mucha gente una inmensa angustia mezclada con una grave esperanza. Yo no he querido aumentar estas angustias ni turbar vuestras esperanzas, pero recién salido de España, yo, latinoamericano, español de raza y de lenguaje, no habría podido hablar sino de sus desgracias. No soy político ni he tomado nunca parte en la contienda política, y mis palabras, que muchos habrían deseado neutrales, han estado teñidas de pasión. Comprendedme y comprended que nosotros, los poetas de América Española y los poetas de España, no olvidaremos ni perdonaremos nunca, el asesinato de quien consideramos el más grande entre nosotros, el ángel de este momento de nuestra lengua. Y perdonadme que de todos los dolores de España os recuerde sólo la vida y la muerte de un poeta. Es que nosotros no podremos nunca olvidar este crimen, ni perdonarlo. No lo olvidaremos ni lo perdonaremos nunca. Nunca.

(Conferencia pronunciada en París en 1937; Neruda fue presentado por el poeta Robert Desnos. Publicada como separata de la revista *Hora de España*, París, 1937).

CÉSAR VALLEJO HA MUERTO

Esta primavera de Europa está creciendo sobre uno más, uno inolvidable entre los muertos, nuestro bienadmirado, nuestro bienquerido César Vallejo. Por estos tiempos de París, él vivía con la ventana abierta, y su pensativa cabeza de piedra peruana recogía el rumor de Francia, del mundo, de España... Viejo combatiente de la esperanza, viejo querido. ¿Es posible? Y qué haremos en este mundo para ser dignos de tu silenciosa obra duradera, de tu interno crecimiento esencial?

Ya en tus últimos tiempos, hermano, tu cuerpo, tu alma te pedían tierra americana, pero la hoguera de España te retenía en Francia, a donde nadie fue más extranjero. Porque eras el espectro americano —indoamericano, como vosotros preferís decir—, un espectro de nuestra martirizada América, un espectro maduro en la libertad y en la pasión. Tenías algo de mina, de socavón lunar, algo terrenalmente profundo.

"Rindió tributo a sus muchas hambres" —me escribe Juan Larrea—. Muchas hambres, parece mentira... Las muchas hambres, las muchas soledades, las muchas leguas de viaje, pensando en los hombres, en la justicia sobre esta tierra, en la cobardía de media humanidad. Lo de España ya te iba royendo el alma. Esa alma tan roída por tu propio espíritu, tan despojada, tan herida por tu propia necesidad ascética. Lo de España ha sido el taladro de cada día para tu inmensa virtud. Eras grande, Vallejo. Eras interior y grande, como un gran palacio de piedra subterránea, con mucho silencio mineral, con mucha esencia de tiempo y de especie. Y allá en el fondo el fuego implacable del espíritu, brasa y ceniza... Salud, gran poeta, salud, hermano.

(Revista *Aurora de Chile*, n° 1, del 1° de agosto de 1936).

AMISTADES Y ENEMISTADES LITERARIAS

No solo de estrellas...

Tal vez a nadie por estas tierras le haya tocado en suerte desencadenar tantas envidias como a mi persona literaria. Hay gente que vive de esta profesión, de envidiarme, de darme publicidad extraña, por medio de folletos tuertos o tenaces y pintorescas revistas.

He perdido en mis viajes esta colección singular. Los pequeños panfletos se me han quedado en habitaciones lejanas, en otros climas. En Chile vuelvo a llenar mi maleta con esta lepra endémica y fosforescente, arrincono de nuevo los adjetivos viciosos que quieren asesinarme.

En otras partes no me pasan estas cosas. Y sin embargo, vuelvo. Es que me gusta ciegamente mi tierra, y todo el sabor verde y amargo de su cielo y de su lodo. Y el amor que me toca me gusta más aquí, y este odio extravagante y místico que me rodea pone en mi propiedad un fecundo y necesario excremento. No sólo de estrellas vive el hombre.

España, cuando pisé su suelo, me dio todas las manos de sus poetas, de sus leales poetas, y con ellos compartí el pan y el vino, en la amistad categórica del centro de mi vida. Tengo el recuerdo vivo de esas primeras horas o años de España, y muchas veces me hace falta el cariño de mis camaradas.

Vicente Aleixandre

En un barrio todo lleno de flores, entre Cuatro Caminos y la naciente Ciudad Universitaria, en la calle Welingtonia, vive Vicente Aleixandre.

Es grande, rubio y rosado. Está enfermo desde hace muchos años. Nunca sale de casa. Vive casi inmóvil.

Su profunda y maravillosa poesía es la revelación de un mundo dominado por fuerzas misteriosas. Es el poeta más secreto de España, el esplendor sumergido de sus versos lo acerca tal vez a nuestro Rosamel del Valle.

Todas las semanas me espera, en un día determinado, que para él, en su soledad, es una fiesta. No hablamos sino de poesía. Aleixandre no puede ir al cine. No sabe nada de política.

De todos mis amigos lo separo, por la calidad infinitamente pura de amistad. En el recinto ai lado de su casa la poesía y la vida adquieren una transparencia sagrada.

Yo le llevo la vida de Madrid, los viejos poetas que descubro en las interminables librerías de Atocha, mis viajes por los mercados de donde extraigo inmensas ramas de apio o trozos de queso manchego untados de aceite levantino. Se apasiona con mis largas caminatas, en las que él no puede acompañarme, por la calle de la Cava Baja, una calle de toneleros y cordeleros estrecha y fresca, toda dorada por la madera y el cordel.

O leemos largamente Pedro de Espinosa. Soto de Rojas. Villamediana. Buscábamos en ellos los elementos mágicos y materiales que hacen de la poesía española, en una época cortesana, una corriente persistente y vital de claridad y de misterio.

Miguel Hernández

Dónde estará Miguel Hernández? Ahora curas y guardiaciviles "arreglan" la cultura en España. Eugenio Montes y Pemán son grandes figuras, y están bien al lado del forajido Millán Astray, que no es otro quien preside las nuevas sociedades literarias en España. Mientras tanto. Miguel Hernández, el grande y joven poeta campesino, estará si no fusilado y enterrado, en la cárcel o vagando por los montes.

Yo había leído antes de que Miguel llegara a Madrid sus autos sacramentales, de inaudita construcción verbal. Miguel era en Orihuela pastor de cabras y el cura le prestaba libros católicos, que él leía y asimilaba poderosamente.

Así como es el más grande de los nuevos constructores de

la poesía política, es el más grande poeta nuevo del catolicismo español.

En su seguna visita a Madrid, estaba por regresar cuando, en mi casa, le convencí que se quedara. Se quedó entonces, muy aldeano en Madrid, muy forastero, con su cara de patata y sus brillantes ojos.

Una señora chilena habló a Mamblas, el vizconde, Jefe de Relaciones Culturales del Ministerio de Relaciones.

—Muy bien, dijo Mamblas, le daremos algo, pero que él nos diga qué puede hacer.

Corrí a decírselo a Miguel Hernández. Estaba solucionada su residencia en Madrid.

—Dime qué puedes hacer, le dije, para transmitírselo al vizconde.

Y Miguel, muy serio, muy serio, después de pensarlo mucho, me contestaba:

—Si pudieran darme un rebaño, cerca de Madrid...

Mi gran amigo, Miguel, cuánto te quiero, y cuánto respeto y amo tu joven y fuerte poesía. Adonde estés en este momento, en la cárcel, en los caminos, en la muerte, es igual: ni los carceleros, ni los guardiaciviles, ni los asesinos podrán borrar tu voz ya escuchada, tu voz que era la voz de tu pueblo.

Rafael Alberti

Antes de llegar a España conocí a Rafael Alberti. En Ceylán recibí su primera carta, hace más de diez años. Quería editar mi libro *Residencia en la tierra*, lo llevó de viaje en viaje, de Moscú a Liguria, y, sobre todo, lo paseó por todo Madrid. Del original de Rafael, Gerardo Diego hizo tres copias. Rafael fue incansable. Todos los poetas de Madrid oyeron mis versos, leídos por él, en su terraza de la calle de Urquijo.

Todos, Bergamín, Serrano Plaja, Petere, tantos otros, me conocían antes de llegar. Tenía, gracias a Rafael Alberti, amigos inseparables, antes de conocerlos.

Después, con Rafael hemos sido simplemente hermanos. La vida ha intrincado mucho nuestras vidas, revolviendo nuestra poesía y nuestro destino.

Este joven maestro de la literatura española contemporánea, este revolucionario intachable de la poesía y de la política debiera venir a Chile, traer a nuestra tierra su fuerza, su alegría y su generosidad.

Debería venir para que cantáramos. Hay mucho que cantar por aquí. Con Rafael y Roces haríamos unos coros formidables. Alberti canta mejor que nadie el "tamborileiro", el Paso del Ebro, y otras canciones de alegría y de guerra.

Es Rafael Alberti el poeta más apasionado de la poesía que me ha tocado conocer. Como Paul Eluard, no se separa de ella. Puede decir de memoria la "Primera Soledad" de Góngora y además largos fragmentos de Garcilaso y Rubén Darío y Apollinaire y Maiakovsky.

Tal vez Rafael Alberti escriba, entre otras, las páginas de su vida que nos ha tocado convivir. Se verá en ellas, como en todo lo que él hace, su espléndido corazón fraternal y su espíritu tan español de jerarquía, justos y centrales dentro de la construcción diamantina y absoluta de su expresión, ya clásica.

Envío: A Arturo Serrano Plaja y Vicente Salas Viú

Vosotros sois los únicos amigos de mi vida literaria en España que habéis llegado a mi patria. Hubiera querido traerlos a todos, y no he desistido de ello. Trataré de traerlos, de México, de Buenos Aires, de Santo Domingo, de España.

No sólo la guerra nos ha unido, sino la poesía. Os había llevado a Madrid mi buen corazón americano y un ramo de rimas que habéis guardado con vosotros.

Vosotros, cuántos! todos, habéis aclarado tanto mi pensamiento, me habéis dado tan singular y tan transparente amistad. A muchos de vosotros he ayudado en problemas recónditos, antes, durante y después de la guerra.

Vosotros me habéis ayudado más.

Me habéis mostrado una amistad alegre y cuidada, y vuestro decoro intelectual me sorprendió al principio: yo llegaba de la envidia cruda de mi país, del tormento. Desde que me acogisteis como vuestro, disteis tal seguridad a mi razón de ser, y a mi poesía, que pude pasar tranquilo a luchar en las filas del pueblo. Vuestra amistad y vuestra nobleza me ayudaron más que los tratados.

Y hasta ahora, este sencillo camino que descubro, es el único para todos los intelectuales.

Que no pasen a luchar con el pueblo los envidiosos, los resentidos, los envenenados, los malignos, los megalómanos.
Esos al otro lado.
Con nosotros, amigos y hermanos españoles, solamente los puros, los fraternales, los honrados, los nuestros.

(Revista *Qué Hubo*. Santiago, 20 de abril de 1940).

LA COPA DE SANGRE

Cuando remotamente regreso y en el extraordinario azar de los trenes, como los antepasados sobre las cabalgaduras, me quedo sobredormido y enredado en mis exclusivas propiedades, veo a través de lo negro de los años, cruzándolo todo como una enredadera nevada, un patriótico sentimiento, un bárbaro viento tricolor en mi investidura: pertenezco a un pedazo de pobre tierra austral hacia la Araucanía, han venido mis actos desde los más distantes relojes, como si aquella tierra boscosa y perpetuamente en lluvia tuviera un secreto mío que no conozco, que no conozco y que debo saber, y que busco, perdidamente, ciegamente, examinando largos ríos, vegetaciones inconcebibles, montones de madera, mares del sur, hundiéndome en la botánica y en la lluvia, sin llegar a esa privilegiada espuma que las olas depositan y rompen, sin llegar a ese metro de tierra especial, sin tocar mi verdadera arena. Entonces, mientras el tren nocturno toca violentamente estaciones madereras o carboníferas como si en medio del mar de la noche se sacudiera contra los arrecifes, me siento disminuido y escolar, niño en el frío de la zona sur, con el colegio en los deslindes del pueblo, y contra el corazón los grandes, húmedos boscajes del sur del mundo. Entro en un patio, muy vestido de negro, tengo corbata de poeta, mis tíos están allí todos reunidos, son todos inmensos, debajo del árbol guitarras y cuchillos, cantos que rápidamente estrecorta el áspero vino. Y entonces abren la garganta de un cordero palpitante, y una copa abrasadora de sangre me llevan a la boca, entre disparos y cantos, y me siento agonizar como el cordero, y quiero llegar también a ser centauro.

y pálido, indeciso, perdido en medio de la desierta infancia, levanto y bebo la copa de sangre.

Hace poco murió mi padre, acontecimiento estrictamente laico, y sin embargo algo religiosamente funeral ha sucedido en su tumba, y éste es el momento de revelarlo. Algunas semanas después mi madre, según el diario y temible lenguaje, fallecía también, y para que descansaran juntos trasladamos de nicho al caballero muerto. Fuimos a mediodía con mi hermano y algunos de los ferroviarios amigos del difunto, hicimos abrir el nicho ya sellado y cimentado, y sacamos la urna, pero ya llena de hongos, y sobre ella una palma con flores negras y extinguidas: la humedad de la zona había partido el ataúd y al bajarlo de su sitio, ya sin creer lo que veía, vimos bajar de él cantidades de agua, cantidades como interminables litros que caían de adentro de él, de su substancia.

Pero todo se explica: esta agua trágica era lluvia. Lluvia tal vez de un solo día, de una sola hora tal vez de nuestro austral invierno, y esta lluvia había atravesado techos y balaustradas, ladrillos y otros materiales y otros muertos hasta llegar a la tumba de mi deudo. Ahora bien, esta agua terrible, esta agua salida de un imposible insondable, extraordinario escondite, para mostrarme a mí su torrencial secreto, esta agua original y temible me advertía otra vez con su misterioso derrame mi conexión interminable con una determinada vida, región y muerte.

(Publicado en "Pablo Neruda", selección, recopilación y prólogo de Arturo Aldunate. Editorial Nascimento. 1943).

LAS LÁMPARAS DEBEN CONTINUAR ENCENDIDAS

Siempre para mí existió vuestra patria, pero no como todos los territorios en que el hombre vive, sueña, padece, triunfa y canta. Para mí el Perú fue matriz de América, recinto cercado por altas y misteriosas piedras, por dentelladas de espuma singular, por ríos y metales de cauce profundísimo. Los Incas dejaron no una pequeña corona de fuego y martirio en las manos atónitas de la historia, sino una amplia, extensa atmósfera cincelada por los dedos más finos, por las manos capaces de conducir los sonidos hacia la melancolía y la reverencia y de levantar las piedras colosales frente al tiempo infinito.

Pero dejaron, también, con fuerza equinoccial, impreso en el rostro de América una ternura pensativa, un gesto delgado y conmovedor que, desde las vasijas, joyas, las estatuas, los tejidos y el silencio labrado, iluminó para siempre el camino de la profundidad americana. Cuando mi tierra recibió las olas de fértiles conquistadores incaicos que trajeron a las sombras enronquecidas de Arauco el contacto textil de la liturgia y del vestido: cuando las palpitaciones anímicas de los bosques tutelares y australes tocaron la turquesa sagrada y la vasija rebosante de contenido espiritual, no sabemos hasta qué punto las aguas esenciales del Perú invadían el despertar de mi patria, sumergiéndola en una madurez telúrica de la
Más tarde el viejo conquistador hace su guarida de rayos cual es simple expresión mi propia poesía.
en donde estuvo el mayor esplendor de nuestra vida legendaria. En el Perú se substituyen como capas geológicas la tierra, el oro y el acero: la tierra transformada en formas tan diáfanas y vitales como las mismas semillas esenciales cuyo crecimiento llenará los cántaros que calmarán la sed del hombre: el oro cuyo poderío desde el sitio secreto de su estatua enterrada traerá a través del tiempo y del océano a los hombres de otros planetas y de otros lenguajes: y el acero en cuyo resplandor substancial se formará lentamente el lamento y la raza.

Hay algo cósmico en vuestra tierra peruana, algo tan poderoso y tan lleno de fulgor que ninguna moda ni ningún estilo han podido cubrir, como si bajo vuestro territorio una inmensa estatua yacente, mineral y fosfórica, monolítica y orgánica, estuviera aún cubierta por telas y santuarios, por épocas y arena, y asomara su vigorosa estructura en la altura de las piedras abandonadas, en el suelo deshabitado que tenemos el deber de descubrir. América es vuestro Perú, vuestro Perú dieciochesco y primitivo, vuestra patria misteriosa, arrogante y antigua, y en ninguno de los Estados de América encontraríamos las concreciones americanas que, como el oro y el maíz, se derraman en vuestra copa para darnos de América una perspectiva insondable.

Americanos del Perú, si he tocado con mis manos australes vuestra corteza y he abierto la fruta sagrada de vuestra fraternidad, no penséis que os dejo sin que también mi corazón se acerque a vuestro estado y a vuestra magnitud actuales. Perdonadme, entonces, que, como americano esencial, meta la mano en vuestro silencio.

Desde hace años, de toda la América silenciosa os contemplan dos países que son los atalayas y las levaduras de la libertad en América. Estos dos pueblos se llaman Chile y México.

La geografía los colocó en los extremos duros del Continente. A México correspondió ser el baluarte de nuestra sangre cuando la vida de América le exigió gallardamente imponer las materias fundamentales de la América nuestra frente al gran país materialista del Norte. Y también a México correspondió levantar las primeras banderas cuando la libertad amenazada en todo nuestro planeta se veía defendida por la alta estirpe de los americanos del Norte.

Chile ha conocido la libertad, como lo predijo Simón Bolívar. En el sacrificio de las tierras más duras, en el conocimiento de los obstáculos más impenetrables, mi patria, con las mismas manos ardientes y delicadas que resistieron las faenas y los climas más crueles de nuestras latitudes, pudo tocar el corazón del hombre, levantarlo como una copa radiante hacia la libertad. La historia de mi país caminó pesada y duramente hacia la aurora y en eso estamos empeñados los chilenos de hoy, en disipar cada día las tinieblas que nos correspondieron.

Desde estos dos puntos, antártico el uno, musical y explosivo el otro, miramos hacia el Perú en la esperanza de que sus pasos se encaminen hacia la responsabilidad que nos da el título de americanos. Si en vuestras manos el difícil destino histórico de América enciende una luz de libertad que el viento de mañana puede dejar sepultado para siempre, está en vuestro deber, no sólo hacia vuestra tierra sino hacia el resto de la magnitud americana, conservar, fortalecer y mantener esta luz esencial. Si miramos en las mañanas la carta geográfica con sus bellos ríos y sus espléndidos altares volcánicos, notaréis que existen zonas en que las lágrimas ponen un cero de hielo a las tiranías, advertiréis que en los más prósperos, en el más rico, en el más poderoso de nuestros Estados de América, acaban de nacer nuevos tiranos. Y estos nuevos tiranos son exactamente iguales a los que padecimos con el corazón acongojado: tienen charreteras y usan látigo y el sable. Vemos cómo los menores vestigios de la libertad son acechados por los tigres y los caimanes de nuestra espantosa fauna cosmogónica. Entonces, peruanos, chilenos, colombianos, todos aquellos que respiréis el aire de la libertad que nos dejan los monstruos de nuestra pre-historia, tened cuidado, tened mucho cuidado. Tengamos cuidado de la antigua fauna apoplética que ya parecía encasillada en los museos con sus inmensos huesos defensivos, sus condecoraciones, y sus miembros sangrientos. Está viva aún en el mundo la sed de dominio y la voluntad del tormento, y nuestros verdugos nos acechan desde la mañana a la noche. Pero tened también cuidado de nuestros falsos libertadores, de aquellos que, no comprendiendo el espíritu de esta época, pretenden hacer de la violencia un ramo de flores que entregar en el altar de las libertades del hombre.

El hijo de la libertad de América, como Sucre, como Bolívar, como O'Higgins, como Morales, como Artigas, como San Martín, como Mariátegui, es odiado al mismo tiempo por la reacción cavernaria y por la demagogia estéril. La libertad en América será hija de nuestros hechos y de nuestros pensamientos.

Queridos amigos:

Al terminar este discurso que digo con la misma sinceridad que si hablara a chilenos, ecuatorianos, argentinos o paraguayos, quiero agradecer la cordialidad con que he sido recibido por vuestro Presidente, señor Manuel Prado, por vuestra Asociación y por todos los intelectuales que no pertenecen a vuestra Asociación, y me perdonaréis que, antes de terminar, recuerde a quien fue para mí el más querido de los peruanos, el más grande de los poetas y el más hermano entre mis hermanos: César Vallejo. Espero que cuando esta guerra termine traeréis sus pobres huesos derribados por el otoño del mundo. Celebraremos juntos la victoria de los tres países que

él más amó, la República peruana, la República española y
la Unión de Repúblicas Socialistas Soviéticas y espero, amigos queridos, que me invitéis a estar, no junto a su monumento, ya está construido por sus palabras de sombría dimensión, sino simplemente junto a la tierra peruana que habréis
honrado una vez más para guardar dentro del fulgor de la
patria. Quiero estar, entonces, con el que fue mi amigo y con
el que fue para mí una de las lámparas de América.

Peruanos, escritores, artistas, no olvidéis que en América
las lámparas deben continuar encendidas.

(Discurso a los intelectuales peruanos,
dicho en La cabaña, Lima, y publicado
por el diario La Noche, de dicha ciudad,
el 22 de octubre de 1943).

SALUDO AL NORTE

Norte, llego por fin a tu bravío
silencio mineral de ayer y de hoy,
vengo a buscar tu voz y a conocer lo mío,
y no te traigo un corazón vacío:
te traigo todo lo que soy.

Porque la patria lleva en la cintura
tal vez un ramo de copihue en flor
pero en el esplendor de su figura
lleva brillando en su cabeza oscura
una corona de sudor.

Norte, hasta en las lejanas alegrías
de las húmedas tierras labrantías
brillan las gotas que le diste:
toda la patria está condecorada
con el sudor de tu jornada:
porque trabajas tú la patria existe.

Arañando el metal de tus raíces
el hombre te llenó de cicatrices
y cayeron en un cauce de espuma

las silenciosas sales salitreras
llegando a tus ciudades marineras
desde la pampa de color de puma.

Para que llegue hasta la mesa el trigo
en la más dura entraña está tu mano.
Siempre está en lucha tu metal humano
con todos los metales enemigos.
Quiero luchar contigo, hermano.

Quiero en tu territorio calcinado
pasar mi corazón como un arado
así enterrando la semilla ardiente.
Quiero cantar entre tu recia gente.

Quiero también oír la voz sufrida,
la canción de la pampa removida
como el corazón del pampino,
vieja canción que aprieta la garganta
con un nudo de lágrimas que canta
las amarguras del destino.

Vieja canción de duelo y rebeldía
salida de la sangre y la agonía
como una lágrima que estalla,
y que lleva en sus sílabas sangrientas
las semillas del viento y la tormenta
nacidas bajo la metralla.

Quiero que esté mi voz en los rincones
de la pampa, tocando los terrones,
y se elabore con caliche el canto,
y otra vez se alce barrenando el pique
y quiero que la sangre me salpique
cuando sobre la pampa llueve llanto.

Cuando ruedas al fondo, hermano duro,
quemado, hundido, derribado, herido,
y en un cajón tus huesos vuelven al sitio oscuro
donde tu corazón golpeó el primer latido
como tu primer golpe de pala sobre el muro.

Yo quiero estar contigo en el día amarillo
de Sierra Overa y de María Polvillo,
cuando entra el polvo ceniciento
de noche, de tarde y de día,
cubriendo con su manto lento
el sueño, el pan y la alegría.

Como una campana de plata
mi voz más alta y más segura
que el trueno de Chuquicamata,
para la pampa, tierra dura,
para la mano del minero,
para los ojos arrasados,
para los pulmones quebrados,
para los niños lastimeros.

Y por los socavones de misterio
como desmoronados monasterios,
los techos rotos, las vacías puertas,
quedan como preguntas demolidas,
junto a un montón de tumbas esparcidas,
las solitarias oficinas muertas.

Quiero que esté mi canto donde antaño,
con su mirada gris y su pelo de estaño,
Recabarren, el Padre, comenzó su jornada,
de orilla a orilla del desierto,
con la misma bandera, que llevo levantada.
Porque Recabarren no ha muerto.

La pampa es él. Su rostro es la planicie,
su rostro es la arrugada superficie
de la pampa, como él áspera y fina,
su voz nos habla aún por la boca del viento,
su viejo traje está en el campamento;
su corazón está en la mina.

Y aquí viene Lafertte. Lafertte viene ahora
paso a paso, luchando, descifrando la aurora
sobre la pampa tutelar
que sudor, sangre y lágrimas en la noche callada

acumuló esperando la alborada
que nos verá triunfar.

Arde una estrella en la sombra pampina
como una lanza azul, como una espina
bajo la noche capital.
Arde en las soledades enemigas
como una rosa azul, como una espiga
sobre el nitrato y el metal.

Sobre el accidentado en su agonía,
sobre el amanecer y la alegría
que como el mar te bañe,
Norte, deja que cante sobre tu pecho amigo.
Yo quiero que la Patria esté contigo.
Quiero que Chile te acompañe.

Autoriza mi voz en tus desiertos,
entre tu brava gente, entre tus muertos,
junto a las rocas de tu litoral,
para que se derrame en tus rodillas
como un río de espigas amarillas
nuestro canto de pampa y de trigal.

Nuestro canto de tierra y de promesa,
nuestro canto de pan sobre la mesa,
nuestro canto de nuevo mineral,
nuestra canción de naves y de usinas,
nuestro canto de surcos y de minas,
nuestra palabra de Unión Nacional.

Yo quiero junto al mar de tus metales
celebrar tus ciudades litorales
que brotan de la arena desolada.
Iquique azul, Tocopilla florida,
Antofagasta de luz construida,
Taltal, paloma abandonada.

Arica, flor de azúcar y blancura,
de nuestra dulce patria frente pura,
rosa de arena, flor distante,

toca el Perú tu cabeza pampina
y como una luciérnaga marina
adelantas la patria al hijo errante.

Chile, cuando se hizo tu figura,
cuajado entre el océano y la altura
quedaste, como antorcha iluminada.
El sur forma tu verde empuñadura.
El norte construyó tu forma dura.
Y eres, Tarapacá, la llamarada.

Patria, la libertad es tu hermosura.
Y para defender su lumbre pura
aquí estamos tus hijos agrupados:
el que salió de la caverna oscura
y el que está por los mares derramado,
el constructor sobre su arquitectura
hasta el agricultor desde su arado:
juntos alrededor de tu figura
porque la libertad nos ha llamado.

           (Diario *El Siglo*, Santiago, 27 de febrero de 1945).

SALITRE

SALITRE, harina de la luna llena,
cereal de la pampa calcinada,
espuma de las ásperas arenas,
jazminero de flores enterradas.

Polvo de estrella hundida en tierra oscura,
nieve de soledades abrasadas,
cuchillo de nevada empuñadura,
rosa blanca de sangre salpicada.

Junto a tu nívea luz de estalactita,
duelo, viento y dolor, el hombre habita:
harapo y soledad son su medalla.

Hermanos de las tierras desoladas:
aquí tenéis como un montón de espadas
mi corazón dispuesto a la batalla.

(Diario *El Siglo*, Santiago, 27 de diciembre de 1946).

LA PATRIA PRISIONERA

Patria de mi ternura y mis dolores,
patria de amor, de primavera y agua,
hoy sangran tus banderas tricolores
sobre las alambradas de Pisagua.

Existes, patria, sobre los temores
y arde tu corazón de fuego y fragua
hoy, entre carceleros y traidores,
ayer, entre los muros de Rancagua.

Pero saldrás al aire, a la alegría,
saldrás del duelo de estas agonías,
y de esta sumergida primavera.

libre en la dignidad de tu derecho
y cantará en la luz, y a pleno pecho,
tu dulce voz, oh, patria prisionera!

(Periódico *Unidad*, Santiago, nº 60, diciembre de 1947).

VÁMONOS AL PARAGUAY

Vivo detrás de Notre Dame, junto al Sena. Las barcas areneras, los remolcadores, los convoyes cargados pasan, lentos como cetáceos fluviales, frente a mi ventana.

La catedral es una barca más grande que eleva como un mástil su flecha de piedra bordada. Y en las mañanas me asomo a ver si aún está, junto al río, la nave catedralicia, si sus marineros tallados en el antiguo granito, no han dado la orden, cuando las tinieblas cubren el mundo, de zarpar, de irse navegando a través de los mares.

Yo quiero que me lleve. Me gustaría entrar por el río Amazonas en esta embarcación gigante, vagar por los estuarios, indagar los afluentes, y quedarme de pronto en cualquier punto de la América amada hasta que las lianas salvajes hagan un nuevo manto verde sobre la vieja catedral y los pájaros azules le den un nuevo brillo de vitrales.

O bien dejarla anclada en los arenales de la costa del sur, cerca de Antofagasta, cerca de las islas del guano, en que el estiércol de los cormoranes ha blanqueado las cimas: como la nieve dejó desnudas las figuras de proa de la nave gótica. Qué imponente y natural estaría la iglesia, como una piedra más entre las rocas hurañas, salpicada por la furiosa espuma oceánica, solemne y sola sobre la interminable arena.

Yo no soy de estas tierras, de estos bulevares. Yo no pertenezco a estas plantas, a estas aguas. A mí no me hablan estas aves.

Yo quiero entrar por el Río Dulce, navegar todo el día entre las enramadas, asustar las garzas para que levanten su repentino relámpago de nieve. Yo quiero a esta hora ir a caballo, silbando, hacia Puerto Natales, en la Patagonia. A mi lado izquierdo pasa un río de ovejas, hectáreas de lana rolliza que avanza lentamente hacia la muerte, a mi derecha palos quemados, pradera, olor a hierba libre.

Dónde está Santocristo? Venezuela me llama, Venezuela es una llama, Venezuela está ardiendo. Yo no veo las nieblas de este gran otoño, yo no veo las hojas enrojecidas. Detrás de París, como un fanal de faro, de luz multiplicada, arde Venezuela. Nadie ve esta luz en las calles, todos ven edificios, puertos y ventanas, personas apresuradas, miradas que enceguecen. Todos van sumergidos en el gran otoño. No es mi caso.

Yo detrás de todo veo a Venezuela como si detrás de mi única ventana se debatiera con toda la fuerza del fuego una gran mariposa.

Dónde me llevas? Quiero entrar en esa tela del mercado de México, del mercado sin nombre, del mercado número mil. Quiero tener ese color quemado, quiero ser teñido y destrenzado, quiero que mi poesía cuelgue de los árboles del pueblo como una bandera, y que cada verso tenga un peso textil, defienda las caderas de la madre, cubra la crin del agrarista.

Yo no conozco el Paraguay. Así como hay hombres que se estremecen de delicia al pensar que no han leído cierto libro de Dumas o de Kafka o de Balzac o de Laforgue, porque saben que algún día lo tendrán en sus manos, abrirán una a una sus páginas y de ellas saldrá la frescura o la fatiga, la tristeza o la dulzura que buscaban, así yo pienso con delicia en que no conozco el Paraguay y que la vida me reserva el Paraguay, un recinto profundo, una cúpula incomparable, una nueva sumersión en lo humano.

Cuando el Paraguay sea libre, cuando nuestra América sea libre, cuando sus pueblos se hablen y se den la mano a través de los muros de aire que ahora nos encierran, entonces, vámonos al Paraguay. Quiero ver allí donde sufrieron y vencieron los míos y los otros. Allí la tierra tiene costurones resecos, las zarzas salvajes en la espesura guardan jirones de soldado. Allí las prisiones han trepidado con el martirio. Hay allí una escuela de heroísmo y una tierra regada con sangre áspera. Yo quiero tocar esos muros en los que tal vez mi hermano escribió mi nombre y quiero leer allí por primera vez, con primeros ojos, mi nombre, y aprenderlo de nuevo, porque aquellos que me llamaron entonces, me llamaron en vano y no pude acudir.

Soy rico de patria, de tierra, de gentes que amo y que me aman. No soy un patriota desdichado, ni conozco el exilio. Mi bandera me envía besos de estrella cada día. No soy desterrado porque soy tierra, parte de mi propia tierra, indivisible, espacioso.

Cuando cierro los ojos, para que por dentro de mí pase como un río la circulación del sueño, pasan bosques y trenes, desiertos, camaradas, aldeas. Pasa América. Pasa dentro de mí como si yo pasara un túnel, o como si este río de mundos y de cosas adelgazara su caudal y de pronto todas sus aguas entraran en mi corazón.

Mi corazón tiene tierra, y en esta tierra hay árboles y en estos árboles un aroma tenaz. Es a veces el olor frío del laurel austral, que cuando cae desde su torre de cuarenta metros, en la selva, golpea como un trueno y desplaza cien toneladas de perfume invisible. O es el olor de caoba, esa fragancia roja de Guatemala, que vive en cada casa, que te espera en las oficinas y en las cocinas, en los parques y en los bosques. Y aún otros aromas.

—Indeleble perfume. Dónde me llevas? Ignoras el océano?

—No, no ignoro el océano. Pero soy tu cabellera, soy tu penacho, te sigo y te circundo, soy tu cola de cometa y de planeta, soy tu único anillo de única boda, soy tu vida.

Sí, eres mi vida, eres mi raza, eres mi estrella. Eres la gran caracola de sangre y nácar que suena y resuena en mis oídos. Quien escuchó tu mar no tiene otro mar, quien nació junto a tus ríos irá con ellos naciendo cada día, quien creció con las araucarias de Lonquimay tiene un deber impuesto, cantará en la tempestad.

Y es así, señores, como cuando despierto, y veo levantarse, hueso y ceniza, sobre el Sena, la barca de Notre Dame de París, atacada y castigada por el océano del tiempo, augusta, grave, sentada en su antiguo poderío, yo solo pienso, solo sueño.

Irme hacia tus riberas, oh América mía, en esta embarcación o en alguna otra,

vivir entre tu gente que es la mía, entre sus hojas,

luchar junto a cada uno de mis hermanos, vencer,

para que mi victoria sea extensa y tuya, como nuestra tierra ancha, llena de paz y aroma,

y allí, algún día, sobre un nuevo barco fluvial, sobre una máquina, sobre una biblioteca, sobre un tractor

(porque nuestras catedrales serán esas, nuestras victorias serán esas anchas victorias)

yo también pueda, después de haber luchado y vencido, ser también tierra, sólo tierra, sólo tierra, sólo tierra tuya.

(Revista *Pro-Arte*, Santiago, edición 117 del 30 de noviembre de 1950).

A LA MEMORIA DE RICARDO FONSECA

Ricardo, no hay que buscarte en el pasado, no eres
el inmóvil retrato de un capitán dormido,
aquí estás, aquí está tu mirada radiante
en la bandera del Partido.

Yo no te voy a buscar bajo la tierra. Los muertos
están allí, los nombres, las tumbas imprevistas,
tú no has muerto, estás vivo para siempre, te llamas
Partido Comunista.

Hoy votaste la huelga con los de Coronel, los mineros
caminan hoy contigo como ayer. No se gasta
tu fuego combativo. Arde con él la pampa
y el arsenal de Antofagasta.

Nosotros, los chilenos, qué indiferentes somos
al parecer, pero que venga el enemigo!
y encontrará las filas más duras que el diamante
porque la patria está contigo.

Cuando quiso el Traidor darnos su dentellada
tú, Capitán, luchaste hasta la muerte,
y se rompió la boca la víbora que manda:
ahora somos más fuertes!

Aún rayas las paredes y en el aire te pierdes,
—cómo te va a encontrar la policía?
Que te busque en la fuerza que nos dejaste: tú eras
la torre de nuestra alegría.

Que te busquen, ahí vas entrando con otros
a la fábrica, al diario,
hace cinco minutos te escuchamos en el
mitin de los ferroviarios.

Que te busquen, no hay duda que persiste
tu consejo de acero: tu voz nos disciplina.
Te hallarán, sin sombrero, gritando por las calles
o en la organización clandestina.

Quién no te ve en lucha por la Paz, adelante
de todos, con esos ojos puros,
claros, y desmedidos porque en ellos cabía
todo el futuro.

Aquí estás, aquí estás, como un baluarte
defendiendo la tierra, el pan, el cobre
de la patria, y guardando con tu brazo
la vida de los pobres.

Te voy a describir como eres, no es porque
te hayas ido, sino porque en la incierta madrugada
en una calle oscura, sólo por estas líneas
pueda reconocerte un camarada.

Eras la juventud que desafía al viento
y un manantial en primavera
era la dirección de tu mirada
en tu rostro de sementera.

Ágil y firme, ardiente, desgranabas
con decisión de luz y con bondad bravía
la colmena silvestre que te nutrió en tu infancia:
la miel natal de Araucanía.

Así de dulce y fuerte fue para mí
tu amistad verdadera:
veníamos los dos de las desamparadas
regiones de la Frontera,

y entre una racha y otra del tiempo tempestuoso
nos encontramos bajo el mismo techo
junto al fuego que el hombre ha levantado
sacándoselo del pecho.

Para que se conozcan estas cosas escribo
esta escritura simple, este verso sin llanto,
para tus hijos, para Nena, tu compañera,
es este humilde canto.

Y como tú querías, para los habitantes
de Rancagua y de Tocopilla,
del campo y de las minas, de los mares,
para toda la gente sencilla.

Escribo en la Unión Soviética mientras la paz acude
a poblar esta tierra de primavera pura,
en donde honor y acero se reúnen blindando
al pueblo y su armadura.

Mientras más lejos China de cada surco saca
los números del trigo y el pan de los leones
con su bandera roja levantada
sobre cuatrocientos millones.

Cuando Corea llena de sangre
toda la copa del valor humano
y detiene la bota carnicera
del asesino norteamericano.

Ricardo, no el pasado sino el presente es tuyo.
De todo sufrimiento guardaremos memoria.
Que esperen nuestros muertos porque pronto
nosotros escribiremos la historia.

No olvidaremos entonces lo que hizo nuestro pueblo.
los martirios no fueron escritos en el agua.
Ni el nombre del verdugo olvidaremos tampoco.
Lo juzgaremos en Pisagua.

Y a nuestra patria entregaremos cuanto
tenemos, con certeza,

para restituirle lo que le fue robado:
el pan y la belleza.

Ricardo, en nuestra lucha vives y te saluda
toda la patria en su largo desfile
y prometemos continuar la lucha
con el Partido y para Chile.

Borraremos el hambre de la patria.
Impediremos la guerra.
Llenaremos de espigas el camino del hombre.
Cambiaremos la tierra.

Y a quien pregunte quiénes somos, diremos:
venimos de las minas del cobre y del nitrato.
Y esto somos, diremos con orgullo,
mostrando tu retrato.

Desde el fondo del pueblo, de la patria venimos.
Nada nos parece imposible.
De O'Higgins, de Bilbao, de Recabarren somos
los hijos invencibles.

Somos los comunistas, Ricardo. Sonriendo
contigo, continuamos la jornada.
Larga es la lucha, pero triunfaremos.
Te lo juramos, camarada.

(Edición de homenaje, Santiago, imprenta "Amistad", julio de 1951).

OCEANOGRAFÍA DISPERSA

Yo soy un *amateur* del mar, y desde hace años colecciono conocimientos que no me sirven de mucho porque navego sobre la tierra.

Ahora regreso a Chile, a mi país oceánico, y mi barco se acerca a las costas de África. Ya pasó las antiguas columnas de Hércules, hoy acorazadas, servidores del penúltimo imperialismo.

Miro el mar con el mayor desinterés, el del oceanógrago puro, que conoce la superficie y la profundidad, sin placer literario, sino con un saboreo conocedor, de paladar cetáceo.

A mí siempre me gustaron los relatos marinos y tengo mi red en la estantería, pero el libro que más consulto es alguno de Williams Beebe o una buena monografía descriptiva de las volutas marinas del mar antártico.

Es el Plankton el que me interesa, esa agua nutricia, molecular y electrizada que tiñe los mares con un color de relámpago violeta. Así he llegado a saber que las ballenas se nutren casi exclusivamente de este innumerable crecimiento marino. Pequeñísimas plantas e infusorios irreales pueblan este tembloroso continente. Las ballenas abren, mientras se desplazan, sus inmensas bocas levantando la lengua hasta el paladar, de modo que estas aguas vivas y viscorales las van llenando y nutriendo.

Así se alimenta la ballena glauca (*Bachianetas glaucus*) que pasa hacia el sur del Pacífico y hacia las islas calurosas por frente a las ventanas de mi Isla Negra.

Por allí también pasa la ruta migratoria del cachalote, o ballena dentada, la más chilena de las perseguidas, porque fueron los balleneros chilenos ilustrando el mundo folklórico del mar, con sus dientes, en los cuales, con manos rudas, grabaron a cuchillo corazones y flechas, pequeños monumentos de amor, retratos infantiles de sus veleros o de sus novias. Pero nuestros balleneros, los más audaces del hemisferio marino, no pasaron el estrecho y el Cabo de Hornos, el Antártico y sus cóleras, para desgranar la dentadura del amenazador cachalote, sino para arrebatarle su tesoro de grasa y lo que es más aún, la bolsita de ámbar gris que sólo este monstruo esconde en su montaña abdominal.

Pero nada de los asombradores habitantes del Pacífico pasa ante mis ojos, sino el Atlántico férreo. Yo dejé atrás el último santuario azul del Mediterráneo, las grutas y los contornos marinos y submarinos de la Isla de Capri, en que las sirenas salían a peinarse sobre las peñas sus cabellos azules, porque el mar había teñido y empapado con su movimiento sus locas cabelleras.

En el acuario de Nápoles pude ver las moléculas eléctricas de los organismos primaverales, y sobre todo subir y bajar la medusa, hecha de vapor y de plata, agitándose en su danza dulce y solemne, circundada por dentro por el único cinturón eléctrico llevado hasta ahora por ninguna otra dama de las profundidades submarinas.

Hace muchos años en Madras, en la sombría India de mi juventud, visité su acuario maravilloso, y hasta ahora recuerdo los peces bruñidos, las murenas venenosas, los cardúmenes vestidos de incendio y arcoiris, y más aún, los pulpos extraordinariamente serios y medidos, metálicos como máquinas registradoras, con innumerables ojos, piernas, ventosas y conocimientos.

Del gran Pulpo que conocimos todos por primera vez en *Los trabajadores del mar*, de Víctor Hugo, pulpo también tentacular y poliformo de la poesía, sólo llegué a ver, hace unos pocos días, un fragmento de brazo en el Museo de Historia Natural de Copenhague. Éste sí es el antiguo Kraken, terror de los mares antiguos, que agarraba a un velero y lo arrollaba cubriéndolo y enredándolo. El fragmento que yo vi conservado en alcohol indicaba que su longitud pasaba de treinta metros.

Pero lo que yo perseguí con constancia fue la huella o más bien el cuerpo del Narval.

De ser tan desconocido para mis amigos el gigantesco unicornio marino de los mares del norte llegué a sentirme exclusivo correo de los Narvales, y a creerme Narval yo mismo, por parte de la ignorancia ajena.

Existe el Narval?

Es posible que un animal del mar extraordinariamente pacífico que lleva en la frente una lanza de marfil de cuatro y cinco metros, estriada en toda su longitud al estilo salomónico, terminada en aguja, pueda pasar inadvertido para millones de seres, aun en su leyenda, aun en su maravilloso nombre?

De su nombre puedo decir —narwhla o narval— que es el más hermoso de los nombres submarinos, nombre de copa marina que canta, nombre de espolón de cristal.

Y por qué entonces nadie sabe su nombre?

Por qué no existen los Narval, la bella casa Narval, y aun Narval Ramírez o Narvala Carvajal?

Y así ha sido. El unicornio marino continuó en su misterio, en sus corrientes de sombra transmarina, con su larga espada de marfil sumergida en el océano ignoto.

En la Edad Media la cacería de todos los unicornios fue un deporte místico y estético. El unicornio terrestre quedó para siempre, deslumbrante, en las tapicerías, rodeado de damas alabastrinas y copetonas, aureolado en su majestad por todas las aves que trinan o fulguran.

En cuanto al Narval, los monarcas medioevales se enviaban, como regalo magnífico, algún fragmento de su cuerpo fabuloso, y de éste raspaban polvo que diluido en licores daba, oh eterno sueño del hombre, salud, juventud y potencia!

Vagando en Dinamarca, de donde vengo ahora, entré en una antigua tienda de historia natural, estos negocios desconocidos en nuestra América que para mí tienen toda la fascinación de la tierra. Allí arrinconados descubrí tres o cuatro cuernos de Narval. Los más grandes medían casi cinco metros. Largamente los blandí y acaricié.

El viejo propietario de la tienda me veía hacer lances ilusorios con la lanza de marfil en mis manos, contra los invisibles molinos del mar. Después los dejé cada uno en su rincón. Sólo pude comprarme uno pequeño, de narval recién nacido, de los que salen a explorar con su espolón inocente las frías aguas árticas.

Lo guardé en mi maleta, pero en mi pequeña pensión de Suiza frente al lago Leman, necesité ver y tocar el mágico tesoro del unicornio marino que me pertenecía. Y lo saqué de mi maleta.

Ahora no lo encuentro.

Lo habré dejado en la pensión de Vésenaz, en un cajón, habrá rodado a última hora bajo la cama? O verdaderamente habrá regresado en forma misteriosa y nocturna al círculo polar?

Miro las pequeñas olas de un nuevo día en el Atlántico.

El barco deja a cada costado de su proa una desgarradura blanca, azul y sulfúrica de aguas, espumas y abismos agitados.

Son las puertas del océano que tiemblan.

Por sobre ella, vuelan los diminutos peces voladores, de plata y transparencia.

Regreso del destierro.

Miro largamente las aguas. Sobre ellas navego hacia otras aguas: las olas atormentadas de mi patria.

El cielo de un largo día cubre todo el océano.

La noche llegará y con su sombra esconderá una vez más el gran palacio verde del misterio.

(Revista *Vistazo*, Santiago, 21 de septiembre de 1952).

EL OLOR DEL REGRESO

Mi casa es profunda y ramosa. Tiene rincones en los que, después de tanta ausencia, me gusta perderme y saborear el regreso. En el jardín han crecido matorrales misteriosos y fragancias que yo desconocía. El álamo que planté en el fondo y que era esbelto y casi invisible es ahora adulto. Su corteza tiene arrugas de sabiduría que suben al cielo y se expresan en un temblor continuo de hojas nuevas en la altura.

Los castaños han sido los últimos en reconocerme. Cuando llegué se mostraron impenetrables y hostiles con sus enramadas desnudas y secas, altos y ciegos, mientras alrededor de sus troncos germinaba la penetrante primavera de Chile. Cada día fui a visitarlos pues comprendía que necesitaban mi homenaje, y en el frío de la mañana, me quedé inmóvil bajo las ramas sin hojas hasta que un día un tímido brote verde, muy lejos en lo alto, salió a mirarme y luego vinieron otros. Así se transmitió mi aparición a las desconfiadas hojas escondidas del castaño mayor que ahora me saludan con orgullo pero ya acostumbradas a mi retorno.

En los árboles los pájaros renuevan los trinos antiguos, como si nada hubiera pasado bajo las hojas.

La biblioteca me reserva un olor profundo de invierno y postrimerías. Es entre todas las cosas la que más se impregnó de ausencia.

Este aroma de libros encerrados tiene algo mortal que se va derecho a las narices y a los vericuetos del alma porque es un olor a olvido, a recuerdo enterrado.

Junto a la vieja ventana, frente al cielo andino blanco y azul, por detrás de mí siento el aroma de la primavera que lucha con los libros. Éstos no quieren desprenderse del largo abandono, exhalan aún rachas de olvido. La primavera entra en las habitaciones con vestido nuevo y olor a madreselva.

Los libros se han dispersado locamente en mi ausencia. No es que falten sino que han cambiado de sitio. Junto a un tomo del austero Bacon, vieja edición del siglo XVII, encuentro *La capitana de Yucatán* de Salgari y no se han llevado mal, a pesar de todo. En cambio un Byron suelto, al levantarlo, deja caer su tapa como un ala oscura de albatros. Vuelvo a coser con trabajo lomo y tapa, no sin antes recibir en los ojos una bocanada de frío romanticismo.

Los caracoles son los más silenciosos habitantes de mi casa. Todos los años del océano pasaron antes y endurecieron su silencio. Ahora, estos años le han agregado tiempo y polvo. Sin embargo, sus fríos destellos de madreperla, sus concéntricas elipses góticas o sus valvas abiertas, me recuerdan costas y sucesos lejanos. Esta inestimable lanza de luz sonrosada es la "Rostellaria" que el malacólogo de Cuba, mago de profundidad, Carlos de la Torre, me otorgó una vez, como una condecoración submarina. Aquí está, un poco más descolorida y empolvada, la "oliva" negra de los mares de California y de la misma procedencia, la ostra de espinas rojas, y la de perlas negras. Allí casi naufragamos en aquel mar de tantos tesoros.

Hay nuevos habitantes, libros y cosas que salen de cajones largo tiempo cerrados. Estos de pino vienen de Francia. Sus tablas tienen olor al Mediodía, y, al levantarlos, crujen y cantan, mostrando un interior de luz dorada, desde donde salen las tapas rojas de Víctor Hugo. *Los miserables*, en su antigua edición, llegan a poblar con múltiples y desgarradoras existencias los muros de mi casa.

Pero, de este largo cajón parecido a un ataúd, sale un dulce rostro de mujer, altos senos de madera que cortaron el viento, unas manos impregnadas de música y salmuera. Es una figura de mujer, un mascarón de proa. La bautizo "María Celeste" porque trae el misterio de una embarcación perdida. Yo encontré su belleza radiante en un "bric a brac" de París, sepultada bajo la ferretería en desuso, desfigurada por el abandono, escondida bajo los sepulcrales andrajos del arrabal. Ahora, colocada en la altura, navega otra vez viva y fresca. Se llenarán cada mañana sus mejillas de un misterioso rocío o lágrimas marinas.

Las rosas florecen precipitadamente. Yo antes fui enemigo de la rosa, de sus interminables adherencias literarias, de su orgullo. Pero viéndolas surgir, resistiendo al invierno sin vestidos ni sombreros, cuando asomaron sus pechos nevados o sus fuegos solferinos entre los troncos duros y espinosos, me he llenado poco a poco de enternecimiento, de admiración por su salud de caballos, por la desafiante ola secreta de perfume y luz que extraen implacablemente de la tierra negra, en la hora debida, como milagros del deber, como ejercicios exactos de amor a la intemperie. Y ahora, las rosas se levantan en todos los rincones con seriedad conmovedora que correspondo, alejadas, ellas y yo, de la pompa y de la frivolidad, cada uno trabajando en su personal relámpago.

Pero de todas las capas del aire llega un suave y tembloroso vaivén, una palpitación de flor que entra en el corazón. Son nombres y primaveras idas, y manos que apenas se tocaron y altaneros ojos de piedra amarilla y trenzas perdidas en el tiempo: la juventud que golpea con sus recuerdos y su más arrobador aroma.

Es el perfume de las madreselvas, son los primeros besos de la primavera.

Los Guindos, 22 de octubre de 1952.
(Publicado en el periódico *Novedades*, México, edición del 16 de noviembre de 1952).

MI AMIGO HA MUERTO

Es muy difícil para mí escribir sobre Paul Eluard. Seguiré viéndolo vivo junto a mí, encendida en sus ojos la eléc'rica profundidad azul que miraba tan ancho y desde tan lejos.

Este hombre tranquilo era una torre florida de Francia. Salía del suelo en que laureles y raíces entretejen sus fragantes herencias. Su altura era hecha de agua y piedra, y en ella trepaban antiguas enredaderas portadoras de flor y fulgor, de nidos y cantos transparentes.

Transparencia, es ésta la palabra. Su poesía era cristal de piedra, agua inmovilizada en su constante corriente.

Poeta del amor cenital, hoguera pura de mediodía, en los

días desastrosos de la Patria puso en medio de ella su corazón y de él salió fuego decisivo para las batallas.

Así llegó naturalmente a las filas del Partido. Para Eluard ser un comunista era confirmar con su poesía y su vida los valores de la humanidad y del humanismo.

No se crea que Eluard fue menos político que poeta. A menudo me asombró su clara videncia y su formidable razón política. Juntos examinamos muchas cosas, hombres y problemas de nuestro tiempo, y su lucidez me sirvió para siempre.

No se perdió en el irracionalismo surrealista porque no fue un imitador sino un creador y disparó sobre el cadáver del surrealismo disparos de claridad e inteligencia.

Fue mi amigo de cada día y pierdo su ternura que era parte de mi pan. Nadie podrá darme ya lo que él se lleva porque su fraternidad activa era uno de los preciados lujos de mi vida.

Él sostenía con su columna azul las fuerzas de la paz y la alegría. Él ha muerto con sus manos floridas, soldado de la paz, poeta de su pueblo.

Torre de Francia, hermano!

Me inclino sobre tus ojos cerrados que continuarán dándome la luz y la grandeza, la simplicidad y la rectitud, la bondad y la sencillez que implantaste sobre la tierra.

(Homenaje en la muerte de Paul Eluard; en: diario *El Siglo*, Santiago, Chile, edición del 23 de noviembre, 1952).

DISCURSO CON MOTIVO DE LA FUNDACIÓN NERUDA

El Rector ha tenido palabras magníficas. Entre ellas destaco las que en su discurso relacionaron al poeta y a su pueblo.

Yo soy, una vez más, ese poeta.

Digo una vez más porque fue deber de todos, a través de la historia, cumplir esta relación. Cumplirla con devoción, con sufrimiento y con alegría.

La primera edad de un poeta debe recoger con atención apasionada las esencias de su patria, y luego debe devolverlas.

Debe reintegrarlas, debe donarlas. Su canto y su acción deben contribuir a la madurez y al crecimiento de su pueblo.

El poeta no puede ser desarraigado, sino por la fuerza.

Aún en esas circunstancias sus raíces deben cruzar el fondo del mar, sus semillas seguir el vuelo del viento, para encarnarse, una vez más, en su tierra.

Debe ser deliberadamente nacional, reflexivamente nacional, maduramente patrio.

El poeta no es una piedra perdida. Tiene dos obligaciones sagradas: partir y regresar.

El poeta que parte y no vuelve es un cosmopolita. Un cosmopolita es apenas un hombre, es apenas un reflejo de la luz moribunda. Sobre todo en estas patrias solitarias, aisladas entre las arrugas del planeta, testigos integrales de los primeros signos de nuestros pueblos, todos, todos, desde los más humildes hasta los más orgullosos, tenemos la fortuna de ir creando nuestra patria, de ser todos un poco padres de ella.

Yo fui recogiendo estos libros de la cultura universal, estas caracolas de todos los océanos, y esta espuma de los siete mares la entrego a la Universidad por deber de conciencia y para pagar, en parte mínima, lo que he recibido de mi pueblo. Esta Universidad no nació por decreto, sino de las luchas de los hombres, y su tradición progresista, renovada hoy por el rector Gómez Millas, viene de las sacudidas de nuestra historia y es la estrella de nuestra bandera. No se detendrá en su camino. Será algún día la Universidad futura, más ancha y popular, consecuente con las transformaciones profundas que esperamos.

Recogí estos libros en todas partes. Han viajado tanto como yo, pero muchos tienen cuatro o cinco siglos más que mis actuales cincuenta años. Algunos me los regalaron en China, otros los compré en México. En París encontré centenares. De la Unión Soviética traigo algunos de los más valiosos. Todos ellos forman parte de mi vida, de mi geografía personal. Tuve larga paciencia para buscarlos, placeres indescriptibles al descubrirlos, y me sirvieron con su sabiduría y su belleza. Desde ahora servirán más extensamente, continuando la generosa vida de los libros.

Cuando alguien a través del tiempo recorra estos títulos no sabrá qué pensar del que los reuniera, ni se explicará por qué muchos de ellos se reunieron.

Hay aquí un pequeño almanaque Gotha del año 1838. Estos

almanaques Gotha llevaban al día los títulos de las caducas aristocracias, los nombres de las familias reinantes. Eran el catálogo en la feria de la vanidad.

Lo tengo porque hay una línea perdida en su minúscula ortografía que dice lo siguiente:

"Día 12 de febrero de 1837, muere a consecuencia de un duelo el poeta ruso Alejandro Pushkin".

Esta línea es para mí como una puñalada. Aún sangra la poesía universal por esta herida.

Aquí está el *Romancero gitano* dedicado por otro poeta asesinado. Federico escribió delante de mí esa magnánima dedicatoria y Paul Eluard, que también se ha ido, también en la primera página de su libro me dejó su firma.

Me parecían eternos. Me parecen eternos. Pero ya se fueron.

Una noche en París me festejaban mis amigos. Llegó el gran poeta de Francia al festejo trayéndome un puñado de tesoros. Era una edición clandestina de Víctor Hugo, perseguido en su tiempo por un pequeño tirano. Me trajo otra cosa, tal vez lo más preciado de todo lo que tengo. Son las dos cartas en las que Isabelle Rimbaud, desde el hospital de Marsella, cuenta a su madre la agonía de su hermano.

Son el testimonio más desgarrador que se conoce. Me decía Paul al regalarme estas cartas: "Fíjate cómo se interrumpe al final, llega a decir: 'Lo que Arthur quiere'... y el fragmento que sigue no se ha encontrado nunca. Y eso fue Rimbaud. Nadie sabrá jamás lo que quería".

Aquí están las dos cartas.

Aquí está también mi primer Garcilaso que compré en cinco pesetas con una emoción que recuerdo aún. Es del año 1549. Aquí está la magnífica edición de Góngora, del editor flamenco Foppens, impresa en el siglo XVII cuando los libros de los poetas tenían una inigualada majestad. Aunque costaba sólo cien pesetas en la Librería de García Rico, en Madrid, yo conseguí pagarlo por mensualidades. Pagaba diez pesetas mensuales. Aún recuerdo la cara de asombro de García Rico, aquel prodigioso librero que parecía un gañán de Castilla, cuando le pedí que me lo vendiera a plazos.

También dos de mis poetas favoritos del Siglo de Oro quedan aquí en sus ediciones originales. Son "El desengaño de amor en rimas" de Pedro Soto de Rojas y las nocturnas poesías de **Francisco de Latorre**:

..."Claras lumbres del cielo, y ojos claros
del espantoso rostro de la noche,
corona clara y clara Casiopea,
Andrómena y Perseo..."

Tantos libros! Tantas cosas! El tiempo aquí seguirá vivo. Recuerdo cuando, en París, vivíamos junto al Sena con Rafael Alberti. Sosteníamos con Rafael que nuestra época es la del realismo, la de los poetas gordos. —Basta de poetas flacos!, me decía Rafael, con su alegre voz de Cádiz. Ya bastantes flacos tuvieron para el Romanticismo! Queríamos ser gordos como Balzac y no flacos como Bécquer.

En los bajos de nuestra casa había una librería y allí, pegados a la vitrina, estaban todas las obras de Víctor Hugo. Al salir nos deteníamos en la ventana y nos medíamos. "Hasta dónde mides de ancho?". "Hasta *Los trabajadores del mar*" —y tú?— —"Yo sólo hasta *Notre Dame de París*".

También se preguntarán alguna vez por qué hay tantos libros sobre animales y plantas. La contestación está en mi poesía.

Pero, además, estos libros zoológicos y botánicos me apasionaron siempre. Continuaban mi infancia. Me traían el mundo infinito, el laberinto inacabable de la naturaleza. Estos libros de exploración terrestre han sido mis favoritos y rara vez me duermo sin mirar las efigies de pájaros adorables de las islas o insectos deslumbrantes y complicados como relojes.

En fin, es poco lo que doy, lo que devuelvo, lo que pongo en las manos del Rector y a través de él en el patrimonio de la patria. Son, en último término, fragmentos íntimos y universales del conocimiento atrapados en el viaje del mundo. Aquí están. No pertenezco a esas familias que predicaron el orgullo de casta por los cuatro costados y luego venden su pasado en un remate.

El esplendor de estos libros, la flora oceánica de estas caracolas, cuanto conseguí a lo largo de la vida, a pesar de la pobreza y en el ejercicio constante del trabajo, lo entrego a la Universidad, es decir, lo doy a todos.

Una palabra más.

Mi generación fue antilibresca y antiliteraria por reacción contra la exquisitez decadente del momento. Éramos enemigos jurados del vampirismo, de la nocturnidad, del alcaloide espiritual. Fuimos hijos naturales de la vida.

Sin embargo, la unidad del conocimiento continúa la naturaleza, la inteligencia revela las relaciones más remotas o más simples entre las cosas, y entonces unidad y relación, naturaleza y hombre se traducen en libros.

Yo no soy un pensador, y estos libros reunidos son más reverenciales que investigadores. Aquí está reunida la belleza que me deslumbró y el trabajo subterráneo de la conciencia que me condujo a la razón, pero también he amado estos libros como objetos preciosos, espuma sagrada del tiempo en su camino, frutos esenciales del hombre.

Pertenecen desde ahora a innumerables ojos nuevos.

Así cumplen su destino de dar y recibir la luz.

> Pronunciado en el acto inaugural de la "Fundación Pablo Neruda, para el estudio de la Poesía", el día 20 de junio de 1954, en Santiago de Chile. (Edición por las prensas de Editorial Universitaria).

DISCURSO EN LA UNIVERSIDAD DE CHILE EN SU 50º ANIVERSARIO

Andando hace muchos años por el lago Ranco hacia adentro me pareció encontrar la fuente de la patria o la cuna silvestre de la Poesía, atacada y defendida por toda la naturaleza.

El cielo se recortaba entre las altaneras copas de los cipreses, el aire removía las substancias balsámicas de la espesura, todo tenía voz y era silencio, el susurro de las aves escondidas, los frutos y maderas que cayendo rozaban los follajes, todo estaba detenido en un instante de solemnidad secreta, todo en la selva parecía esperar.

Era inminente un nacimiento y lo que nacía era un río. No sé cómo se llama, pero sus primeras aguas, vírgenes y oscuras, eran casi invisibles, débiles y calladas, buscando una salida entre los grandes troncos muertos y las piedras colosales.

Mil años de hojas caídas en su fuente, todo el pasado quería detenerlo, pero sólo embalsamaba su camino. El joven río destruía las viejas hojas muertas y se impregnaba de frescura nutricia que iría repartiendo en su camino.

Yo pensé: es así como nace la poesía. Viene de alturas invisibles, es secreta y oscura en sus orígenes, solitaria y fragante, y, como el río, disolverá cuanto caiga en su corriente, buscará ruta entre los montes y sacudirá su canto cristalino en las praderas.

Regará los campos y dará pan al hambriento. Caminará entre las espigas. Saciarán en ella su sed los caminantes y cantará cuando luchan o descansan los hombres.

Y los unirá entonces y entre ellos pasará, fundando pueblos. Cortará los valles llevando a las raíces la multiplicación de la vida.

Canto y fecundación es la poesía.

Dejó su entraña secreta y corre fecundando y cantando. Enciende la energía con su movimiento acrecentado, trabaja haciendo harina, curtiendo el cuero, cortando la madera, dando luz a las ciudades. Es útil y amanece con bandera en sus márgenes. Las fiestas se celebran junto al agua que canta.

Yo recuerdo en Florencia un día en que fui a visitar una fábrica. Yo allí leí mis poemas a los obreros reunidos, los leí con todo el pudor que un hombre del joven continente puede sentir hablando junto a la sagrada sombra que allí sobrevive. Los obreros de la fábrica me hicieron después un presente. Lo guardo aún. Es una edición de Petrarca del año 1484.

La poesía había pasado con sus aguas, había cantado en esa fábrica y había convivido por siglos con los trabajadores. Aquel Petrarca, que siempre vi arrebujado bajo una caperuza de monje, era uno más de aquellos sencillos italianos y aquel libro, que tomé en mis manos con adoración, tuvo un nuevo prestigio para mí, era sólo una herramienta divina en las manos del hombre.

Yo pienso que si muchos de mis compatriotas y algunos ilustres hombres y mujeres de otras naciones han acudido a estas celebraciones, no vienen a celebrar en mi persona sino la responsabilidad de los poetas y el crecimiento universal de la poesía.

Si estamos aquí reunidos estoy contento. Pienso con alegría que cuanto he vivido y escrito ha servido para acercarnos. Es el primer deber del humanista y la fundamental tarea de la inteligencia asegurar el conocimiento y el entendimiento entre todos los hombres. Bien vale haber luchado y cantado, bien vale haber vivido si el amor me acompaña.

Yo sé que aquí en esta patria aislada por el inmenso mar y las nieves inmensas, no me estáis celebrando a mí, sino a una victoria del hombre. Porque si estas montañas, las más altas, si estas olas del Pacífico, las más encarnizadas, quisieran impedir que mi patria hablara en el mundo, se opusiesen a la lucha de los pueblos y a la unidad universal de la cultura, fueron vencidas estas montañas y ese gran océano fue vencido.

En este remoto país, mi pueblo y mi canto lucharon por la intercomunicación y la amistad.

Y esta Universidad que nos recibe cumpliendo con sus tareas intelectuales consagra una victoria de la comunidad humana y reafirma el honor de la estrella de Chile.

Bajo nuestra estrella antártica vivió Rubén Darío. Venía del maravilloso trópico de nuestras Américas. Llegó tal vez en un invierno blanco y celeste como el de hoy, a Valparaíso, a fundar de nuevo la poesía de habla hispana.

En este día mi pensamiento y mi reverencia van a su estrellada magnitud, al sortilegio cristalino que sigue deslumbrándonos.

Anoche, con los primeros regalos, me trajo Laura Rodig un tesoro que desenvolví con la emoción más intensa. Son los primeros borradores escritos con lápiz y llenos de correcciones de los "Sonetos de la Muerte" de Gabriela Mistral. Están escritos en 1914. El manuscrito tiene aún las características de su poderosa caligrafía.

Pienso que estos sonetos alcanzaron una altura de nieves eternas y una trepidación subterránea quevedesca.

Yo recuerdo a Gabriela Mistral y a Rubén Darío como poetas chilenos y al cumplir cincuenta años de poesía, quiero reconocer en ellos la edad eterna de la verdadera poesía.

Debo a ellos, como a todos los que escribieron antes que yo, en todas las lenguas. Enumerarlos es demasiado largo, su constelación abarca todo el cielo.

12 de julio de 1954.

DESPEDIDA A MARIANO LATORRE

Este día frío en medio del verano es como su partida, como su desaparición repentina en medio del regocijo multiplicado de su obra.

No voy a hacer un discurso funerario para Mariano Latorre.

Quiero dedicarle un vuelo de queltehues junto al agua, sus gritos agoreros y sus plumajes blanco y negro levantándose de pronto como abanicos enlutados.

Voy a dedicarle una queja de pidenes y la marcha mojada, como sangre en el pecho, de todas las loicas de Chile.

Voy a dedicarle una espuela de huaso, con rocío matutino, de algún jinete que sale de viaje en la madrugada por las riberas del Maule y su fragancia.

Voy a dedicarle, levantándola en su honor, la copa de vino de la patria, colmada por las esencias que él describió y gozó.

Vengo a dejarle un rosario amarillo de topatopas, flores de las quebradas, flores salvajes y puras. Pero él también se merece el susurro secreto de los maitenes tutelares y la fronda de la araucaria. Él, más que nadie, es digno de nuestra flora y su verdadera corona está desde hoy en los montes de la Araucanía, tejida con boldos, arrayanes, copihues y laureles.

Una tonada de vendimias lo acompaña y muchas trenzas de nuestras muchachas silvestres en los corredores y bajo los aleros, a la luz del estío o de la lluvia.

Y esa cinta tricolor que se anuda al cuello de las guitarras, al hilo de las tonadas, está aquí: ciñe como una guirnalda su cuerpo y lo despide.

Oímos junto a él, los pasos de labriegos y pampinos, de mineros y de pescadores, de los que trabajan, rastrean, socavan, fecundan nuestra tierra dura.

A estas horas está cuajando el cereal y en algún tiempo más los trigales maduros moverán sus olas amarillas en honor del ausente.

De Victoria al sur, hasta las islas verdes, en campos y caseríos, en chozas y caminos él no estará con nosotros: lo echaremos de menos. Las goletas volarán sobre las aguas, cargadas con sus frutos marinos, pero ya Mariano no navegará entre las islas.

Él amó las tierras y las aguas de Chile, las conquistó con paciencia, con sabiduría y con amor, las selló con sus palabras y con sus ojos azules.

En nuestras Américas, el gobernante de un clima a otro, no hace sino entregar las riquezas originales. El escritor, acompañando la lucha de los pueblos, defiende y preserva las herencias. Se buscará más tarde si nuestras costumbres y nuestros trajes, nuestras canciones y nuestras guitarras, han sido sacrificados, si ha desaparecido el tesoro que resguardaron hombres como Mariano Latorre, irreductibles en su canto nacional.

Iremos a buscar en la enramada de sus libros, acudiremos a sus páginas preciosas a conocer y defender lo nuestro.

Los clásicos los produce la tierra, o más bien la alianza entre sus libros y la tierra, y tal vez hemos vivido junto a nuestro primer clásico, Mariano Latorre, sin estimar, en lo que tendrá de permanente, su fidelidad al mandato de la tierra. Los hombres olvidados, las herramientas y los pájaros, el lenguaje y las fatigas, los animales y las fiestas, seguirán viviendo en la frescura de sus libros.

Su corazón fue una nave de madera olorosa, salida de los bosques del Maule, bien construida y martillada en los astilleros de la desembocadura, y en su viaje por el océano seguirá llevando la fuerza, la flor y la poesía de la patria.

Santiago, 11 de noviembre de 1955.

CORONA PARA MI MAESTRO

Lo que comprendo y lo que canto
lo aprendí de hombres y mujeres:
no sé cómo pero sé cuánto
aprendí de todos los seres.
Cuando al derecho y al revés
me cubrió la sabiduría
empecé a aprender otra vez
en la pampa, con don Elías.

Anduvimos codo con codo,
sal y salitre, cobre y pena,
y lo aprendí de nuevo todo
con don Elías, en la arena.
Me di cuenta a tanta distancia
después de andar y recorrer,
de que era grande mi ignorancia
y había mucho que aprender.
Tenía que aprender el dolor
en aquel desierto amarillo
y aprender por fin el honor
con don Elías, el sencillo.
Entré a las casas diminutas
hechas con tablas y papeles
y con mi nueva familia hirsuta
comí en las mesas sin manteles.
Por las remotas oficinas
fui con mi maestro fecundo
y en la dura tarde pampina
cantaban los pobres del mundo.
Ahora que este hombre de oro
por fin se puso a reposar
comprenderán que si no lloro
es porque me enseñó a no llorar.
Se sabe que no abrió los labios
sino para decir la verdad
y todos saben que fue un sabio,
un profesor de la bondad.
Fue perseguido y, prisionero
iluminaba las prisiones:
como el sol en el mes de enero
daba la luz a borbotones.
El adversario alaba al fin
su pureza y su honor extremo:
ya no lo pueden perseguir
ahora que lo enterraremos.
Ahora es un muerto glorioso,
honra de la ciudadanía,
y antes eran los calabozos
o los destierros, para Elías.

Fue recto, fue grande, fue claro,
fue puro como una vertiente:
del pueblo y de su desamparo
salió su fuerza combatiente.
Así la lucha fue su gloria
y entregó al pueblo su conquista.
Su epitafio será su historia:
"Aquí descansa un comunista".
Porque esta lucha no termina
con una vida ni una muerte,
esta bandera no se inclina.
Y tu corazón que germina
no tiene fin, Elías Lafertte.

En avión entre Iquique y Vallenar: 19 de febrero de 1961.

LATORRE, PRADO Y MI PROPIA SOMBRA

Poco acostumbrado a los actos académicos quise conocer el tema de mi discurso y entre las sugerencias de mis amigos surgieron dos nombres de esclarecidos escritores, ambos antiguos miembros de esta Facultad, ambos definitivamente ausentes de nuestras humanas preocupaciones: Pedro Prado y Mariano Latorre.

Estos dos nombres despertaron ecos diferentes y contrarios en mi memoria.

Nunca tuve relación con Mariano Latorre y es a fuerza de razonamiento y de entendimiento que aprecié sus condiciones de gran escritor, ligado a la descripción y la construcción de nuestra patria. Un verdadero escritor nacional es un héroe purísimo que ningún pueblo puede darse el lujo de soslayar. Esto queda al margen de las incidencias contemporáneas, del tanto por ciento que debe pagar por su trabajo, del desinterés apresurado y obligatorio de las nuevas generaciones, o de la malevolencia, personalismo o superficialidad de la crítica.

Lo único que conocí bien de Latorre fue su cara seca y afilada y no creo haber sido escatimado por su infatigable alacraneo. Pero sólo el contumaz rencoroso tomará en cuenta la pequeña crónica, los dimes y diretes, el vapor de las esquinas y cafeterías, al hacer la suma de las acciones de un hombre grande. Y hombre grande fue Latorre. Se necesitaba ancho pecho para escribir en él todo el rumoroso nombre y la diversidad fragante de nuestro territorio.

La claridad de Mariano Latorre fue un gran intento de volvernos a la antigua esencia de nuestra tierra. Situado en otro punto de la perspectiva social y en otra orientación de la palabra y del alma, muy lejos yo mismo del método y de la expresión de Mariano Latorre, no puedo menos que reverenciar su obra que no tiene misterios, pero que seguirá siendo forma cristalina de nuestro natalicio, mimbre patricio de la cuna nacional.

Otra cosa diferente y mucho más profunda significó Pedro Prado para mí.

Prado fue el primer chileno en que vi el trabajo del conocimiento sin el pudor provinciano a que yo estaba acostumbrado. De un hilo a otro, de una alusión a una presencia, persona, costumbres, relatos, paisajes, reflexiones, todo se iba anudando en la conversación de Prado en una relación sin ambages en que la sensibilidad y la profundidad construían con misterioso encanto un mágico castillo, siempre inconcluso, siempre interminable.

Yo llegaba de la lluvia sureña y de la monosilábica relación de las tierras frías. En este tácito aprendizaje a que se había conformado mi adolescencia, la conversación de Prado, la gozosa madurez de su infinita comprensión de la naturaleza, su perenne divagación filosófica, me hizo comprender las posibilidades de asociación o sociedad, la comunicación expresiva de la inteligencia.

Porque mi timidez austral se basaba en lo inseparable de la soledad y de la expresión. Mi gente, padres, vecinos, tíos y compañeros, apenas si se expresaban. Mi poesía debía mantenerse secreta, separada en forma férrea de sus propios orígenes. Fuera de la vida exigente e inmediata de cada día no podían aludir en su conversación los jóvenes del sur a ninguna posible sombra, misterioso temblor, ni derrotado aroma. Todo eso lo dejé yo en compartimento cerrado destinado a mi transmigración, es decir, a mi poesía, siempre que yo pudiera sostenerla en aquellos compartimentos letales, sin comunicación humana.

Naturalmente que no sólo había en mí, y en mi pésimo desarrollo verbal, culpa de clima o peso regional, de extensiones despobladas, sino que el peso demoledor de las diferencias de clase. Es posible que en Prado se mezclara el sortilegio de un activo y original meditador a la naturalidad social de la gran burguesía. Lo cierto es que Pedro Prado, cabeza de una extraordinaria generación, fue para mí, mucho más joven que él, un supremo relacionador entre mi terca soledad y el inaudito goce de la inteligencia que su personalidad desplegaba a toda hora y en todos los sitios.

Sin embargo, no todos los aspectos de la creación de Prado, ni de su multivaliosa personalidad, me gustaban a mí. Ni mis compañeros literarios, ni yo mismo, quisimos hacer nunca el fácil papel de destripadores literarios. En mi época primera el inconoclasta había pasado de moda. No hay duda que revivirá muchas veces. Ese papel de estrangulador agradará siempre a la envolvente vanidad colectiva de los escritores. Cada escritor quisiera estar, único sobreviviente respetado, en medio de la asamblea de la diosa Kali y sus adeptos estranguladores.

Los escritores de mi generación debíamos a los maestros anteriores deudas constantes y sonantes, porque se ejercitaba entonces una generosidad indivisible. Anotando en el libro de mis propias cuentas no son números pobres los que acreditaré a tres grandes de nuestra literatura. Pero Prado escribió antes que nadie sobre mi primer libro *Crepusculario* una sosegada página maestra, cargada de sentido y presentimiento como una aurora marina. Nuestro maestro nacional de la crítica, Alone, que es también maestro en contradicciones, me prestó casi sin conocerme algún dinero para sacar ese mismo primer libro mío de las garras del impresor. En cuanto a mis *Veinte poemas de amor* contaré una vez más que fue Eduardo Barrios quien lo entregó y recomendó con tal ardor a don Carlos George Nascimento que éste me llamó para proclamarme poeta publicable con estas sobrias palabras: "Muy bien, publicaremos su obrita".

Mi disconformidad con Prado se basó casi siempre en otro sentido de la vida y en planos casi extraliterarios que siempre tuvieron para mí mayor importancia que tal o cual problema estético. Gran parte de mi generación situó los verdaderos valores más allá o más acá de la literatura, dejando los libros en su sitio. Preferíamos las calles o la naturaleza, los tugurios llenos de humo, el puerto de Valparaíso con su fascinación desgarradora, las asambleas sindicales turbulentas de la I. W. W.

Los defectos de Prado eran, para nosotros, ese desapasionamiento vital, una elucubración interminable alrededor de la esencia de la vida sin ver ni buscar la vida inmediata y palpitante.

Mi juventud amó el derroche y detestó la austeridad obligatoria de la pobreza. Pero presentíamos en Prado una crisis entre este equilibrio austero y la incitante tentación del mundo. Si alguien llevó un sacerdocio de un tipo elevado de la vida espiritual ese fue, sin duda, Pedro Prado. Y por no conocer bastante la intimidad de su vida, ni querer tocar tampoco su secreta existencia, no podemos imaginarnos sus propios tormentos.

Su insatisfacción literaria tuvo mucha inquietud pasiva y se derivó casi siempre hacia una constante interrogación metafísica. Por aquellos tiempos, influenciados por Apollinaire, y aún por el anterior ejemplo del poeta de salón Stéphane Mallarmé, publicábamos nuestros libros sin mayúsculas ni puntuación. Hasta escribíamos nuestras cartas sin puntuación alguna para sobrepasar la moda de Francia: aún se puede ver mi viejo libro *Tentativa del hombre infinito* sin un punto ni una coma. Por lo demás, con asombro, he visto que muchos jóvenes poetas en 1961 continúan repitiendo esta vieja moda afrancesada. Para castigar mi propio pasado cosmopolita me propongo publicar un libro de poesía suprimiendo las palabras y dejando solamente la puntuación.

En todo caso, las nuevas olas literarias pasan sin conmover la torre de Pedro Prado, torre de los veinte agregando su valor al de los otros porque ya se sabe que él valía por diez. Hay una especie de frialdad interior, de anacoretismo que no lo lleva lejos, sino que lo empobrece.

Ramón Gómez de la Serna, el Picasso de nuestra prosa maternal, lo revuelve todo en la península y asume una especie de amazónica corriente en que ciudades enteras pasan rumbo al mar, con despojos, velorios, preámbulos, anticuados corsés, barbas de próceres, posturas instantáneas que el mago capta en su fulminante minuto.

Luego viene el surrealismo desde Francia. Es verdad que éste no nos entrega ningún poeta completo, pero nos revela el aullido de Lautréamont en las calles hostiles de París. El surrealismo es fecundo y digno de las más solícitas reverencias por cuanto con un valor catastrofal cambia de sitio las estatuas, hace agujeros en los malos cuadros y le pone bigotes a Monna Lisa que, como todo el mundo sabe, los necesitaba.

A Prado no lo desentumece el surrealismo. Él sigue perforando en su pozo y sus aguas se tornan cada vez más sombrías. En el fondo del pozo no va a encontrar el cielo, ni las espléndidas estrellas, sino que otra vez la tierra. En el fondo de todos los pozos está la tierra, como también en el fin del viaje del astronauta que debe regresar a su tierra y a su casa para seguir siendo hombre.

Los últimos capítulos de su gran libro *Un juez rural* se han metido ya dentro de este pozo y están oscurecidos no por el agua que fluye, sino por la tierra nocturna.

Pensando en modo más generalizado se ve que en nuestra poesía hay una tendencia metafísica, a la que no niego ni doy importancia.

No parto desde un punto de vista crítico estético, sino más bien desde mi plano creativo y geográfico.

Vemos esta soledad hemisférica en muchos otros de nuestros poetas. En Pedro Antonio González, en Mondaca, en Max Jara, en Jorge Hubner Bezanilla, en Gabriela Mistral.

Si se trata de una escapatoria de la realidad, de la repetición introspectiva de temas ya elaborados, o de la dominante influencia de nuestra geología, de nuestra configuración volcánica, turbulenta y oceánica, todo esto se hablará y discutirá, ya que los tratadistas nos esperan a todos los poetas con sus telescopios y escopetas. Pero no hay duda que somos protagonistas semisolitarios, orientados o desorientados, de vastos terrenos apenas cultivados, de agrupaciones semicoloniales, ensordecidos por la tremenda vitalidad de nuestra naturaleza y por el antiguo aislamiento a que nos condenan las metrópolis de ayer y de hoy.

Este lenguaje y esta posición son expresados aún por los de más altos valores de nuestra tierra, con regular intermitencia, con una especie de ira, tristeza, o arrebato sin salida.

Si esta expresión no resuelve la magnitud de los conflictos

es porque no los encara, y no lo hace porque los desconoce. De allí un desasosiego más bien formal en Pedro Prado, encantadoramente eficaz en Vicente Huidobro, áspero y cordillerano en Gabriela Mistral.

De todos estos defectos, con todas estas contradicciones, tentativas y oscuridades, agregando a la amalgama la infinita y necesaria claridad, se forma una literatura nacional. A Mariano Latorre, maestro de nuestras letras, le corresponde este papel ingrato de acribillarnos con su claridad.

En un país en que persisten todos los rasgos del colonialismo, en que la multitud de la cultura respira y transpira con poros europeos tanto en las artes plásticas como en la literatura, tiene que ser así. Todo intento de exaltación nacional es un proceso de rebeldía anticolonial y tiene que disgustar a las capas que tenaz e inconscientemente preservan la dependencia histórica.

Nuestro primer novelista criollo fue un poeta: don Alonso de Ercilla. Ercilla es un refinado poeta del amor, un renacentista ligado con todo su ser a la temblorosa espuma mediterránea en donde acaba de renacer Afrodita. Pero su cabeza, enamorada del gran tesoro resurrecto, de la luz cenital que ha llegado a estrellarse victoriosamente contra las tinieblas y las piedras de España, encuentra en Chile, no sólo alimento para su ardiente nobleza, sino regocijo para sus estáticos ojos.

En *La Araucana* no vemos sólo el épico desarrollo de hombres trabados en un combate mortal, no sólo la valentía y la agonía de nuestros padres abrazados en el común exterminio, sino también la palpitante catalogación forestal y natural de nuestro patrimonio. Aves y plantas, aguas y pájaros, costumbres y ceremonias, idiomas y cabelleras, flechas y fragancias, nieve y mareas que nos pertenecen, todo esto tuvo nombre, por fin, en *La Araucana* y por razón del verbo comenzó a vivir. Y esto que revivimos como un legado sonoro era nuestra existencia que debíamos preservar y defender.

Qué hicimos?

Nos perdimos en la incursión universal, en los misterios de todo el mundo, y aquel caudal compacto que nos revelara el joven castellano se fue mermando en la realidad y falleciendo en la expresión. Los bosques han sido incendiados, los pájaros abandonaron las regiones originales del canto, el idioma se fue llenando de sonidos extranjeros, los trajes se escondieron en los armarios, el baile fue sustituido.

Súbitamente, en una tarde de verano, sentí necesidad de la conversación de Prado. Me cautivó siempre ese ir y venir de sus razones, a las que apenas si se agregaba algún polvillo de personal interés. Era prodigioso su anaquel de observaciones directas de los seres o de la naturaleza. Tal vez esto es lo que se llama la sabiduría y Prado es lo que más se acerca a lo que en mi adolescencia pude denominar "un sabio". Tal vez en esto hay más de superstición que de verdad, puesto que después conocí más y más sabios, casi siempre cargados de especialidad y de pasión, teñidos por la insurgencia, recalentados en el horno de la humana lucha. Pero esa sensación de poderío supremo de la inteligencia recibida en mi joven edad no me lo ha dado nadie después. Ni André Malraux que cruzó más de una vez conmigo, en interminables jornadas, los caminos entre Francia y España, chisporroteando los eléctricos dones de su cartesianismo extremista.

Otro de mis sabios amigos ha sido mucho después el grande Ilya Erenburg, también deslumbrante en su corrosivo conocimiento de las causas y los seres, ardiente e inconmovible en la defensa de la patria soviética y de la paz universal.

Otro de estos grandes señores del conocimiento cuya íntima amistad me ha otorgado la vida, ha sido Aragon, de Francia. También el mismo torrente discursivo, el más minucioso y arrebatado análisis, el vuelo de la profunda cultura y de la audaz inteligencia: tradición y revolución. De alguna manera o de otra, pero de pronto Aragon estalla, y su estallido pone en descubierto su beligerancia espacial. La cólera repentina de Aragon lo transforma en un polo magnético cargado por la más peligrosa tempestad eléctrica.

Así, pues, entre mis sabios amigos este Pedro Prado de mi mocedad se ha quedado en mi recuerdo como la imagen sosegada de un gran espejo azul en que se hubiera reflejado, de una manera extensa, un paisaje esencial hecho de reflexión y de luz, serena copa siempre abundante del razonamiento y del equilibrio.

En aquella tarde atravesé la calle Matucana y tomé el destartalado tranvía del polvoriento suburbio en que la añosa casa solariega del escritor era lo único decoroso. Todo lo demás era pobreza. Al cruzar el parque y ver la fuente central que recibía las hojas caídas, sentí que me envolvía aquella atmósfera alegórica, aquella claridad abandonada del maestro. Se agregaba, impregnándome, un aroma acerca de cuyo origen Prado guardó para mí un sonriente misterio, y que después descubrí que era producido por la hierba llamada "del varraco", planta olorosa de las quebradas chilenas que perdería su perfume si la llamáramos planta "del verraco", disecándola de inmediato. Ya confundido y devorado por la atmósfera, toqué la puerta. La casa parecía deshabitada de puro silenciosa.

Se abrió la pesada puerta. No distinguí a nadie en la entresombra del zaguán, pero me pareció oír un patente o peregrino ruido de cadenas que se arrastraban. Entonces, de entre las sombras, apareció un enmascarado que levantó hacia mi frente un largo dedo amenazante, impulsándome a caminar hacia la gran estancia o salón de los Prado, que yo también conocía, pero que ahora se me presentaba totalmente cambiado. Mientras caminaba, un ser mucho más pequeño, con túnica y máscara que lo cubrían completamente y encorvado con el peso de una pala llena de tierra, me seguía echando tierra sobre cada una de mis pisadas. En medio de la estancia me detuve. A través de las ventanas la tarde dejaba caer el extraño crepúsculo de aquel parque perdido en los extramuros desmoronados de Santiago.

En la sala casi vacía pude distinguir, adosados a los muros, una docena o más de sillones o sitiales y sobre ellos, en cuclillas, otros tantos enigmáticos personajes con turbantes y túnicas que me miraban sin decir una palabra detrás de sus máscaras inmóviles. Los minutos pasaban y aquel silencio fantástico me hizo pensar que estaba soñando o me había equivocado de casa o que todo se explicaría.

Comencé a retroceder, temeroso, pero al fin descubrí un rostro que reconocí. Era el del siempre travieso poeta Diego Dublé Urrutia que, sin máscara que lo ocultara, me miraba, detenidas sus facciones en una morisqueta, a la que ayudaba levantándose la nariz con el índice de la mano derecha.

Comprendí que había penetrado en una de las ceremonias secretas que debían celebrarse siempre en alguna parte y en todas partes. Era natural que la magia existiera y que adepte en este Salón Central de la educación mi indeclinable deficiencia dogmática, mi precaria condición de maestro.

En la literatura y en las artes se producen a menudo los maestros. Algunos que tienen mucho que enseñar y algunos que se mueren por amaestrar, es decir, por voluntad de dirigir. Creo saber, de lo poco que sé de mí mismo, que no pertenezco ni a los unos ni a los otros, sino simplemente a esa gregaria multitud siempre sedienta de los que quieren saber.

No lo digo esto apelando a un sentimiento de humildad que no tengo, sino a las lentas condiciones que han determinado mi desarrollo en estos largos años de los cuales debo dejar, en esta ocasión, algún testimonio.

Qué duda cabe que el sentimiento de supremacía y la comezón de la originalidad juegan un papel decisivo en la expresión?

Estos sentimientos que no existieron en la trabajosa ascensión de la cultura, cuando las tribus levantaban piedras sagradas en nuestra América y en Occidente y Oriente las agujas de las pagodas y las flechas góticas de las basílicas querían alcanzar a Dios sin que nadie las firmara con nombre y apellido, se han ido exacerbando en nuestros días.

He conocido no sólo a hombres sino a naciones que antes de elaborar el producto, antes de que las uvas maduraran, antes de que los toneles estuvieran llenos y cuando las botellas vacías esperaban, ya tenían el nombre, las consecuencias, y la embriaguez de aquel vino invisible.

El escritor desoído y atrapado contra la pared por las condiciones mercantiles de una época cruel ha salido a menudo a la plaza a competir con su mercadería, soltando sus palomas en medio de la vociferante reunión. Una luz agónica entre crepúsculo de la noche y sangriento amanecer lo mantuvo desesperado y quiso romper de alguna manera el silencio amenazante. "Soy el primero", gritó: "Soy el único", siguió repitiendo con incesante y amarga egolatría.

Se vistió de príncipe como D'Annunzio y no dejó de incitar al estupefacto cardumen elegante de las playas este atrevido falsificador de la audacia. En nuestras Américas cerriles se levantó contra la hirsuta mazorca de dictadores sin ley y de brutales encomenderos el elegante Vargas Vila, que cubrió con su valentía y su coruscante prosa poética toda una época otoñal de nuestra cultura.

tos y soñadores se reunieran en el fondo de abandonados parques para practicarla. Me retiré tembloroso. Los circunstantes, seguramente llenos de orgullo por haberse mantenido en sus singulares posiciones, me dejaron ir, mientras aquel duende redondo, que más tarde conocí como Acario Cotapos, me persiguió con su pala hasta la puerta, cubriendo de tierra mis pisadas de fugitivo.

No podría hablar de Prado sin recordar aquella impresionante ceremonia.

Para placer y dicha de su creación, la amarga lucha por el pan no fue conocida por el ilustre Pedro Prado, gracias a su condición hereditaria, miembro de una clase exclusiva que hasta entonces, durante la vida de nuestro compañero y maestro, no padecía de sobresaltos. Y la polvorienta calle que conducía a la antigua casa de Pedro Prado continuaría por muchos años sin traspasar la valla de aquel elevado pensamiento.

Pero, tal vez para recóndita y reprimida satisfacción del poeta, en mis escasos regresos por aquellos andurriales, he visto que desaparecieron las verjas y que centenares de niños pobres de las calles vecinas irrumpieron en las habitaciones solariegas transformadas hoy en una escuela. No se olvide que Pedro Prado, inconmovible tradicionalista, se inclinó ante la tumba de Luis Emilio Recabarren dejando como una corona más de su abundante pensamiento, un decidido homenaje a las ideas que él creyó, calificó con inocencia conservadora como inalcanzables utopías.

Una tercera posibilidad de este discurso habría sido un autocrítico examen de estos cuarenta años de vida literaria, un encuentro con mi sombra. En realidad, éstos se cumplen en esta primavera recién pasada, uniéndose al olor de las lilas, de las madreselvas de 1921, y de la imprenta "Selecta", de la calle San Diego, cuyo penetrante olor a tinta me impregnó al entrar y salir con mi pequeño primer libro, o librillo, la *Canción de la fiesta* que allí se imprimió en octubre de aquel año.

Si tratara yo de clasificarme dentro de nuestra fauna y flora literaria o de otras faunas y floras extraterritoriales, tendría que declarar en este examen aduanero y precisamen-

Y otros y otros continuaron proclamándose.

En realidad, no se trata de que esta tradición egocéntrica con su caótica formulación vaya más allá de las palabras. Se trata sólo, y en forma desgarradora, del pobre escritor acongojado por el muro de la ciudad que no lo escucha y que él debe derribar con su trompeta para ver coronados a los ángeles de la luz. Y para que esta luz llegue no sólo a la delirante soberbia de su obra levantada contra la eternidad, sino que atraiga en forma dolorosa y a veces con el estampido final del suicidio la atención hacia la acción del espíritu, herida por una sociedad de corazones ásperos.

Muchos escritores de gran talento, aún en mi generación, debieron escoger este camino de los tormentos, en que se crucifica el poeta quemado por su propia vida mesiánica.

En plena recepción atmosférica de lo que venía y de lo que se iba, yo sentí pasar sobre mi cabeza estas ráfagas de nuestra inhumana condición. Teníamos que escoger entre aparecer como maestros de lo que no conocíamos para que se nos creyera, o condenarnos a una perpetua y oscurísima situación de labriegos, de fecundadores del barro. Esta encrucijada de la creación poética nos llevó a las peores desorientaciones. Seguirán llevando tal vez a los que comiencen a sentirse perplejos entre las llamas y el frío de la verdadera creación poética.

Sólo Apollinaire con su genio telegráfico ha dicho la palabra justa:

Entre nous et pour nous mes amis
Je juge cette longue querelle de la tradition et de
    l'invention
            De l'Ordre et de l'Aventure
Vous dont la bouche est faite à l'image de celle de Dieu
Bouche qui est l'ordre même
Soyez indulgents quand vous nous comparez
à ceux qui furent la perfection de l'ordre
Nous qui quêtons partout l'aventure
Nous ne sommes pas vos ennemis
Nous voulons vous donner de vastes et d'étranges domaines
où le mystère en fleurs s'offre à qui veut le cueillir
Il y a là des feux nouveaux des couleurs jamais vues

Mille phantasmes impondérables
Auxquels il faut donner la réalité
Nous voulons explorer la bonté contrée énorme où tout
 se tait
Il y a aussi le temps qu'on peut chasser où faire revenir
Pitié pour nous qui combattons toujours aux frontières
De l'illimité et de l'avenir
Pitié pour nos erreurs pitié pour nos péchés.

En cuanto a mí, me acurruqué en mis sentidos y seguramente me dispuse a acumular y pesar mis materiales, para una construcción que tal vez pensé y ahora confirmo, duraría hasta el final de mi vida. Digo seguramente porque no es posible predecirse a sí mismo y el que lo hace ya está condenado y publicado en su insinceridad. Sinceridad, en esta palabra tan modesta, tan atrasada, tan pisoteada y despreciada por el séquito resplandeciente que acompaña eróticamente a la estética, está tal vez definida mi constante acción.

Pero sinceridad no significa una simplista entrega de la emoción o del conocimiento.

Cuando rehuí primero por vocación y luego por decisión toda posición de maestro literario, toda ambigüedad de exterior que me hubiera dejado en trance perpetuo de exteriorizar, y no de construir, comprendí de una manera vaga que mi trabajo debía producirse en forma tan orgánica y total que mi poesía fuera como mi propia respiración, producto acompasado de mi existencia, resultado de mi crecimiento natural.

Por lo tanto, si alguna lección se derivaba de una obra tan íntimamente y tan oscuramente ligada a mi ser, esta lección podría ser aprovechada más allá de mi acción, más allá de mi actividad, y sólo a través de mi silencio.

Salí a la calle durante todos estos años, dispuesto a defender principios solidarios a hombres y pueblos, pero mi poesía no pudo ser enseñada a nadie. Quise que se diluyera sobre mi tierra, como las lluvias de mis latitudes natales. No la exigí ni en cenáculos ni en academias, no la impuse a jóvenes transmigrantes, la concentré como producto vital de mi propia experiencia, de mis sentidos, que continuaron abiertos a la extensión del ardiente amor y del espacioso mundo.

No reclamo para mí ningún privilegio de soledad: no la tuve sino cuando se me impuso como condición terrible de mi vida. Y entonces escribí mis libros, como los escribí rodeado por la adorable multitud, por la infinita y rica muchedumbre del hombre. Ni la soledad ni la sociedad pueden alterar los requisitos del poeta y los que se reclaman de una o de otra exclusivamente falsean su condición de abejas que construyen desde hace siglos la misma célula fragante, con el mismo alimento que necesita el corazón humano. Pero, no condeno ni a los poetas de la soledad ni a los altavoces del grito colectivo: el silencio, el sonido, la separación y la integración de los hombres, todo es material para que las sílabas de la poesía se agreguen precipitando la combustión de un fuego imborrable, de una comunicación inherente, de una sagrada herencia que desde hace miles de años se traduce en la palabra y se eleva en el canto.

Federico García Lorca, aquel gran encantador encantado que perdimos, me mostró siempre gran curiosidad por cuanto yo trabajaba, por cuanto yo estaba en trance de escribir o terminar de escribir. Igual cosa me pasaba a mí, igual interés tuve por su extraordinaria creación. Pero, cuando yo llevaba a medio leer alguna de mis poesías, levantaba los brazos, gesticulaba con cabeza y ojos, se tapaba los oídos, y me decía: "Para! Para! No sigas leyendo, no sigas, que me influencias!"

Educado yo mismo en esa escuela de vanidad de nuestras letras americanas, en que nos combatimos unos a otros con peñones andinos, o se galvanizan los escritores a puro ditirambo, fue sabrosa para mí esta modestia del gran poeta. También recuerdo que me traía capítulos enteros de sus libros, extensos ramos de su flora singular, para que yo sobre ellos les escribiera un título. Así lo hice más de una vez. Por otra parte, Manuel Altolaguirre, poeta y persona de gracia celestial, de repente me sacaba un soneto inconcluso de sus faltriqueras de tipógrafo y me pedía: "Escríbeme este verso final que no me sale". Y se marchaba muy orondo con aquel verso que me arrancaba. Era él generoso.

El mundo de las artes es un gran taller en el que todos trabajan y se ayudan, aunque no lo sepan ni lo crean. Y, en primer lugar, estamos ayudados por el trabajo de los que nos precedieron y ya se sabe que no hay Rubén Darío sin Góngora, ni Apollinaire sin Rimbaud, ni Baudelaire sin Lamartine, ni Pablo Neruda sin todos ellos juntos. Y es por orgullo y no por modestia que proclamo a todos los poetas mis maestros, pues qué sería de mí sin mis largas lecturas de cuanto se escribió en mi patria y en todos los universos de la poesía.

Recuerdo, como si aún lo tuviera en mis manos, el libro de Daniel de la Vega, de cubierta blanca y títulos en ocre, que alguien trajo a la quinta de mi tía doña Telesfora en un verano de hace muchos años, en los campos de Quepe. Llevé aquel libro bajo la olorosa enramada. Allí devoré *Las montañas ardientes*, que así se llamaba el libro. Un estero ancho golpeaba las grandes piedras redondas en las que me senté para leer. Subían enmarañados los laureles poderosos y los coigües ensortijados. Todo era aroma verde y agua secreta. Y en aquel sitio, en plena profundidad de la naturaleza, aquella cristalina poesía corría centelleando con las aguas.

Estoy seguro de que alguna gota de aquellos versos sigue corriendo en mi propio cauce, al que también llegarían después otras gotas del infinito torrente, electrizadas por mayores descubrimientos, por insólitas revelaciones, pero no tengo derecho a desprender de mi memoria aquella fiesta de soledad, agua y poesía.

Hemos llegado dentro de un intelectualismo militante a escoger hacia atrás, escoger aquellos que previeron los cambios y establecieron las nuevas dimensiones. Esto es falsificarse a sí mismo, falsificando los antepasados. De leer muchas revistas literarias de ahora se nota que algunas escogieron como tíos o abuelos a Rilke o Kafka, es decir, a los que tienen ya su secreto bien limpio y con buenos títulos y forman parte de lo que ya es plenamente visible.

En cuanto a mí, recibí el impacto de libros desacreditados ahora, como los de Felipe Trigo, carnales y enlutados, con esa lujuria sombría que siempre pareció habitar el pasado de España, poblándolo de hechicerías y blasfemias. Los floretes de Paul Feval, aquellos espadachines que hacían brillar sus armas bajo la luna feudal, o el ínclito mundo de Emilio Salgari, la melancolía fugitiva de Albert Samain, el delirante amor de Pablo y de Virginia, los cascabeles tripentálicos que alzó Pedro Antonio González, dando a nuestra poesía un acompañamiento oriental que transformó, por un minuto, a nuestra pobre patria cordillerana en un gran salón alfombrado y dorado, todo el mundo de las tentaciones, de todos los libros, de todos los ritmos, de todos los idiomas, de todas las abejas, de todas las sombras, el mundo, en fin, de toda la afirmación poética, me impregnó de tal manera que fui sucesivamente la voz de cuantos me enseñaron una partícula, pasajera o eterna, de la belleza.

Pero mi libro más grande, más extenso, ha sido este libro que llamamos Chile. Nunca he dejado de leer la patria, nunca he separado los ojos del largo territorio.

Por virtual incapacidad me quedó siempre mucho por amar, o mucho que comprender, en otras tierras.

En mis viajes por el Oriente extremo entendí sólo algunas cosas. El violento color, el sórdido atavismo, la emanación de los entrecruzados bosques cuyas bestias y cuyos vegetales me amenazaban de alguna manera. Eran sitios recónditos que siguieron siendo, para mí, indescifrables. Por lo demás, tampoco entendí bien las resecas colinas del Perú misterioso y metálico, ni la extensión argentina de las pampas. Tal vez con todo lo que he amado a México no fui capaz de comprenderlo. Y me sentí extraño en los Montes Urales, a pesar de que allí se practicaba la justicia y la verdad de nuestro tiempo. En alguna calle de París, rodeado por el inmenso ámbito de la cultura más universal y de la extraordinaria muchedumbre, me sentí solo como esos arbolitos del sur que se levantan medio quemados, sobre las cenizas. Aquí siempre me pasó otra cosa. Se conmueve aún mi corazón —por el que ha pasado tanto tiempo— con esas casas de madera, con esas calles destartaladas que comienzan en Victoria y terminan en Puerto Montt, y que los vendavales hacen sonar como guitarras. Casas en que el invierno y la pobreza dejaron una escritura jeroglífica que yo comprendo, como comprendo en la Pampa grande del norte, mirada desde Huantajaya, ponerse el sol sobre las cumbres arenosas que toman entonces los colores intermitentes, arrobadores, fulgurantes, resplandecientes o cenicientos del cuello de la torcaza silvestre.

Yo aprendí desde muy pequeño a leer el lomo de las lagartijas que estallan como esmeraldas sobre los viejos troncos podridos de la selva sureña, y mi primera lección de la inteligencia constructora del hombre aún no he podido olvidarla.

Es el viaducto o puente a inmensa altura sobre el río Malleco, tejido con hierro fino, esbelto y sonoro como el más bello instrumento musical, destacando cada una de sus cuerdas en la olorosa soledad de aquella región transparente.

Yo soy un patriota poético, un nacionalista de las gredas de Chile.

Nuestra patria conmovedora! Cuesta un poco entreverla en los libros, tantos ramajes militares han ido desfigurando su imagen de nieve y agua marina. Una aureola aguerrida que comenzó nuestro Alonso de Ercilla, aquel padre diamantino que nos cayó de la luna, nos ha impedido ver nuestra íntima y humilde estructura. Con tantas historias en cincuenta tomos se nos fue olvidando mirar nuestra loza negra, hija del barro y de las manos de Quinchamalí, la cestería que a veces se trenza con tallos de copihues. Con tanta leyenda o verdad heroica y con aquellos pesados centauros que llegaron de España a malherirnos se nos olvidó que, a pesar de *La Araucana* y de su doloroso orgullo, nuestros indios andan hasta ahora sin alfabeto, sin tierra y a pie desnudo. Esa patria de pantalones rotos y cicatrices, esa infinita latitud que por todas partes nos limita con la pobreza, tiene fecundidad de creación, lluviosa mitología y posibilidades de granero numeroso y genésico.

Conversé con las gentes en los almacenes de San Fernando, de Rengo, de Parral, de Chanco, donde las dunas avanzan hasta ir cubriendo las viviendas, hablé de hortalizas con los chacareros del valle de Santiago, y recité mis poemas en la Vega Central, al Sindicato de Cargadores, donde fui escuchado por hombres que usan como vestimenta un saco amarrado a la cintura.

Nadie conoce sino yo la emoción de decir mis versos en la más abandonada oficina salitrera y ver que me escuchaban, como tostadas estatuas paradas en la arena, bajo el sol desbordante, hombres que usaban la antigua "cotona" o camiseta calichera. En los tugurios del puerto de Valparaíso, así como en Puerto Natales o en Puerto Montt, o en las usinas del gran Santiago, o en las minas de Coronel, de Lota, de Curanilahue, me han visto entrar y salir, meditar y callar.

Esta es una profesión errante dentro de la patria errante y ya se sabe que en todas partes me toman, a orgullo lo tengo, no sólo como a un chileno más, que no es poco decir, sino como a un buen compañero, que ya es mucho decir. Esta es mi Arte Poética.

En Temuco me tocó ver el primer automóvil, y luego el primer aeroplano, la embarcación de don Clodomiro Figueroa, que se despegaba del suelo como un inesperado volantín sin más hilo que la solitaria voluntad de nuestro primer caballero del aire. Desde entonces, y desde aquellas lluvias del sur, todo se ha transformado y este todo comprende el mundo, la tierra, que los geógrafos ahora nos muestran menos redonda, sin convencernos bien aún, porque también tardamos los hombres antes en dejar de creer que no era tan plana como se pensaba.

Cambió también mi poesía.

Llegaron las guerras, las mismas guerras de antaño, pero llegaron con nuevas crueldades, más arrasadoras. De estos dolores que a mí me salpicaron y me atormentaron en España vi nacer la *Guernica* de Picasso, cuadro que a la misma altura estética de la *Gioconda* está también en el otro polo de la condición humana: uno representa la contemplación serenísima de la vida y de la belleza, y el otro, la destrucción de la estabilidad y de la razón, el pánico del hombre por el hombre. Así, pues, también cambió la pintura.

Entre los descubrimientos y los desastres que hicieron trepidar las piedras bajo nuestros pies y las estrellas sobre nuestros pensamientos llegó, desde la mitad del siglo pasado hasta los comienzos de este siglo, una generación de extraordinarios padres de la esperanza. Marx y Lenin, Gorki, Romain Rolland, Tolstóy, Barbusse, Zola, se levantaron como grandes acontecimientos, como nuevos conductores y constructores del amor. Lo hicieron con hechos y con palabras y nos dejaron encima de la mesa, encima de la mesa del mundo, un paquete que contenía una caudalosa herencia que nos repartimos: era la responsabilidad intelectual, el eterno humanismo, la plenitud de la conciencia.

Pero luego vinieron otros hombres que se sintieron desesperados. Ellos pusieron nuevamente frente al follaje de las generaciones el espectáculo del hombre aterrorizado, sin pan y sin piedra, es decir, sin alimento y sin defensa, tambaleando entre el sexo y la muerte. El crepúsculo se hizo negro y rojo, envuelto en sangre y humo.

Sin embargo, las grandes causas humanas revivieron fuertemente. Porque el hombre no quería perecer se vio de nuevo que la fuente de la vida puede seguir intacta, inmaculada y creadora. Hombres de mucha edad como el insigne lord Bertrand Russell, como Charles Chaplin, como Pablo Picasso, como el norteamericano Linus Pauling, como el doctor Schweitzer, como Lázaro Cárdenas, se opusieron en nombre de millones de hombres a la amenaza de la guerra atómica y de pronto pudo ver el ser humano que estaban representados y defendidos todos los hombres, aun los más sencillos, y que la inteligencia no podía traicionar a la humanidad.

El continente negro, que abasteció de esclavos y de marfil a la codicia imperial, dio un golpe en el mapa y nacieron veinte repúblicas. En América latina temblaron los tiranos. Cuba proclamó su inalienable derecho a escoger su sistema social. Mientras tanto, tres muchachos sonrientes, dos jóvenes soviéticos y uno norteamericano, se mandaron hacer un traje extraño y se largaron a pasear entre los planetas.

Ha pasado, pues, mucho tiempo desde que entré con reverencia a la casa solariega de Pedro Prado, por primera vez, y desde que despedí los restos de Mariano Latorre en nuestro desordenado Cementerio General. Despedí a aquel maestro como si despidiera al campo chileno. Algo se iba con él, algo se integraba definitivamente a nuestro pasado.

Pero mi fe en la verdad, en la continuidad de la esperanza, en la justicia y en la poesía, en la perpetua creación del hombre, vienen desde ese pasado, me acompañan en este presente y han acudido en esta circunstancia fraternal en que nos encontramos.

Mi fe en todas las cosechas del futuro se afirma en el presente. Y declaro, por mucho que se sepa, que la poesía es indestructible. Se hará mil astillas y volverá a ser cristal. Nació con el hombre y seguirá cantando para el hombre. Cantará. Cantaremos.

A través de esta larga Memoria que presento a la Universidad y a la Facultad de Filosofía y Educación que me recibe y que presiden Juan Gómez Millas y Eugenio González, amigos a quienes me unen los más antiguos y emocionantes vínculos, habéis escuchado los nombres de muchos poetas que circulan dentro de mi creación. Muchos otros no nombré, pero también forman parte de mi canto.

Mi canto no termina. Otros renovarán la forma y el sentido. Temblarán los libros en los anaqueles y nuevas palabras insólitas, nuevos signos y nuevos sellos sacudirán las puertas de la poesía.

Aquí mismo y hace escasos minutos, me ha conmovido una vez más la desbordante vocación, la prodigiosa invención con que Nicanor Parra consteló generosamente esta sala y encendió una fosfórica luz sobre mi cabeza provinciana.

Entre todas las instituciones de mi patria, aprendí a amar y respetar nuestra Universidad. Junto con agradecer el honor que me confiere pienso que sólo un poeta como Nicanor Parra podía haberme recibido en ella, transmitiendo el fulgor de su resplandeciente poesía a la noble distinción que la Universidad me ha dispensado en esta noche.

Discurso de incorporación a la Facultad de Filosofía y Educación de la Universidad de Chile, en calidad de miembro académico, pronunciado el 30 de marzo de 1962.

(Publicado en *Discursos*, editorial Nascimento, Santiago, 1962).

CORONA DE INVIERNO PARA NAZIM HIKMET

Por qué te has muerto, Nazim? Y ahora qué haremos sin tus
cantos? Dónde encontraremos la fuente? Dónde estará tu
gran sonrisa, esperándonos?
Qué vamos a hacer sin tu apostura, sin tu ternura
inflexible?
Dónde
encontrar otros ojos que como los tuyos contengan el
fuego y
el agua

de la verdad que exige, de la congoja que llora y de la
alegría valiente?
Hermano, me enseñante tantas cosas que si las deshojara
en el amargo viento del mar, a manos llenas,
tal vez se irían y caerían como la nieve allá lejos,
en la tierra que escogiste en la vida, que ahora te acoge
también en la muerte.
Un ramo de crisantemos del invierno de Chile,
la luna fría del mes de junio de los Mares del Sur
y algo más: el combate de los pueblos, del mío,
y el redoble apagado de un tambor de luto en tu patria.
Hermano mío, soldado, qué sola es la tierra
para mí desde ahora
sin tu rostro que florecía como un cerezo
de oro,
sin tu amistad que fue pan de mi boca,
agua de mi sed, fuerza para mi sangre!
De tus prisiones que fueron como pozos sombríos,
pozos de la crueldad, del error y el dolor
te vi llegar y aceché en tus manos la huella
del castigo, en tus ojos busqué la espina del odio,
pero lo que traías era tu corazón radiante,
tu corazón herido sólo traía luz.
Y ahora?, me pregunto. Déjame ver, pensar,
imaginar el mundo sin la flor que le dabas.
Imaginar la lucha sin que tú me demuestres
la claridad del pueblo y el honor del poeta.
Gracias por lo que fuiste y por el fuego
que tu canción dejó para siempre encendido.

(Diario *El Siglo*, Santiago, Chile, edición del domingo 9 de junio de 1963).

PRÓLOGO

E s éste el primer paso atrás hacia mi propia distancia, hacia
mi infancia. Es el primer volver en la selva hacia la fuente
de la vida. Ya se olvidó el camino, no dejamos huellas para

regresar y si temblaron las hojas cuando pasamos entonces, ahora ya no tiemblan ni silba el rayo agorero que cayó a destruirnos.

Andar hacia el recuerdo cuando éste se hizo humo es navegar en el humo. Y mi infancia vista en el año 1962, desde Valparaíso, después de haber andado tanto, es sólo lluvia y humareda. Vayan por ella los que me amen: su única llave es el amor.

Es claro que estas ráfagas desordenadas nacidas al pie volcánico de cordilleras, ríos y archipiélagos que a veces no saben su nombre todavía, llevarán adheridas la desobediente espadaña y las arrugas hostiles de mi origen. Es así el patrimonio de los americanos: nacimos y crecimos condicionados por la naturaleza que al mismo tiempo nos nutría y nos castigaba. Será difícil borrar esta lucha a muerte, cuando la luz nos golpeó con su cimitarra, la selva nos incitó para extraviarnos, la noche nos hirió con su frío estrellado. No teníamos a quien acudir. Nadie fue anterior en aquellas comarcas: nadie dejó para ayudarnos algún edificio sobre el territorio ni olvidó sus huesos en cementerios que sólo después existieron, fueron nuestros los primeros muertos. Lo bueno es que pudimos soñar en el aire libre que nadie había respirado. Y así fueron nuestros sueños los primeros de la tierra.

Ahora este ramo de sombra antártica debe ordenarse en la bella tipografía y entregar su aspereza a Tallone, rector de la suprema claridad, la del entendimiento.

Nunca pensé, en las soledades que me originaron, alcanzar tal honor y entrego estas parciales páginas a la rectitud del gran impresor como cuando en mi infancia descubrí y abrí un panal silvestre en la montaña. Supe entonces que la miel salvaje que aromaba y volaba en el árbol atormentado fue alojada en células lineales, y así la secreta dulzura fue preservada y revelada por una frágil y firme geometría.

Valparaíso, 1962

(Prólogo a "Sumario", edición italiana de *Donde nace la lluvia*, tomo I del *Memorial de Isla Negra*, 1963, en la imprenta de A. Tallone).

INAUGURANDO EL AÑO DE SHAKESPEARE

Goneril, Regan, Hamlet, Angus, Duncan, Clansdalle, Mortimer, Arile, Leontes... Los nombres de Shakespeare, estos nombres trabajaron en nuestra infancia, se cristalizaron, se hicieron materia de nuestros sueños. Detrás de los nombres de Shakespeare cuando aún apenas si podíamos leer, comprendimos que existía un continente con ríos y reyes, clanes y castillos, archipiélago que alguna vez descubriríamos. Los nombres de sombríos o radiantes protagonistas nos mostraban la piel de la poesía, el primer toque de una gran campana. Después, mucho tiempo después, llegan los días y los años en que descubrimos las venas y las vidas de estos hombres. Descubrimos padecimientos y remordimientos, martirios y crueldades, seres de sangre, criaturas de aire, voces que se iluminan para una fiesta mágica, banquetes a los que acuden los fantasmas ensangrentados. Y tantos hechos, y tantas almas, y tantas pasiones y toda la vida.

En cada época un bardo asume la totalidad de los sueños y de la sabiduría: expresa el crecimiento, la extensión del mundo. Se llama una vez Alighieri o Víctor Hugo, Lope de Vega o Walt Whitman.

Sobre todo se llama Shakespeare.

Estos bardos acumulan hojas, pero entre estas hojas hay trinos, bajo estas hojas hay raíces. Son hojas de grandes árboles.

Son hojas y son ojos. Se multiplican y nos miran a nosotros, pequeños hombres en todas las edades transitorias, nos miran y nos ayudan a descubrirnos: nos revelan nuestro propio laberinto.

En cuanto a Shakespeare, viene luego una tercera revelación, como vendrán muchas otras: la del sortilegio de su alquitarada poesía. Pocos poetas tan compactos y secretos, tan encerrados en su propio diamante.

Los *Sonetos* fueron cortados en el ópalo del llanto, en el rubí del amor, en la esmeralda de los celos, en la amatista del luto.

Fueron cortados en el fuego, fueron hechos de aire, fueron edificados de cristal.

Los *Sonetos* fueron arrancados a la naturaleza, de tal manera, que desde el primero al último se oye cómo transcurre el agua, y cómo baila el viento, y cómo se suceden, doradas o floridas, las estaciones y sus frutos.

Los *Sonetos* tienen infinitas claves, fórmulas mágicas, estática majestad, velocidad de flechas.

Los *Sonetos* son banderas que una a una subieron a las alturas del castillo. Y aunque todas soportaron la intemperie y el tiempo, conservan sus estrellas de color amaranto, sus mediaslunas de turquesa, sus fulgores de corazón incendiado.

Yo soy un viejo lector de la poesía de Shakespeare, de sus poemas que no nos dicen nombres, ni batallas, ni desacatos como sus tragedias.

Está sólo la blancura del papel, la pureza del camino poético. Por ese camino se deslizan interminablemente las imágenes, como pequeños navíos cargados de miel.

En esta riqueza excesiva en que el urgente poder creativo se acompasa con la suma de la inteligencia, podemos ver y palpar a un Shakespeare constante y creciente, siendo de lo más señalado, no tanto su caudaloso poderío, sino lo imperativo de su exigencia formal.

Mi ejemplar de los *Sonetos* tiene mi nombre escrito y el día y el mes en que compré aquel libro en la Isla de Java en 1930.

Allí, en la lejana Isla, me dio la norma de una purísima fuente: junto a las selvas y a la fabulosa multitud de los mitos desconocidos, fue para mí el contacto de una ley cristalina. Porque la poesía de Shakespeare, como la de Góngora y la de Mallarmé, juega con la luz de la razón, impone un código estricto, aunque secreto. En una palabra, en aquellos años abandonados de mi vida, la poesía shakesperiana mantuvo para mí abierta comunicación con la cultura occidental. Al decir esto, incluyo, naturalmente, en la gran cultura occidental a Pushkin y a Carlos Marx, a Bach y a Hölderlin, a lord Tennyson y a Maiakovsky.

Hace, pues, 34 años que me acompaña.

Naturalmente, la poesía está diseminada en todas las grandes tragedias, en las torres de Elsinor, en la casa de Macbeth, en la barca de Próspero, entre el perfume de los granados de Verona.

Cada tragedia tiene su túnel por el que sopla un viento fantasmagórico. El sonido más viejo del mundo, el sonido del corazón humano, va formando las palabras inolvidables. Todo esto se desgrana en las tragedias, junto a las interjecciones del pueblo, entre las insignias de los mercados, con las sílabas soeces de parásitos y de bufones, sobre el choque de acero de las panoplias delirantes.

Pero a mí me gusta buscar la poesía en su fluir desmedido, cuando Shakespeare la ordena y la imprime en la pared del tiempo, con el azul, el esmalte y la espuma mágica, amalgama que la dejará estampada en nuestra eternidad.

Por ejemplo, en el idilio pastoril de *Venus and Adonis*, publicado en 1593, hay muchas sombras frescas sobre las aguas que corren, insinuaciones verdes de la floresta que canta, cascadas de poesía que cae y de mitología que huye hacia el follaje.

Pero, porque se ve que si un pintor pintara ese caballo "*tendría que luchar con la excelencia de la naturaleza.*" "*Lo viviente sobrepasará a los muertos.*" No hay descripción como la de este caballo amoroso y furioso golpeando con sus patas verdaderas los estupendos sextetos.

Y lo menciona aun cuando en su bestiario quedaron rastros de muchas bestias y en el herbario shakesperiano permanece el color y el olor de muchas flores, porque este potro piafante es el tema de su oda, el movimiento genésico de la naturaleza captado por un gran organizador de sueños.

En los últimos meses de este otoño me dieron el encargo de traducir *Romeo y Julieta*.

Tomé esta petición con humildad. Con humildad y por deber, porque me sentí capaz de volcar al idioma español la historia apasionada de aquel amor. Tenía que hacerlo puesto que éste es el gran año shakesperiano, el año de la reverencia universal al poeta que dio nuevos universos al hombre.

Traduciendo con placer y con honradez la tragedia de los amantes desdichados, me encontré con un nuevo hallazgo.

Comprendí que detrás de la trama del amor infinito y de la muerte sobrecogedora había otro drama, había otro asunto, otro tema principal.

Romeo y Julieta es el gran alegato por la paz entre los hombres. Es la condenación del odio inútil, es la denuncia de la bárbara guerra y la elevación solemne de la paz.

Cuando el Príncipe Escalus recrimina con dolorosas y ejemplares palabras a los clanes feudales que manchan de sangre las calles de Verona, comprendemos que el Príncipe es la encarnación del entendimiento, de la dignidad, de la paz.

Cuando Benvolio reprocha a Tybaldo su pendenciera condición diciéndole: *"Sólo quiero la paz, guarda tu espada!"*, el fiero espadachín le responde:

"Yo odio esta palabra paz como al infierno."

La paz era, pues, odiada por algunos en la Europa isabelina. Siglos más tarde Gabriela Mistral, perseguida y ofendida por su defensa de la paz, expulsada del diario chileno que publicaba desde hacía 30 años sus artículos, escribió su recado famoso: "La paz, esa palabra maldita." Se ve que el mundo y los órganos de prensa continuaron gobernados por los Tybaldos, por los espadachines violentos.

Una razón más, pues, para amar a William Shakespeare, el más vasto de los seres humanos.

Siempre tendríamos tiempo y espacio para explorarlo y extraviarnos en él, para ir muy lejos alrededor de su estatura, como los diminutos hombres de Lilliput en torno a Gulliver. Para ir muy lejos, sin llegar al fin, volviendo siempre con las manos llenas de fragancia y de sangre, de flores y de dolores, de tesoros mortales.

Me ha tocado a mí abrir la puerta de los homenajes levantando el telón para que aparezca su deslumbrante y pensativa figura. Yo le diría a través de cuatro siglos:

"Salud, Príncipe de la luz! Buenos días, histrión errante! Heredamos tus grandes sueños que seguimos soñando! Tu palabra es honor de la tierra entera!"

Y, más abajo, al oído, le diría también:

"Gracias, compañero."

Pronunciado en la Biblioteca Nacional de Santiago, en 1964.

ALGUNAS REFLEXIONES IMPROVISADAS SOBRE MIS TRABAJOS

Mi primer libro, *Crepusculario*, se asemeja mucho a algunos de mis libros de mayor madurez. Es, en parte, un diario de cuanto acontecía dentro y fuera de mí mismo, de cuanto llegaba a mi sensibilidad. Pero, nunca, *Crepusculario*, tomándolo como nacimiento de mi poesía, al igual que otros libros invisibles o poemas que no se publicaron, contuvo un propósito poético deliberado, un mensaje substantivo original. Este mensaje vino después como un propósito que persiste bien o mal dentro de mi poesía. A ello me referiré en estas confesiones.

Apenas escrito *Crepusculario* quise ser un poeta que abarcara en su obra una unidad mayor. Quise ser, a mi manera, un poeta cíclico que pasara de la emoción o de la visión de un momento a una unidad más amplia. Mi primera tentativa en este sentido fue también mi primer fracaso.

Se trata de ese ciclo de poemas que tuvo muchos nombres y que, finalmente, quedó con el de *El hondero entusiasta*. Este libro, suscitado por una intensa pasión amorosa, fue mi primera voluntad cíclica de poesía: la de englobar al hombre, la naturaleza, las pasiones y los acontecimientos mismos que allí se desarrollaban, en una sola unidad.

Escribí afiebrada y locamente aquellos poemas que consideraba profundamente míos. Creí también haber pasado del desorden a un planeamiento formal. Recuerdo que, desprendiéndome ya del tema amoroso y llegando a la abstracción, el primero de esos poemas, que da título al libro, lo escribí en una noche extraordinariamente quieta, en Temuco, en verano en casa de mis padres. En esta casa yo ocupaba el segundo piso casi por entero. Frente a la ventana había un río y una catarata de estrellas que me parecían moverse. Yo escribí de una manera delirante aquel poema, llegando, tal vez, como en uno de los pocos momentos de mi vida, a sentirme totalmente poseído por una especie de embriaguez cósmica. Creí haber logrado uno de mis primeros propósitos.

Por aquellos tiempos había llegado a Santiago la poesía de un gran poeta uruguayo, Carlos Sabat Ercasty, poeta ahora injustamente olvidado. La persona que me habló y me comunicó un entusiasmo ferviente por la poesía de Sabat Ercasty fue mi gran amigo, el malogrado Joaquín Cifuentes Sepúlveda. Por este joven y generoso poeta, que guardaba una admiración perpetua hacia sus compañeros y una falta de egoísmo casi suicida que lo llevó, tal vez por aminorarse, a la destrucción y la muerte, conocí yo los poemas de Sabat Ercasty.

En este poeta vi yo realizada mi ambición de una poesía que englobara no sólo al hombre, sino a la naturaleza, a las fuerzas escondidas, una poesía epopéyica que se enfrentara con el gran misterio del universo y también con las posibilidades del hombre. Entré en correspondencia con él. Al mismo tiempo que yo proseguía y maduraba mi obra, leía con mucha atención las cartas que él generosamente dedicaba a un tan desconocido y joven poeta. Yo tenía tal vez 17 ó 18 años y aquella noche, después de haber escrito ese poema, decidí enviarle este fruto de mi trabajo en el que había puesto lo más original de lo esencial mío. Se lo mandé pidiéndole una opinión muy franca sobre él, a la vez que lo consultaba si le parecía hallar alguna influencia de Sabat Ercasty.

Yo pensé, y mi vanidad me perdió, que el poeta me lanzaría una ininterrumpida serie de elogios por lo que yo creía una verdadera obra maestra dentro de los límites de mi poesía. Recibí poco después, y sin que ello disminuyera mi entusiasmo por él, una noble carta de Sabat Ercasty en que me decía que había leído en ese poema una admirable poesía que lo había traspasado de emoción, pero que, hablándome con el alma y sin hipocresía alguna, hallaba que ese poema tenía "la influencia de Carlos Sabat Ercasty".

Mi inmensa vanidad recibió esta respuesta como una piedra cósmica, como una respuesta del cielo nocturno al que yo había lanzado mis piedras de hondero. Me quedé entonces, por primera vez, con un trabajo que no debía proseguir. Yo, tan joven, que me proponía escribir una larga obra con propósitos determinados o caóticos, pero que representara lo que siempre busqué, una extensa unidad, y aquel poema tembloroso, lleno de estrellas, que me parecía haberme dado la posesión de mi camino, recibía aquel juicio que me hundía en lo incomprensible, porque mi juventud no comprendía entonces, que no es la originalidad el camino, no es la búsqueda nerviosa de lo que puede distinguirlo a uno de los demás, sino la expresión hecha camino, encontrado a través, precisamente, de muchas influencias y de muchos aportes.

Pero esto es largo de conocer y aprender. El joven sale a la vida creyendo que es el corazón del mundo y que el corazón del mundo se va a expresar a través de él. Terminó allí mi ambición cíclica de una ancha poesía, cerré la puerta a una elocuencia desde ese momento para mí imposible de seguir, y reduje estilísticamente, de una manera deliberada, mi expresión.

El resultado fue mi libro *Veinte poemas de amor y una canción desesperada*.

Sin embargo, este libro no alcanzó, para mí, aun en esos años de tan poco conocimiento, el secreto y ambicioso deseo de llegar a una poesía aglomerativa en que todas las fuerzas del mundo se juntaran y se derribaran. Era éste el conflicto que yo me reservaba.

Empecé una segunda tentativa frustrada y éste se llamó verdaderamente *Tentativa*... En el título presuntuoso de este libro se puede ver cómo esta motivación vino a poseerme desde muy temprano. *Tentativa del hombre infinito* fue un libro que no alcanzó a ser lo que quería, no alcanzó a serlo por muchas razones en que ya interviene la vida de todos los días. Sin embargo, dentro de su pequeñez y de su mínima expresión, aseguró más que otras obras mías el camino que yo debía seguir. Yo he mirado siempre la *Tentativa del hombre infinito* como uno de los verdaderos núcleos de mi poesía, porque trabajando en estos poemas, en aquellos lejanísimos años, fui adquiriendo una conciencia que antes no tenía y si en alguna parte están medidas las expresiones, la claridad o el misterio, es en este pequeño libro, extraordinariamente personal.

Curiosamente, en estos días, ha llegado a mis manos el manuscrito de una obra crítica sobre mi poesía, muy extensa, del eminente escritor uruguayo Emir Rodríguez Monegal. No se halla aún impresa y se me ha enviado para que yo la vea. Entre las cosas que allí aparecen he visto que a este libro mío, Jorge Elliot, escritor chileno a quien conocemos y apreciamos, le atribuye la influencia de *Altazor*, de Vicente Huidobro. No sabía que Jorge Elliot había expresado tal error. No se trata aquí de denfenderse de influencias (ya he hablado de la de Sabat Ercasty), pero quiero aprovechar este momento para decir que en ese tiempo yo no sabía que existiera un libro llamado *Altazor*, ni creo que este mismo estuviese escrito o publicado. No estoy seguro porque no tengo a mano los datos correspondientes, pero me parece que no. Yo conocía, sí, los poemas de Huidobro, los primeros excelentes poemas de *Horizón Carré*, de *Tour Eiffel*, de los *Poemas árticos*. Admiraba profundamente a Vicente Huidobro, y decir profundamente es decir poco. Posiblemente, ahora lo admiro más, pues en este tiempo su obra maravillosa se hallaba todavía en desarrollo. Pero el Huidobro que yo conocía y tanto admiraba era con el que menos contacto podía tener. Basta leer mi poema *Tentativa del hombre infinito*, o los anteriores, para establecer que, a pesar de la infinita destreza, del divino arte de juglar de la inteligencia y del juego intelectivo que yo admiraba en Vicente Huidobro, me era totalmente imposible seguirlo en ese terreno, debido a que toda mi condición, todo mi ser más profundo, mi tendencia y mi propia expresión, eran antípodas de esa misma destreza de Huidobro. *Tentativa del hombre infinito*, experiencia frustrada de un poema cíclico, muestra precisamente un desarrollo en la oscuridad, un aproximarse a las cosas con enorme dificultad para definirlas: todo lo contrario de la técnica y de la poesía de Vicente Huidobro, que juega iluminando los más pequeños espacios. Y ese libro mío procede, como casi toda mi poesía, de la oscuridad del ser que va paso a paso encontrando obstáculos para elaborar con ellos su camino.

El largo tiempo de vida ilegal y difícil, provocada por acontecimientos políticos que turbaron y conmovieron profundamente a nuestro país, sirvió para que nuevamente volviera a mi antigua idea de un poema cíclico. Por entonces tenía ya escrito *Alturas de Macchu-Picchu*.

En la soledad y aislamiento en que vivía y asistido por el propósito de dar una gran unidad al mundo que yo quería expresar, escribí mi libro más ferviente y más vasto: el *Canto general*. Este libro fue la coronación de mi tentativa ambiciosa. Es extenso como un buen fragmento del tiempo y en él hay sombra y luz a la vez, porque yo me proponía que abarcara el espacio mayor en que se mueven, crean, trabajan y perecen las vidas y los pueblos.

No hablaré de la substancia íntima de este libro. Es materia de quienes lo comenten.

Aunque muchas técnicas, desde las antiguas del clasicismo, hasta los versos populares, fueron empleadas por mí en este

Canto, quiero decir algunas palabras sobre uno de mis propósitos.

Se trata del prosaísmo que muchos me reprochan como si tal procedimiento manchara o empañara esta obra.

Este prosaísmo está íntimamente ligado a mi concepto de CRÓNICA. El poeta debe ser, parcialmente, el CRONISTA de su época. La crónica no debe ser quintaesenciada, ni refinada, ni cultivista. Debe ser pedregosa, polvorienta, lluviosa y cotidiana. Debe tener la huella miserable de los días inútiles y las execraciones y lamentaciones del hombre.

Mucho me ha sorprendido la no comprensión de estos simples propósitos que significan grandes cambios en mi obra, cambios que mucho me costaron. Comprendo que derivé siempre hacia la expresión más misteriosa y centrífuga de *Residencia en la tierra* o de *Tentativa*, y muy difícil fue para mí llegar al arrastrado prosaísmo de ciertos fragmentos del *Canto general*, que escribí porque sigo pensando que así debieron ser escritos. Porque así escribe el cronista.

Las uvas y el viento, que viene después, quiso ser un poema de contenido geográfico y político, fue también una tentativa en algún modo frustrada, pero no en su expresión verbal que algunas veces alcanza el intenso y espacioso tono que quiero para mis cantos. Su vastedad geográfica y su inevitable apasionamiento político lo hacen difícil de aceptar a muchos de mis lectores. Yo me sentí feliz escribiendo este libro.

Otra vez volvió a mí la tentación muy antigua de escribir un nuevo y extenso poema. Fue por una curiosa asociación de cosas. Hablo de las *Odas elementales*. Estas *Odas*, por una provocación exterior, se transformaron otra vez en ese elemento que yo ambicioné siempre: el de un poema de extensión y totalidad. La incitación provocativa vino de un periódico de Caracas, *El Nacional*, cuyo director, mi querido compañero Miguel Otero Silva, me propuso una colaboración semanal de poesía. Acepté, pidiendo que esta colaboración mía no se publicara en la página de Artes y Letras, en el Suplemento Literario, desgraciadamente ya desaparecido, de ese gran diario venezolano, sino que en sus páginas de crónica. Así logré publicar una larga historia de este tiempo, de las cosas, de los oficios, de las gentes, de las frutas, de las flores, de la vida, de mi visión, de la lucha, en fin, de todo lo que podía englobar de nuevo en un vasto impulso cíclico mi creación. Concibo, pues, las *Odas elementales* como un solo libro al que me llevó otra vez la tentación de ese antiguo poema que empezó casi cuando comenzó a expresarse mi poesía.

Y ahora unas últimas palabras para explicar el nacimiento de mi último libro, *Memorial de Isla Negra*.

En esta obra he vuelto también, deliberadamente, a los comienzos sensoriales de mi poesía, a *Crepusculario*, es decir, a una poesía de la sensación de cada día. Aunque hay un hilo biográfico, no busqué en esta larga obra, que consta de cinco volúmenes, sino la expresión venturosa o sombría de cada día. Es verdad que está encadenado este libro como un relato que se dispersa y que vuelve a unirse, relato acosado por los acontecimientos de mi propia vida y por la naturaleza que continúa llamándome con todas sus innumerables voces.

Es todo cuanto por ahora, en la intimidad, podría decir de la elaboración de mis libros. No sé hasta qué punto podrá ser verdadero cuanto he dicho. Tal vez se trata sólo de mis propósitos o de mis inclinaciones. De todos modos, los ya explicados han sido algunos de los móviles fundamentales en mis trabajos. Y no sé si será pecar de jactancia decir, a los años que llevo, que no renuncio a seguir atesorando todas las cosas que yo haya visto o amado, todo lo que haya sentido, vivido, luchado, para seguir escribiendo el largo poema cíclico que aún no he terminado, porque lo terminará mi última palabra en el final instante de mi vida.

> Improvisación para inaugurar el seminario de estudios sobre la obra de Pablo Neruda, realizado en la Biblioteca Nacional de Santiago del 7 de agosto al 3 de septiembre de 1964, con motivo del sexagésimo aniversario del poeta (Publicado en la revista *Mapocho*, tomo II, n° 3, de 1964).

EL ESCULTOR ALBERTO SÁNCHEZ

LA muerte de Alberto Sánchez en Moscú no sólo me trajo el súbito dolor de perder a un gran hermano sino que me causó perplejidad. Todo el mundo, pensé, menos Alberto.

Esto se explica por la obra y la persona de quien ha sido para mí el más extraordinario escultor de nuestro tiempo.

Poco después de los años veinte, los primeros veinte de nuestro siglo, comienza Alberto a producir su escultura ferruginosa con piedra y hierro. Pero también él mismo con su largo cuerpo flaco y su rostro seco en que aparecía la osamenta audaz y poderosa, era una escultura natural de Castilla. Era por fuera este gran Alberto Sánchez enteco y pedregoso, huesudo y férreo, como uno de esos esqueletos forjados a la intemperie castellana tallado a sol y frío.

Por eso su muerte me pareció contraria a las leyes naturales. Era uno de esos productos duros de la tierra, un hombre mineral curtido desde su nacimiento por la naturaleza. Siempre me pareció uno de esos árboles altísimos de mi tierra que se diferencian muy poco del mineral andino. Era un árbol Alberto Sánchez, y en lo alto tenía pájaros y pararrayos, alas para volar y magnetismo tempestuoso.

Esto no quería decir que nuestro gigantesco escultor fuera un hombre monolítico, empedrado por dentro. En su juventud fue por oficio obrero panadero, y en verdad tenía un corazón de pan de harina de trigo rumoroso. Por cierto que en muchas de sus esculturas, como lo hiciera notar Picasso se le veía el panadero: alargaba las masas y las torcía dándoles un movimiento, una forma, un ritmo de pan, popular, como esas figuras que se hacen en los pueblos de España con formas de animales y pájaros. Pero no sólo la panadería se mostraba en su obra. Cuando yo vi por primera vez, en casa de Rafael Alberti el año 1934, sus esculturas, comprendí que allí estaba un gran revelador de España. Aquellas obras de forma ardientemente libre tenían incrustados trozos de hierro, rugosos guijarros, huesos y clavos que asomaban en la epidermis de sus extraños animales. "Pájaro de mi invención", recuerdo que se llamaba uno de sus trabajos. Allí lucían estos fragmentos extraños como si fueran parte de la piel hirsuta de la llanura. La arcilla o el cemento que formaban la obra estaba rayada y entrecruzada por líneas y surcos como de sementeras o rostros campesinos. Y así, a su propia manera, con su estilo singular y grandioso, nos daba la imagen de su tierra que él amó, comprendió y expresó como ninguno.

Alberto venía muchas veces a mi casa en Madrid antes de

que se casara con la admirable y querida Clara Sancha. Este castellano tenía que casarse con una mujer clara y sanchezca. Y así sucedió hasta ahora, en que Clarita se ha quedado sin Alberto y sin España.

Por aquel entonces y en Madrid, Alberto hizo su primera exposición. Sólo un artículo compasivo de la crítica oficial lo ponía en la trastienda de la incomprensión española, en la cual como en una bodega, se amontonan tantos pecados. Por suerte, Alberto tenía hierro y madera para soportar aquel desprecio. Pero lo vi palidecer y también lo vi llorar cuando la burguesía de Madrid escarneció su obra y llegó hasta escupir sus esculturas.

Vino aquella tarde a mi domicilio en la Casa de las Flores y me encontró en cama, enfermo. Me contó los ultrajes que diariamente hacían a su exposición. Su realismo fundamental, que va más allá de las formas, la violencia de su revolución plástica, a la que parecían incorporarse todos los elementos comenzando por la tierra y el fuego, el colosal poderío, el asombroso vacío de su concepción monumental, todo esto lo llevaba hacia una forma aparentemente abstracta pero que era firmemente real. Sus mujeres eran otras mujeres, sus estrellas, estrellas diferentes, sus pájaros eran aves que él inventaba. Cada una de sus obras era un pequeño planeta que buscaba su órbita en el espacio ilimitado de nuestro pensamiento y de nuestro sentimiento y que entraba en ellos despertando presencias desconocidas.

Creador de fabulosos objetos que quedaban formados misteriosamente como la naturaleza forma las vidas, Alberto nos estaba entregando un mundo hecho por sus manos, mundo natural y sobrenatural que yo no sólo comprendí sino que me ayudó a descifrar los enigmas que nos rodean. Era natural que la burguesía de Madrid reaccionara violentamente en contra suya. Aquellas gentes atrasadas habían codificado el realismo. La repetición de una forma, la mala fotografía de la sonrisa y de las flores, la limitación obtusa que copia el todo y los detalles, la muerte de la interpretación, de la imaginación y de la creación eran el tope al que había llegado la cultura oficial de España en aquellos años. Era natural que el fascismo surgiera por allí cerca, enarbolando también sus oscuras limitaciones y sus marcos de hierro para someter al hombre.

Aquella vez me levanté de mi lecho de enfermo y corrimos a la sala desértica de la exposición. Sólo los dos, Alberto y yo, la desmontamos, muchos días antes de que debiera terminarse. De allí nos fuimos a beber a una taberna áspero vino de Valdepeñas. Ya rondaba la guerra por las calles. Aquel vino amargo fue interrumpido por algunos estampidos lejanos. Pronto llegó la guerra entera y todo fue explosión.

Como campesino de Toledo, como panadero y escultor, apenas llegó la guerra, Alberto dio todo su esfuerzo y su pasión a la batalla antifascista. Llamado por su gran amigo el arquitecto Luis Lacasa, el escultor Alberto, junto con Picasso y con Miró hace la trinidad que decoró el pabellón de España republicana de 1937, de París. En esa ocasión vimos llegar de manos de Picasso, recién salida de su horno incesante, una obra maestra de la pintura universal, "Guernica". Pero Picasso se quedaba largo tiempo distraído mirando a la entrada de la exposición una especie de obelisco, una presencia alargadísima estriada y rayada como un cactus de California y que en su verticalidad mostraba el acendrado tema que siempre persiguió nuestro Alberto: el rostro arrugado y lunario de Castilla. Aquel Quijote sin brazos y sin ojos, era el retrato de España. Levantado verticalmente hacia el combate con todo su seco poderío.

Jugándose la suerte con su patria, Alberto fue exiliado y acogido en Moscú y hasta estos días en que nos ha dejado trabajó allí con silenciosa profundidad.

Primero se sumergió durante el acerbo último tiempo de Stalin, en el realismo. No era el realismo de la novela soviética, de aquellos días atormentados. Pero él hizo espléndidas escenografías. Su presentación del ballet de los pájaros es una gran obra, inigualada, encontrando él la mágica belleza vestimal de los pájaros que tanto amó. También logró entregarse al teatro español. Y aquella voz que surge en el film "Don Quijote" cantando algunas viejas canciones, es la voz de Alberto que seguirá cantando allí para nosotros. Es la voz de nuestro quijote que se nos ha ido.

Pintó también numerosas obras. Nunca había pintado al óleo en España y aprendió en Moscú a hacerlo para consumar su realismo. Se trata de naturalezas muertas de gran pureza plástica, hermosas y secas de materia, tiernas en su apreciación de los humildísimos objetos.

Este realismo zurbaranesco en que en vez de monjes pálidos dejó Alberto pintados con exaltación mística ristras de ajos, vasos de madera, botellones que brillan en la nostalgia de la luz española, estos bodegones son cumbre de la pintura real y alguna vez el Museo del Prado los ambicionará.

Pero he dicho que aquella época encontró a Alberto recién llegado a Moscú y recibido en plena confraternidad y cariño. Desde entonces amó apasionadamente a la Unión Soviética. Allí vivió los infortunios de la guerra y la felicidad de la victoria. Sin embargo, como esos ríos que se entierran en la arena de un gran desierto para surgir de nuevo y desembocar en el océano, sólo después del XX Congreso, Alberto volvió a su verdadera, a su trascendente creación.

Allí quedan en su taller del barrio de la Universidad de Moscú, en donde vivía feliz estos últimos años, trabajando y cantando, muchas obras y muchos proyectos. Constituyen su reencuentro con su propia verdad, y con el mundo que este gran artista universal contribuyó a crear. Un mundo en que las más ásperas materias se levantan hacia la altura infinita por arte de un extraordinario espíritu inventor. Las obras de Alberto Sánchez, severas y grandiosas, nacidas de la intensa comunicación entre un hombre y su patria, criaturas del amor extraordinario entre un gran ser humano y una tierra poderosa, permanecerán en la historia de la cultura como monumentos erguidos por una vida que se consumió buscando la expresión más alta y más verdadera de nuestro tiempo.

(Diario *El Siglo*, 2 de febrero de 1964).

LA VISITA DE MARGARITA ALIGHER

Yo estaba en Concepción, en el sur de mi país, cuando leí en el periódico que Margarita Aligher había llegado a Chile.

Aunque entre Santiago de Chile y Concepción hay centenares de kilómetros de viñas, ganado, uvas que en el mes de marzo se convertirán en vino, pronto llegó al sur Margarita.

Es pleno verano en Chile, el cielo del sur era azul en su integridad, como una bandera azul, como una copa. Ni una sola nubecita blanca.

Margarita Aligher hacía falta al cielo del sur de Chile porque es como una pequeña nube blanca. Es tan silenciosa que parece que viajara con su nube y la pusiera alrededor de ella. También suele sentarse en la pequeña nube que cuando se retira de una reunión, la transporta suavemente hacia otra parte. Fuimos juntos por el desmesurado paisaje, yo en mi caballo y ella en su nube. Ambas maneras de movilizarse se deben usar en estos territorios, puesto que los caminos son a menudo ásperos y a las montañas suceden insólitas praderas que terminan en la arena del mar.

Margarita lo ve todo con una penetrante mirada que no descansa. Es verdad que Margarita Aligher puede estarse horas sin hablar una palabra pero lo está mirando todo. Nunca he visto una persona que mire tanto y tan bien como Margarita.

A cien kilómetros por hora o simplemente inmóvil mira como nadie mira. No es una mirada mística o sensual como la de los antiguos poetas románticos, es una mirada amplia y directa, una mirada que busca el subsuelo, el fruto entre las hojas, el trabajo entre las raíces. También mira con decisión los rostros y los problemas humanos. Entramos en mercados y en plazas llenas de gente del pueblo. Los chilenos se habituaron a ver los penetrantes ojos de Margarita, sumando y restando las cosas y los seres, y los días que pasaban con su bandera azul en lo alto.

Fuimos también a ver los talleres de los pintores y en especial el inmenso mural de González Camarena en la Casa del Arte.

El mural es grandísimo, tiene cuarenta metros de largo por ocho metros de altura. Me dice el pintor que leyendo mi libro *Canto general* encontró el tema de su obra. Me gustó que me lo dijera.

En una esquina, a un nopal mejicano se le enredan las flores salvajes del copihue chileno. Estas plantas son símbolos de nuestras nacionalidades.

El nopal está clavado por docenas de puñales y tiene a veces sus gruesas hojas amputadas o heridas. Con esto el pintor significa los ataques norteamericanos y sus consiguientes pérdidas de territorio.

Hacia acá se extienden los rostros gigantescos de varios metros de altura de las diferentes razas americanas, hacia abajo como en un túnel yacen los esqueletos de los conquistadores y el subsuelo mineral, las cavidades de las minas. Todo esto florece hacia arriba en dioses y cosechas, espigas y signos de esplendor.

Esta descripción es muy sumaria. El muro con su figura de color verde y violeta, sus riquísimos grises, sus ocres maravillosos, su construcción figurativa y abstracta, cubista y humanista, es una gran enseñanza de cómo todas las escuelas aportan como a la luz un color, un elemento que se convierten en lo permanente, en el iris de la verdad.

Entre esas figuras monumentales y subterráneas se desplazaba la frágil figura de Margarita con su aérea suavidad, volando entre las aristas fosforescentes del fresco, tomando parte como un personaje pintado también allí por el pintor.

Probablemente con todo derecho. Puesto que su poesía, tan leve y tan profunda a la vez, forma parte de la flora de los sueños y de la vida, de la realidad que allí tenían los colores radiantes del Méjico ancestral.

Viniendo de tan lejos, de Georgia, de los Urales, de Moscú, Margarita Aligher formó parte de nuestro mundo.

Es celeste y subterránea, construye sueños y mira con los ojos abiertos y eternos de la poesía.

Isla Negra, 20 de febrero de 1965.

PALABRAS PARA UNA TRADUCCIÓN DE POESÍA RUMANA

Apenas llegué a Transylvania les pregunté por Drácula. No me entendieron. Qué lástima!

Aquel vampiro siempre vestido de frac desprendiéndose de las almenas de su castillo de piedra negra! Aquel terrorista superactivo y volador como un murciélago!

Qué lástima!

Todos mis sueños se vinieron abajo, allí había vivido aquél entre estos bosques de abetos aterrorizado él mismo por la luz del día, enrollándose y desenrollándose según la atracción y el poderío de las tinieblas, que incitaban el vuelo de su capa tenebrosa.

Qué lástima!

Porque, en verdad, los poetas rumanos que me acompañaban no lo conocían.

Si yo hubiera nacido en Rumania, no habría cejado en su busca, lo habría acechado desde niño, me habrían rozado sus alas metamorfósicas y membranosas, habría esperado en la sombra transylvana que cayera, de los bolsillos del frac, una de sus llaves de oro. Abriendo entonces furtivamente los portalones habría recorrido las estancias, habría conocido los mortales secretos de aquel poderoso satánico. Nada de eso fue posible! Drácula ya no habitaba en la selvática Transylvania.

Los poetas que me rodeaban tenían el alma clareante del agua montañosa, me celebraron con grandes carcajadas. Pero, debo confesarlo, mis compañeros poetas de la Rumania florida, no son entendidos en tinieblas.

Las tinieblas de Rumania... El canto del agua rumana. Cuántas cosas que olvidar, cuántas cosas que cantar!

La verdad es que las tinieblas no fueron solamente páginas de papel, sino hechos duros, capítulos crueles, interminables agonías.

La verdad es que las aguas cantaron a pesar de todo, cantan, seguirán cantando.

Siglos de servidumbre, épocas de martirio, invasiones, abandono, miseria, muerte, motines, soldadesca, rebeliones, incendios. Y sobre esta antigua Rumania amasada por las mejores manos del dolor, detrás de esta Rumania mil veces crucificada en cada uno de los hombres rumanos, bajo esta Rumania pobre y medioeval folklórica y sollozante, la poesía cantó sin disfrazar su eminencia, cantó siempre en su campana cristalina.

Mucho de esto se verá en estas páginas.

La presión expresiva de una antigua y poderosa literatura que siempre se expresó en forma crítica y creadora, no hizo sino continuar en la Rumania de hoy.

Ninguna interrupción de silencio o de violencia entre las épocas separadas con la revolución. Con la muerte del feudalismo no desapareció bajo los escombros la poesía, porque la gran poesía rumana nunca acompañó el crepúsculo de las campiñas que ocultaban miseria y padecimiento.

La poesía entró con fáciles pasos a una edad de construcciones. Ya las semillas andaban bajo la tierra y las flores nacieron copiosamente con el florecimiento general de un pueblo.

La poesía no dejó su canto de agua herida que baja de las montañas, sino que entró con su cauce al activo humanismo de la nueva Rumania.

Eso sin dejar atrás la reflexión ni la melancolía. Cantó como antes la vida y la muerte pero también la realidad y la esperanza. El simbolista Bacovia tiñó con el humo de la ciudad y la sangre de los mataderos su tristeza que lo envolvió como una capa. Nuevos poetas de hoy reflejan, como estatuas de gladiadores desnudos, el color del sol y del trigo. Pero en el fondo esta poesía siguió su camino entre las raíces nacionales y no habrá un verso, una línea, una sílaba que no esté empapada por la claridad y por la noche rumana, por un salvaje y tierno sentimiento de amor hacia su tierra, hacia el alma más antigua y más moderna de Europa.

Cerca de Constanza vi un bloque griego recién sacado de las aguas del Mar Negro. Algún hombre rana tropezó con aquellos dioses blancos, que seguían escuchando el canto de las antiguas sirenas. Cerca de Ploesti los campesinos encontraron en la carretera un tesoro: docenas de ánforas y copas de oro, labradas tal vez para muy antiguos monarcas. Allí están en una vitrina. Nunca vi tal esplendor.

Tirnave, Dragasani, Segarcea, Cotnari, Murfatlar son nombres de viñedos antiguos, que llegaron al corazón de los hombres más distantes, pero cuyo aroma nació entre los Cárpatos y el Danubio.

Toda la tierra y el barro rumano guardan la palpitación de una cultura generosa que absorbió y repartió su tesoro. La poesía se nutrió con los claros alimentos de la tierra, del agua y del aire, se vistió con el oro antiguo, soñó los sueños griegos. Y maduró en la razón de nuestra época, continuando con solemnidad el camino de un canto siempre grave, siempre sonoro y alto. Las fábricas, las escuelas, las canciones hacen vibrar ahora la vieja tierra rumana. La poesía canta en la revolución del trigo, en la trepidación de los telares, en la nueva fecundidad de la vida, en la seguridad del pueblo, en las dimensiones recién descubiertas. Canta en el antiguo y en el nuevo vino.

En cuanto a la creación misma, es difícil decir, es difícil escribir. Y para qué? Para qué necesita la poesía esa impertinente interpretación, adhesión o suspicacia? Vivimos rodeados por libros que comentan los versos que sólo querían andar por los caminos con zapatos más frágiles o más duros. Y nos va a pasar que nos llevaremos en eso, en leer lo que se escribe sobre lo que se ha escrito.

En esta Edad de Papel presento *naturalmente* a estos poetas rumanos, tan tradicionales como los cantos y las costumbres silvestres de la patria hereditaria, tan revolucionarios como sus audaces usinas y la transformación evidente del mundo en que participan.

Hablaré del anciano poeta Tudor Arghezi.

Con más de ochenta años de vida Arghezi es el gran coronado, y soporta con bondad y cierta ligera ironía los laureles claroscuros que premian una obra serena y frenética, purísima y demoníaca, cósmica y popular.

Yo le conocí en Bucarest, honrado, este viejo rebelde, por ministros y por obreros, amado y respetado por una República que cuida su libertad y su tranquilidad.

Es raro que este gran poeta europeo sea desconocido para tantos, como también lo fuera el caso del gran italiano Saba.

Saba fue rumoroso como un gran río que se va haciendo subterráneo y sepulta su fabuloso cauce antes de llegar al océano.

Arghezi es encrespado y herético, amotinado y poderoso. La meditación negra de sus largos primeros tiempos ha dejado el paso en sus últimos libros a la alegría del alma impetuosa. Dejó de sustentarse de su propia soledad: participa, a sus años, de la primavera de su patria.

Pero nombraré algunos más, para agradecerles a todos que hayan dejado todo el largo invierno de Isla Negra, aquí en la costa del Pacífico sur, que su poesía viviera conmigo y me envolviera la fuerza y la frescura de Rumania, por muchos meses, en la vigilia y en el sueño.

Gracias, María Banus!

Por la palpitación constante de tu amor y tus sueños, por la red mágica cuyos hilos de humo y de oro te permiten sacar de la profundidad recuerdos oscuros como peces del abismo, o atrapar en el aire la mariposa salvaje de Baragan.

Y a ti, Jebeleanu, viajero de Hiroshima, tú que recogiste en aquel corazón de ceniza una flor pura transfigurada en tu canto: ojalá que encuentres algún destello de tu generosa poesía en este libro.

Y a Mihai Beniuc: gracias por tu fuerza pensativa, por tus canciones combatientes.

A María Porumbacu, a Demóstenes Botez, a Radu Boreanu, a Ion Brand, pido perdón por cuanto sus poemas hayan perdido fuerza esencial o gotas de ámbar al cambiarlos de vaso. Pero sabrán, lo creo, que puse mucho amor en el trabajo, siempre inconcluso, de traducir su poesía.

El idioma rumano, pariente sanguíneo del nuestro, contiene una abundancia de la que no disfrutamos: sus esquinas eslavas. En estas esquinas perdemos el paso, miramos hacia arriba, hacia abajo, y por fin nos agarramos del francés para no quedarnos a oscuras. Pero la lengua rumana lejos de ser un castellano oblicuo saca su eléctrico lirismo de los aluviones idiomáticos que desembocaron en Rumania. Firme y esplendoroso es el lenguaje rumano y poético por excelencia.

Con Tristán Tzara, Ilarie Voronka y otros, que escribieron su obra en francés, Rumania contribuyó característicamente a su pasión universal. Ya sabemos que Enescu o Caragiale atraviesan las barreras de la lengua y son atesorados y discutidos en todas partes. Pero Rumania tuvo siempre una voz que alcanzó el concierto del mundo desde sus calles o desde sus montañas. Ha sido la aspiración universalista y sobre todo la naturalidad y el crecimiento cultural como lo es ahora el orgullo de una profunda revolución humanista. Pero los poetas que emigraron en el pasado hasta cambiar de idioma, lo hicieron forzados por la crueldad de una época. No sucedió así con los europeizantes de nuestra América. Los rumanos no fueron a Francia a imitar, sino a enseñar. Fueron participación rumana de la creación universal.

Durante más de un invierno en mi casa, frente al océano frío y las inmensas migraciones de pájaros, me acompañaron asiduamente en la traducción de la poesía rumana los poetas Homero Arce y Ennio Moltedo.

Doy gracias a mis dos amigos. Mucho me sirvió la sabiduría y el empeño de cada uno. También ellos gozaron como yo, mientras trabajábamos, de follaje florido, del agua y del fuego que en estas múltiples voces se multiplican incitándonos a escuchar con recogimiento el canto coral de un pueblo lejano y hermano.

Isla Negra, enero de 1965.

¿POR QUÉ JOAQUÍN MURIETA?

Yo escribí un libro grande con versos, lo llamé *La Barcarola*, y era como una cantilena, yo picaba aquí y acá en los materiales de que dispongo, y éstos son a veces aguas o trigos, sencillas arenas a veces, canteras o acantilados duros y precisos, y siempre el mar con sus silencios y sus truenos, eternidades de que dispongo aquí cerca de mi ventana y alrededor de mi papel, y en este libro hay episodios que no sólo cantan sino cuentan, porque antaño era así, la poesía cantaba y contaba, y yo soy así, de antaño, y no tengo remedio, bueno, aquel día piqué el pasado, salió polvo como de terremoto, voló la pólvora y apareció un episodio con un caballo con su caballero y éste se puso a galopar por mis versos que son anchos ahora, como rutas, como pistas, y yo corrí detrás de mis versos y encontré el oro, el oro de California, los chilenos que lavan la arena, los buques repletos desde Valparaíso, la codicia, la turbulencia, las fundaciones y este chileno vengativo y vengador, descabellado y sonoro. Entonces me dijo mi mujer, Matilde Urrutia: pero si esto es teatro. Teatro? le respondí, y yo no lo sabía, pero ahí lo tienen, ustedes, con libro y con escenario vuelve Murieta, se cuentan sus rebeliones, y las hazañas de chilenos agrestes que con patas de perro se soltaron hacia el oro, se apretaron los cinturones trabajando en cuanta cosa y cosita pudieron para recibir después el pago de los gringos, la soga, la bala y cuando menos el puntapié en la cabeza, pero no sufran, porque además hay el amor, con versos que tienen rima como en mis mejores tiempos y de cuanto hay, hasta cuecas, con música de Sergio Ortega, y además Pedro Orthous, famoso director de escena, metió su cuchara y aquí cortaba y acá me pedía un cambiazo, y si protestaba aprendí que así hacía con Lope de Vega y con Shakespeare, les meten tijera, los modifican para ustedes, y yo soy apenas aprendiz de teatrero y acepté para que volviera Murieta, para que volara Murieta, como en los sueños, a caballo y con banderita chilena, viva Chile mi her-mosura! y que vuele con caballo y todo como un meteoro que regresa a su tierra porque yo lo llamé, lo busqué entre los materiales, cavando en mis trabajos día a día, frente al mar océano, y de repente saltó el bandolero y echaba chispas de fuego su cabalgadura en la noche de California, le dije, asómate, acércate, y lo hice pasar por la carretera de mi libro para que galopara con su vida y su drama, su fulgor y su muerte, como en un sueño cruel, y esto es todo, éste es mi cuento y mi canto.

Isla Negra, septiembre de 1967.

VALPARAÍSO

Valparaíso de mis dolores!... Qué pasó en las soledades del Pacífico Sur? Estrella errante o batalla de gusanos cuya fosforescencia sobrevivió a la catástrofe?

La noche de Valparaíso! Un punto del planeta se iluminó, diminuto, en el universo vacío. Palpitaron las luciérnagas y comenzó a arder entre las montañas una herradura de oro.

La verdad es que luego la inmensa noche solitaria desplegó colosales figuras que multiplicaban la luz. Aldebarán tembló con su pulso remoto. Casiopea colgó su vestidura en las puertas del cielo, mientras sobre la esperma nocturna de la Vía Láctea rodaba el silencioso carro de la Cruz Austral.

Entonces Sagitario, enarbolante y peludo, dejó caer algo, un diamante de sus patas perdidas, una pulga de su pellejo distante. Había nacido Valparaíso, encendido y rumoroso, espumoso y meretricio.

La noche de sus callejones se llenó de náyades negras. En la oscuridad te acecharon las puertas, te aprisionaron las manos, las sábanas del sur extraviaron al marinero. Polvanta, Tritetonga, Carmela, Flor de Dios, Multicula, Berenice, "Baby Sweet", poblaron las cervecerías, custodiaron los náufragos del delirio, se sustituyeron y renovaron, bailaron sin desenfreno, con la melancolía de mi raza lluviosa.

Desde el Puerto salieron a conquistar ballenas los más duros veleros. Otros navíos partieron hacia las Californias del oro. Otros atravesaron los siete mares para recoger en el desierto chileno el nitrato que yace como polvo innumerable de una estatua demolida bajo las más secas extensiones del mundo.

Estas fueron las grandes aventuras.

Valparaíso centelleó a través de la noche mundial. Del mundo y hacia el mundo surgieron navíos engalanados como palomas increíbles, barcos fragantes, fragatas hambrientas que el Cabo de Hornos había retenido más de la cuenta... Muchas veces los hombres recién desembarcados se precipitaron sobre el pasto... Feroces y fantásticos días en que los Océanos no se comunicaban sino por las lejanías del Estrecho patagónico. Tiempos en que Valparaíso pagaba con buena moneda a las tripulaciones que la escupían y la amaban.

En algún barco llegó un piano de cola, en otro pasó Flora Tristán, la abuela peruana de Gauguin, en otro, en el "Wager", llegó Róbinson Crusoe, el primero, de carne y hueso, recién recogido de Juan Fernández. Otras embarcaciones trajeron piñas, café, pimienta de Sumatra, bananas de Guayaquil, té con jazmines de Assam, anís de España... La remota bahía, la oxidada herradura del Centauro, se llenó de aromas intermintentes: en una calle te asaltaba una dulzura de canela, en otra, como una flecha blanca, te atravesaba el alma el olor de las chirimoyas, de un callejón salía a combatir contigo el detritus de algas del mar, de todo el mar chileno...

Valparaíso, entonces, se iluminaba y asumía un oro oscuro: se fue tranformando en naranjo marino, tuvo follaje, tuvo frescura y sombra, tuvo esplendor de fruta.

LOS NOMBRES

Las cumbres de Valparaíso decidieron descolgar a sus hombres, soltar las casas desde arriba para que éstas titubearan en los barrancos que tiñe de rojo la greda, de dorado los dedales de oro, de verde huraño la naturaleza silvestre. Pero, las casas y los hombres se agarraron a la altura, se enroscaron, se clavaron, se atormentaron, se dispusieron a lo vertical, se colgaron con dientes y uñas de cada abismo. El Puerto es un debate entre la naturaleza evasiva de las cordilleras y el mar. Pero, en la lucha, fue ganando el hombre, en cierto modo, porque los cerros y la plenitud marina conformaron la ciudad y la hicieron uniforme, no como un cuartel, sino con la disparidad de la primavera, con su contradicción de pinturas, con su energía sonora.

Las casas se hicieron colores y en la misma construcción se juntaron el amaranto y el amarillo, el carmín y el cobalto, el verde y el purpúreo. Así cumplió Valparaíso su misión de puerto verdadero, de navío encallado, pero viviente: de nave con sus banderas al viento. Y el viento del Océano Mayor merecía una ciudad de banderas.

Yo he vivido por tiempo entre estos cerros aromáticos y heridos. Son cerros suculentos en que la vida golpea con infinitos extramuros, con caracolismo insondable y retorcijón de trompeta. En la espiral, a cada momento, te espera un carrusel anaranjado, un fraile que desciende, una niña descalza sumergida en su sandía, un remolino de marineros y mujeres, una venta de la más oxidada ferretería, un circo minúsculo en cuya carpa sólo caben los bigotes del domador, una escala que se sube a las nubes, un ascensor que asciende cargado de cebollas, siete burros que transportan agua, un carro de bomberos que vuelve de un incendio, un escaparate en que se juntaron botellas de vida o muerte.

Pero estos cerros tienen nombres profundos. Viajar entre estos nombres es un viaje que no termina, porque el viaje de Valparaíso no termina ni en la tierra, ni en la palabra. Cerro Alegre, Cerro Mariposa, Cerro Polanco, Cerro del Hospital, de la Mesilla, de la Rinconada, de la Lobería, de las Jarcias, de las Alfareras, de los Chaparro, de la Calahuala, del Litre, del Molino, del Almendral, de los Pequenes, de los Chercanes, de Acevedo, del Pajonal, del Presidio, de las Zorras, de doña Elvira, de San Esteban, de Astorga, de la Esmeralda, del Almendro, de Rodríguez, de la Artillería, de los Lecheros, de la Concepción del Cementerio, del Cardonal, del Árbol Copado, del Hospital Inglés, de la Palma, de la Reina Victoria, de Carvallo, de San Juan de Dios, de Pocuro, de la Caleta, de la Cabritería, de Vizcaya, de don Elías, del Cabo, de las Cañas, del Atalaya, de la Parrasia, del Membrillo, del Buey, de la Florida. En este cerro está mi casa.

Yo no puedo andar en tantos sitios. Valparaíso necesita un nuevo monstruo marino, un octopiernas, que pueda recorrerlo. Yo aprovecho su inmensidad, su íntima inmensidad, pero no puedo abarcarlo en su diestra multicolora, en su germinación siniestra, en su altura o su abismo.

Yo sólo lo sigo en sus campanas, en sus ondulaciones y en sus nombres.

Sobre todo en sus nombres, porque ellos tienen raíces y ridículo, tienen aire y aceite, tienen historia y ópera: tienen sangre en las sílabas.

EL HOMBRE DEL VIOLÍN

En la calle estrecha viví algunas semanas frente a la casa de Zoilo Escobar. Nuestros balcones casi se tocaban. Salía temprano al balcón y hacía una gimnasia de anacoreta que revelaba el arpa de sus costillas. Era solar y matutino y en el balcón practicaba sus mejores ritos. Siempre vestido con un pobre overol, o unos raídos chaquetones, medio marino y medio arcángel. Ya se había retirado de sus navegaciones, de la Aduana, de las marinerías. Todos los días cepillaba su traje de gala, una ropa de paño negro, cuya limpieza realizaba ante mis ojos con perfección meticulosa. Nunca, por largos años, lo vi vestido con aquel ilustre paño negro que siempre guardó en el armario vetusto, entre sus tesoros.

Pero su tesoro más agudo y más desgarrador era un violín Stradivarius, que conservó celosamente toda su vida, sin tocarlo ni permitir que nadie lo tocara.

Don Zoilo siempre estaba pensando en venderlo en Nueva York. Allí le darían una fortuna por el noble instrumento. A veces lo sacaba del pobre armario y lo contemplábamos con religiosa emoción. Alguna vez viajaría don Zoilo Escobar y volvería sin violín, pero cargado de fastuosos anillos y con algunos dientes de oro que siempre quiso que sustituyeran en su boca a los huecos que fue dejando su prolongada edad.

Una mañana no salió al balcón de la gimnasia. Lo enterramos allá arriba, en el cementerio del cerro, con el traje de paño negro que, por primera vez, cubrió su pequeña osamenta de ermitaño.

Las cuerdas del Stradivarius no pudieron llorar su partida. Nadie sabía tocarlo. Y desapareció el violín cuando se abrió el armario. Tal vez voló hacia el mar, o hacia Nueva York, como los sueños de don Zoilo.

EL HOMBRE DE LA ESPADA

En 1930 volví de la India. Volví a Valparaíso. Pronto me perdí por las calles. Pregunté a los vecinos: —Hay algún nuevo extravagante? — Vale la pena haber regresado?

Me respondieron: —No tenemos casi nada de bueno. Pero si sigue por esa calle se va a topar con don Bartolomé.

—Y cómo voy a conocerlo?

—No hay manera de equivocarse. Viaja siempre en una carroza.

Pocas horas después compraba yo manzanas en una frutería cuando se detuvo un coche de caballos a la puerta. Bajó de él un habitante alto, desgarbado, vestido de negro. Entró también a comprar manzanas.

Llevaba sobre el hombro un loro completamente verde el que, de inmediato, se trasladó a mis hombros, sin miramientos de ninguna clase.

Pregunté al caballero: —Es usted don Bartolomé?

Me respondió: —Esa es la verdad. Me llamo Bartolomé.

Y sacando una larga espada que llevaba bajo su capa me la pasó mientras llenaba su cesta con las manzanas y las uvas que compró. Era una antigua espada, larga y aguda, con empuñadura trabajada por florecientes plateros, una empuñadura como una rosa abierta.

El hombre llevó con lentitud la cesta de frutas hasta su carruaje. Yo no lo conocía. Nunca más volví a verle. Pero le acompañé con respeto, en silencio. Le abrí la puerta de su carroza y puse en sus manos, con solemnidad, su pájaro y su espada. Se oyó la voz del auriga y luego los cascos de caballos sobre el pavimento.

EL HOMBRE DE LOS ÍDOLOS

Valparaíso es secreto, sinuoso y recodero. En los cerros se derrama, como una cascada, la pobretería, y ésta saca sus trapos al sol. Se sabe cuánto come, cómo viste (y también cuánto no come y cómo no se viste) el infinito pueblo de los cerros. La ropa a secar embandera las casas y la incesante prolificación de pies descalzos delatan con su colmena el inextinguible amor.

Pero, cerca del mar, en el Plano, hay casas con balcones

y ventanas cerradas, en las que no caben todas las llaves, ni entran muchas pisadas.

Decidido a viajar hacia las Islas me dirigí hace tiempo a la mansión del explorador. Levanté, para que se me oyera, muchas veces seguidas el aldabón de bronce.

Después de mucho transcurso se oyeron tenues pasos y un rostro averiguante entreabrió el portalón como para dejarme fuera. Era la vieja criada de aquella casa, criada que sólo susurraba sus pasos, criatura averiguadora, de pañolón y delantal.

El explorador era también muy anciano y sólo aquellos dos habitaban la espaciosa casa de ventanas cerradas.

Yo había venido a conocer los ídolos. Llenaban corredores y paredes criaturas bermejas, máscaras estriadas de blanco y ceniza, estatuas que mostraban desaparecidas anatomías de dioses oceánicos, cabelleras polinésicas, resecas ya como escobas, hostiles escudos de madera revestidos de leopardo, collares de dientes feroces, remos de esquifes que cortaron tal vez la espuma del reino feliz, de las aguas afortunadas.

Violentos cuchillos estremecían los muros con hojas plateadas que serpenteaban desde la sombra.

Observé que los dioses masculinos, de madera, habían sido aminorados. Sus falos habían sido cuidadosamente cubiertos con taparrabos de tela. Me fue fácil ver que de la misma tela era el pañolón y el delantal de la criada.

El viejo explorador se desplazaba con sigilo entre los trofeos.

Sala tras sala fue dándome la explicación, entre perentoria e irónica, del que vio mucho y continúa viviendo con sus imágenes.

Su barbita blanca parecía parte de un fetiche de Samoa. Me mostró sus espingardas y los pistolones con los cuales persiguió al enemigo o hizo tocar el suelo al antílope y al tigre. Todo esto sin alterar el susurro, sin que pasara nada, sino un fragmento de recuerdo que era como si el sol entrase, a pesar de las ventanas cerradas, y hubiera dejado un pequeño rayo, una pequeña mariposa viva que revoloteaba aún entre los ídolos.

Al partir le participé mis planes de viaje, mi deseo de salir muy pronto hacia las arenas doradas. Entonces, mirando hacia todos lados, acercando sus raídos bigotes blancos a mi oído, me deslizó: "Que no se entere ella, que no vaya a saberlo: yo también estoy preparando un viaje."

Se quedó allí un instante con un dedo en los labios, como escuchando la probable pisada de un tigre en la selva. Y luego la puerta se cerró, oscura y súbita, como cuando cae la noche sobre el África.

EL MAR DE CADA UNO

Pequeños mundos de Valparaíso, abandonados, sin razón y sin tiempo, como cajones que alguna vez quedaron en el fondo de una bodega, y que nadie más reclamó y no se sabe de donde vinieron, ni si algún día saldrán de sus límites. Tal vez, en estos domicilios secretos, en estas almas de Valparaíso, sólo quedaron guardadas para siempre la perdida soberanía de una ola, la tormenta y la sal, el mar que zumba y parpadea. El mar de cada uno, amenazante y encerrado: un sonido incomunicable, un movimiento solitario que sólo pasó a ser, con el tiempo, harina y espuma de los sueños.

En las excéntricas vidas que descubrí me sorprendió la superior unidad que mostraban con el puerto desgarrador. Arriba, por los cerros, florece la miseria a borbotones frenéticos de alquitrán y alegría. La cintura de la costa cubrió las grúas, los embarcaderos, los trabajos del hombre con una máscara pintada por la fugitiva felicidad. Pero otros no alcanzaron a llegar ni arriba, por las colinas, ni abajo, por las faenas. Guardaron en su cajón su propio infinito, su fragmento de mar.

Y lo custodiaron con sus armas propias, mientras el olvido se acercaba a ellos como la niebla.

LOS TERREMOTOS

Valparaíso a veces se sacude como una ballena herida. Tambalea en el aire, agoniza, muere y resucita.

Aquí cada ciudadano lleva en sí un recuerdo de terremoto. Es un pétalo de espanto que vive adherido al corazón de la ciudad. Cada ciudadano es un héroe desde antes de nacer. Porque en la memoria del Puerto hay ese descalabro, ese estremecerse de la tierra que tiembla y el ruido ronco que llega de la profundidad, como si una ciudad submarina y subterránea echara a redoblar sus campanarios enterrados para decir al hombre que todo terminó.

A veces, cuando ya rodaron los muros y los techos entre el polvo y las llamas, entre los gritos y el silencio, cuando ya todo parecía definitivamente quieto en la muerte, salió del Mar, como un último espanto, la Gran Ola, la inmensa mano del mar que, alta y amenazante, sube como una torre de venganza barriendo la vida que quedaba a su alcance.

En 1906, terremoto y marejada bailaron la Danza de los Muertos sobre las calles martirizadas.

Todo comienza a veces por un vago movimiento, y los que duermen despiertan. Ya el alma entre sueños se comunica con profundas raíces, con su hondura terrestre. Siempre quiso saberlo. Ya lo sabe. Luego, en el gran estremecimiento, no hay donde acudir, porque los dioses se fueron, las vanidosas iglesias se convirtieron en terrones triturados.

El pavor no es el del que huye del toro iracundo, del puñal que amenaza o del agua que te traga. Es el pavor cósmico, la instantánea inseguridad, el universo que se desploma y se deshace.

Y mientras tanto suena la tierra con un sordo trueno, con una voz que nadie le conocía.

El polvo que levantaron las casas, desplomándose poco a poco, se aquieta. Y nos quedamos solos con nuestros muertos y con todos los muertos, sin saber por qué seguimos vivos.

LAS ESCALERAS

Las escaleras parten de abajo y de arriba y se retuercen trepando. Se adelgazan como cabellos, dan un ligero reposo, se tornan verticales. Se marean. Se precipitan. Se alargan. Retroceden. No terminan jamás.

Cuántas escaleras? Cuántos peldaños de escaleras? Cuántos pies en los peldaños?

Cuántos siglos de pasos, de bajar y subir con el libro, con los tomates, con el pescado, con las botellas, con el pan?

Cuántos miles de horas que desgastaron las gradas hasta hacerlas canales por donde circula la lluvia jugando y llorando?

Escaleras!

Ninguna ciudad las derramó, las deshojó en su historia, en su rostro, las aventó y las reunió, como Valparaíso.

Ningún rostro de ciudad tuvo estos surcos por los que van y vienen las vidas, como si siempre fueran subiendo al cielo, como si siempre fueran bajando a la creación.

Escaleras que a medio camino dieron nacimiento a un cardo de flores purpúreas!

Escaleras que subió el marinero que volvía del Asia y que encontró en su casa una nueva sonrisa o una ausencia terrible!

Escaleras por las que bajó como un meteoro negro un borracho que caía!

Escaleras por donde sube el sol para dar amor a las colinas!

Si caminamos todas las escaleras de Valparaíso habremos dado la vuelta al mundo.

(Publicado en idioma alemán en la revista suiza *DU*, 1967. Inédito en español).

SONETO

Homero, en la verdad de tu diamante
hay un fulgor de piedra y firmamento,
porque tiene razón el caminante
cuando descubre el mundo en su aposento.

De tanta estrella pura eres amante
y con tanta grandeza estás contento
que sólo con tu corazón cantante
vas descubriendo tu descubrimiento.

Cuántos te ven y no conocen cuánto
conoces tú, y no saben el encanto
de tu tranquilidad en movimiento.

A tu lado es pequeño el arrogante,
es pobre el rico, y es tu honor constante
ser secreto y sonoro, como el viento.

> 19 de septiembre de 1965.
> (En el libro *El árbol y otras hojas*, de
> Homero Arce, Santiago de Chile, Zig Zag,
> 1967).

UNA CORBATA PARA NICANOR

No sólo
tiene
uvas
esta parra
de Parra,
sino
frutos mentales:
higos
rugosos
como
reflexiones,
espigas
espinudas
o nueces
encefálicas:
así es la parra
del poeta
Parra.

Él
hace
vino
de
estos
frutos
brutales
que
brotan

de
su
propia
parra,
o de
la burla
que
se hace
racimo
o

de
la bofetada
que
es
un
súbito
fruto
del
parrón
o parral.

Y si por azar puro
o por predilección
queda algún ojo
en tinta,
Nicanor
Parra
escribe
con tinta
de ojo en tinta.

Éste es el hombre
que derrotó
al suspiro
y es muy capaz
de encabezar
la decapitación
del suspirante.

Criminal tentativa!

			Pero
			luego
			y sin remordimiento
			con gran cuidado
				pega
				la cabeza
				caída
				al cuerpo
				separado,
				y se dirige

				al río
				con un saco
				de sus
				propios
				suspiros
				que tira
				suspirando
				a la
				corriente.

			Éste es el caso
			del poeta
			Parra
			y de
			la
			misteriosa
			fórmula
			de
			su
			parra
			secreta.

19 de septiembre de 1966.

(En revista *Portal*, núm. 5, de julio de 1967).

EL NOMBRE DE ESTA MEDALLA ES MAS ANCHO QUE MI PECHO

Mi primer pensamiento en este día sea para Federico Joliot-Curie. El nombre de esta medalla es más ancho que mi pecho, así como es grande el honor conferido por ustedes al entregármela.

Precisamente, nunca se unieron tan elevadamente como en Joliot-Curie la energía creadora y la dignidad de la inteligencia. Se convirtió así en el ejemplo central de nuestra época, porque sabemos que él se mantenía en el laberinto de la ciencia con la naturalidad del que sabía entrar y salir por los caminos inexplorados. Y cuando este descubridor recogió los frutos del árbol del bien y del mal en su trabajo de laboratorio, salió de éste para advertir a la humanidad que el fruto filosofal recién descubierto contenía la semilla de un nuevo infierno y de la muerte total.

El maestro Joliot-Curie no sólo era un héroe mayúsculo del pensamiento, sino también es para mí un recuerdo que sólo la ternura puede dibujar. Se veía tan frágil este hombre inquebrantable. Su rostro, trabajado por las más intensas disciplinas de la sabiduría, sus ojos cargados por el fulgor subterráneo del conocimiento todo, nos indicaba que en esta lucha increíble contra el terror y por la existencia del hombre sobre la tierra, él caería, gastado por su devorante energía. Se fue, pues, dejándonos la doble herencia de su magnitud científica y de su responsabilidad humana. Joliot-Curie fue honor, a la vez, de la ciencia y de la conciencia. Luego su ejemplo se ha convertido en una norma y en un movimiento.

También nosotros, y nuestros pueblos, tenemos que escoger entre caminos opuestos. Tenemos que inclinarnos para saludar y luego combatir. Debemos escoger entre la creación y la destrucción, entre el amor y el vacío, entre la paz y la guerra, entre la vida y la muerte. Nunca fue más grande el poder de la muerte y nunca tuvo el ser humano mayor conocimiento del peligro. Por lo tanto, nuestro deber nunca fue **más perentorio**: nadie puede evadirlo, es el mandato de nuestro tiempo.

Aquí hay amigos de América latina como Alfredo Varela, y otros, que han querido congregarse en torno al retrato de aquel maestro de la paz para reafirmar, una vez más, los vínculos que nos unen. Conozco casi tanto como cada uno de ellos, las desventuras, el atraso y la miseria de cada una de nuestras naciones. Conozco también las luchas, la alegría y las canciones, la capacidad de resistencia y de heroísmo de cada uno de nuestros pueblos. Saludo a todos ellos en un solo abrazo, en la fraternidad que no hace diferencia de nuestros orígenes ni de nuestro porvenir.

El señor Votshinin se ha tomado el trabajo de venir desde la lejana Unión de las Repúblicas Socialistas Soviéticas, haciéndonos una gran distinción al traernos con su viaje el mayor estímulo que puede conocer el hombre contemporáneo. Ese estímulo es la existencia y la persistencia, los triunfos inigualados del pueblo soviético y de su gran Revolución. Su presencia en esta sala es un testimonio más de cómo aquel vasto país, gobernado por una sociedad sin clases, se hace en cada momento solidario de todos los movimientos de paz y de liberación que se manifiestan en cualquier sitio de nuestro planeta.

Al saludarlo, quiero detenerme para hacer dos pausas dolorosas:

Camarada Votshinin: sabemos que aún no se secan las lágrimas del pueblo soviético ante una atroz desgracia: la muerte del glorioso héroe de la tierra y del cielo: Yuri Gagarin.

Su nombre era al mismo tiempo legendario y familiar para todos los chilenos. Su proeza no sólo unió como ninguna otra a la realidad con la fantasía, a nuestro planeta con los otros, al hombre con el universo misterioso. El joven héroe tuvo otras virtudes: unió a los pueblos más separados, pues su encuentro con el cosmos fue un acto de reconciliación entre todos los pueblos. Él representó en su vuelo el corazón mismo de la humanidad, la inquietud de todos los hombres, la audacia de todas las razas, el milagro total del ser humano.

Todos los pueblos lo consideran suyo, representó a la humanidad entera desde sus más antiguos avances, desde la oscuridad del nacimiento y su penosa marcha hacia el progreso hasta el descubrimiento de todas las posibilidades.

Sabemos que la Unión Soviética es un formidable semillero de héroes modestos y eminentes. Todavía se estremece el mundo con el recuerdo de su gloriosa defensa de la paz y de la libertad, cuando aplastó la amenaza hitleriana. Fueron días sombríos y sangrientos por los cuales la humanidad entera reconoce al hombre soviético una deuda inabarcable.

Pero Gagarin fue hijo de la luz. Fue el arcángel luminoso de nuestros días: está cerca de todo lo que está naciendo. Su corazón se ha detenido, pero su recuerdo florecerá en cada primavera,, en cada mirada, en cada niño que por primera vez contemple las estrellas.

Otro dolor, más personal, me acompaña esta noche, porque creo que mi amado amigo Ilya Erenburg habría estado tal vez con nosotros en estos momentos.

Todos sabemos que el Consejo Mundial de la Paz lo tuvo entre sus más activos creadores. En este sentido lo recordaré siempre, con sus mechones grises, con los ojos tan antiguos que tenía, y aquella sonrisa sutilísima en las agotadoras reuniones, conferencias y congresos de la Paz.

Aquel hombre que siempre parecía fatigado y cuya implacable inteligencia lo hacía aparecer tan viejo como el mundo, nos dio siempre la lección de su activa inteligencia y de su resistencia inaudita.

Porque este gran maestro de la literatura universal aceptó las humildes y eminentes tareas de relacionador supremo del Movimiento de la Paz. Y con sus inolvidables pasos cortos cruzaba los pasillos, entraba a comisiones, subía y bajaba escenarios, convenciendo, desarrollando, aclarando, redactando, prestando a la causa de la Paz y la Amistad entre los pueblos toda la capacidad de su desmesurada inteligencia. Un día estaba en el Palacio de la reina madre de Bélgica, esa gran señora defensora de la música y de la verdad. Otra tarde abría la torre difícil de Pablo Picasso, y salía hacia el aeropuerto con una nueva paloma que comenzaba a volar desde sus manos. O en Finlandia, o en Italia, o en su adorado París, o en el Japón, o en Chile, todas las naciones, todos los aeropuertos vieron a este hombre de cabeza gris y pantalones arrugados gastar sus fuerzas y su pensamiento en luchar contra el terror y la guerra.

Por mi parte, perdí con su desaparecimiento a uno de los hombres que más he admirado y respetado. Él me hizo el honor de considerarme su amigo y juntos viajamos y trabajamos, compartiendo sueños y esperanzas. Porque a pesar de la muerte de estos dos héroes soviéticos de la Paz, a pesar de la dolorosa sombra que su ausencia significa, nuestra lucha por la fraternidad, la paz y la verdad, seguirá viva y creciente al amparo de nuestro deber y fortificada por su recuerdo.

Romesh Chandra: Usted ha hecho ese viaje tan largo, hasta Chile, este país que está en el final del mundo, para traer esta Medalla. Cuando yo era muy joven conocí su país, la India. Viví en el laberinto de sus grandes ciudades, entré en los templos, conviví con los antiguos sueños sagrados, con el sufrimiento milenario de su pueblo y con el despertar de su independencia. Yo era un insurrecto muchacho que llegaba de las luchas estudiantiles de 1921 y desembocaba con toda la naturalidad en la fraternidad de los revolucionarios hindúes. Todo el despertar del Asia se originaba en su patria y el viento que debía derribar después los muros del Imperio, estaba naciendo allí, a la sombra de los más antiguos dioses del mundo. Qué lento me pareció el camino. Parecía interminable el ciclo de la servidumbre colonialista en aquellas regiones tan inmensas, en que cabían grandiosos continentes y miles de islas dispersas. Sin embargo, nuestro siglo ha presenciado el derrumbe de aquellos imperios que parecían indestructibles porque estaban recubiertos de acero, piedra y fango. Se levantó contra ellos el arma más poderosa: el pensamiento, la acción humana que hace marchar las ruedas de la historia. En nombre de este pensamiento, esa fe en el destino más y más alto, más libre y más independiente del hombre, se ha servido usted venir desde tan lejos. Muchas gracias.

Después hemos vivido la agonía del segundo conflicto mundial. Vimos caer la máscara mesiánica de los guerreros. Pudimos ver el verdadero rostro de la guerra: las horcas y las cámaras de gas borraron para siempre la leyenda de los caballeros que combatían por su Dios, por su Rey o por su Dama. Después de la rendición, miles de espectros sobrevivientes dieron el testimonio desgarrador que mostraba el límite de la crueldad humana. Los monstruos fueron en parte castigados. Pero nos preguntamos aterrados si aquel inconcebible espanto volvería alguna vez a la historia.

Luego hemos visto cómo la paz, aquella paz tan trágicamente obtenida, ha sido traicionada. Un Estado más fuerte que los otros, ha llevado la muerte y la destrucción a las tierras más alejadas de su territorio.

Con violenta ferocidad se han destruido las ciudades, los campos de cultivo, las construcciones y las vidas de un pequeño país, cuyo pueblo, orgulloso de su antigua cultura, acababa de romper las cadenas coloniales.

El genocidio se ha practicado en forma aterradora. El napalm ha calcinado con horrenda eficacia las vidas, las semillas y los libros. Pero una nueva epopeya, digna de las más grandes de la historia, ha conmovido a la humanidad entera.

Porque Vietnam ha resucitado mil veces desde sus cenizas: parecía muerto y se incorporaba con una granada en la mano. Parecía derrotada la razón bajo la demencia fría de los invasores y Vietnam, en una ofensiva extraordinaria, está cada vez más cerca de una victoria inmortal.

Y los pueblos de América Latina saben que esta victoria está ligada en forma profunda a nuestro destino. Las fuerzas agresivas que dominan en este instante en el gobierno de los Estados Unidos no tienen el propósito de respetar la independencia de nuestras naciones y nuestros derechos inalienables a propugnar sistemas de gobierno más justos y mejores.

Las últimas agresiones en el Caribe y el aislamiento impuesto a Cuba por los norteamericanos y las fuerzas reaccionarias de América Latina, son la prueba de la intolerancia y del error de esta política agresiva.

Pero los años han cambiado. En la propia cuna del agresor se han levantado las voces de sus más esclarecidos intelectuales. Estudiantes y ciudadanos de todas las capas de la vida norteamericana han repudiado con energía y valentía la invasión norteamericana en Vietnam. Han sido miles de muchachos que han destrozado su hoja de llamamiento a las filas y cada día aumenta el número de los desertores.

La muerte de Martin Luther King, horrenda y fríamente asesinado, ha llenado de luto al mundo y de vergüenza a los EE. UU. Siempre nos conmovió su figura extraordinaria de defensor de su raza, de conductor de su pueblo. Ha sido aniquilado por fuerzas abominables que parecen ser poderosas. Desde la injusta guerra de Corea hasta la oprobiosa arremetida contra la independencia de Vietnam, estas fuerzas se han desatado en la nación norteamericana como venenoso subproducto de la guerra. Busquemos en la violencia oficial el origen de estos crímenes. Estas dos guerras han enseñado a miles de adolescentes el ejercicio del asesinato, del incendio, del absoluto irrespeto por la condición humana. El racismo, la delincuencia, la perversidad y la crueldad, se han exacerbado de tal manera entre los norteamericanos, que la humanidad piensa espantada en un retroceso vertical hacia las primeras leyes de la selva, de la brutalidad y de la fuerza. Poner a media asta la bandera nacional en la Casa Blanca es una pequeña y triste medida, porque sabemos que esa misma bandera se está levantando en Vietnam sobre todas las atrocidades que el mundo conoce. Es en la guerra, en esa guerra donde están fermentando la levadura de muchos otros horrores que caerán sobre el rostro de la América del Norte.

El heroísmo vietnamita, el repudio mundial y la ardiente protesta de sus mismos compatriotas, han llevado al presidente Johnson a renunciar en fecha próxima a la continuación de su triste política.

Ojalá que haga efectiva esta renuncia, sin esperar las nuevas elecciones. Este hombre ha perdido ya la elección ante el inapelable tribunal de la historia.

Las repúblicas americanas son hijas de la lucha anticolonial y del internacionalismo solidario. Jinetes de la gran Colombia verde galopaban llevando las banderas de la liberación por los arenales del Perú. Los argentinos cruzaron las más altas nieves y hace 150 años se cubrieron de sangre y de laureles, aquí, en Maipú, a pocos kilómetros de este teatro. Los chilenos se embarcaron dirigidos por un almirante escocés para liberar al Océano Pacífico. Combatientes napoleónicos y batallones de negros africanos combatieron por la independencia de Chile. Esta vez la América nuestra no pudo enviar hombres a Vietnam, pero ha hecho sentir al mundo, desde La Habana y México hasta la Patagonia polar, sus sentimientos unánimes de solidaridad y su esperanza en la victoria de los agredidos.

Pero tenemos que decir una verdad amarga. No hemos hecho bastante. Pudimos hacer mucho más, haremos mucho más. Por qué los gobiernos de nuestras repúblicas guardan silencio sobre la guerra de Vietnam? Es tolerable, dentro del concierto mundial, esta silenciosa timidez que parece complicidad?

La poderosa Unión Soviética ha dicho cada día su palabra. El general de Gaulle, personalidad orgullosa e independiente, ha puesto varias veces los puntos franceses sobre las íes norteamericanas.

Nuestros gobiernos latinoamericanos tienen matices, colores, perspectivas, orígenes diferentes. Los hay impetuosos en la reacción, otros son pacatos ante el porvenir, algunos cultivan el temor hacia los pueblos, otros manifiestan sus deseos de hacer progresar a nuestra pobre y desventurada América.

No discutamos sus tendencias por ahora. Pero tenemos el derecho de exigirles que se definan ante el problema más importante de nuestra época. El de la paz o la guerra, el de la vida o la muerte.

El gobierno de los Estados Unidos de América del Norte, con sus sangrientas malas acciones en Vietnam, ha perdido todo prestigio ante la civilización de nuestro tiempo. En este momento trata de negociar su derrota material y moral. Pero la repetición periódica de sus aventuras ha sido la trágica característica de nuestro poderoso vecino.

Los gobiernos norteamericanos deben oír la voz de nuestros pueblos y mover la balanza en favor de la paz y de la independencia. Es la hora de probar que si nacimos del fervor anticolonial, nuestras naciones rechazan este nuevo colonialismo que se quiere implantar acompañado por inhumanas crueldades.

Yo sé que sonreirán muchos ante la idea de pedir a ciertos gobiernos que participen en este llamamiento a la paz, ya que muchas veces han violado en sus propios pueblos las normas de la libertad y de la justicia. Sin embargo, reclamo en esta hora crítica la suma de todos los esfuerzos, la suma de los buenos y de los malos, de los gobernados y de los gobernantes, la suma de los justos y de los injustos, para que se termine la más grande iniquidad de nuestra época: la invasión y destrucción de Vietnam.

Es el momento crítico en que las naciones latinoamericanas, que necesitan del derecho para defenderse, sostengan ante el mundo la causa del derecho.

Creemos en la paz y tocaremos todas las puertas para alcanzar su reino. Queremos la paz entre los hombres como los caminantes esperan el agua en el camino para restablecer la fuerza perdida. Por mi parte, entré en todas las casas si me abrían la puerta. Quise conversar con todo el mundo. No temí el contagio de los adversos, de los enemigos. Y seguiré haciéndolo. Pienso que el diálogo no puede agotarse, que ningún conflicto es un túnel cerrado y que puede entrar la luz del entendimiento por los dos extremos.

Al aceptar esta generosa distinción, quiero desprenderme de todo sentimiento personal. Pienso que algunas personas de países vecinos o lejanos se juntaron aquí, en esta ocasión, para dar testimonio de su ardiente fe en el hombre, en la vida, en la verdad, en la libertad, es decir, en la paz. Es bastante y lo agradezco no como un homenaje sino como una nueva expresión de una fraternidad que no sólo me honra sino que distingue a mi patria y a mi pueblo.

> Palabras al recibir el Premio Joliot-Curie pronunciadas en el Teatro Municipal de Santiago de Chile, el 8 de abril de 1968.

VENGO A RENEGOCIAR MI DEUDA CON WALT WHITMAN

Durante mi andariega vida he asistido a muchas reuniones extrañas. Hace unos días, sin embargo, estuve presente en la que me parece ha sido una de las más misteriosas conferencias en las cuales jamás he participado. Estuve sentado junto a un grupo de compatriotas. Frente a nosotros, en un vasto círculo ante nuestra vista, estaban los representantes de instituciones bancarias y de altos círculos financieros, delegados de diversos países a los cuales, según parece, mi país debe una gran cantidad de dinero. Nosotros, los chilenos, numéricamente inferiores a nuestros eminentes acreedores, casi todos de países importantes en mayor cantidad: probablemente cincuenta o sesenta. El asunto a tratar era la renegociación de nuestra Deuda Pública, de nuestra Deuda Externa, arrastrada a través de medio siglo por gobiernos anteriores.

En este medio siglo, los hombres han llegado a la luna, llenos de penicilina y televisión. En el campo bélico se ha inventado el napalm para someter a cenizas por la vía democrática de su depurador, a numerosos habitantes de nuestro planeta. Durante estos mismos 50 años, el Centro Americano del Pen Club ha trabajado noblemente por la causa de la razón y el entendimiento. Pero como lo pude ver en esa inexorable reunión, Chile no era nada bajo la amenaza de la versión anticuada del garrote, llamado Stand-By. En vez de medio siglo de comprensión intelectual, las relaciones entre ricos y pobres, entre naciones que prestan algunas migajas de confort y otras que siguen hambrientas, continúan siendo una compleja mezcla de angustia y orgullo, injusticia y derecho a vivir.

Existe un acuerdo entre los escritores de Estados Unidos y del Viejo Mundo, frente al cual tengo una posición similar: es importante que todos reconozcamos lo que debemos hacer en favor de los otros. Debemos continuar renegociando, por así decirlo, la deuda interna que pesa sobre nosotros, los escritores del mundo. Cada uno de nosotros debe gran parte de su propia herencia intelectual, y mucho de lo que hemos adquirido, al tesoro cultural de toda la Humanidad. Los escritores de la mitad sur de este continente, como yo, han crecido y admirado, a pesar de la diferencia del idioma, el vasto desarrollo del mundo de las letras de esta mitad norteña. Hemos sido particularmente impactados por el admirable despertar de la novela, que, desde los días de Dreiser hasta el presente, ha mostrado una nueva fuerza, una fuerza convulsiva y constructiva cuya grandeza y fiereza no tiene parangón en la literatura de nuestra era, salvo entre vuestros propios escritores. Ninguno de vuestros grandes nombres ha sido desconocido por nosotros. Nombrarlos a todos sería una tarea interminable, como lo sería también tratar de medir la anchura de sus pensamientos, las violentas profundidades por ellos reveladas o la amarga desilusión mentida.

Vuestros libros, a menudo libros crueles, han exhibido el singular testimonio de nobles y grandes escritores, enfrentados con los conflictos, envueltos en el vertiginoso creciminto de vuestra estructura capitalista. En esas obras ejemplares, nada de la verdad ha estado oculta: las almas de las multitudes y de los individuos, de los poderosos y de los débiles, en ciudades o suburbios, fueron expuestas desnudas las gotas de la verdadera sangre viva de vuestro cuerpo político, de vuestras vidas colectivas o solitarias. Aun en el campo de la narrativa detectivesca, que a menudo es más fiel testigo de la verdad de lo que uno pudiera pensar, estas cosas han salido a luz.

Por mi parte, yo, que tengo ahora cerca de 70 años, descubrí a Walt Whitman cuando tenía sólo 15, y lo consideré mi más grande acreedor. Estoy ante vosotros, sintiendo que le guardo para siempre la más grande y maravillosa deuda que me ha ayudado a existir.

Para renegociar esta deuda debo partir reconociendo su existencia, y reconociéndome como el humilde siervo de un poeta que abarcó la tierra con sus zancadas largas y lentas, deteniéndose en cualquier parte para amar, para estudiar, para aprender, para enseñar, para admirar. El hecho es que este gran hombre, este moralista lírico, eligió una difícil senda para él: fue tanto un cantor didáctico como torrencial, cualidades que parecen oponerse, y ser más apropiadas para un líder que para un escritor. Pero lo que realmente cuenta es que Walt Whitman no tuvo miedo de enseñar lo que significa aprender a través de la vida y asumir la responsabilidad de traspasar la lección.

Hablando francamente, no tuvo miedo ni de ser un moralista ni de ser un inmoral, ni tampoco buscó separar los campos de la poesía pura e impura. Fue el primer poeta totalitario: su intención no fue otra que cantar, para imponer sobre otros su propia visión total y amplia de las relaciones de los hombres y de las naciones. En este sentido, su nacionalismo patente forma parte de una visión universal total y orgánica: se juzgó a sí mismo en deudor tanto de la felicidad como del dolor, y también de las culturas avanzadas como de las sociedades más primitivas.

Existen muchas clases de grandezas, pero déjenme decirles (aun cuando soy un poeta de habla hispana) que Walt Whitman me ha enseñado más que el Cervantes español. En la obra de Walt Whitman nunca el ignorante es humillado, ni la condición humana jamás ofendida.

Continuamos viviendo una era whitmanesca, viendo como nuevos hombres y nuevas sociedades surgen y crecen, a pesar de sus dolores de parto. La queja del bardo sobre la poderosa influencia de Europa de la cual la literatura de su época continuó obteniendo su sustento. En verdad él, Walt Whitman, fue el protagonista de una verdadera personalidad geográfica: el primer hombre de la historia en hablar con auténtica voz americana continental, en sustentar un auténtico nombre americano. Las colonias de los países más brillantes han dejado un legado de siglos de silencio: el colonialismo parece matar la fertilidad y embrutecer el poder de creación. Uno tiene sólo que mirar hacia el Imperio español, donde yo les puedo asegurar que tres siglos de dominio produjeron no más de tres escritores de valía en toda América.

La proliferación de nuestras repúblicas dio nacimiento a algo más que banderas y nacionalidades, pequeños ejércitos heroicos y melancólicas canciones de amor. Comenzaron también a circular libros, aun cuando muy a menudo formaron un bosque impenetrable con muchas flores, pero pocos frutos. Sin embargo, con el tiempo y especialmente en nuestros días, la lengua castellana al fin ha comenzado a brillar en las obras de escritores que, desde el Río Grande de la Patagonia, han llenado toda la obscuridad del continente (luchando hacia una nueva independencia) con mágicas historias, y con poemas ora tiernos, ora desesperados.

En estos días, nosotros vemos cómo otras nuevas naciones, otras nuevas literaturas y otras nuevas banderas, coinciden con nuestras esperanzas de la total extinción del colonialismo en África y Asia. Casi de la noche a la mañana, las capitales del mundo han visto banderas de pueblos que nunca antes conocimos buscando su auto-expresión con la voz áspera y cargada de dolor del nacimiento. Escritores negros, tanto de África como de América, comienzan a darnos el verdadero pulso de las razas desgraciadas, hasta ahora silenciosas. Las luchas políticas han sido siempre inseparables de la poesía. La liberación del hombre puede exigir a veces derramamientos de sangre, pero siempre necesita canto y el canto de la humanidad se enriquece día a día, en esta era de sufrimientos y liberación.

Les pido perdón, humildemente, de antemano, por referirme al tema de los problemas de mi Patria. Como todo el mundo sabe, Chile está en camino de llevar a cabo una transformación revolucionaria de su estructura social con verdadera dignidad, y dentro del marco de nuestra constitución legal. Esto es algo que sorprende u ofende a mucha gente. ¿Por qué. preguntan, estos chilenos cargantes no encarcelan a alguien, no cierran diarios, o fusilan a los que están contra ellos?

Como nación, nosotros elegimos el camino y por esa misma razón estamos resueltos a seguir hasta el final. Pero secretos enemigos usan cualquier clase de arma para cambiar nuestro destino. Como parece que los cañones están fuera de moda en esta clase de guerra, usan un arsenal completo de armas, tanto antiguas como nuevas. Dólares y flechas, teléfonos y servicios telegráficos; todo parece servir. Parece como si todo fuera permitido, cuando se trata de defender viejos e incomprensibles privilegios. Ese es el porqué, cuando estuve sentado en esa reunión en que Chile renegociaba su Deuda Externa en París, no pude ayudar pensando en "El Viejo Marinero".

Samuel Taylor Coleridge sacó de un episodio ocurrido en el extremo sur de mi país (registrado en los viajes de Shelvecke) la inspiración para su poema desolado.

En los fríos mares de Chile tenemos toda clase de albatros: errantes, gigantes, grises y obscuros y de supremo esplendor en sus vuelos.

Esa es, quizás, la razón del porqué mi país tiene la forma de un gran albatros, con sus alas extendidas.

Y en esa inolvidable reunión, en la cual tratábamos de renegociar nuestra Deuda Externa en forma justa, muchos de los que se portaban como implacables, parecían tener como objetivo derribar a Chile a fin de que el albatros no pudiera jamás volver a volar.

Contar esto puede ser indiscreción de un poeta que ha sido Embajador durante un año, pero me pareció como si el representante de las finanzas norteamericanas hubiera sido quien escondía una flecha bajo su carpeta de documentos, listo para disparar contra el corazón del albatros. Sin embargo, este financista tenía un nombre agradable (uno que sonaría muy bien al final de un banquete: se llamaba Mr. Hennessy.

Y si se hubiera dado la molestia de releer a los poetas de antiguos tiempos, habría sabido, por "El Viejo Marinero", que el que perpetró tal crimen fue condenado a llevar el pesado cuerpo del albatros asesinado colgando de sus hombros, por toda una eternidad.

Queridos amigos:

He leído la breve historia de los largos 50 años de vida del Pen Club Americano, tanto con interés como con verdadera emoción. Ha sido medio siglo de grandes esperanzas y espléndidos logros: una jornada noble y honrosa que debemos celebrar tanto en meditación como alegría. Los escritores son todos muy fácilmente individualistas, muy raramente colectivistas: llevamos dentro de nosotros un germen de subversión que forma parte de nuestro íntimo ser y la expresión de nuestra rebelión a menudo parece volverse contra nosotros mismos. Buscamos los enemigos más cercanos y erróneamente escogimos entre aquellos que se nos parecen. Para nosotros, caminar juntos es labor de gigantes. Y caminar juntos por encima de fronteras políticas, lingüísticas y raciales es una gran victoria. Déjennos rendir justo homenaje a aquellos que han hecho posible a los escritores de todos los países experimentar la sensación de sentirse únicos, sin renunciar a sus propias tendencias o creencias.

Estoy seguro que ustedes me han recibido aquí a mí y a mis deudas, no como un implacable tribunal, sino como una generosa y fraternal asociación. He dicho ya que es digno de nosotros reconocer lo que hemos aprendido: de otro, o de todos. Esta es la única forma en que puede establecerse una ininterrumpida comunidad universal de pensamiento, segura y consciente.

Por eso debemos colaborar con el pasado, seguros de su bella madurez e igualmente seguros de la senda que pisamos y que nos lleva con honor a obras aún no escritas. Ellas serán escritas por otros autores para otros hombres que todavía no han venido al mundo.

(Discurso pronunciado en Nueva York ante el PEN CLUB de Estados Unidos, el 10 de abril de 1971.)

ELEGÍA PARA CANTAR

I

Ay qué manera de caer hacia arriba
y de ser sempiterna, esta mujer!

De cielo en cielo corre o nada o canta
la violeta terrestre:
la que fue, sigue siendo,
pero esta mujer sola
en su ascensión no sube solitaria:
la acompaña la luz del toronjil,
el oro ensortijado
de la cebolla frita,
la acompañan los pájaros mejores,
la acompaña Chillán en movimiento.

Santa de greda pura!

Te alabo, amiga mía, compañera:
de cuerda en cuerda llegas
al firme firmamento,
y, nocturna, en el cielo, tu fulgor
es la constelación de una guitarra.

De cantar a lo humano y lo divino,
voluntariosa, hiciste tu silencio
sin otra enfermedad que la tristeza.

II

Pero antes, antes, antes,
ay, señora, qué amor a manos llenas
recogías por los caminos:
sacabas cantos de las humaredas,
fuego de los velorios,
participabas en la misma tierra,
eras rural como los pajaritos
y a veces atacabas con relámpagos.

Cuando naciste fuiste bautizada
como Violeta Parra:
el sacerdote levantó las uvas
sobre tu vida y dijo:
"Parra eres
y en vino triste te convertirás".
En vino alegre, en pícara alegría,
en barro popular, en canto llano,
Santa Violeta, tú te convertiste,
en guitarra con hojas que relucen
al brillo de la luna,
en ciruela salvaje
transformada,
en pueblo verdadero,
en paloma del campo, en alcancía.

III

Bueno, Violeta Parra, me despido,
me voy a mis deberes.

Y qué hora es? La hora de cantar.

Cantas.

      Canto.

           Cantemos.

TRADUCCIONES

LA CIUDAD DURMIENTE
DE
MARCEL SCHWOB

La costa era alta y sombría bajo la lumbre azul clara del alba. El capitán del "Pabellón Negro" ordenó desembarcar. Porque las brújulas se habían roto en la última tempestad, ya no sabíamos nuestra ruta ni conocíamos la tierra que se alargaba ante nosotros. El océano era tan verde que habríamos podido creer que acababa de brotar del fondo del agua por un encantamiento. Pero la vista de la ribera escarpada nos turbaba; los que habían barajado los naipes en la noche, y los que estaban ebrios de la planta de su tierra, y los que estaban vestidos de diversa manera, aunque a bordo no había mujeres, y los que eran mudos, porque habían tenido la lengua clavada, y los que, después de haber atravesado por encima del abismo, el tablón estrecho de los filibusteros, habían quedado locos de terror, todos nuestros camaradas, negros o amarillos, blancos o sangrientos, apoyados en la borda, miraban a la tierra nueva con ojos temblorosos.

Siendo de todos los países, de todos colores, no teniendo ni siquiera los mismos gestos, estaban la opresión de un calor extraordinario, y por matanzas colectivas. Tantas veces habían echado barcos a pique, enrojecidos parapetos con la lámina sangrante de sus hachas, despedazado pañoles con las palancas de maniobra, estrangulado silenciosamente a hombres en sus hamacas, tomado por asalto los galeones con un vasto aullido, que se habían aliado en la acción: eran semejantes a una colonia de animales malhechores y desiguales que habitaban una pequeña isla flotante, acostumbrados los unos a los otros, sin conciencia, con un instinto total guiado por los ojos de uno solo.

Obraban siempre y ya no pensaban. Estaban juntos todo el día y toda la noche. Su navío no contenía silencio sino un prodigioso zumbido continuado. Sin duda el silencio les hubiera sido funesto. En los temporales tenían la lucha de la maniobra contra el oleaje, en la bonanza, la embriaguez y las canciones discordantes, y el rumor de la batalla cuando se topaban con los buques.

El capitán del "Pabellón Negro" sabía todo esto y sólo él lo comprendía; él mismo no vivía más que en la agitación, y su horror por el silencio era tal que en las horas apacibles de la noche, tiraba los largos vestidos a su compañero de hamaca a fin de oír el sonido inarticulado de una voz humana.

Las constelaciones del otro hemisferio palidecían. Un sol incandescente perforó la gran sábana del cielo, ahora de un azul profundo, y los compañeros del mar, habiendo echado el ancla, empujaron las largas canoas hacia una pequeña bahía tallada en la costa escarpada.

Allí se abría un pasaje rocoso, cuyos muros verticales parecían juntarse en la altura, tan altos eran; pero en vez de sentir un frescor subterráneo, el capitán y sus compañeros experimentaban la opresión de un calor extraordinario, y arroyuelos de agua marina que filtraban en la arena se secaban tan pronto que la playa entera crepitaba con el suelo del pasaje.

Este corredor de roca desembocaba en un campo bajo y estéril, que en el horizonte se cubría de cerros. Algunos grupos de plantas grises crecían en la pendiente de la ribera: animalitos minúsculos, oscuros, redondos o largos, con delgadas alas temblorosas, de gasas o altas patas articuladas, zumbaban alrededor de las hojas velludas o hacían estremecer la tierra en ciertos lugares.

La naturaleza inanimada había perdido la vida movediza del mar, el crepitar de la arena; el aire de alta mar era obstruido por las barreras de la orilla; las plantas parecían fijas como la roca y los insectos oscuros de la tierra o el aire se mantenían en una banda estrecha, fuera de la cual ya no había movimiento.

Ahora bien, si el capitán del "Pabellón Negro" no hubiera pensado, a pesar de su ignorancia acerca de la región en que se hallaba, que las últimas indicaciones de las brújulas habían llevado al navío hacia el país dorado en que todos los compañeros del mar quieren desembarcar, él no hubiera llevado más allá la aventura y el silencio de estas tierras lo hubiera espantado. Pero pensó que esta costa desconocida era la ribera del país dorado, y dijo a sus compañeros palabras conmovidas, que despertaron deseos extraños en sus corazones. Marchamos con la cabeza agachada, doliéndonos de aquella tranquilidad, pues los horrores de la vida pasada, tumultuosos, se elevaban en nosotros.

Al extremo del llano encontramos un baluarte de arena de oro fulgurante. De los labios secos de los compañeros del mar, se elevó un grito que murió de repente como estrangulado en el aire, porque en ese país en que el silencio parecía aumentar, ya no había eco.

Como el capitán pensó que esta tierra aurífera era más rica al otro lado de las ondulaciones de arena, los compañeros subieron penosamente; el suelo huía bajo nuestros pasos.

Y al otro lado tuvimos una extraña sorpresa, porque el baluarte de arena era el contrafuerte de las murallas de una ciudad, hacia la cual descendían gigantescas escalas desde el camino de guardia.

Ni un sólo murmullo de vida se elevaba del corazón de esta ciudad inmensa. Sonaban nuestras pisadas mientras pasábamos por sobre las losas de mármol, y el sonido se apagaba. La ciudad no estaba muerta, porque las calles estaban llenas de carretas, hombres y animales: pálidos panaderos que llevaban panes redondos; carniceros que sostenían sobre sus cabezas sangrientos pechos de bueyes; enladrilladores inclinados sobre los carritos planos en que se entrecruzaban las filas de ladrillos centelleantes; vendedores de pescado con sus canastas; pregoneras de salazón, arremangadas hasta muy alto, con sombreros de paja, colocados en la punta de la cabeza; esclavos arrodillados bajo sus literas adornadas de paño con flores de metal; corredores detenidos; mujeres con velo, que aún apartaban con el dedo el pliegue que cubría sus ojos; caballos encabritados o arrastrando sombríos un tiro con pesadas cadenas; perros con los dientes en el muro o con el hocico levantado. Ahora bien, todas estas figuras estaban inmóviles, como en la galería de un estatuario que modela estatuas de cera; su gesto era el gesto intenso de la vida bruscamente detenida; sólo se distinguían de los vivos por esta inmovilidad y por el color. Porque los que habían tenido la faz coloreada se habían vuelto completamente rojos, con la cara inyectada; los que habían sido pálidos se habían vuelto lívidos, habiendo huido la sangre hacia el corazón; y aquellos cuyo rostro era antaño sombrío, presentaban una cara fija de ébano; y los que habían tenido la piel curtida por el sol, se habían puesto repentinamente amarillos y sus mejillas eran de color de limón; de suerte que por entre esos hombres rojos, blancos, amarillos o negros, los compañeros del mar pasaban como seres vivientes y activos en medio de una reunión de pueblos muertos.

La terrible calma de esta ciudad nos hacía apurar la marcha, agitar los brazos, gritar palabras confusas, reír, llorar, mover la cabeza como los enajenados; pensábamos que acaso uno de estos hombres que habían estado vivos, nos respondería; pensábamos que esta agitación ficticia detendría nuestras siniestras reflexiones, pensábamos librarnos de la maldición del silencio. Pero las grandes puertas abandonadas se entreabrían a nuestro paso; las ventanas eran como ojos cerrados; sobre los techos, las torrecillas de los vigías se alargaban indolentemente hacia el cielo.

Parecía que el aire pesaba como una cosa material; los pájaros que revolaban sobre las calles, al borde de los muros, entre las pilastras; las moscas, inmóviles y suspendidas, parecían animales multicolores aprisionados en un bloque de cristal.

Y la somnolencia de esta ciudad durmiente, puso en nuestros miembros una profunda laxitud. El horror del silencio nos envolvió. Nosotros, que buscábamos en la vida activa el olvido de nuestros crímenes; nosotros, que bebíamos el agua de Lethé, teñida por los venenosos narcóticos y la sangre; nosotros, que arrojábamos de ola en ola, sobre la mar cambiante, nuestra existencia siempre nueva, fuimos aprisionados durante algunos instantes por lazos invencibles.

Ahora bien, el silencio que se apoderaba de nosotros, hizo delirar a los compañeros del mar. Y entre los pueblos de cuatro colores que nos miraban fijamente, inmóviles, cada uno de ellos escogió, en su fuga despavorida, el recuerdo de su patria lejana; los del Asia estrecharon a los hombres amarillos y tuvieron su color azafranado de cera impura; los del África cogieron a los hombres negros, y se volvieron sombríos como el ébano; los del país situado más allá de la Atlántida abrazaron a los hombres rojos y fueron estatuas de caoba; y los de la tierra de Europa echaron los brazos alrededor de los hombres blancos y su rostro tomó el color de la cera virgen.

Pero yo, el capitán del "Pabellón Negro", que no tengo patria ni recuerdos que puedan hacerme soportar el silencio mientras mi pensamiento vigila, yo me lancé, aterrorizado, lejos de los compañeros del mar; fuera de la Ciudad Durmiente, y a pesar del sueño y de la horrible laxitud que me invade, voy a tratar de encontrar de nuevo, por las ondulaciones de la arena dorada, el océano verde que se agita eternamente y sacude su espuma.

(1923)

EL INCENDIO TERRESTRE
DE
MARCEL SCHWOB

EL último arranque de fe que había arrastrado al mundo, no había podido salvarlo. En vano habíanse erigido nuevos profetas. Se habían forzado inútilmente los misterios de la voluntad; pues ya no importaba dirigirla, sino que era su cantidad la que parecía aminorarse. La energía de todos los seres vivientes declinaba. Se había concentrado en un esfuerzo supremo hacia una religión futura, y el esfuerzo había fracasado. Cada uno se atrincheraba en un dulcísimo egoísmo. Se toleraban todas las pasiones. La tierra permanecía en una especie de caliente bonanza. Los vicios crecían en ella con la inconsciencia de las gruesas plantas venenosas. La inmoralidad llegaba a ser la ley misma de las cosas, con el Dios Azar de la Vida; la ciencia, oscurecida por la superstición mística; la tartufería del corazón, al que servían de tentáculo los sentidos; las estaciones, antaño delineadas, confundidas ahora en una serie de días lluviosos, que tramaban la tempestad; nada de preciso, ni de tradicional, sino una mezcla de vejeces y el reinado de lo indeciso.

Entonces fue cuando en una noche de electricidad, la señal de devastación pareció caer del cielo. Una tempestad desconocida se desencadenó de lo alto, engendrada por la corrupción de la tierra. Los fríos y los calores, los claros de sol y las nieves, las lluvias y los rayos confundidos, habían hecho nacer fuerzas de destrucción que de repente estallaron.

Porque se hizo visible una extraordinaria caída de aerolitos, y dardos fulgurantes rayaron la noche; las estrellas flamearon como antorchas, y las nubes fueron mensajeras de fuego y la luna un rojo brasero que vomitaba proyectiles multicolores. Todas las cosas se penetraron de una luz desconocida, que iluminó hasta los últimos reductos, y cuyo apogeo, aunque tamizado, causó un prodigioso dolor. Después la noche, que se había abierto, volvió a cerrarse. De todos los volcanes brotaron hacia el cielo columnas de ceniza, como volutas de basalto negro, pilares de un mundo supraterrestre. Hubo una lluvia de polvo sombrío en sentido inverso, y cubrió la tierra una nube emanada de la tierra.

Así pasó la noche, y la aurora fue invisible. Una mancha de un rojo oscuro, gigantesca, recorrió del este al oeste la ceniza del cielo. La atmósfera se hizo quemante, y el aire se llenó de puntos negros que se adherían a todo.

Las multitudes se prosternaban en el suelo, no sabiendo hacia dónde huir. Las campanas de las iglesias, conventos y monasterios, tocaban de una manera insegura, como golpeadas por badajos sobrenaturales. A veces, en los fuertes resonaban las detonaciones de las piezas de sitio que quemaban cartuchos a fin de alivianar el aire. Después, como el globo rojo tocaba el Occidente y como había transcurrido un día, se estableció el silencio general. Ya nadie tenía fuerzas para orar o suplicar. Y cuando la masa incandescente hubo traspasado el horizonte negro, todo el oeste del cielo se inflamó y una banda de fuego retrocedió por la antigua ruta del sol.

Hubo una fuga ante el incendio celeste y terrestre. Dos pobres cuerpecitos se dejaron deslizar a lo largo de una ventana baja, y corrieron perdidamente. A pesar de las máculas del aire corrompido, ella era muy rubia, de ojos límpidos; él, la piel dorada, con una onda transparente de bucles, en que las luces extraordinarias paseaban rayos violeta. Ni uno ni otro sabían nada; apenas salían de los confines de la infancia y viviendo vecinos se tenían el afecto de un hermano y una hermana.

Así, tomados de las manos, atravesaron por las calles negras, en que los techos de las chimeneas parecían empapados de una lumbre siniestra, entre los hombres extendidos y los caballos que yacían palpitantes, después las murallas exteriores, los suburbios despoblados, yendo hacia el este, a la inversa de la llama. Fueron detenidos por un río que obstruyó de repente su camino, río cuyas aguas resbalaban rápidamente.

Pero en la ribera había una barca; la empujaron y se echaron en ella, dejándola llevar por la corriente.

La barca fue cogida, en la quilla, por el oleaje, en las paredes por el huracán, y partió como la piedra desde la honda.

Era una vieja barca de pescadores, ennegrecida y alisada por el frotamiento; sus toletes estaban gastados a fuerza de remos, y sus bordas, relucientes con el trajín de las redes, como el instrumento primitivo y honesto de la civilización que perecía.

Se acostaron en el fondo, siempre tomados de las manos, y temblorosos ante lo desconocido.

Y la barca ligera los llevó hacia un mar misterioso, huyendo bajo la cálida tempestad que giraba.

Despertaron en un océano desolado. Su barca estaba rodeada por montones de algas pálidas en que la espuma había dejado su baba seca y se pudrían animales irisados y rosadas estrellas de mar. Las olas pequeñas llevaban los vientres blancos de los peces muertos.

La mitad del cielo estaba velada por la extensión del fuego, que avanzaba sensiblemente y devoraba la franja cenicienta de la otra mitad.

Les parecía que el mar estaba muerto como el resto. Porque su aliento estaba corrompido y lo recorrían venas de un azul y de un verde profundo. Sin embargo, la barca resbalaba por su superficie con un movimiento que no se atenuaba.

El horizonte oriental tenía resplandores azulosos.

Ella sumió la mano en el agua, y la retiró en el acto: las olas ya estaban calientes. Una ebullición espantosa iba, tal vez, a sacudir el océano.

Al sur veían cimas de nubes blancas con penachos rosados, y no sabían si se trataba de vapores ígneos.

El silencio general y la llama creciente los helaba de estupor: preferían el gran grito que los había acompañado como el eco de un estertor totalizado en el viento.

El extremo del mar, donde la cúpula de ceniza acababa de hundirse, todavía semioscuro, estaba abierto por un corte luminoso. Un fragmento de círculo de un azul lívido parecía prometer allí la entrada de un mundo nuevo.

—Ah! mira! —dijo ella.

El ligero vapor que flotaba detrás de ellos acababa de iluminarse con la misma lumbre del cielo, pálida y temblorosa: era el mar que ardía.

Por qué esta universal destrucción? Esta pregunta multiplicada llenaba sus cabezas, que se debatían en el aire sobrecalentado. No lo sabían. No tenían conciencia de las faltas. La vida los abrazaba y de un solo golpe vivían más ligero; la adolescencia los cogió en medio del incendio del mundo.

Y, en esa vieja barca, primer instrumento de la vida inferior, ellos eran un Adán jovencito y una pequeñita Eva, únicos sobrevivientes del Infierno terrestre.

El cielo era una cúpula de fuego. No había ya en el horizonte sino un punto azul extremo, sobre el cual iba a cerrarse el párpado de llama. Un mar roncante los alcanzaba ya.

Ella se levantó y se desvistió. Desnudos, la luz universal iluminaba sus miembros frágiles y pulidos. Se tomaron las manos y se besaron.

—Amémonos, dijo ella.

(1923)

LOS CUADERNOS DE MALTE LAURIDS BRIGGE
DE
RAINER MARÍA RILKE

Cuando vuelvo a pensar en nuestra casa (donde no hay nadie ahora) me ha parecido siempre que ha debido ser de otra manera. Antaño se sabía —o tal vez se sospechaba solamente— que uno contenía su propia muerte como el fruto su hueso. Los niños tenían una pequeña, los adultos una grande. Las mujeres la llevaban en el seno, los hombres en el pecho. Uno tenía bien su muerte, y esta conciencia os daba una dignidad singular, un silencioso orgullo.

Hasta mi abuelo y el viejo chambelán Brigge, llevaba —eso era muy claro— su muerte dentro de él. Y qué muerte: larga de dos meses y tan bulliciosa que se la oía hasta en la alquería. La vieja y larga casa solariega era demasiado chica para contener esta muerte, parecía que había sido necesario agregarle alas para agrandarla, porque el cuerpo de chambelán crecía más y más. Quería ser llevado sin cesar de una pieza a la otra, y estallaba en cóleras terribles cuando ya no había sala donde llevarle si el día no tocaba todavía a su fin. Entonces, con todo el cortejo de domésticos, de mucamas y de perros que tenía siempre a su alrededor, era necesario llevarlo a lo alto de la escalera, y dejando el paso al intendente, invadíase la sala mortuoria de su muy santa madre conservada exactamente en el estado en el cual la muerte la había dejado hacía veintitrés años y donde nadie había penetrado jamás.

Pero toda la jauría hacía irrupción esta vez, corría las cortinas y la luz demasiado fuerte de una tarde de verano visitaba todos estos objetos tímidos y asustados y se volvía con torpeza en los espejos que su brillo desgarraba. Las gentes no la usaban mejor. Había domésticos que a fuerza de curiosidad no sabían dónde poner las manos, jóvenes lacayos que abrían grandes ojos encima de todo, y otros, más viejos, que iban y venían y trataban de recordar lo que se les había contado sobre esta pieza cerrada donde tenían la felicidad de entrar por fin.

Pero sobre todo a los perros parecía curioso el estar en

una pieza donde todos los objetos llevaban un olor. Los grandes y flexibles lebreles rusos circulaban con un aire completamente absorto detrás de los sillones, atravesaban la pieza con un alargado paso de danza, con un ligero contoneo se levantaban como perros heráldicos, y con las patas delgadas encima del reclinatorio de una blancura dorada, con la frente estirada agudizando sus cabezas pensativas, miraban a izquierda y derecha en el patio. Pequeños falderos de color de guantes amarillos, con aire indiferente como si todo fuese normal, estaban sentados en el ancho sillón de seda cerca de la ventana y un perro de presa rubicano de aire arisco, frotándose el lomo en la arista de un velador de pies dorados, hacía temblar las tazas de Sèvres sobre la mesa pintada.

Sí, fue una época terrible para estos objetos de espíritu ausente y soñoliento. Sucedía que hojas de rosa, que se habían escapado en un vuelo inseguro y como tornadas de vértigo, libros que alguna mano apresurada había abierto torpemente, eran pisoteados. Guardábanse pequeños, débiles objetos que había que volver a su lugar muy pronto porque se rompían. Escondíanse otros bajo las cortinas, detrás del enrejado dorado del guardaestrellas. Y de tiempo en tiempo algo caía con un golpe amortiguado por el tapiz, caía estridentemente sobre el parquet duro, se quebraba aquí y allá o se deshacía casi sin ruido, porque estos objetos dañados como estaban no soportaban el menor contacto.

Y si a alguien se le hubiera ocurrido preguntar cuál era la causa de todo aquello y quién había llamado todo el espanto de la destrucción sobre esta pieza largo tiempo vigilada con inquietud, no habría a esta pregunta sino una respuesta: la muerte:

La muerte del chambelán Christoph Detlev Brigge Ulsgaard. Porque él estaba tendido saliéndose extensamente de su uniforme azul oscuro, sobre el piso, en mitad de la pieza y ya no se movía. En su gran semblante extraño que nadie reconocía, los ojos se habían cerrado: ya no veía lo que pasaba. Al principio habían tratado de extenderle sobre la cama, pero él, se había defendido porque detestaba los lechos desde esas primeras noches en que su mal había crecido. El lecho, por otra parte, había resultado demasiado corto y no había

quedado otro recurso que acostarlo así sobre el tapiz: porque
no había querido volver a bajar.

Y he aquí que estaba extendido y que podría habérsele
creído muerto. Como comenzaba a hacerse de noche, los perros
se habían retirado, uno tras otro por la puerta entreabierta,
sólo el rubicano de cabeza arisca, estaba sentado
cerca de su amo y tenía una de sus largas patas delanteras
de espeso pelo encima de la gran mano gris de Christoph
Detlev.

La mayor parte de los domésticos estaban afuera, en el
corredor blanco, que era más claro que la pieza, pero los que
habían permanecido adentro miraban a veces a hurtadillas
hacia ese gran montón sombrío, en medio de la pieza, y deseaban
que no fuese sino un gran ropaje sobre una cosa muerta.

Pero quedaba algo más. Quedaba una voz, esta voz que
siete semanas antes no conocía nadie todavía: porque no era
la voz del chambelán, no era Christoph Detlev a quien pertenecía
esta voz, sino a la muerte de Christoph Detlev. La
muerte de Christoph Detlev vivía ahora en Ulsgaard desde
hacía largos, larguísimos días y hablaba a todos, y pedía.
Pedía ser llevada, pedía el salón azul, pedía el salón pequeño,
pedía la gran sala. Pedía los perros, pedía que se riese, pedía
que se hablase, que se jugase, que se callase, y todo a la vez.
Pedía ver amigos, mujeres y muertos y pedía morir ella misma:
pedía. Pedía y gritaba.

Cómo habría muerto el chambelán Brigge al que le hubiera
hablado de morir de otra muerte que aquella? Murió de su
dura muerte.

(1926)

EL ENEMIGO
DE
BAUDELAIRE

M<small>I</small> <small>JUVENTUD</small> no fue sino oscura tormenta
que rara vez el sol cortó con luz brillante,
trueno y lluvia ejercieron tan repetida afrenta
que en mi jardín no existen los frutos incitantes.

Yo que toqué el otoño del pensamiento, azadas
tendré que usar, rastrillos y palas poderosas,
para juntar de nuevo las tierras inundadas
donde los agujeros son grandes como fosas.

Quién sabe si las nuevas flores que yo he soñado
encontrarán en este territorio lavado
el místico alimento que las vaya elevando!

Oh dolor del dolor! Corre el tiempo, la vida,
y el oscuro enemigo que nos va desangrando
crece y se fortifica con la sangre perdida!

MÚSICA DE CÁMARA
DE
JAMES JOYCE

1

Todo el día escucho el ruido de las aguas
sollozando,
triste como el pájaro de mar cuando al partir
solitario
escucha el grito de los vientos a las aguas, desolado.
Los grises vientos, los fríos vientos soplan
adonde vaya.
Escucho el ruido de mudas aguas, lejos, abajo.
Todo el día, toda la noche las oigo deslizarse
aquí y allá.

2

Escucho un ejército sobre la tierra.
Y el trueno de los caballos precipitarse, con espumas
sobre las rodillas.
Arrogantes, con armaduras negras, de pie detrás de ellos,
desdeñando las riendas

con ondulantes látigos, los aurigas permanecen.
Gritan en medio de la noche sus nombres de batalla:
yo sollozo durmiendo cuando oigo, lejos,
sus arrolladoras risas.
Ellos parten las tristezas de los sueños con llama
   segadora,
golpeando, golpeando sobre el corazón como sobre una
   bigornia.
Arriba sacudiendo en triunfo sus largos cabellos verdes:
salen del mar y corren gritando por la playa.
Corazón mío, has perdido la sabiduría para desesperarte
   de este modo?
Amor mío, amor mío, amor mío, por qué me
   abandonaste?

(1933)

VISIONES DE LAS HIJAS DE ALBIÓN
DE
WILLIAM BLAKE

El ojo ve más de lo que el corazón conoce.

ARGUMENTO

Amaba a Theotormón
y no tuve vergüenza;
temblé en temores virginales
y me oculté en el valle de Leutha.
Cogí la flor de Leutha
y me levanté del valle,
pero los terribles truenos rompieron
en dos mi manto virginal.

VISIONES

E N LA esclavitud, las hijas de Albión lloran; un lamento
   tembloroso
sobre sus montañas, en sus valles, suspira hacia América.

Porque la dulce alma de América, Oothoon, erraba en
 aflicción
por los valles de Leutha, buscando flores que la
 consolasen,
y de este modo habló a la brillante maravilla del valle de
 Leutha:

"Eres una flor? Eres una ninfa? Te veo ahora como una
 flor,
luego como una ninfa. No me atrevo a cogerte de tu lecho
 de rocío."

La ninfa dorada respondió: "Coge mi flor, oh suave
 Oothoon,
otra flor nacerá, porque el alma del dulce deleite
no puede morir nunca." Se detuvo, y cerró su urna de
 oro.

Entonces Oothoon cogió la flor, diciendo: "Te cojo de tu
 lecho
oh dulce flor, y te coloco entre mis senos, encendida,
y así vuelvo los ojos hacia lo que toda mi alma busca."

Cruzó sobre las olas en alada, triunfante y rápida delicia,
y su impetuoso viaje la llevó sobre el reino de
 Theotormón.
Bromión la destrozó con sus truenos: sobre su lecho de
 tempestad
yace la desmayada doncella, y pronto sus dolores aterraron
 los roncos truenos de él.

Bromión habló: "Ved esta prostituta, aquí, en el lecho de
 Bromión,
y que los celosos delfines vengan a jugar junto a la dulce
 doncella!
Tus suaves llanuras americanas son mías, y míos tu **Norte**
 y tu Sur:
marcados con mi sello están los morenos hijos del sol:
son obedientes, no se rebelan, obedecen al látigo:
sus hijas adoran los terrores y obedecen al violento.

Ahora puedes desposar a la prostituta de Bromión, y proteger
   al hijo
de la rabia de Bromión, que Oothoon parirá dentro de nueve
   lunas."

Entonces las tormentas destrozaron los miembros de
   Theotormón: él hizo rodar sus olas,
y envolvió con sus celosas aguas negras la adúltera
   pareja.
En los sótanos de Bromión están atados el terror y la
   dulzura.
A la entrada Theotormón está sentado, gastando el duro
   umbral
con lágrimas secretas: bajo él se oyen, como olas en una
   costa desierta,
la voz de esclavos bajo el sol y niños comprados con
   dinero,
que se estremecen en cavernas religiosas bajo los fuegos
   ardientes
de la lujuria, vomitando incesante desde las alturas del
   mundo.

Oothoon no llora: no puede llorar: sus lágrimas están
   aprisionadas:
pero puede dar incesantes aullidos, debatiendo sus suaves
   miembros de nieve,
y llamar a las águilas de Theotormón para que hagan presa
   de su carne:
"Con sagrada voz llamo: reyes del aire resonante,
desgarrad este pecho manchado para que así yo pueda
   reflejar
la imagen de Theotormón en mis puros senos
   transparentes."

A su llamada las águilas descienden y destrozan su presa
   ensangrentada.
Severamente Theotormón sonríe, su alma refleja esta
   sonrisa,
como la fuente clara que las pezuñas de las bestias han
   enturbiado, se hace pura y sonríe.

769

Las Hijas de Albión oyen su desventura y devuelven sus suspiros como un eco.

"Por qué mi Theotormón se queda llorando, sentado en el umbral?
Y Oothoon ronda a su lado, persuadiéndole en vano.
Exclamó: levántate, oh Theotormón!, porque el perro de la aldea
ladra al día que despunta: el ruiseñor ha terminado de lamentarse,
la alondra cruza rozando los trigos maduros, y el águila regresa
de su cacería nocturna y levanta el pico dorado hacia el oriente puro,
sacudiendo el polvo de sus alas inmortales para despertar al sol
que duerme demasiado. Despierta, Theotormón: soy pura
porque la noche que me encerraba en su negror mortal ha huido.
Me han dicho que la noche y el día era todo lo que podía ver:
me han dicho que tenía cinco sentidos para que me aprisionaran:
y encerraron mi cerebro infinito en un círculo estrecho,
y hundieron mi corazón en el abismo, rojo y redondo globo ardiendo,
hasta que por completo he quedado destruida y borrada de la vida.
En vez de la mañana, una sombra brillante se levanta, como un ojo
en la nube de Oriente: en vez de la noche, un nauseabundo osario,
para que Theotormón no me oiga. Para él, mañana y noche
son iguales: una noche de suspiros, una mañana de lágrimas frescas,
y nadie sino Bromión puede oír mis lamentaciones."

"Con qué sentido evita el polluelo al halcón hambriento?

Con qué sentido mide el espacio la paloma doméstica?
Con qué sentido forma sus alvéolos la abeja? No tienen el
   ratón y la rana
ojos, oídos y tacto? Sin embargo, sus viviendas
y sus ocupaciones son tan diferentes como sus formas y sus
   alegrías.
Preguntad al asno salvaje por qué rechaza la carga, y al
   suave camello
por qué ama al hombre. Es a causa del ojo, del oído, de la
   boca o la piel,
de la respiración de sus narices? No, porque el tigre y el lobo
   poseen estas cosas.
Preguntad al gusano ciego los secretos de la tumba, y por qué
   sus espirales
desean enrollarse en torno de los huesos de los muertos; y
   preguntad a la serpiente hambrienta
dónde obtiene el veneno, y al águila voladora por qué causa
   ama al sol,
y entonces decidme los pensamientos del hombre, desde remotos
   tiempos escondidos."

"En silencio rondo la noche entera, y en silencio estaría el
   día entero
si Theotormón me mirase, por una sola vez, con sus ojos
   amados.
Cómo puedo ser mancillada cuando reflejo tu imagen de
   pureza?
Es más dulce la fruta que alimenta al gusano y el alma
   devastada por la desgracia,
lo mismo que el cordero recién lavado, manchado por el humo
   de la aldea, y el cisne refulgente
junto a la tierra roja de nuestro inmortal río. Baño mis
   alas
y blanca y pura soy para revolotear alrededor del pecho de
   Theotormón."

Entonces Theotormón rompió su silencio, y contestó:

"Decidme, qué es el día o la noche para aquel que está
   sumido en la congoja?

Decidme, qué es un pensamiento y de qué substancia está
   hecho?
Decidme, qué es una alegría y en qué jardines crecen las
   alegrías?
Y en qué ríos nadan las tristezas? Y sobre qué montañas
ondulan las sombras del descontento? Y en qué casa habitan
   los desgraciados,
ebrios de duelo, olvidados y encerrados lejos de la fría
   desesperación?
Decidme, dónde viven los pensamientos olvidados, hasta que
   de nuevo se les llama?
Decidme, dónde viven las viejas alegrías y los viejos
   amores?
Y cuándo van a revivir, una vez pasada la noche del
   olvido,
para que yo pueda atravesar el tiempo y los remotos espacios,
   y traer
consuelos a la presente tristeza y a la noche del dolor?
Dónde vas, pensamiento? A qué remota tierra vuelas?
Si vuelves al presente momento de aflicción,
quieres traer consuelos en tus alas, rocío, miel y bálsamo,
o veneno de los salvajes desiertos, de los ojos del que
   envidia?"

Entonces Bromión habló, y estremeció la caverna con sus
   lamentaciones:

"Tú sabes que los antiguos árboles que tus ojos han visto
   tienen frutos:
pero sabes tú que los árboles y los frutos florecen sobre la
   tierra
para satisfacer sentidos desconocidos? Árboles y bestias y
   pájaros desconocidos,
desconocidos, pero no invisibles, se esparcen en el microscopio
   infinito,
en lugares que el viajero aún no ha visitado, y en
   mundos
sobre otra clase de mares, en desconocidas atmósferas.
Ah! hay otras guerras además de las guerras de la espada y
   el fuego?
Y hay otras tristezas además de las tristezas de la miseria?

Y hay otras alegrías además de las alegrías de la riqueza y la
   comodidad?
Y hay una ley única para el león y para el buey?
Y no hay eterno fuego y eternas cadenas para amarrar
los fantasmas de la existencia lejos de la eterna vida?"

Entonces Oothoon esperó en silencio todo el día y toda la
   noche:
pero cuando la mañana llegó, continuó sus lamentaciones.

Las hijas de Albión oyen su desventura, y devuelven sus
   suspiros como un eco.

"Oh Urizen, creador de los hombres, equivocado demonio
   del cielo!
Tus alegrías son lágrimas, tu empeño en formar hombres a tu
   imagen ha sido vano.
Cómo puede una alegría absorber a otra? No son las alegrías
   diferentes,
sagradas, eternas, infinitas, y no es un amor cada
   alegría?"
"No ríe la gran boca ante un regalo, y los párpados estrechos
   no se burlan
del trabajo que nada puede pagar? Y tomarías al mono
por consejero tuyo, o al perro como maestro de tus hijos?
Aquel que desdeña la pobreza y aquel que rechaza con
   horror
la usura, sienten la misma pasión, o se conmueven de la
   misma manera?
Cómo aquel que regala puede sentir las alegrías del
   mercader?
Cómo el trabajador de la ciudad puede sentir los dolores del
   labrador?
Cuán diferente el gordo y bien alimentado mercenario, con
   un tambor hueco,
que compra campos enteros de trigo para arruinarlos y canta
   luego sobre las malezas!
Qué diferente su ojo y su oído! Qué diferente el mundo para
   ellos!
Con qué sentido el sacerdote reclama para sí el trabajo del
   granjero?

Cuáles son sus redes, sus artimañas y sus trampas? Y cómo
le rodea
con heladas olas de abstracción, y con selva de soledad,
para construirse castillos y altos campanarios, donde los reyes
y los sacerdotes pueden vivir,
hasta que aquella que arde de juventud, y cuyo destino
es incierto, es atada
por los hechizos de la ley a aquel a quien detesta? Y debe
ella arrastrar
la cadena de la vida en abrumada lascivia?
Es necesario que pensamientos helados y asesinos
obscurezcan
el claro cielo de su eterna primavera, para que así soporte
la cólera invernal
de un áspero terror, empujada a la locura, obligada a sostener
un yugo
todo el día sobre sus hombros que tiemblan, y toda la
noche
a dar vueltas la rueda del falso deseo, de deseos que preparan
sus entrañas
para el odiado nacimiento de querubes de forma humana
cuya vida son una pestilencia, un meteoro su muerte y ya no
existen?
Hasta que el niño habita con alguien a quien odia, y ejecuta
los actos que detesta,
y el látigo impuro fuerza la semilla a un prematuro
nacimiento
antes aún que sus párpados puedan divisar las flechas del
día."

"Adora la ballena tus pasos como el mastín hambriento?
O huele la presa de las montañas porque sus anchas aletas
nasales
aspiran el océano? Disciernen sus ojos la nube voladora
como el ojo del cuervo? O mide los espacios como el
buitre?
Ve la araña inmóvil los acantilados donde las águilas esconden
sus pequeños?
O la mosca se alegra de que traigan la cosecha?
No desdeña el águila la tierra, y desprecia los tesoros de la
profundidad?

Pero el topo sabe lo que hay allí, y el gusano te lo dirá.
No levanta el gusano una columna en el cementerio que se desmorona
y un palacio de eternidad en las mandíbulas de la tumba hambrienta?"
Sobre su pórtico estas palabras están escritas: "Coge tu felicidad, oh hombre!,
y dulce ha de saberte, y las dulces alegrías de tu infancia renueva!"
"Infancia, sin miedo, feliz, deseosa, buscando nidos de delicia
en regazos de placer! Inocencia, honesta, abierta, buscando
las vigorosas alegrías de la luz matinal, abierta a la virgen felicidad!
Quién te enseñó el pudor, el sutil pudor? Hija de noche y sueño,
vas a disimular, cuando despiertes, todas tus secretas alegrías?
O no estabas despierta cuando todo este misterio fue revelado?
Entonces te adelantas, virgen pudorosa, sabia en disimulaciones,
con redes halladas bajo tu cabecera para atrapar la alegría virginal,
y marcarla con el nombre de ramera, y venderla en la noche,
en silencio, sin siquiera un murmullo, como si fuera en sueños.
Sueños religiosos y vísperas sagradas encienden tus llamas humeantes.
Antaño los ojos de la honesta mañana encendían tu fuego.
Y busca mi Theotormón este pudor hipócrita?
Esta hipocresía sabedora, astuta, secreta, temerosa, cuidadosa y temblante!
Entonces Oothoon es en verdad una ramera! Y todas las virginales alegrías
de la vida son unas prostitutas: y Theotormón es el sueño de un enfermo

y Oothoon es la artificiosa esclava de una santidad
egoísta."

"Pero no es así Oothoon, virgen llena de vírgenes
deseos,
abierta a la alegría y al placer en todas partes donde la belleza
aparece.
Si la encuentro en el sol de la mañana, quedan allí fijos mis
ojos
en una cópula feliz: si es en la dulzura de la tarde, cansada
del trabajo
me siento en la ribera y extraigo los placeres de esta alegría
libremente nacida."

"El momento del deseo! El momento del deseo! La virgen
que desfallece por un hombre
sentirá sus entrañas despertar a delicias inmensas,
en las secretas sombras de su cámara. El joven alejado de la
alegría sensual
olvidará engendrar y creará una imagen de amor
en las sombras de las cortinas y en los pliegues de su almohada
silenciosa.
No son éstos los lugares buscados por la religión, los premios
de la continencia,
goces de la negación de sí mismo? Por qué buscas la
religión?
Es porque los actos no son agradables, que buscas la
soledad
donde las horribles tinieblas están saturadas de reflejos del
deseo?"

"Padre de los Celos, maldito seas en la tierra!
Por qué has enseñado a mi Theotormón esta cosa
maldita?
Hasta que la belleza, en lenta huida, cae desde mis hombros,
oscurecida y expulsada,
solitaria sombra que en las márgenes de la nada se
lamenta."

"Grito: Amor! Amor! Amor! Feliz, feliz Amor!, libre como
el viento de la montaña!

Puede ser amor ese que bebe a otro ser como una esponja
   el agua,
y oscurece de celos sus noches, con lágrimas sus días,
tejiendo a su alrededor una tela de edad, gris, oscura y
   canosa,
hasta que sus ojos se hartan del fruto suspendido ante sus
   ojos.
Ése es el amor de sí mismo que todo lo envidia, esqueleto
   arrastrándose,
con ojos como lámparas, atisbando en torno del helado lecho
   nupcial."

"Pero Oothoon tenderá redes de seda y trampas de
   diamante,
y cogerá para ti muchachas de plata tierna o de oro
   furioso.
Estaré tendida junto a ti sobre el césped y miraré sus atrevidos
   juegos
en adorable cópula, delicia y más delicia, con
   Theotormón.
Roja como la mañana rosada, deseosa como el primer rayo
   de sol,
Oothoon verá su dulce goce, sin que nubes celosas
lleguen al cielo del generoso amor, ni traigan egoístas
   plagas."

"Camina el sol con vestidos espléndidos sobre el suelo
   secreto
en que el frío avaro esparce su oro? O cae la brillante
   nube
sobre su umbral de piedra? Ven sus ojos el rayo de sol que
   amplía
el ojo de la piedad? O irá a encadenarse
junto al buey a tu duro surco? No suprime ese dulce rayo
al murciélago, al búho, al tigre llameante y al monarca de
   la noche?
El pájaro del mar se refresca en la ráfaga de invierno,
y la serpiente salvaje toma la pestilencia como un aderezo de
   piedras y de oro.
Y los árboles y las bestias y los hombres contemplan su
   alegría eterna:

levantaos, pequeñas alas fulgurantes, y cantad vuestra
   naciente alegría:
Levantaos, y bebed vuestra felicidad, porque todo lo que vive
   es santo!"

De este modo cada mañana Oothoon se lamenta: pero
   Theotormón permanece sentado
en las márgenes del océano, conversando con espantosas
   sombras.
Las Hijas de Albión oyen su desventura y devuelven como
   un eco sus suspiros.

EL VIAJERO MENTAL
DE
WILLIAM BLAKE

HE VIAJADO a través de un país de hombres,
un país de hombres y también de mujeres,
y he oído y visto tan horrendas cosas
como nunca los caminantes de la fría tierra han conocido.

Porque allí nace en la alegría el niño
que en el atroz dolor fue concebido,
tal como en la alegría cosechamos el fruto
que fue sembrado en lágrimas amargas.

Y si el recién nacido es un varón,
es entregado a una mujer anciana
que lo clava tendido en una roca
y en copas de oro coge sus lamentos.

Con espinas de hierro cierne su cabeza,
y agujerea sus pies y sus manos,
corta su corazón y lo desprende
para hacerle sentir calor y frío.

Sus dedos enumeran cada nervio
como un avaro contando su oro,

y de sus lamentos y gritos se nutre.
y él envejece, y ella se hace joven.

Hasta que convertido en un joven sangriento,
y ella mudada en espléndida virgen,
destroza sus cadenas, y la amarra
a ella a la tierra para su placer.

Se planta él mismo en los nervios de ella
como un labriego planta en su terreno,
y ella se convierte en su morada
y en jardín que le rinde setenta veces frutos.

Pronto se torna envejecida sombra
vagando alrededor de una cabaña terrestre,
llena de pedrerías y de oro
que ganó su trabajo.

Y éstas son las pedrerías del alma humana,
los rubíes y perlas de un ojo enfermo de amor,
el oro innumerable del corazón que sufre,
el gemido del mártir y el suspiro del enamorado.

Son su alimento y su bebida,
mantiene a los mendigos y a los pobres,
y para el caminante en viaje siempre
su puerta permanece abierta.

Su pena es alegría eterna en ellos:
hacen resonar los techos y los muros
hasta que de la lumbre del hogar
una pequeñuela emerge de pronto.

De fuego sólido ella es,
y pedrerías y oro, en tal manera
que nadie osa tocar su infantil forma
o envolverla en pañales.

Pero ella llega donde el que ama,
joven o viejo o rico o pobre:
muy pronto expulsan al anciano huésped
que se va mendigando por puertas ajenas.

Va llorando errante, muy lejos,
hasta que alguien admita hospedarle,
a menudo ciego por la edad, desesperado,
hasta que puede ganar una doncella.

Y para consolar su edad helada
en sus brazos la toma el pobre hombre.
La cabaña desaparece de su vista
y también el jardín con sus dulces encantos.

Los huéspedes están esparcidos por toda la región,
porque el ojo alterado altera todo.
Los sentidos se enrollan en sí mismos, con miedo,
y la tierra plana se convierte en una pelota.

Las estrellas, el sol, la luna, todo huye.
Un vasto desierto sin límites,
y no queda nada de comer o beber,
y alrededor sólo el desierto oscuro.

La miel de sus labios de niña,
el pan y el vino de su dulce sonrisa,
el juego desordenado de su ojo vagabundo
a una ilusoria infancia le conducen.

Porque a medida que come y bebe se transforma
haciéndose más joven cada día,
y ambos, en el salvaje desierto
van errantes llenos de terror y congoja.

Ella huye como cierva salvaje,
su temor planta muchos matorrales salvajes,
mientras él la persigue de noche y de día,
por artificios de amor conducido.

Por artificios de amor y de odio
hasta que el salvaje desierto entero está plantado
con laberintos de díscolo amor
donde vagan el león, el lobo y el oso,

hasta que él se convierte en un díscolo niño
y ella en una llorosa mujer envejecida.

Van a vagar allí, entonces, muchos enamorados.
El sol y las estrellas aproximan su curso.

Dulce éxtasis los árboles producen
para todos los que vagan en el desierto,
hasta que más de una ciudad allí es alzada
y más de una agradable cabaña de pastor.

Pero cuando hallan al colérico niño
el terror cunde en la extensa región:
gritan *El niño, el Niño ha nacido!*
y huyen en todas direcciones.

Porque hasta la raíz se seca el brazo
de aquel que osó tocar la colérica forma:
osos, leones, lobos, todos huyen aullando.
y todo árbol arroja sus frutos.

Y nadie puede tocar esa forma colérica
a menos que lo haga una mujer anciana.
Ella al niño tendido clava sobre la tierra
y todo pasa como ya lo he dicho.

(1935)

LA VOZ DE HENRI MARTIN
DE
NAZIM HIKMET

Tú ESTÁS aquí, Henri Martin,
        aquí en Berlín.
Aquí te hemos recibido,
        te recibimos con banderas
        y con canciones.
Nuestras canciones eran las que amas.
Las canciones de la vida, de la juventud, de la paz.
Las canciones sin arrugas ni canas.
Y en el cielo de nuestras banderas
        las palomas volaban.

Estabas entre nosotros orgulloso
····y hermoso como el mar.
Allá estábamos nosotros, selva henchida de vientos
····entusiastas y tumultuosos.
Entonces nos hablaste.
Y escuchamos tu voz.
Conocemos tu voz, Henri Martin,
tanto como el rostro del más querido amigo,
tu voz que nos ha dicho,
tu voz que nos decía:
········"No mataremos a nuestros hermanos."
Hermano mío, conocemos tu voz:
Vimos cómo golpeó el hocico de los jueces de la muerte.
Y después de la sentencia,
una muchacha,
········la tuya,
fresca como el tallo de una flor,
se echó a llorar.
Tu voz de hombre
con un tierno reproche,
miró entre las bayonetas.
Y dijo:
········Compostura, amor mío,
que no vea tu llanto el enemigo.
Conocemos tu voz, Henri Martin,
nosotros los que amamos el amor,
y que los niños nazcan
y que tengan derecho de
········envejecer el hombre
nosotros,
los que no deseamos matar ni ser matados.
Conocemos tu voz como si
········fueran nuestras manos.
Tú estabas aquí, Henri Martin,
········aquí en Berlín,
y en este año 1951,
en el quinto día de agosto,
nosotros, los muchachos y muchachas
de 101 naciones,
········negros, amarillos y blancos

te recibimos,
> con canciones,
> con banderas.

Y desde entonces amamos
doblemente a la Francia
donde las madres pueden lanzar
> al mundo

grandes muchachos como tú.

(1951)

EL RECUERDO
DE
STEPHAN HERMLIN

I

TERZINE

LAS palabras esperan. No las pronuncia nadie:
un puñado de noche sobre sus párpados,
sus cabellos entibian el nido del ratón invernal.

De su lentitud está hecho mi sueño,
de su limitación mi largo día,
el techo del viento cubre las golondrinas.

Pero ellos están solos en el cauce del tiempo.
Los relojes aniquilan sus nombres,
legado, promesa y monumento sin consagrar...

La lluvia lava una palabra y otra de las placas
 recordatorias
resbala sobre Plotzensee y el Monte Valeriano.
En la mano del viento del Norte duermen las
 golondrinas.

Veo aún mientras de pie yo espero en las tinieblas
sus azules miradas, sus manos y su aliento,
las tardes de oro tibias como el té.

La valentía que se comportaba
como si la semana próxima fuera todo seguro,
la ciudad agitada por misteriosas banderas.

Banderas desgarradas por el viento futuro.
Marchaban sofocados por sus canciones.
Ahora su carne se disgrega bajo las mordeduras de las
　ratas.

Seis pies bajo la tierra en la euforia de la espera,
cuando las columnas de la lluvia se inclinan sobre ellos
sólo el descenso de las golondrinas no los olvida nunca.
A ellos que se desplazan lentamente bajo las avalanchas.

II

LAS CENIZAS DE BIRKENAU

Fácil como el viento tardío, como la frescura,
como la ruta de las golondrinas antes de la lluvia,
como las nubes después del calor desaparecido,
como el polen del leontodon
fácil como la nieve sobre los párpados de los muertos,
como una vieja ronda de niños,
como el peso de la mariposa en la escarlata
boca del clavel, fácil como un
plato para que coman los enfermos
cuando comienzan a morir, así de fácil es el olvido,
como la frescura y el viento tardío.

Donde día y noche se entrelazan,
la herrumbre corroe los rieles,
están las cenizas de los Justos, de los No-Vengados,
alzados en el mástil de los vientos.

Birkenau. Birkenau sin abedules,
en la noche está sola,
mientras los cardos tejen
cifras sobre la piedra.
Cuando en las campiñas polacas
el cardo del sur palidecía
la tierra bajo mis suelas
me decía "Recuérdate".

Pesado como el hierro en la montaña
como el silencio antes de la decisión,
como la caída del árbol sobre los senderos brumosos,
como sobre nuestros labios el hollín
de los que eran quemados,
pesado como el último Adiós.

Aquellos que llevaban a las Cámaras de Gas
estaban llenos de vida,
amaban el amanecer,
el canto de los tordos, eran jóvenes.
Pesado como el empuje de las nubes ante la tempestad
es el recuerdo.

Pero los que recuerdan
están allí, son muchos, se están acrecentando.
Ningún asesino escapará,
ninguna bruma caerá sobre él.
Cuando se lance contra el hombre
lo llevaremos contra el muro.
Vuela la ceniza en el mundo
como ceniza de sol férreo.
Al viejo y al joven, a todos
nos corresponderá un puñado
de cenizas para golpear,
pesadas como los recuerdos.
fáciles como el olvido.

Aquellos que por millones
dicen Paz
expulsarán a los amos,
harán fracasar a la muerte.

Los que creen en la esperanza
ven los abedules verdes
cuando la sombra de las palomas
vuela encima de las cenizas:
canto de la muerte extinguido,
que de pronto es igual a la vida:
pesado como los recuerdos
y fácil como el olvido.

(1949)

FOR THE READER
DE
WALTER LOWENFELS

Confié mis esperanzas a alguien más que los árboles,
guardianes del susurro de esta noche de estío
y a través de sus ramas donde pequeñas estrellas se
   apresuran
a lejanísimos, ciegos, destinos inhumanos,
no di mis sueños. Pero aun cuando tú leas estas
veloces líneas y te preguntes qué tocamos
en las noches de verano, tal vez en una
noche como ésta, cuando la oscura promesa de la tierra
   exige:

recuérdanos, recuérdanos la noche,
el viento, el cielo, el áspero, afilado olor del suelo:
créeme, no di nada a ningún árbol

falso amigo fuera de sí, invisible
pero teniéndolos cerca de mí surgió en mi pensamiento
sólo tú y tu viviente certidumbre.

EL PASAPORTE
DE
VLADIMIRO MAIAKOVSKI

Devoraría
la burocracia
como un lobo.
No tengo respeto
por las disposiciones
y envío
"todos los documentos"
a pasear
con el diablo,
pero éste...
Pasando a los compartimientos y a las cabinas
un funcionario muy educadito se adelanta.
Cada uno pasa su pasaporte
y yo le tiendo
mi
pequeña libreta escarlata.
Para ciertos pasaportes tienen una sonrisa
y a otros los escupirían.
Al respeto
tienen derecho, por ejemplo,
los pasaportes con león inglés
de dos asientos.
Tragándose con los ojos al buen señor
haciéndole saludos y zalemas
toman
como se recibe una propina
el pasaporte
de un norteamericano.
Para el polaco
tienen una mirada
de cabra frente a un afiche.
Pero, sin mover
para nada la cabeza,
esto es, sin experimentar ninguna
emoción fuerte,
reciben sin pestañear

el pasaporte danés
y los suecos.
De pronto,
como picada por el fuego,
la boca
del buen señor se tuerce.
El señor
funcionario
ha tocado
la púrpura de mi pasaporte.
Lo toca
como una bomba,
lo toca
como un erizo,
como una navaja de dos filos,
lo toca
como una serpiente cascabel
de veinte púas
y de dos metros o más de longitud.
Cómplice,
ha cerrado un ojo
al cargador que está listo
para llevar el equipaje.
El gendarme
contempla al policía,
el policía
al gendarme.
Con qué voluptuosidad
la casta policíaca
me habría
azotado, crucificado,
porque tengo en mis manos,
levantando la hoz,
levantando el martillo,
el pasaporte soviético.
Yo devoraría
la burocracia
como un lobo.
No tengo ningún respeto por las
disposiciones

y envío "todos los documentos"
a pasear con el diablo,
pero éste...
Sacaré
de mis bolsillos profundos
el testimonio
de un gran itinerario.
Lean bien
y envídienme:
yo soy
un ciudadano
de la Unión de Repúblicas Socialistas Soviéticas.

(1955)

GRANADA
DE
SVETLOV

Desfilando paso a paso
o montando al asalto
llevábamos entre los dientes
la canción de Yablotchko.
Ay, es nuestra canción
y ha dormido hasta ahora
bajo la hierba verde,
malaquita de la estepa.
Pero es otra canción
que de otra tierra hablaba
la que iba con mi amigo,
con él y su caballo.
Cantaba contemplando
sus praderas natales:
"Oh Granada, Granada,
oh mi Granada amada".
Repetía este canto,
cantaba de memoria,
de dónde sacaría

su tristeza española?
Responde, Alexandrovsk,
y tú, Jarkov, responde:
Desde cuándo sabéis
cantar en castellano?
Y dime, Ucrania mía,
no es bajo esta cebada
que hace tiempo reposa
el gorro de Chevchenko?
De dónde viene, amigo,
este canto a tu boca?
"Oh Granada, Granada,
oh mi Granada amada."
Soñador ucraniano
tardas en responderme:
"Hermano, esta Granada
yo la leí en un libro
y el nombre es tan bonito...
Y qué honor más insigne!
El cantón de Granada
que se encuentra en España!
Yo dejé mi cabaña,
partiré a combatir
porque den en Granada
tierra a los campesinos.
Adiós, padres queridos,
adiós familia, adiós."
"Oh Granada, Granada,
oh mi Granada amada."
Y nos apresuramos
por saber de inmediato
sus balas, su alfabeto,
su lengua, sus combates.
La aurora se levanta,
la noche ha regresado,
se fatigó el caballo
de saltar en la estepa,
mas la tropa cantaba
el canto de Yablotchko,
arco de los dolores

en el violín del tiempo.
De qué sirve, mi amigo,
esta canción:
"Oh Granada, Granada,
oh mi Granada amada."
Traspasado de balas
cayó su cuerpo al suelo,
fue mi amigo el primero
en caer del caballo.
Vi sobre sus despojos
inclinarse la luna,
y sus labios inertes
murmurar "Oh Granada".
Sí. Hacia otros sitios lejanos
más allá de las nubes,
llevando su canción
partió mi compañero.
Ya no lo oyeron más
las praderas natales:
"Oh Granada, Granada,
oh mi Granada amada."
El batallón no supo
la muerte del soldado
y cantó hasta el final
el canto de Yablotchko.
Frágil lloró la lluvia
deslizando su lágrima
sobre la noche negra.
La vida ha concebido
otras canciones nuevas.
Muchachos, no hay que hacerlo,
llorar, este estribillo.
No lloren, compañeros.
"Oh Granada, Granada,
oh mi Granada amada."

(1955)

EL MAR
DE
EUGENIO EVTUSHENKO

El TREN "Moscú-Sujumi" se hundía en las montañas.
Ya se hablaba
del mar.
Ya los estudiantes
en los bancos vecinos,
abandonaban su ajedrez o sus naipes.
En el pasillo se amontonaban los
que miraban por las ventanillas:
"Un instante, va a aparecer el mar!"
Algunos viajeros
apoyándose en los hombros de sus camaradas
rememoraban
sus citas con el mar.
Para mí,
en los museos, en las habitaciones,
el mar estaba suspendido en un marco, y bajo vidrio.
Antes nunca lo vi sino pintado,
nunca lo conocí sino en los libros.
Toqué de nuevo la mano del vecino
y con obstinación continué preguntando:
"Díganme,
está muy cerca? Cómo es?"
"Paciencia,
vas a verlo tú mismo en un instante!"
De pronto
en un vaivén
el tren
entra al espacio
y de inmediato
nada más en el mundo:
No ha quedado nada
alrededor mío:
solamente el mar.
Todo se ha callado
salvo su rumor.

Recordé de repente
que así me pasó antes.
Sí,
el mismo sentimiento,
pero aún más intenso,
cuando aún yo no había saboreado el amor
y no lo conocía sino por los libros.
Reprochando al amor su indiferencia
acosé a mis amigos con preguntas:
"Díganme,
está muy cerca? Y cómo es?"
"Paciencia!
Lo aprenderás tú mismo!"
Me pasó con el mar
como con el amor:
cuando éste entró en mi vida
desapareció todo,
sólo él vivió en el mundo
y no oí nada más
que su palabra.

(1968)

ROMEO Y JULIETA
DE
WILLIAM SHAKESPEARE

Traducción especial de Pablo Neruda para el Instituto del Teatro de la Universidad de Chile.

Estrenada en Santiago de Chile, el sábado 10 de octubre de 1964, por los alumnos de dicho Instituto, con arreglo al siguiente

REPARTO
(por orden de actuación)

PERSONAJES	INTÉRPRETES
SANSÓN, sirviente de Capuleto	*Mario Lorca*
GREGORIO, sirviente de Capuleto	*Peter Lehmann*
ABRAM, sirviente de Montesco	*Alejandro Salas*
BALTASAR, sirviente de Romeo	*Ramón Sabat*
BENVOLIO, sobrino de Montesco y amigo de Romeo	*Lucho Barahona*
TIBALDO, sobrino de la Sra. Capuleto	*Boris Stoicheff*
CAPULETO, jefe de una de las familias enemistadas	*Jorge Lillo*
MONTESCO, jefe de la otra familia enemistada	*Franklin Caicedo o Tennysson Ferrada*
SEÑORA CAPULETO, esposa de Capuleto	*María Teresa Fricke*
SEÑORA MONTESCO, esposa de Montesco	*Coca Melnick*
ESCALUS, príncipe de Verona	*Héctor Maglio*
ROMEO, hijo de Montesco	*Marcelo Romo*
PARIS, joven conde pariente del príncipe	*Eduardo Barril*
BOBO, sirviente de Capuleto	*Andrés Rojas Murphy*
AMA de Julieta	*Carmen Bunster*
JULIETA, hija de Capuleto	*Diana Sanz*
PEDRO, sirviente del ama de Julieta	*Jorge Boudon*
MERCUCIO, pariente del príncipe y amigo de Romeo	*Franklin Caicedo o Tennysson Ferrada*

Capuleto viejo, primo de Capuleto ...	Andrés Rojas Murphy
Cantante	Jaime Vicuña
Invitados	Kerry Keller, Claudia Paz, Matilde Broders, María Eugenia Caviéres, María Dolores Palacios, Patricio Achurra, Edgardo Bruna, Gastón Herrera
Fray Lorenzo, franciscano	Rubén Sotoconil
Fray Juan, franciscano	Flavio Candia
Paje de Paris	Fernando González
Guardia 1º	Edgardo Bruna

Músicos, guardias, obispos, vendedores, pueblo de Verona.

Dirección general: Eugenio Guzmán

Escenografía y vestuario: Amnyn Clunes

Música: Sergio Ortega

Coreografía: Alfonso Unanue

Iluminación: Oscar Navarro

Maestro de armas: Luis Moreno Silva

Asesor de voz y verso: Hernán Wurth

Directores de escena: Aquiles Sepúlveda y Jorge Acevedo

ESCENA

La mayor parte de la acción se desarrolla en Verona. Una vez, en el quinto acto, en Mantua.

PRÓLOGO

Entra el Coro

Coro.
En la bella Verona esto sucede:
dos casas ambas en nobleza iguales
con odio antiguo hacen discordia nueva.
La sangre tiñe sus civiles manos.
Por mala estrella, de estos enemigos
nacieron los amantes desdichados:
sólo su muerte aniquiló aquel odio
y puso término a la antigua cólera.
Nada sino la muerte de los hijos
pudo llevar los padres a la paz.

Dos horas durará en nuestro escenario
esta historia: escuchadla con paciencia,
suplirá nuestro esfuerzo lo que falte.

ACTO PRIMERO

Pregones.
　Pescados, pescados de plata!
　Aquí las rosas de Verona!
　　La fragante mercadería!
　　Compre flores! Vendo alegría!
　Vasijas, tinajas, porrones!
　Alcancías, platos, platones!
　　Para cristianos y moros
　　aquí tengo el maíz de oro!
　Las uvas, las verdes manzanas!
　Las naranjas y las bananas!
　　Rubíes de fuego, zafiros!
　　Se los cambio por un suspiro!
　Tapices de Samarkanda!
　Alfombras de Paparandanga!

ESCENA PRIMERA

Verona, una plaza pública
(*Entran* Sansón *y* Gregorio, *armados con espadas y escudos.*)

Sansón.
　A fe mía, Gregorio, no seguiremos cargando insultos.

Gregorio.
　No. Porque no somos burros de carga.

Sansón.
　Quiero decirte: si nos enfurecen, sacaremos la espada.

GREGORIO.

Pero mientras vivas no sacarás el cuello del collar.

SANSÓN.

Me buscan y me encuentran. Pego en el acto.

GREGORIO.

Pero no te acalores tan fácilmente.

SANSÓN.

Un perro de la casa de los Montesco me acalora.

GREGORIO.

Acalorarse es moverse. El valiente se queda en su sitio. Por eso, la verdad es que si te mueves, te escapas.

SANSÓN.

Un perro de esa familia me dejará en mi sitio. Me arrimaré a la pared cuando me encuentre con cualquier siervo o sierva de los Montesco.

GREGORIO.

Lo que demuestra que eres un pobre esclavo, porque el más débil es el que se arrima a la pared.

SANSÓN.

De veras! Por eso a las mujeres, que son frágiles cristales, hay que empujarlas contra el muro. Yo sacaré de la pared a los hombres de los Montesco y a sus mujeres las arrimaré contra la pared.

GREGORIO.

La pelea es entre nuestros amos y también entre nosotros los sirvientes.

SANSÓN.

Es lo mismo. Quiero que me tomen por tirano. Cuando haya peleado con los hombres, seré cruel con las muchachas. Les romperé las cabezas.

GREGORIO.
Las cabezas de las muchachas?

SANSÓN.
Sí, las cabezas de las muchachas, o bien les romperé algo mejor. Tómalo como quieras.

GREGORIO.
Ellas lo tomarán como lo sientan.

SANSÓN.
A mí me sentirán cuando me tengan encima. Ya se sabe que tengo bien puesto mi pedacito de carne.

GREGORIO.
Saca tu herramienta! Llegan dos de la casa de los Montesco. (*Entran* ABRAM *y* BALTAZAR, *sirvientes de los Montesco.*)

SANSÓN.
Pongamos la ley de nuestra parte. Que comiencen ellos.

GREGORIO.
Fruncíré el entrecejo cuando me miren y que lo tomen como quieran.

SANSÓN.
No. Como se atrevan (a tomarlo). Me morderé el dedo pulgar delante de ellos. Esto es una ofensa. A ver si la soportan.

ABRAM.
Señor, se muerde por nosotros el pulgar?

SANSÓN.
Señor, me estoy mordiendo el dedo pulgar.

ABRAM.
Señor, se muerde por nosotros el pulgar?

SANSÓN (*aparte a* GREGORIO).
Está la ley de nuestra parte si les digo que sí?

GREGORIO (*aparte a* SANSÓN).
No.

SANSÓN.

No, señor, no me muerdo el pulgar por ustedes, señor.
Pero me muerdo el pulgar, señor.

GREGORIO.

Quiere pelea, señor?

ABRAM.

Pelea, señor? No, señor.

SANSÓN.

Pero si usted lo quiere, señor, estoy con usted. Sirvo a un patrón tan bueno como el suyo.

ABRAM.

Pero no mejor.

SANSÓN.

Bueno, señor. (*Entra* BENVOLIO.)

GREGORIO (*aparte a* SANSÓN).

Di "mejor". Aquí viene un pariente del amo.

SANSÓN.

Sí, mejor, señor.

ABRAM.

Mientes.

SANSÓN.

Saquen la espada, si son hombres.

GREGORIO.

Acuérdate de tu golpe maestro. (*Se bate.*)

BENVOLIO.

Apártense, idiotas! *(Les baja las espadas con la suya.)*
Guarden las espadas! No saben lo que hacen!
(*Entra* TYBALDO.)

TYBALDO.

Tú, espada en mano entre estos viles siervos?
Vuelve, Benvolio: enfréntate a tu muerte!

803

BENVOLIO.
Sólo quiero la paz, guarda tu espada
o con ella apartemos estos hombres.

TYBALDO.
Espada en mano, hablas de paz? Yo odio
esta palabra paz como al infierno,
como a ti y los Montesco. Ven, cobarde!
(Se baten. Entran varias personas de ambos bandos que se unen a la refriega. Entran ciudadanos armados con garrotes.)

CIUDADANO 1º.
Ciudadanos, con garrotes y picas, apaleadlos, pegadles! Mueran los Capuleto! Mueran los Montesco! *(Entra el* VIEJO CAPULETO, *vestido de bata de casa, y la* SEÑORA CAPULETO.*)*

CAPULETO.
Qué ruido es éste? Dénme mi espada grande!

SEÑORA CAPULETO.
Por qué pides espada? Un palo! Un palo!

CAPULETO.
Mi espada, he dicho. Llega el viejo Montesco y con su espada quiere provocarme! *(Entra el* VIEJO MONTESCO *y la* SEÑORA DE MONTESCO.*)*

MONTESCO.
Villano Capuleto! No me tomes, apártate!

SEÑORA CAPULETO.
No moverás un pie hacia el enemigo! *(Entra el* PRÍNCIPE ESCALUS *con su séquito.)*

PRÍNCIPE.
Enemigos de la paz, rebeldes súbditos!
Con sangre ciudadana habéis manchado
las espadas! No oís? Hombres no sois,
sino bestias sedientas cuyo encono
quiere apagar su fuego con la sangre
de vuestras propias venas.

Arrojad, bajo pena de tormento,
de las manos sangrientas las espadas
y oíd a vuestro Príncipe que sufre.
Con riñas, hijas de palabras vanas,
tú, viejo Capuleto, tú, Montesco,
tres veces habéis roto la quietud
de nuestras calles y habéis incitado
a los viejos vecinos de Verona
a arrojar sus severos paramentos
poniendo en viejas manos armas viejas:
aquellas que la paz había oxidado
ahora las oxida el odio vuestro.
Si otra vez nuestras calles perturbáis
pagaréis con la vida el desacato.
Por ahora esto basta. Idos todos.
Tú, Capuleto, seguirás conmigo.
Montesco, por la tarde ven a verme
a la Audiencia común de Villafranca
y sabrás mi sentencia en este caso.
Bajo pena de muerte, una vez más
repito: Nadie más en este sitio.

(*Salen todos, menos* MONTESCO, *su* MUJER *y* BENVOLIO.)

MONTESCO.
Quién volvió a despertar riña tan vieja?
Sobrino, estabas tú cuando empezó?

BENVOLIO.
Ya los sirvientes de nuestro adversario,
cuando llegué, peleaban con los nuestros.
Cuando los aparté yo con la espada,
Tybaldo, el cruel, desenvainó la suya
silbando el desafío en mis orejas,
enarbolándola y cortando el viento
que se burlaba de él sin que lo hiriera.
Luego entre golpe y golpe otros vinieron
peleando en este bando o en el otro
hasta que vino el Príncipe a apartarlos.

SEÑORA MONTESCO.
Y dónde está Romeo? Tú le has visto?

Qué alegría, no estuvo en esta riña!

BENVOLIO.
Señora, una hora antes de que el sol
la áurea ventana del oriente abriera,
una preocupación me llevó andando
donde al Oeste de Verona arraiga
el bosque de elevados sicomoros.
Allí encontré a Romeo tan temprano.
Corrí a su encuentro, pero, al divisarme
se escondió en la espesura del follaje,
y midiendo sus penas por las mías
que buscaban consuelo sin hallarlo,
cansado de mí mismo y de mi hastío
seguí mis pensamientos sin seguirle
y huí contento del que alegre huía.

MONTESCO.
Muchos lo han visto con el alba allí
aumentando el rocío con sus lágrimas.
Grande y sombría debe ser su pena
si no tiene ninguno que lo ayude.

BENVOLIO.
Tú conoces la causa, noble tío?

MONTESCO.
No la sé, ni por él puedo saberla.
 (*Entra* ROMEO *a distancia.*)
Seré feliz si te confiesa todo.
Quédate, pues. Marchémonos, señora.
 (*Salen* MONTESCO *y* SEÑORA DE MONTESCO.)

BENVOLIO.
Has madrugado, primo!

ROMEO.
 Es tan temprano?

BENVOLIO.
Recién suenan las nueve.

Romeo.
                        Largas me parecen
las tristes horas. Ay! Era mi padre
el que tan rápido partió de aquí?

Benvolio.
Él era, pero, dime, qué tristeza
hace largas las horas de Romeo?

Romeo.
El no tener lo que las hace cortas.

Benvolio.
Enamorado?

Romeo.
            Sin que...

Benvolio.
                    Del amor?

Romeo.
Sin que me corresponda la que amo.

Benvolio.
Ay, por qué el amor que parece tan dulce
cuando se prueba, es áspero y tirano?

Romeo.
Cómo el amor con la vista vendada
puede ver el camino que nos lleva?
Hoy, dónde comeremos? Ah! Una gresca
hubo aquí? No respondas. Lo comprendo.
Hay que hacer mucho por el odio aquí
y hay mucho más que hacer por el amor.
Por qué el amor que riñe? El odio que ama?
Y de la nada todo fue creado!
Vanidad seria! Levedad pesada!
Informe caos de agradables formas!
Pluma de plomo! Humo que ilumina!
Salud enferma! Fuego congelado!
Sueño de ojos abiertos, que no existe!
Este amor siento y no hay amor en esto.
Y tú, no ríes?

BENVOLIO.
>No, primo, más bien lloro.

ROMEO.
Por qué, buen corazón?

BENVOLIO.
Por tu buen corazón atormentado.

ROMEO.
Así el amor quebranta nuestras vidas.
Siento el pecho pesado con mis penas.
Tú quieres aumentarlas con las tuyas?
Mi dolor es tan grande que tu afecto
me hace daño. El amor es una nube
hecha por el vapor de los suspiros.
Si se evapora brilla como el fuego
en los ojos que aman, si se ataca
hacen un mar de lágrimas de amor.
Qué más es el amor? Una locura
benigna, una amargura sofocante,
una dulzura que te da consuelo.
Adiós, mi primo! (*Yéndose.*)

BENVOLIO.
>Despacio! Voy contigo!
Me ofendes si te vas de esta manera!

ROMEO.
Chist! Me he perdido, yo no estoy aquí:
No soy Romeo. Él anda en otra parte.

BENVOLIO.
Dime con seriedad, quién es la que amas?

ROMEO.
Vaya! Voy a llorar para decírtelo?

BENVOLIO.
Dime con seriedad quién es! No llores!

ROMEO.
Con seriedad se pide a un hombre enfermo
que haga su testamento?

No son consejos para el que agoniza.
En serio, primo, estoy enamorado.

BENVOLIO.
Anduve cerca cuando lo supuse?

ROMEO.
Gran puntería! Y es bella la que amo!

BENVOLIO.
Primo, es más fácil dar un lindo blanco!

ROMEO.
Bueno, pero errarás, porque no alcanzan
hasta ella las flechas de Cupido.

BENVOLIO.
Hazme caso: no pienses más en ella!

ROMEO.
Ay, enséñame tú cómo se olvida!

BENVOLIO.
Deja libres tus ojos, que contemplen
otras mujeres!

ROMEO.
        Sería la manera
de hallar más exquisita su hermosura!
Aquellas máscaras afortunadas,
que un rostro ocultan bajo el color negro,
no nos hacen pensar que lo que esconden
bajo la oscuridad es la blancura?
No olvidarán los que se quedan ciegos
el tesoro perdido de sus ojos:
muéstrame la más bella entre las bellas,
de qué me serviría su belleza
sino para leer como en un libro
que hay otra más hermosa que la hermosa?
Adiós! No sabes enseñar olvido.

BENVOLIO.
Viviré o moriré por enseñártelo.

ESCENA SEGUNDA

Una calle.
(Entran Capuleto, *el* conde Paris *y un* sirviente.*)*

Capuleto.

Si como yo Montesco está ligado
a castigos iguales, no es difícil
que vivamos en paz dos hombres viejos.

Paris.

Ambos sois igualmente prestigiosos
y es triste esta querella tan antigua.
Pero, señor, responde a mi demanda.

Capuleto.

Te repito lo que antes te dijera:
mi hija no conoce aún el mundo,
ni siquiera ha cumplido catorce años,
que dos veranos más le den sosiego:
aún no ha madurado para esposa.

Paris.

Madres felices hay que son más jóvenes.

Capuleto.

Pero también se marchitaron pronto.
La tierra se tragó mis esperanzas,
sólo me queda ella que resume
todas las esperanzas de mi tierra.
Pero, cortéjala, querido Paris,
mi voluntad es parte de la suya:
tú debes conquistar su corazón.
Su dulce voz cuando ella se decida
habrá dado también mi asentimiento.
Por antigua costumbre hay una fiesta
en mi casa, esta noche, y he invitado
a muchas de las gentes que más quiero
y si tú vienes aumentando el número,
bienvenido, serás el predilecto.
Verás mi pobre casa en esta noche
habitada de estrellas terrenales

que alumbrarán la oscuridad del cielo.
El placer que los jóvenes alegres
sienten llegando abril engalanado
detrás de los talones del invierno
que huye cojeando, y la delicia
de verte entre muchachas en capullo,
sentirás esta noche, allí en mi casa.
Habla con todas. Míralas a todas
y que te agrade la que más merece.
Una más entre tantas es mi hija
a los ojos de todos en el número,
pero, por sus virtudes, una sola.
Vamos, sigamos juntos,
  (*dirigiéndose a un* SIRVIENTE *y dándole un papel*)
     y tú, bellaco.
ándate por las calles de Verona,
encuentra a las personas que aquí nombro
y diles que en mi casa las espero.
  (*Salen* CAPULETO *y* PARIS.)

SIRVIENTE.
Mandarme a mí a buscar a éstos cuyos nombres están escritos en esta lista! Está escrito que el zapatero se las arregle con su yarda, el sastre con su horma, el pescador con sus pinceles y el pintor con sus redes, pero a mí me mandan a buscar a esta gente cuyos nombres están escritos aquí, y cómo voy a encontrarla si no sé leer los nombres que tienen escritos aquí? Voy a pedir consejos. Me daré un tiempecito. (*Entran* BENVOLIO *y* ROMEO.)

BENVOLIO.
Así es, muchacho, un fuego apaga a otro,
la angustia de otro calma nuestra pena,
si giras al revés se va el mareo,
un gran dolor se cura si otro sufre.
Si una nueva infección cogen tus ojos
se muere el viejo mal que padecías.

ROMEO.
Las hojas de llantén son excelentes.

BENVOLIO.
Para qué, por favor, es la receta?

ROMEO.
Para cuando te rompas las canillas.

BENVOLIO.
Estás loco, Romeo?

ROMEO.
No, no estoy loco, pero, más que un loco
atado, en mi prisión, sin alimentos,
me siento atormentado y azotado,
y además... (*dirigiéndose al* SIRVIENTE)
Buenas tardes, buen muchacho!

SIRVIENTE.
Dios los guarde! Saben leer, señores?

ROMEO.
Yo leo mi destino en mi desdicha!

SIRVIENTE.
Tal vez eso no lo aprendió en los libros! Pero, por favor, puede usted leer de corrido cualquier cosa que vea?

ROMEO.
Conociendo las letras y el idioma...

SIRVIENTE.
No lo hace mal usted. Que siga divirtiéndose. (*Intenta marcharse.*)

ROMEO.
Espera, hombre! Soy capaz de leer.
(*Lee.*) "Señor Martino, esposa e hijas: el conde Anselmo y sus bellas hermanas: la señora viuda de Vitruvio: el señor Placencio y sus lindas sobrinas: Mercucio y su hermano Valentín: mi tío Capuleto, su señora y sus hijas: mi preciosa sobrina Rosalina: Livia: el señor Valencio y su prima: Tybaldo: Lucio y la alegre Elena."
(*Le devuelve el papel.*)
Qué linda reunión. Y dónde deben ir?

SIRVIENTE.
Arriba.

ROMEO.
A dónde?

SIRVIENTE.
A cenar, a nuestra casa.

ROMEO.
En qué casa?

SIRVIENTE.
En la de mi amo.

ROMEO.
En verdad debí haberlo preguntado.

SIRVIENTE.
Ahora se lo diré sin que me lo pregunte. Mi amo es el gran rico Capuleto y si usted no es de la casa de los Montesco, venga, se lo ruego, a beber con nosotros unas copas de vino. Diviértanse, señores! (*Sale.*)

BENVOLIO.
A este antiguo festín de Capuleto
la bella Rosalina, que tú amas
viene con las bellezas de Verona.
Anda y mira con ojos imparciales,
su semblante compara con los rostros
de las otras muchachas que te muestre
y verás que tu cisne es sólo un cuervo.

ROMEO.
La religión devota de mis ojos
convertiría lágrimas en fuego
si tan grande mentira mantuviera.
Otra más bella? El sol omnipotente
no vio su igual desde que el mundo es mundo!

BENVOLIO.
La viste hermosa donde nadie había,
se equilibró en cada uno de tus ojos:

pero en esas balanzas cristalinas
pon a la que amas y a otra de las bellas
que hallarás deslumbrantes en la fiesta
y ya verás que siendo tan hermosa
habrá otra más hermosa todavía!

ROMEO.
Iré, pero no a ver esas bellezas,
sino a ver a mi amada en su esplendor.

ESCENA TERCERA

Habitación en casa de los Capuleto.
(Entran la SEÑORA CAPULETO *y el* AMA.*)*

SEÑORA.
Ama, dónde está mi hija? Ve a llamarla!

AMA.
Por mi virginidad de los doce años
le juro que le dije que viniera! *(Llamándola.)*
Chinita! Mi cordera! Dios la guarde!
Dónde está esta muchacha? Ven, Julieta!
  (Entra JULIETA.*)*

JULIETA.
Qué pasa? Quién me llama?

AMA.
                    Es vuestra madre.

JULIETA.
Señora, estoy aquí. Qué se le ofrece?

SEÑORA.
Se trata de ama, ándate un rato!
Debo hablarte en secreto. Ama, vuelve!
Lo he pensado mejor, debes oírnos.
Ya sabes que mi hija está en edad.

AMA.
Ni en una hora me equivocaría.

SEÑORA.
No llega a los catorce.

AMA.
Apostaría
catorce de mis dientes, aunque sólo
me van quedando cuatro, a que no cumple
aún los catorce. Cuándo cae San Pedro?

SEÑORA.
Dentro de una quincena.

AMA.
Pues, pares o nones,
entre todos los días de este año
en esa víspera tendrá catorce.
Tendrían una edad con mi Susana
(y que en su santo reino Dios la guarde).
Bueno. Susana está con Dios ahora.
Yo no la merecía. Como dije
cumplirá catorce años en la víspera
de San Pedro. Lo tengo en la memoria!
Hace once años ya del terremoto
cuando fue destetada. No me olvido
entre todos los días de aquel día.
Me había puesto ajenjo en los pezones,
sentada al sol, al pie del palomar.
Usted y mi señor por Mantua andaban.
Caramba, qué memoria! Les decía
que apenas la tontuela en el pezón
encontró el gusto amargo del ajenjo
se enojó mucho y manoteó la teta.
En ese instante crujió el palomar,
sin darme cuenta me largué a correr.
Once años hacen desde aquellos tiempos
y ya solita se tenía en pie.
Qué estoy diciendo, por la Santa Cruz!
Si ya corría y pataleaba entonces!
Ahora recuerdo que el día anterior
se dio un porrazo y se rompió la frente
y mi marido (Dios lo tenga en su gloria)
la alzó del suelo (qué hombre tan alegre!)

diciéndole: "Caíste ahora de bruces,
más adelante caerás de espaldas.
Verdad, Julieta?" Y juro por la Virgen
que dejó de llorar mi linda pícara
y contestó que "Sí". Vamos a ver
si aquella broma va a resultar cierta.
Aunque viva mil años yo les digo
que no lo olvidaré. "Verdad, Julieta?"
dijo él y la locuela dijo "Sí".

SEÑORA.

Ya es bastante, te ruego que te calles.

AMA.

Sí, señora. No dejo de reírme
porque no lloró más y dijo "Sí"
a pesar del chichón sobre su frente.
Fue feo el golpe, la cubría el llanto,
mi marido le dijo: "Caes de bruces?
Cuando seas mayor caerás de espaldas!
Verdad, Julieta?" y ella dijo "Sí".

JULIETA.

Cállate, por favor, ama, te pido.

AMA.

Paciencia! He terminado! Dios te guarde!
Fuiste la más preciosa que crié,
y si te alcanzo a ver ya desposada
me harás feliz...

SEÑORA.

     Ése era mi tema,
de matrimonio te quería hablar.
Te sientes tú como para casarte?

JULIETA.

Es un honor que no he soñado aún.

AMA.

Por qué un honor? Si yo no hubiera sido
la única nodriza que tuviste

pensaría que todo lo que sabes
lo sacaste del pecho que te di.

Señora.

Piensa en tu matrimonio. Aquí en Verona
más jóvenes que tú, damas de alcurnia,
ya son madres, y si no me equivoco,
por esta edad, en que eres aún doncella,
yo era tu madre. Escúchame, es muy simple:
Te pide por esposa el noble Paris.

Ama.

Y qué hombre!, mi muchacha, si parece
que fuera el mundo, un hombre tan bonito
que parece recién hecho de cera.

Señora.

No hay flor en el verano de Verona
como él.

Ama.

   De verdad, es una flor!

Señora.

Qué dices tú? Te gustará este hidalgo?
Lo verás esta noche en nuestra fiesta.
En el rostro gentil del joven Paris
lee como en un libro tu deleite
escrito por la pluma del encanto!
Observa sus facciones armoniosas!
Lo que en el bello libro queda oscuro
hállalo escrito al margen de sus ojos.
Este libro de amor será perfecto
si lo embellece una cubierta espléndida!
El pez vive en el mar y por orgullo
su belleza visible se ha escondido.
Este libro que bajo broche de oro
guarda también una leyenda de oro
extenderá su gloria a muchos ojos.
Así tendrás tú todo lo que él tiene
y teniéndolo a él no disminuyes.

Ama.

> Disminuir? Qué va! Si las mujeres
> engruesan, es por culpa de los hombres!

Señora.

> Dímelo ahora! Aceptarás a Paris?

Julieta.

> Voy a ver, porque viendo se conmueve
> el amor, pero el vuelo de mis ojos
> no irá más lejos de lo que dispones!
>   (*Entra un* sirviente.)

Sirviente.

> Ya llegaron los convidados! La cena está servida! Todos
> la reclaman! Todos preguntan por la señorita! En la des-
> pensa echan maldiciones al ama! Y todo anda revuelto.
> Tengo que irme a servir! Por favor, vayan pronto! (*Salen
> todos.*)

ESCENA CUARTA

Una calle.

(*Entran* Romeo, Mercucio, Benvolio, *con cinco o
seis enmascarados, portadores de antorchas y otros.*)

Romeo.

> Diremos un discurso como excusa
> o entramos sin preámbulo ninguno?

Benvolio.

> Ya pasó el tiempo de esas ceremonias:
> con el compás que quieran que nos midan.
> Bailemos un compás y nos marchamos!

Romeo.

> No me hables de bailar! Dame una antorcha!
> La luz debe llevarla el apagado!

Mercucio.
 No, Romeo! Queremos que tú bailes!

Romeo.
 No puedo, la verdad, ustedes llevan
 escarpines ligeros para el baile,
 mientras yo tengo el alma hecha de plomo:
 me clava al suelo y no puedo moverme!

Mercucio.
 Estás enamorado! Pídele alas
 a Cupido y remóntate con ellas!

Romeo.
 Estoy tan malherido por sus flechas
 que no me sostendrán sus leves alas.
 Y tan atado estoy por mis dolores
 que no podré elevarme y derrotarlos.
 El grave peso del amor me abruma!

Mercucio.
 Si le caes encima lo lastimas,
 es harto peso para un ser tan frágil.

Romeo.
 Un ser tan frágil, el amor? Es rudo,
 brutal, violento, y clava como espina!

Mercucio.
 Trata mal al amor si él te maltrata,
 clávalo si te clava y lo derrotas.
 Voy a guardar mi rostro en una caja,
  (*Poniéndose una máscara.*)
 una careta sobre otra careta!
 Qué me importa que vean mis defectos!
 Llevaré estas mejillas de cartón
 que por mi cuenta deben sonrojarse!

Benvolio.
 Llamemos y pasemos, y que dentro
 cada uno se valga de sus piernas!

Romeo.
 Que me den una antorcha! Porque aquellos

de corazón ligero harán cosquillas
con sus talones a los juncos muertos,
y como en el refrán de los abuelos
iré y repicaré en la procesión,
pero no cazaré en la cacería!

MERCUCIO.
A ver si te sacamos de ese amor
en que te hundes hasta las orejas!
Quemando estamos la luz del día...

ROMEO.
No, no es así.

MERCUCIO.
                Quiero decir, señor,
que con estas tardanzas consumimos
nuestras luces en vano, como lámparas
en día claro.

ROMEO.
            De buena fe, sin duda,
entraremos en esta mascarada,
porque con buen sentido no lo haríamos.

MERCUCIO.
Por qué? Puedo saberlo?

ROMEO.
                    Tuve un sueño...

MERCUCIO.
Y yo también, anoche...

ROMEO.
                Cuál fue el tuyo?

MERCUCIO.
Que nos mienten, a veces, los que sueñan.

ROMEO.
Pero, dormidos, sueñan cosas ciertas.

MERCUCIO.
Ah, me doy cuenta que la **Reina Mab**,

partera de las hadas, vino a verte.
Es pequeñita como piedra de ágata
que brilla en el meñique de un obispo,
tiran su coche atómicos caballos
que la pasean sobre las narices
de los que están durmiendo;
rayos de luna hicieron los arneses
y una arañita le tejió las bridas;
es tan pequeño como un gusanito
el cochero que guía la carroza,
y trabajó una ardilla este carruaje
en la concavidad de una avellana.
Y así la reina Mab con su cortejo
galopa noche a noche por las almas
de los enamorados, y los hace
soñar con el amor... Sobre los dedos
de los sastres su séquito galopa
y estos sueñan que pagan sus deudores:
otras veces, cabalga en la nariz
del cura y sueña el cura dormilón
que sin duda muy pronto será obispo.
Esta es la reina Mab! Es la que trenza
en la noche la tuza del caballo
y la que, cuando las muchachas duermen
de espaldas, las oprime y les enseña
por vez primera a soportar el peso
que con el tiempo las hará mujeres...

Romeo.
Basta, Mercucio, basta! No delires!

Mercucio.
Es verdad, es verdad, hablo de sueños,
que son los hijos de una mente ociosa,
concebidos por vana fantasía,
substancia tan delgada como el aire,
más inconstante que el cambiante viento!

Benvolio.
Démonos prisa, es demasiado tarde!

Romeo.
Demasiado temprano tengo miedo:

821

mi corazón presiente una desgracia
que aún está suspendida en las estrellas:
comenzará esta noche con la fiesta
este camino amargo que señala
el fin que cerrará mi pobre vida
que se encierra en mi pecho. Un golpe vil
me llevará a la muerte prematura.
Pero Aquél que dirige mi destino
conducirá la nave de mi suerte.
Alegres compañeros, adelante!
Que suenen los tambores!

ESCENA QUINTA

Salón en la casa de Capuleto.

CANTANTE.

Ven a Verona, ven, caballero!
Ya dejarás aquí enterrado
junto a tu castidad tu dinero.
    Hacia Verona, enamorados,
    hacia Verona, afortunados!
    Dame, noche oscura,
    tu belleza y tu dulzura,
    dame en vez del vino,
    las estrellas del camino.

(*Entran* CAPULETO, *su* ESPOSA, JULIETA, TYBALDO, *y todos los invitados y enmascarados.*)

CAPULETO.

Vete y vuelve. Toma esta bolsa.
Volvió mi juventud con tu romanza.
Bienvenidos, señores! Las señoras
sin callos en los pies os desafían!
Ja! Ja! Señoras mías! De vosotras
cuál no quiere bailar? La que se aparta
tiene callos, lo juro! Lo acerté?

Bienvenidos, señores! En mis tiempos
también usé antifaz y en los oídos
de más de alguna bella susurré
historias que podían deleitarlas.
Aquel tiempo pasó, pasó, pasó!
Bienvenidos, señores! Vamos, músicos:
a tocar! Sitio! Sitio! Al baile todos!
    (Comienza la música y bailan.)
Más luz, bribones! Retirad las mesas!
Hace calor! Hay que apagar el fuego!
Ay, compadre, esta fiesta inesperada
nos ha caído bien! No! No! Siéntate aquí:
para nosotros, primo Capuleto,
ya pasó el tiempo de bailar! Recuerdas
cuánto tiempo hace desde que tú y yo
usábamos careta?

CAPULETO 2º.
                Virgen mía!
Hace treinta años ya!

CAPULETO.
                No tanto! No tanto!
Fue para el casamiento de Lucencio
hacia Pentescostés. Harán apenas
veinticinco años, y nos disfrazamos!

CAPULETO 2º.
Hace más! Hace más! Su hijo es mayor,
ya tiene treinta!

CAPULETO.
              Qué me estás diciendo?
Era menor de edad hace dos años!

ROMEO.
   (A un SIRVIENTE.)
Quién es esa señora que enriquece
con su preciosa mano a aquel galán?
      (Se supone PARIS.)

SIRVIENTE.
No sé, señor.

Romeo.

Oh, ella enseña a brillar a las antorchas!
Su belleza parece suspendida
de la mejilla de la noche como
una alhaja en la oreja de un etíope
—para gozarla demasiado rica,
para la tierra demasiado bella!—
Como paloma blanca entre cornejas
entre sus compañeras resplandece!
Después del baile observaré su sitio
y con mi mano rozaré su mano
para que la bendiga su contacto!
Amó mi corazón hasta este instante?
Que lo nieguen mis ojos! Hasta ahora
nunca vi la belleza verdadera!

Tybaldo.

Me parece un Montesco, por la voz!
(Escucha.) Niño, trae mi espada! Que este infame
se atreviera a venir enmascarado
a escarnecer nuestra solemne fiesta?
Por el nombre y honor de mi familia
no pecaré si aquí lo dejo muerto!

Capuleto.

Qué sucede, sobrino, que te enoja?

Tybaldo.

Aquél es un Montesco, un enemigo
nuestro, un villano que ha llegado aquí.

Capuleto.

No es el joven Romeo?

Tybaldo.

Es el mismo Romeo, ese villano!

Capuleto.

Mi buen sobrino, déjalo tranquilo,
se porta como un noble caballero.
Digamos la verdad. Se honra Verona
con él, por su virtud y su finura.

Ni por todo el dinero de Verona
aquí en mi casa yo lo ofendería.
No pienses más en él.
Ésta es mi voluntad. Si la respetas
ponte de buen humor, fuera ese ceño!
Tu semblante no va con esta fiesta!

TYBALDO.

Mi semblante está bien para un canalla
como él. Por mi parte, no lo acepto!

CAPULETO.

Lo aceptarás, muchacho, te repito!
Vamos! Quién es el amo en esta casa?
Tú o yo? Caramba! No lo aceptas tú?
Que Dios me guarde! Y quieres provocar
entre mis invitados una riña?
Quieres armar la grande? Tú lo harías?

TYBALDO.

Tío, es una vergüenza!

CAPULETO.

                Vamos! Vamos!
Qué pendenciero eres, no es verdad?
Esta broma te puede costar cara!
Sé lo que digo, no me contraríes!
Y en qué ocasión!

    (Volviéndose a los invitados.)
                Magnífico, muchachos!
    (Aparte a TYBALDO.*)*
Eres un arrogante! Tranquilízate!
    (Volviéndose a los SIRVIENTES*)*
Más luz! Más luz!
    (Aparte a TYBALDO.*)*
                Conque es una vergüenza?
Te haré entrar en vereda!
    (Volviéndose a los invitados.)
                Alegría, muchachos!

TYBALDO.

Mi paciencia y mi cólera se juntan!
Me voy! Mas la presencia de este intruso
parece dulce ahora, pero pronto
va a convertirse en una amarga hiel! (*Sale.*)

(Todos cantan y danzan, y surge de entre ellos el Cantante. Todos se ríen y aplauden. Cae cortina.)

ROMEO.

(*A* JULIETA.)
Si yo profano con mi mano indigna
este santuario, mi castigo es éste:
mis labios peregrinos se disponen
a borrar el contacto con un beso!

JULIETA.

Injusto con tu mano, peregrino
eres, porque ella se mostró devota!
No olvides que los santos tienen manos
y que se tocan una mano y otra
y palma a palma en el sagrado beso
de los romeros en la romería.

ROMEO.

No tienen labios, santos y romeros?

JULIETA.

Sólo para rezar, ay, peregrino!

ROMEO.

Entonces, dulce santa, que los labios
hagan también lo que las manos hacen!
Ellos ruegan, concédeles la gracia
y así no desesperen de su fe!

JULIETA.

Los santos no se mueven, aunque otorguen!

ROMEO.

Entonces no te muevas, que mis ruegos
van a obtener la gracia que esperaban!

Ahora por la gracia de tus labios
quedan mis labios libres de pecado! *(La besa.)*
(Se oye, lejana, la voz del Cantante.)

CANTANTE.

Oh, noche oscura, no termines;
tu terciopelo con jazmines
me ha vuelto el corazón azul.
Qué labios, qué bocas tan bellas!
Me besan todas las estrellas,
suenan las cítaras del sur.

JULIETA.

Ahora tu pecado está en mis labios!

ROMEO.

Pecado de mis labios?
Qué culpa deliciosa me reprochas!
Tienes que devolverme mi pecado!

ROMEO.

Besas por devoción... *(Entra el* AMA.*)*
(Murmullos grabados.)

AMA.

Señora, vuestra madre quiere hablaros.
(Se alza la cortina.)

ROMEO.

(Al AMA.*)*
Quién es su madre?

Vamos! Mozalbete!
Su madre es la señora de esta casa:
buena, cuerda y virtuosa es mi señora!
Yo amamanté a su hija, a la que hablábais,
y le aseguro que el que se la lleve
tendrá un tesoro. *(Sale por el fondo.)*

JULIETA.

Es un Capuleto?

Oh, qué alto precio pago! Desde ahora
soy deudor de mi vida a una enemiga!

BENVOLIO.
Fuera! Vamos! La fiesta ya se acaba!

ROMEO.
Lo temía! Más grande es mi desdicha!

CAPULETO.
Aún no es hora de irse, caballeros!
Una pequeña cena está esperando!
Insistís? Bueno. Adiós! Gracias a todos!
Gentiles caballeros, buenas noches!
Muchas gracias!
    (*A los* SIRVIENTES.)
        Antorchas! Más antorchas!
    (*Salen los enmascarados.*)
Muy bien, entonces, a la cama todos!
    (*A* CAPULETO 2º.)
Hola, compadre, es demasiado tarde,
me voy a descansar!
    (*Salen todos, menos* JULIETA *y el* AMA.)

JULIETA.
A ver, ama, quién es aquel señor?

AMA.
El heredero del viejo Tiberio.

JULIETA.
Y aquél que va saliendo por la puerta?

AMA.
Es el joven Petrucio, me parece.

JULIETA.
Y el otro que le sigue y no bailó?

AMA.
No sé quién es.

JULIETA.

Averigua su nombre! Si es casado
yo por lecho nupcial tendré una tumba!

AMA.

Es Romeo su nombre, es un Montesco
y es hijo único de tu enemigo. (*El* AMA *se aleja.*)

JULIETA.

Ha nacido lo único que amo
de lo único que odio! Demasiado
temprano te encontré sin conocerte
y demasiado tarde te conozco!
(Una voz desde adentro.)
Julieta! Julieta!

AMA.

En seguida! En seguida! Ya nos vamos!
Los invitados ya se fueron todos!

JULIETA.

Oh, sobrehumano amor que me hace amar
al odiado enemigo!

AMA.

(*A* JULIETA.)
Qué hablabas, niña?

JULIETA.

Es una rima que he aprendido ahora.
Alguien me la enseñó mientras bailaba.

ACTO SEGUNDO

ESCENA PRIMERA

*Una callejuela junto a los muros del jardín de
los Capuleto*
(*Entra* ROMEO.)

ROMEO.
Cómo puedo ir más lejos si se queda
aquí mi corazón? Vuélvete atrás.
busca tu propio centro, oscura tierra!
(*Trepa el muro y salta hacia adentro. Entran* BENVO-
LIO *y* MERCUCIO.)

BENVOLIO.
Romeo! Primo mío!

MERCUCIO.
                    No es un tonto!
Estará ya en su casa y en su cama.

BENVOLIO.
Corrió por este lado y saltó el muro
de este jardín. Mi buen Mercucio, llámalo!

MERCUCIO.
Muy bien, voy a llamarlo y conjurarlo:
Romeo! Caprichoso! Loco! Amante!
Aparécete en forma de suspiro!
Si me dices un verso estoy contento!
Siquiera di "ay de mí" o "estrella y bella".

Dile un piropo a mi comadre Venus!
No se mueve, no se oye, no se agita:
como parece muerto yo lo invoco.
Yo te conjuro por los ojos claros
de Rosalina, por sus labios rojos,
por su alta frente y por sus finos pies,
por sus muslos vibrantes, por sus piernas,
y por sus territorios adyacentes
aparece como eres, te conjuro!

BENVOLIO.
Vas a enojarlo si te está escuchando!

MERCUCIO.
No se puede enojar. Le enojaría
si en torno de su amada yo invocase
un espíritu extraño y lo dejara
plantado allí hasta que ella lo sacuda.
Esto lo ofendería. Lo que invoco
es justo y es honesto, yo le pido
en nombre de su amada que aparezca.

BENVOLIO.
Vamos, se habrá escondido entre los árboles
para fundirse con la noche intacta.
Su amor es ciego y busca las tinieblas.

MERCUCIO.
Si amor es ciego, no dará en el blanco.
Ahora estará debajo de una higuera
esperando la breva de su amada.
Ah! Pícaro Romeo! Lo que buscas
es un *etcétera* para tu nabo.
Romeo, buenas noches, yo me marcho
a mi cama de ruedas a dormir
porque la hierba es demasiado fría.
Bueno, nos vamos?

BENVOLIO.
          Ándate, es inútil
buscar al que no quiere ser hallado! (*Salen.*)

ESCENA SEGUNDA

Jardín de Capuleto
(Entra ROMEO.)

ROMEO.
Se burla aquel que nunca ha sido herido
de nuestras cicatrices!
    (JULIETA *aparece en una ventana, arriba, sin darse
    cuenta de la presencia de* ROMEO.)
                 Silencio! Qué ilumina
desde aquella ventana las tinieblas?
Es Julieta, es el sol en el oriente!
Surge, espléndido sol, y con tus rayos
mata a la luna enferma y envidiosa,
porque tú, su doncella, eres más clara.
No sirvas a la luna que te envidia.
Su manto de vestal es verde y triste,
ninguna virgen ya lo lleva, arrójalo!
Es ella en la ventana! Es la que amo!
Oh, cuánto diera porque lo supiese!
Habla, aunque nada dice, no me importa,
me hablan sus ojos, les respondo a ellos.
Qué idea loca! No es a mí a quien hablan!
Dos estrellas magníficas del cielo
ocupadas en algo allá en la altura
le piden a sus ojos que relumbren.
No estarán en su rostro las estrellas
y sus ojos girando por el cielo?
El fulgor de su rostro empañaría
la luz de las estrellas, como el sol
apaga las antorchas. Si sus ojos
viajaran por el cielo brillarían
haciendo que los pájaros cantaran
como si fuera el día y no la noche.
Ved cómo su mejilla está en su mano!
Ay, si yo fuera el guante de esa mano
y pudiera tocar esa mejilla!

JULIETA.
Ay de mí!

ROMEO.

    Ha hablado ahora!
Habla otra vez, oh ángel luminoso!
En la altura esta noche te apareces
como un celeste mensajero alado
que en éxtasis, echando atrás la frente,
contemplan hacia arriba los mortales
cuando pasa entre nubes perezosas
y navega en el ámbito del aire.

JULIETA.

Oh, Romeo, por qué eres tú Romeo?
Reniega de tu padre y de tu nombre!
Si no quieres hacerlo, pero, en cambio,
tú me juras tu amor, eso me basta,
dejaré de llamarme Capuleto.

ROMEO.

(Aparte.) Debo seguir oyendo o le respondo?

JULIETA.

Solamente tu nombre es mi enemigo!
Seas Montesco o no, tú eres el mismo.
Qué es Montesco? No es un pie, ni una mano,
no es un rostro, ni un brazo, no es ninguna
parte del hombre. Cambia de apellido!
Porque, qué puede haber dentro de un nombre?
Si otro título damos a la rosa
con otro nombre nos dará su aroma.
Romeo, aunque Romeo no se llame,
su perfección amada mantendría
sin ese nombre. Quítate ese nombre
y por tu nombre que no es parte tuya
tómame a mí, Romeo, toda entera.

ROMEO.

Te tomo la palabra. Desde ahora
llámame sólo Amor. Que me bauticen
otra vez, dejo de ser Romeo.

JULIETA.

Quién eres tú que oculto por la noche

entras en mis secretos pensamientos?

ROMEO.
Quién soy no te lo digo con un nombre:
santa mía, mi nombre me es odioso
porque es un enemigo para ti.
De haberlo escrito yo lo rompería.

JULIETA.
Aún no han bebido cien palabras tuyas
mis oídos y ya te reconozco.
No eres Romeo? No eres un Montesco?

ROMEO.
No seré ni lo uno ni lo otro,
bella, si las dos cosas te disgustan.

JULIETA.
Cómo llegaste aquí? De dónde vienes?
Altas son las murallas y difíciles,
y sabiendo quién eres si te encuentran
en este sitio, te darán la muerte.

ROMEO.
Con alas del amor pasé estos muros,
al amor no hay obstáculo de piedra
y lo que puede amor, amor lo intenta:
no pueden detenerme tus parientes.

JULIETA.
Si ellos te ven aquí te matarían.

ROMEO.
Ay, en tus ojos veo más peligro
que en veinte espadas de ellos. Si me miras
con dulzura, podré vencer el odio.

JULIETA.
No quisiera por nada en este mundo,
que te vieran aquí.

ROMEO.
            Llevo el ropaje

de la noche, que esconde mi figura,
pero, si no me amas, que me encuentren.
Que acaben con mi vida los que me odian
antes que sin tu amor tarde la muerte.

JULIETA.

Quién dirigió tus pasos a este sitio?

ROMEO.

El amor, que me hizo averiguarlo,
me dio consejos, yo le di mis ojos,
Aunque no soy piloto, si estuvieras
tan lejana de mí como las playas
del más lejano mar, te encontraría,
navegando hasta hallar ese tesoro.

JULIETA.

Me cubre con su máscara la noche,
de otro modo verías mis mejillas
enrojecer por lo que me has oído.
Cuánto hubiera querido contenerme,
cuánto me gustaría desmentirme,
pero le digo adiós al disimulo.
Dulce Romeo, si me quieres, dímelo
sinceramente, pero, si tú piensas
que me ganaste demasiado pronto
fruncirá el ceño y te diré que no
y seré cruel para que tú me ruegues,
aunque de otra manera el mundo entero
no podría obligarme a rechazarte.
Bello Montesco, te amo demasiado,
tal vez por ello me hallarás ligera,
pero te daré pruebas, caballero,
de ser más verdadera que otras muchas
que por astucia se demuestran tímidas.
Más reservada hubiera sido, es cierto,
pero yo no sabía que escuchabas
mi pasión verdadera. Ahora, perdóname,
y no atribuyas a liviano amor
lo que te descubrió la oscura noche.

ROMEO.

Señora, por la luna que de plata
corona esta arboleda, yo te juro...

JULIETA.

No jures por la luna, la inconstante,
que al girar cada mes cambia en su órbita,
no sea que tu amor cambie como ella.

ROMEO.

Por quién voy a jurar?

JULIETA.

No jures, y, si lo haces,
jura por ti, por tu gentil persona,
que yo te creeré. Eres un dios
dentro de mi secreta idolatría.

ROMEO.

Si el amor que me abrasa...

JULIETA.

No jures, aunque tú eres mi alegría.
Este pacto de amor en esta noche
no me contenta, es demasiado rápido,
demasiado imprevisto y temerario.
Este botón de amor con el aliento
de las respiraciones del verano
tal vez dará una flor maravillosa
cuando otra vez tú y yo nos encontremos.
Adiós! Adiós! Que el dulce sueño caiga
tanto en tu corazón como en el mío.

ROMEO.

Y así me dejas lleno de deseos?

JULIETA.

Qué deseos quisieras ver cumplidos?

ROMEO.

Cambiar tu juramento por el mío.

JULIETA.
Te di mi amor sin que me lo pidieras
y aún quisiera dártelo de nuevo.

ROMEO.
Y me lo quitarás, amor mío?

JULIETA.
Sólo para entregártelo otra vez.
Deseo lo que tengo, sin embargo,
tengo tanto que darte como el mar
y como el mar mi amor es de profundo:
uno y otro parecen infinitos.
pues, mientras más te doy yo tengo más.
Escucho un ruido adentro. Adiós, mi amor!
   (El AMA llama desde adentro.)
Ama, ya voy! Y tú, Montesco amado,
sé fiel. Espérame. En seguida vuelvo! *(Se retira.)*

ROMEO.
Oh, dulce, oh dulce noche! Pero temo
que todo sea un sueño de la noche
sin otra realidad que su dulzura.
   (Vuelve a entrar JULIETA, arriba.)

JULIETA.
Dos palabras, mi amor, y buenas noches.
Si tu amor es honesto y me deseas
como esposa, respóndeme mañana,
con alguien que en tu busca mandaré,
la hora y el lugar de nuestra boda.
Así pondré a tus plantas mi destino
y serás mi señor en este mundo.
   (El AMA, desde adentro.)

AMA.
Señora!

JULIETA.
Ya voy!
Pero si tienes malas intenciones,

837

te suplico...
(El AMA, *desde adentro.)*

AMA.
Señora!

JULIETA.
En seguida! En seguida!... Te suplico
que no me sigas cortejando más
y me abandones a mi desconsuelo.
Te irán a ver...

ROMEO.
                    Es mi alma la que espera.

JULIETA.
Buenas noches, mil veces!

ROMEO.
Mil veces tristes noches sin tu luz!
El amor va al amor como los niños
arrancan de sus libros en la escuela,
pero el amor se aleja del amor
como el niño forzado va al colegio.
(Se retira lentamente. Entra JULIETA, *arriba.)*

JULIETA.
Ay! Romeo, Romeo! Oh, quién tuviera
la voz del halconero que obligase
a volver al halcón a nuestras manos.

ROMEO.
Es mi alma que me llama por mi nombre.
Qué tañido de plata a medianoche,
qué arrobadora música se siente
cuando se oye la voz de los amantes!

JULIETA.
Romeo!

ROMEO.
        Amada mía!

JULIETA.
                    Dime a qué hora
    te enviaré el mensajero?

ROMEO.
                    Hacia las nueve.

JULIETA.

    Allí estará. Hay un siglo hasta esa hora!
    Para qué te llamaba? Lo olvidé.

ROMEO.

    Aquí estaré hasta que lo recuerdes.

JULIETA.

    Lo olvidaré para que aquí te quedes
    y mi recuerdo te haga compañía.

ROMEO.

    Me quedo aún para que aún lo olvides.
    Nada recordaré sino este sitio!

JULIETA.

    Ya llega el día. Yo hubiera querido
    decirte que te fueras, no tan lejos,
    como lo hace la niña que libera
    por un minuto un pájaro cautivo,
    un pobre prisionero encadenado,
    y luego lo recobra con un hilo
    celosa de su nueva libertad.

ROMEO.

    Quiero ser ese pájaro.

JULIETA.

    También yo lo quisiera, amado mío,
    pero tendría miedo de matarte
    con mis caricias. Buenas, buenas noches!
    Decirte adiós es un dolor tan dulce
    que diré buenas noches hasta el alba. *(Sale.)*

ROMEO.

    Baje el sueño a tus ojos, y la paz

baje a tu corazón! Me gustaría
ser el sueño y la paz que te acaricien!

ESCENA TERCERA

Celda de Fray Lorenzo
(*Entra* Fray Lorenzo *con un canasto.*)

Fray Lorenzo.

Ya sonríe la aurora de ojos grises
que desafían a la torva noche
inundando las nubes del oriente
con listones de luz y tambalea
como un borracho la manchada sombra
frente al camino que inaugura el día.
Debo llenar de plantas esta cesta:
malezas venenosas, flores puras
que rezuman un líquido precioso.
La tierra es madre y tumba de la vida,
es el útero y es la sepultura
y de ella nacen hijos diferentes
amamantados por su vasto seno.
Dentro del tierno cáliz de esta flor
residen el veneno y la salud.
Como en la planta viven en el hombre
dos fuerzas, la bondad y la dureza,
    (*Entra* Romeo.)
si en ellos predomina la peor
el cáncer de la muerte los devora.

Romeo.

Buenos días, padre.

Fray Lorenzo.

          Benedicite!
Qué voz temprana y suave me saluda?
Hijo mío, algún mal te intranquiliza
si dejaste tu lecho tan temprano.
Acecha la ansiedad desde su torre

en los ojos de todos los ancianos,
no viene el sueño a reposar con ella:
pero donde la intacta juventud
deja caer sus miembros sin zozobra
allí es el reino de los sueños de oro.
Por eso tu visita matutina
me dice que un afán te ha despertado.
Si no es así, ahora sí que acierto:
no se ha acostado aún nuestro Romeo.

ROMEO.

Así fue y mi descanso fue más dulce.

FRAY LORENZO.

Dios te perdone! Viste a Rosalina?

ROMEO.

A Rosalina, Padre? No, por cierto.
Me olvidé de ese nombre y sus tristezas.

FRAY LORENZO.

Dónde estuviste entonces, hijo mío?

ROMEO.

No me preguntes más, voy a decírtelo:
estuve en un festín con mi enemigo
y allí de pronto recibí una herida
de una persona a quien yo había herido.
De tu sagrada ciencia y de tu ayuda
depende que se alivien estos daños.
Ya ves, santo varón, que no es el odio
lo que me trae, porque lo que pido
también lo pido para mi adversario.

FRAY LORENZO.

Sé sencillo, hijo mío, en tu relato!
Cómo absolver la confesión ambigua?

ROMEO.

Sabrás entonces que amo sin medida
a la hija del rico Capuleto.
Como es suyo mi amor, su amor es mío
y para nuestra unión sólo nos falta
que nos unas en santo matrimonio.

841

Dónde nos encontramos, cuándo y cómo
para hablarnos de amor y enamorarnos
y cómo se selló nuestra promesa
te lo diré más tarde. Ahora te ruego
que hoy mismo tú consientas en casarnos.

Fray Lorenzo.

Qué cambio es éste, santo San Francisco!
Olvidaste tan pronto a Rosalina?
Mira cómo aparece en tu mejilla
sin que se haya borrado todavía
la mancha de una de tus viejas lágrimas.
Has cambiado? Pronuncia esta sentencia:
"Si no tienen firmeza los varones,
por qué pedir virtud a las mujeres?"

Romeo.

No me reprendas, la que yo amo ahora
me devuelve confianza por confianza
y el amor por amor. No así la otra.

Fray Lorenzo.

Ella sabía que le recitabas
de memoria tu amor sin comprenderlo.
Pero, joven voluble, ven conmigo:
vamos, voy a ayudarte en una cosa:
si alcanza el matrimonio que me pides
a cambiar, dando pruebas de su dicha,
en puro amor este odio de familias.

Romeo.

Vamos andando, me siento impaciente!

Fray Lorenzo.

Con calma y con cordura! Tú ya sabes:
quien apurado vive apurado muere! (*Salen.*)

ESCENA CUARTA

Una calle

(*Entran* BENVOLIO y MERCUCIO.)

MERCUCIO.

Dónde diablos estará este Romeo? No volvió a casa anoche?

BENVOLIO.

A casa de su padre, no. Hablé con su criado.

MERCUCIO.

Es claro que esa pálida mujerzuela, de corazón duro, esa Rosalina, tanto lo atormenta que acabará por volverse loco.

BENVOLIO.

Tybaldo, el pariente del viejo Capuleto, le ha mandado una carta a casa de su padre.

MERCUCIO.

Caramba! Eso es un desafío.

BENVOLIO.

Romeo le contestará.

MERCUCIO.

Cualquiera que sepa escribir puede contestar una carta.

BENVOLIO.

No es eso. Digo que contestará la carta como se debe al que se la escribió. Desafío por desafío.

MERCUCIO.

Ay, pobre Romeo, ya está muerto! Lo apuñalaron los ojos negros de una muchacha blanca. Le dispararon una canción de amor en las orejas. Le dividieron el centro del corazón con un solo flechazo del arquerito ciego. Te parece que es un hombre como para batirse con Tybaldo?

Benvolio.

Qué es eso de Tybaldo? (*Despectivo.*) Quién es Tybaldo, después de todo?

Mercucio.

Para empezar te diré que es algo más que el Príncipe de los Gatos. Oh, es un bravo capitán de la galantería. Te provoca a duelo con la misma facilidad con que tú cantas un estribillo. Sabe guardar el tiempo, la distancia y la proporción. Te da una mínima para que descanses y luego, una, dos, tres, y a tu pecho! Es un carnicero con botones de seda. Ah, qué inmortal pasado! La punta reversa! El ay!
(*Entra* Romeo.)

Benvolio.

Aquí viene Romeo!

Mercucio.

Viene sólo la mitad de él, como si fuera un arenque seco. Oh, carne, carne, cómo te vas convirtiendo en pescado! Signore Romeo, "bonjour"! Ahí va un saludo en francés para tus calzones a la francesa! Qué bien lo hiciste anoche, verdad?

Romeo.

Qué dices que hice anoche?

Mercucio.

Que te escurriste! Que te escapaste! No lo sabías?

Romeo.

Perdón, mi buen Mercucio, era un asunto de importancia, y en un caso como el mío un hombre puede pasar por alto la cortesía.
(*Entran el* Ama *y* Pedro.)

Mercucio.

Fragata a la vista!

Benvolio.

Con dos velas: una camisa y una blusa!

AMA.
Pedro!

PEDRO.
Qué pasa?

AMA.
Mi abanico, Pedro!

MERCUCIO.
Dáselo, Pedrito, para que se tape la cara. Es mejor el abanico!

AMA.
Buenos días les dé Dios, caballeros.

MERCUCIO.
Buenas tardes te dé Dios, hermosa dama!

AMA.
Son ya las buenas tardes?

MERCUCIO.
No son menos, te lo digo. Las indecentes manitas del reloj se están metiendo en el agujero de las doce.

AMA.
Basta! Qué clase de hombre es éste?

ROMEO.
Señora, es uno que Dios hizo para que él mismo se echara a perder.

AMA.
Es verdad. Muy bien dicho esto de para que él mismo se echara a perder. Señores, alguno de ustedes puede decirme dónde puedo hallar al joven Romeo?

ROMEO.
Yo puedo. Pero el joven Romeo será más viejo cuando lo encuentres que cuando lo buscabas. A falta de otro peor, yo soy el más joven de los Romeos.

AMA.
Lo dices bien.

MERCUCIO.

Cómo? El peor te ha parecido bien? Qué bien lo has visto! Eres muy lista, muy lista!

AMA.

Si usted es Romeo, debo hacerle una confidencia.

BENVOLIO.

Lo va a atrapar para una cena.

MERCUCIO.

Ja, ja! Una alcahueta! Una alcahueta! Una alcahueta!

ROMEO.

Qué has descubierto?

MERCUCIO.

No es una liebre, señor, a menos, señor, que se haya puesto rancia antes de comerla.
   (Canta.)
Una liebre rancia, una liebre vieja
en cuaresma es muy buena comida,
pero no es bocado
una vieja liebre que así se ha quedado
porque estaba rancia antes de engullida.

MERCUCIO.

No vendrás a casa de tu padre? Allí comeremos.

ROMEO.

También iré yo.

MERCUCIO.

Adiós, mi antigua señora! Adiós! Adiós! *(Canta.)* Señora! Señora! Señora!
   (*Salen* MERCUCIO *y* BENVOLIO.)

AMA.

Muy bien! Adiós! Por favor, señor, quién es ese mercachifle descocado tan contento de sus payasadas?

ROMEO.

Ama, es un caballero que goza escuchándose hablar y que

habla más en un minuto de lo que es capaz de oír en un mes.

AMA.

Que se largue a hablar mal de mí y me las pagará aunque sea más fortacho de lo que es y aunque sean veinte de su calaña. Y si yo no puedo, me buscaré quienes puedan. Desgraciado! Piojento! Yo no soy ninguna de sus putillas. Me cree de su patota? (*Volviéndose a* PEDRO.) Y tú, ahí te quedas tieso, y dejas que cualquier desgraciado se ría de mí como se le antoje?

PEDRO.

No he visto a ningún hombre que se burlara de usted. Si lo hubiera visto, hubiera desenvainado la espada de inmediato, se lo aseguro. Si hay ocasión para una buena pelea y tengo la ley de mi parte, no hay otro como yo para desenvainarla.

AMA.

Por Dios santo! Me siento tan ofendida que tiemblo por todas partes! Desgraciado piojento! (*Dirigiéndose a* ROMEO.) Permitidme, señor, una palabra, y como ya lo he dicho, mi señorita me ha mandado a buscarte. Lo que me encargó eso lo guardo para mí sola.

ROMEO.

Ama, recomiéndame a tu señora y dueña. Yo te juro que...

AMA.

Qué gran corazón! Se lo aseguro que todo se lo diré. Dios mío! Dios mío! Qué feliz va a ser!

ROMEO.

Qué vas a decirle, si no me has oído?

AMA.

Le diré, señor, a ella que me ha jurado usted, y esto para mí es palabra de caballero.

ROMEO.

Dile que encuentre un pretexto esta tarde para ir a confesarse a la celda de fray Lorenzo. Él nos confesará y nos casará. (*Dándole dinero.*) Toma esto por lo que te has molestado.

AMA.
No, señor, ni un centavo!

ROMEO.
Anda! Te digo que lo tomes!

AMA.
Esta tarde, señor? Allí estará.

ROMEO.
Y tú, buen ama, quédate detrás del muro de la abadía. Dentro de una hora mi criado estará contigo. Te llevará una escala de cuerdas que en el secreto de la noche me llevará a la altura, a lo más alto de mi alegría. Adiós! Sénos fiel, que compensaré tus afanes. Adiós!

AMA.
Que Dios lo bendiga!

ROMEO.
Recomiéndame a tu señora.

AMA.
Por supuesto, mil veces! (*Sale* ROMEO.) Pedro!

PEDRO.
Aquí estoy!

AMA.
Pedro, toma el abanico! Anda delante de mí y apresúrate! (*Salen.*)

ESCENA QUINTA

Jardín de los Capuleto
(*Entra* JULIETA.)

JULIETA.
Eran las nueve cuando mandé al ama,

me prometió volver en media hora.
Tal vez no lo encontró. Pero no es eso.
No puede andar, es coja. Los heraldos
del amor deben ser los pensamientos
que caminan diez veces más que el sol
cuando ahuyenta la sombra en las colinas.
Por eso son palomas de alas ágiles
las que conducen al Amor, por eso
Cupido, hijo del viento, tiene alas.
Ya cubrió el sol la más alta colina
en su camino de hoy, porque hay tres horas,
tres largas horas hay de nueve a doce,
y el ama no regresa todavía.
Si en sus venas ardiera sangre joven
rebotaría como una pelota,
hacia él la enviarían mis palabras,
sus palabras me la devolverían.
Pero los viejos son como los muertos,
lentos, torpes, pesados como el plomo.

(*Entre el* AMA *con* PEDRO.)

Dios mío! Ya llegó! Ama adorada,
qué noticias me traes? Lo encontraste?
Despide a este muchacho.

AMA.

Pedro, espérame a la puerta. (*Sale* PEDRO.)

JULIETA.

Ama mía... Dios mío, qué te pasa?
Si son malas noticias, por favor,
dilas alegremente y si son buenas
no maltrates la música que traen
dándomelas con cara de vinagre.

AMA.

Estoy cansada. Aguárdame un minuto!
Ay, me duelen los huesos, qué carrera!

JULIETA.

Cambiemos tus noticias por mis huesos;
ama querida, habla, te suplico.

849

AMA.
Jesús! Qué apuro! Espérate un instante!
No te das cuenta que estoy sin aliento?

JULIETA.
Tú sin aliento, pero con aliento
para decirme que te falta aliento!
Es más larga la excusa que me das
que lo que no me cuentas, excusándote!
Son buenas o son malas tus noticias?
Respóndeme: después me dirás todo,
tus noticias son buenas o son malas?

AMA.
Bueno! Qué mal has elegido! No sabes cómo escoger un hombre! Romeo? No, no es el hombre para ti, aunque tiene mejor cara que ninguno. En cuanto a pierna nadie se la gana. No hablemos de sus manos, ni de sus pies, ni de su figura. No tienen igual. No es la flor de la cortesía, pero, te aseguro, que es suave como un corderito. Chiquilla mía, vas bien encaminada. Sirve a Dios! Cómo, ya cenaron aquí?

JULIETA.
No, no. Pero ya todo eso lo sabía yo! Qué ha dicho de nuestro casamiento? Qué ha dicho de eso?

AMA.
Jesús! Cómo me duele la cabeza!
Siento que se me parte en mil pedazos.
Y por acá mi espalda, ay, ay, mi espalda!
Qué corazón de piedra el que tú tienes
para mandarme de una parte a otra
a corretear hasta caerme muerta!

JULIETA.
Cuánto lamento que no te halles bien!
Amita mía, dime, amita mía,
qué te dijo mi amor?

AMA.
Tu amor me ha dicho, como honrado caballero que es, amable, bondadoso y de buena presencia, y te lo aseguro, como virtuoso... Dónde está tu madre?

JULIETA.

Que dónde está mi madre? Pues adentro!
Dónde va a estar? Qué cosas raras dices!
"Tu amor, que es un honrado caballero...
En dónde está tu madre?..."

AMA.

Virgen Santa!
Tan pronto te acaloras? Me imagino...
Es éste el bálsamo para mis dolores?
Lleva tú tus recados, desde ahora!

JULIETA.

Qué enredo! Dime, qué dice Romeo?

AMA.

Tienes permiso para confesarte?

JULIETA.

Sí.

AMA.

Entonces, corre donde fray Lorenzo.
en su celda un marido está esperando
para hacerte su esposa. Estoy viendo
cómo sube el rubor a tus mejillas.
Se pondrán escarlata cuando escuches:
anda a la Iglesia. Yo, por otro lado,
me buscaré una escala con la cual
tu amor va a encaramarse hacia su nido
como un pájaro, apenas anochezca.
Ya ves cómo trabajo por tu dicha,
pero esta noche es para ti el trabajo.
Vamos! Voy a comer. Corre a la celda!

JULIETA.

Corro a la dicha! Adiós, ama querida!

ESCENA SEXTA

(*Entran* Fray Lorenzo *y* Romeo.)

Fraile.

Sonría el cielo a este sagrado rito
y que ningún dolor pueda dañarlo.

Romeo.

Amén! Amén! Pero ningún dolor
podría equipararse a la alegría
que siento al verla junto a mí un instante!
Que tus palabras unan nuestras manos
y la devoradora del amor,
la muerte, haga después su voluntad:
a mí me basta que a la amada mía
pueda llamarla desde ahora mía.

Fraile.

El fin violento del placer violento
muere triunfando como fuego y pólvora
que se consumen en su propio beso
y la más dulce miel resulta odiosa,
su excesiva dulzura nos hastía.
Te durará el amor si lo moderas.
Llega el veloz tan tarde como el lento.
  (*Entra* Julieta.)
Aquí está la muchacha. Un pie tan leve
no gastará jamás la piedra eterna.
Un amante es capaz de cabalgar
sobre las telarañas que en verano
pueblan el aire: tal vez no caería,
así es la levedad del desvarío.

Julieta.

Buenas tarde, mi padre confesor!

Fraile.

Será Romeo quien te dé las gracias.

Julieta.

Es también mi saludo para él.

Romeo.

Julieta, si se mide tu alegría
por la mía y la expresas con más arte,
endulza con tu aliento el aire libre
y deja que tu voz llena de música
diga la dicha de este dulce encuentro.

Julieta.

El sentimiento tiene más substancia
que las palabras y se enorgullece
no del adorno, sino de su esencia.
Su caudal sólo cuenta el pordiosero:
mi amor se ha acrecentado de tal modo
que se hace incalculable mi riqueza!

Fraile.

Vamos y aceleremos nuestra obra!
Perdón, porque no puedo dejar solas
a dos personas hasta que de ellas
haga una sola nuestra Santa Iglesia. (*Salen.*)

ACTO TERCERO

ESCENA PRIMERA

Verona, una plaza
(*Entran* MERCUCIO, BENVOLIO, *un* PAJE *y* SIRVIENTES.)

BENVOLIO.

Vámonos, buen Mercucio, te lo ruego!
Hace calor! Andan los Capuleto
sueltos, y si con ellos nos hallamos
habrá gresca, porque con estos días
de calor, llega a hervir la sangre loca.

MERCUCIO.

Tú me recuerdas a uno de esos valentones que cuando entran a una taberna blanden la espada sobre la mesa diciendo: "Dios quiera que no te necesite". Y a la segunda copa la sacan y amenazan sin motivo alguno al mozo que les quita el vino.

BENVOLIO.
Me crees uno de esos?

MERCUCIO.

Vamos, vamos! En Italia no hay otro tan arrebatado como tú, y tan pronto te irritas hasta enfurecerte como te enfureces por haberte irritado.

BENVOLIO.

Por mi cabeza! Aquí vienen los Capuleto!
Por mis talones! Me tienen sin cuidado!
(*Entran* TYBALDO *y otros.*)

TYBALDO.

Sigan a mi lado! Yo quiero hablar con ellos! Buenas tardes, señores! Una palabra con uno de ustedes!

MERCUCIO.

Y una sola palabra con uno de nosotros? Hay que agregarle algo, digamos una palabra y un golpe!

TYBALDO.

Estoy listo para eso, si me dan la ocasión!

MERCUCIO.

Y no puede tomarse la ocasión sin que se la demos?

TYBALDO.

Mercucio, tú te has concertado con Romeo.

MERCUCIO.

Concertado? Nos tomas por musicantes? Si quieres hacer musicantes de nosotros no vas a oír acordes, sino discordias! Aquí tengo el arco de mi violín! *(Se toca la espada.)* Con él te haré bailar! Vaya! Qué acordes!

BENVOLIO.

Aquí hablamos en medio de las gentes,
busquemos un lugar más reservado
y razonemos con serenidad
sobre nuestros agravios, o bien, vámonos!
Aquí todos los ojos nos observan!

MERCUCIO.

Deja que nos observen. Es para eso
que tenemos los ojos en la cara.
Yo no me moveré por darles gusto!
    (Entra ROMEO.*)*

TYBALDO.

Sea la paz contigo! Aquí está mi hombre.

MERCUCIO.

Que me ahorquen si lleva tu librea!
Te seguirá si sales al terreno
y será el hombre de Su Señoría.

TYBALDO.

Romeo, es tanto lo que yo te quiero
que no tengo otro modo de expresarlo,
sino decirte que eres un "villano".

ROMEO.

Tybaldo, las razones que yo tengo
para quererte, excusarán la rabia
de tu saludo. No soy un villano!
Por eso, adiós! Tal vez no me conoces!

TYBALDO.

Muchacho! Esto no excusa las ofensas
que me has hecho! No sigas! Ponte en guardia!

ROMEO.

Te aseguro que nunca te he ofendido
y que te quiero más de lo que piensas.
Pronto sabrás la causa de mi afecto:
Buen Capuleto, deberá bastarte
que tu nombre lo estimo como el mío!

MERCUCIO.

Qué sumisión tan vil y deshonrosa!
Alla stoccata borraremos eso!
 (Saca la espada.)
Ven a bailar. Tybaldo, matarratas!

TYBALDO.

Qué quieres tú conmigo?

MERCUCIO.

Nada, buen Rey de los Gatos! Sino una de tus siete vidas!
Ésa me dará audacia, y según te portes conmigo, después
les pegaré de lo lindo a las seis que te queden! Quieres
tirar tu espada de las orejas y desenvainarla? Date prisa!
No sea que antes de sacarla te zumbe la mía por tus orejas!

TYBALDO.

A tus órdenes! *(Saca la espada.)*

ROMEO.

Guarda tu espada, Mercucio querido!

MERCUCIO.

Vamos a ver, señor, el pase tuyo! *(Se baten.)*

ROMEO.

Benvolio, desenvaina! A desarmarlos!
Paremos sus espadas! Qué vergüenza!
Que no ocurra esta infamia, caballeros!
Oh, Tybaldo, Mercucio! Nuestro Príncipe
prohibió estas pendencias en Verona!
Para, Tybaldo! Ay, mi buen Mercucio!
   (TYBALDO *hiere a* MERCUCIO *por debajo del brazo de* ROMEO, *y huye con los suyos.)*

MERCUCIO.

Estoy herido! Ya me despacharon!
Maldita sean vuestras dos familias!
Y ése se fue? Y no le tocó nada?

BENVOLIO.

Cómo, estás herido?

MERCUCIO.

     Sí, un rasguño!
Válgame Dios, pero con esto basta!
Mi paje, dónde está? Tráete un médico!
   (Sale el PAJE.)

ROMEO.

Valor! La herida no ha de ser tan grave!

MERCUCIO.

No. No es tan honda como un pozo, ni tan ancha como puerta de iglesia, pero es bastante. Cumplirá su fin! Pregunta por mí mañana y verás qué tieso estoy! Lo que es para este mundo ya estoy cocinado! Malditas sean vuestras dos familias! Qué cosa! Que un perro, un ratón, una rata, un gato, puedan matar a un hombre de un arañazo! Un matón, un pícaro, un bellaco, que se batía según su libro de aritmética! Por qué diablos te metiste entre nosotros dos? Me hirió por debajo de tu brazo!

Romeo.

Quise hacer lo mejor!

Mercucio.

Ay, llévame, Benvolio, a alguna casa
o me desmayaré. Malditas sean
vuestras dos familias! Por culpa de las dos
soy desde ahora carne de gusanos!
Ya me dieron lo mío! Qué familias!
    (Sale, ayudado por Benvolio.*)*

Romeo.

Este Mercucio, familiar del Príncipe
y mi mejor amigo, ha sido herido
de muerte, por mi causa! Está manchado
mi honor por la insolencia de Tybaldo,
por Tybaldo, que desde hace una hora
es mi primo, Julieta, mi Julieta!
Tu belleza me vuelve afeminado!
Se ablanda en mí el acero del valor!
    (Entra Benvolio.*).*

Benvolio.

Nuestro Mercucio, el valeroso, ha muerto!
Ah, Romeo, Romeo, su alma noble
que tan temprano desdeñó a la tierra
llegó por fin a unirse con las nubes!

Romeo.

El sombrío destino de este día
amenaza los días venideros!
Aquí sólo empezó la desventura,
otros días habrán de darle fin!

Benvolio.

El furioso Tybaldo está de vuelta!

Romeo.

Mercucio muerto y tú vivo y triunfante!
Al diablo que se vaya mi cordura.

que los ojos de fuego de la cólera
dirijan desde ahora mi conducta! *(A* Tybaldo.*)*
Te devuelvo el "villano" que me diste!
Porque, Tybaldo, el alma de Mercucio
vuela apenas encima de nosotros
esperando que tu alma la acompañe!
Tú, yo, o bien los dos, la seguiremos!

TYBALDO.

Tú, pobre diablo, que lo acompañabas
aquí abajo, irás a verlo arriba!

ROMEO. *(Sacando la espada.)*

Es esto lo que debe decidirlo!
   (Se baten. Cae TYBALDO.*)*

BENVOLIO.

Romeo, vete! Corre!
Tybaldo ha muerto! El vecindario acude!
No te quedes pasmado! Si te cogen
tu sentencia de muerte impondrá el Príncipe!
Corre! Pronto!

ROMEO.

         Qué idiota es mi destino!

BENVOLIO.

Aún estás aquí?
   (Sale ROMEO. *Entran ciudadanos.)*

CIUDADANO 1º

Por dónde ha huido el que mató a Mercucio?
Dónde escapó Tybaldo, ese asesino?

BENVOLIO.

Ahí está, tendido, este Tybaldo, muerto!

CIUDADANO 1º

Vamos, señor, y sígame! En el nombre
del Príncipe, le pido que obedezca!
   (Entra el PRÍNCIPE *con su séquito, el* VIEJO MONTESCO, CAPULETO, *sus* ESPOSAS *y otros.)*

859

Príncipe.

Quiénes son los canallas que empezaron
esta reyerta?

Benvolio.

Oh, mi noble Príncipe,
puedo contarte esta fatal querella!
A tu pariente, el ejemplar Mercucio,
lo mató éste que yace aquí, Tybaldo.
Y a éste lo mató el joven Romeo.

Sra. Capuleto.

Es mi primo, es el hijo de mi hermano!
Oh, Príncipe! Oh, esposo! Ésta es la sangre
de mi pariente amado! Si eres justo,
Príncipe, por esta sangre nuestra
que se derrame sangre de Montesco!
Oh, Tybaldo, mi primo!

Príncipe.

Benvolio, quién provocó esta riña?

Benvolio.

Fue Tybaldo, aquí yace, lo mató
la mano de Romeo. Con nobleza
antes le suplicó que meditara
en las mezquinas causas de la lucha.
La ira desenfrenada de Tybaldo
lo ensordeció para esta voz de paz.
Si esto no es la verdad, que yo me muera!

Sra. Capuleto.

Él es un familiar de los Montesco.
Por afecto, no dice la verdad!
Una veintena de ellos combatían
en esta horrible riña y entre tantos
sólo alcanzaron a matar un hombre!
Debes hacer justicia! Te la pido,
Príncipe! Pido que Romeo muera
si fue Romeo el que mató a Tybaldo!

Príncipe.

Romeo lo mató y él a Mercucio.

Quién paga ahora esta preciosa sangre?

MONTESCO.

Romeo era el amigo de Mercucio,
hizo lo que la ley habría hecho:
sentenciar a Tybaldo.

PRÍNCIPE.

        Y por ofensa
que desterrado sea del país!
Llegó hasta mí vuestro camino de odio,
se derramó mi sangre en vuestras riñas!
Voy a imponeros un castigo tal
que vais a arrepentiros de mi duelo.
Seré sordo a defensas y pedidos,
ni lágrimas ni ruegos servirán
para pasar por alto estos abusos.
No los uséis, por tanto. Y que Romeo
se aleje de este sitio sin tardanza.
Si es encontrado aquí, debe morir.
Llevaos el cadáver de Tybaldo
y respetad las órdenes que he dado!
Si la clemencia absuelve a los que matan
participa del crimen la clemencia! *(Salen.)*

ESCENA SEGUNDA

Jardín de Capuleto
(Entra JULIETA, *sola.)*

JULIETA.

Oh, noche, protectora del amor!
Extiende tu cortina negra, oh noche!
Que se cierren los ojos acechantes
para que así, en silencio y en secreto,
pueda llegar Romeo hasta mis brazos!
Cubre con tu mantón la sangre indómita
que sube y se amotina en mis mejillas
y dale audacia al temeroso amor
para que con pureza se abandone!

861

Oh, noche, ven! Ven tú, día en la noche,
Romeo, porque brillas en sus alas
como la nieve fresca sobre un cuervo!
Noche de cejas negras, dulce noche,
noche amorosa, ven con mi Romeo,
y córtalo en estrellas pequeñitas:
dará tal esplendor al firmamento
que el mundo enamorado de la noche
se olvidará del sol y de su fuego!
 (Entra el AMA *con unas cuerdas.)*
Oh, aquí llega mi ama
y me trae noticias, y aunque sólo
diga "Romeo" es música celeste!
Bien, ama, qué noticias? Y esas cuerdas
son las que él te dijo que buscaras?

AMA.

Sí, sí, las cuerdas! *(Las tira al suelo.)*

JULIETA.

Ay de mí! Qué ha pasado?
Por qué estás restregándote las manos?

AMA.

Ay, qué día! Está muerto, muerto, muerto!
Se acabó todo. Todo se acabó!
No existe, lo mataron, está muerto!

JULIETA.

Y puede ser el cielo tan malvado?

AMA.

El cielo no, pero Romeo sí!
Quién lo hubiera pensado de Romeo!
Oh, Romeo, Romeo!

JULIETA.

Qué demonio eres para atormentarme?
Este suplicio es digno del infierno!
Romeo se mató? Si dices "sí"
será esta sílaba más venenosa
que la mortal mirada de la arpía.

AMA.

Yo vi la herida con mis propios ojos
—que Dios me ampare— sobre su ancho pecho!
Un cadáver sangriento, lastimoso,
pálido, pálido como la ceniza
y cubierto de sangre y de coágulos.
Apenas lo miré, perdí el sentido!

JULIETA.

Corazón mío, derrotado, rómpete,
rómpete de inmediato. A la prisión,
ojos míos! La libertad se acaba!
Cuerpo mortal, resígnate a la tierra!
Termine todo movimiento aquí!
Y que sobre Romeo y sobre ti
descienda el peso de una misma losa!

AMA.

Oh, tú. Tybaldo, mi mejor amigo!
Cortés Tybaldo! Honesto caballero!
Que haya vivido para verte muerto!

JULIETA.

Qué tempestad de vientos tan contrarios!
Mataron a Romeo y a Tybaldo?
Mi primo amado y mi adorado esposo?
Entonces, oh trompeta pavorosa,
resuena! Ya llegó el día del Juicio!
Porque si han muerto aquellos dos, no hay nadie
que pueda seguir vivo en este mundo!

AMA.

Tybaldo ha muerto. Lo mató Romeo.
Romeo debe irse, desterrado!

JULIETA.

Dios mío! Fue la mano de Romeo
la que esparció la sangre de Tybaldo?

AMA.

Así es! Así es! Ay, qué maldito día!

JULIETA.

Naturaleza, qué hay en el infierno
cuando alojaste el alma de un demonio
en el edén de un cuerpo tan hermoso?

AMA.

Me están poniendo vieja tantas penas,
tantos quebrantos, tantas aflicciones!
Que a Romeo le caiga la deshonra!

JULIETA.

Que te queme la lengua lo que has dicho!
Él no nació para deshonra alguna!
Y se deshonraría el deshonor
si tocara su frente que merece
recibir la corona del amor
como único rey del universo!
Qué monstruo he sido yo para insultarlo!

AMA.

No hables así del que mató a tu primo!

JULIETA.

Y quieres que hable mal del que es mi esposo?
Ay, mi pobre señor, qué lengua humana
te podrá respetar si a las tres horas
de ser tu esposa, yo te he calumniado?
Pero, infame, qué causa te llevó
a matar a mi primo? El primo infame
que habría asesinado a mi marido!
Vuélvete, llanto inútil, a tu fuente,
tus gotas son tributos al dolor
que ofreces por error a la alegría!
Mi marido está vivo, el que a Tybaldo
quiso matar, pero Tybaldo ha muerto.
El que quiso matar a mi marido!
Todo esto me consuela! Y por qué lloro?
Ha sido una palabra que escuché,
algo peor que la muerte de Tybaldo,
lo que me aniquiló. La olvidaría
con gusto, pero oprime mi memoria
como un crimen el alma del culpable!

Romeo, mi Romeo desterrado!
Ha sido la palabra "desterrado"
la que en verdad mató diez mil Tybaldos!
La muerte de Tybaldo era bastante
dolor, si allí se hubiera terminado.
O si la desventura se deleita
acompañándose con otras penas,
por qué cuando ella me anunció la muerte
de Tybaldo, no continuó diciéndome
que mi padre o mi madre habían muerto?
Cabían todos en el sufrimiento!
Pero siguió a la muerte de Tybaldo
Romeo "desterrado". Esa palabra
significa que madre, padre, primo,
y Romeo y Julieta, han muerto todos.
Romeo "desterrado"! No hay medida,
no hay límite, no hay fin, no tiene término
la muerte que contiene esa palabra,
no hay palabra que exprese ese dolor!
Mi padre, ama, mi madre, dónde están?

AMA.

Quieres verlos? Están junto al cadáver
de Tybaldo, gimiendo y sollozando.
Ven conmigo.

JULIETA.

Si con lágrimas lavan sus heridas,
cuando se sequen, gastaré las mías
a causa del destierro de Romeo!
Toma esas cuerdas! Fuimos engañadas
pobre escala, tú y yo, porque Romeo
ha sido desterrado. Él pretendía
que fueras tú el camino hasta mi lecho.
Ahora soy una doncella viuda!
Moriré virgen! Vamos andando, escala,
vamos, ama, voy al lecho nupcial,
que mi virginidad tome la muerte
y no Romeo!

AMA.
   Márchate a tu alcoba,

voy a salir en busca de Romeo
para que te consuele. Sabré hallarlo!
Vendrá a verte esta noche tu Romeo!
Corro a verme con él! Está escondido
en la celda de fray Lorenzo, me oyes?

JULIETA.

Ay, encuéntralo, encuéntralo, y entrega
este anillo a mi claro caballero!
Que venga! Le daré mi último adiós! *(Salen.)*

ESCENA TERCERA

Celda de Fray Lorenzo
(Entra FRAY LORENZO.*)*

FRAILE.

Romeo, ven acá: ven, receloso!
De ti se ha enamorado la desdicha
y te casaste con la desventura!
  (Entra ROMEO.*)*

ROMEO.

Padre, tienes noticias? Qué sentencia
ha dado el Príncipe? Qué tristezas
que no conozco aún se dan la mano?

FRAILE.

Qué acostumbrado estás, hijo querido,
a andar en tan amarga compañía!
Romeo, el Príncipe ya dio su juicio.

ROMEO.

Es menos duro que el Juicio Final?

FRAILE.

De sus labios salió un fallo más suave.
No te condena a muerte: te destierra!

ROMEO.

Me destierra? Ten lástima de mí!

Dime "muerte". El destierro es más terrible
que la muerte! No me hables de destierro!

FRAILE.

Has sido desterrado de Verona!
Y ten paciencia, porque el mundo es ancho!

ROMEO.

No hay mundo sin los muros de Verona,
sino tortura, purgatorio, infierno!
Si yo salgo de aquí, salgo del mundo,
y si salgo del mundo soy un muerto!
Exilio es otro nombre de la muerte
y si tú llamas a la muerte exilio
me decapitas con un hacha de oro
y sonríes del golpe que me mata!

FRAILE.

Qué pecado mortal, qué ingratitud!
La ley condena a muerte tu delito,
pero, pasando por sobre la ley
el buen Príncipe se puso de tu parte:
cambió a destierro tu condena a muerte!
Y esta clemencia tú no la agradeces!

ROMEO.

No es clemencia, es tormento. Aquí está el cielo,
donde vive Julieta! Y todo gato,
todo perro o ratón, todas las cosas
por indignas que sean, ellas viven
en el cielo, si miran a Julieta.
Sólo Romeo no puede mirarla!
Las moscas, hijas de la podredumbre,
merecen más honor y más respeto
que Romeo. Ellas pueden detenerse
tocando, si lo quieren, de Julieta
la blanca maravilla de su mano.
Y dices que el destierro no es la muerte?
Oh, fraile, esta palabra, entre alaridos,
la dice el condenado en el infierno
y tienes corazón para decírmela
tú, que confiesas almas, que eres siervo

de Dios, tú, que perdonas los pecados
y que te dices mi mejor amigo?
La palabra "destierro" me desgarra!

FRAILE.

Amante loco, escucha una palabra!

ROMEO.

Me seguirás hablando de destierro?

FRAILE.

Defiéndete, aquí tienes la armadura:
es la filosofía, dulce bálsamo
contra el dolor, aun en el destierro.

ROMEO.

No me hables tú, de lo que tú no sientes!
Si tuvieras mi edad y si Julieta
fuera tu amor, si te hubieras casado
hace sólo una hora, si a Tybaldo
hubieras tú tenido que matar,
si amaras con delirio como yo
y como yo estuvieras desterrado,
entonces, sí, que podrías hablar,
tirarte los cabellos, desplomarte
sobre la tierra como lo hago ahora
tomando la medida de mi tumba!
 (Llaman adentro.)

FRAILE.

Escóndete, Romeo. Están llamando!

ROMEO.

Yo no lo haré. Que mi dolor me esconda!
 (Golpean.)

FRAILE.

Oyes cómo golpean? Quién es? Vamos,
Romeo, arriba! Van a detenerte!
 (Otra vez golpean.)
Corre a mi estudio!

(Llaman otra vez.)
                    Un momento! Un momento!
Dios mío, qué locura! Voy! Ya voy!
(Llaman de nuevo)
Quién golpea tan fuerte? Qué desean?
(AMA, dentro.)

AMA.

Déjenme entrar y sabrán lo que quiero!
Vengo de parte de doña Julieta!

FRAILE.

Entonces, bienvenida!
(Entra el AMA.)

AMA.

Oh, santo fraile! Oh, dime, santo fraile,
En dónde está el señor de mi señora?
En dónde está Romeo?

FRAILE.

                    Ahí, en el suelo,
está borracho con sus propias lágrimas!

AMA.

Está lo mismo que mi señorita,
está como ella!

FRAILE.

                    Triste semejanza!
Qué condición doliente!

AMA.

                    Está tendida
llorando y sollozando, como él
sollozando y llorando!
(A ROMEO.) Levántate, levántate!
Pórtate como un hombre por Julieta!
Por su amor, por su amor, ponte de pie!
Cómo puedes llegar a este quebranto?
(ROMEO se levanta.)

Romeo.
Ama...

Ama.
Bueno, la muerte se lo lleva todo!

Romeo.
Hablabas de Julieta? Cómo está?
Piensa de mí que soy un asesino,
o que manché con sangre casi suya
el nacimiento de nuestra alegría?
Ama, qué dice mi secreta esposa
de nuestro amor deshecho? Dónde está?

Ama.
Señor, no dice nada, pero llora,
llora, cae en su cama. y sigue el llanto!
Llama a Tybaldo, grita por Romeo,
y otra vez cae.

Romeo.
Como si este nombre
disparado por un arma terrible
la hubiera asesinado, la maldita
mano con ese nombre que también
asesinó a su primo! Oh, dime, fraile,
en qué parte malvada de mi cuerpo
se halla mi nombre? Dímelo, que quiero
aniquilar ese lugar odioso.
(Saca su daga. Trata de clavársela. El Ama *le arrebata la daga.)*

Fraile.
Detén tu mano insana! Eres un hombre?
Tu figura es de tal, pero tu llanto
es de mujer y tu violencia muestra
la cólera salvaje de una fiera!
Mataste tú a Tybaldo? Y ahora quieres
matarte tú, matando al mismo tiempo
a Julieta que vive de tu vida?
Quieres más odio sobre tu cabeza?
La ley que amenazaba exterminarte

se dulcifica enviándote al destierro.
Anímate! Ve a casa de tu amada
y sube a su aposento a consolarla!
No te quedes allí más de la hora
en que se apostarán los centinelas,
pues no podrías trasladarte a Mantua.
en donde vivirás hasta el momento
en que se reconcilien tus amigos.
se pueda conocer tu matrimonio
y logremos que el Príncipe perdone.
Ándate, Ama! Saluda a tu señora!
Con la pena que tienen será fácil
que todo el mundo se acueste temprano.
No tardará Romeo!

AMA.
Oh, señor, escuchando estos consejos
me quedaría aquí toda la noche.
Oh, lo que es la instrucción! Bien, señor mío.
le diré a mi señora que vendrás.

ROMEO.
Dile que se disponga a regañarme.

AMA.
Me encargó que te diera esta sortija.
Démonos prisa, se está haciendo tarde! *(Sale.)*

ROMEO.
Este regalo me hace revivir!

FRAILE.
Márchate! Buenas noches! Se decide
tu suerte aquí. Debes estar ya lejos
cuando monten la guardia, o de otro modo
saldrás desde aquí mismo disfrazado
rompiendo el día. Vivirás en Mantua.
De tiempo en tiempo con tu servidor
te mandaré a contar lo que suceda.
Dame la mano. Es tarde! Buenas noches!

ROMEO.
Sería un gran dolor decirte adiós,

pero me está esperando la alegría!
Adiós! *(Sale.)*

ESCENA CUARTA

Una sala en la casa de los Capuleto
(Entran el VIEJO CAPULETO, *su* MUJER *y* PARIS.*)*

CAPULETO.

Tan tristes son las cosas que han pasado,
señor, que aún no hablé a mi hija.
Toma en cuenta el afecto que sentía
por su primo Tybaldo, como yo.
Bueno, todos tenemos que morir!
Es tarde ya, no bajará Julieta,
y si no fuera por acompañarte
yo me habría acostado hace una hora.

PARIS.

Cómo hablarle de amor con tantas penas?
Señora, adiós! Que no me olvide su hija!

SRA. CAPULETO.

Mañana ya sabremos lo que piensa.
Esta noche la agobia su tristeza!

CAPULETO.

Conde Paris, me atrevo a prometerle
la mano de mi hija. Estoy seguro
de que ella sólo hará lo que yo diga.
Sobre esto no cabe duda alguna!
Antes de irte a la cama, habla con ella,
que conozca el amor de mi hijo Paris,
me oyes, mujer? y que el miércoles próximo,
pero, qué día es hoy?

PARIS.
                Lunes, señor.

CAPULETO.
Lunes? Ya! Ya! No puede ser el miércoles.

Es demasiado pronto. Bien, el jueves
se casará con este noble conde!
Estarás listo? Te place este apuro?
Nada de pompa. Dos o tres amigos
porque, comprenderás, es tan reciente
la muerte de Tybaldo, nuestro primo,
que pensarían mal de un gran festejo.
Media docena de invitados, basta!
Pero, tú estás de acuerdo con el jueves?

PARIS.

Ay, señor, que mañana sea jueves!

CAPULETO.

Ándate, pues. Será el jueves, entonces!
Y tú, mujer, antes de irte a la cama
sube a ver a Julieta, y la preparas
para la fecha de su matrimonio!
Adiós, señor! Traigan luz a mi pieza!
Ah, caramba! Se está haciendo tan tarde
que en un instante más será temprano!
Buenas noches! *(Salen.)*

ESCENA QUINTA

Jardín de Capuleto
(Entran ROMEO *y* JULIETA.*)*

JULIETA.

Ya quieres irte? No ha asomado el día,
la voz del ruiseñor, no de la alondra
atravesó tu oído temeroso:
canta en la noche, encima del granado.
Fue el ruiseñor, ya sabes, amor mío!

ROMEO.

Fue la alondra que anuncia la mañana,
no el ruiseñor, mi amor, mira las rayas
de la luz envidiosa que desgarra
las nubes, allá lejos, al oriente!

Se apagaron los cirios de la noche
y en puntillas el día se levanta
sobre la bruma de los altos montes.
Si parto, vivo! Si me quedo, muero!

JULIETA.

Aquella luz lejana no es el día,
el sol se desprendió de un meteoro
que te acompañe en el camino a Mantua
y como antorcha aclare tu camino.
Quédate, pues, aún te queda tiempo!

ROMEO.

Que me aprisionen y me den la muerte
si así lo quieres tú, yo estoy contento!
Diré que aquella lejanía gris
no son los nuevos ojos de la aurora,
sino la frente pálida de Cynthia,
y que no son los trinos de la alondra
los que pueblan la bóveda del cielo!
Yo no quiero partir, quiero quedarme.
Bienvenida la muerte, si Julieta
lo quiere. Conversemos. No es de día.

JULIETA.

Es de día! Es de día! Ándate pronto!
Es la alondra que canta y desafina
con feos desacordes y aspereza.
Si su canto reúne la dulzura
no es dulce si a nosotros nos separa.
Suelen decir que el sapo con la alondra
se prestaron los ojos uno a otro,
también debieron de trocar sus voces!
Porque ese trino rompe nuestro abrazo
echándote de aquí con su alborada!
Está aclarando más y más, adiós!

ROMEO.

Está aclarando más y más el día,
más y más se oscurecen nuestras penas!
(*Entra el* AMA.)

AMA.
Señora!

JULIETA.
Ama?

AMA.
Viene a tu pieza tu señora madre.
Prudencia! Ten cuidado! Apunta el día! *(Sale.)*

JULIETA.
Ventana, entonces, deja entrar el día
y que salga la vida!

ROMEO.
Un beso más, y bajo. Adiós! Adiós! *(Desciende.)*

JULIETA.
Así te has ido, mi señor, mi amor,
mi amigo? Esperaré noticias tuyas
durante todo el día de la hora
porque en cada minuto hay muchos días!
Contando el tiempo así, y seré ya vieja
cuando vea otra vez a mi Romeo!

ROMEO.
Adiós! No perderé ocasión alguna
de enviarte mis recuerdos, amor mío!

JULIETA.
Ay, nos encontraremos otra vez?

ROMEO.
No lo dudes, y todas estas penas
se endulzarán cuando las recordemos!

JULIETA.
Dios mío, siento el peso de un presagio!
Es como si te viera, estás abajo,
como un muerto en el fondo de una tumba!
O mi vista me engaña o te ves pálido?

ROMEO.
Así también, mi amor, te ven mis ojos!

El dolor bebe nuestra sangre! Adiós! *(Sale.)*

JULIETA.

Suerte! Suerte! Te dicen veleidosa,
si ésa es tu condición, qué harías con él,
con su fidelidad? Sé caprichosa,
suerte, que te fatigue su presencia
y así me lo devuelvas.

SRA. CAPULETO.

(Desde adentro.) Hija mía,
te levantaste ya?

JULIETA.

Quién es? Mi madre?
Aún no se acuesta, o ya se levantó?
Por qué razón puede venir a verme?
(Entra la MADRE.*)*

SRA. CAPULETO.

Qué te pasa, Julieta?

JULIETA.

No estoy bien.

SRA. CAPULETO.

Todavía llorando por tu primo?
Crees que así lo sacas de la tumba?
No resucitaría con tus lágrimas.
Basta! El dolor es prueba de cariño,
pero tanto dolor es tontería!

JULIETA.

Yo tengo que llorar lo que he perdido!

SRA. CAPULETO.

Voy a darte noticias que te alegren:
Hija mía, temprano, el jueves próximo
te esperará en la iglesia de San Pedro
el joven y gallardo conde Paris:
ese día este noble caballero
te hará feliz haciéndote su esposa!

Julieta.

Ay, por San Pedro y por su Santa Iglesia,
no puedo ser una feliz esposa!
Por qué este apremio para desposarme
con alguien que hasta ahora no me ha hablado
de amor? Quiero que digas a mi padre
que no quiero casarme todavía.

Sra. Capuleto.

Aquí viene tu padre! Ve a decírselo,
y tú misma verás cómo lo toma!
(Entran Capuleto *y el* Ama.)

Capuleto.

Todavía más lágrimas? Muchacha,
te has convertido en una cañería?
Sigue el diluvio? Tu pequeño cuerpo
es la nave, el océano y el viento
al mismo tiempo!
(A la señora Capuleto.)
Vamos, mujer.
la informaste de nuestra decisión?

Sra. Capuleto.

Sí, señor. La agradece y la rechaza!
Por mí esta boba lo que debía
hacer es desposarse con la tumba!

Capuleto.

Calma! Quiero entender! Quiero entender!
Cómo? Lo ha rechazado? No agradece?
No se siente orgullosa? No comprende
que aunque es indigna de él, hemos logrado
convencer a este noble caballero
para que la tomara por esposa?

Julieta.

No me siento orgullosa! Lo agradezco!
Nunca estaré orgullosa de lo que odio,
pero hasta lo que odio lo agradezco
si el odio se desata por amor!

877

CAPULETO.
Cómo? Cómo? Cómo? Sofismas!
"Orgullosa", "Agradezco" y "No agradezco"
y sin embargo "No estoy orgullosa".
Óyeme, señorita melindrosa,
no me agradezcas agradecimientos,
pero prepara bien tus piernecitas
para que el jueves próximo con Paris
te vayas a la iglesia de San Pedro,
y si no vas, te llevaré a la rastra!
Fuera de aquí, carroña con anemia!
Puta, fuera de aquí, Cara de sebo!

SRA. CAPULETO.
Ay, que vergüenza! Qué? Te has vuelto loco?

JULIETA.
Buen padre, te lo pido de rodillas,
escucha una palabra, con paciencia!

CAPULETO.
Que te ahorquen, putilla criatura
desobediente, oye bien lo que te digo,
estarás, este jueves, en la iglesia
o no me mirarás más a la cara!
No me contestes, no hables, no repliques!
Ya me comen las manos, mujer mía!
Nosotros que hasta hoy nos parecía
bendición del Señor esta hija única
ahora vemos que una es demasiado
y es una maldición que la tengamos!
Fuera de aquí, ramera!
(*Entra el* AMA.)

AMA.
             Dios la guarde!
Mi señor, te equivocas al juzgarla!

CAPULETO.
Por qué, doña Sapiencia? Tú te callas!
Ándate con tus chismes, imprudente!

AMA.
¡Hablar no es un pecado!

CAPULETO.
                Adiós, entonces!

AMA.
Una no puede hablar?

CAPULETO.
                Tonta, chismosa,
déjame en paz, derrama tu elocuencia
con tus comadres! No es necesaria aquí!

SRA. CAPULETO.
Te estás acalorando demasiado!

CAPULETO.
Me vuelvo loco, por la Santa Hostia,
tarde, temprano, de noche, de día,
viajando, en casa, solo, acompañado
mi único afán fue verla desposada
y ahora que la pide el conde Paris,
un joven de familia principesca,
rico, hermoso, educado con nobleza,
esta increíble necia lo rechaza!
Vete a comer el pasto donde quieras,
porque en mi casa no pondrás los pies!
No estoy bromeando, el jueves está cerca!
Piensa, con una mano sobre el pecho:
si eres mi hija te daré a mi amigo
y si no que te cuelguen, que te mueras
de hambre y miseria en medio de la calle!
Oyes? Jamás te reconoceré,
nada de lo que tengo será tuyo!
Piénsalo bien, soy hombre de palabra! (*Sale.*)

JULIETA.
No hay piedad por encima de las nubes
para el abismo de mi sufrimiento?
Oh, dulce madre mía, no me expulses!
Te suplico que aplaces estas bodas
un mes, una semana, si no lo haces

que se prepare mi lecho nupcial
en la sombría tumba de Tybaldo!

SRA. CAPULETO.

No me hables! Yo no quiero hablar contigo!
Esto se ha terminado! Haz lo que quieras! (*Sale.*)

JULIETA.

Oh, Dios! Oh, ama! Cómo impedir esto?
Tengo esposo en la tierra y fe en el cielo,
cómo haré que la fe vuelva a la tierra?
A menos que mi esposo me la envíe
si se va de este mundo, desde el cielo!
Ay de mí, aconséjame, consuélame!
Ay, cómo el cielo puede preocuparse
de engañar a una débil criatura!
Qué dices? No me das algún consuelo?

AMA.

Sí, lo tengo! Romeo desterrado,
te apuesto el mundo contra cualquier cosa,
ya no se atreverá a acercarse a ti.
Y si llega a venir será en secreto.
Mirando bien las cosas como están
es mejor que te cases con el conde.
Qué hermoso caballero! Tu Romeo
parece, junto a él, un estropajo!
Un águila no tiene ojos tan verdes,
tan luminosos como los de Paris!
Maldita sea mi alma, mi señora,
si no pensara en tu felicidad:
es mejor este nuevo casamiento
que el primero, y aunque así no fuera,
está ya muerto tu primer esposo.
No te sirve de nada aunque esté vivo.

JULIETA.

Y esto lo dices con el corazón?

AMA.

Y también con el alma te lo digo:
que me condenen si es una mentira!

JULIETA.
 Amén.

AMA.
 Cómo?

JULIETA.
 Y bien, me has consolado a maravilla!
 Ahora vete y conversa con mi madre,
 dile que salgo a ver a fray Lorenzo:
 después del desagrado de mi padre
 quiero que me confiese y que me absuelva.

AMA.
 Has entrado en razón, corro a contárselo! (*Sale.*)

JULIETA.
 Adiós, mi confidente! Desde ahora
 mi corazón y tú se han separado!
 Corro a pedirle al fraile su consejo!
 Y si todo fracasa, no me faltan
 fuerzas a mí para buscar la muerte!

ACTO CUARTO

ESCENA PRIMERA
Celda de Fray Lorenzo
(*Entran* Fray Lorenzo *y el* conde Paris.)

Fraile.
  Es el jueves, señor? Hay poco tiempo!

Paris.
  Mi padre Capuleto lo ha fijado
  y no tengo por qué calmar su prisa.

Fraile.
  Y aún no sabes lo que piensa ella!
  Esto es irregular, y no me gusta.

Paris.
  Llora y llora la muerte de Tybaldo,
  por eso apenas si le hablé de amor.
  Venus no ríe en la mansión del llanto.
  Señor, su padre juzga peligroso
  que Julieta se entregue al sufrimiento
  y sabiamente apresuró la boda
  para que así se acaben estas lágrimas!
  Se ha encerrado en su pena, solitaria,
  tal vez la sanará mi compañía!
  Ya sabes el motivo del apremio.

Fraile (*Aparte.*)
  Y también de por qué debe aplazarse!
  Aquí llega a mi celda la muchacha!

Paris.
  Feliz encuentro, mi señora esposa!

JULIETA.
Llámame así cuando yo sea esposa.
PARIS.
Ese "yo sea" será el jueves próximo!
JULIETA.
Lo que ha de ser, será!

FRAILE.
Buena sentencia!
PARIS.
Vienes a confesarte con el padre?

JULIETA.
Responder eso es como confesarme!
PARIS.
No le niegues que tú me amas a mí.

JULIETA.
Te confesaré a ti que lo amo a él.

PARIS.
Y también le dirás que a mí me amas.

JULIETA.
Si lo hiciera sería más valiosa
mi confesión cuando no estás presente.

PARIS.
Pobrecilla, se ve cómo las lágrimas
han causado perjuicios en tu cara!

JULIETA.
Pequeño ha sido el daño que le han hecho,
ya estaba mal antes de que corrieran!

PARIS.
Lo que has dicho es más duro que las lágrimas!

JULIETA.
No es calumnia, yo he dicho la verdad.
Lo que he dicho a mi cara se lo dije.

883

Paris.

Tu cara es mía! Tú la calumniaste!

Julieta.

Podría ser, pues no me pertenece!
Padre, dime si ahora tienes tiempo
o si debo volver después de misa?

Fraile.

Mi pensativa niña, tengo tiempo!
Señor, déjanos solos un momento.

Paris.

No quiero perturbar las devociones!
Iré de madrugada a despertarte,
Julieta, el jueves. Hasta entonces, pues,
guarda este santo beso. (*Sale.*)

Julieta.

                          Por favor,
cierra esa puerta y cuando lo hayas hecho
ven a llorar conmigo! Para mí
no hay auxilio, esperanza, ni consuelo!

Fraile.

Julieta, ya conozco tu dolor
que ya sobrepasó mi entendimiento!
Sé que el próximo jueves, sin remedio,
debes casarte con el conde Paris.

Julieta.

Padre, no me hables de este matrimonio,
si no me dices tú cómo impedirlo,
si tu sabiduría no me ayuda,
admite que mi decisión es sabia
y con este puñal voy a cumplirla!
No tardes en hablar, quiero morir
si no me salvas con lo que me digas.

Fraile.

Calma, hija mía. Existe una esperanza!
Para esta situación desesperada
una desesperada solución!

Si en verdad te dispones a morir
antes que desposarte con el conde,
tal vez será posible que te atrevas
a simular la muerte, de este modo
desafiarás la muerte con la muerte.
Si tú te atreves te daré el remedio.

JULIETA.

Antes de dar mi mano al conde Paris
me dejaré caer de las almenas
de aquella torre! Yo atravesaría
los caminos plagados de ladrones,
me metería en nidos de serpientes!

FRAILE.

Ándate a casa ahora, que te vean
contenta, acepta desposar a Paris:
es miércoles mañana: por la noche
quédate sola y cuando estés en cama
bebe el licor de este pequeño frasco,
sentirás que la sangre soñolienta
se enfriará de súbito en tus venas,
se detendrá el latido de tu pulso.
Como estarás helada y sin aliento
tu apariencia será la de una muerta!
Después del simulacro de la muerte,
que cuarenta y dos horas durará,
despertarás como de un dulce sueño.
Así es que cuando el novio, en la mañana
te venga a despertar, te hallará muerta!
Entonces, a la usanza del país,
te vestirán con las mejores galas
y serás transportada al mausoleo
donde sepultan a los Capuleto.
Yo advertiré a Romeo, mientras tanto.
Juntos esperaremos que despiertes.
De allí Romeo ha de llevarte a Mantua.

JULIETA.

Dame ese clixir, dámelo, sin miedo!

FRAILE.

Tómalo! Ándate pronto! Y tu propósito

cumple con decisión y con firmeza!
En este mismo instante saldrá un monje
que llevará una carta a tu marido.

Julieta.

Dame tu fuerza, amor, y tendré fuerzas
para salvarme! Padre mío, adiós! (*Sale*.)

ESCENA SEGUNDA

Sala en la casa de Capuleto
(*Entran* Capuleto, *la* señora Capuleto, *el* Ama *y dos* sirvientes.)

Capuleto.

Ésta es la lista de los invitados!
(*Sale un* sirviente.)
Sal a buscarme veinte cocineros!

Sirviente 2º.

No habrá ninguno malo, señor, porque averiguaré primero si saben chuparse la punta de los dedos.

Capuleto.

Y para qué averiguas eso?

Sirviente 2º.

Válgame Dios, señor! No es cocinero el que no sabe chuparse los dedos! Por lo tanto, el que no se chupa los dedos, no me conviene.

Capuleto.

Bueno. Vete!
(*Sale el* sirviente.)
Por esta vez nos faltan provisiones!
Bueno, mi hija está con fray Lorenzo?

Ama.

Sí, por cierto.

Capuleto.

Ojalá que cambie un poco!
Es tan porfiada y terca esta muchacha!

Se ha confesado, qué risueña viene!
   (*Entra* JULIETA.)
Cómo estás, mi pequeña testaruda?
Por dónde andabas?

JULIETA.

Donde me enseñaron
a arrepentirme de mi rebeldía
y a pedirte perdón, arrodillada.
Así me lo aconsejó fray Lorenzo.
Te suplico perdón! Y desde ahora
me dejaré guiar sólo por ti! (*Se arrodilla.*)

CAPULETO (*a un* SIRVIENTE).

Vete a buscar al conde! Cuéntale esto!
Se hará mañana el nudo del enlace!

JULIETA.

Vi al joven conde donde fray Lorenzo,
le ofrecí tanto amor como podía
sin pasar las barreras del recato.

CAPULETO.

Levántate! Muy bien! Estoy contento!
Todo va bien. Ahora veré al conde.
Repito! Quiero verlo! Que lo traigan!
Juro ante Dios que al fraile reverendo
toda nuestra ciudad le debe mucho!

JULIETA.

Quieres venir conmigo hasta mi cámara.
Ama, y buscar conmigo el atavío
que necesitaré para mañana?

SRA. CAPULETO.

No queda mucho tiempo para el jueves!
Anda con ella! Y mañana, a la iglesia!
   (*Salen* JULIETA *y el* AMA.)
No queda tiempo para prepararnos.
Ya es de noche!

CAPULETO.

Me ocuparé de todo!
Y todo andará bien. Te lo aseguro!

Ve con Julieta. Ayúdala a vestirse.
Yo no me acostaré. Déjame solo.
Por esta vez haré de ama de casa.
Ah! Qué? Ya se han marchado todos?
Yo mismo iré a buscar al conde Paris
y lo prepararé para mañana.
Me han quitado un gran peso de mi pecho
al ver que entró en razón la testaruda!

ESCENA TERCERA

Aposento de Julieta
(*Entran* JULIETA *y el* AMA.)

JULIETA.

Sí, Ama, ese vestido es el mejor,
pero te ruego que me dejes sola.
Necesito hacer muchas oraciones,
pedir al cielo que me favorezca!
Tú sabes mi aflicción y mis pecados!
 (*Entra la* SEÑORA CAPULETO.)

SRA. CAPULETO.

Puedo ayudarte? Estás muy ocupada?

JULIETA.

No, señora. Ya hemos escogido
los atavíos de la ceremonia.
Te ruego ahora que me dejes sola,
y que el Ama esta noche te acompañe,
porque con el apremio que tenemos
se necesitarán todas las manos!

SRA. CAPULETO.

Entonces, buenas noches, y reposa,
que falta te hace!
 (*Salen la* SEÑORA CAPULETO *y el* AMA.)
JULIETA.
                    Adiós! Adiós, entonces!
Sólo Dios sabe cuándo nos veremos!

Siento que un miedo frío me recorre
helando casi el fuego de la vida!
Quiero llamarlos para que me ayuden.
Ama! Pero, de qué me serviría?
Debo estar sola en esta amarga escena.
Ésta es la droga!
Y si esta pócima no me hace efecto?
Tendría que casarme en la mañana?
No. Esto lo impedirá. Quédate aquí! *(Saca la daga.)*
Y si despierto cuando esté en la tumba
antes de la llegada de Romeo
que vendrá a libertarme? Qué terrible!
Quedaré sofocada en el sepulcro
por cuya horrible boca no entra el aire
y moriré asfixiada antes que llegue?
Y si estoy viva, no se juntarán
el horror de la muerte y de la noche
en ese sitio, para torturarme?
En esa bóveda se amontonaron
los huesos de los míos hace siglos.
y ahora Tybaldo, aún ensangrentado,
comienza a corromperse en su mortaja.
Ay, aquí está! Es el espectro de mi primo
persiguiendo a Romeo, cuya espada
atravesó su cuerpo! No, Tybaldo!
Detente! Voy! Estoy aquí, Romeo!
Por ti bebo esta droga, mi Romeo!
(Cae en su lecho detrás de las cortinas.)

ESCENA CUARTA

Sala en casa de los Capuleto
(Entran la SEÑORA CAPULETO *y el* AMA.*)*

SRA. CAPULETO.
Ama, toma las llaves! Saca especias!
Me están pidiendo dátiles, membrillos!
(Entra el VIEJO CAPULETO.*)*

CAPULETO.
Avivarse! Avivarse! Cantó el gallo

dos veces ya, sonaron las campanas!
Buena Angélica, cuida los pasteles!
No importa el gasto!

AMA.

Váyase a la cama
el pinche de cocina! Estará enfermo
mañana, por pasar la noche en vela!

CAPULETO.

Pasé la noche en vela muchas veces
por mucho menos, sin que me enfermara!

SRA. CAPULETO.

Sí, lo recuerdo, eras tan mujeriego!
Pero ahora espiaré tus trasnochadas!

CAPULETO.

Celosa, estás celosa!
 (*Entran tres o cuatro* SIRVIENTES, *con leña, canastos y asadores.*)

A ver, muchacho.
qué es lo que traes?

SIRVIENTE 1º.

No sé lo que es! Es para el cocinero.

CAPULETO.

De prisa, más de prisa!
 (*Sale el* SIRVIENTE 1º)

A ver, tú, pícaro,
pregunta a Pedro dónde hay leña seca.

SIRVIENTE 2º.

Con mi cabeza encontraré la leña!
Para qué usar la cabeza de Pedro?

CAPULETO.

Qué bien dicho! Chistoso este tunante!
Desde ahora te llamas "Palo Seco".
 (*Sale el* SIRVIENTE 2º)

Caramba, ya es de día! Ya es la hora!
Ya va a llegar el conde con la música!
(*Se oye música.*)
Ya se oye! Ama! Mujer! Ama! No tarden!
(*Entra el* AMA.)
Ve y despierta a Julieta! Y engalánala!
Yo voy a ver a Paris! Más de prisa!
Más de prisa! El novio ya está aquí!
Más de prisa, les digo! (*Sale.*)

ESCENA QUINTA

Aposento de JULIETA. JULIETA *sobre su lecho*
(*Entra el* AMA.)

AMA.

Señorita! Julieta! Señorita!
Dormida como un tronco! Señorita!
Pichona mía! Dormilona! Vamos!
Señora novia! Corazón! Levántate!
Cómo, ni una palabra? Ni por esas!
Duérmete una semana, por ahora,
el conde Paris ya se decidió
a que en lo sucesivo duermas poco!
Yo debo despertarla! Señorita,
deja que el conde te lleve a su cama,
te asustarás, verdad? No te parece?
Cómo, vestida con tu ropa puesta?
A toda costa debo despertarte!
Julieta! Señorita! Señorita!
Ay, socorro! Está muerta! Auxilio! Vengan!
No quisiera jamás haber nacido!

ACTO QUINTO

ESCENA PRIMERA

Una calle en Mantua
(*Entra* ROMEO.)

ROMEO.
Si hay verdad en los sueños que he tenido,
un presagio feliz me adelantaron.
Mi corazón tranquilo está en su trono
y todo el día un entusiasmo insólito
me levanta del suelo y me estremece!
Tuve un extraño sueño: Estaba muerto
y soñé que mi esposa me encontraba,
tanta vida me daba con sus besos
que reviví sintiéndome monarca!
Si es capaz de crear tanta alegría
sólo la sombra del amor, qué dulce
será la posesión del ser amado!
  (*Entra* BALTAZAR, *sirviente de* ROMEO.)
Qué hay, Baltazar? Noticias de Verona?
Fray Lorenzo me manda alguna carta?
Mi esposa, cómo está? Qué tal mi padre?
Cómo está mi Julieta? Lo repito
porque nada está mal si ella está bien!

BALTAZAR.
Perdona si te doy malas noticias,
cumplo con la misión que me confiaste.
Yace en la cripta de los Capuleto

y vuela entre los ángeles su alma.
Yo mismo vi cuando la sepultaban
en el panteón de sus antepasados.
De inmediato partí para decírtelo.

ROMEO.

Si es así, desafío a las estrellas.
Tú sabes dónde vivo. Necesito
papel y tinta. Alquila los caballos.
Parto esta misma noche hacia Verona!

BALTAZAR.

Ten paciencia, señor, te lo suplico!
Estás tan pálido y desencajado
que se lee en tu rostro la desgracia!

ROMEO.

No, te equivocas! Haz lo que te digo!
No traes para mí cartas del monje?

BALTAZAR.

No, mi señor.

ROMEO.

         No importa! Vete ahora,
alquila esos caballos! Yo te sigo!
    (*Sale* BALTAZAR.)

ROMEO.

Contigo dormiré esta misma noche,
Julieta! Buscaremos la manera!
Con qué velocidad, astucia llegas
a la cabeza de un desesperado!
Hace poco, recuerdo, un boticario
vivía por aquí. Tan flaco estaba
que parecía que sus mismos huesos
los había roído la miseria.
Mirando esta pobreza yo me dije:
"Si alguien quiere comprar algún veneno,
cuya venta es penada con la muerte,
este pobre hombre se lo vendería."
Anticipé lo que necesitaba:

y este mismo infeliz debe vendérmelo!
Como aquí puedo comprar mi muerte
ya con mi propia muerte bien pagada
correré hasta la tumba de Julieta.

ESCENA SEGUNDA

Celda de Fray Lorenzo, en Verona
(*Entra* FRAY JUAN.)

FRAY JUAN.

Hermano! Fraile franciscano! Eeeh!
(*Entra* FRAY LORENZO.)

FRAY LORENZO.

No es la voz de fray Juan ésta que oigo?
Llegas de Mantua? Cómo está Romeo?
O bien, si me escribió, dame su carta!

FRAY JUAN.

Para seguir a Mantua en compañía,
me fui a buscar a un hermano descalzo,
uno de nuestra Orden, que se hallaba
aquí en Verona, visitando enfermos.
Al dar con él, los guardias sospecharon
que estábamos los dos en una casa
ya contagiada por la peste negra.
Y procedieron a sellar las puertas!
De allí ya no pudimos salir más!
Y así se terminó mi viaje a Mantua!

FRAY LORENZO.

Quién llevó, entonces, mi carta a Romeo?

FRAY JUAN.

No la pude mandar! Aquí la tengo!
Tanto miedo tenían de la peste
que no pude mandársela con nadie.

FRAY LORENZO.

Qué suerte desdichada, Santo Padre!

No era una carta frívola, era grave,
de tremenda importancia. Si se atrasa
puede causar inmensas desventuras!
Fray Juan: corre a buscarme una palanca
y tráela a mi celda de inmediato!

FRAY JUAN.
Corro a buscarla, hermano, y te la traigo!

FRAY LORENZO.
Ahora debo ir solo hasta la tumba.

ESCENA TERCERA

Mausoleo de los Capuleto
(*Entra* PARIS *con su* PAJE *y una antorcha.*)

PARIS.
Muchacho, vete, y déjame la antorcha!
Más bien, apágala, que no me vean!
Recuéstate debajo de esos pinos,
pon tu oído en el suelo removido
para que nadie pise el cementerio
sin que lo escuches. Si alguien se aproxima
dame un silbido. Déjame las flores!
Ándate ahora, y haz lo que te mando!

PAJE. (*Aparte.*)
Pobre de mí! Tiritando de miedo
y tener que quedarme entre las tumbas! (*Sale.*)

PARIS.
Oh dulce flor! Voy a cubrir con flores
este lecho nupcial en donde yaces!
Ay, tu dosel es sólo polvo y piedra!
Todas las noches regaré estas flores
con agua dulce o con el llanto mío!
Llanto nocturno y flores en tu cripta,
éstas son las exequias que te ofrezco!
        (*Se escucha un silbido del* PAJE.)
Me avisa el paje que alguien se aproxima!

Qué pies malditos llegan esta noche
a interrumpir el rito del amor?
Y qué? Con una antorcha? Con tu manto
oh, noche, escóndeme por un momento! (*Sale.*)
(*Entran* ROMEO *y* BALTAZAR *con una antorcha, un azadón y una palanca de fierro.*)

ROMEO.

Pásame el azadón y la palanca!
Toma esta carta! Mañana temprano
la entregarás a mi señor y padre.
Dame la luz! Te advierto, por tu vida,
que oigas lo que oigas, veas lo que veas,
bribón, no se te ocurra interrumpirme!
Voy a bajar a este lecho de muerte,
no sólo a ver el rostro de mi amada,
sino a sacar desde su dedo muerto
una sortija para mí, preciosa!
Ándate ahora. Pero si volvieras
a mirar lo que pienso hacer después
voy a descuartizarte, te lo juro!

BALTAZAR.

Me voy, señor, no te molestaré!

ROMEO.

Así me probarás tu afecto! Toma! (*Le da una bolsa.*)
Vive feliz! Adiós, buen compañero!

BALTAZAR. (*Aparte.*)

Voy a esconderme por aquí. Sus ojos
me dan miedo. Qué se propone hacer? (*Sale.*)

ROMEO.

Entraña de la muerte, boca horrible,
te obligaré a comer, aunque te hartaste
con la carne más pura de la tierra!
Voy a abrir tus mandíbulas podridas! (*Abre la tumba.*)

PARIS.

Éste es el desterrado de Verona,
el soberbio Montesco, el asesino

del primo de mi amada —y, según dicen,
este dolor fue el que mató a Julieta—.
Y aquí ha venido a profanar los muertos!
Es oprobioso! Debo detenerlo! (*Se adelanta.*)
Alto! Suspende tu trabajo infame,
sacrílego Montesco! La venganza
más allá de la muerte no es posible!
Bandido condenado, te detengo!
Debes morir! Ven conmigo! Obedece!

ROMEO.

Me dices la verdad! Debo morir!
Para eso he venido, buen muchacho!
No desafíes a un desesperado!
Sé bueno, huye de aquí, déjame solo,
no quiero que te asustes de estos muertos!
No agregues otra culpa a mis pecados
desesperándome y enfureciéndome!
Por Dios! Ándate pronto! Yo te juro!
Te quiero más de lo que yo me quiero
porque contra mí mismo estoy armado!
No te quedes, camina! Vive y cuenta
que un loco permitió que te escaparas!

PARIS.

Y bien, yo desafío tu mandato
y te detengo como criminal!

ROMEO.

Me provocas? Defiéndete, muchacho! (*Se baten.*)

PAJE.

Voy a buscar los guardias! Se pelean!
(*Sale. Cae* PARIS.)

PARIS.

Me muero! Por piedad, abre la tumba
y colócame al lado de Julieta! (*Muere.*)

ROMEO.

Lo haré! Te juro! Voy a ver de cerca
tu cara! Es el pariente de Mercucio!
El noble conde Paris! Algo decía

mi sirviente en el viaje, cabalgando,
que mi alma confundida no escuchaba!
Creo que me decía que Julieta
debía desposar al conde Paris?
No es esto lo que dijo? Lo he soñado?
O estoy loco y oyendo hablar de ella
pensé tal cosa? Oh, dame tu mano,
se escribieron unidos nuestros nombres
en el libro fatal de la desdicha!
Yo te daré un sepulcro victorioso!
Un sepulcro? No, un faro, joven muerto!
Porque donde Julieta está enterrada
convertirá el sepulcro su belleza
en un salón de fiesta luminoso! (*Lo coloca en la tumba.*)
Descansa, muerte! Un muerto te ha enterrado!
Dicen que a punto de morir el hombre
siente un último instante de alegría:
es esto lo que el enfermero llama
el relámpago antes de la muerte!
Puedo llamar a esto mi relámpago?
Amor mío, mi esposa, ya la muerte
secó la miel de tu respiración,
pero aún no domina tu belleza!
Aún no te conquista! El estandarte
de la belleza muestra su escarlata
aún en tus mejillas y en tus labios!
No ha llegado a tu rostro todavía
la pálida bandera de la muerte.
Oh, Tybaldo, respóndeme: eres tú,
dormido en tu sudario ensangrentado?
Qué otro favor pudiera hacerte a ti
sino que con la mano que cortó
tu juventud en flor, cortar la vida
del que hasta entonces fuera tu enemigo!
Primo mío, perdóname! Ah, Julieta,
por qué sigues tan bella? Estoy pensando
que tal vez te ama la inasible muerte!
Y que este monstruo te ha escondido aquí
y en esta oscuridad seas su amante.
Me quedaré contigo todavía
por miedo de esto, y ya no saldré más

de este palacio de la noche oscura.
Aquí me quedaré con los gusanos
que son tus servidores! Fijaré
aquí la eternidad de mi descanso
y libraré a mi pobre cuerpo hastiado
del maligno poder de las estrellas!
Ojos, dadle la última mirada!
Brazos míos, llegó el último abrazo!
Labios, sellad con este beso puro
un pacto eterno con la muerte ansiosa!
Amargo conductor, piloto ciego,
áspero guía, lanza de una vez
contra las duras rocas tu navío
que ya estaba cansado de los mares!
Amor mío, salud! (*Bebe.*) Buen boticario,
es rápido el veneno y mi agonía
termina con la muerte y con un beso. (*Muere.*)

(*Entra* FRAY LORENZO *con un farol, una palanca y un azadón.*)

FRAY LORENZO.

San Francisco me valga! Cuántas veces
mis viejos pies erraron tropezando
por las tumbas! Quién anda por ahí?

BALTAZAR.

Soy yo. Un amigo que os conoce bien!

FRAY LORENZO.

Bendito seas! Dime, buen amigo,
qué antorcha es que pretende en vano
iluminar las calaveras ciegas
y los gusanos? Me parece ver
que arde en la cripta de los Capuleto.

BALTAZAR.

Padre, es así. Y allí está mi señor.
Uno que amáis!

FRAY LORENZO.

       Y quién es él?

BALTAZAR.
   Romeo!

FRAY LORENZO.
   Desde cuándo está allí?

BALTAZAR.
   Una media hora!

FRAY LORENZO.
   Ven conmigo al sepulcro!

BALTAZAR.
                     No me atrevo!
   No sabe mi señor que estoy aquí!
   Me amenazó de muerte si seguía
   por aquí vigilando sus afanes.

FRAY LORENZO.
   Quédate aquí! Iré solo. Tengo miedo
   de que algo muy grave haya pasado!

BALTAZAR.
   Yo me dormí debajo de aquel pino
   y soñé que peleaba mi señor
   con otro caballero y lo mataba!

FRAY LORENZO (*avanzando*).
   Romeo!
   Y estas manchas de sangre que han teñido
   los umbrales de piedra de la cripta?
   Y estas armas caídas y sangrientas
   qué hacen en este reino de la paz? (*Entra a la tumba.*)
   Es Romeo, y qué pálido! Y el otro?
   Paris también! Y están ensangrentados!
   Qué hora espantosa trajo esta desgracia?
   Julieta se ha movido!
       (JULIETA *se despierta.*)

JULIETA.
   Padre de los consuelos, dime: dónde
   está mi esposo? Yo recuerdo bien
   la cita. Y aquí estoy! Y mi Romeo? (*Ruido adentro.*)

FRAY LORENZO.
 Oigo un ruido! Salgamos de este sitio
 de muerte, podredumbre y falso sueño.
 Una fuerza más alta que nosotros
 malogró nuestras buenas intenciones!
 Tu esposo ha muerto! Míralo a tu lado!
 Vamos, dulce Julieta, no me atrevo
 a quedarme! Salgamos! Ven conmigo!
  (*Se oyen otros ruidos.*)

JULIETA.
 Vete de aquí! Yo no me moveré!
  (*Sale* FRAY LORENZO.)
 Qué es esto? Es una copa aún apretada
 en la mano ya fría de mi amor!
 Ah, fue veneno el que causó su muerte!
 Por qué te lo bebiste todo, ingrato,
 sin dejar una gota para mí?
 Voy a besarte para que tus labios
 si han guardado una gota de veneno
 me maten con el beso que te doy! (*Lo besa.*)
 Están tibios tus labios todavía!

GUARDIA 1º (*desde adentro*).
 Guíame tú, muchacho. Por qué lado?

JULIETA.
 Oigo un ruido! Me queda poco tiempo!
 Oh, querido puñal!
  (*Toma la daga de* ROMEO.)
      Ésta es tu vaina!
 Aquí te quedarás! Dame la muerte! (*Se hiere.*)
  (*Cae sobre el cuerpo de* ROMEO *y muere.*)
  (*Entran la ronda y el* PAJE *de* PARIS.)

PAJE.
 Allí es! Donde la antorcha está encendida!

GUARDIA 1º.
 Aquí hay sangre en el suelo! Hay que apresar
 a todo el que ande por el cementerio!
  (*Salen algunos de los* GUARDIAS.)
 Busquen al Príncipe, a los Capuleto,
 despierten en seguida a los Montesco!

EPÍLOGO

PRÍNCIPE.

Doy fe al triste relato que me hicieran el buen fraile
Lorenzo y los testigos.
Ya me enteré de todo. En esta fosa
por fin descansan los enamorados.
Ellos sólo buscaron el amor,
el odio ajeno los llevó a la muerte.
Y ahora dónde están los enemigos?
Qué maldición, Montesco, Capuleto,
ha caído en el odio que sembrasteis!
Porque el cielo dispuso que el amor
fuera el que aniquiló vuestra alegría!
Y yo por tolerar vuestras discordias
he debido perder a dos parientes!
El castigo ha caído sobre todos!

CAPULETO.

Montesco, ésta es la dote de mi hija:
hermano mío, estréchame la mano,
ya no tengo otra cosa que pedirte!

MONTESCO.

Pero yo puedo darte mucho más.
Levantaré en recuerdo de Julieta
su estatua construida de oro puro.
No habrá imagen más bella y venerada
como la de la pura y fiel Julieta
mientras dure la vida de Verona!

CAPULETO.

Con igual esplendor haré a Romeo

otra, junto a la estatua de su esposa!
Ay, pobres víctimas del odio nuestro!

PRÍNCIPE.

En la paz enlutada de este día
el doloroso sol no se levanta.
Salgamos de este sitio para hablar
de estos amargos acontecimientos.
De los que del rencor participaron
unos tendrán perdón y otros castigo.
Jamás se oyó una historia tan doliente
como ésta de Julieta y su Romeo.

REFERENCIAS

PRIMEROS POEMAS

Las ínsulas extrañas, Los cansancios inútiles y *Helios,* son títulos de libros de Pablo Neruda que no llegaron a publicarse. A menudo son citados por estudiosos de la obra nerudiana. Algunos de los poemas que integraban estos libros inéditos luego formaron parte de *Crepusculario.* Otros habían sido recogidos en publicaciones de la época. Los restantes se encuentran hasta ahora extraviados.

Helios fue anunciado como el primer libro de Neruda "listo para ser impreso" por don Raúl Silva Castro en la revista *Claridad,* en una nota del 22 de enero de 1921, antes de que Neruda viajara de la provincia a Santiago. Silva Castro lo presenta con entusiasmo como poeta moderno, "individualidad que no halla acomodo y busca soluciones". Neruda tenía entonces 17 años y acababa de finalizar sus estudios secundarios.

LA CANCION DE LA FIESTA

La canción de la fiesta, poema con que Pablo Neruda obtiene el primer premio en el concurso de la Federación de Estudiantes, fue publicado como folleto por las ediciones "Juventud", Santiago, 1921.

CREPUSCULARIO

Pablo Neruda ha revisado para esta edición su libro *Crepusculario,* introduciendo algunas modificaciones, tales como la inclusión del poema "Inicial", títulos en los poemas de "Los

Crepúsculos de Maruri" y ha corregido el error sostenido en anteriores ediciones de considerar título el poema "Mi alma", que también pertenece a esta sección del libro.

RESIDENCIA EN LA TIERRA

El poema "Severidad" que se publica por primera vez en la página 630 del tomo II pertenece al libro *Paloma por dentro*, ejemplar único, con poemas de Neruda ilustrados por Federico García Lorca, que estos dos autores regalaron a Sara Tornú de Rojas Paz. Este libro, en poder de su dueña, ha permanecido desconocido hasta ahora. Contiene siete poemas de los cuales seis, con algunas variantes, integraron luego *Residencia en la tierra*. El único que permaneció inédito es "Severidad", que hoy ofrecemos a nuestros lectores.

En el cuadernillo con material iconográfico se reproducen las ilustraciones de García Lorca y damos una descripción de este libro, que nos ha sido facilitado por la señora de Rojas Paz.

TERCERA RESIDENCIA

España en el corazón —al igual que otras partes de *Tercera residencia*— se publicó primero separadamente. A propósito de una de las ediciones hechas en el frente durante la guerra civil española, Manuel Altolaguirre escribió a José Antonio Fernández de Castro, desde La Habana, la siguiente carta:

"Mi querido José Antonio: El libro de Pablo lo imprimí en el Monasterio de Monserrat, donde los frailes tenían uno de los mejores talleres de Cataluña. Pensé hacerlo en una máquina de pedal, que llevé conmigo al mismo frente para editar el Boletín Diario del XI Cuerpo de Ejército, la hoja literaria *Granada de las letras y de las armas* y algunos folletos y propaganda.

"No teníamos papel para tales trabajos y como mi jefe, el teniente coronel Paco Galán no quería enviarme a las trincheras, yo quise ser útil trabajando en la imprenta. Nos enteramos que cerca del frente, en Orpi, había una fábrica de papel abandonada y decidimos ponerla a funcionar. Fue el comisario jefe Juan Ignacio Mantecón y otro querido amigo,

Arturo Cuadrado, quienes organizaron la producción, facilitaron todos los elementos.

"El día que se fabricó el papel del libro de Pablo fueron soldados los que trabajaron en el molino. No sólo se utilizaron las materias primas (algodón y trapos) que facilitó el Comisariado, sino que los soldados echaron en la pasta, ropas y vendajes, sino trofeos de guerra, una bandera enemiga y la camisa de un prisionero moro.

"El libro de Pablo, impreso bajo mi dirección, fue compuesto a mano por soldados tipógrafos e impreso también por soldados. El tipo usado fue el elzeveriano. Sólo hicimos quinientos ejemplares; algunos ejemplares pasaron la frontera en la mochila de los soldados, pero casi la totalidad de la edición quedó en Cataluña.

"Te abraza

Manuel Altolaguirre".

VIAJES

Por la editorial Nascimento de Santiago de Chile en el año 1955 fue publicado *Viajes*, libro en que Pablo Neruda reunió diversas conferencias pronunciadas en distintas oportunidades y sitios. De esta edición de Nascimento ha sido tomada la versión que ofrecemos y que ha sido corregida y disminuida por el autor.

CANCION DE GESTA

Causas ajenas a la responsabilidad y voluntad de Pablo Neruda impiden incluir en estos tomos de su *Obra completa*, *Canción de gesta*, libro escrito a bordo del barco "Louis Lumière", entre América y Europa, finalizado con fecha 12 de abril de 1960. Fue publicado por primera vez en Cuba, Imprenta Nacional de Cuba, La Habana, 1960. Esta edición constó de 20.000 ejemplares y lleva un prefacio del Departamento Nacional de Cultura del Ministerio de Educación de Cuba, organismo editor del libro. En Chile fue publicado por ediciones "Austral" y lleva dos ediciones. En Uruguay por "El Siglo Ilustrado", también con dos ediciones. En estos países *Canción de gesta* continúa reeditándose.

PLENOS PODERES

En *Plenos poderes* se publicaron los poemas "Adioses" y "La noche de Isla Negra", que luego se repitieron en *Memorial de Isla Negra, II, La luna en el laberinto*. Actualmente y en forma definitiva, estos poemas quedarán en *Plenos poderes*.

LA BARCAROLA

El tomo IV de *Memorial de Isla Negra, Sonata crítica*, finalizaba con un fragmento del poema "Amores: Matilde". Posteriormente este poema, ya en forma completa, inicia el libro *La barcarola*, donde quedará incluido definitivamente. Para estas *Obras completas* se ha respetado la nueva ordenación y aparece, por lo tanto, como comienzo de *La barcarola*.

FULGOR Y MUERTE DE JOAQUIN MURIETA

La versión que damos de *Fulgor y muerte de Joaquín Murieta* es la ofrecida en el estreno de la obra en Santiago de Chile por el Instituto de Teatro de la Universidad de Chile. Por esta razón presenta variantes con la edición de esta pieza hecha por ZigZag, en Santiago.

LAS VIDAS DEL POETA

Del 16 de enero de 1962 al 1º de junio del mismo año, Pablo Neruda publicó en la revista *O Cruceiro Internacional* diez colaboraciones con sus memorias, tituladas *Las vidas del poeta*. El autor no considera este texto de memorias como definitivo y por esta razón no se incluyen en la presente edición de sus *Obras completas*.

BIBLIOGRAFÍA

I

LA OBRA DE PABLO NERUDA
GUÍA BIBLIOGRÁFICA

por HERNÁN LOYOLA

Biblioteca Central de la Universidad de Chile

> A LA MEMORIA DE
> JORGE SANHUEZA
> (1924-1967)

TABLA DE LA GUÍA BIBLIOGRÁFICA

1. *Publicaciones en español* ff. 1 - 1148
   A. Antologías y Compilaciones „ 1 - 24
   B. Nerudiana Orgánica „ 25 - 477
   C. Nerudiana Dispersa „ 478 - 1114
   D. Neruda Traductor „ 1115 - 1135
   E. Neruda Editor „ 1136 - 1148

2. *Publicaciones en otros idiomas* „ 1149 - 1331

3. *Addenda* „ 1332 - 1361

Dejo aquí constancia de mi gratitud a Matilde Urrutia, al P. Alfonso M. Escudero, O.S.A., al bibliófilo nerudiano don Hernán Bravo, al escritor José Santos González Vera, y en especial a la señora Laura Reyes, hermana del poeta, y al desaparecido especialista Jorge Sanhueza, pues sin sus generosas ayudas en la compilación del material este trabajo no existiría aún o sería muchísimo más imperfecto.

Mi gratitud y mi reconocimiento, también, a cuatro personas que me ayudaron inmensamente con estímulos y con valiosos consejos: a Margarita Aguirre, de Buenos Aires; al profesor Robert Pring-Mill de St. Catherine's College, Oxford University; al profesor John Felstiner, de Stanford University, California; y al profesor Nelson Osorio Tejeda, del Instituto Pedagógico de la Universidad de Chile, Valparaíso.

H. L.

1. PUBLICACIONES EN ESPAÑOL

CLAVES Y ABREVIATURAS

* El asterisco delante del título designa a los apartados o separatas.
(e) Entrevista o texto que incluye declaraciones textuales del poeta.
(rt) Texto retraducido al español desde otro idioma, generalmente por estar inédito el original español.

c. *N-REYES:* Cuaderno *NEFTALI REYES* 1918-1920. Cuaderno escolar de cubiertas encartonadas que contiene en las primeras páginas 13 poemas de otros autores: dos de Sully Prudhomme ("Ici Bas" y "Un Sueño"), tres de Baudelaire ("El Albatros", "Elevación" y "El Puerto"), uno de Paul Verlaine ("Pierrot"), uno de Henri de Régnier ("La Imagen"), dos de Paul Fort ("Glauco" y "El Buen Tiempo"), uno de André Spire ("Mon Chien"), uno de Henri Bataille ("La Fuente de Compasión"), uno de Jean Richepin ("Canción de Campanas Bautismales") y uno de J. Hübner Bezanilla ("A la Juventud"). Casi todas las traducciones son de Diez-Canedo. El cuaderno incluye luego (pp. 1-319) más de 160 poemas originales compuestos por el adolescente Neftalí Reyes entre comienzos de 1918 y noviembre o diciembre de 1920, y manuscritos en el cuaderno por el propio Neruda y por su hermana Laura unos pocos. De estos 160 y tantos poemas, fueron recogidos en *Crepusculario* sólo los 5 siguientes: "Pantheos", "Sensación de Olor", "Campesina", "Maestranza de Noche" y "El Nuevo Soneto a Helena". El cuaderno lo conserva la Sra. Laura Reyes.

c. *HELIOS:* Cuaderno *HELIOS 1920.* Proyecto de libro compuesto y manuscrito por Neruda a fines de 1920 (o comienzos de 1921), y que fue desechado casi totalmente al llegar el poeta a Santiago (marzo 1921). Faltan varias hojas en el cuaderno, que también ha sido conservado por la Sra. Laura Reyes. La portadilla del proyecto del libro decía: *"Helios / poemas / de / Pablo Neruda".*

Álbum Terusa 1923: Álbum de versos manuscrito por Neruda a comienzos de 1923. Textos en prosa y en verso, varios de ellos inéditos o no incluidos en libros, destinados a la muchacha de Temuco a quien el poeta ha nombrado recientemente *Marisol* (rev. O Cruzeiro Internacional, 1962) o *Terusa* (en *Memorial de Isla Negra*, II). Actualmente este álbum lo conserva el autor de esta guía bibliográfica.

A. ANTOLOGÍAS Y COMPILACIONES

1. *Selección*, preparada y anotada por Arturo Aldunate Phillips. *Santiago*, Nascimento, 1943. 352 pp.

    Contenido: I. Explicación preliminar (sin firma). Cita de la presentación de Neruda por F. García Lorca. *Neruda*, por A. Aldunate. II. *Poemas últimos*: Canto a Stalingrado; Oratorio Menor en la muerte de Silvestre Revueltas; Un canto para Bolívar. III. *Canto general de Chile*: Himno y regreso; Ercilla; Atacama; Tocopilla; Zonas eriales; Oda de invierno al río Mapocho; Botánica; Quiero volver al sur; Jinete en la lluvia; Madres de Chile; El corazón magallánico; Océano; Reunión bajo las nuevas banderas. IV. *España en el corazón*: Invocación; Bombardeo; Maldición; Madrid (1936); Explico algunas cosas; Canto a las madres de los milicianos muertos; Cómo era España; Llegada a Madrid de la Brigada Internacional; Batalla del río Jarama; Almería; El general Franco en los infiernos; Canto sobre unas ruinas; Paisaje después de una batalla; Antitanquistas; Madrid (1937). V. *Las furias y las penas* (texto del poema). VI. *Residencia en la tierra* (3ª parte): La ahogada del cielo; Bruselas; Alianza (Sonata). VII. *Residencia en la tierra* (2ª parte); Sólo la muerte; El sur del océano; Walking around; Desespediente; Melancolía en las familias; Agua sexual; Entrada a la madera; Apogeo del apio; Estatuto del vino; Alberto Rojas Jiménez viene volando; El reloj caído en el mar; Vuelve el otoño; no hay olvido (Sonata); Josie Bliss. VIII. *Residencia en la tierra* (1ª parte): Galope muerto; Alianza (Sonata); Caballo de los sueños; Débil del alba; Unidad; Sabor; Colección nocturna [este poema, tanto en el texto como en el índice del libro, figura bajo el nombre "Colección (Nocturno)"]; Juntos nosotros; Monzón de mayo; Arte poética; Angela Adónica; Sonata y destrucciones; La noche del soldado; Comunicaciones desmentidas; Entierro en el este; Caballero solo; Ritual de mis piernas; El fantasma del buque de carga; Significa sombras. *El habitante y su esperanza* (cinco capítulos iniciales). X. *Anillos*: Desaparición y muerte de un gato;

Atardecer; Soledad de los pueblos; Primavera de agosto; Imperial del sur; El otoño de las enredaderas. XI. *Tentativa del hombre infinito* (texto completo). XII. *Veinte poemas de amor y una canción desesperada*: incluye 15 poemas (quedaron fuera los numerados 2, 4, 6, 8 y 12) y la canción desesperada. XIII. *El hondero entusiasta*: Hago girar mis brazos; Eres toda de espumas; Amiga, no te mueras; Alma mía, alma mía; Sed de ti que me acosa. XIV. *Crepusculario*: Morena la besadora; Oración; El castillo maldito; Farewell; Amor; Barrio sin luz; Puentes; Maestranzas de noche; Aromos rubios en los campos de Loncoche; Grita; Sinfonía de la trilla; el pueblo. XV. *Prólogos de los "Caballos verdes"*: Sobre una poesía sin pureza;. Los temas; Conducta y poesía; G.A.B. (1836-1936). XVI: *Textos varios*: Presentación leída por García Lorca en la Universidad de Madrid; La copa de sangre (prosa de Pablo Neruda). Prólogo de *El habitante y su esperanza*. Homenaje de los poetas españoles; Carta de Manuel Altolaguirre sobre la tercera edición de "España en el corazón". XVII. *Nuevo canto de amor a Stalingrado* (texto recibido por A. Aldunate desde México mientras se imprimía el libro). XVIII. Notas finales y complementos gráficos.

2. *Miliciano corazón de América*. Antología y homenaje al cuidado de LUIS NIETO. Cuzco, Perú, Talleres Gráficos La Economía, 1944, 55 pp.

   CONTENIDO: I. Pablo Neruda, huésped ilustre del Cuzco: discurso y acta de la sesión solemne del Concejo Provincial del Cuzco. II. Homenaje al poeta: discursos y saludos, previos al recital-conferencia en el Teatro Municipal del Cuzco. III. *Viaje alrededor de mi poesía*: recital-conferencia. Sólo se reproducen los poemas leídos: 2 de *El hondero entusiasta*; 2 de *Veinte poemas*; 1 de *Residencia*; 4 de *Tercera residencia* (Explico algunas cosas, Dura elegía, Un canto para Bolívar, Nuevo canto de amor a Stalingrado) y 2 de *Canto general* (Himno y regreso, América, no invoco tu nombre en vano). IV. Saludo del diario *El Sol*: textos en prosa y en verso, incluyendo un poema en quechua, dedicados al poeta.

3. *Cantos de Pablo Neruda*. Lima, Ediciones Hora del Hombre, 1943, 24 pp. Ilustraciones de DAVID ALFARO SIQUEIROS y CARLOS BELTRÁN.

   CONTENIDO: Prólogo (sin firma); Batalla del río Jarama; Un canto para Bolívar; Carta de Ilya Ehrenburg a Pablo Neruda; Canto a Stalingrado; Nuevo canto de amor a Stalingrado; Alone y la poesía política (artículo de Diego Muñoz); Canto a los ríos de Alemania; En los muros de México. (Todos los poemas incluidos irán en *Tercera residencia*, menos el último que se incorporará a *Canto general*.)

4. *Sus mejores versos*. Bogotá, La Gran Colombia, 1943. Cuadernillos de Poesía, 4. 46 pp. numeradas 146 a 192. Incluye el texto íntegro de *Veinte poemas de amor y una canción desesperada*. La selección de poemas en el resto del cuadernillo sigue un orden arbitrario.

5. *Obra Poética de Pablo Neruda*. Santiago. Cruz del Sur. 1947-1948. Colección Residencia en la Tierra. dirigida por JUVENCIO VALLE. Diez volúmenes:
   5.1. *La canción de la fiesta. Crepusculario*, 1947.
   5.2. *El hondero entusiasta. Tentativa del hombre infinito*, 1947.
   5.3. *Veinte poemas de amor y una canción desesperada*, 1947.
   5.4. *El habitante y su esperanza. Anillos*, 1947.
   5.5. *Residencia en la tierra (1925-1931)*, 1947.
   5.6. *Residencia en la tierra (1931-1935)*, 1947.
   5.7. *Las furias y las penas y otros poemas*, 1947.
   5.8. *España en el corazón*, 1948.
   5.9. *Dura elegía*, 1948.
   5.10. *Himno y regreso*, 1948.

CONTENIDO: 5.1. a 5.6.: ver sección *Nerudiana orgánica*. 5.7.: Las furias y las penas; La ahogada del cielo; Bruselas; Alianza (Sonata); Vals; Reunión bajo las nuevas banderas: Sobre una poesía sin pureza; Los temas; Conducta y poesía; G.A.B. 1836-1936: Oratorio menor en la muerte de Silvestre Revueltas; La copa de sangre; Notas. 5.8.: España en el corazón; Tina Modotti ha muerto; Canto en la muerte y resurrección de Luis Companys. 5.9. Dura elegía. 7 de noviembre: Oda a un día de victorias; Oda de invierno al río Mapocho; Abraham Brito; Poeta popular: Canto a los ríos de Alemania; En los muros de México; Canto de amor a Stalingrado; Nuevo canto de amor a Stalingrado; Un canto para Bolívar; Naciendo en los bosques; El abandonado; Los muertos en la plaza; Canto al Ejército Rojo a su llegada a las puertas de Prusia. Notas. 5.10.: Himno y regreso; El corazón magallánico: Quiero volver al sur; Jinete en la lluvia; Las flores de Punitaqui; Los orígenes; Mares de Chile; Tocopilla; Atacama; Descubridores; Ercilla; Océano; Zonas eriales; Salitre; Araucaria: América, no invoco tu nombre en vano; Alturas de Machu Picchu: Amo América; Botánica; Notas.

6. *Selección*, preparada y anotada por ARTURO ALDUNATE PHILLIPS. Santiago, Nascimento, 1949. Segunda edición, revisada, 381 pp.

CONTENIDO (en esta edición, como en la edición 1943, los nombres de los grupos de poemas o textos son propuestos —no siempre con acierto ni adecuadamente— por A. Aldunate Ph.) : I. Explicación preliminar. II. *Poemas últimos*: Alturas de Machu Picchu. III. *Canto general de Chile*: igual a edic. 1943, menos el poema: Reunión bajo las nuevas banderas. IV. *Dura elegía* (inadecuado) : 7 de noviembre; Canto a Stalingrado; Dura elegía; Nuevo canto de amor a Stalingrado; Abraham Brito, poeta popular; Canto a los ríos de Alemania; En los muros de México; Canto para Bolívar. V. *España en el corazón*: España en el corazón (selección de fragmentos, igual a edic. 1943). Tina Modotti ha muerto; Canto en la muerte y resurrección de Luis Companys. VI. *Las furias y las penas*: Las furias y las penas (texto del poema). VII. *Tercera residencia*: La ahogada del cielo; Bruselas; Alianza (Sonata) ; Reunión bajo las nuevas banderas; Oratorio menor en la muerte de Silvestre Revueltas; Melancolía cerca de Orizaba. VIII. *Residencia en la tierra* (2ª parte) ; selección de poemas, igual a edic. 1943. IX. *Residencia en la tierra* (1ª parte): selección de poemas, igual a edic. 1943. X. *El habitante y su esperanza*: selección, igual a edic. 1943. XI. *Anillos*: selección de prosas, igual a edic. 1943. XII. *Veinte poemas...*: selección de poemas, igual a edic. 1943 menos el Poema 16. XIII. *Tentativa del hombre infinito* (texto completo). XIV. *El hondero entusiasta*: selección de poemas, igual a edic. 1943, más; Nada me has dado; Mariposa de otoño; Final. XVI. *Textos varios*: Un hombre anda bajo la luna: Poesía del volantín; La copa de sangre.

7. *Sus mejores versos*. Bogotá, La Gran Colombia, s. f. (1949 ó 1950, según se desprende de la nota preliminar.) Cuadernillos de Poesía, 4, segunda edición. 47 pp. numeradas 145 a 192.

Incluye los mismos poemas de la edición 1943, intercalándose además: Saludo al norte; El fin del viaje (del libro *Viajes*) ; Coral de Año Nuevo para mi patria en tinieblas (fragmentos) ; La patria prisionera.

8. *Poesías completas*. Buenos Aires, Losada, 1951. Colección Poetas de España y América, 459 pp.

CONTENIDO: Un hombre anda bajo la luna; *Crepusculario* (versión muy incompleta) ; *Veinte poemas de amor y una canción desesperada; Anillos; Tentativa del hombre infinito; El habitante y su esperanza; El hondero entusiasta; Residencia en la tierra, 1 y 2; Tercera residencia; Canto general* (fragmentos); La copa de sangre; *Sobre Pablo Neruda*: Presentación leída por F. García Lorca en la Universidad de Madrid; Homenaje de los poetas españoles; Carta de Manuel Altolaguirre; Prefacio a la edición francesa de *España en el corazón* (Aragón).

9. *Todo el Amor.* Santiago, Nascimento, 1953 (abril). Antología de poemas de amor, 256 pp.

CONTENIDO: *Crepusculario*: Pelleas y Melisanda; El nuevo soneto a Helena; Morena la besadora; Farewell; Amor; Poema en diez versos; El pueblo. *Veinte poemas de amor y una canción desesperada*: todo el libro. *Anillos*: Tristeza; La querida del alférez. *Tentativa del hombre infinito*: torciendo hacia ese lado; Cuando aproxima el cielo; Al lado de mí mismo; A quien compré; *El habitante y su esperanza*: Entonces cuando ya cae; El doce de marzo, estando yo durmiendo; la encontré muerta. *El hondero entusiasta*: Es como una marea; Eres toda de espumas; Siento tu ternura; Amiga, no te mueras; Déjame sueltas las manos; Alma mía, alma mía; Llénate de mí; Canción del macho y de la hembra; Esclava mía, témense; Sed de ti me acosa; Es cierto amada mía. *Residencia en la tierra*: Alianza (Sonata); Madrigal escrito en invierno; Fantasma; Lamento lento; Juntos nosotros; Tiranía; Angela Adónica; El joven monarca; Ritual de mis piernas; Tango del viudo; Barcarola; Oda con un lamento; Josie Bliss. *Tercera residencia*: Alianza (Sonata); Las furias y las penas. *Canto general*: Alturas de Machu Picchu (fragmento VII); La estudiante; La lluvia (Rapa-Nui). *Las uvas y el viento* (todavía inédito en esa fecha): Regresó la sirena; Un día; La pasajera de Capri.

10. *Poesía política.* Selección de MARGARITA AGUIRRE. Santiago, Austral, 1953. Dos volúmenes, 245 y 243 pp.

CONTENIDO: *Volumen uno*: Prólogo (Neruda); La poesía de Pablo Neruda (Ilya Ehrenburg); Salitre. I. Maestranzas de noche; Barrio sin luz. España en el corazón (texto completo). III. Saludo al norte; Patria prisionera. IV. Sonetos punitivos a "S"; En la soberbia la espina (3 sonetos). V. Castro Alves del Brasil; Los riñones del general Marshall. VI. De *Tercera residencia*: Diez poemas. VII. De *canto general*: Los conquistadores (2 poemas); Los libertadores (6 poemas); La arena traicionada (22 poemas); La tierra se llama Juan (4 poemas); Que despierte el leñador. *Volumen dos*: El fugitivo; Las flores de Punitaqui (7 poemas);

Los ríos del canto (1 poema); Coral de Año Nuevo para la patria en tinieblas; Yo soy (5 poemas). *Últimos poemas*: El hombre invisible; Varsovia (Regresó la sirena: "Amor, como si un día"); China; Las uvas de Europa. VIII. *Discursos políticos*: Neruda en la lucha civil (Tomás Lago); Yo acuso; La verdad sobre las rupturas; Discurso pronunciado en el Congreso de la Paz en México (1949); Palabras de Neruda dichas en Varsovia en la distribución de los premios mundiales de la Paz; Palabras de regreso (agosto 1952).

11. *Los versos más populares*. Santiago, Austral, 1954. 48 pp.

12. *El habitante y su esperanza. El hondero entusiasta. Tentativa del hombre infinito. Anillos.* Buenos Aires, Losada, 1957 (enero). Biblioteca Contemporánea, 271, 95 pp.

    CONTENIDO: *El habitante y su esperanza*, 7-26; *El hondero entusiasta*, 27-51; *Tentativa del hombre infinito*, 5-370; *Anillos*, 7-92. [Cit. *Habitante*. 1957.]

13. *Obras completas*. Buenos Aires, Losada, 1957 (enero). Poetas de España y América, 1264 pp.

    CONTENIDO: *Infancia y poesía*, 7-19; *Crepusculario*, 21-59; *Veinte poemas de amor y una canción desesperada*, 61-80; *Tentativa del hombre infinito*, 81-91; *El habitante y su esperanza*, 93-109; *Anillos*, 111-122; *El hondero entusiasta*, 123-139; *Residencia en la tierra*, 1 y 2, 141-214; *Tercera residencia*, 215-271; *Canto general*, 273-624; *Las uvas y el viento*, 625-812; *Odas elementales*, 813-996; *Nuevas odas elementales*, 997-1143; *Apéndice*, 1145-1202: Inicial; Poema 9 (edic. 1924); La canción de la fiesta; Un hombre anda bajo la luna; Palabras de amor; Poema en la provincia: Poesía del volantín; República; Viaducto; Cercanía de sus párpados; Salitre; Oda tórrida; Número y nombre; La patria prisionera; Saludo al norte; A la memoria de Ricardo Fonseca; Castro Alves del Brasil; Oda al albañil tranquilo; Oda al aromo; Oda a la ciruela; Oda al diente de cachalote; Oda a la luz marina; Oda al maíz; Oda a un ramo de violetas; Oda a la sal; Oda al serrucho; Oda al viejo poeta; Sobre una poesía sin pureza; Los temas; Conducta y poesía; G. A. B. (1836-1936); Oceanografía dispersa; Federico García Lorca; *Bibliografía e índices*, 1203-1263.

14. *Antología*, al cuidado de ARTURO ALDUNATE PHILLIPS, MARGARITA AGUIRRE y HOMERO ARCE. Santiago, Nascimento. 1957. Tercera Edición (ver f. 1 y f. 6). 415 pp.

Contenido: Prólogo (García Lorca); *Crepusculario*: Morena la besadora; Farewell; Barrio sin luz; Puentes; Maestranzas de noche; Aromos rubios en los campos de Loncoche; Amigo; Mariposa de otoño; Sinfonía de la trilla; Final. *Veinte poemas de amor y una canción desesperada*: Poema 1; Poema 3; Poema 5; Poema 7; Poema 9; Poema 10; Poema 11; Poema 13; Poema 14; Poema 15; Poema 17; Poema 18; Poema 19; Poema 20; La canción desesperada; *Tentativa del hombre infinito* (fragmentos); *Anillos*: El otoño de las enredaderas; Soledad de los pueblos; Primavera de agosto; Imperial del sur; *El habitante y su esperanza* (cinco primeros capítulos); *El hondero entusiasta*: poemas 1, 3, 5, 7 y 11; *Residencia en la tierra*: Galope muerto; Alianza (Sonata); Débil del alba; Unidad; Sabor; Colección nocturna; Juntos nosotros; Arte poética; La noche del soldado; Entierro en el este; Ritual de mis piernas; El fantasma del buque de carga; Tango del viudo; Significa sombras; Sólo la muerte; Barcarola; El sur del océano; Walking around; Alberto Rojas Jiménez viene volando; Entrada a la madera; Apogeo del apio; Estatuto del vino; El reloj caído en el mar; Vuelve el otoño; No hay olvido (Sonata); *Tercera residencia*: Alianza (Sonata); Canto a Stalingrado; Tina Modotti ha muerto; 7 de noviembre; Un canto para Bolívar; Canto a los ríos de Alemania; Canto en la muerte y resurrección de Luis Companys; Las furias y las penas; Reunión bajo las nuevas banderas; Explico algunas cosas; Batalla del río Jarama. *Canto general*: La lámpara en la tierra (I); Alturas de Macchu Picchu (texto completo); Los conquistadores (IX, X, XVI, XXV); Los libertadores (III, V, IX, XX, XXI, XXIV, XXXVI: Padre de Chile); La arena traicionada (III: fragmento inicial); Canto general de Chile (Eternidad, I, IV, XII, XVII); La tierra se llama Juan (VIII, XVII); Que despierte el leñador (texto completo); El fugitivo (VIII); Los ríos del canto (IV, V); Coral de Año Nuevo para la patria en tinieblas (I, XIV); El gran océano (I, VI, XII, XV); Yo soy (XIII, XX, XXI, XXII). *Las uvas y el viento*: Prólogo; Regresó la sirena, VI; El pastor perdido (Vuelve, España); Es ancho el Nuevo Mundo, III; El viento en el Asia, VI; La luz quemada. *Odas elementales*: Al día feliz; A la fertilidad de la tierra; Al hombre sencillo; A la madera; Al mar; Al pájaro sofré; A la poesía; A un reloj en la noche; Al tiempo; Al verano. *Nuevas odas elementales*: A tu aroma; a la cordillera andina; Al día inconsecuente; Al diccionario; A la gaviota; Al hígado; Al niño de la liebre; Al olor de la leña; Al sol; A Walt Whitman. *Odas inéditas* (al comenzar a imprimirse el libro): A la migración de los pájaros; A las algas del océano; A la naranja; Al bosque de las petras.

15. *Todo lleva tu nombre.* Caracas, Ediciones del Ministerio de Educación, 1959 (enero). Ilustraciones de CARLOS CRUZ-DIEZ, 13 pp. sin numerar.

CONTENIDO: Siete poemas vinculados a Venezuela: Un canto para Bolívar; Sucre; Miranda muere en la niebla; Guayaquil; Orinoco; Carta a Miguel Otero Silva, en Caracas; El cinturón de Orinoco. (De estos poemas, el primero es de *Tercera residencia*, los cinco siguientes de *Canto general*, y el último de *Las uvas y el viento*.)

16. *Todo es amor.* Santiago, Nascimento. 1960. Segunda edición, revisada, 323 pp.

CONTENIDO: *Crepusculario*: selección de textos, igual que en f. 3; *Veinte poemas de amor y una canción desesperada*: todo el libro; *Anillos*: igual que en f. 9; *Tentativas del hombre infinito*: igual que en f. 9; *El habitante y su esperanza*: igual que en f. 9; *El hondero entusiasta*: igual que en f. 9; *Residencia en la tierra*: Alianza (Sonata); Madrigal escrito en invierno; Fantasma; Lamento lento; Juntos nosotros; Tiranía; Ángela Adónica; El joven monarca; Tango del viudo; Barcarola; Oda con un lamento; *Tercera residencia*: igual que en f. 9; *Canto general*: La estudiante; La lluvia; *Las uvas y el viento*: Un día; La pasajera de Capri; *Odas elementales*: Al amor; Al día feliz; A la malvenida; A un reloj en la noche; *Nuevas odas elementales*: A su aroma; A la bella desnuda; A la cascada; A sus manos; A pies de fuego; Al secreto amor; *Tercer libro de las odas*: A un cine de pueblo; A la jardinera; Al vals sobre las olas; Al viaje venturoso; *Estravagario*: Testamento de otoño (fragmento); *Cien sonetos de amor*: X, Suave es la bella; XV, Desde hace mucho tiempo; XXIX, Vienes de la pobreza; LXV, Matilde, dónde estás?; LXIX, Tal vez no ser es ser; LXX, Tal vez herido voy; LXXX, De viajes y dolores; XCV, Quiénes se amaron como nosotros?, LXVI, No te quiero sino porque te quiero.

17. *Los primeros versos de amor.* Santiago, Austral, 1961. Cuadernillo, 24 pp.

CONTENIDO: Farewell; Pelleas y Melisanda; Poema 6; Poema 8; Poema 10; Poema 15; Poema 16; Poema 19; Poema 20; El hondero entusiasta (2 fragmentos).

18. *Los nuevos versos de amor.* Santiago, Austral, 1961. Cuadernillo, 24 pp.

CONTENIDO: Poemas de amor de *Las uvas y el viento* (1), de *Odas elementales* (3) y de *Nuevas odas elementales* (2).

19. *Antología poética.* Ensayo introductivo y selección de PABLO LUIS AVILA. Pórtico de G. M. BERTINI. Torino, Gheroni & Co., 1962. (Textos sólo en español.) XLVII más 158 pp.

CONTENIDO: Pórtico (G. M. Bertini); Viaje al corazón de Neruda (P. L. Ávila); *Pablo Neruda: Antología poética*: De *Crepusculario*: La tarde cae sobre los tejados; Sinfonía de la trilla; Final. De *Veinte poemas*: Poema 3; Poema 4; Poema 5; Poema 10; Poema 12; Poema 15; Poema 20; Una canción desesperada; *Tentativa del hombre infinito* (texto completo). De *El hondero entusiasta*: Eres toda de espumas; Siento tu ternura. De *Residencia en la tierra*, 1 y 2: Galope muerto; Juntos nosotros; Arte poética; Entierro en el este; Ritual de mis piernas; El fantasma del buque de carga; Significa sombras; Barcarola; Enfermedades en mi casa; Oda a Federico García Lorca; Alberto Rojas Jiménez viene volando; No hay olvido (Sonata). De *Tercera residencia*: Las furias y las penas; Canto a Stalingrado; Un canto para Bolívar. De *Canto general*: La lámpara en la tierra (2 fragmentos); Alturas de Macchu Picchu (fragmentos I, II, IV, IX, X); Los conquistadores (2 poemas); Los libertadores (2 poemas); La arena traicionada (1 poema); Canto general de Chile (2 poemas); La tierra se llama Juan (1 poema); El gran océano (1 poema). De *Las uvas y el viento*: Regresó la sirena; La llama negra. De *Odas elementales*: Oda al aire; Oda a la cebolla; Oda a la claridad; Oda al día feliz; Oda a la flor; Oda al pan. De *Nuevas odas elementales*: Oda a la poesía; Oda a don Jorge Manrique; Oda a la rosa; Oda al sol. De *Estravagario*: Repertorio; Para la luna diurna; Pastoral.

20. *Obras completas.* Buenos Aires, Losada, 1962 (agosto). Colección Cumbre. Segunda edición, aumentada, 1925 pp.

CONTENIDO: Cronología de Pablo Neruda (Jorge Sanhueza), 7-15; Infancia y poesía, 17-30; *Crepusculario*, 31-73; *Veinte poemas de amor y una canción desesperada*, 75-95; *Tentativa del hombre infinito*, 97-107; *El habitante y su esperanza*, 109-126; *Anillos*, 127-139; *El hondero entusiasta*, 141-158; *Residencia en la tierra*, 1 y 2, 159-234; *Tercera residencia*, 235-293; *Canto general*, 295-675; *Las uvas y el viento*, 677-875; *Los versos del capitán*, 877-932; *Odas elementales*, 933-1126; *Nuevas odas elementales*, 1127-1279; *Tercer libro de las odas*, 1281-1443; *Estravagario*, 1445-1547; *Navegaciones y regresos*, 1549-1645; *Cien sonetos de amor*, 1647-1703; *Las piedras de Chile*, 1705-1740; *Cantos ceremoniales*, 1741-1797; *Apéndice*, 1799-1832: los mismos textos de la edición 1957 (ver f. 19), menos las odas: *Bibliografía e índices* (Jorge Sanhueza), 1833-1925.

21. *El habitante y su esperanza. El hondero entusiasta. Tentativa del hombre infinito. Anillos.* Buenos Aires, Losada, 1964. Biblioteca Contemporánea, 271. 2ª edición. 95 pp.

    CONTENIDO: Igual a núm. 12. [Cit. *Habitante*, 1964.]

22. *Poemas de Pablo Neruda.* Medellín, Colombia, Editorial Horizonte, s. f. Colección El Arco y la Lira. 42 pp.

    CONTENIDO: Similar a ff. 4 y 7, más algunos poemas de *Los versos del capitán*.

23. *Todo el amor.* Buenos Aires, Losada, 1964. Edición nuevamente revisada y actualizada, con 23 dibujos de SILVIO BALDESSARI, 275 pp. (ver f. 466).

    CONTENIDO: *Crepusculario, Veinte poemas, Anillos, Tentativa del hombre infinito, El habitante y su esperanza, El hondero entusiasta*: Selección de poemas o prosas, igual que en f. 9; *Residencia en la tierra*: Igual que en f. 16; *Tercera residencia*: igual fue en f. 9; *Canto general, Las uvas y el viento*: igual que en f. 16; *Los versos del capitán*: En ti la tierra; La reina; Tu risa; El inconstante; La noche en la isla; La infinita; Ausencia; El olvido; La muerta; *Odas elementales, Nuevas odas elementales, Tercer libro de las odas, Estravagario, Cien sonetos de amor*: igual que en f. 16; *Memorial de Isla Negra*: Amores: Terusa (I); Amores: Terusa (II); Amores: Rosaura (I); Amores: Rosaura (II); Amores: Josie Bliss (I); Amores: Josie Bliss (II); Delia (I); Delia (II); Amores: Matilde (fragmentos). [Estos fragmentos de "Amores: Matilde", que en 1964 cerraban el último volumen de *Memorial de Isla Negra*, ahora han sido completados e incorporados a otro libro: *La barcarola*.]

24. *Poesías.* Selección y prólogo de ROBERTO FERNÁNDEZ RETAMAR. La Habana, Casa de las Américas, 1965 (septiembre). Colección Literatura Latinoamericana, 21. XV + 363 pp.

    CONTENIDO: Prólogo (R. Fernández Retamar); *Crepusculario*: Farewell; *Veinte poemas de amor y una canción desesperada*: Poema 1; Poema 5; Poema 6; Poema 9; Poema 10; Poema 12; Poema 13; Poema 14; Poema 15; Poema 18; Poema 20; La canción desesperada; *Tentativa del hombre infinito* (fragmentos); *Residencia en la tierra*, 1: Caballo de los sueños; Unidad; sabor; Fantasma; Colección nocturna; Juntos nosotros; Arte poética; Entierro en el este; Caballero solo; Ritual de mis piernas; Tango del viudo; *Residencia en la tierra*, 2: Sólo la muerte; Barcarola; Walking around; Oda con un lamento; Agua sexual; Apogeo del apio; Oda a Federico García Lorca; El desenterrado; No hay olvido (sonata); *Tercera residencia*: Las furias y las penas; España en el corazón (fragmentos); Nuevo canto de amor a Stalingrado; Un canto para Bolívar; *Canto general*: La lámpara en la tierra, pórtico; Alturas de Macchu Picchu (VIII, IX); Los conquistadores (I, II, IV, X, XVI, XX, XXII, XXV); Los libertadores (II, V, XI, XIV, XVI, XVIII, XIX, XXI, XXIII, XXVIII, XXXII, XXXIV, XXXVII, XXXIX, XLI); La arena traicionada (varios fragmentos); América, no invoco tu nombre en vano (VIII, XI, XVIII); Canto general de Chile (I, II, IV, XIII); La tierra se llama Juan (VI, X); Que despierte el leñador (I, VI); Los ríos del canto (IV); El gran océano (XVII); Yo soy (V, XXIII, XXIV, XXVII); *Los versos del capitán*: En ti la tierra; El tigre; El insecto; La bandera; Pequeña América; *Odas elementales*: El hombre invisible; *Odas*: A la alcachofa; Al caldillo de congrio; A la envidia; A la poesía; A los poetas populares; *Las uvas y el viento*: Conversación de Praga (I, VI, VIII); El viento en el Asia (III); La tierra y la pintura (I); *Nuevas odas elementales*: La casa de las odas; *Odas*: Al alambre de púa; A los calcetines; Al cráneo; A la crítica (II); Al diccionario; a Jean Arthur Rimbaud; *Estravagario*: Pido silencio; Y cuánto vive? No tan alto; Punto; El miedo; Partenogénesis; Muchos somos; Al pie desde su niño; Sobre mi mala educación; Laringe; Por fin se fueron; *Navegaciones y regresos*: Oda a las cosas; Oda a las gracias; Oda a Ramón Gómez de la Serna; *Canción de gesta*: A Fidel Castro; Un minuto cantado para Sierra Maestra; Escrito en el año 2000; *Cantos ceremoniales*: Lautréamont reconquistado; *Neruda y su época*: Cronologías en paralelo.

B. NERUDIANA ORGÁNICA:
LOS LIBROS DE NERUDA

I. CREPUSCULARIO

EDICIONES:

25. *Crepusculario*. Santiago, Ediciones Claridad, 1923. Ilustraciones de JUAN GANDULFO, JUAN FRANCISCO GONZÁLEZ (hijo) y BARACK, 180 pp. sin numerar. Formato pequeño y ligeramente apaisado.

CONTENIDO: I. *Helios y las canciones*: *Epígrafe* ("lou souleu mi fai canta" [F. Mistral]); Iniciai; Esta iglesia no tiene; Pantheos; Viejo ciego, llorabas; El nuevo soneto a Helena; Sensación de olor; Ivresse; Morena la besadora; Oración; El estribillo del turco; El castillo maldito; II. *Farewell y los sollozos*: Farewell; El Padre; El ciego de la pandereta; Amor; Barrio sin luz; Puentes; Maestranzas de noche; Aromos rubios en los campos de Loncoche; Grita; Los jugadores; III. *Los crepúsculos de Maruri*: [(Lentísimo) La tarde sobre los tejados]; [Perro mío]; [Amigo, llévate lo que tú quieras]; Mariposa de otoño; [Dios, de dónde sacaste para encender el cielo?]; [Me peina el viento los cabellos]; [Saudade]; [No lo había mirado]; [Mi alma]; [Aquí estoy con mi pobre cuerpo]; [Hoy, que es el cumpleaños de mi hermana]; [Nada me has dado]; [Tengo miedo]; IV. *Ventana al camino*: Campesina; Egloga absurda; Agua dormida; Sinfonía de la trilla; Playa del sur; Mancha en tierras de color; Poema en diez versos; V. *Pelleas y Melisanda*: Melisanda; El encantamiento; El coloquio maravillado; La cabellera; La muerte de Melisanda; Canción de los amantes muertos; VI. *Final* [Fueron creadas por mí estas palabras]. (Los títulos entre corchetes no son del autor.)

26. *Crepusculario*. Santiago. Nascimento, 1926, 168 pp. De

dicatoria en p. 5: "A Juan Gandulfo este libro de otro tiempo, *Pablo*".

CONTENIDO: Con algunas modificaciones de importancia, conserva en general la estructura y el contenido de la edición 1923. *Modificaciones*: 1) En la sección I se suprimieron el título mismo de la sección, el epígrafe de F. Mistral y el poema Inicial, de modo que el texto del libro comienza con el poema Esta iglesia no tiene; 2) en la sección IV se suprimió el poema Egloga absurda y se agregó, al final de la misma sección, el poema El pueblo. Las secciones II, III, V y VI no fueron modificadas.

27. *Crepusculario*. Santiago, Nascimento, 1937, 169 pp.
CONTENIDO: igual que en f. 26.

28. *Crepusculario*. Santiago, Nascimento, 1942, 169 pp.
CONTENIDO: Igual que en f. 26.

29. *Crepusculario*. Santiago, Nascimento, 1945, 168 pp.
CONTENIDO: Igual que en f. 26.

30. *Crepusculario*. En: *Obra Poética de Pablo Neruda*, volumen I, 1947. Ver f. 5.1.
CONTENIDO: Igual que en f. 26 Edición muy descuidada, 128 páginas.

31. *Crepusculario*. Santiago, Nascimento, 1950, 168 pp.
CONTENIDO: Igual que en f. 26.

32. *Crepusculario*. En: *Poesías completas*, 1951. Ver f. 8.
CONTENIDO: Se trata más bien de una selección, cuyos textos siguen la edición 1926 (ver f. 26) pero reponiendo el primer poema de la edición 1923 (ver f. 25). *Poemas incluidos*: Inicial; Esta iglesia no tiene; El nuevo soneto a Helena; Morena la besadora; Oración; El castillo maldito; Farewell: El padre; Amor; Barrio sin luz; Puentes; Maestranzas de noche; Aromos rubios en los campos de Loncoche; Grita; Campesina; Sinfonía de la trilla; Poema en diez versos; El pueblo; Final.

33. *Crepusculario*. En: *Obras completas*, 1957. Ver f. 13.
CONTENIDO: Igual que en f. 26.

34. *Crepusculario*. Buenos Aires, Losada, 1961. Biblioteca Contemporánea, 297. Primera edición impresa fuera de Chile en volumen autónomo, 106 pp.
CONTENIDO: Igual que en f. 26.

35. *Crepusculario*. En: *Obras completas*, 1962. Ver. f. 20.
CONTENIDO: Igual que en f. 26.

36. *Crepusculario*. Buenos Aires, Losada. 1967. Biblioteca Clásica y Contemporánea. 297, segunda edición (ver f. 34), 109 pp.

Esta es la más importante edición de *Crepusculario*, desde las de 1923 y 1926. Supone una revisión crítica del texto y un esfuerzo por racionalizar su estructura y por eliminar equívocos. Se ha retitulado la primera sección y se repuso el poema Inicial. En el poema Farewell se ha acogido la sugerencia hecha por Raúl Silva Castro en su libro *Pablo Neruda* (Santiago, Universitaria, 1964. p. 44), en orden a cerrar el paréntesis al final de la estancia 4. Los títulos y textos de los poemas de la sección III vienen aquí precisados y delimitados. Se conserva la dedicatoria a Gandulfo. CONTENIDO: I. *Helios*: Inicial (Los demás poemas de esta sección I, igual que en f. 26); II. *Farewell y los sollozos* (igual que en f. 26); III. *Los crepúsculos de Maruri*; La tarde sobre los tejados; Si Dios está en mi verso; Amigo; Mariposa de otoño; Dame la maga fiesta; Me peina el viento los cabellos; Saudade; No lo había mirado; Mi alma; Aquí estoy con mi pobre cuerpo; Hoy, que es el cumpleaños de mi hermana; Mujer, nada me has dado; Tengo miedo; (El orden de los textos —ahora explícitamente titulados— corresponde al de la edición 1923, f. 25); Secciones IV, V y VI (igual que en f. 26).

ANTICIPACIONES Y APARTADOS:

Los apartados o separatas van signados con asteriscos (*).

37. *Las palabras del ciego*. En: revista *Siembra*, Valparaíso, núm. 10 (octubre 1920). Anticipación del poema *Viejo ciego, llorabas*.

38. *1. Inicial; 2. Campesina; 3. Pantheos; 4. Maestranza de noche; 5. Las palabras del ciego; 6. Elogio de las manos; Manos de ciego*. En: revista *Claridad*, Santiago, núm. 12 (22 enero 1921), sección "Los Nuevos". Estos poemas, menos (28.6), irán todos en *Crepusculario*, 1923. El más antiguo de los seis, y de todo el libro, es el poema *Pantheos* (38.3), compuesto en mayo 1920. Sobre el poema (38.5), ver f. 37.

39. *Las palabras del ciego*. En diario *La Mañana*, Temuco, Chile, edic. 6 febrero 1921.

40. *Oración*. En: revista *Claridad*, Santiago, núm. 43 (19 noviembre 1921).

41. *Glosas de la ciudad*: 1. Los jugadores; 2. El ciego de la pandereta; 3. Barrio sin luz. Poemas dedicados "a Magdalena Thompson", en: revista *Claridad*, Santiago, núm. 57 (24 junio 1922).
42. *Canción de adiós*. En: revista *Claridad*, Santiago, núm. 66 (26 agosto 1922). Anticipación, con variantes, del poema *Farewell*.
43. *Aromos rubios en los campos de Loncoche*. En: revista *Claridad*, Santiago, núm. 72 (7 octubre 1922).
44. *El pueblo*. En: revista *Zig-Zag*, Santiago, núm. 941 (3 marzo 1923).
45. *Playa del Sur*. En: revista *Claridad*, Santiago, núm. 85 (28 abril 1923).
46. *Morena la besadora*. En: revista *Claridad*, Santiago, núm. 86 (5 mayo 1923).
47. *El castillo maldito*. En: revista *Claridad*, Santiago, núm. 88 (19 mayo 1923).
48. *Hora de otoño*. En: revista *Zig-Zag*, Santiago, núm. 952 (19 mayo 1923). Anticipación del poema *Tengo miedo*, de la sección III.
49. *El estribillo del turco*. En: revista *Claridad*, Santiago núm. 90 (2 junio 1923).
50. *Final*. En: revista *Claridad*, Santiago, núm. 99 (4 agosto 1923).
51. * *Puentes*. Tarjetón plegado. Santiago. Imp. Ferrocarriles del Estado, 1962.
52. * *Farewell*. Santiago, edición del *Centro Brasileiro de Cultura*, Embajada del Brasil, marzo 1963. Folleto (19 pp). Texto original y traducción al portugués por THIAGO DE MELLO.

II. VEINTE POEMAS DE AMOR Y UNA CANCIÓN DESESPERADA

EDICIONES:

53. *Veinte poemas de amor y una canción desesperada*. Santiago, Nascimento, 1924 (junio). 96 pp. sin numerar.
    CONTENIDO: I. *Los veinte poemas* (primeros versos): *Poema 1*:

Cuerpo de mujer, blancas colinas, muslos blancos; *Poema 2*: La última luz te envuelve; *Poema 3*: Ah vastedad de pinos, rumor de olas quebrándose; *Poema 4*: Es la mañana llena de tempestad; *Poema 5*: Para que tú me oigas; *Poema 6*: Te recuerdo cómo eras en el último otoño; *Poema 7*: Inclinado en las tardes tiro mis tristes redes; *Poema 8*: Abeja blanca zumbas, ebria de miel, en mi alma; *Poema 9*: Fimbria rubia de un sol que no atardece nunca; *Poema 10*: Hemos perdido aun este crepúsculo; *Poema 11*: Casi fuera del cielo ancla entre dos montañas; *Poema 12*: Para mi corazón basta tu pecho; *Poema 13*: He ido marcando con cruces de fuego; *Poema 14*: Juegas todos los días con la luz del universo; *Poema 15*: Me gustas cuando callas porque estás como ausente; *Poema 16*: En mi cielo al crepúsculo eres como una nube; *Poema 17*: Pensando, enredando sombras en la profunda soledad; *Poema 18*: Aquí te amo; *Poema 19*: Niña morena y ágil, el sol que hace las frutas; *Poema 20*: Puedo escribir los versos más tristes esta noche. II. *La canción desesperada*: Emerge tu recuerdo de la noche en que estoy.

54. *Veinte poemas de amor y una canción desesperada.* Santiago, Nascimento, 1932 (junio), 100 pp.
   CONTENIDO: En términos generales repite la edición 1934, con las modificaciones siguientes: *Poema 2*: verso 1, modificado así: "En llama mortal la luz te envuelve". *Poema 4*: Se modifican los dos últimos versos y se agregan otros dos. *Poema 9*: Sustituido por otro *Poema 9* cuyo primer verso es: "Ebrio de trementina y largos besos". El contenido de esta edición, con algunas revisiones menores, se repetirá en las ediciones futuras hasta hoy.

55. *Veinte poemas de amor y una canción desesperada.* Buenos Aires, Tor, 1933. (106 pp.)

56. *Veinte poemas de amor y una canción desesperada.* Buenos Aires, Tor, 1934. (106 pp.)

57. *Veinte poemas de amor y una canción desesperada.* Santiago, Ercilla, 1938 (enero 12). (109 pp.)
   En pág. 105: Advertencia en prosa bajo el título *Nota puesta a este libro en 1937* (sobre el caso del *Poema 16*: "...el poema 16 es, en parte principal, paráfrasis de uno de Rabindranath Tagore, en *El jardinero*. Esto ha sido siempre pública y publicadamente conocido. A los resentidos que intentaron aprovechar, en mi ausencia, esta circunstancia, les ha caído encima el olvido que les corresponde y la dura vitalidad de este libro adolescente...").

58. *Veinte poemas de amor y una canción desesperada.* Buenos Aires, Tor, 1938. (110 pp.)

59. *Veinte poemas de amor y una canción desesperada.* Santiago, Ercilla, 1940. (109 pp.)
En pág. 105: "Nota del autor a la V edición'". Ver f. 57.

60. *Veinte poemas de amor y una canción desesperada.* Buenos Aires, Tor, 1940. Colección Cometa, 111 pp.
En pág. 7: *Retrato de un poeta*, poema de Lisardo Zía. *El Poema 16* lleva una nota a pie de página indicando que es una paráfrasis de una composición de *El jardinero* de Tagore.

61. *Veinte poemas de amor y una canción desesperada.* Santiago, Ercilla, 1941. (110 pp.)
En pág. 105: "Nota puesta a este libro en 1937." Ver f. 57.

62. *Veinte poemas de amor y una canción desesperada.* Santiago, Ercilla, 1942. (109 pp.)
En pág. 105: "Nota puesta a este libro en 1937." Ver f. 57.

63. *Veinte poemas de amor y una canción desesperada.* En: *Sus mejores versos,* 1943. Ver f. 4.

64. *Veinte poemas de amor y una canción desesperada.* Buenos Aires, Losada. 1944. Biblioteca Contemporánea, 28. (109 pp.)

65. *Veinte poemas de amor y una canción desesperada.* Buenos Aires, Losada, 1947. Biblioteca Contemporánea, 28, 2ª edición. (110 pp.)

66. *Veinte poemas de amor y una canción desesperada.* En: *Obra Poética de Pablo Neruda,* volumen, 3, 1947. Ver f. 5.3.

67. *Veinte poemas de amor y una canción desesperada.* Buenos Aires, Pleamar, 1948 (diciembre). Colección Mirto, dirigida por Rafael Alberti. Ilustraciones: 21 dibujos de Atilio Rossi. (113 pp.)

68. *Veinte poemas de amor y una canción desesperada.* Buenos Aires, Losada, 1949. Biblioteca Contemporánea, 28, 3ª edición. (110 pp.)

69. *Veinte poemas de amor y una canción desesperada.* En: *Poesías completas,* 1951. Ver f. 8.

70. *Veinte poemas de amor y una canción desesperada.* Buenos Aires, Losada, 1952 (abril). Biblioteca Contemporánea, 28, 4ª edición. (110 pp.)

71. *Veinte poemas de amor y una canción desesperada.* Buenos Aires, Losada, 1953 (septiembre 21). Colección Poeránea, 28, 4ª edición. (110 pp.)

72. *Veinte poemas de amor y una canción desesperada.* En: *Todo el amor*, 1953. Ver f. 9.

73. *Veinte poemas de amor y una canción desesperada.* Buenos Aires, Losada, 1954 (agosto). Biblioteca Contemporánea, 28, 5ª edición. (110 pp.)

74. *Veinte poemas de amor y una canción desesperada.* México, Editora Zarco; 1955. (107 pp.) Edición no autorizada.

75. *Veinte poemas de amor y una canción desesperada.* Buenos Aires, Losada, 1956. Colección Poetas de España y América. Ilustraciones de RAÚL SOLDI. (112 pp.)

76. *Veinte poemas de amor y una canción desesperada.* En: *Obras completas*, 1957. Ver f. 13.

77. *Veinte poemas de amor y una canción desesperada. Alturas de Macchu Picchu.* Lima, Editora Latinoamericana, 1958. Cuarto Festival del Libro. (131 pp.)

78. *Veinte poemas de amor y una canción desesperada.* Buenos Aires, Losada, 1958 (enero). Biblioteca Contemporánea, 28, 6ª edición. (109 pp.)

79. *Veinte poemas de amor y una canción desesperada.* En: *Todo el amor*, 1960. Ver f. 16.

80. *Veinte poemas de amor y una canción desesperada.* Buenos Aires, Losada, 1961 (junio.). Edición conmemorativa "1.000.000 de ejemplares". Biblioteca Contemporánea, 28, 7ª edición. (120 pp.) Sobrecubierta especial.

    CONTENIDO: Pequeña historia (nota en prosa, *Neruda*); *Los veinte poemas*; *La canción desesperada*; Poema número veinte (manuscrito por el autor, reproducción facsimilar).

81. *Veinte poemas de amor y una canción desesperada.* Buenos Aires, Losada, 1961 (octubre). Colección Poetas de Ayer y de Hoy, 2ª edición (ver f. 75). Ilustraciones: una lámina en colores y 21 dibujos de RAÚL SOLDI.

82. *Veinte poemas de amor y una canción desesperada.* En: *Obras Completas*, 1962. Ver f. 20.

83. *Veinte poemas de amor y una canción desesperada.* Buenos Aires, Losada, 1963 (febrero). Biblioteca Contemporánea, 28, 2ª edición. (109 pp.)

84. *Veinte poemas de amor y una canción desesperada.* En: *Poemas*, s. f. Ver f. 22.

85. *Veinte poemas de amor y una canción desesperada.* En: *Todo el amor*, 1964. Ver f. 23.

86. *Veinte poemas de amor y una canción desesperada.* Buenos Aires, Losada, 1965 (mayo). Biblioteca Clásica y Contemporánea, 28, 9ª edición. (109 pp.)

87. *Veinte poemas de amor y una canción desesperada.* Buenos Aires, Losada, 1966 (marzo). Biblioteca Clásica y Contemporánea, 28, 10ª edición. (109 pp.)

88. *Veinte poemas de amor y una canción desesperada.* Buenos Aires, Losada, 1966. Colección Poetas de Ayer y de Hoy, ilustraciones de RAÚL SOLDI, 3ª edición. (111 pp.)

89. *Veinte poemas de amor y una canción desesperada.* Buenos Aires, Losada, 1967 (julio). Biblioteca Clásica y Contemporánea, 28, 11ª ed.; 12 ed. 1968; 13 ed. 1969; 14 ed. 1970; 15 ed. 1971; 16 ed. 1972; (109 pp).

89 bis. *Veinte poemas de amor y una canción desesperada.* Buenos Aires, Losada, 1972 (diciembre). Edición conmemorativa "2.000.000 de ejemplares". Biblioteca Clásica y Contemporánea, 28, 17 ed. (124 pp.). Ilustraciones de RAÚL SOLDI.

NTICIPACIONES:

90. *Vaso de amor.* En: revista *Zig-Zag*, Santiago, núm. 938 (10 febrero 1923). Anticipación del *Poema 12*.

91. *La tempestad.* En: revista *Claridad*, Santiago, núm. 109 (13 octubre 1923). Anticipación del *Poema 4*.

92. *Tristeza a la orilla de la noche.* En: revista *Claridad*, Santiago, núm. 115 (24 noviembre 1923). Anticipación del *Poema 20*.

93. *Poesía de mi silencio.* En: revista *Zig-Zag*, Santiago, núm. 985 (5 enero 1924). Anticipación del *Poema 15*.

94. *Pasado.* En: rev. *Zig-Zag*, Santiago, núm. 1001. (26 abr. 1924). Anticipación del *Poema 6*.

95. *Una poesía de Pablo Neruda.* En: rev. *Claridad*, Santiago, núm. 121 (mayo 1924). Anticipación del *Poema 14*.

96. *1. Poema Seis. 2. Poema Nueve. 3. Poema Veinte.* En: diario *El Mercurio*, Santiago (30 ag. 1924). Foto del autor.

III. TENTATIVA DEL HOMBRE INFINITO

EDICIONES:

97. *Tentativa del hombre infinito.* Santiago, Nascimento, 1926 (enero). (44 pp. sin numerar.)
En pág. 5: "Poema de Pablo Neruda". Texto dividido en 15 partes o subpoemas. Aparte los espacios de separación entre dichas partes, el texto no trae signos de puntuación ni mayúsculas. *Versos iniciales*: 1 hogueras pálidas revolviéndose al borde de las noches / 2 ciudad desde los cerros entre la noche de hojas / 3 oh matorrales crespos adonde el sueño avanza trenes / 4 estrella retardada entre la noche gruesa los días de altas velas / 5 tuerzo esta hostil maleza mecedora de los pájaros / 6 no sé hacer el canto de los días / 7 torciendo hacia ese lado o más allá continúas siendo mía / 8 cuando aproximo el cielo con las manos para despertar completamente / 9 al lado de mí mismo señorita enamorada / ésta es mi casa / 11 admitiendo el cielo profundamente mirando el cielo estoy pensando / 12 a quién compré en esta noche la soledad que poseo / 13 veo una abeja rondando no existe esta abeja ahora / 14 el mes de junio se extendió de repente en el tiempo con seriedad y exactitud / 15 devuélveme la grande rosa la sed traída al mundo /.
Las demás ediciones del texto se ceñirán a esta original, casi siempre con erratas o no resolviendo los problemas que genera la disposición tipográfica del poema. Es éste uno de los libros de Neruda que con mayor urgencia requiere de una edición crítica y definitiva.

98. *Tentativa del hombre infinito.* En: Selección. 1943. Ver f. 1.

99. *Tentativa del hombre infinito.* En: *Obra poética de Pablo Neruda*, vol. 2, 1947. Ver f. 5.2.

100. *Tentativa del hombre infinito.* En: *Selección.* 1949. Ver f. 6.

101. *Tentativa del hombre infinito.* En: *Poesías completas*, 1951, 91-108. Ver f. 8.

102. *Tentativa del hombre infinito.* En: *Habitante*, 1957. Ver f. 12.

103. *Tentativa del hombre infinito.* En: *Obras completas*, 1957. Ver f. 13.

104. *Tentativa del hombre infinito.* En: *Obras completas*, 1962. Ver f. 20.

105. *Tentativa del hombre infinito.* Santiago, Orbe, 1964. Colección *El viento en la llama*, segunda serie, 8. (47 pp.)
    El texto nerudiano va precedido por una *Nota bibliográfica sobre "Tentativa del hombre infinito"* (Jorge Sanhueza, páginas 5-7).

106. *Tentativa del hombre infinito.* En: *Habitante*, 1964. Ver f. 21.

ANTICIPACIONES Y OTRAS PUBLICACIONES FRAGMENTARIAS:

107. *Torciendo hacia ese lado.* En: diario *La Nación*, Santiago (23 enero 1925).

108. *Canción para su destino.* En: revista *Dínamo*, Concepción, núm. 1 (enero 1925). Anticipación del fragmento cuyo primer verso es: "al lado de mí mismo señorita enamorada".

109. *Cuando aproximo el cielo.* En: revista *Andamios*, Santiago, núm. 2 (enero 1925).

110. *Canto de las ansiedades. Poesía escrita de noche.* Dos poemas, en: revista *Caballo de Bastos*, Santiago, núm. 3. (1925). Anticipación de los fragmentos "admitiendo el

cielo profundamente mirando el cielo estoy pensando y "veo una abeja rondando no existe esa abeja ahora".

Jorge Sanhueza, en su nota bibliográfica para la edic. Orbe 1964 (ver f. 105), advierte que *Andamios* "era un suplemento de la revista *Nuevos Rumbos* de la Asociación General de Profesores de Chile (y) cambió su título de *Andamios* por el de *Caballo de Bastos* desde la entrega número 3". Junto con cambiar el nombre asumió la dirección de la revista el poeta Pablo Neruda, pero ese número 3 fue el único que apareció.

111. *Un poema de Pablo Neruda*. En: revista *Bolívar*, Madrid. núm. 2 (15 febrero 1930). Fragmento: "a quién compré en esta noche la soledad que poseo", ilustrado por la fotografía de la máscara del poeta hecha por Tótila Albert en 1924.

112. *Un poema de Pablo Neruda*. En: periódico *Gong*, Valparaíso, núm. 5 (mayo 1930). Versión no autorizada del fragmento: "a quién compré en esta noche la soledad que poseo", transcrito en una disposición arbitraria, con puntuación y mayúsculas.

IV. EL HABITANTE Y SU ESPERANZA

EDICIONES:

113. *El habitante y su esperanza*. Novela. Santiago, Nascimento, 1926. (76 pp.)
Esta "nouvelle", dividida en 15 capítulos, viene precedida de un *Prólogo* del autor. Las ediciones futuras repetirán el texto y a veces el prólogo.

114. *El habitante y su esperanza*. Novela. Santiago, Ercilla, 1939. (76 pp.)

115. *El habitante y su esperanza*. Novela. Santiago, Ercilla, 1940. (76 pp.)

116. *El habitante y su esperanza*. En: *Obra poética de Pablo Neruda*, 1947, vol. 4. Ver f. 5.4.
Sin el prólogo de la edic. 1926.

117. *El habitante y su esperanza*. En: *Poesías completas*, 1951, 109-135. Ver f. 8.
Sin el prólogo de la edic. 1926.

118. *El habitante y su esperanza.* En: *Habitante,* 1957. Ver f. 12.
Sin el prólogo de la edic. 1926.

119. *El habitante y su esperanza.* Novela. En: *Obras completas,* 1957. Ver f. 13.

120. *El habitante y su esperanza.* Novela. En: *Obras completas,* 1962. Ver f. 20.

121. *El habitante y su esperanza.* En: *Habitante,* 1963. Ver f. 21.
Sin el prólogo de la edic. 1926.

V. ANILLOS

EDICIONES:

122. *Anillos. Prosas de Pablo Neruda y Tomás Lago.* Santiago, Nascimento, 1926. (104 pp.)
Las 21 prosas de Pablo Neruda y Tomás Lago se suceden alternadamente a lo largo del libro, siendo de Neruda la primera.
Prosas de Pablo Neruda: El otoño de las enredaderas; Imperial del sur; Primavera de agosto; Alabanzas del día mejor; Provincia de la infancia; Soledad de los pueblos; Atardecer; Desaparición o muerte de un gato; T. L.; Tristeza; La querida del alférez.
Prosas de Tomás Lago: Plazas de juegos; El pescador arbitrario; El juguete inadvertido; El recuerdo constante; Excusa del desaliento; Círculos de regreso; Aguas turbadas; Cruz de vidrio; La noche; P. N.
Este libro no ha sido reeditado en su forma original. Las prosas de Neruda han sido recogidas en diversas compilaciones bajo el título *Anillos,* pero tampoco han sido publicadas en volumen autónomo, en forma separada. Este hecho otorga a *Anillos* una situación única entre los libros de Neruda.

123. *Anillos.* En: *Obra poética de Pablo Neruda,* 1947, vol. 4. Ver f. 5.4.

124. *Anillos.* En: *Poesías completas,* 1951, 71-89. Ver f. 8.

125. *Anillos.* En: *Habitante,* 1957. Ver f. 12.

126. *Anillos.* Prosas. En: *Obras completas,* 1957. Ver f. 13.

127. *Anillos.* Prosas. En: *Obras completas,* 1962. Ver f. 20.

128. *Anillos.* En: *Habitante,* 1964. Ver f. 21.

ANTICIPACIONES:

129. *El otoño en las enredaderas.* En: revista *Zig-Zag.* Santiago, núm. 1009 (21 junio 1924).

130. *Panorama del sur:* 1. Viejo; 2. Provincia de la infancia: 3. Atracción de la ciudad; 4. Volantín. En: diario *El Mercurio,* Santiago (19 octubre 1924).
    El texto 2 anticipa, con variantes, la prosa homónima de *Anillos.* Los textos 1, 3 y 4 no han sido recogidos en libros (ver *Nerudiana dispersa*).

131. —. En: *Boletín del Instituto de Literatura Chilena,* Universidad de Chile, Santiago, núm. 11 (diciembre 1965).
    Se reproduce la publicación de *El Mercurio,* (f. 130) y se verifica un minucioso análisis comparativo sobre el texto 2, cotejando esta versión con la de *Anillos,* edic. 1926 (ver § 122), con la de *Obras completas,* 1957 (f. 13) y con la de *Obras completas,* 1962 (f. 20).

132. *Atardecer.* En: diario *El Mercurio,* Santiago (21 diciembre 1924).

133. *Imperial del sur.* En: diario *El Mercurio,* Santiago (1 marzo 1925).

134. *Tristeza.* En revista *Panorama,* Santiago, núm. 1 (abril 1926).

135. *Viñetas de Luto:* 1. Desaparición o muerte de un gato; 2. Tristeza; 3. La querida del alférez; 4. T. L.; 5. Oceana; 6. Soledad del otoño. En: revista *Atenea,* Concepción, núm. 3 (mayo 1926).
    Los textos 1, 2, 3 y 4 se incorporarán al libro *Anillos.* Los textos 5 y 6 no han sido recogidos en libros. En el mismo número de *Atenea* viene La noche, prosa de Tomás Lago que también irá en *Anillos.*

VI. EL HONDERO ENTUSIASTA

EDICIONES:

136. *El hondero entusiasta. 1923-1924.* Santiago, Empresa Letras, 1933 (enero 24). *Cuadernos de Poesía*, 2. (34 pp.)
En pág. 5: Retrato del poeta, a tinta china, por Honorio. También en pág. 5: *Una advertencia del autor*, fechada en "Enero de 1933". *Poemas* (primeros versos): Poema 1: Hago girar mis brazos como dos aspas locas. Poema 2: Es como una marea cuando ella clava en mí. Poema 3: Fres toda de espumas delgadas y ligeras. Poema 5: Siento tu ternura allegarse a mi tierra. Poema 5: Amiga, no te mueras. Poema 6: Déjame sueltas las manos. Poema 7: Alma mía, alma mía, raíz de mi sed viajera. Poema 8: Llénate de mí. Poema 9: Canción del macho y de la hembra. Poema 10: Esclava mía, témeme, ámame, esclava mía. Poema 11: Sed de ti que me acosa en las noches hambrientas. Poema 12: Es cierto, amada mía, hermana mía, es cierto!

137. *El hondero entusiasta. 1923-1924.* Santiago, Empresa Letras, 1933 (mayo 5). *Cuadernos de Poesía*, 2, segunda edición, 34 pp.
Disposición y contenido del volumen, iguales a los de la primera edición. Reproduce la *advertencia del autor*, de modo que cuando algunas ediciones posteriores la reproduzcan a su vez llamándola "advertencia del autor a la segunda edición", ella no tendrá otra importancia que la de un equívoco innecesario. Tanto esta edición como la primera consignan sus respectivas fechas de impresión en la solapa ("24-I-1933" y "5-V-1933"). Otra diferencia interesante: sobre la *Advertencia* no viene aquí el retrato hecho por Honorio sino una caricatura de GEO (Georges Sauré).

138. *El hondero entusiasta. 1923-1924.* Santiago, Ercilla, 1938. Colección Poetas de América. (26 pp.)
En pág. 9: "Advertencia del autor a la segunda edición". *Poemas*: Igual que en f. 136. Igual en las ediciones siguientes.

139. *El hondero entusiasta. 1923-1924.* Santiago, Ercilla, 1940. Colección Poetas de América. (86 pp.)

140. *El hondero entusiasta. 1923-1924.* Santiago, Ercilla, 1941. Colección Poetas de América. (86 pp.)

141. *El hondero entusiasta. 1923-1924.* Santiago, Ercilla, 1942. Colección Poetas de América. (86 pp.)

142. *El hondero entusiasta.* En: *Obra poética de Pablo Neruda*, 1947, vol. 2. Ver f. 5.2.
En pág. 7: "Advertencia del autor a la primera edición". Los poemas traen como títulos las primeras palabras de cada verso inicial, fórmula que se adoptará en algunas ediciones posteriores.

143. *El hondero entusiasta.* En: *Poesías completas*, 1951, 137-159. Ver f. 8.
No incluye la "Advertencia del autor".

144. *El hondero entusiasta.* En: *Habitante*, 1957. Ver f. 12.

145. *El hondero entusiasta.* En: *Obras completas*, 1957. Ver f. 1.3
En pág. 125: "Advertencia del autor a la segunda edición".

146. *El hondero entusiasta.* En: *Obras completas*, 1962. Ver f. 20.
En pág. 143: "Advertencia del autor a la segunda edición".

147. *El hondero entusiasta.* En: *Habitante*, 1964. Ver f. 21.
En pág. 29: "Advertencia del autor a la primera edición".

ANTICIPACIONES Y OTRAS PUBLICACIONES:

148. Poemas. En: revista *Dionysos*, Santiago, vol. 1 (diciembre 1923).
Los poemas (primeros versos): 1. Mujer, quiero que seas como eres; 2. Canción del macho y de la hembra; 3. Es cierto, amada mía, hermana mía, es cierto; 4. Déjame sueltas las manos. Los poemas 2, 3 y 4 fueron incorporados diez años más tarde al libro *El hondero entusiasta*. El texto I no ha sido recogido en libros

149. *El hondero entusiasta.* En: revista *Atenea*, Concepción, núm. 4 (julio 1924).
Es el poema inicial del libro.

150. 1. Déjame sueltas las manos 2. Es cierto, amada mía; 3. Canción del macho y de la hembra; 4. Es como una marea. En: ARMANDO DONOSO, *Nuestros poetas*. Santiago, Nascimento, 1924, 450-456.

151. *(El hondero entusiasta.)* Once poemas del libro, en: *Todo el amor*, 1953. Ver f. 9.
Esta antología, en sus ediciones 1953, 1960 y 1964, incluye los

poemas números 2 al 12 de *El hondero entusiasta.* Es decir, todo el libro menos el poema inicial.

152. *(El hondero entusiasta.)* Once poemas del libro, en: *Todo el amor,* 1960. Ver f. 16.

153. *(El hondero entusiasta.)* Once poemas del libro, en *Todo el amor,* 1964. Ver f. 23.

VII. RESIDENCIA EN LA TIERRA

EDICIONES:

154. *Residencia en la tierra. 1925-1931.* Santiago, Nascimento, 1933 (abril 10), 176 páginas.

Edición de 100 ejemplares en papel holandés Alfa-Loeber, numerados de 1 a 100 y firmados por el autor, más de 10 ejemplares destinados al poeta y marcados de A a J. Formato 34 x 26.
Poemas: I. Galope muerto; Alianza (sonata); Caballo de los sueños; Débil del alba; Unidad; Sabor; Ausencia de Joaquín; Madrigal escrito en invierno; Fantasma; Lamento lento; Colección nocturna; Juntos nosotros; Tiranía; Serenata; Diurno doliente; Monzón de mayo; Arte poética; Sistema sombrío; Ángela Adónica; Sonata y destrucciones; II. La noche del soldado; Comunicaciones desmentidas; El deshabitado; El joven monarca; Establecimientos nocturnos; Entierro en el este; III. Caballero solo; Ritual de mis piernas; El fantasma del buque de carga; Tango del viudo; IV. Cantares; Trabajo frío; Significa sombras.

155. 1. *Residencia en la tierra. 19251931.* (180 pp.)
 2. *Residencia en la tierra. 1931-1935.* (166 pp.)
 Madrid, Cruz y Raya, Ediciones del Árbol, 1935 (septiembre 15).

Esta primera edición completa del libro, en dos volúmenes, "se acabó de imprimir, en Madrid, en la Imprenta de Silverio Aguirre, el 15 de setiembre de 1935" (colofón, igual en los dos tomos).
Volumen uno: En rigor corresponde a la 2ª edición de *Residencia en la tierra* (1925-1931), pero en adelante este volumen sólo será considerado en unidad con el segundo. CONTENIDO: Igual que en f. 154.
Volumen dos: Primera publicación. CONTENIDO: I. Un día sobresale; Sólo la muerte; Barcarola; El sur del océano; II. Walking around; Desespediente; La calle destruida; Melancolía en las familias; Maternidad; Enfermedades en mi casa; III. Oda con

un lamento; Materia nupcial; Agua sexual; IV. *Tres cantos materiales*: Entrada a la madera; Apogeo del apio; Estatuto del vino; V. Oda a Federico García Lorca; Alberto Rojas Jiménez viene volando; El desenterrado; VI. El reloj caído en el mar; Vuelve el otoño; No hay olvido (sonata); Josie Bliss.
Las futuras ediciones del libro se ceñirán a ésta de 1935.

156. 1. *Residencia en la tierra. 1925-1931.* (180 pp.)
2. *Residencia en la tierra. 1931-1935.* (180 pp.)
Santiago, Ercilla, 1938. Colección Poetas de América.

157. 1. *Residencia en la tierra. 1925-1931.* (180 pp.)
2. *Residencia en la tierra. 1931-1935.* (180 pp.)
Santiago, Ercilla, 1939. Colección Poetas de América.

158. 1. *Residencia en la tierra. 1925-1931.* (190 pp.)
2. *Residencia en la tierra. 1931-1935.* (180 pp.)
Santiago, Ercilla, 1941 (marzo). Colección Poetas de América.

159. 1. *Residencia en la tierra. 1925-1931.* (180 pp.)
2. *Residencia en la tierra. 1931-1935.* (180 pp.)
Santiago, Ercilla, 1942 (mayo). Colección Poetas de América.

160. *Residencia en la tierra. 1925-1931.* Edición en un volumen. Buenos Aires, Losada, 1944 (julio 15). Colección Poetas de España y América. (188 pp.)

161. 1. *Residencia en la tierra. 1925-1931.* (112 pp.)
2. *Residencia en la tierra. 1931-1935.* (180 pp.)
En: *Obra poética de Pablo Neruda*, vols. 5 y 6, 1947. Ver ff. 5.5 y 5.6.

162. *Residencia en la tierra. 1925-1935. Poesías completas*, 1951, 161-298. Ver f. 8.

163. *Residencia en la tierra. 1925-1935.* Edición en 1 volumen. Buenos Aires, Losada, 1951. Colección Poetas de España y América. (186 pp.)

164. *Residencia en la tierra. 1925-1935.* En: *Obras completas*, 1957. Ver f. 13.

165. *Residencia en la tierra. 1925-1935.* Buenos Aires, Losa-

da. 1958 (julio). Biblioteca Contemporánea. 275. (140 pp.)

166. *Residencia en la tierra. 1925-9135.* Buenos Aires, Losada, 1958. Colección Poetas de España y América. (186 pp.)

167. *Residencia en la tierra. 1925-1935.* En: Obras completas, 1962. Ver f. 20. Buenos Aires, Losada, 1966 (noviembre). Biblioteca Clásica y Contemporánea, 275, 2ª edición. (140 pp.)

168. *Residencia en la tierra. 1925-1935.*

ANTICIPACIONES, APARTADOS Y OTRAS PUBLICACIONES:

169. *Serenata.* En: revista *Zig-Zag*, Santiago, núm. 1036. (12 diciembre 1925).

170. *Dolencia.* En revista *Atenea*, Concepción, núm. 5 (julio 1926). Anticipación del poema *Madrigal escrito en invierno.*

171. *Galope muerto.* En: revista *Claridad*, Santiago, núm. 133 (agosto 1926).

172. *Tormentas.* En: revista *Atenea*, Concepción, núm. 10 (diciembre 1926). Anticipación del poema *Fantasma.*

173. 1. *Monzón de mayo*; 2. *Tango del viudo*; 3. *Ángela Adónica.* En: revista *Atenea,* Concepción, núm. 58 (octubre 1929).

174. *Monzón de junio.* En: diario *La Nación,* Santiago (22 diciembre 1929). Corresponde al poema *Monzón de mayo.*

175. 1. *Monzón de mayo*; 2. *Tango del viudo.* En: revista *Amauta,* Lima, Perú, núm. 28 (enero 1930).

176. 1. *Galope muerto*; 2. *Serenata*; 3. *Caballo de los sueños.* En: *Revista de Occidente,* Madrid, núm. LXXXI (marzo 1930).

945

177. 1. *Significa sombras*; 2. *Ausencia de Joaquín*. En: revista *Letras*, Santiago, núm. 22 (julio 1930).

178. *Colección nocturna*. En: revista *Cartel*, Montevideo, núm. 7 (julio 1930).

179. *Colección nocturna*. En: revista *Atenea*, Concepción, núm. 66 (agosto 1930).

180. 1. *Ritual de mis piernas*; 2. *Significa sombras*. Poemas fechados "Ceylán, 1930". en: revista. *Índice*, Santiago, uúm. 9 (diciembre 1930).

181. 1. *Monzón de junio*; 2. *Serenata*; 3. *Significa sombras*; 4. *Ritual de mis piernas*. En: Rubén Azocar, *La poesía chilena moderna*. Antología. Santiago, Ediciones Pacífico del Sur, 1931 (abril). 309-313. El texto 1 anticipa *Monzón de mayo*. cp. f. 174.

182. *Caballero solo*. En: revista *Célula*, Santiago (1932).

183. *Colección nocturna*. En: revista *Alma Hebrea*, Temuco (mayo 1932).

184. *El fantasma del buque de carga*. En: revista *Atenea*, núm. 87. Concepción (mayo 1932).

185. *Barcarola*. En: diario *El Mercurio*, Santiago (24 enero 1934).

186. *Sólo la muerte*. En: diario *La Nación*, Buenos Aires (febrero 1934).

187. *Alberto Rojas Jiménez viene volando*. En: *Revista de Occidente*, Madrid (julio 1934).

188. *Alberto Rojas Jiménez viene volando*. En: diario *El Mercurio*, Santiago (21 octubre 1934).

189. *Barcarola*. En: *El aviso de escarmentados del año que acaba y escarmiento de avisados para el que empieza en 1935*. Libro-calendario. Madrid, edición de Cruz y Raya, 1935, 70-72.

190. 1. *Sólo la muerte*; 2. *Oda con un lamento*; 3. *Alberto Ro-

jas Jiménez viene volando. En: EDUARDO ANGUITA y VOLODIA. TEITELBOIM, *Antología de poesía chilena nueva*. Santiago, Zig-Zag, 1935 (marzo).

191. 1. *Entrada a la madera;* 2. *Apogeo del apio;* 3. *Estatuto del vino*. En: Homenaje a Pablo Neruda de los poetas españoles *Tres cantos materiales*. Madrid, Plutarco, 1935 (abril). (16 pp. sin numerar.)
    En pág. 3: Texto del homenaje, firmado por: Rafael Alberti, Vicente Aleixandre, Manuel Altolaguirre, Luis Cernuda, Gerardo Diego, León Felipe, Federico García Lorca, Jorge Guillén, Pedro Salinas, Miguel Hernández, José A. Muñoz Rojas, Leopoldo y Juan Panero, Luis Rosales, Arturo Serrano Plaja, Luis Felipe Vivanco.

192. *El desenterrado*. En: revista *Cruz y Raya*, Madrid, núm. 25 (julio 1935). Poema de presentación para poesías de Villamediana.

193. —En: *Poesías de Villamediana presentadas por Pablo Neruda*. Separata. Madrid, *Cruz y Raya*, 1935 (julio).

194. *Tres poemas de Pablo Neruda*: 1. Entrada a la madera; 2. Apogeo del apio; 3. Estatuto del vino. En: revista *Repertorio Americano*, San José, Costa Rica, núm. 740 (8 diciembre 1935).

195. * *Tres madrigales para canto y piano*: 1. Lamento lento; 2. Fantasma; 3. Madrigal escrito en invierno. Música de Rudolph Holzmann sobre textos de Pablo Neruda. Buenos Aires, Edit. Argentina de Música, 1946.

196. * *Tres cantos materiales. Three material songs*. Textos originales y traducciones al inglés por Ángel Flores, con ilustraciones de Nemesio Antúnez. New York, East River Editions, 1948.

197. * *Agua sexual*. New York, edición privada de Lidia Guibert, 1966.

198. *Severidad*. Texto del poema *Materia nupcial* (título inexplicablemente desplazado), en: *Antología de la poesía erótica*. Buenos Aires, Editorial Jorge Álvarez, 1967.

VIII. TERCERA RESIDENCIA

EDICIONES:

199. *Tercera residencia. 1935-1945.* Buenos Aires, Losada, 1947 (agosto 15). Viñetas de la portada por Raúl Soldi, 111 pp.
Según nota del autor al poema *Las furias y las penas*, la historia de la composición de esta *Tercera residencia* se inicia en 1934 (y no en 1935). Contenido: I. La ahogada del cielo; Alianza (sonata); Vals; Bruselas; El abandonado; Naciendo en los bosques; II. Las furias y las penas (hay nota previa del autor fechada "marzo de 1939"); III. Reunión bajo las nuevas banderas; IV. *España en el corazón*: Invocación; Bombardeo; Maldición; España pobre por culpa de los ricos; La tradición; Madrid (1936); Explico algunas cosas; Canto a las madres de los milicianos muertos; Cómo era España; Llegada a Madrid de la Brigada Internacional; Batalla del río Jarama; Almería; Tierras ofendidas; Sanjurjo en los infiernos; Mola en los infiernos; El general Franco en los infiernos; Canto sobre unas ruinas; La victoria de las armas del pueblo; Los gremios en el frente; Triunfo; Paisaje después de una batalla; Antitanquistas; Madrid 1937; Oda solar al Ejército del Pueblo; V. Canto a Stalingrado; Nuevo canto de amor a Stalingrado; Tina Modotti ha muerto; 7 de noviembre; Oda a un día de victorias; Un canto para Bolívar; Canto en la muerte y resurrección de Luis Companys; Dura elegía; Canto al Ejército Rojo a su llegada a las puertas de Prusia.
El poema *Nuevo canto de amor a Stalingrado* trae una errata de importancia en cuanto a la ordenación de las estrofas. El poema *Alianza* (sonata) no es el mismo de *Residencia 1*.

200. *(Tercera residencia.)* En: *Obra poética de Pablo Neruda*, vols. 7, 8 y 9, 1947-1948. Todos los textos del libro se encuentran, dispersos y sin ordenar, en los tres tomos citados. Ver f. 5.7, 5.8, 5.9.

201. *Tercera residencia. 1935-1945.* Buenos Aires, Losada, 1951 (febrero 26). Colección Poetas de España y América, 2ª edición. (110 pp.)

202. *Tercera residencia. 1935-1945.* En: *Poesías completas*, 1951, 299-382. Ver f. 8.

203. *Tercera residencia. 1935-1945.* En: *Obras completas*, 1957, Ver f. 13.

204. *Tercera residencia. 1935-1945.* Buenos Aires, Losada, 1961. Colección Poetas de Ayer y de Hoy. (110 pp.)

205. *Tercera residencia.1935-1945.* Buenos Aires, Losada, 1961 (mayo). Biblioteca Contemporánea, 277. (110 páginas).

206. *Tercera residencia. 1935-1945.* En: *Obras completas,* 1962. Ver f. 20.

207. *Tercera residencia. 1935-1945.* Buenos Aires, Losada, 1966 (setiembre). Biblioteca Clásica y Contemporánea, 277, 2ª edición. (105 pp.)

ANTICIPACIONES, APARTADOS Y OTRAS PUBLICACIONES:

208. *Canto a las madres de los milicianos muertos.* En: periódico *El Mono Azul,* Madrid (1936).

209. *Canto sobre unas ruinas.* Poema fechado "Madrid, 1936". En: Revista. *Los Poetas del Mundo Defienden al Pueblo Español* (dir. Pablo Neruda y Nancy Cunard), Madrid, núm. 1 (noviembre 1936).

210. *Canto a las madres de los milicianos muertos.* En: Revista. *Repertorio Americano,* San José, Costa Rica, núm. 788 (16 enero 1937).

211. *Es así.* En: periódico *El Mono Azul,* Madrid. núm. 22 (1 julio 1937). Anticipación del poema *Explico algunas cosas.*

212. *Almería.* En: Rev. *Repertorio Americano,* San José, Costa Rica, núm. 812 (31 julio 1937).

213. *Canto sobre unas ruinas.* En: rev. *Tierra.* Santiago. núm. 1 (julio 1937).

214. *1. Antitanquistas. 2. Canto sobre unas ruinas.* En: Revista *Repertorio Americano,* San José, Costa Rica, núm. 823 (16 octubre 1937).

215. *Antitanquistas.* En: Revista. *Expresión,* Santiago, núm. 1 (noviembre 1937).

216. *El general Franco en los infiernos.* En: revista. *Tierra*, Santiago, núm. 4 (noviembre 1937).

217. *España en el corazón.* Santiago, Ercilla, 1937 (noviembre 13). (47 pp.)

    Portada y 16 láminas fotográficas por Pedro Olmos. Tiraje de 1750 + 250 ejs. Una primera nota advierte: "Este *Himno a las glorias del pueblo en la guerra* forma parte del tercer volumen de *Residencia en la tierra*". Y otra, al final del texto, precisa: "Este libro fue comenzado en Madrid, 1936, y continuado en París y en el mar, 1937".

218. *Canto a las madres de los milicianos muertos.* En: Vicente Huidobro y otros: *Madre España - Homenaje de los Poetas Chilenos.* Santiago, Panorama, 1937.

219. *España en el corazón.* Santiago, Ercilla, 1938 (enero 28), 2ª edic. (47 pp.)

220. *Gloria del pueblo en armas.* En: periódico *El Mono Azul,* Madrid, núm. 45 (mayo 1938).

221. *España en el corazón.* (República Española), Ejército del Este, Ediciones Literarias del Comisariado, 1938 (noviembre 7). Dirigió la edición: Manuel Altolaguirre. (73 pp.)

    Tiraje de 500 ejemplares numerados del 1 al 500, habiéndose terminado la impresión el 7 de noviembre, 1938, segundo aniversario de la defensa de Madrid. Encabeza la edición la siguiente *Noticia*: "El gran poeta Pablo Neruda (la voz más profunda de América desde Rubén Darío, como dijo García Lorca) convivió con nosotros los primeros meses de la guerra. Luego en el mar, como desde un destierro, escribió los poemas de este libro. El Comisariado del Ejército del Este lo reimprime en España. Son soldados de la República quienes fabricaron el papel, compusieron el texto y movieron las máquinas. Reciba el poeta esta noticia como una dedicatoria." (El mismo Altolaguirre entrega más detalles sobre el proceso de impresión de este libro en su conocida carta desde La Habana, noviembre de 1941, cuyo texto puede leerse en f. 1, en f. 5.8 o en f. 8, entre otros lugares.)

222. *España en el corazón.* (República Española), Ejército del Este, Ediciones Literarias del Comisariado, 1939 (enero 10). (77 pp.)

    Texto del *Colofón*: "De la primera edición de este libro se hicieron 500 ejemplares numerados del 1 al 500, bajo la dirección de Manuel Altolaguirre, terminándose su impresión el 7 de noviembre de 1938. Esta segunda edición consta de 1.500 (un mil quinientos) ejemplares, sin numerar, y se terminó el 10 de enero de 1939."

223. *Las furias y las penas.* Santiago, Nascimento, 1939 (mayo 12). (29 pp.)
Edición de 120 ejemplares numerados. El poema va encabezado por un epígrafe de Quevedo: "Hay en mi corazón furias y penas". En pág. 27 viene esta nota del autor: "En 1934 fue escrito este poema. Cuántas cosas han sobrevenido desde entonces! España donde lo escribí es una cintura de ruinas. Ay! si con sólo una gota de poesía o de amor pudiéramos aplacar la ira del mundo, pero eso sólo lo pueden la lucha y el corazón resuelto. / El mundo ha cambiado y mi poesía ha cambiado. Una gota de sangre caída en estas líneas quedará viviendo sobre ellas, indeleble como el amor. / Marzo de 1939."

224. *Las furias y las penas.* Buenos Aires, Ediciones del Ángel Gulab, 1939 (octubre 30). Segundo volumen del Cancionero de la Sirena. Edición de 120 ejemplares numerados. (24 pp.) Contenido: igual que en f. 223.

225. *Reunión bajo las nuevas banderas.* En: Revista *España Peregrina*, México, tomo II, núms. 8-9 (12 octubre 1940).

226. *Un canto para Bolívar.* México, Imp. Universitaria, 1941. (16 pp. sin numerar.)
En pág. 15 viene esta nota: "Este Canto fue leído por su autor en el Anfiteatro Bolívar, en el acto celebrado por la Universidad Nacional Autónoma de México, en la tarde del 24 de julio de 1941, CXI aniversario de la muerte del Libertador. La edición consta de 500 ejemplares y se hizo por acuerdo del Rector de la misma Universidad, en la Imprenta Universitaria, bajo la dirección del Jefe del Servicio Editorial. Dibujo capitular y viñetas Julio Prieto."

227. *Un canto para Bolívar.* En: revista *México y la Universidad*, México (julio 1941).

228. *Un canto para Bolívar.* En: revista *Repertorio Americano*, San José, Costa Rica, núm. 918 (23 agosto 1941).

229. *Un canto para Bolívar.* En: Oreste Plath, *Poetas y poesía de Chile*. Antología. Santiago, Talleres Gráficos La Nación, 1941, p. 96-98.

230. *Tina Modotti ha muerto*. En: *Boletín de la Alianza Internacional Giuseppe Garibaldi*, México (enero 1942).

231. *Tina Modotti ha muerto*. En: revista *Repertorio Americano*, San José, Costa Rica, tomo XXXIX, núm. 14 (11 julio 1942).

232. *Canto a Stalingrado*. (México), Sociedad de Amigos de la URSS, 1942 (octubre).

Cartel de 47 x 35, sin fecha ni pie de imprenta, pero señalando al pie de página: "Editado por SAURSS y España Popular". El poema fue leído por primera vez el día 30 de setiembre de 1942, en un acto organizado por la SAURSS en el Teatro del Sindicato Mexicano de Electricistas. Los carteles fueron profusamente fijados sobre los muros de México.

233. *Canto a Stalingrado*. En: revista *Repertorio Americano*, San José, Costa Rica, núm. 949 (31 octubre 1943).

234. *Nuevo canto de amor a Stalingrado*. México, edic. del Comité de Ayuda a Rusia en Guerra, 1943 (feb. 25). Viñetas: Miguel Prieto. Tiraje: 5.000 más 100 ejs. (14 pp.)

235. *Dura elegía*. En: diario *Excelsior*, México (19 junio 1943).

236. *Dura elegía*. En: diario *El Siglo*, Santiago (4 jul. 1943).

237. *Dura elegía*. Tarjeta plegada, sin datos de impresión. (Prob.: Río de Janeiro, 1943.)

Portadilla de la tarjeta: Fotografía de la señora Leocadia Prestes. En págs. 2-3: Texto del poema. En pág. 4, la siguiente leyenda: *Luiz Carlos Prestes Diz*: "*O primeiro passo para se preparar a guerra é liquidar a democracia*".

Nota de J. Sanhueza: "La señora Leocadia Felizardo de Prestes, madre de Luis Carlos Prestes, fue enterrada en México el 18 de junio de 1943. Algunos prominentes políticos mexicanos hicieron gestiones ante el presidente del Brasil, Getulio Vargas, a fin de obtener de él una autorización para que Luis Carlos Prestes —a la sazón preso en una celda de Río de Janeiro— pudiera verla por última vez. La gestión fracasó. Pablo Neruda leyó su *Dura elegía* en la tumba de la señora Prestes, durante sus funerales. Hubo una reclamación de la cancillería brasileña ante el gobierno chileno por el carácter oficial de cónsul con que Neruda estaba revestido. Neruda contestó en *Excelsior*, México, edición del 22 de junio, 1943."

238. *Un canto para Bolívar*. En: diario *La Voz del Sur*, Arequipa, Perú (28 julio 1943).

239. *7 de noviembre: Oda a un día de victorias*. En: revista *Hora del hombre*, Lima, núm. 3 (octubre 1943).

240. *Cantos de Pablo Neruda*, 1943 (noviembre). Ver f. 3.

241. *Canto al ejército rojo a su llegada a las puertas de Prusia*. En: ALEJANDRO LIPSCHÜTZ, *La ciencia en la Unión Soviética*. Santiago, Instituto Chileno de Relaciones Culturales con la Unión Soviética, 1944.

242. *Nuevo canto de amor a Stalingrado*. En: revista *Literatura Internacional*, Moscú, año III, núm. 2 (20) (1944).

243. *Un poema a Bolívar*. En: revista *Literatura Internacional*, Moscú, año III, núm. 5 (23) (1944). Se trata del poema *Un canto para Bolívar*.

244. *Nuevo canto de amor a Stalingrado*. En: *Saludo al norte y Stalingrado*. Folleto. Iquique, Chile, Imp. La Moderna, 1945.

Este folleto se distribuyó en las provincias de Tarapacá y Antofagasta en los primeros meses de 1945, durante la campaña senatorial de ese año. En la contraportada se invitaba al lector-elector a votar por *Reyes* (Pablo Neruda) y *Lafertte*.

245. *Canto en la muerte y resurrección de Luis Companys*. En: *Homenaje a Pablo Neruda y de ayuda a Cataluña*. Santiago, Imp. Mediterránea, 1945. (Tarjeta de invitación a un acto en el Salón Lucerna, 17 de marzo 1945, organizado por la revista *Retorn* de la colonia catalana en Chile.)

246. *Canto en la muerte y resurrección de Luis Companys*. Affiche de 38 x 27, sin datos de impresión, probablemente editado por la revista *Retorn* (ver f. 243), Santiago, 1945.

247. *Un canto para Bolívar*. Cuadernillo. Angol, Chile, Edicio-

nes Instante, Imp. El Esfuerzo, 1945. Tiraje de 5.000 ejemplares numerados. (9 pp.)

248. *Canto al ejército rojo a su llegada a las puertas de Prusia.* En: revista *Literatura Soviética*, Moscú, núm. 2 (1946).

249. *Canto a los ríos de Alemania.* En: Diario *El Siglo*, Santiago (22 agosto 1947).

IX. *CANTO GENERAL*

EDICIONES:

250. *Canto general.* México. [Talleres Gráficos de la Nación] 1950 (marzo 25). Edición especial y limitada, al cuidado de MIGUEL PRIETO, con guardas dibujadas por DIEGO RIVERA y DAVID ALFARO SIQUEIROS. Tiraje de 500 ejemplares, 300 de ellos destinados a los suscriptores de la edición y firmados por Neruda, Rivera y Siqueiros (567 pp.) Formato: 36 cm.

CONTENIDO: *La lámpara en la tierra*: Amor América (1400); I. Investigaciones; II. Algunas bestias; III. Vienen los pájaros; IV. Los ríos acuden; V. Minerales; VI. Los hombres. *Alturas de Macchu Picchu:* I. Del aire al aire...; II. Si la flor a la flor...; III. El ser como el maíz; IV. La poderosa muerte...; V. No eras tú, muerte grave...; VI. Entonces, en la escala...; VII. Muertos en un solo abismo...; VIII. Sube conmigo...; IX. Águila sideral...; X. Piedra en la piedra...; XI. A través del...; XII. Sube a nacer conmigo... *Los conquistadores*: I. Vienen por las islas (1493); II. Ahora es Cuba; III. Llegan al mar de México; IV. Cortés; V. Cholula; VI. Alvarado; VII. Guatemala; VIII. Un obispo; IX. La cabeza en el palo; X. Homenaje a Balboa; XI. Duerme un soldado; XII. Ximénez de Quesada (1536); XIII. Cita de cuervos; XIV. Las agonías; XV. La línea colorada; XVI. Elegía; XVII. Las guerras; XVIII. Descubridores de Chile; XIX. La tierra combatiente; XX. Se unen la tierra y el hombre; XXI. Valdivia; XXII. Ercilla; XXII. Se entierran las lanzas; XXIV. *El corazón magallánico;* XXV. A pesar de la ira. *Los libertadores*: I. Cuauhtemoc; II. Fray Bartolomé de Las Casas; III. Avanzando en las tierras de Chile; IV. Surgen los hombres; V. Toqui Caupolicán; VI. La guerra patria; VII. El empalado; VIII. Lautaro (1550); IX. Educación del cacique; X. Lautaro entre los invasores; XI. Lautaro contra el centauro (1554); XII. El corazón de Pedro de Valdivia; XIII. La dilatada guerra; XIV. (Intermedio); La colonia cubre nuestras tierras; XV. Las haciendas; XVI. Los nuevos propietarios; XVII. Comuneros del socorro (1781); XVIII. Tupac Amaru (1781), XIX. América insurrecta (1800); XX. Bernardo O'Higgins Riquelme; XXI. San Martín (1810); XXII. Mina (1817); XXIII. Miranda muere en la niebla; XXIV. José Miguel Carrera; XXV. Manuel Rodríguez (cueca); XXVI. Guayaquil (1822); XXVII. Sucre; XXVIII. Toussaint L'Ouverture; XXIX. Morazán (1842); XXX. Viaje por la noche de Juárez; XXXI. El viento sobre Lincoln; XXXII. Martí (1890); XXXIII. Balmaceda de Chile (1891); XXXIV. A Emiliano Zapata con música de Tata Nacho; XXXV. Sandino (1926); XXXVI. Hacia Recabarren; XXXVII. Recabarren (1921); XXXVIII. Prestes del Brasil; XXXIX. Dicho en Pacaembú (Brasil, 1945); XL. De nuevo los tiranos; XLI. Llegará el día. *La arena traicionada*: Tal vez, tal vez el olvido...; I. Los verdugos; II. Las oligarquías; III. Los muertos de la plaza (28 de enero de 1946, Santiago de Chile); IV. Crónica de 1948 (América); V. González Videla, el traidor de Chile (Epílogo), 1949. *América, no invoco tu nombre en vano*: I. Desde arriba (1942); II. Un asesino duerme; III. En la costa; IV. Invierno en el sur, a caballo; V. Los crímenes; VI. Juventud; VII. Los climas; VIII. Varadero en Cuba; IX. Los dictadores; X. Centro América; XI. Hambre en el sur; XII. Patagonia; XIII. Una rosa; XIV. Vida y muerte de una mariposa; XV. El hombre enterrado en la Pampa; XVI. Obreros marítimos; XVII. América; XVIII. América, no invoco tu nombre en vano. *Canto general de Chile*: Eternidad; I. Himno y regreso (1939); II. Quiero volver al sur; III. Melancolía cerca de Orizaba; IV. Océano; V. Talabartera; Alfarería; Telares; V. Inundaciones; Terremoto; VII. Atacama; VIII. Tocopilla; IX. Peumo; Quilas; Drimis Winterei; X. Zonas eriales; XI. Chercanes; Loica; Chucao; XII. Botánica; XIII. Araucaria; XIV. Tomás Lago; Rubén Azócar; Juvencio Valle; Diego Muñoz; XV. Jinete en la lluvia; XVI. Mares de Chile; XVII. Oda de invierno al río Mapocho. *La tierra se llama Juan*: I. Cristóbal Miranda (palero, Tocopilla); II. Jesús Gutiérrez (agrarista); III. Luis Cortés (de Tocopilla); IV. Olegario Sepúlveda (zapatero, Talcahuano); V. Arturo Carrión (navegante, Iquique); VI. Abraham Jesús Brito (poeta popular); VII. Antonino Bernales (pescador, Colombia); VIII. Margarita Naranjo (Salitrera "María Elena", Antofagasta); IX. José Cruz Achachalla (minero, Bolivia); X. Eufrosino Ramírez (Casa Verde, Chuquicamata); XI. Juan Figueroa (Casa del Yodo "María Elena", Antofagasta); XII. El maestro Huerta (de la mina "La Despreciada", Antofagasta); XIII. Amador Cea (de Coronel, Chile, 1949); XIV. Benilda Varela (Concepción, Ciudad Universitaria,

Chile, 1949); XV. Calero, trabajador del banano (Costa Rica, 1940); XVI. Catástrofe en Sewell; XVII. La tierra se llama Juan. *Que despierte el leñador*: [Poema dividido en seis partes, numeradas de I a VI]. *El fugitivo* (1948): [Poema dividido en trece partes, numeradas de I a XIII]. *Las flores de Punitaqui*: I. Valle de las piedras (1946); II. Hermano Pablo; III. El hambre y la ira; IV. Les quitan la tierra; V. Hacia los minerales; VI. Las flores de Punitaqui; VII. El oro; VIII. El camino del oro; IX. Fui más allá del oro; X. El poeta; XI. La muerte en el mundo; XII. El hombre; XIII. La huelga; XIV. El pueblo; XV. La letra. *Los ríos de canto*: I. Carta a Miguel Otero Silva, en Caracas (1948); II. A Rafael Alberti (Puerto de Santa María, España); III. A González Carbalho, en Río de la Plata; IV. A Silvestre Revueltas, de México, en su muerte (Oratorio Menor); V. A. Miguel Hernández, asesinado en los presidios de España. *Coral de Año Nuevo para la patria en tinieblas*: I. Saludo (1949); II. Los hombres de Pisagua; III. Los héroes; IV. González Videla; V. Yo no sufrí; VI. En este tiempo; VII. Antes me hablaron; VIII. Las voces de Chile; IX. Los mentirosos; X. Serán nombrados; XI. Los gusanos del bosque; XII. Patria, te quieren repartir; XIII. Reciben órdenes contra Chile; XIV. Recuerdo el mar; XV. No hay perdón; XVI. Tú lucharás; XVII. Feliz año para mi patria en tinieblas. *El gran océano*: I. El gran océano; II. Los nacimientos; III. Los peces y el ahogado; IV. Los hombres y las islas; V. Rapa Nui; VI. Los constructores de estatuas (Rapa Nui); VII. La lluvia (Rapa Nui); VIII. Los oceánicos; IX. Antártica; X. Los hijos de la costa; XI. La muerte; XII. La ola; XIII. Los puertos; XIV. Los navíos; XV. A una estatua de proa (elegía); XVI. El hombre en la nave; XVII. Los enigmas; XVIII. Las piedras de la orilla; XIX Mollusca gongorina; XX. Las aves maltratadas; XXI. Leviathan; XXI. Phalacrocorax; XXIII. No sólo el albatros; XXIV. La noche marina. *Yo soy*: I. La frontera (1904); II. El hondero (1919); III. La casa; IV. Compañeros de viaje (1921); V. La estudiante (1923); VI. El viajero; VII. Lejos de aquí; VIII. Las máscaras de yeso; IX. El baile (1929); X. La guerra (1936); XI. El amor; XII. México (1940); XIII. En los muros de México (1943); XIV. El regreso; XV. La línea de madera; XVI. La bondad combatiente; XVII. Se reúne el acero; XVIII. El vino; XIX. Los frutos de la tierra; XX. La gran alegría; XXI. La muerte; XXII. La vida; XXIII. Testamento (I); XXIV. Testamento (II); XXV. Disposiciones; XXVI. Voy a vivir; XXVII. A mi partido; XXVIII. Termino aquí.

251. *Canto general*. México, Ediciones Océano, 1950. (567 pp.) Formato: 17 cm.
Colofón: "Esta edición del *Canto general* de Pablo Neruda es reproducción facsimilar de la especial y limitada que, al

cuidado de Miguel Prieto, se imprimió en los Talleres Gráficos de la Nación. Se ha hecho una tirada de 5.000 ejemplares en los talleres de 'offset' Gráficas Barcino, calle del Doctor Garciadiego, 209, por cuenta de Manufactura de Libros S. de R. L., Meyerbeer, 57-D, México D.F."

252. *Canto general.* América, 1950. [Santiago, edición clandestina del Partido Comunista de Chile, 1950. Pie de imprenta ficticio: "Imprenta Juárez. Reforma 75. Ciudad de México." Ilustraciones y viñetas de J. VENTURELLI.] (448 pp.). Hay tirada especial en papel pluma.

253. *Canto general.* México, Ediciones Océano, segunda edición, 1952. (567 pp.)

Colofón: "Esta segunda edición del *Canto general* de Pablo Neruda es reproducción facsimilar de la especial y limitada que, al cuidado de Miguel Prieto, se imprimió en los talleres Gráficos de la Nación. Se ha hecho una tirada de 5.000 ejemplares en offset Altamira, Lerdo, 333. por cuenta de Manufactura de Libros S. de R. L., Altamirano 127, México D.F."

254. *Canto general.* Edición en dos volúmenes. Buenos Aires, Losada. 1955. Biblioteca Contemporánea, 86 y 87. (205 y 208 pp.)

255. *Canto general.* En: *Obras completas.* 1957. Ver f. 13.

256. *Canto general.* En: *Obras completas*, 1962. Ver f. 20.

257. *Canto general.* Dos volúmenes. Buenos Aires, Losada, 1963. Biblioteca Contemporánea, 86 y 87, segunda edición. (205 y 208 pp.).

ANTICIPACIONES Y APARTADOS:

258. *Oda de invierno al río Mapocho.* En: *Revista de las Españas*, Barcelona, núms. 103-104 (julio-agosto 1938).

259. *Oda de invierno al río Mapocho.* En: revista *Aurora de Chile*, Santiago, núm. 1 (agosto 1938).

260. *Oda de invierno al río Mapocho.* En: revista *Ruta*, México, núm. 5 (agosto 1938).

957

261. *1. Almagro. 2. Botánica. 3. Atacama. 4. Océano. 5. Himno y regreso.* En: diario *La Hora*, Santiago (21 julio 1940).

Estos poemas fueron leídos por el autor en el Salón de Honor de la Universidad de Chile, el día 10 de julio de 1940, durante un acto de despedida que le organizó al poeta la Alianza de Intelectuales con motivo de su viaje a México para asumir funciones de cónsul general.

262. —Los mismos cinco poemas, tomados del diario *La Hora* (f. 261), en: revista *Repertorio Americano*, San José, Costa Rica, núms. 899-900 (14 setiembre 1940).

El texto 1, titulado aquí "Almagro", corresponde al poema *Descubridores de Chile* (*Canto general*, cap. III).

263. *Oratorio menor en la muerte de Silvestre Revueltas.* En: diario *El Nacional*, México D. F. (7 octubre 1940).

264. *Oratorio menor en la muerte de Silvestre Revueltas.* Hoja suelta, cuidadosamente impresa e ilustrada. No consigna datos de impresión. (México, octubre 1940).

El poema fue leído por Neruda en los funerales del músico, el día 6 de octubre de 1940.

265. *Atacama.* En: revista *L'usage de la Parole*. Dir. Paul Eluard, Paris, núm. 1 (1940).

266. *Oda de invierno al río Mapocho.* En: RICARDO A. LATCHAM, *Estampas del Nuevo Extremo. Antología de Santiago (1541-1941).* Selección y prólogo de R. A. Latcham. Santiago, Talleres de Editorial Nascimento, 1941, 373-374.

267. *Oda de invierno al río Mapocho.* En: *Tradición y leyenda de Santiago.* Selección, prólogo y notas de ANTONIO ROCCO DEL CAMPO, Santiago, Ercilla, 1941, 230-231.

268. *1. Tocopilla. 2. Quiero volver al sur.* En: revista *Letras de México*, México, núm. 4 (15 abril 1941).

269. *1. Tocopilla. 2. Quiero volver al sur.* En: revista *Repertorio Americano*, San José, Costa Rica, tomo XXXVIII, núms. 17-18 (20 setiembre 1941).

270. *1. Descubridores. 2. Botánica. 3. Atacama. 4. Océano. 5. Himno y regreso.* En: ORESTE PLATH, *Poetas y poesía de*

Chile, antología. Santiago. Talleres Gráficos *La Nación*, 1941, 90-96.

271. *1. Descubridores. 2. Himno y regreso.* En: *Exposición de la poesía chilena.* Compilación, prólogo y notas de CARLOS POBLETE. Buenos Aires, Claridad, 1941.

272. *El corazón magallánico.* En: revista *Cuadernos Americanos*, México, núm. 2 (marzo-abril 1942).

273. *Canto general de Chile. Fragmentos.* Cuadernillo, sin datos de publicación. [México, 1943.] Edición privada y limitada: 100 ejemplares firmados por el autor.
    Poemas: Descubridores; Botánica; Zonas eriales; Tocopilla.

274. *Melancolía cerca de Orizaba.* Poema escrito en 1942, en: revista *Cuadernos Americanos*, México, núm. 2 (marzo-abril 1943).

275. *Oratorio menor en la muerte de Silvestre Revueltas* (y otros once fragmentos de *Canto general*) en: *Selección*, 1943. Ver f. 1.

276. *Ídem*, más *Alturas de Macchu Picchu*, en: *Selección*, 1949. Ver f. 6.

277. *América, no invoco tu nombre en vano.* En: revista *América*, México, núm. 19 (julio 1943). Una nota introductoria señala que se trata de una poesía inédita, "posiblemente la última de Neruda antes de partir de México."

278. *En los muros de México.* En: diario *El Nacional*, México (29 agosto 1943).
    Este poema fue leído por Neruda durante el homenaje de despedida que le tributó el pueblo mexicano el 27 de agosto de 1943. Fue una comida en el Frontón México, a la que concurrieron más de 2.000 personas.

279. *1. Himno y regreso. 2. América, no invoco tu nombre en vano.* En: *Miliciano corazón de América*, 1943. Ver f. 2.

280. *En los muros de México.* En: *Cantos de Pablo Neruda*, 1943. Ver f. 3.

281. *En los muros de México.* En: diario *El Siglo*, Santiago (19 diciembre 1943).

282. *El corazón magallánico.* En: revista *Nuestro Tiempo*, Lima, núm. 3 (mayo 1944).

283. *América, no invoco tu nombre en vano.* En: revista *Verano*, Sociedad de Escritores de Chile, Santiago, núm. 1 (1945).
    Esta versión del poema, y también las registradas en f. 279 y en f. 5.10, incluyen un fragmento subtitulado *Un río*, que no figurará en ninguna de las ediciones de *Canto general*.

284. *Dicho en Pacaembú.* Texto español del poema, en: diario *O Momento*, São Paulo, Brasil (23 julio 1945).

285. *Abraham Jesús Brito, poeta popular.* En: diario *El Siglo*, Santiago (31 agosto 1946).

286. *Alturas de Macchu Picchu.* Primera publicación del poema (en dos etapas), en: *Revista Nacional de Cultura*, Caracas, núm. 57 (julio 1946) y núm. 58 (agosto 1946). En el núm. 57: partes I a VII. En el núm. 58: partes VIII a XII.

287. *Alturas de Macchu Picchu.* Texto completo, impreso por primera vez en una sola etapa, en: revista *Expresión*, dir. Héctor Agosti, Buenos Aires, núm. 1 (dic. 1946). Bajo el título del poema dice "(Fragmentos)", pero se trata de una versión completa.

288. *Los muertos de la plaza.* En: diario *El Siglo*, Santiago (2 febrero 1947).
    Poema leído en Plaza Bulnes, Santiago, ante 100.000 personas, en el primer aniversario de la masacre del 28 de enero de 1946.

289. *28 de enero.* Cuadernillo. Santiago, Partido Comunista de Chile, 1947.

290. *Alturas de Macchu Picchu.* Cuadernillo. Santiago, Iberoamérica, Archivo de la Palabra, 1947.
    Folleto adjunto a una grabación del poema en tres discos 78 r.p.m. *Colofón*: "Este texto pertenece a la obra *Canto general* de Pablo Neruda, y fue grabado por su autor en el mes de abril de 1947 en Santiago de Chile. El presente folleto corresponde a los discos CM-1 al CM-3 del Archivo de la Palabra de *Iberoamérica*."

291. *Alturas de Macchu Picchu.* Fragmentos, en: revista *Espadaña*, León, España, núm. 30 (1947).

292. *Alturas de Macchu Picchu.* Santiago, Ediciones Librería Neira, 1947. (47 pp.)

293. *Que despierte el leñador.* Suplemento del periódico *Orientación*, Buenos Aires (julio 1948).

294. *Que despierte el leñador.* Edición mimeografiada del poema, fechado "Mayo de 1948, en algún punto de América". Santiago [agosto 1948.] (32 pp.).

295. *Que despierte el leñador.* Santiago, Ediciones de la Resistencia, 1948. (16 pp.)

296. *Que despierte el leñador.* En: diario *El Nacional*, Caracas (3 agosto 1948).

297. *Que despierte el leñador.* La Habana, 1948. Colección Yagruma, 2. (29 pp.)
   Colofón: "Este folleto estuvo a cargo de una comisión compuesta por los señores Juan Marinello, Nicolás Guillén y Ángel Augier, y ha sido impreso por Félix Ayón II sobre papel de estraza, volumen núm. 2 de la Colección Yagruma, tirada de mil ejemplares, en La Habana, Cuba. Se terminó de imprimir el 12 de julio de 1948, aniversario del nacimiento del poeta, hoy víctima de la tiranía del presidente Gabriel González Videla."

298. *Himno y regreso.* Volumen 10 de *Obra poética de Pablo Neruda*, 1948. Todos los poemas de este volumen, con la sola excepción de *Salitre*, serán incorporados a *Canto general.* Ver f. 5.10.

299. *Crónica de 1948.* En: *Pablo Neruda / Homenaje de los poetas de la resistencia.* Santiago, Ediciones de la Resistencia, 1948. Folleto de circulación clandestina.

300. *Coral de Año Nuevo para la patria en tinieblas.* Edición clandestina mimeografiada, sin datos de publicación. Santiago [¿diciembre 1948?]

301. *Coral de Año Nuevo para la patria en tinieblas.* Folleto clandestino. Santiago, Ediciones de la Resistencia [1949].

302. *Que despierte el leñador.* Medellín, Colombia, Ediciones Izquierdas, febrero 1949. (16 pp).

303. *Que despierte el leñador.* España, 1949. *Cuadernos de Cultura*, 2. (34 pp.)

304. *El fugitivo.* En: revista *Nuestro Tiempo*, México, número 2 (1949).

305. *Dulce patria.* Santiago, Editorial del Pacífico, 1949. (44 pp.)
    Advertencia en pág. 7: *"Dulce patria es extracto del Canto Los libertadores, que a su vez es fragmento de la obra de vasta extensión que publicará la Editorial Losada, próximamente, en Buenos Aires. Los originales inéditos que publicamos hoy llevan la anotación que sigue en su página final: Escrito en las nubes, en agosto de 1948."*
    CONTENIDO: América insurrecta (1800); Bernardo O'Higgins Riquelme (1810); San Martín enterrado en la Pampa (1810); José Miguel Carrera (1810); Manuel Rodríguez: Vida, pasión y muerte (1810); Guayaquil (1822).

306. *González Videla, el traidor de Chile.* Hoja suelta, edición clandestina a mimeógrafo. [Santiago, 1949.]

307. *González Videla, el traidor de Chile.* Hoja suelta. [Santiago], Editorial Rumiñahui [1949]. Edición clandestina, sello editor ficticio.

308. *González Videla, el traidor de Chile.* En: magazine del diario *Hoy*, La Habana (20 nov. 1949).

309. *González Videla, el traidor de Chile.* Hoja suelta, impresa en papel biblia. [México], s.p. de i. [1949].

310. *A Miguel Hernández, asesinado en los presidios de España.* Poema escrito en México, diciembre 1949, en: revista *Cultura y Democracia*, París (febrero 1950).

311. *Que despierte el leñador.* México, edición del Comité Mexicano por la Paz, marzo 1950. (18 pp.)

312. *Que despierte el leñador.* Guatemala, edición del Sindicato de Trabajadores Intelectuales y Artistas Revolucionarios, 1950.

313. *Alturas de Macchu Picchu.* Santiago, Nascimento, 1954 (julio). Edición con texto definitivo y apéndice bibliográfico por JORGE SANHUEZA. Ilustraciones. (77 pp.)

314. *Tonadas de Manuel Rodríguez.* Versos de Pablo Neruda y música de Vicente Bianchi. Santiago, Southern Music

International, 1956. Texto de Neruda: *Manuel Rodríguez (Cueca)*.

315. *A una estatua de proa*. Santiago, Talleres Estudio Norte, 1956. Texto de Pablo Neruda e ilustraciones de Venturelli.

316. *Alturas de Macchu Picchu*, 1958. Ver f. 77.

317. *Alturas de Macchu Picchu* (fragmentos VI, IX y X), en: Pablo *Neruda*, Alberto *Hidalgo* y Martín *Adan: Nuevas piedras para Macchu Picchu*. Lima, Librería y Editorial Juan Mejía Baca, 1961. Tirada de 300 ejemplares numerados y fuera de comercio. (29 pp.)

318. *José Miguel Carrera* (poemas del cap. IV, Los libertadores), en: *J. M. C. / El húsar desdichado / Libro que contiene la memoria de Manuel A. Pueyrredón / Poesía y canciones que tratan de la vida y la muerte de don José Miguel Carrera*. Santiago, Ediciones Isla Negra, 1962. Impreso en los talleres de Edit. Universitaria.

319. *Poema con grabado*. Texto de Pablo Neruda y grabado por Mario Toral. Santiago, Ediciones Isla Negra [imp. por Edit. Universitaria], 1962. Edición de 80 ejemplares papel calandria, firmados por los autores. Texto de Neruda: *La lluvia (Rapa-Nui)*, del cap. XIV, "El gran océano".

320. *Alturas de Macchu Picchu*. Santiago, Lagárgola, 1963.

321. *Oda de invierno al río Mapocho* (más cinco poemas de *Memorial de Isla Negra*). Reproducción facsimilar del poema, manuscrito por el autor. Separata de revista *Mapocho*, Santiago, núm. 3 (octubre 1963).

X. LOS VERSOS DEL CAPITÁN

EDICIONES:

322. *Los versos del capitán*. Nápoli, MCMLII. [Nápoles, Imprenta "L'Arte Tipografica", 1952.] Ilustraciones. Edi-

ción sin nombre de autor, 44 ejemplares nominativos. (184 pp.)

Colofón: "Este libro de autor desconocido se imprimió en Nápoles el 8 de julio de 1952 en la imprenta L'Arte Tipografica. Dirigió la edición Paolo Ricci y ésta se limitó a cuarenta y cuatro ejemplares fuera de comercio. Cada ejemplar lleva el nombre del suscriptor."

El carácter anónimo, limitadísimo y nominativo de esta edición hace de ella una de las piezas más raras y valiosas de toda la bibliografía nerudiana. *Elenco de suscriptores* (las cifras corresponden al número del ejemplar): 1. Matilde Urrutia; 2. Neruda Urrutia; 3. Pablo Neruda; 4. Biblioteca Caprense; 5. Claretta Cerio; 6. Ilya Ehrenburg; 7. Elsa Morante; 8. Vasco Pratolini; 9. Giulio Einaudi; 10. Jorge Amado; 11. Mario Alicata; 12. Editore Gaspare Casella; 13. Nazim Hikmet; 14. Palmiro Togliatti; 15. Luchino Visconti; 16. Renato Cacciopoli; 17. Stephen Hermlin; 18. Elvira Pajetta Berrini; 19. Salvatore Quasimodo; 20. Bruno Molajoli; 21. Carlo Levi; 22. Renato Gattuso; 23. Paolo Ricci; 24. Antonello Trombadori; 25. Giuseppe De Santis; 26. Ivette Joie; 27. Vittorio Vidali; 28. Luigi Cosenza; 29. Carlos Bernari; 30. Pietro Ingrao; 31. Armando Pizzinato; 32. Mario Montagnana; 33. Gaetano Macchiaroli; 34. Ernesto Treccani; 35. Francesco De Martino; 36. Alessandro Vescia; 37. Angelo Rossi; 38. Giuseppe Zingaina; 39. Gianzio Sacripante; 40. Massimo Caprara; 41. Clemente Maglietta; 42. Lino Mezzacane; 43. Gerardo Chiaramonte; 44. Giorgio Napolitano.

CONTENIDO: Carta-prólogo de la señora Rosario de la Cerda, fechada "Habana, 3 de octubre de 1951"; I. *El amor*: En ti la tierra; La reina; El alfarero; 8 de setiembre; Tus pies; Tus manos; Tu risa; El inconstante; La noche en la isla; El viento en la isla; La infinita; Bella; La rama robada; El hijo; La tierra; Ausencia; II. *El deseo*: El tigre; El cóndor; El insecto; III. *Las furias*: El amor; Siempre; El desvío; La pregunta; La pródiga; El daño; El pozo; El sueño; Si tú me olvidas; El olvido; Las muchachas; Tú venías; IV. *Las vidas*: El monte y el río; La pobreza; Las vidas; La bandera; El amor del soldado; No sólo el fuego; La muerta; Pequeña América; V. *Oda y germinaciones* (seis poemas): VI. *Epitalamio*; VII. *La carta en el camino*. [Las ediciones posteriores repetirán este contenido sin alteraciones de importancia.]

323. (*Los*) *Versos del capitán*. Buenos Aires, Losada, 1953 (octubre). Biblioteca Contemporánea, 250. Sin nombre de autor. (114 pp.)

Tapa: "Los versos del capitán". En portada y dorso: "Versos del capitán".

324. *Los versos del capitán*. Buenos Aires, Losada, 1954. Colección Poetas de España y América. Edición sin nombre de autor. (118 pp.)

325. *Los versos del capitán*. Buenos Aires, Losada, 1958 (agosto). Biblioteca Contemporánea, 250, 2ª edición, sin nombre de autor. (114 pp.)

326. *Los versos del capitán*. Buenos Aires, Losada, 1959. Colección Poetas de España y América, 2ª edición, sin nombre de autor. (118 pp.)

327. *Los versos del capitán*. En: *Obras completas*, 1962. Ver f. 20.
Primera publicación del libro con nombre de autor. No se incluye aquí la carta-prólogo de la señora Rosario de la Cerda.

328. *Los versos del capitán*. Buenos Aires, Losada, 1963 (diciembre). Biblioteca Contemporánea, 250, 3ª edición. Primera edición autónoma con nombre de autor. (121 pp.)
En pág. 7: *Explicación* (sobre el anonimato del libro), nota en prosa fechada "Isla Negra, noviembre 1963". El resto del contenido, igual que en f. 322, incluyendo pp. 9-11) la carta-prólogo de la señora Rosario de la Cerda. La *Explicación* encabezará las ediciones futuras de Losada, hasta la fecha.

329. *Los versos del capitán*. Buenos Aires, Losada, 1964 (marzo). Colección Poetas de Ayer y de Hoy, 3ª edición (ver f. 324 y 326). (120 pp.)

330. *Los versos del capitán*. Buenos Aires, Losada, 1966 (junio). Biblioteca Clásica y Contemporánea, 250, 4ª edición. (121 pp.)

331. *Los versos del capitán*. Buenos Aires, Losada, 1966 (agosto). Colección Poetas de Ayer y de Hoy, 4ª edición. (120 pp.)

XI. LAS UVAS Y EL VIENTO

EDICIONES:

332. *Las uvas y el viento*. Santiago, Nascimento, 1954 (febrero 27). (422 pp.)
CONTENIDO: *Prólogo*: Tenéis que oírme. *Las uvas de Europa*: I. Sólo el hombre; II. El río; III. La ciudad; IV. Desviando el río; V. Los frutos; VI. Los puentes; VII. Picasso; VIII. Ehrenburg; IX. Palabras a Europa. *El viento en el Asia*: I. Volando hacia el sol; II. El desfile; III. Dando una medalla a madame Sun Yat en; IV. Todo es tan simple; V. Las cicadas; VI. China; VII. La gran marca; VIII. El gigante; IX. Para ti las espigas. *Regresó la sirena*: I. Yo canto y cuento; II. Primavera en el norte; III. Las ruinas en el Báltico; IV. La paz construyendo; V. Los bosques; VI. Regresó la sirena; VII. Canta Polonia. *El pastor perdido*: Vuelve, España; I. Si yo te recordara; II. Llegará nuestro hermano; III. El pastor perdido. *Conversación de Praga* (A Julius Fucik); I. Mi amigo de las calles; II. Así hubiera pasado; III. Tú lo hiciste; IV. El deber de morir; V. Eras la vida; VI. Estás en todas partes; VII. Si les hablo...; VIII. Radiante Julius; IX. Con mi amigo de Praga. *Es ancho el Nuevo Mundo*: Contigo por las calles; I. Cambia la historia; II. Transiberiano; III. Tercer canto de amor a Stalingrado; IV. El ángel soviético; V. En su muerte. *La patria del racimo*: I. La túnica verde; II. Cabellera de Capri; III. La policía; IV. Los dioses harapientos; V. Llegó la flota; VI. Te construí cantando. *Lejos en los desiertos*: I. Tierra y cielo; II. Allí estaba mi hermano; III. Pero dio el fruto. *El capitel quebrado*: I. En estos años; II. Belojannis el héroe; III. Mirada a Grecia. *La sangre dividida*: I. La mañana en Berlín; II. Jóvenes alemanes; III. La ciudad herida. *Nostalgias y regresos* (Intermedio): I. Los regresos; II. La pasajera de Capri; III. Cuándo de Chile; IV. El cinturón; V. Un día. *La flor de seda*: I. El lirio lejano; II. Los invasores; III. La esperanza; IV. Tu sangre; V. La paz que te debemos. *Pasando por la niebla*: I. Londres; II. El gran amor. *La luz quemada*: I. La llama negra; II. La tierra tempestuosa. *La lámpara marina*: I. El puerto color de cielo; II. La cítara olvidada; III. Los presidios; IV. El mar y los presidios; V. La lámpara marina. *La tierra y la pintura*: I. Llegada a puerto Picasso [1950]; H. A. Gutuso, de Italia. *La miel de Hungría*: I. Yo venía de lejos; II. Crecen los años; III. Adelante! *Francia florida*: Vuelve!; I. La estación se inaugura; II. Y sin embargo...; III. Más de una Francia; IV. Henri Martin. *Ahora canta el Danubio*: I. Dedos quemados; II. La boca que canta; III. Una imprenta; IV. Los dioses del río.

El ángel del comité central: I. El ángel de la guarda; II. Entonces te ocultabas; III. Yo salí de mi patria; IV. Primera aparición del ángel; V. El ángel solidario; VI. El ángel de los pampas; VII. El ángel de los ríos; VIII. Ángel Vyka; X. Ángel, oh camarada. *Memorial de estos años*: I. Vino la muerte de Paul; II. Ahora sabemos; III. Aquí viene Nazim Hikmet; IV. Albania; V. India, 1951; VI. Desde Dobris, la aurora. *Epílogo*: El canto repartido.

333. *Las uvas y el viento*. En: *Obras completas*, 1957. Ver f. 13.

334. *Las uvas y el viento*. En: *Obras completas*, 1962. Ver f. 20.

ANTICIPACIONES Y APARTADOS:

335. *A Picasso en su libro*. Poema fechado en "Isla San Luis (París), 23 de agosto, 1950", en: suplemento literario de *El Nacional*, Caracas (10 oct. 1950). Anticipación del poema *Llegada a Puerto Picasso* (del cap. XVI), que fue escrito para servir de prólogo a un libro de Picasso.

336. *A Renato Guttuso, pintor realista de Italia*. En: diario *Democracia*, Santiago (29 julio 1951) y reimpreso en: revista *Paz*, México, núm. 11 (1 febrero 1952).

337. *Esta medalla*. En: diario *Democracia*, Santiago (21 octubre 1951). Anticipación del poema *Dando una medalla a madame Sun Yat Sen* (leído en Pekín, 18 setiembre 1951).

338. *Saludo a China*. En: diario *Democracia*, Santiago (4 noviembre 1951). Texto fechado en Pekín, octubre 1951, y anticipación de los poemas *China, la gran marcha, El gigante* y *Para ti las espigas*, todos del cap. II.

339. *En mi país la primavera*. En: diario *El Nacional*, Caracas (13 diciembre 1951). Anticipación del poema *Cuándo de Chile*.

340. *En mi país la primavera*. En: periódico *Pro Arte*, Santiago. núm. 151 (22 enero 1952).

341. *Cuándo de Chile*. En: revista *Para Todos*, Río de Janeiro, núm. 16 (marzo 1952).

342. *Cuándo de Chile*. En: diario *Democracia*, Santiago (10 junio 1952).

343. *Saludo a China*. En: revista *Idea*, Lima, núm. 13 (junio-julio 1952). Ver f. 338.

344. *El peregrino de Europa*. En: diario *El Nacional*, Caracas (3 julio 1952). Anticipación de los poemas *Sólo el hombre* y *El río*, del cap. I.

345. *Cuándo de Chile*. En: periódico *Nuestra Palabra*, Buenos Aires (julio 1952).

345 bis. *Cuándo de Chile*. En: revista *Repertorio Americano*, San José, Costa Rica, núm. 1140 (15 agosto de 1952).

346. *Poema a Picasso*. En: revista *Ercilla*, Santiago (19 agosto 1952).

347. *A Miguel Hernández*. En: revista *Cuadernos de Cultura*, Madrid, núm. 9 (1952). Revista editada clandestinamente por el P. C. de España.

348. *España*. Poema en tres partes fechado en "S. Angelo de Ischia, julio de 1952", en: revista *Nuestro Tiempo* (del P. C. español), México, año IV, núm. 7 (octubre 1952). Anticipación de los poemas *Si yo te recordara*, *Llegará nuestro hermano*, *El pastor perdido* (esto es, todo el cap. IV menos el poema inicial).

349. *Allí murió la muerte*. En: revista *Fundamentos*, Río de Janeiro, núm. 30 (1952). Anticipación, en español, del poema *Regresó la sirena* (cap. III, poema VI).

350. *Cuándo de Chile*. Santiago, Ediciones "89", 1952. Edic. mimeografiada. (8 pp.)

351. *Cuándo de Chile*. Santiago, Austral, 1952. Ilustraciones de JULIO ESCÁMEZ, EDUARDO PÉREZ Y CARLOS RUIZ. Edición de 2.000 + 25 ejs.

352. *Cuándo de Chile*. Folleto popular. Santiago, Pacheco Hnos., impresores (1952).

353. *Las uvas de Europa.* En: revista *Atenea.* Concepción núms. 331-332 (enero-febrero 1953).

354. *Allí murió la muerte.* En: revista *Polonia*, Buenos Aires, núms. 47-48 (enero-febrero 1953). Ver f. 349.

355. *En su muerte.* Poema en memoria de J. Stalin. en: diario *El Siglo*, Santiago (16 marzo 1953).

356. *Regresó la sirena; Un día; La pasajera de Capri.* En: *Todo el amor*, 1953. Ver f. 9.

357. *En su muerte.* Buenos Aires, Partido Comunista Argentino, julio 1953. (8 pp.)

358. *En su muerte.* Buenos Aires, Difusión Popular, 1953. (12 pp. sin numerar.)

359. *La estación se inaugura.* En: diario *El Siglo*, Santiago (12 julio 1953).

360. *1. Varsovia. 2. Himno a China. 3. Las uvas de Europa.* En: *Poesía política*, II, 1953 (julio 15). Respecto a la edic. 1954 (f. 332), el texto 1 corresponde al cap. III, poema VI; el texto 2, al cap. II, poemas VI, VII, VIII y IX; el texto 3, al cap. I, poema IX.

361. *Regresó la sirena.* En: diario *El Siglo*, Santiago (19 julio 1953).

362. *Las uvas de Europa.* En: revista *Nuestro Tiempo*, Santiago, núm. 26 (agosto 1953).

363. *Palabras a Europa.* En: diario *Noticias de Última Hora*, Santiago (27 diciembre 1953).

364. *Regresó la sirena.* Santiago, Centro de Amigos de Polonia, 1954.

365. *El cinturón de Orinoco.* En: *Todo lleva tu nombre*, 1959. Ver f. 15. El texto corresponde al cap. XI, poema IV.

XII. ODAS ELEMENTALES

EDICIONES:

366. *Odas elementales.* Buenos Aires, Losada, 1954. Colección Poetas de España y América. (255 pp.)
CONTENIDO: El hombre invisible; *Odas*: Al aire; A la alcachofa; A la alegría; A las Américas; Al amor; Al átomo; A las aves de Chile; Al caldillo de congrio; A una castaña en el suelo; A la cebolla; A la claridad; Al cobre; A la crítica; A Ángel Cruchaga; Al día feliz; Al edificio; A la energía; A la envidia; A la esperanza; A la fertilidad de la tierra; A la flor; A la flor azul; Al fuego; A Guatemala; Al hilo; Al hombre sencillo; A la tranquilidad; al invierno; Al laboratorio; A Leningrado; Al libro (I); Al libro (II); A la lluvia; A la madera; A la malvenida; Al mar; A mirar pájaros; Al murmullo; A la noche; A los números; Al otoño; Al pájaro sofré; Al pan; A la pareja; Al pasado; A la pereza; A la pobreza; A la poesía; A los poetas populares; A la primavera; A un reloj en la noche; A Río de Janeiro; A la sencillez; A la soledad; Al tercer día; Al tiempo; A la tierra; Al tomate; A la tormenta; Al traje; A la tranquilidad; A la tristeza; A Valparaíso; A César Vallejo; Al verano; A la vida; Al vino. [Este contenido se repite en las demás ediciones.]

367. *Odas elementales.* En: *Obras completas*, 1957. Ver f. 13.

368. *Odas elementales.* Buenos Aires, Losada, 1958 (diciembre). Biblioteca Contemporánea, 280 (231 páginas.)

369. *Odas elementales.* Buenos Aires, Losada, 1959. Colección Poetas de España y América, 2ª edición. (257 pp.)

370. *Odas elementales.* En: *Obras completas*, 1962. Ver f. 20.

371. *Odas elementales.* Buenos Aires, Losada, 1967 (febrero). Biblioteca Clásica y Contemporánea, 280, 2ª edición (231 pp.)

ANTICIPACIONES Y APARTADOS:

372. *Hablando en la calle.* En: diario *El Nacional*, Caracas (16 octubre 1952). Anticipación de la *Oda al hombre sencillo*.

373. *El hombre invisible.* En: periódico *Pro Arte*, Santiago, núm. 160 (28 noviembre 1952).

374. *Oda a la tristeza.* En: *Diario de Noticias*, Río de Janeiro (18 enero 1953).

375. *Oda a la madera.* En: diario *La Prensa*, Buenos Aires (21 junio 1953).

376. *El hombre invisible.* En: *Poesía política*, II, 1953. Ver f. 10.

377. *Oda para Ángel Cruchaga.* Poema fechado "Hoy, viernes 31 de julio de 1953", en: *Pequeña antología de Ángel Cruchaga Santa María.* Santiago, Talleres de la Escuela Nacional de Artes Gráficas, 1953. (186 pp.)

378. *Hablando en la calle.* En: diario *El Siglo*, Santiago (27 setiembre 1953).

379. *Oda a la poesía.* En: revista *Letras del Ecuador*, Quito, núms. 86-89 (setiembre-diciembre 1953).

380. *Oda al aire.* Tres hojas mimeografiadas. Santiago, Escuela de Verano de la Universidad de Chile, enero 1954. Ciclo de Conferencias *Mi Poesía*, Pablo Neruda, última sesión.

381. *Odas elementales.* Cauquenes, Chile, Talleres Gráficos La Verdad, 1954 (marzo). (20 pp.)
CONTENIDO: *Dedicatoria del autor:* "Dedico esta primera edición de estas *Odas elementales* al pueblo, a la ciudad, al alcalde Gustavo Cabrera Muñoz, a los campesinos, a las viñas y bosques de Cauquenes y Parral. Julio, 1953." *Odas*: Al mar; Al pan; Al hombre sencillo; A la fertilidad de la tierra.

382. *Oda al átomo.* En: diario *El Siglo*, Santiago (18 abril 1954).

383. *Odas: A la alegría, A la pobreza; Al edificio.* En: diario *El Siglo*, Santiago (30 abr. 1954).

384. *Oda a Guatemala.* En: revista *Aurora*, Santiago, núm. 1 (julio 1954).

385. *Odas elementales: Al verano; A la lluvia; A la primavera; Al aire; Hablando en la calle; Al murmullo*, más un retrato del poeta por O. Guayasamín, en: revista *Letras*

del Ecuador, Quito, núms. 69-99 (julio-octubre 1954).

386. *Oda a la tranquilidad.* En: *Revista Bancaria,* Santiago, (1954).

387. *Oda a la alegría.* Río de Janeiro, Pequenos cadernos de Poesia, suplemento, 1954.

388. *Odas: Al libro; A las américas; a la luz.* Caracas, Asociación de Escritores Venezolanos, 1959. Edición de Homenaje de la AEV a Pablo Neruda con motivo de su visita a Caracas, enero 1959. 500 ejs. fuera de comercio. (26 pp.)

En la tapa y en la portadilla se lee: (*Oda*) *a la luz,* pero el texto es *Oda a la claridad* y con este nombre va encabezado.

XIII. VIAJES

EDICIONES:

389. *Viajes: Al corazón de Quevedo y Por las costas del mundo.* Conferencias. Santiago, Ediciones de la Sociedad de Escritores de Chile, otoño 1947. Impreso por Editorial Universitaria. (73 pp.)

CONTENIDO: Viaje al corazón de Quevedo, 5-35; Viaje por las costas del mundo, 37-73. Esta última conferencia termina con tres poemas cuyos primeros versos son: "Allí yace para siempre un nombre que entre todos destaco"; "La vida de nuestros pueblos se hace a veces"; y "Aquí terminan hoy estos viajes en que me habéis acompañado". El tercero de estos poemas ha sido reproducido después con el título *El fin del viaje.*

390. *Viajes.* Santiago, Nascimento, 1955. (215 pp.)

CONTENIDO: Viaje al corazón de Quevedo, 7-40; Viaje por las costas del mundo, 41-82; Viaje al norte, 83-116; Viaje de vuelta, 117-162; El esplendor de la tierra, 163-199; Notas (P. Neruda), 201-207; Canción de la Pampa (F. Pezoa), 208-812; *Colofón:* "Estos viajes fueron escritos en México y leídos en Cuba, Colombia, Perú, Argentina. Algunos fueron publicados por la Sociedad de Escritores de Chile el año 1947. El 'Viaje al norte' fue leído en la Universidad el año 1946, a raíz de una gran huelga de los obreros del salitre. 'Esplendor de la tierra' fue dedicado al pueblo de Guatemala, en 1950, cuando esta República era libre y noblemente gobernada por el presidente Arévalo."

ANTICIPACIONES Y APARTADOS:

391. *Quevedo adentro.* Versión embrionaria del "Viaje al corazón de Quevedo", en: Emilio Oribe, Juan *Marinelli* y Pablo *Neruda*: *Neruda entre nosotros.* Folleto. Montevideo, Ediciones A.I.A.P.E., 1939. (68 pp.)

392. *Quevedo adentro.* En: revista *Aurora de Chile*, Santiago, núm. 19 (4 mayo 1940).

393. *El fin del viaje.* Poema que cierra la conferencia "Viaje por las costas del mundo", en: diario *El Siglo*, Santiago (18 septiembre 1947).

394. *Viaje al corazón de Quevedo.* En: *Cursos y Conferencias*, revista del Colegio Libre de Estudios Superiores, Buenos Aires, núm. 199-200 (octubre-noviembre 1943). Esta conferencia fue leída en el Colegio el 12 de agosto, 1947.

395. *Esplendor del mundo.* En: *Neruda en Guatemala.* Folleto. Ciudad de Guatemala, Ediciones del Grupo Saker-Ti, 1950. Este texto, con algunas variantes y supresiones, es el incluido en el volumen *Viajes* (f. 390) bajo el título "El esplendor de la tierra".

XIV. NUEVAS ODAS ELEMENTALES

EDICIONES:

396. *Nuevas odas elementales.* Buenos Aires, Losada, 1956. Colección Poetas de España y América. (84 pp.)
CONTENIDO: La casa de las odas; *Odas*: Al aceite; Al alambre de púa; A la araucaria araucana; a la arena; a su aroma; A la bella desnuda; Al cacto de la costa; A los calcetines; A la cascada; A la cordillera andina; Al cráneo; A la crítica (II); A la cruz del sur; Al día inconsecuente; Al diccionario; A don Diego de la noche; A la erosión en la provincia de Malleco; Al espacio marino; A las estrellas; A la farmacia; A las flores de la costa; A la gaviota; Al hígado; Al jabón; A la lagartija; A una lavandera nocturna; A la luna del mar; A la lluvia marina; A sus manos; A don Jorge Manrique; Al niño de la liebre; Al ojo; Al

olor de la leña; A la papa; Al picaflor; A pies de fuego; Al presente; A Paul Robeson; A la rosa; A Jean Arthur Rimbaud; Al secreto amor; A setiembre; Al sol; A la solidaridad; A Juan Tarrea; A la tipografía; Al trigo de los indios; A Walt Whitman. [Este contenido se repite en las demás ediciones.]

397. *Nuevas odas elementales.* En: *Obras completas*, 1957. Ver f. 13.

398. *Nuevas odas elementales.* En: *Obras completas*, 1962. Ver f. 20.

399. *Nuevas odas elementales.* Buenos Aires, Losada, 1963 (diciembre). Biblioteca Contemporánea, 230. (179 pp.)

400. *Nuevas odas elementales.* Buenos Aires, Losada, 1964 (marzo). Colección Poetas de Ayer y de Hoy. Ilustraciones de SILVIO BALDESSARI. (182 pp.)

ANTICIPACIONES Y APARTADOS:

401. *Oda al niño de la liebre.* En: diario *El Siglo*, Santiago 31 julio 1955).

402. *Oda a la tipografía.* Santiago, Nascimento, 1956. (51 páginas.)

XV. TERCER LIBRO DE LAS ODAS

EDICIONES:

403. *Tercer libro de las odas.* Buenos Aires, Losada, 1957 (diciembre). Colección Poetas de España y América. (207 pp.)
CONTENIDO: Odas de todo el mundo; *Odas:* A la abeja; Al mes de agosto; Al albañil tranquilo; A un albatros viajero; Al algarrobo muerto; A las algas del océano; Al alhelí; Al aromo; A un gran atún en el mercado; Al barco pesquero; A la bicicleta; Al bosque de las petras; Al buque en la botella; Al buzo; Al cactus desplazado; A la calle San Diego; Al camino; A un camión colorado cargado con toneles; A la caja de té; Al carro de la leña; A la casa abandonada; A la casa dormida; A un cine de pueblo; A la ciruela; Al color verde; A la cuchara; Al primer día del año; Al diente de cachalote; A la edad; A la vieja esta-

ción Mapocho, en Santiago de Chile; A una estrella; A unas flores amarillas; A las flores de Dlatitla; Al gallo; Al globo terráqueo; A la jardinera; Al libro de estampas; Al limón; A la luz encantada; A la luz marina; A la magnolia; Al maíz; A la manzana; A la mariposa; A la migración de los pájaros; A un millonario muerto; Al nacimiento de un ciervo; A la naranja; Oda con nostalgias de Chile; A las nubes; A la ola; Al doble otoño; Oda de mis pesares; Al pícaro ofendido; A la piedra; Al viejo poeta; A un ramo de violetas; Oda para regar; A la sal; Al serrucho; Al tiempo venidero; A las tijeras; A las tormentas de Córdoba; Al vals "Sobre las olas"; Oda al viaje venturoso.

404. *Tercer libro de las odas*. En: *Obras completas*, 1962. Ver f. 20.

ANTICIPACIONES Y APARTADOS:

405. *Dos odas elementales*. Totoral, Córdoba, Argentina, [Imp. Decanini,] 1956.

CONTENIDO: Oda a la mariposa; Oda a la pantera negra. *Colofón*: "Estas dos odas fueron escritas por el poeta en la casa de Rodolfo Aráoz Alfaro, en Totoral, en diciembre de 1955 y fueron impresas en la 'Imprenta Decanini' de Jesús María el día 3 de febrero de 1956. El total de la edición fue de cien ejemplares numerados, fuera de comercio, y quinientos sin numeración."

406. *1. Oda a un barco pesquero. 2, Oda a la ciruela. 3. Oda al gallo. 4. Oda con nostalgias de Chile. 5. Oda al serrucho*. En: diario *El Siglo*, Santiago (19 agosto 1956).

407. *1. Oda al albañil tranquilo. 2. Oda al aromo. 3. Oda a la ciruela. 4. Oda al diente de cachalote. 5. Oda a la luz marina. 6. Oda al maíz. 7. Oda a un ramo de violetas. 8. Oda a la sal. 9. Oda al serrucho. 10. Oda al viejo poeta*. En: *Obras completas*, 1957, Apéndice. Ver f. 13.

408. *Algunas odas*. Santiago, Talleres Gráficos Lautaro. 1959. "Edición del 55".

Este cuadernillo viene designado "Edición del 55" por haber sido impreso en homenaje al 55 cumpleaños del poeta.
CONTENIDO: Oda a un albatros viajero; Oda a un camión colorado cargado con toneles; Oda al carro de la leña; Oda a la cuchara; Oda a la vieja estación Mapocho, en Santiago de Chile.

XVI. ESTRAVAGARIO

EDICIONES:

409. *Estravagario*. Buenos Aires, Losada, 1958 (agosto). (343 pp.)
Contenido: Para subir al cielo; Pido silencio; Y cuánto vive?; Ya se fue la ciudad; A callarse; Regreso a una ciudad; Baraja; Fábula de la sirena y los borrachos; Repertorio; El gran mantel; Con ella; No tan alto; Punto; El miedo; Para la luna diurna; Cierto cansancio; Cuanto pasa en un día; Vamos saliendo; Soliloquio en tinieblas; V. [César Vallejo]; Partenogénesis; Caballos; No me pregunten; Aquellos días; Muchos somos; Al pie desde su niño; Aquí vivimos; Escapatoria; La desdichada; Pastoral; Sobre mi mala educación; Olvidado en otoño; Las viejas del océano; Estación móvil; Pobres muchachos; Así salen; Balada; Laringe; Galopando en el sur; Sonata con algunos pinos; Amor; Sueño de gatos; Recuerdos y semanas; Por fin se fueron; Itinerarios; Adiós a París; Ay qué sábados más profundos!; Sueño de trenes; Dónde estará la Guillermina?; Vuelve el amigo; Sucedió en invierno; Dulce siempre; Diurno con llave nocturna; Pacaypallá; Desconocidos en la orillas; Carta para que me manden madera; El ciudadano; No me hagan caso; Demasiados nombres; Las estatuas verdes sobre el techo de Notre Dame; Tráiganlo pronto; Por boca cerrada entran las moscas; Furiosa lucha de marinos con pulpo de colosales dimensiones; Contraciudad; Cantasantiago; El Perezoso; Bestiario; Testamento de otoño.
Colofón: "Esta primera edición del *Estravagario* se acabó de imprimir el día 18 de agosto de 1958, vigésimo aniversario de la Editorial Losada, S.A., en la imprenta López, Perú 666, Buenos Aires, República Argentina. Dirigieron la parte gráfica Andrés Ramón Vázquez y Silvio Baldessari, que, además, compuso la tapa y la sobrecubierta. La mayor parte de los dibujos fueron tomados del *Libro de objetos ilustrado*, impreso en San Luis de Potosí, México, 1883; otros pertenecen a la edición de las *Obras completas*, de Julio Verne, ilustradas por P. Ferat. El dibujo que acompaña el poema 'No tan alto' es de Guadalupe Posadas. Colaboraron en la selección de estos materiales en Isla Negra, Chile, la esposa del poeta, Matilde Urrutia, y H. Arce Cabrera."

410. *Estravagario*. En: *Obras completas*, 1962. Ver f. 20.

ANTICIPACIONES Y APARTADOS:

411. *El gran mantel*. En: revista *Vea*. Santiago, núm. 996 (29 mayo 1958).

412. *Tres poemas:* 1. *Sucedió en invierno.* 2. *Por fin se fueron.* 3. *Itinerarios.* En: diario *El Siglo*, Santiago (10 agosto 1958).

413. *Sucedió en invierno.* En: *Las 4 estaciones.* Calendario. Santiago. Editorial Lord Cochrane, 1964.

XVII. NAVEGACIONES Y REGRESOS

EDICIONES:

414. *Navegaciones y regresos.* Buenos Aires, Losada, 1959 (noviembre). Colección Poetas de España y América. (46 pp.)

Bajo el copyright, en p. 6: "Este libro, *Navegaciones y regresos*, es el cuarto volumen de las *Odas elementales*".

CONTENIDO: *Prólogo: A mis obligaciones; Poemas:* Odas al ancla; A Louis Aragón; Oda a las alas de setiembre; Oda a las aguas del puerto; *El barco*; Oda al último viaje de "La Bretona"; Oda al caballo; *Escrito en el tren cerca de Cautín, en 1958*; Oda a la cama; Oda a la campana caída; *A Chile, de regreso*; Oda al buen ciego; Oda al mal ciego; Oda a las cosas; *El indio*; Oda a las cosas rotas; *Encuentro en el mar con las aguas de Chile*; Oda al elefante; Oda al gato; *Las gaviotas de Antofagasta*; Oda a las gracias; Oda a la Gran Muralla en la niebla; Oda a la guitarra; Oda frente a la isla de Ceylán; *Oda a Lenin*; Oda a una mañana en el Brasil; Oda a una mañana en Stockholmo; Oda a la mesa; *Tres niñas bolivianas*; El olvido; Oda a las papas fritas; *A las aguas del norte europeo*; Oda al perro; *A mi pueblo, en enero*; Oda al piano; Oda al plato; Oda a Ramón Gómez de la Serna; *Regreso*; Oda a la sandía; Oda a la silla; Oda a un solo mar; *Soledades de la tierra china*; Oda a los trenes del sur; Oda a un tren de China; Oda a la tierra (II); *Tempestad con silencio*; Oda al violín de California; Oda a los nombres de Venezuela; Oda de adiós a Venezuela; *Epílogo:* Deberes de mañana.

415. *Navegaciones y regresos.* En: *Obras completas*, 1962. Ver f. 20.

ANTICIPACIONES Y APARTADOS:

416. *Encuentro en el mar con las aguas de Chile.* En: revista *Nueva Tierra* (Boletín del Sindicato de Escritores de Chile), Santiago, núm. 2 (mayo 1958).

417. *Las gaviotas de Antofagasta.* En: *Revista Nacional de Cultura,* Caracas, núm. 132 (enero-febrero 1959).

418. *El barco.* En: *Revista Nacional de Cultura,* Caracas, número 134 (mayo-junio 1959).

419. *A mis obligaciones.* En: *Revista Nacional de Cultura,* Caracas, núm. 137 (noviembre-diciembre 1959).

420. *Mujeres de Bolivia.* Buril y aguatinta de Roser Bru con texto de Pablo Neruda (Barcelona). Los Artistas Grabadores, Ediciones de la Rosa Vera, 1959. El texto de Neruda es el poema *Tres niñas bolivianas.*

XVIII. CIEN SONETOS DE AMOR

EDICIONES:

421. *Cien sonetos de amor.* Santiago, Prensas de la Editorial Universitaria, 1959. Edición privada de 300 ejemplares (250 + 20 + 22 + 8) en formato folio. (126 pp.)
CONTENIDO: *A Matilde Urrutia* (dedicatoria fechada, "octubre de 1959"); *Los cien sonetos* (primeras palabras): *Mañana:* I. Matilde, nombre de planta...; II. Amor, cuántos caminos...; III. Áspero amor, violeta...; IV. Recordará aquella quebrada...; V. No te toque la noche...; VI. En los bosques, perdido...; VII. "Vendrás conmigo" —dije—...; VIII. Si no fuera porque tus ojos...; IX. Al golpe de la ola...; X. Suave es la bella...; XI. Tengo hambre de tu boca...; XII. Plena mujer, manzana...; XIII. La luz que de tus pies...; XIV. Me falta tiempo para...; XV. Desde hace mucho tiempo...; XVI. Amo el trozo de tierra...; XVII. No te amo como si fueras...; XVIII. Por las montañas vas...; XIX. Mientras la magna espuma...; XX. Mi fea, eres una castaña despeinada...; XXI. Oh que todo el amor...; XXII. Cuántas veces, amor...; XXIII. Fue luz el fuego...; XXIV. Amor, amor, las nubes...; XXV. Antes de amarte, amor...; XXVI. Ni el color de las dunas...; XXVII. Desnuda eres tan simple...; XXVIII. Amor, de grano a grano; XXIX. Vienes de la pobreza...; XXX. Tienes del archipiélago...; XXXI. Con laureles del sur...; XXXII. La casa en la mañana... *Mediodía:* XXXIII. Amor, ahora nos vamos...; XXXIV. Eres hija del mar...; XXXV. Tu mano fue volando...; XXXVI. Corazón mío, reina...; XXXVII. Oh amor, oh rayo loco...; XXXVIII. Tu casa suena como un tren...; XXXIX.

Pero olvidé que tus manos...; XL. Era verde el silencio...; LI. Desdichas del mes de enero...; XLII. Radiantes días balanceados...; XLIII. Un signo tuyo busco...; XLV. Sabrás que no te amo...; XLV. No estés lejos de mí...; XLVI. De las estrellas que admiré...; XLVII. Detrás de mí en la rama...; XLVIII. Dos amantes dichosos...; XLIX. Es hoy: todo el ayer...; L. Cotapos dice...; LI. Tu risa pertenece... LII. Cantos a sol y cielo...; LIII. Aquí está el pan, el vino... *Tarde*: LIV. Espléndida razón...; LV. Espinas, vidrios rotos...; LVI. Acostúmbrate a ver...; LVII. Mienten los que dijeron...; LVIII. Entre los espadones...; LIX. Pobres poetas a quienes...; LX. A ti te hiere aquél... LXI. Trajo el amor su cola; LXII. Ay de mí, ay de nosotros...; LXIII. No sólo por las tierras desiertas...; LXIV. De tanto amor mi vida...; LXV. Matilde, dónde estás?...; LXVI. No te quiero sino porque te quiero...; LXVII. La gran lluvia del sur...; LXVIII. La niña de madera no llegó...; LXIX. Tal vez no ser es ser...; LXX. Tal vez herido voy...; LXXI. De pena en pena cruza...; LXXII. Amor mío el invierno...; LXXIII. Recordarás tal vez aquel hombre...; LXXIV. El camino mojado...; LXXV. Esta es la casa, el mar...; LXXVI. Diego Rivera con la paciencia...; LXXVII. Hoy es hoy...; LXXVIII. No tengo nunca más... *Noche*: LXXIX. De noche, amada...; LXXX. De viajes y dolores...; LXXXI. Ya eres mía. Reposa...; LXXXII. Amor mío, al cerrar...; LXXXIII. Es bueno, amor, sentirte...; LXXXIV. Una vez más, amor, la red...; LXXXV. Del mar hacia las calles...; LXXXVI. Oh cruz del sur, oh trébol...; LXXXVII. Las tres aves del mar...; LXXXVIII. El mes de marzo vuelve...; LXXXIX. Cuando yo muero quiero...; XC. Pensé morir, sentí...; XCI. La edad nos cubre...; XCII. Amor mío, si muero...; XCIII. Si alguna vez tu pecho...; XCIV. Si muero sobrevíveme...; XCV. Quiénes se amaron como nosotros?...; XCVI. Pienso, esta época...; XCVII. Hay que volar...; XCVIII. Y esta palabra, este papel...; XCIX. Otros días vendrán...; C. En medio de la tierra.

422. *Cien sonetos de amor.* Buenos Aires, Losada, 1960 (diciembre). Colección Poetas de España y América. Edición encuadernada, con ilustración de sobrecubierta por Silvio Baldessari. (126 pp.)

423. *Cien sonetos de amor.* En: *Obras completas*, 1962. Ver f. 20.

424. *Cien sonetos de amor.* Buenos Aires, Losada, 1965 (diciembre). Biblioteca Clásica y Contemporánea, 305. (121 pp.)

425. *Cien sonetos de amor.* Buenos Aires, Losada, 1966 (septiembre). Colección Poetas de Ayer y de Hoy. Ilustraciones de SILVIO BALDESSARI. (125 pp.)

426. *Cien sonetos de amor.* Buenos Aires, Losada, 1966 (diciembre). Biblioteca Clásica y Contemporánea, 305, 2ª edición. (121 pp.)

A partir de esta edición de los *Cien sonetos de amor*, todas las ediciones de libros de Neruda en la Biblioteca Clásica y Contemporánea llevarán en la tapa —cambiando el color— el emblema del poeta.

OTRAS PUBLICACIONES:

427. *Dos sonetos de amor.* En: revista *Negro Sobre Blanco*, boletín de Editorial Losada, Buenos Aires, núm. 14 (agosto 1960).

XIX. CANCIÓN DE GESTA

EDICIONES:

428. *Canción de gesta.* La Habana, Imprenta Nacional de Cuba, 1960. Ediciones de la Casa de las Américas. (76 pp.)
[*Prefacio* del organismo editor:]
CONTENIDO: "En el momento en que habrá de celebrarse el Segundo Aniversario de nuestra gloriosa Revolución..." [*Prefacio* del autor, fechado "A bordo del Paquebot 'Louis Lumière' entre América y Europa, 12 de abril de 1960":] "Primeramente medité este libro en torno a Puerto Rico...". *Poemas*: Puerto Rico, Puerto Pobre; Muñoz Marín; Está pasando; Cuba aparece; La gesta; Antigua historia; Tierra central; También en el lejano sur; Recuerdo a un hombre; Aquel amigo; La traición; La muerte; Muere el traidor; Los dinastas; Vengo del sur; En Guatemala; En Salvador, la muerte; La libertad; A Fidel Castro; Volviendo a Puerto Pobre; Los emboscados; Así es mi vida; Por Venezuela; El tigre; Pérez Jiménez; Un demócrata extraño; Las aves del Caribe; Tristes sucesos; No me lo pidan; Reunión de la OEA; Explosión del "La Coubre" 1960; Américas; Historia de un canal; Futuro de un canal; La prensa "Libre"; Bailando con los negros; Desaparece un profesor; Los héroes; Al norteameri-

cano amigo; Mañana en todo el Caribe; Un minuto cantado para
Sierra Maestra. *Colofón*: "De esta primera edición de *Canción de
gesta* se tiraron 20.000 ejemplares en papel Gaceta, 5.000 ejemplares en papel Antique de 60 libras y 50 ejemplares en papel
Guarro numerados y firmados por el autor."

429. *Canción de gesta*. Santiago, Austral, 1961. Colección Realidad Americana, 3. (89 pp.)

430. *Canción de gesta*. Montevideo, *El Siglo Ilustrado*, 1962. (97 pp.)

431. *Canción de gesta*. Montevideo, *El Siglo Ilustrado*, 1964. (97 pp.)

PUBLICACIONES FRAGMENTARIAS:

431 bis. "*...Pero izaron la luz como bandera*". En: *Boletín Cultural*, del Ministerio de RR. EE. de Cuba, La Habana, núm. 6 (mayo 1960). Anticipación, fechada en "Montevideo, marzo de 1960", de los poemas *La gesta* y *A Fidel Castro*.

432. *Canción de gesta* (primera parte del libro más el prólogo), en: revista *Casa de las Américas*, La Habana, núm. 3 (octubre-noviembre 1960).

433. *Tres poemas: A Fidel Castro; Un minuto cantado para Sierra Maestra; Bailando con los negros*. En: *A Pablo Neruda*, edición especial de *Lunes de Revolución*, La Habana, núm. 88 (26 diciembre 1960).

434. *Canción de gesta* (algunos poemas del libro), en: revista *Política*, México, núm. 17 (1 enero 1961).

435. *Algunos poemas de "Canción de gesta"*. En: diario *El Siglo*, Santiago (22 enero 1961).

XX. *LAS PIEDRAS DE CHILE*

EDICIONES:

436. *Las piedras de Chile*. Poemas de Pablo Neruda y fotografías de Antonio Quintana. Buenos Aires, Losada,

1961 (junio). Colección Poetas de Ayer y de Hoy. (133 páginas).

Contenido: *Prólogo*: Algunas palabras para este Libro de Piedras; *Poemas*: Historia; Toro; Los náufragos; Soledades; Piedras de Chile; Casa; La estatua ciega; El marinero muerto; Buey; El arpa; Teatro de dioses; El león; Duerme el bisonte; Yo volveré; Donde cayó el sediento; El retrato en la roca; La gran mesa de piedra dura; La nave; La nave hirsuta; La creación; La tumba de Víctor Hugo en Isla Negra; Los tres patitos; La tortuga; El corazón de piedra; Al aire en la piedra; A una peña arrugada; Las piedras y los pájaros; Al caminante; La tierna mole; Pájaro; Piedras para María; Piedras antárticas; Nada más.

437. *Las piedras de Chile.* En: *Obras completas*, 1962. Ver f. 20.

ANTICIPACIONES Y APARTADOS:

438. * *María Martner. Murales.* Catálogo de una exposición. Santiago, Servicio de Cultura y Publicaciones del Ministerio de Educación, 1959. Se incluye el poema *Piedras para María*.

XXI. CANTOS CEREMONIALES

EDICIONES:

439. *Cantos ceremoniales.* Buenos Aires, Losada, 1961 (octubre). Colección Poetas de Ayer y de Hoy. (115 pp.)
Contenido: *Diez poemas*: El sobrino de Occidente; La insepulta de Paita; Elegía dedicada a la memoria de Manuela Sáenz, amante de Simón Bolívar; El gran verano; Toro; Cordilleras; Elegía de Cádiz; Cataclismo [poema escrito en Europa y motivado por los terremotos en el sur de Chile, mayo 1960]; Lautréamont reconquistado; Oceana; Fin de fiesta.

440. *Cantos ceremoniales.* En: *Obras completas*, 1962. Ver f. 20.

ANTICIPACIONES Y APARTADOS:

441. * *Oceana.* La Habana, Ediciones La Tertulia, 1960. Formato folio.

442. * *Oceana*. La Habana. Ediciones La Tertulia. 1960. Formato 12. Colección Laura.

443. *Lautréamont reconquistado*. En: revista *Alerce*, Santiago, 4ª época, núm. 2 (julio-agosto 1961).

444. *Elegía de Cádiz* (fragmento), en: diario *El Siglo*, Santiago (22 octubre 1961).

445. * *La insepulta de Paita*. Buenos Aires. Losada, 1962. Grabados de Luis Seoane.

XXII. PLENOS PODERES

EDICIONES:

446. *Plenos poderes*. Buenos Aires, Losada, 1962 (septiembre). Colección Poetas de Ayer y de Hoy. (88 pp.)
CONTENIDO: *Prólogo* (en verso): Deber del poeta; *Poemas*: La palabra; Océano; Agua; El mar; Nace; Torre; Planeta; El desnudo; En la torre; Pájaro; Serenata ("Con la mano recojo este vacío") El constructor; Para lavar a un niño; Oda para planchar; Los nacimientos; Al difunto pobre; A "La Sebastiana"; Adioses; Para todos; La primavera; A don Asterio Alarcón, cronometrista de Valparaíso; Oda a Acario Cotapos; Regresó el caminante; Alstromoería; Indagaciones; C.O.S.C. [Carlos Obregón Santa Cilia, de México]; La noche en la Isla Negra; Cardo; Pasado; A E.S.S. [Enrique Segura Salazar, niño de Isla Negra]; Al mismo puerto; A la tristeza (II); Sumario; El pueblo ("De aquel hombre me acuerdo y no han pasado"); Plenos poderes.

ANTICIPACIONES Y APARTADOS:

447. *Oda a Acario Cotapos*. En: periódico *Ultramar*, Santiago, núm. 15 (agosto 1961).

448. *A don Asterio Alarcón, cronometrista de Valparaíso*. En: diario *El Siglo*, Santiago (10 septiembre 1961).

449. * *Primer día de "La Sebastiana"*. Valparaíso, edición privada, s. p. de i., 1961 (septiembre 18). Plaqueta de recuerdo en el día inaugural de la casa de los Neruda en Valparaíso. Incluye el poema *A "La Sebastiana"*.

450. *El pueblo.* En: diario *El Siglo,* Santiago (18 marzo 1964). Poema fechado en "Isla Negra, marzo 1962" y escrito como contribución al XII Congreso del Partido Comunista de Chile.

XXIII. MEMORIAL DE ISLA NEGRA

EDICIONES:

451. *Sumario. Libro donde nace la lluvia.* Alpignano, Italia, Alberto Tallone impresor. 1963. Tiraje: 235 + 50 ejs. (122 pp.)
CONTENIDO: *Prefacio del autor* (fechado "Valparaíso, 1962"): "Este es el primer paso atrás hacia mi propia distancia..."; *Poemas*: Nacimiento: Primer viaje; La mamadre; El padre; El primer mar; La tierra austral; El colegio de invierno; El sexo; La poesía; La timidez; Las Pacheco; El lago de los cisnes; El niño perdido; La condición humana; La injusticia; Los abandonados; Las supersticiones; Los libros; El tren nocturno; La pensión de la calle Maruri.

452. *Memorial de Isla Negra: I. Donde nace la lluvia.* Buenos Aires, Losada, 1964 (junio 2). (107 pp.)
CONTENIDO: Igual que en f. 451, menos el Prefacio del autor. Sin nuevo prefacio.

453. *Memorial de Isla Negra: II. La luna en el laberinto.* Buenos Aires, Losada, 1964 (junio 12). (125 pp.)
CONTENIDO: *Poemas: Amores: Terusa (I); Amores: Terusa (II);* 1921; *Amores: La ciudad;* Pampoesía; Adioses [poema ya incluido en *Plenos poderes,* f. 440]; Locos amigos; "Ratón agudo"; Arce; *Amores: Rosaura (I); Amores: Rosaura (II);* Primeros viajes; París, 1927; El opio en el este; *Amores: Rangoon 1927;* Religión en el este; Monzones; Aquella luz; Territorios; Aquella luz; Territorios; Aquellas vidas; La noche en Isla Negra [poema ya incluido en *Plenos poderes,* f. 446]; Pleno de octubre; Deslumbra el día; Las cartas perdidas; No hay pura luz.

454. *Memorial de Isla Negra: III. El fuego cruel.* Buenos Aires, Losada, 1964 (junio 25). (127 pp.)
CONTENIDO: *Poemas: El fuego cruel* (El fuego cruel; Los muertos; Yo recuerdo; Mucho tiempo transcurre; Misión de amor; Yo reúno); Ay! mi ciudad perdida; Tal vez cambié desde entonces; Los míos; En las minas de arriba; Revoluciones; Solilo-

quio en las olas; Cordilleras de Chile; El desconocido; La primavera urbana; Me siento triste; Recuerdo el este; *Amores: Josie Bliss (I); Amores: Josie Bliss (II);* El mar ("Necesito del mar porque me enseña"); Insomnio; Adiós a la nieve; Partenón; Mareas; La luz de Sotchi; Escrito en Sotchi; Exilio.

455. *Memorial de Isla Negra: IV. El cazador de raíces.* Buenos Aires, Losada, 1964 (julio 2). (117 pp.)
CONTENIDO: *Dedicatoria:* "A la memoria de mi amigo *Alberto*, escultor de Toledo, República Española." *Poemas:* El cazador en el bosque; Lejos muy lejos; La hermana cordillera; El río que nace de las cordilleras; El rey maldito; Lo que nace conmigo; El pescador; Cita de invierno; El héroe; Bosque; De pronto una balada; *Amores: Delia (I); Amores: Delia (II);* La noche; Oh tierra, espérame; Patagonias; Serenata de México; Para la envidia.

456. *Memorial de Isla Negra: V. Sonata crítica.* Buenos Aires, Losada, 1964 (julio 12). (135 pp.)
CONTENIDO: *Poemas:* Arte magnética; La noche ("Quiero no saber ni soñar") A los desavenidos; A la baraja; Se amanece; La soledad; Por fin no hay nadie; Tal vez tenemos tiempo; *El episodio* (treinta fragmentos); No es necesario; Atención al mercado; La memoria; El largo día jueves; Los platos en la mesa; La bondad escondida; Esto se refiere a lo que aceptamos sin quererlo; Las comunicaciones; La verdad; El futuro es espacio; *Amores: Matilde* (veintiún fragmentos).

ANTICIPACIONES Y APARTADOS:

457. * *El padre.* Santiago, Imprenta de los Ferrocarriles del Estado, 1962. Tarjetón plegado, con nota final del autor, en facsímil: "En recuerdo de mi padre, ferroviario de corazón, les dedico a ustedes este poema inédito. Pablo Neruda. 1962."

458. * *Arte magnética.* Dibujó LIBERO BADII. Buenos Aires, Imprenta Anzilotti, 1963.

459. *1. Nacimiento; 2. La Mamadre; 3. Colegio de invierno; 4. El sexo; 5. La injusticia; 6. El tren nocturno; 7. La pensión de la calle Maruri.* Poemas del volumen 1, en: diario *El Siglo,* Santiago (2 junio 1963).

460. * *Cordilleras de Chile; La primavera urbana; El mar:*

Tal vez tenemos tiempo; Territorios. Separata de revista *Mapocho*, Santiago, tomo I, núm. 3 (octubre 1963). Estos poemas de *Memorial de Isla Negra*, textos manuscritos por el autor y reproducción en facsímil, van precedidos por *Oda de invierno al río Mapocho*, de *Canto general*.

461. Del *"Memorial de Isla Negra"*. Reproducción de varios poemas en: diario *El Siglo*, Santiago (12 julio 1964).

XXIV. ARTE DE PÁJAROS

EDICIONES:

462. *Arte de pájaros*. Santiago, Ediciones Sociedad de Amigos del Arte Contemporáneo, 1966 (noviembre 1). Ilustraciones a color de Nemesio Antúnez, Mario Carreño, Héctor Herrera y Mario Toral. Impreso en los talleres de la Editorial Lord Cochrane. Formato 39 × 33 cm. (106 pp.)

CONTENIDO: Prólogo (Flavián Levine); *Poemas:* Migración (pórtico); *Pajarintos:* Albatros errante; Águila; Alcatraz; Bandurria; Cernícalo; Cisne de cuello negro; Codorniz; Cóndor; Cormorán; Chercán; Chincol; Chirigüe; Choroy; Chucao; Diuca; Flamenco; Garza; Gaviota; Golondrina; Jilguero; Jote; Loica; Martín pescador; Pájaro carpintero; *Intermedio:* El vuelo; [Más pajarintos:] Perdiz; Peuco; Picaflor I; Picaflor II; Pidén; Pingüino; Queltehue; Siete colores; Tapaculo; Tenca; Tiuque; Torcaza; Tordo; Zorzal. [Hasta aquí, cada uno de los poemas va nombrado en el índice en compañía del nombre científico correspondiente a cada pájaro. En los poemas que siguen los pájaros y sus "nombres científicos" son invención del poeta y por esta razón los consignamos ambos:] *Pajarantes:* El barbitruqui (Birba insularia); El humarante (anquistilus fumosus); La quebrantaluna (columna planetaris sun); La octubrina (primaverina solstitii); El pájaro jeroglífico (tordus alphabeticus); La rascarrosa (rosacea luminica); El pájaro corolario (minus cothapa); La tumba (petrosina vulnerabilis); El tintitrán (jorgesius saniversus); El tontivuelo (autoritarius miliformis); El pájaro ella (matildina silvestre); El pájaro yo (pablo insulidae nigra); *El poeta se despide de los pájaros*.

XXV. UNA CASA EN LA ARENA

EDICIONES:

463. *Una casa en la arena.* Textos de Pablo Neruda y fotografías de Sergio Larraín. Barcelona, Lumen, 1966. Colección Palabra e Imagen. Edición encuadernada. (55 pp. de texto más 36 pp. de fotografías.)
CONTENIDO: *Textos*: La llave; El mar; La arena; Las ágatas; Las plantas; Premio Nobel en Isla Negra (1963); Las piedras; La casa; Don Eladio; El pueblo; Los nombres; Diente de cachalote [previamente publicado en *Tercer libro de las odas*, f. 403]; La medusa; La medusa II; El armador; Ceremonia; El gran jefe comanche; La sirena; La María Celeste; La novia; La Cymbelina; La bonita; La Micaela; La bandera; El ancla; El locomóvil; Amor para este libro [poema en verso]; El mar.

ANTICIPACIONES:

464. *El premio nobel en Isla Negra.* En: diario *El Siglo,* Santiago (24 noviembre 1963).

XXVI. FULGOR Y MUERTE DE JOAQUÍN MURIETA

EDICIONES:

465. Fulgor y muerte de Joaquín Murieta. Bandido chileno injusticiado en California el 23 de julio de 1853. Santiago, Zig-Zag, 1967. Ilustraciones. (97 pp.)

Esta pieza teatral de Pablo Neruda incluye en su texto —de un modo disperso— el episodio lírico del mismo nombre que figura en el libro *La barcarola,* f. 466, pero en conjunto es obviamente una obra con individualidad propia.
CONTENIDO: Antecedencia (nota en prosa del autor), 10-11; Cita de Vicuña Mackenna, 13; Prefacio (del autor), 15; Agradecimientos y advertencias (del autor), 17; Representantes (lista de personajes), 19; *Texto de la obra,* 21-77 (seis cuadros): 1. La partida; 2. La travesía y la boda; 3. El fandango; 4. Los galgos y la muerte de Teresa; 5. Fulgor de Joaquín; 6. Muerte de

Murieta; Tres canciones (P. Neruda), 78-80; Apéndice (iconografía y referencias), 81-97.

XXVII. LA BARCAROLA

EDICIONES:

466. *La Barcarola.* Buenos Aires, Losada, 1967 (diciembre). Edición al cuidado de MARGARITA AGUIRRE y ANDRÉS RAMÓN VÁZQUEZ. (106 p.)
CONTENIDO: Comienza la barcarola, 9-22; Primer episodio: Terremoto en Chile, 23-28; Sigue la barcarola, 29-30; Segundo episodio: Serenata de París, 31-36; Sigue la barcarola, 37-43; Tercer episodio: Corona del archipiélago para Rubén Azócar, 45-51; Sigue la barcarola, 53-62; Cuarto episodio: Fulgor y muerte de Joaquín Murieta, 63-79; Sigue la barcarola, 81-85; Quinto episodio: Las campanas de Rusia, 87-91; Sigue la barcarola, 93-96; Sexto episodio: R. D., 97-102; Sigue la barcarola, 103-104; Séptimo episodio: Lord Cochrane de Chile, 105-113; Sigue la barcarola, 115-121; Octavo episodio: Artigas, 123-127; Sigue la barcarola, 129-130; Noveno episodio: Santos Revisitado (1927-1967), 131-135.
Sigue la barcarola, 137; Décimo episodio: Habla un transeúnte de las Américas llamado Chivilcoy, 139-42; Sigue la barcarola, 143-144; Onceno episodio: El astronauta, 145-149; Sigue la barcarola, 151; Doceno episodio: La máscara marina, 153-156; La barcarola termina, 157-160; *Referencias,* 161-163.
El primer poema del libro, *Comienza la barcarola,* coincide casi en la totalidad de su texto (9-21) con *Amores: Matilde* (fragmentos), poema final del *Memorial de Isla Negra* (f. 456), libro del cual se desprende para incorporarse definitivamente a *La barcarola,* según anuncia Margarita Aguirre en nota de solapa.

ANTICIPACIONES Y APARTADOS:

467. *Corona del archipiélago para Rubén Azócar.* En: revista *Cultura Universitaria,* Caracas, núm. XC (enero-marzo 1966). Poema fechado "En el Mar Atlántico, 1966".

468. *Corona del archipiélago para Rubén Azócar.* En: revista *Portal,* Santiago, núm. 2 (junio 1966).

469. * *Fragmentos de "La Barcarola".* Cuadernillo. Lima, Ediciones de La Rama Florida, 1966 (agosto 24). Los versos anticipados irán en pp. 54-56 de la edición 1967 (f. 465).

470. *La Barcarola* (fragmentos), en: revista *Mundo Nuevo*, París, núm. 4 (octubre 1966). Los fragmentos anticipados irán, en otro orden y con leves variantes, entre las páginas 27-36 de la edición 1967 (f. 465).

471. *Fulgor y muerte de Joaquín Murieta.* Dos fragmentos, deficientemente transcritos, en: revista *Enfoque Internacional*, Santiago, núm. 2 (febrero 1967).

472. * *Canciones cerca de Osorno.* Cuadernillo. (Osorno, Chile.) Imp. Cervantes. 1967.

Este cuadernillo de 20 pp., formato 13, contiene dos poemas: 1. *Para Delia de Pucatrihue* (en *La barcarola*, edic. 1967, bajo el título "Pucatrihue", 117-119). 2. *El lago* (en *La barcarola*, edic. 1967, bajo el mismo título, 119-121).
Nota al final del cuadernillo: "Estas canciones fueron escritas por Pablo Neruda a su paso por la provincia de Osorno, en febrero de 1967. La primera nació en la mesa del restaurante 'La Playa', una noche de emoción humana, de poderoso sur y de estrellas mojadas. La segunda vio el sol de amanecida desde un peñón de la isla Altuehuapi en el Lago Rupanco, donde una manada de ciervos vigila la rumorosa dirección del viento. D. D."
(Las iniciales son de la poetisa chilena Delia Domínguez.)
Otra nota, más al final aún: "Esta edición consta de 20 ejemplares de lujo en papel azulado firmados por el autor, foliados del 1 al 20, y de 200 ejemplares en papel de diario de color."

473. *R. D.* en: diario *El Siglo*, Santiago (22 enero 1967). Poema de homenaje a Rubén Darío en el centenario de su nacimiento, leído por el autor en el Salón de Honor de la Universidad de Chile, martes 17.1.1967.

474. [*Rubén Darío:*] *Tricanto de movimientos pausados en su honor.* En: revista *Atenea*, Concepción, núm. 415-416, edición de homenaje a Rubén Darío en el centenario de su nacimiento (enero-junio 1967). Poema fechado en "Isla Negra, 1966, noviembre 9".

475. *Fragmento de "La Barcarola".* En: diario *El Siglo*, San-

tiago, sección "Las Letras y los Días" (12 julio 1967). Texto tomado de f. 468.

476. [R. D.] En: MARGARITA AGUIRRE, Las vidas de Pablo Neruda. Santiago, Zig-Zag, 1967 (noviembre), 318-320.

477. La Barcarola termina. En: diario El Siglo, Santiago (28 enero 1968).

C. NERUDIANA DISPERSA

1917

478. *Entusiasmo y perseverancia.* En: diario *La Mañana*, Temuco (18 julio 1917). Artículo en prosa, firmado "Neftalí Reyes".

1918

479. *Nocturno.* Poema cuya versión manuscrita, fechada "18 de abril de 1918", figura en un cuaderno escolar que conserva doña Laura Reyes, hermana del poeta. Esta versión se reproduce en: diario *El Siglo*, Santiago (12 julio 1967), página semanal "Las Letras y los Días".

480. —. El mismo poema, versión con variantes y erratas, en: *El Diario Austral*, Temuco (19 julio 1936).

481. *Mis ojos.* En: revista *Corre-Vuela*, Santiago, núm. 566 (30 octubre 1918). Poema firmado "Neftalí Reyes". El mismo, fechado "1918", en c. *N-Reyes*, 1.

482. *Primavera.* En: revista *Corre-Vuela*, Santiago, núm. 566 (30 octubre 1918). Poema firmado "Neftalí Reyes". El mismo fechado "octubre 1918", en c. *N-Reyes*, 5.

483. *No te ocultes, araña.* En: revista *Corre-Vuela*, Santiago, núm. 574 (25 diciembre 1918). El mismo, fechado "1918", en c. *N-Reyes*, 13.

484. *La canción del árbol viejo.* En: revista *Corre-Vuela*, Santiago, núm. 580 (5 febrero 1919). El mismo, fechado "1918", en c. *N-Reyes*, 15.

485. *Esperanza.* En: revista *Corre-Vuela*, Santiago, núm. 581 (17 febrero 1919). Poema, firmado "Neftalí Reyes". El mismo, fechado "1918", en c. *N-Reyes*, 11.

486. *Iré por mi camino.* En: revista *Corre-Vuela*, Santiago, núm. 584 (5 marzo 1919). Poema, firmado "Neftalí Reyes". El mismo, fecha "1918", en c. *N-Reyes*, 7.

487. *Una tarde.* En: revista *Corre-Vuela*, Santiago, núm. 585 (12 marzo 1919)..Poema, firmado "Neftalí Reyes". El mismo, fechado "1918", en c. *N-Reyes*, 21.

1919

488. *Cómo te presiento.* En: revista *Corre-Vuela*, Santiago, núm. 590 (16 abril 1919). Poema, firmado "Neftalí Reyes". El mismo, fechado "1919", en c. *N-Reyes*, 33.

489. *La desesperación.* En: revista *Corre-Vuela,* Santiago, núm. 590 (16 abril 1919). Poema, firmado "Neftalí Reyes". El mismo, sin fecha, en c. *N-Reyes*, 35.

490. *Los buenos.* En: revista *Corre-Vuela*, Santiago, núm. (14 mayo 1919). Poema, firmado "Neftalí Reyes", fechado "1919 - febrero", en c. *N-Reyes*, 23.

491. *De mi vida de estudiante.* En: revista *Corre-Vuela*, Santiago, núm. 601 (2 julio 1919). Poema, firmado "Neftalí Reyes", El mismo, fechado "mayo - 1919", en c. *N-Reyes*, 31.

492. *El llanto por los tristes.* En: revista *Corre-Vuela*, Santiago, núm. 602 (9 julio 1919). Poema, firmado "Neftalí.Reyes". El mismo, sin fecha, en c. *N-Reyes*, 27.

493. *El dolor del viajero.* En: revista *Corre-Vuela*, Santiago, núm. 608 (20 agosto 1919). Poema, firmado "Neftalí Reyes". El mismo, sin fecha, en c. *N-Reyes*, 25.

494. *Yo te soñé una tarde.* En: revista *Corre-Vuela*, Santiago, núm. 612 (17 septiembre 1919). Poema, firmado "Neftalí Reyes". El mismo, sin fecha, en c. *N-Reyes*, 93.

495. *El deseo de irse.* En: revista *Corre-Vuela*, Santiago, número 619 (5 noviembre 1919). Poema, firmado "Neftalí Reyes". El mismo, sin fecha, en c. *N-Reyes*, 51.

496. *Esta crueldad nuestra.* En: revista *Selva Austral*, Temuco, núm. 4 (agosto 1919). Poema, firmado "Neftalí Reyes". El mismo, fechado "Noche del 20 de julio 1919", en c. *N-Reyes*, 75.

497. *Desde que tú te fuiste.* En: revista *Corre-Vuela*, Santiago, núm. 624 (10 diciembre 1919). Poema, firmado "Neftalí Reyes". El mismo, fechado "21 de julio 1919", en c. *N-Reyes*, 77.

498. *Comunión ideal.* En: *Juegos florales del Maule.* Folleto. Cauquenes, Chile, edición de la revista *Asteroides*, 1919. Poema impreso bajo el nombre "Señor Neftalí Revez (Kundalini)", Tercer Premio en los Juegos Florales del Maule, 1919. El mismo, fechado "27 julio [1919]", en c. *N-Reyes*, 18-87.

499. —. El mismo poema, en diario *La Mañana*, Temuco (7 octubre 1919). Poema firmado "Neftalí Reyes" y fechado en Temuco, julio 1919.

500. *La muerte.* Soneto manuscrito en c. *N-Reyes*, 103, fechado en Temuco, 3 de agosto 1919, y reproducido en: Hernán Loyola, *Ser y morir en Pablo Neruda. Santiago, Editora Santiago*, 1967, 13.

501. *El cuento ingenuo.* En: revista *Corre-Vuela*, Santiago núm. 628 (1 enero 1920). Poema, firmado "Neftalí Reyes". El mismo, fechado "29 agosto [1919]", en c. *N-Reyes*, 124-125.

502. *Los minutos sencillos.* En: diario *La Mañana*, Temuco (26 septiembre 1919). Poema, firmado "Neftalí Reyes".

503. *La exposición Oyarce.* En: diario *La Mañana*, Temuco (30 septiembre 1919). Prosa, firmada "Neftalí Reyes", a propósito de una exposición de grabados en madera.

504. *Primavera en la noche.* En: diario *La Mañana*, Temuco (25 octubre 1919). Poema de Neftalí Reyes. El mismo, fechado entre el 30 septiembre y el 4 octubre 1919, en c. *N-Reyes*, 142.

505. *El poema de gracias.* En: *Revista Cultural,* Valdivia, Chile, núm. 2 (mayo 1920). Poema, firmado "Neftalí Reyes". El mismo, fechado entre 20 y 25 noviembre 1919, en c. *N-Reyes,* 165.

506. *"Y dolor, dolor, dolor".* En: diario *La Mañana,* Temuco (29 diciembre 1919). Comentario, en prosa, a poemas de Fernando García Oldini.

1920

507. *La pequeña alegría.* En: revista *Siembra,* Valparaíso, núm. 5 (mayo 1920). Este poema, firmado "Neftalí Reyes" y fechado "Temuco, febrero de 1920", trae la siguiente nota-epígrafe: "Del libro en preparación *Los cansancios humildes.* El mismo, fechado "Temuco, 6 febrero 1920", en c. *N-Reyes,* 233-234.

508. *Las semanas: Leyendo a Azorín en un pueblo chico. Oyarce y su exposición. Nada de originalidades. Comercialismo. La gente distinguida y la película de la exposición.* En: diario *La Mañana,* Temuco (12 abril 1920). Notas en prosa, fechadas en marzo 1920, firmadas "Neftalí Reyes".

509. *Las semanas: Calle arriba y calle abajo; Los árboles; Un recuerdo; "Selva austral"; E. Silva Román.* En: diario *La Mañana,* Temuco (27 abril 1920). Notas en prosa, fechadas en Temuco, abril 1920, firmadas Neftalí Reyes".

510. Ernesto Silva Román. En: *Revista Cultural,* Valdivia, Chile, núm. 2 (mayo 1920). Nota en prosa, fechada "Temuco, abril 1920", firmada Neftalí Reyes".

511. *Aquel cuento decía...* En: revista *Ratos Ilustrados,* Chillán, Chile, núm. XXIII (3 julio 1920). Poema firmado "Neftalí Reyes". El mismo, bajo el título *Los cuentos viejos* y fechado "mayo 1920", en c. *N-Reyes,* 253-254. El mismo, en c. *Helios,* 47-48.

512. *Sensación autobiográfica.* Soneto manuscrito en c. *N-*

Reyes, 263, fechado en Temuco, 12 julio 1920, día del 16 cumpleaños del poeta, y reproducido en: Hernán Loyola, *Los modos de autorreferencia en la obra de Pablo Neruda.* Separata de revista *Aurora*, Santiago, 2ª época, núm. 3-4 (julio-diciembre 1964), 9.

513. —. El mismo poema, en: HERNÁN LOYOLA, *Ser y morir en Pablo Neruda* (f. 500), 17-18.

514. *Elogio de las manos: Manos de ciego. Manos de campesino. Manos de tísico.* En: revista *Selva Austral*, Temuco, núm. 3 (1920).

515. *Manos de ciego.* En: revista *Claridad*, Santiago, núm. 12 (22 enero 1921).

516. *Manos de ciego.* En: RAÚL SILVA CASTRO, *Pablo Neruda.* Santiago, Universitario, 1964, 32.

Del poema *Manos de ciego* hay dos versiones manuscritas en c. *N-Reyes*, 265 y 281, y otra en c. *Helios*, 53. La primera, fechada "12 de julio [1920]", trae el título *Las manos de los ciegos*. La segunda y tercera traen el título definitivo y la variante "monjes" por "frailes" en verso. 7. Los poemas *Manos de campesino* y *Manos de tísico* vienen manuscritos en c. *N-Reyes*, 271 y 283, y en c. *Helios*, 9 y 35.

517. *La primavera nueva.* En: revista *Ratos Ilustrados*, Chillán, Chile, núm. XXVII-XXVIII (18 septiembre y 21 octubre 1920). Poema, firmado "Neftalí Reyes". El mismo, sin fecha, n c. *N-Reyes*, 307.

518. *Clase de química en ultragris.* En: revista *Ratos Ilustrados*, Chillán, Chile, núm. XXVII-XXVIII (18 septiembre y 21 octubre 1920). Poema, firmado "Neftalí Reyes". El mismo, bajo el título *Sensación de clase de química* y fechado "Clase de Química julio 1920", en c. *N-Reyes*, 277.

519. *Norma de rebeldía. Poema* de cuatro versos, manuscrito en c. *N-Reyes*, 285, y reproducido en: HERNÁN LOYOLA, *Ser y morir de Pablo Neruda* (f. 500), 18.

520. *Hombre.* Poema escrito en octubre 1920, firmado "Pa-

blo Neruda", reproducido en: Raúl Silva Castro, *Pablo Neruda* (f. 516), 65 y 235, la primera versión en facsímil.

521. —. El mismo poema, en: Hernán Loyola, *Ser y morir en Pablo Neruda* (f. 500), 16.

Este poema viene manuscrito en c. *N. Reyes*, 303, y en c. *Helios*, 41. Muy probablemente es el primer poema firmado con el seudónimo "Pablo Neruda". En el c. *N-Reyes*, primera contratapa interior, hay un timbre: *Neftalí Reyes*. Inmediatamente debajo, el poeta manuscribió: *"Pablo Neruda — desde octubre de 1920".* De aquí en adelante, no volverá a usar el nombre *Neftalí Reyes* en sus escritos literarios.

522. *La angustia.* Poema manuscrito en c. *N-Reyes*, 300, fechado en octubre 1920, bajo el título *El silencio* (al lado, con lápiz azul, Neruda manuscribió *La Angustia*), y reproducido en: Silva Castro, *Pablo Neruda* (f. 516), 145 y 237. El mismo, en c. *Helios*, 43.

523. *Epitalamio sencillo.* Poema manuscrito en c. *N-Reyes*, 316, fecha hacia noviembre 1920, y reproducido en: Silva Castro, *Pablo Neruda* (f. 516), 137 y 236.

524. *La espera.* Poema manuscrito en c. *Helios*, 31, compuesto hacia noviembre 1920. Una versión corregida y ampliada del mismo poema, ahora bajo el título *Con los brazos abiertos*, en: Silva Castro, *Pablo Neruda* (f. 516), 137 y 236.

525. *Salutación a la reina.* En: diario *La Mañana*, Temuco (23 noviembre 1920). Poema escrito en ocasión de la Primavera, Temuco, 1920.

526. *Salutación a la reina.* El mismo poema, impreso separadamente en cuadernillo. Temuco, 1920.

La existencia de este cuadernillo —que no hemos podido vernos ha sido señalada y afirmada por el propio Pablo Neruda en Isla Negra, hace poco tiempo. Importancia: sería el primer apartado registrable en la bibliografía nerudiana. La Reina de las fiestas primaverales en Temuco, ese año 1920, fue la misma muchacha (llamada *Marisol* en rev. *O Cruzeiro*, 1962, y *Terusa* en el libro *Memorial de Isla Negra*) que más tarde inspiró varios de los *Veinte poemas de amor*. Para ella hizo imprimir Neruda esta edición separada de su poema.

527. *Fin.* Poema manuscrito en c. *Helios*, 51, compuesto a fines de 1920 y reproducido en: LOYOLA, *Ser y morir en Pablo Neruda* (f. 500), 24.

528. *Elegía de un pobre grillito que mataron mis pies.* Poema manuscrito en c. *Helios*, 55, compuesto a fines de 1920 y reproducido en: SILVA CASTRO, *Pablo Neruda* (f. 516), 129 y 235-236.

529. *Luna.* Poema manuscrito en c. *Helios*, 64, compuesto a fines de 1920 y reproducido en: LOYOLA, *Ser y morir en Pablo Neruda* (f. 500), 22-23.

1921

530. *De los hombres que esperan.* En: diario *La Mañana*, Temuco (23 enero 1921). Nota en prosa.

531. *Salmo del amor perdido.* En: diario *La mañana*, Temuco (13 marzo 1921). Poema.

532. *Sexo.* En: revista *Claridad*, Santiago. núm. 23 (2 julio 1921). Artículo en prosa.

533. *Manuel Rojas.* En: revista *Juventud*, Santiago, núm. 15 (agosto 1921). Nota en prosa sobre poemas de M. R.

534. *Glosas de la ciudad: Ciudad; El empleado; El hijo.* En: revista *Claridad*, Santiago, núm. 29 (13 agosto 1921). Tres prosas breves.

535. *Ciudad.* Prosa reproducida en: SILVA CASTRO, *Pablo Neruda* (f. 516), 34.

536. *Glosas de la ciudad: El dolor de los otros; Agencias; Los pobres hombres.* En: revista *Claridad*, Santiago, núm. 31 (27 agosto 1921). Tres prosas breves.

537. *A los poetas de Chile.* En: revista *Juventud*, Santiago, núm. 16 (sept.-oct. 1921). Poema escrito para protestar por la situación del poeta Joaquín Cifuentes Sepúlveda, encarcelado por aquel entonces en una prisión de Talca. Nota al pie: "De *Helios*, en prensa en nuestras ediciones".

538. *La canción de la fiesta.* En: revista *Claridad,* Santiago, núm. 38 (15 octubre 1921). Poema premiado en los Juegos Florales de Santiago, 1921.

539. *La canción de la fiesta.* En: revista *Juventud,* Santiago, núm. 16 (sept-oct. 1921). Nota al pie: "Primer Premio en el Concurso de Prólogos de la Federación de Estudiantes de Chile. Fueron jurados Ernesto A. Guzmán, Roberto Meza Fuentes y Daniel Schweitzer."

540. *La canción de la fiesta.* Portada de Igor. Decoraciones de Isaías, Santiago, Ediciones Juventud, 1921. (16 pp.)

541. *Glosas de la provincia: La Vida; El pueblo; Los Hombres.* En: revista *Claridad,* Santiago, núm. 36 (1 octubre 1921). Tres prosas fechadas en Temuco.

542. *De la vida intelectual en Chile.* En revista *Claridad,* Santiago, núm. 37 (8 octubre 1921). Artículo en prosa.

543. *Scouts.* En: revista *Claridad,* Santiago, número 41 (5 noviembre 1921). Prosa breve.

1922

544. *Para un epistolario de Pablo Neruda.* En: Alone, *Los cuatro grandes de la literatura chilena.* Santiago, Zig-Zag, 1962, 219-235. Textos de seis cartas del período 1922-1923 (más una de 1935), dirigidas por Neruda a *Alone* (Hernán Díaz Arrieta).

545. *Amar.* Poema fechado "abril 4 de 1922", en: Silva Castro, *Pablo Neruda* (f. 516), 73 y 236-237.

546. *Un hombre anda bajo la luna.* En revista *Claridad,* Santiago, núm. 49 (29 abril 1922). Poema.

547. *Un hombre anda bajo la luna.* En: Armando Donoso, *Nuestros Poemas,* antología. Santiago, Nascimento, 1924.

548. *Un hombre anda bajo la luna.* En: *La Revista Chilena,* Santiago, núm. 93-94 (ene-feb. 1928). Hay numerosas reproducciones posteriores de este poema. En especial, ver fichas 6, 8, 13 y 20.

549. *Veintiuno de mayo.* En: revista *Claridad,* Santiago, núm. 52 (20 mayo 1922). Sección "El cartel de hoy", editorial de portada, en prosa.

550. *Frente a mí el papel blanco...* En: revista *Claridad,* Santiago, núm. 56 (17 junio 1922). Editorial en prosa, sin título, sección "El cartel de hoy".

551. —. Mismo texto, en: SILVA CASTRO, *Pablo Neruda* (f. 516), 35.

552. *Contradicciones y categorías: Danza de los espejos. Contra la tragedia; Contra la amistad; El licor singular; Dadá; Descripción sin importancia.* En: revista *Claridad,* Santiago, núm. 61 (22 julio 1922). Seis prosas breves.

553. *Poesías: El barco de los adioses; Los héroes; La lucha por el recuerdo; Canción; Vientos de la noche.* En: revista *Claridad,* Santiago, núm. 69 (16 septiembre 1922). Cinco poemas en prosa.

554. —. Los mismos cinco textos, reproducidos en: revista *Alerce* (de la SECH), Santiago, núm. 6 (Primavera de 1964).

555. *El muro.* En revista *Claridad,* Santiago, núm. 73 (14 octubre 1922). Diez prosas breves, numeradas de 1 a 10.

556. *La rotonda de los símbolos: La reja; El espejo en la noche; El puente que anda; Como en el juego del tugar.* En: revista *Claridad,* Santiago, núm. 75 (28 octubre 1922). Cuatro prosas breves.

557. *Palabras de amor.* En: revista *Claridad,* Santiago, núm. 76 (4 noviembre 1922). Poema. Se reproduce, con erratas y supresiones, en: *Obras Completas,* 1957 y 1962, Apéndice. Ver ff. 13 y 20.

558. *Sobre "Los gemidos".* En revista *Claridad,* Santiago, núm. 82 (16 diciembre 1922). Nota breve, en prosa, celebrando la aparición del libro *Los gemidos,* de Pablo De Rokha.

559. *Poesías: Es muy temprano; Un amor; La leprosa; La carpa; Mujer lejana.* En: revista *Claridad*, Santiago, núm. 83 (23 diciembre 1922). Cinco poemas en prosa.
560. —. Los mismos cinco textos, reproducidos en: revista *Alerce*, Santiago, núm. 6 (Primavera de 1964).

1923

561. *Aquel bote salvavidas.* Prosa compuesta en Puerto Saavedra, Chile, febrero 1923, manuscrita en *Álbum Terusa 1923* y reproducida en: diario *El Siglo*, Santiago (12 julio 1967).

562. —. Versión incompleta del mismo texto, en: revista *Mapocho*, Santiago, núm. 9 (1965).

563. *Hoy al atardecer.* Prosa fechada "10 de febrero [1923]", manuscrita en *Álbum Terusa 1923* y reproducida en: diario *El Siglo*, Santiago (12 julio 1967).

564. *Carta a un desconocido.* Prosa fechada "20 de febrero [1923]", manuscrita en *Álbum Terusa 1923* y reproducida en: diario *El Siglo*, Santiago (12 julio 1967).

565. *Los libros: Propósitos. Walt Whitman, según Torres Ríoseco. La romántica historia de Sacha Pogodin, contada por Leonidas Andreieff.* Tres notas literarias en prosa, firmadas "Sachka", en: revista *Claridad*, Santiago, núm. 86 (5 mayo 1923).

566. *Los libros: "Poemas del hombre: Libros del corazón, de la voluntad, del tiempo y del mar", por Carlos Sábat Ercasty. Esto de las palabras. El acento rodante de algunas poesías de Joaquín Cifuentes Sepúlveda. "Desolación", poemas de Gabriela Mistral. Otros libros en verso.* Cinco notas literarias en prosa, firmadas "Sachka", en: revista *Claridad*, Santiago, núm. 87 (12 mayo 1923).

567. *La bondad.* En: revista *Claridad*, Santiago, núm. 92 (16 junio 1923). Editorial de portada, en prosa, firmado "Sachka".

568. ——. El mismo texto, reproducido en: revista *Alerce*, Santiago, núm. 6 (primavera de 1964).

569. *La vida lejana: El sueño. Hora fluvial. El infinito. Arabella. Los compañeros.* En: revista *Claridad*, Santiago, núm. 92 (16 junio 1923). Cinco prosas.

570. *La vida lejana: Los días inútiles. La tormenta del amor. Hospital. Tío Lorenzo. El cazador de recuerdos.* En: revista *Claridad*, Santiago, núm. 94 (30 junio 1923). Cinco prosas.

571. *Paisaje.* Poema muy breve, en: revista *Ratos Ilustrados*, Chillán, núm. LXIII (1 julio 1923).

572. *Los libros: "La puerta" por Rubén Azócar. "Barco ebrio" por Salvador Reyes. "Las extrañas historias" de Marcel Schwob. "Serenamente", versos de Fernando Mirto. "El silbar del payaso" por Mario Chávez (Perú). Amigos, no es posible...* Seis notas literarias, firmadas "Sachka", en: revista *Claridad*, Santiago, núm. 95 (7 julio 1923).

573. *La vida lejana: Epílogo.* Prosa, en: revista *Claridad*, Santiago, núm. 97 (21 julio 1923).

574. *Las anclas.* En: revista *Zig-Zag*, Santiago, núm. 963 (4 agosto 1923). Prosa.

575. *La exposición Carvajal.* En: *El Diario Austral*, Temuco, edic. 2796 (18 agosto 1923). Nota en prosa.

576. *Miserables!* En: revista *Claridad*, Santiago, núm. 103 (1 setiembre 1923). Editorial de portada, en prosa, firmada "Sachka".

577. *Poema en la provincia.* En: revista *Claridad*, núm. 103 (1 setiembre 1923). Este poema se reproduce en: *Obras completas*, 1957 y 1962, Apéndice. Ver ff. 13 y 20.

578. *Momentos: El problema. Poema de la ausente.* En: revista *Claridad*, Santiago, núm. 106 (22 setiembre 1923). Dos poemas en prosa.

579. *Figuras en la noche silenciosa: La infancia de los poetas.* En: revista *Zig-Zag*, Santiago, núm. 974 (20 octubre 1923). Nota en prosa, mencionando a los poetas G. Papini, Baudelaire, O. Mirabeau, Valdelomar, Romeo Murga.

580. *Los viajes imaginarios: El dueño de todo. Balada polvorienta. La ola vertiginosa.* En: revista *Claridad*, Santiago, núm. 116 (1 diciembre 1923). Tres prosas.

581. *Saludo al escultor Tótila Albert.* En: revista *Claridad*, Santiago, núm. 117 (8 diciembre 1923). Nota en prosa.

582. *Poemas: 1. ("Mujer, quiero que seas como eres...").* En: revista *Dionysos*, Santiago, vol. I (diciembre 1923). La revista incluye cuatro poemas sin títulos, numerados del 1 al 4. Los que llevan los números 2, 3 y 4 (cuyos primeros versos son, respectivamente: "Canción del macho y de la hembra!", "Es cierto, amada mía, es cierto" y "Déjame sueltas las manos"), fueron incorporados al libro *El hondero entusiasta* (f. 136).

1924

583. *Anatole France.* Prefacio breve, en prosa, en: ANATOLE FRANCE, *Páginas escogidas*, selección de Pablo Neruda. Santiago, Nascimento, 1924.

584. *Un viejo muro.* En: revista *Zig-Zag*, Santiago, núm. 999 (12 abril 1924). Prosa.

585. *Momentos: El problema. Piedras en retorno. Poema de la ausente.* En: revista *Nuevos Rumbos*, Santiago, núm. 15 (15 abril 1924). Cfr. f. 578.

586. *El humo.* En: revista *Claridad*, Santiago, núm. 122 (junio 1924). Prosa.

587. *Crónica de Sachka: Aliro Oyarzún. El ateneo lleno de ratas. Defensa de Vicente Huidobro. Una expresión dispersa. Tomás Lago.* Cinco notas literarias, firmada "Sachka", en: revista *Claridad*, Santiago, número 122 (junio 1924).

588. *Exégesis y soledad.* En: diario *La Nación*, Santiago (20

agosto 1924). Nota en prosa, sin fecha, firmada "Pablo Neruda": réplica a comentarios publicados por Alone y por Mariano Latorre acerca del libro *Veinte poemas de amor y una canción desesperada*, recién aparecido.

589. *Poemas de Lorenzo Rivas: Viaducto. República. Historia de amor.* En: revista *Claridad*, Santiago, número 125 (setiembre 1924) Tres poemas, firmados con seudónimo "Lorenzo Rivas". Los poemas *Viaducto* y *República* se reproducen en: *Obras completas*, 1957 y 1962, Apéndice. Ver f. 13 y 20.

590. *Panorama del sur: Viaje. Provincia de la infancia. Atracción de la ciudad. Volantín.* En: diario *El Mercurio*, Santiago (19 octubre 1924). Prosas.
El texto *Provincia de la infancia* anticipa, con variantes, la prosa homónima del libro *Anillos* (ver ff. 122, 130 y 131). Los textos restantes no han sido recogidos en libros. *Volantín* reaparecerá, en versión considerablemente desarrollada, bajo el título *Poesía del volantín* (f. 592).

591. —. El mismo grupo de prosas se reproduce en: *Boletín del Instituto de Literatura Chilena*, Universidad de Chile, Santiago, núm. 11 (diciembre 1965).

592. *Poesía del volantín.* En: revista *Atenea*, Concepción, año I, núm. 10 (diciembre 1924).

593. —. Mismo poema, en: *Boletín del Instituto de Literatura Chilena*, Universidad de Chile, Santiago, núm. 11 (diciembre 1965). La reproducción del texto va acompañada de un cotejo de variantes respecto de las versiones incluidas en: *Obras completas*, 1957 y 1962, Apéndice (ff. 13 y 20), que siguen la de revista *Atenea*.

594. *Tres poemas de Lorenzo Rivas: Soledad de Lorenzo. Alto de Selva Oscura. Individuo enamorado.* En: revista *Claridad*, núm. 129 (enero 1925). Poemas firmados con seudónimo "Lorenzo Rivas" y fechados en Selva Oscura, 1924.

1925

595. *Crónicas de Sachka: Libro de Gerardo Seguel. Viaje a Alemania de Y. Pino Saavedra*. En: revista *Claridad*, Santiago, núm. 129 (enero 1925).

596. *Uo poema de Pablo Neruda ("En tu soledad de palo...")*. En: revista *Alí-Babá*, Santiago, núm. 1, julio 1925).

597. *Cartel*. En: periódico *Renovación*, órgano de la Universidad Popular Lastarria y de la FECH, Santiago (5 noviembre 1925). Nota en prosa.

1926

598. *Viñetas de luto: Desaparición o muerte de un gato. Tristeza. La querida del alférez. T. L. Oceana. Soledad de otoño*. En: revista *Atenea*, Concepción, año III, núm. 3 (mayo -926). Seis prosas: las cuatro primeras fueron incorporadas al libro *Anillos* (ver f. 122).

599. *Pablo Vidor y el salón oficial*. En: revista *Claridad*, Santiago, núm. 135 (oct.-nov. 1926). Nota en prosa.

1927

600. *Cercanía de sus párpados*. En: revista *Atenea*, Concepción, año IV, núm. 4 (junio 1927). Poema reproducido en: *Obras completas*, 1957 y 1962, Apéndice. Ver f. 13 y 20.

601. *Imagen viajera*. En: diario *La Nación*, Santiago (14 agosto 1927). Crónica de viaje, en prosa, fechada "en alta mar, julio 1927".

602. *Port Said*. En: diario *La Nación*, Santiago (29 enero 1928). Crónica de viaje, en prosa, fechada "Port Said, 24 de agosto de 1927".

603. *Danza de África*. En: diario *La Nación*, Santiago (20 noviembre 1927). Crónica de viaje, en prosa, fechada "Djibouti (costa del Golfo de Adén), 2 de setiembre de 1927".

604. *Colombo dormido y despierto.* En: diario *La Nación*, Santiago (4 diciembre 1927). Crónica de viaje, en prosa, fechada "Océano Índico, 8 de setiembre, 1927".

605. *El sueño de la tripulación.* En: diario *La Nación*, Santiago (26 febrero 1928). Crónica de viaje, en prosa, fechada "Golfo de Bengala, setiembre de 1927".

606. *Diurno de Singapore.* En: diario *La Nación*, Santiago (5 febrero 1928). Crónica de viaje, en prosa, fechada "Singapore, octubre 1927".

607. —. Misma crónica, en: MARGARITA AGUIRRE. *Las vidas de Pablo Neruda*, Santiago, Zig-Zag, 1967, 157-161.

608. *Madras. Contemplaciones del acuario.* En: diario *La Nación*, Santiago (12 febrero 1928). Crónica de viaje, en prosa, fechada "Madras, noviembre 1927".

1928

609. *Cartas a Héctor Eandi.* En: MARGARITA AGUIRRE, *Genio y figura de Pablo Neruda*. Buenos Aires, *Eudeba*, 1964, 110-119. Segunda edición: 1966.
Reproducción parcial de una serie de cartas enviadas por Neruda a un intelectual argentino desde Bengala Bay, Rangoon, Colombo, Sabang, Batavia, entre el 16.1.1928 y el 5.9.1931.

610. *Cartas a Héctor Eandi.* Las mismas, en: MARGARITA AGUIRRE. *Las vidas de Pablo Neruda*, Santiago, Zig-Zag, 1967, 176-186.

611. *Contribución al dominio de los trajes.* En: diario *La Nación*, Santiago (4 marzo 1928). Crónica de viaje, en prosa, sin fecha, enviada desde Rangún, Birmania.

612. *Invierno en los puertos.* En: diario *La Nación*, Santiago (8 abril 1928). Crónica de viaje, en prosa, fechada "Shangai, febrero 1928".

613. *Nombre de un muerto.* En: diario *La Nación*, Santiago (20 mayo 1928). Artículo en prosa, escrito por Neruda en memoria de Augusto Winter al saber la noticia de su muerte, y fechado "Singapore, febrero de 1928".

1929

614. *Oriente y Oriente.* En: diario *La Nación*, Santiago (7 febrero 1929). Crónica de viaje, en prosa, sin fecha, enviada desde Wellawatta, Colombo, Ceylán.

615. *Ceylán espeso.* En: diario *La Nación*, Santiago (17 noviembre 1929). Crónica de viaje, en prosa, fechada "Wellawatta, Ceylán, julio 1929".

1930

616. *Refuta influencias indirectas.* En: diario *La Nación*, Santiago (19 octubre 1930).
Texto de una carta a Alone, fechada "Weltevreden, Java, Indias Holandesas, 15 de julio de 1930", en la que Neruda niega que a través de su poesía hubiese ejercido influencia sobre otros escritores chilenos el uruguayo Sabat Ercasty.

1931

617. *Introducción a la poética de Ángel Cruchaga.* En: revista *Atenea*, Concepción, núm. 75-76 (mayo-junio 1931). Artículo en prosa, fechado "Batavia, Java, febrero de 1931".

618 —. Mismo texto, en: ÁNGEL CRUCHAGA SANTA MARÍA, *Afán del corazón*, poemas. Santiago, Empresa Letras, 1933. Cuadernos de Poesía, 4.

619. —. Mismo texto, en: ÁNGEL CRUCHAGA SANTA MARÍA, *Antología*, selección y prólogo de Pablo Neruda. Buenos Aires, Losada, 1946, 7-11.

620. —. Mismo texto, en: revista *Aurora de Chile*, Santiago, s/núm. (julio 1947). Número especial: "Homenaje de la Alianza de intelectuales de Chile a su Presidente, poeta Ángel Cruchaga Santa María".

621. *Oda tórrida.* En: *Revista del Pacífico*, Santiago, número 1 (junio 1935). Poema fechado "Isla de Java, 1931",

reproducido después en: *Obras completas,* 1957 y 1962, Apéndice. Ver ff. 13 y 20.

1932

622. *Discurso.* En: diario *El Mercurio,* Santiago (30 mayo 1932). Palabras pronunciadas por Pablo Neruda durante la manifestación que le fue ofrecida a su regreso a Chile, en Santiago.

623. (e) *De las cosas fantásticas que conoció en la India nos habla Pablo Neruda.* Texto en una entrevista, en diario *Las Últimas Noticias,* Santiago (21 junio 1932).

624. *Una carta de Neruda.* En: diario *El Mercurio,* Santiago (20 noviembre 1932). Texto de una carta a Raúl Silva Castro, fechada "Santiago, 18 de noviembre de 1932", a propósito del libro *Tratado del bosque,* de Juvencio Valle.

1933

625. *Número y nombre.* En: diario *El Mercurio,* Santiago (26 febrero 1933). Poema, después reproducido en: *Obras completas,* 1957 y 1962, Apéndice. Ver ff. 13 y 20.

626. *Discurso al alimón sobre Rubén Darío, por Federico García Lorca y Pablo Neruda.* En: diario *El Sol,* Madrid (30 diciembre 1934). Texto del discurso-homenaje escrito por ambos poetas y leído por ellos mismos en el Pen Club de Buenos Aires, fines de 1933.

627. —. Mismo texto: Managua, Ediciones de la Semana Dariana, 1959.

628. —. Mismo texto, en: Federico García Lorca, *Obras completas,* recopilación y notas de Arturo del Hoyo, Madrid, Aguilar, 4ª edición, 1960, 1717-1720.

1934

629. *"El día 18 del presente nació nuestra hija..."* Reproducción parcial de una carta de Pablo Neruda a don

José del Carmen Reyes, su padre, fechada "Madrid, 25 de agosto de 1934", en: LOYOLA, *Ser y morir en Pablo Neruda* (f. 500), 145-1946.

1935

630. *"Queridísima Rubia: Comienza el verano..."* Carta a Sara Tornú de Rojas Paz, reproducida parcialmente en: MARGARITA AGUIRRE, *Las vidas de Pablo Neruda* (f. 610), 189.

631. *Aquí estoy...* En: ARTURO ALDUNATE PHILLIPS, *El nuevo arte poético y Pablo Neruda*, Santiago, Nascimento, 1936, 51-54. Versión podada de un poema imprecatorio escrito en 1935 y cuyo texto completo, por ser muy violento, permanece inédito hasta hoy.

632. *Sobre una poesía sin pureza.* En: revista *Caballo Verde para la Poesía*, Madrid, núm. 1 (octubre 1935). Nota en prosa.

Esta nota en prosa, y las tres que siguen, son conocidas en conjunto como los *Prólogos de los caballos verdes*. Fueron escritas a modo de editoriales para números sucesivos de la revista *Caballo verde* que dirigió Pablo Neruda, y han sido reproducidas muchas veces posteriormente. En especial, ver fichas ff. 1, 5, 13 y 20.

633. *Los temas.* En: revista *Caballo Verde para la Poesía*, Madrid, núm. 2 (noviembre 1935). Nota en prosa.

634. *Conducta y poesía.* En: revista *Caballo verde para la Poesía*, Madrid, núm. 3 (diciembre 1935). Nota en prosa.

1936

635. *G. A. B. (1836-1936).* En: revista *Caballo Verde para la Poesía*, Madrid, núm. 4 (enero 1936). Nota en prosa.

636. (e) *El poeta chileno Pablo Neruda dice que el mundo da la sensación de que se hace pedazos.* Texto de una entrevista, en: revista *Repertorio Americano*, San José, Costa Rica, núm. 753 (23 abril 1936). Entrevistó: Alardo Prats.

637. *El escultor Alberto.* En: revista *Repertorio Americano*, San José, Costa Rica, núm. 769 (5 setiembre 1936).

1937

638. *Federico García Lorca.* En: revista *Hora de España*, Valencia, núm. 3 (marzo 1937). Texto de una conferencia leída en París, febrero 1937.

639. *Federico García Lorca.* Separata de la revista *Hora de España*. Valencia, núm. 3 (marzo 1937).

640. *Federico García Lorca.* En: revista *Ercilla*, Santiago (2 abril 1937).

641. *Federico García Lorca.* En: revista *Universidad de Panamá*, Panamá, núm. 9, edición especial de homenaje a F. García Lorca (agosto 1937). El mismo texto será reproducido muchas veces posteriormente. En especial, ver ff. 13 y 20.

642. *A mis amigos de América.* En: revista *Nuestra España*, París (9 marzo 1937). El mismo texto será reproducido, bajo el título *Por qué estoy con el pueblo español? (Carta a mis amigos de América)* y bajo otros títulos, en diversas publicaciones. Algunas de ellas:

643. —. Mismo texto, en: revista *España Nueva*, Santiago (17 marzo 1937).

644. —. Mismo texto, en: diario *Crítica*. Buenos Aires (13 abril 1937).

645. —. Mismo texto, en: revista *Repertorio Americano*, San José, Costa Rica, núm. 801 (1 mayo 1937).

646. —. Mismo texto, en: revista *Claridad*, Buenos Aires, núm. 316 (agosto 1937).

647. —. Mismo texto, en: ANDRÉ MALRAUX, JOHN DOS PASSOS y otros: *Los que fueron a España*. Buenos Aires, Editorial Jorge Álvarez, 196, 107-109.

648. *Congreso de las Naciones Americanas.* Discurso leído

por Pablo Neruda en París, el 2 julio 1937. Versión fragmentaria en: diario *La Nación*, Santiago (3 julio 1937).

El texto completo del discurso sólo se publicó en francés bajo el título *Influence de la France et de l'Espagne sur la Littérature Hispanoaméricaine* (París, 1938). Ver sección Publicaciones en Otros Idiomas.

649. *Nota puesta a este libro en 1937.* Breve postfacio en prosa, fechado "Santiago de Chile, diciembre 1937", en: *Veinte poemas de amor y una canción desesperada.* Santiago, *Ercilla*, 1938. Se reproducirá esta nota en las ediciones Ercilla del mismo libro: 1940, 1941 y 1942. Ver fichas 57, 59, 61 y 62.

650. —. Mismo texto, en: SILVA CASTRO, *Pablo Neruda* (f. 516), 53.

1938

651. *Arte popular.* En: *Boletín Bimestral de la Comisión Chilena de Cooperación Intelectual,* Santiago, núm. 7 (enero-febrero 1938). Discurso leído en la apertura de la Exposición de Arte Popular, Museo de Bellas Artes, Santiago, 6 enero 1938.

652. —. Mismo texto en: *Revista de Arte*, Santiago, núm. 18 (1938).

653. —. Mismo texto, en: revista *Repertorio Americano*, San José, Costa Rica, núms. 899-900 (13 setiembre 1940).

654. —. Mismo texto, en: *Altitud Democrática de Chile.* Folleto. Lima, Ediciones Hora del Hombre, 1943.

655. *Carta de Pablo Neruda al diario Mediodía y revista Sur de Buenos Aires. Santiago, Chile, 23 de marzo de 1938.* En: Alianza de Intelectuales de Chile, *La Alianza de Intelectuales de Chile y los problemas de propiedad literaria.* Folleto. Santiago, Imprenta Universitaria, 1938. (16 pp.)

656. —. Mismo texto, en: revista *Sur*, Buenos Aires, núm. 41 febrero 1938).

657. *Habla el eminente escritor chileno Pablo Neruda.* En: suplemento del periódico *España Nueva*, Santiago (abril 1938). Discurso leído durante la Velada Conmemoratoria del Séptimo Aniversario de la República Española, Teatro Caupolicán, Santiago, 13 de abril 1938. El suplemento lleva el título: *América con España.*

658. *Fuera de Chile los enemigos de la patria!* En: periódico *La Voz Radical*, Temuco (2 julio 1938). Texto de un discurso leído por Pablo Neruda, a nombre de la Alianza de Intelectuales de Chile, en la Casa del Pueblo, Temuco, 1º mayo 1938.

659. *"Continúa, reaparece esta aurora..."* Nota editorial en prosa y sin firma, pero evidentemente escrito por Pablo Neruda, en: revista *Aurora de Chile*, órgano de la Alianza de Intelectuales de Chile, Santiago, núm. 1 (1 agosto 1938).

660. *César Vallejo ha muerto.* En: revista *Aurora de Chile*, Santiago, núm. 1 (agosto 1938). Artículo en prosa.

661. *La copa de sangre.* En: Pablo Neruda, *Selección* (f. 1), 1943.
    Prosa de alto valor literario y documental, escrita probablemente a fines de agosto o comienzos de setiembre de 1938, después de la muerte de doña Trinidad Candia Marverde (madrastra del poeta, fallecida en Temuco, 18 agosto 1938), y vinculada al traslado de los restos de don José del Carmen Reyes (padre del poeta, fallecido también en Temuco, 5 de mayo de 1938) para que quedasen sepultados juntos, ambos cónyuges, bajo el lluvioso cementerio de la ciudad. Arturo Aldunate Ph. publicó por primera vez este texto en su *Selección*, 1943, y lo incluyó también en *Selección*, 1949 (ver ff. 1 y 6). Curiosamente, no figura en las ediciones 1957 y 1962 de *Obras completas*. Se incluyó en la de 1968.

662. —. Mismo texto, en: Neruda, *"Las furias y las penas"* (f. 5.7), 71-73.

663. —. Mismo texto, en: Neruda, *Poesías completas* (f. 8), 433-436.

664. —. Mismo texto, en: Margarita Aguirre, *Genio y figura de Pablo Neruda*. Buenos Aires, EUDEBA, 1964 y 1966, 28-30.

665. —. Mismo texto, en: Emir Rodríguez Monegal, *El viajero inmóvil*. Buenos Aires, Losada, 1966, 31-32.

666. —. Mismo texto, en: Loyola, *Ser y morir en Pablo Neruda* (f. 500), 182-185.

667. —. Mismo texto, en: Margarita Aguirre, *Las vidas de Pablo Neruda* (f. 610), 47-48.

668. *Don Pedro*. En: revista *Aurora de Chile*, Santiago, número 5 (12 octubre 1938). Artículo en prosa.

669. *La educación será nuestra epopeya*. En: revista *Aurora de Chile*, Santiago, núm. 6 (3 diciembre 1938). Artículo en prosa.

1939

670. *España*. En: diario *La Nación*, Santiago (22 enero 1939). Discurso pronunciado en la última sesión plenaria de la Primera Conferencia Americana de Comisiones Nacionales de Cooperación Intelectual, fechado "Enero 11 de 1939".

671. *España no ha muerto*. En: revista *Aurora de Chile*, Santiago, núm. 10 (6 mayo 1939). Discurso pronunciado en Montevideo, marzo de 1939, en representación de la Alianza de Intelectuales de Chile ante el Congreso Internacional de las Democracias.

672. —. Mismo texto, en: Emilio Oribe, Juan Marinello y Pablo Neruda. *Neruda entre nosotros*. Folleto. Montevideo, A.I.A.P.E., 1939.

673. *Quevedo adentro*. Conferencia dictada en Montevideo, marzo 1939. Ver fichas 391 y 392.

674. *"En este desgarrador crepúsculo del mundo..."* En: revista *Aurora de Chile*, Santiago, núm. 10 (6 mayo 1939). Palabras de Pablo Neruda ante la muerte de Antonio Machado, leídas durante un acto de homenaje en Buenos Aires, marzo 1939.

675. *Prólogo*. Prosa fechada "S. S. Campana, abril de 1939".

en: SARA DE IBÁÑEZ, *Canto*, poemas. Buenos Aires, Losada, 1940. Segunda edición, 1954.

676. —. Mismo texto, en: revista *Taller*, México, núm. XII (enero-febrero 1941).

677. *Por intermedio de F.O.A.R.E. me dirijo a los amigos de Argentina.* Hoja tamaño carta, doblada, con reproducción facsimilar de una nota manuscrita por Neruda. [Buenos Aires, F.O.A.R.E., 1939.] (F.O.A.R.E. = = Federación de Organismos de Ayuda a los Refugiados Españoles.

678. *Un autógrafo de Pablo Neruda.* Facsímil del facsímil anterior, en: revista *Aurora de Chile*, Santiago, núm. 12 (4 julio 1939).

679. *Chile os acoge.* Folleto, formato 10, dirigido a los republicanos refugiados en Francia. París, s.p. de i., 1939. (20 pp.)

680. *Discurso en homenaje a Uriel García.* En: semanario *Qué Hubo*, Santiago, núm. 30 (2 enero 1940). Discurso leído en Lima por Pablo Neruda, a fines de 1939, durante la comida ofrecida a Uriel García, senador electo por la Coalición Obrera Peruana.

1940

681. (e) *Neruda, hombre y poeta.* Texto de una entrevista, semanario *Qué Hubo*, Santiago, núm. 31 (9 enero 1940).

682. *Carta al doctor Cruz-Coke.* En: semanario *Qué Hubo*, Santiago, núm. 42 (6 abril 1940).

683. *Mis amistades y enemistades literarias.* Declaraciones, en: semanario *Qué Hubo*, Santiago, núm. 44 (20 abril 1940).

684. *Pedro de Oña y Seguel.* En: Gerardo Seguel, *Pedro de Oña*. Santiago, Ercilla, 1940, 11-13. Prólogo en prosa, fechado "Santiago, junio de 1940".

685. *[Sobre el semanario Qué Hubo y las revistas chilenas en general.]* Opiniones de Pablo Neruda, en: semanario *Qué Hubo,* Santiago, núm. 52 (15 junio 1940).

686. *Pablo Neruda y sus detractores.* En: diario *La Hora,* Santiago (28 julio 1940). Texto de una carta fechada "a bordo del *Yasukuni, Maru,* 24 de julio de 1940", enviada al director de *La Hora* para agradecer su rechazo a la campaña de difamación literaria contra Neruda.

1941

687. *"El cielo y las estrellas de Chile"* del P. Alonso de Ovalle. En: revista *Araucaria,* México, núm. 1 (15 enero 1941). Nota de presentación para un capítulo del P. Ovalle, firmada con iniciales P. N., en prosa.

688. *[Discurso en el anfiteatro Bolívar de la Escuela Nacional Preparatoria.]* En: revista *Tierra Nueva,* México, año II, núms. 9-10 (mayo-agosto 1941). Texto de un discurso leído por el cónsul Pablo Neruda en el acto de recepción de dos estudiantes mexicanos (Luis Echeverría y José López Portillo) que regresaban desde Santiago después de asistir a los Cursos de Verano de la Universidad de Chile.

689. *Miguel Prieto.* En: diario *El Nacional,* México (19 octubre 1941). Artículo.

690. *[Discurso en Morelia.]* En: diario *El Nacional,* México (22 octubre 1941). Texto de un discurso de Neruda para agradecer el título de Doctor Honoris Causa que le confirió la Universidad de San Nicolás de Hidalgo, reproducido dentro del artículo "Estancia del poeta chileno Pablo Neruda en Morelia, Michoacán".

691. *Mis gloriosos laureles.* Bajo este título, el mismo texto anterior, en: revista *Pliego,* Morelia, Michoacán, núm. 21 (15 octubre 1945).

692. *Cuatro poetas de Chile.* En: revista *Presencia,* México octubre 1941). Artículo.

1942

693. *Zweig y Petrov.* En: revista *Repertorio Americano*, San José, Costa Rica, núm. 946 (12 setiembre 1942). Artículo.

1943

694. *Canto de libertad y de laureles.* En revista *España Democrática*, Montevideo (13 enero 1943). Texto de un discurso pronunciado en México, enero 1943.

695. *"Cuando se rehagan las medallas..."* Nota de solapa, prosa, en: JUAN REJANO, *Fidelidad del sueño y la muerte burlada*, poemas. México, Ediciones Diálogo, 1943. (Fecha de colofón: 5 febrero 1943.)

696. *La Poesía de Juan Rejano.* Mismo texto anterior, en: diario *El Nacional*, México (18 abril 1943).

697. (e) *"Todo libro debe ser una bala contra el Eje".* Texto de una entrevista, en: diario *El Siglo*, Santiago (28 febrero 1943).

698. (e) *Neruda: Poeta de la humanidad.* En: *Norte*, revista internacional en español, Nueva York (abril 1943). Reportaje de Andrés Requena, incluyendo declaraciones textuales de Neruda durante su estancia en Nueva York, febrero 1943.

699. *Sobre Maiakokvski.* En: revista *Literatura Internacional*, Moscú, año II, núm. 7 (julio 1943). Artículo a propósito del cincuentenario del nacimiento del poeta soviético.

700. —. Mismo texto, en: *Boletín SAURSS* (Sociedad de Amigos de la URSS), México (15 julio 1943).

701. —. Mismo texto, en: revista *Repertorio Americano*, San José, Costa Rica, núm. 963 (23 octubre 1943).

702. *Walt Whitman.* En: *Boletín SAURSS*, México (15 julio 1943). Nota en prosa.

703. *Prólogo.* En: Ilya Ehrenburg, *Muerte al invasor*, crónicas de guerra. México, Fondo de Cultura Popular, 1943. (509 pp.)

704. *Palabras de Pablo Neruda.* En: periódico *Calle 6*, Colón, Panamá (11 seiembre 1943). Texto del discurso leído por Neruda durante el homenaje que se le brindó a su paso por Panamá, rumbo a Chile, la noche del 3 setiembre de 1943.

705. —. Mismo texto, reproducido en: revista *Repertorio Americano*, San José, Costa Rica, núm. 964 (30 octubre 1943).

La primera página del núm. 964 (tomo XL, núm. 18) de la rev. *Repertorio americano* trae la fecha "Sábado 13 de octubre", por error. Vienen dedicadas a Pablo Neruda las cinco primeras páginas del núm. 964, con los siguientes materiales (aparte del discurso de Panamá): *Sala de retratos: Pablo Neruda*, por Ermilo Abreu Gómez, tomado de *El Nacional*, México, 18 junio 1943; *Adiós a Pablo Neruda*, editorial de *El Nacional*, México, 30 agosto 1943; *La lección de Pablo Neruda*, por Federico Tuiñón; *Muros de México*, nota de crónica, tomado de *Tiempo*, México, 3 setiembre 1943.

706. *En la soberbia, la espina: Tres sonetos punitivos para Laureano Gómez.* Publicados originalmente en el diario *El Tiempo*, de Bogotá, octubre 1943 (no conocemos la fecha exacta), y reproducidos en: revista *Zig-Zag*, Santiago, núm. 2014 (29 octubre 1943).

Los tres sonetos fueron la respuesta de Neruda a un ataque (también en verso) dirigido contra él por Laureano Gómez y publicado en su diario *El Siglo*, de Bogotá, bajo el título *En el tumor, la aguja*. Neruda pasaba entonces por Colombia, de regreso a Chile.

707. —. Los mismos sonetos, en: revista *Vistazo*, Santiago (23 junio 1953).

708. —. Los mismos sonetos, en: *Poesía política* (f. 10), I, 101-102.

709. *Concepto breve de Pablo Neruda sobre la obra de Pedro Nel Gómez.* En: *Revista Municipal*, Medellín, Colombia

(octubre 1943). Nota en prosa, fechada "Medellín, octubre 1943", sobre un pintor colombiano.

710. *Carta de Pablo Neruda al Concejo de Medellín.* En: *Revista Municipal*, Medellín, Colombia (octubre 1943). Carta fechada "Medellín, octubre 12 de 1943", agradeciendo la invitación a visitar la capital antioqueña.

711. *[Discurso en "La Cabaña" de Lima.]* En: diario *La Noche*, Lima (22 octubre 1943). Texto del discurso leído durante una comida de homenaje, la noche del 21 de octubre 1943, en el restaurante "La Cabaña", de Lima.

712. *América, no apagues tus lámparas.* En: revista *Hora del Hombre*, Lima, núm. 3 (octubre 1943). Texto del mismo discurso leído en "La Cabaña", Lima, 21 octubre 1943.

713. *Declaraciones de Neruda* (acerca de su actitud frente a los ataques de la prensa conservadora y pronazi de Bogotá), en revista *Hora del Hombre*, Lima, núm. 3 (octubre 1943).

714. (e) *Pablo Neruda habla.* Versión de una entrevista, en: diario *El Siglo*, Santiago (5 diciembre 1943). Entrevistó: Volodia Teitelboim.

1944

715. *"En nuestra América, Chile no existe como pueblo seguidor sino como guía".* En: diario *El Siglo*, Santiago (14 mayo 1944). Texto de un discurso leído durante el homenaje de la Alianza de Intelectuales de Chile a los escritores Alberto Romero y Ángel Cruchaga Santa María, Santiago, 13 mayo 1944.

716. *Argentina, escucha lo que mi patria te dice.* En: diario *El Siglo*, Santiago (11 junio 1944). Poema.

717. *Honor a Ángel Cruchaga.* En: diario *El Siglo*, Santiago (13 junio 1944). Artículo.

718. *Bienvenida a María Izquierdo.* Nota de elogio, en: *Ex-*

posición de María Izquierdo. Tarjeta-catálogo de la muestra de la "pintora mexicana enviada por el gobierno de México a exhibir sus pinturas en Sud América", Sala de Exposiciones del Ministerio de Educación, del 19 de junio al 24, Santiago, s. p. de i., 1944.

719. [*Carta a Guardiola.*] Texto de una carta fechada "Isla Negra, 24 de julio 1944", en: periódico *La Verdad de España*, México (27 julio 1944).

720. *Palabras para Alejandro Lipschütz.* En: diario *El Siglo*, Santiago (19 agosto 1944). Texto de un discurso leído por Neruda durante el homenaje de la A. I. Ch. al Prof. Lipschütz.

721. *Versos a la manera de López Velarde para el pintor Waldo Vila.* En: diario *El Siglo*, Santiago (16 setiembre 1944). Poema fechado 1 setiembre 1944, leído en la apertura de la exposición de pinturas de Waldo Vila, Universidad de Chile, agosto 1944.

722. —. Mismo texto, más su traducción al inglés por Jorge Elliott, en: revista *Andean Quarterly*, Santiago (Fall 1945).

723. *Una carta de Pablo Neruda.* En: revista *Tiras de Colores*, México, núm. 36 (16 noviembre 1944). Mensaje de saludo a sus amigos de México, enviado desde Santiago.

1945

724. *"Teherán" de Browder.* En: revista *Principios*, Partido Comunista de Chile, Santiago, núm. 43 (enero 1945). Comentario, en prosa, a un libro de Earl Browder.

725. *Saludo al norte.* En: diario *El Siglo*, Santiago (27 febrero 1945). Poema, reproducido después en diversas publicaciones, en especial en: *Obras completas*, 1957 y 1962, Apéndice (ff. 13 y 20).

726. —. Mismo poema, en: PABLO NERUDA, *Saludo al norte y Stalingrado.* Folleto. Iquique. Chile, Imprenta La Moderna, 1945.

727. *Sonetos punitivos a "S". I. Al editorialista de un diario mercenario, 9 A.M. II. A un editorialista mercenario, 12 M. III. Al alma "limpia" de un editorialista mercenario, 5 P.M.* Tres hojas volantes. [Santiago, s. p. de i., 1945.] Escritos durante la campaña electoral del candidato a senador por el Partido Comunista, Neftalí Reyes, primeros meses de 1945.

728. *Mensaje al personal de la empresa de los Ferrocarriles del Estado.* En: revista *Norte y Sur*, Santiago, núm. 217 (junio 1945). Reproducción facsimilar del mensaje fechado "Senado, 5 de marzo de 1945".

729. *El pueblo chileno y la caída de Berlín.* En: diario *El Siglo*, Santiago (2 abril 1945). Discurso pronunciado en nombre de la A.I.Ch. en el mitin que se efectuó en la Plaza de la Constitución, Santiago, para celebrar la capitulación de Berlín.

730. *La vuelta de Sarmiento.* En: diario *El Siglo*, Santiago (25 mayo 1945). Poema.

731. [*Primer discurso en el Senado.*] En: *Diario de Sesiones del Senado de la República* (mayo 1945). Este discurso fue leído por el senador Reyes en la sesión del 30 de mayo de 1945.

732. [*Primer discurso en el Senado.*] En: Suplemento de revista *Principios*, Partido Comunista de Chile, Santiago (julio 1945). Contiene: discursos de Elías Lafertte, Pablo Neruda, Humberto Abarca y Bernardo Leighton.

733. [*Palabras de Pablo Neruda.*] En: diario *El Siglo*, Santiago (24 junio 1945). Texto del discurso leído durante el acto de homenaje que el P.E.N. Club, la Alianza de Intelectuales y la Sociedad de Escritores de Chile ofrecieron a Pablo Neruda por haber sido galardonado con el Premio Nacional de Literatura.

734. [*Discurso en el Senado.*] En: *Diario de Sesiones del Senado de la República*, sesión del 3 de julio de 1945.

735. [*Palabras de Pablo Neruda al ingresar al Partido Co-*

musista de Chile.] En: diario *El Siglo*, Santiago (9 julio 1945). Discurso leído durante el acto de entrega del carnet de militante del P. C. de Chile a Pablo Neruda, Teatro Caupolicán, Santiago, 8 julio de 1945.

736. [*Discurso en Sâo Paulo.*] Palabras de Pablo Neruda, leídas en el Comicio de Artistas e Intelectuales Comunistas del Brasil, Sâo Paulo, julio 1945. Texto en español, en: PABLO NERUDA, PEDRO POMAR y JORGE AMADO, *O Partido Comunista e a liberdade de criaçao*. Río de Janeiro, Ediçoes Horizonte, 1945.

737. (e) *Brasil visto por Neruda*. Texto de una entrevista, en: revista *Vea*, Santiago (29 agosto 1945).

738. *Saludo a Luis Carlos Prestes.* En: diario *El Siglo*, Santiago (31 agosto 1945).

739. [*Discurso en la inauguración del Quinto Congreso Regional (Coquimbo) del Partido Comunista de Chile.*] En: diario *El Siglo de Coquimbo*, La Serena, Chile (9 setiembre 1945).

740. [*Discurso en la inauguración del Congreso Regional (Valparaíso) del Partido Comunista de Chile.*] En: diario *El Siglo*, Santiago (14 octubre 1945).

741. *A propósito del Museo de Vicuña Mackenna.* En: diario *El Siglo*, Santiago (17 octubre 1945). Artículo.

742. "*En los meandros y recovecos de las vidas...*" Nota en prosa, fechada "Los Guindos, octubre de 1945", en: *Susana Mardones, 8 al 17 de agosto en la Sala del Ministerio de Educación*. Tarjeta de invitación. Santiago, Alianza de Intelectuales de Chile, s.f. [¿1946?]

743. [*Discurso del senador Pablo Neruda en homenaje a Gabriela Mistral, Premio Nobel de Literatura.*] En: diario *El Mercurio*, Santiago (21 noviembre 1945). Versión taquigráfica oficial de la intervención del senador "señor Reyes" (Pablo Neruda), en nombre del Partido Comunista de Chile, durante la sesión del Senado, día 20 noviembre 1945.

744. —. Mismo texto, en: periódico *El Atlántico*, Bahía Blanca, Argentina (6 diciembre 1945).

1946

745. *Las pequeñas hermanas olvidadas*. Prólogo en prosa, sin fecha, en: PERICLES FRANCO ORNES, *La tragedia dominicana (Análisis de la tiranía de Trujillo)*. Santiago. Publicaciones de la Federación de Estudiantes de Chile, 1946 (enero).

746. *"El paraguas podrido de Munich de nuevo sobre los martirios de España"*. En: diario *El Siglo*, Santiago (11 mayo 1946). Texto de la intervención de Pablo Neruda durante el acto público "Contra el terror franquista", realizado en el Salón de Honor de la Universidad de Chile, miércoles 8 mayo 1946.

747. *Silva en la sombra*. En: diario *La Nación*, Santiago (27 mayo 1946). Texto de una conferencia dictada en el Salón de Honor de la Universidad de Chile, Santiago, en conmemoración del 50º aniversario de la muerte de José Asunción Silva.

748. *Carta de Pablo Neruda* (acompañando el envío de los originales de *Alturas de Macchu Picchu*). En: *Revista Nacional de Cultura*, Caracas, núm. 56 (mayo-junio 1946).

749. [*Discurso en homenaje a Kalinin.*] En: diario *El Siglo*, Santiago (10 junio 1946).

750. *Palabras de Neruda*. Nota-prólogo en: *Exposición de pintores chilenos de la época de Fernando Álvarez Sotomayor*, catálogo. Santiago, Instituto de Extensión de Artes Plásticas de la Universidad de Chile, 1946. (La exposición estuvo abierta entre el 17 de junio y el 6 de julio.)

751. *La generación de pintores chilenos de 1913*. En: revista *Conferencia*, Depto. de Extensión Cultural de la Universidad de Chile, núm. 3 (agosto-setiembre 1946). Texto leído por Neruda en la inauguración de la Exposición de

Pintores Chilenos de la Época de Fernando Álvarez Sotomayor, día 17 junio 1945.

752. *Italia, tesoro universal.* En: revista *Aurora de Chile*, Santiago, núm. 23 (junio-julio 1946). Artículo en prosa.

753. —. Mismo texto, en: periódico *L'Unitá Degli Italiani*, Buenos Aires (21 diciembre 1946).

754. *Significado de nuestra victoria.* En: diario *Extra*, Santiago (16 agosto 1946).

755. *Defenderemos la victoria casa por casa.* En: diario *Extra*, Santiago (21 octubre 1946). Discurso en un mitin, Plaza Victoria de Valparaíso, con alusión al posible rechazo en el Congreso del triunfo electoral de Gabriel González Videla.

756. *Salitre.* Soneto, en: diario *El Siglo*, Santiago (27 octubre 1946). Este soneto será reproducido muchas veces posteriormente, inclusive en textos escolares de lectura. En especial, ver fichas 5, 13 y 20.

757. *"Andando entre razas de otras tierras..."* Nota en prosa, en: *Exposición Argelia Veloso y alumnos...*, tarjeta de invitación. Santiago, s.p. de i., noviembre 1947. La nota de Neruda viene fechada: "Los Guindos, diciembre 1946".

758. Mismo texto, en: diario *Extra*, Santiago (24 diciembre 1946).

1947

759. *Prólogo.* En: ALFONSO ALCALDE, *Balada para la ciudad muerta*, poemas. Santiago, Nascimento, 1947, prólogo.

760. *Despedida a Nicolás Guillén.* En: diario *El Siglo*, Santiago (11 enero 1947). Palabras de Neruda durante el acto de homenaje de la A.I.Ch. al poeta cubano, día 10 enero 1947.

761. —. Mismo texto, en: revista *Repertorio Americano*, San José, Costa Rica, núm. 1013 (22 febrero 1947).

762. [*Homenaje de Neruda a Paul Langevin.*] En: diario *El Siglo*, Santiago (17 enero 1947). Discurso en la Universidad de Chile, día 16 enero 1947.

763. *La palabra del canciller*. En: diario *El Siglo*, Santiago (22 enero 1947). Artículo editorial en apoyo a las declaraciones del Ministro de RR. EE. de Chile, Raúl Juliet, denunciando el régimen fascista de Franco.

764. *Saludo al Paraguay*. En: diario *El Siglo*, Santiago (20 marzo 1947). Texto de un discurso leído en el Senado, día 19 marzo 1947.

765. *Ataques a la cultura*. En: diario *El Siglo*, Santiago (25 mayo 1947). Artículo.

766. *Deber de Chile hacia el pueblo de Nicaragua*. En: diario *El siglo*, Santiago (5 junio 1947). Texto del discurso pronunciado por Pablo Neruda en el Senado, día 3 junio 1947.

767. [*Homenaje a don Rafael Luis Gumucio.*] Discurso en nombre del Partido Comunista de Chile, en: *Diario de Sesiones del Senado* (sesión del 17 junio 1947).

768. [*Refuta declaraciones de González Videla contra el Partido Comunista.*] Texto de un discurso en el Senado rechazando las acusaciones del Presidente de la República contra el PC, a propósito de la huelga de choferes y cobradores de microbuses, en: *Diario de Sesiones del Senado* (sesión del 18 junio de 1947).

769. *Vamos con Pedregal*. En: diario *El Siglo*, Santiago (23 agosto 1947). Versos de propaganda electoral.

770. *Vamos con Pedregal*. Hoja volante. Talca, Imprenta Mejía, 1947.

771. *Proclamando a Miguel Concha*. En: diario *El Siglo*, Santiago (10 setiembre 1947). Texto de un discurso pronunciado en San Fernando, durante el mitin de proclamación de Miguel Concha como candidato a Senador, día 8 setiembre 1947.

772. *"No contestamos las injurias ni lloramos las traiciones: seguimos defendiendo la causa común de la libertad y el derecho del pueblo."* Discurso de proclamación de la candidatura senatorial de Miguel Concha, reproducido en: diario *La Hora*, Buenos Aires (24 setiembre 1947).

773. *Los héroes del carbón encarnan los ideales de democracia e independencia nacional*. Edición especial del periódico *El Tranviario*, Santiago, núm. 16 (2ª quincena de octubre, 1947).

774. *Carta a México*. Folleto. México, Fondo de Cultura Popular, 1947 (35 pp.)

775. *Carta íntima para millones de hombres*. En: diario *El Nacional*, Caracas (27 noviembre 1947). Este documento en prosa será reproducido, en algunas de las publicaciones que citamos en seguida, bajo el título: *La crisis democrática de Chile es una advertencia dramática para nuestro continente*.

776. —. Mismo texto, en: diario *El Popular*, México (6 diciembre 1947).

777. —. Mismo texto, en: revista *Repertorio Americano*. San José, Costa Rica, núm. 1041 (27 diciembre 1947) y núm. 1042 (17 enero 1948).

778. —. Mismo texto, en: semanario *La Voz del Pueblo*, Santiago (enero 1948).

779. —. Mismo texto. en: revista *Horizontes*, Cali, Colombia, núm. 25 (feb. 1948).

780. —. Mismo texto, en: *Pablo Neruda acusa*. Folleto. Montevideo, Ediciones Pueblos Unidos, 1948, 11-39.

781. —. Mismo texto, en folleto: Lima, Ediciones Hora del Hombre, s.f. [1948.]

782. *La verdad sobre las rupturas!* Folleto tamaño tabloide. Santiago, suplemento de la revista *Principios*, Partido Comunista de Chile, 1947. Versión taquigráfica del dis-

curso pronunciado por Pablo Neruda en el Senado, sesión del día 10 diciembre 1947, acerca de la ruptura de relaciones diplomáticas con países socialistas.

783. —. Mismo texto, en: *Poesía política* (f. 10), II, 151-212.

784. [*Réplica al senador Cruchaga Tocornal.*] Discurso aclarando los objetivos de la *Carta íntima para millones de hombres* (f. 775 y ss.), leído en sesión del Senado, día 23 diciembre 1947. Versión extractada en: diario *El Mercurio*, Santiago (24 diciembre 1947).

785. *Viva Chile!* Soneto, en: periódico *Unidad*, Santiago, núm. 60 (dic. 1947). Posteriormente este soneto ha sido publicado bajo el título *Patria prisionera*.

786. *Patria prisionera*. En: *Pablo Neruda acusa*. Folleto. Montevideo, Ediciones Pueblos Unidos, 1948, 83.

787. *Patria prisionera*. En: *Obras completas*, 1957 y 1962. Apéndice (ff. 13 y 20).

788. *Patria prisionera*. Tarjeta de cartulina con el texto del soneto, sin datos de impresión. [Santiago, 1948.] Al reverso de la tarjeta se lee: "Coopera a la defensa de Pablo Neruda". Sobre esta leyenda va el dibujo de una bandera chilena cruzada por dos cadenas, con el rostro de Neruda dibujado sobre la franja roja de la bandera.

789. *Patria prisionera. Salitre*. Tarjeta doblada, con los textos de los sonetos en las páginas centrales. En página 1, el escudo nacional de Chile y la cifra 1948. En la página 4, la siguiente leyenda: "Pablo Neruda desea a usted un año nuevo venturoso y augura al pueblo de Chile la plenitud de su destino". [Santiago, 1947].

1948

790. *Yo acuso!* Folleto tamaño tabloide. Santiago, suplemento de la revista *Principios*, Partido Comunista de Chile, 1948. Texto del discurso leído por Pablo Neruda en el Senado, sesión del día 6 enero 1948, rechazando las

imputaciones del presidente González Videla y acusándolo a su vez de traicionar el programa electoral que juró en la Plaza Bulnes de Santiago.

791. *Yo acuso!* Folleto. Buenos Aires, Editorial Anteo, 1948.

792. *Pablo Neruda acusa.* Mismo texto anterior, en: *Pablo Neruda acusa.* Folleto. Montevideo, Ediciones Pueblos Unidos, 1948, 41-82.

793. *Yo acuso!* En: *Poesía política* (f. 10), II, 95-150.

794. *Prólogo.* En: JUAN DE LUIGI, *Poema del verano,* poemas. Santiago, Zig-Zag, 1948.

795. *Los riñones del general Marshall.* En: *Poesía política* (f. 10), 109-113. Poema fechado "en algún punto de América, 1948", escrito en la clandestinidad bajo la persecución de la policía del presidente González Videla.

1949

796. * *"Mi país, como ustedes saben..."* Discurso leído por Pablo Neruda durante el Congreso Latinoamericano de Partidarios de la Paz, Ciudad de México, septiembre 1949. Edición clandestina en folleto. [Santiago, Partido Comunista de Chile, 1949].

797. —. Mismo texto anterior, bajo el título *Discurso a los intelectuales de América Latina,* en: revista *Cultura y Democracia,* París, núm. 1 (enero 1950). Publicación de los republicanos españoles en París, impresa en español.

798.—. Mismo texto, bajo el título *Discurso pronunciado en el Congreso de la Paz en México,* en: *Poesía Política* (f. 10), II, 213-225.

799. * *González Videla, el Laval de la América Latina. Breve Biografía de un traidor.* Folleto sin datos de edición. [México, 1949.] (32 pp.)

800. *"Las fotografías de Lola Falcón contienen magia y realidad..."* Prosa breve, en: * *Lola Falcón,* catálogo de

exposición fotográfica. Santiago, Talleres La Nación, [1949].

801. *Poesía.* En: diario *Tribuna Ferrocarrilera*, Ciudad de Guatemala (19 marzo 1950). Nota en prosa.

802. *Carta de protesta al Canciller Horacio Walker.* En: diario *Democracia*, Santiago (22 abril 1950). Carta fechada "México D. F., 4 de abril 1950", en que rechaza acusación de bigamia hecha por Alfredo Rosende, embajador chileno en Roma.

803. *Saludo a Guatemala.* En: *Diario de la Mañana*, Ciudad de Guatemala (17 abril 1950). Poema leído por radio en Ciudad de Guatemala, día 15 abril 1950.

804. —. Mismo texto, versión más cuidada y digna de confianza que la anterior, en: *Diario de Centroamérica*, Ciudad de Guatemala (22 abril 1950).

805. *Mensaje de Pablo Neruda a la Reunión de la Paz* (*"Una dolencia imprevista me impide estar con ustedes esta noche..."*). En: *Diario de la Mañana*, Ciudad de Guatemala (24 abril 1950).

806. *Mensaje de Pablo Neruda* (*"Siéndome imposible asistir a la manifestación..."*). En: *Diario de Centroamérica*, Ciudad de Guatemala (2 mayo 1950).

807. [*Palabras de Neruda en el Teatro Polski de Varsovia, en la Distribución de los Premios Mundiales de la Paz 1950.*] En: *Diario de Centroamérica*, Ciudad de Guatemala (7 diciembre 1950). El discurso fue leído por Neruda en Varsovia, el 22 noviembre 1950.

808. —. Mismo texto, en: revista *Repertorio Americano*, San José, Costa Rica, núm. 1123 (1 febrero 1951).

809. —. Mismo texto, en: *Poesía política* (f. 10), II, 227-234.

810. [*Declaraciones.*] En: ALFREDO CARDONA PEÑA, *Pablo Neruda: Breve historia de sus libros*, en: revista *Cuader-*

nos Americanos, México, año IX, núm. 6 (noviembre-diciembre 1950).

811. —. El mismo ensayo, en: ALFREDO CARDONA PEÑA, *Pablo Neruda y otros ensayos*. México. Ediciones De Andrea, 1955.

812. *Vámonos al Paraguay*. En: revista *Pro Arte*, Santiago. núm. 117 (30 noviembre 1950). Nota en prosa, escrita en París.

813. *Castro Alves del Brasil*. En: diario *Democracia*, Santiago (15 abril 1951). Poema fechado "Dobris, Checoslovaquia, 12 de diciembre, 1950".

814. —. Mismo poema, en: *Poesía política* (f. 10), I, 107-108.

815. —. Mismo poema, en: *Obras completas*, 1957 y 1962 (ff. 13 y 20). Apéndice.

1951

816. *Serenata* ("*Eres más mía que mi piel...*"). Poema, texto original español y traducción al francés por Alice Ahrweiler, en: *Tout L'Amour*, antología bilingüe. París, Seghers, 1954, colección "Autour du Monde", 16.

817. —. Mismo pema, texto original español y traducción al francés por Alice Gascar, en: *"Tout L'Amour*, antología bilingüe. París, Seghers, 1961, colección "Autour du Monde", 16, segunda edición.

Este poema no figura en las ediciones en español de la antología *Todo el amor*. Fue escrito en 1951, Isla San Luis, París. En la edición 1961, el nombre de la traductora cambia de Alice Ahrweiler a Alice Gascar, pero se trata de la misma persona.

818. *Pablo Neruda llama a la juventud de América al Festival de Berlín*. En: diario *Democracia*, Santiago (9 junio 1951). Mensaje en prosa.

819. *Llamo a los intelectuales de América Latina*. En: diario *Democracia*, Santiago (24 junio 1951).

820. *A la memoria de Ricardo Fonseca.* En: diario *Democracia*, Santiago (21 julio 1951). Poema.

821. * *A la memoria de Ricardo Fonseca.* Cuadernillo, edición de homenaje. Santiago, Imprenta Amistad. 1951. Introducción de J. M. V.

822. *A la memoria de Ricardo Fonseca.* En: *Obras completas*, 1957 y 1962 (ff. 13 y 20). Apéndice.

823. *Neruda en las fiestas de S'raznice.* En: diario *Democracia*, Santiago (26 julio 1951). Palabras del poeta en la inauguración del Concurso Anual de Arte Popular y Folklore en Straznice, Moravia, Checoslovaquia.

824. *Discurso de Pablo Neruda en el Sexto Festival Cinematográfico en Karlovy Vary.* En: diario *Democracia*, Santiago (5 agosto 1951).

825. —. Mismo texto, en: revista *Repertorio Americano*, San José, Costa Rica, núm. 1130 (1 septiembre 1951).

826. *Hacia Berlín.* En: boletín *Festival* (Festival de la Juventud), edición en español, Berlín, RDA (6 agosto 1951).

827. —. Mismo texto, en: diario *Democracia*, Santiago (26 agosto 1951).

828. *Saludo a los jóvenes pioneros.* Reproducción facsimilar de un texto manuscrito fechado "Berlín, 1951", y traducción al alemán del mismo texto, en: revista *Die Schulpost*, Berlín, núm. 8 (agosto 1951).

829. *Mensaje de Neruda* (entregado a la delegación chilena al Festival de la Juventud en Berlín por intermedio de sus dirigentes José Tohá y Julio Silva Solar). En: diario *Democracia*, Santiago (13 septiembre 1951). Texto fechado "Berlín, 1951".

830. *Saludo al pueblo de Barcelona.* En: revista *España Popular*, México (1951).

831. *Saludo al Congreso de la Paz* (efectuado en México, noviembre 1951), en: *Boletín Extraordinario del Congreso Español de la Paz en México*, Santiago (abril 1952).

1952

832. *Mi hermano Nazim.* En: revista *Pro Arte*, Santiago (26 marzo 1952). Artículo.

833. *Prólogo de Pablo Neruda a la segunda edición.* En: Volodia Teitelboim, *Hijo del Salitre*, novela, 2ª edición. Santiago, Austral, 1952, 3-9. Nota en prosa, fechada "Capri, mayo de 1952".

834. *Muertos de América.* En: diario *Democracia*, Santiago (28 junio 1952). Nota en prosa, fechada "Capri, 1952", en homenaje a escritores fallecidos recientemente: Enrique Muñoz Meany (en Guatemala), Augusto D'Halmar y Gerardo Seguel (en Chile).

835. *Se pretende detener con el terror la marcha del pensamiento.* En: diario *Democracia*, Santiago (23 julio 1952). Discurso de Pablo Neruda en la reunión del Consejo Mundial de la Paz, Berlín.

836. *Se fue Jerzy Boreszja.* En: diario *El Nacional*, Caracas (22 agosto 1952). Artículo en prosa en memoria de un amigo polaco, traductor de su poesía y poeta él mismo, fallecido días antes. Fechado: "Costas del Brasil, hacia Chile, 7 de agosto de 1952".

837. *"Yo soy chileno del sur..."* En: diario *Democracia*, Santiago (13 agosto 1952). Palabras de Neruda en la Plaza Bulnes, Santiago, 12 agosto 1952, en el mitin con que se celebró su regreso a Chile después de más de tres años de exilio.

838. *Palabras de regreso.* Mismo texto anterior, en: *Poesía política* (f. 10), II, 235-239.

839. *Llamo a los intelectuales de América Latina.* En: revista *Nuestra Palabra*, Partido Comunista Argentino, Buenos Aires, núm. 120 (19 agosto 1952). Reproduce texto f. 819.

840. *Oceanografía dispersa.* En: revista *Vistazo*, Santiago, núm. 9 (21 septiembre 1952). Artículo en prosa.

841. —. Mismo texto, en: *Obras completas*, 1957 y 1962 (ff. 13 y 20), Apéndice.

842. *Palabras del camarada Neruda*. En: Suplemento de la revista *Principios*, Santiago (setiembre 1952). Intervención durante la IX Conferencia del Partido Comunista de Chile.

843. (e) *Los ecuatorianos tienen el mejor poeta de América, dice Neruda*. Texto de una entrevista fechada "Temuco, Chile, octubre 6, 1952", en: diario *El Telégrafo*, Guayaquil (8 noviembre 1952). En el título se alude Jorge Enrique Adoum. Entrevistó: Nelly Toledo de Lamas.

844. (e) —. Mismo texto, en: diario *El Sol* (14 diciembre 1952).

845. *Prólogo ("Todo es nuevo bajo el sol")*. En: *Poesía política* (f. 10), I, 7-9. Nota en prosa fechada "Los Guindos, noviembre de 1952", prólogo especial para esta antología preparada por Margarita Aguirre.

846. *El olor del regreso*. En: revista *Vistazo*, Santiago, núm. 12 (11 noviembre 1952).

847. —. Mismo texto, en: periódico *Novedades*, México (16 noviembre 1952).

848. (e) *Reportaje a Neruda*. Texto de una entrevista efectuada en Isla Negra, octubre 1952, en: revista *Pro Arte*, Santiago, núm. 160 (28 noviembre 1952). Entrevistó: Enrique Bello.

849. *Mi amigo ha muerto*. En: diario *El Siglo*, Santiago (23 noviembre 1952). Artículo en prosa, escrito en recuerdo de Paul Eluard.

850. —. Versión podada del mismo texto, en: revista *Pro Arte*, Santiago, núm. 160 (28 noviembre 1952).

851. —. Mismo texto, en: revista *Cruz del Sur*, Caracas, núm. 10 (enero 1953).

1953

852. *Mensaje a los pueblos de América Latina.* En: diario *El Siglo*, Santiago (2 enero 1953). Leído en los estudios de Radio Central de Moscú, 1 enero 1953.

853. [*Discurso en el Teatro Coliseo de Santiago.*] En: diario *El Siglo*, Santiago (26 mayo 1953). Intervención de Neruda durante el acto público en que los delegados al Congreso de los Pueblos por la Paz (Viena) daban cuenta de su comisión, Teatro Coliseo, Santiago, 24 mayo 1953.

854. *A la paz por la poesía.* En: diario *El Siglo*, Santiago (31 mayo 1953). Texto del discurso leído en el Teatro Caupolicán, Santiago, el 26 mayo 1953, ante la Asamblea Plena del Congreso Continental de la Cultura.

855. *Venganza para los Rosenberg.* En: revista *Nuestro Tiempo*, Santiago, núm. 25 (julio 1953). Artículo en prosa sobre el fusilamiento de los esposos Rosenberg, en EE. UU.

856. *Por la paz y por España.* En: *Boletín de la Comisión Española de la Paz*, Santiago, núm. 2 (setiembre 1953). Discurso.

857. (e) *"El triunfo de Quinteros Tricot es un aldabonazo: deben cumplirse las promesas electorales de 1952".* Texto de una entrevista, en: diario *El Siglo*, Santiago 7 octubre 1953).

858. *Neruda no autoriza inclusión de sus obras en Antología yanqui.* En: diario *El Siglo*, Santiago (22 noviembre 1953). Texto de una carta-respuesta de Pablo Neruda a Erico Verissimo, Director del Departamento de Asuntos Culturales de la OEA, negando autorización para incluir composiciones suyas en una antología de la Poesía Iberoamericana que preparaba Federico de Onís. Se incluye también la carta de E. Verissimo.

859. *Prólogo.* En: Diego Muñoz, *Carbón*, novela. Santiago, Austral, 1953. Nota en prosa fechada "Isla Negra, noviembre de 1958".

860. (e) *Neruda frente al "Canto personal".* En: revista *Ercilla*, Santiago, núm. 974 (29 diciembre 1953). Declaraciones de Neruda a propósito del libro de Leopoldo Panero.

1954

861. *Todas las banderas habían salido a la calle.* En: diario *El Siglo*, Santiago (18 enero 1954). Discurso leído en Teatro Caupolicán, Santiago, día 17 enero 1954, durante el homenaje popular que se le rindió por haber obtenido el Premio Stalin.

862. —. Mismo texto, en revista *Por la Paz*, Buenos Aires, núm. 29 (marzo 1954).

863. *Infancia y poesía.* En: revista *Capricornio*, Buenos Aires, núm. 6 (junio-julio 1954).

Entre los días 20 y 28 de enero de 1954, y formando parte de la Escuela de Verano de la Universidad de Chile, Pablo Neruda dictó una serie de cinco charlas autobiográficas en el Salón de Honor de la casa central universitaria, bajo la denominación *Ciclo de conferencias MI POESÍA*. Al invitar al poeta a dictar esas charlas, la Universidad de Chile tuvo en cuenta sin duda que en ese año 1954 se cumplían 50 años en la vida de Pablo Neruda. Sólo se han publicado las dos primeras conferencias. *Infancia y poesía* es el texto de la charla inaugural. Hay información sobre todo el Ciclo, incluyendo fragmentos de las charlas no publicadas hasta ahora en rev. *Ercilla*, Santiago, núm. 979 (2 febrero 1954), y en rev. *Vistazo*, Santiago, núm. 76 (3 febrero 1954).

864. *Infancia y poesía.* En: *Obras completas*, 1957 (f. 13), 7-19.

865. *Infancia y poesía.* En: *Obras completas*, 1962 (f. 20), 17-30.

866. *La autobiografía de la Isla Negra.* Mismo texto, en: periódico *Lunes de revolución*, La Habana, núm. 88 (26 diciembre 1960).

867. *Algo sobre mi poesía y mi vida.* En: revista *Aurora*, Santiago, núm. 1 (julio 1954). Segunda conferencia del ciclo *Mi Poesía*, leída el 21 enero 1954.

868. —. El mismo texto, en: revista *Pro Arte*, Santiago, núm. 174-175 (15-31 julio 1954).

869. *Los enemigos de Guatemala son los mismos que amenazan la paz del mundo*. En: diario *El Siglo*, Santiago (1 marzo 1954). Discurso leído en el Teatro Caupolicán, Santiago, febrero 1954.

870. *En el Quinto Aniversario del Movimiento Mundial de Partidarios de la Paz*. En: diario *El Siglo*, Santiago (18 abril 1954). Breve declaración en prosa, sin fecha.

871. *Se llamaba Sabino*. En: diario *Última Hora*, Río de Janeiro (2 mayo 1954). Respuesta a los ataques de cierto Fernando Sabino, periodista brasileño, fechado "Los Guindos, 23 de abril 1954" y publicada en español.

872. *Carta al Director de "El Diario Ilustrado"*. En: *El Diario Ilustrado*, Santiago (13 mayo 1954). Respuesta a un ataque publicado el 9 mayo 1954 en este diario conservador.

873. *"Entre todos los poetas del sur de América..."* En: NICANOR PARRA, *Poemas y Antipoemas*. Santiago, Nascimento, 1954. Nota de solapa, en prosa, fechada "junio de 1954", y reproducida en las ediciones segunda (1956) y tercera (1967) del libro.

874. *Carta de Neruda a Roberto Aldunate*. En: diario *El Siglo*, Santiago (20 junio 1954). Comunicación sobre el problema de Guatemala, dirigida al Ministro de RR. EE. de Chile.

875. *Discurso* (en el acto inaugural de la "Fundación Pablo Neruda para el Estudio de la Poesía", día 20 junio 1954), en: * *Discursos del Rector de la Universidad de Chile, Don Juan Gómez Millas, y de Pablo Neruda*... Santiago, Prensas de la Editorial Universitaria, 1954, 15-20.

876. (e) *Conversaciones con Pablo Neruda*. Texto de una entrevista, en revista *Pro Arte*, Santiago, núm. 174-175 (15-31 julio 1954). Entrevistó: Santiago del Campo.

877. *Saludo a los chilenos.* En: diario *El Siglo*, Santiago (11 julio 1954). Prosa fechada "julio de 1954", escrita para esta edición de homenaje a los 50 años del poeta.

878. *"Andando hace muchos años por el lago Ranco hacia adentro..."* En: diario *El Siglo*, Santiago (13 julio 1954). Discurso leído en el Salón de Honor de la Universidad de Chile, día 12 julio 1954, acto de homenaje a los 50 años del poeta.

879. *"Al cumplir 50 años digo gracias a la tierra de Chile..."* En: diario *El Siglo*, Santiago (19 julio 1954). Discurso leído por Neruda en el Teatro Caupolicán, Santiago, día 18 julio 1954, durante el homenaje popular a sus 50 años de edad.

880. —. Mismo texto, en: periódico *Justicia*, Montevideo (1 agosto 1954).

881. *Interpretación de Pablo Neruda.* En: periódico *Voz de España*, Santiago, núm. 16 (29 julio 1954). Discurso pronunciado durante la comida de homenaje que los españoles republicanos residentes en Chile ofrecieron al poeta en su 50 cumpleaños, día 18 julio 1954.

882. *El poeta en la calle.* En: revista *Aurora*, Santiago, núm. 1 (julio 1954). Nota breve, en prosa, sobre el libro de ese título de Rafael Alberti.

883. (e) *El criollismo: un paso positivo en nuestra literatura.* Texto de una entrevista, en: revista *Viento Sur*, Santiago, núm. 1 (julio 1954). Entrevistó: Franklin Quevedo.

884. *Pablo Neruda: "No se ha detenido la lucha por la independencia nacional de nuestros pueblos".* En: diario *El Siglo*, Santiago (11 agosto 1954). Discurso en la recepción del Premio Stalin de la Paz.

885. *Mi saludo a Gabriela.* En: diario *El Siglo*, Santiago (12 setiembre 1954). Artículo de bienvenida a Gabriela Mistral, fechado "Isla Negra, 8 de setiembre de 1954".

886. *El señor Fernández Larraín no cambiará la historia.* En: diario *El Siglo*, Santiago (12 octubre 1954). Artículo, sin fecha.

887. *La verdad de mañana*. En: diario *El Siglo*, Santiago (24 octubre 1954). Artículo.

888. *"Las palabras se gastan con el uso..."* En: EFRAÍN BARQUERO, *La piedra del pueblo*, poemas. Santiago. Editorial Alfa, 1954, prólogo. Nota en prosa, fechada "Los Guindos, 10 de noviembre de 1954".

889. *Ehrenburg en Chile*. En: revista *Aurora*, Santiago, núm. 2 (diciembre 1954). Artículo en prosa, sin fecha.

1955

890. *Las lámparas del Congreso*. En: revista *Aurora*, Santiago, núm. 3 (abril 1955). Texto de la conferencia-informe acerca del Segundo Congreso de Escritores Soviéticos (Moscú, diciembre 1954), leído en el Teatro Dieciocho, Santiago, día 17 abril 1955.

891. *Prólogo*. En: PRÁXEDES URRUTIA, *Canción de amor para tu sueño de paz*, poemas. Santiago, Austral, 1955, prólogo en prosa fechado "1955, agosto".

892. *Venturelli*. En: revista *La Gaceta de Chile*, Santiago núm. 1 (setiembre 1955). Artículo en prosa.

893. *Unidos al pueblo*. En: *El Diario Ilustrado*, Santiago (3 octubre 1955). Artículo, sin fecha, reproducido (según advertencia del diario) de una edición (que no se identifica) del periódico *Por una paz duradera, por una democracia popular!*, impreso en español en Bucarest, Rumania.

894. *Despedida a Mariano Latorre*. En: diario *La Nación*, Santiago (13 noviembre 1955). Texto en prosa leído por Neruda en los funerales del novelista chileno, 12 noviembre 1955.

895. —. Mismo texto, en: *Boletín del Instituto Nacional*, Santiago, núm. 56 (noviembre 1955).

896. —. Mismo texto, en: *El Diario Austral*, Temuco (18 diciembre 1955).

897. —. Mismo texto, en: revista *Atenea*, Concepción, núm. 370 (mayo-junio 1956).

898. —. Mismo texto, en: Roberto Cilches Acuña, *Mi amigo*, texto de lecturas para Tercer Año de Humanidades. Santiago, 1959.

1956

899. (e) *"Estamos en la época de la defunción y entierro del maccartismo"*. Texto de una entrevista, en: diario *El Siglo*, Santiago (19 febrero 1956).

900. *Dedicatoria*. Nota en prosa, en: Pablo Neruda, *Oda a la Tipografía* (f. 402).

901. * *Romance de los Carrera*. Partitura para piano. Versos de Pablo Neruda y música de Vicente Bianchi. Santiago, Southern Music International, 1956.

Esta canción fue grabada en disco Extended Play por *Silvia Infantas y los Baqueanos con la orquesta de Vicente Bianchi*: disco *Odeón* 51013, faz A, grabado el día 5 octubre 1956, Santiago. La misma grabación fue recogida en el Long Play *Música para la historia de Chile*, disco *Odeón* 36056, faz B, banda 3, editado el día 21 julio 1959.

902. *Romance de los Carrera*. Versos de Neruda, en: revista *Zig-Zag*, Santiago (8 setiembre 1956).

903. * *Canto a Bernardo O'Higgins*. Partitura para piano. Versos de Pablo Neruda y música de Vicente Bianchi. Santiago, Southern Music International, 1956.

Esta tonada chilena fue grabada en disco Extended Play por *Silvia Infantas y los Baqueanos con la orquesta de Vicente Bianchi*: Disco *Odeón* 51016, faz A, grabado el día 5 octubre 1956, Santiago. La misma grabación fue recogida en el Long Play *Música para la historia de Chile*, disco *Odeón* 36056, faz A, banda 4, editado el día 21 julio 1959.

904. *Canto a Bernardo O'Higgins*. Los versos de Neruda, en: diario *El Siglo*, Santiago (18 setiembre 1959).

905. *Neruda recoge el guante*. En: revista *Ercilla*, Santiago, núm. 1128 (19 diciembre 1956). Respuesta al "Con-

greso por la Libertad de la Cultura" y al jesuita F. Dussuel.

906. *Respuesta a una declaración del "Congreso por la Libertad de la Cultura".* En: diario *El Mercurio*, Santiago (23 diciembre 1956). Nota en prosa, fechada "Santiago, 22 de diciembre de 1956".

1957

907. *Insiste el señor Neruda.* Fragmento de una carta, publicado con carácter de "inserción" en: diario *El Mercurio*, Santiago (1 enero 1957).

908. (e) *Neruda: "me uno con Dios y con el Diablo".* En: revista *Ercilla*, Santiago, núm. 1130 (2 enero 1957). Declaraciones: réplica a un emplazamiento hecho al poeta por el "Congreso por la Libertad de la Cultura" acerca de los sucesos de 1956 en Hungría.

909. *Una carta para los escritores de todos los países.* En: diario *El Siglo*, Santiago (2 julio 1957). Carta fechada "Colombo, junio 16 de 1957".

910. —. Mismo texto, en: revista *Cuadernos de Cultura*, Buenos Aires, núm. 31 (setiembre 1957).

911. *Recabarren.* Nota breve, en prosa, fechada "Antofagasta, 21 de diciembre de 1957", en: *Luis Emilio Recabarren.* Cuadernillos *Hacia*, Antofagasta, Chile, núm. 37 (10 marzo 1961).

912. (e) *Neruda confiesa sus errores.* En: revista *Vea*, Santiago, núm. 978 23 enero 1958). Versión textual de importantes declaraciones formuladas por Neruda al semanario *Noticias Literarias* de Praga, Checoslovaquia, en 1957.

1958

913. *"Galo apagó su existencia hasta ser él mismo el corazón del Partido."* En: diario *El Siglo*, Santiago, 11 marzo

1958). Discurso a nombre de los intelectuales comunistas en los funerales del dirigente Galo González.

914. *¡Fuera de la Universidad el Gorkin!* En: diario *Última Hora*. Santiago (2 abril 1958). Declaración a la prensa, fechada "Isla Negra, 30 de marzo de 1958".

915. *Jorge San Martín y el fuego.* En: diario *La Nación*, Santiago (16 mayo 1958). Nota acerca de los "esmaltes cerámicos" del artista nombrado, fechada "Santiago, 14 de mayo de 1958".

916. (e) *Pablo Neruda tiene la palabra.* Texto de una entrevista, en: revista *Vea*, Santiago, núm. 996 (29 mayo 1958). A propósito de la designación de Pablo Neruda como Presidente de la SECH y de la aparición de *Estravagario*.

917. *Carta abierta a S. E. dirigió Pablo Neruda.* En: diario *La Nación*, Santiago (30 mayo 1958). Texto de una carta dirigida al presidente Ibáñez del Campo en relación con el status cívico de los ciudadanos borrados en los Registros Electorales.

918. *"No dejaré jamás de ser comunista..."* En: diario *El Siglo*, Santiago (16 junio 1958). Versión extractada de una conferencia leída en el Teatro Baquedano, dom. 15 junio 1958.

919. *Saludo a la Editorial Losada.* Facsímil de un texto manuscrito, en: revista *Negro sobre Blanco*, Editorial Losada, Buenos Aires, núm. 8 (agosto 1958).

920. *"Estos días son gloriosos: ha fallecido la Ley Maldita".* En: diario *El Siglo*, Santiago (3 agosto 1958). Discurso.

921. *"Con Allende está lo bueno del pasado, lo mejor del presente y todo el futuro."* En: diario *El Siglo*, Santiago (9 agosto 1958). Discurso en el Teatro Baquedano.

922. *Presentando a Nemesio Antúnez* ("A Nemesio Antúnez lo conocí verde, lo conocí cuadriculado..."). En: * *Pintura de Nemesio Antúnez 1948-1958*, catálogo. Río de

Janeiro, Museu de Arte Moderna do Rio de Janeiro, 1958. El texto de Neruda viene fechado "Setiembre, 1958".

923. (e) *Neruda le pone nombre al amor*. Texto de una entrevista, en: revista *Ercilla*, Santiago, núm. 1217 (17 setiembre 1958). Declaraciones a propósito del libro *Estravagario*.

924. *Sobre Carlos Mondaca*. Facsímil de un manuscrito de doce líneas, en: *Boletín del Instituto Nacional*, Santiago, núm. 59 (3er. trimestre 1958). Texto fechado "Octubre 1958".

925. *Carta de Neruda a escritores de Argentina*. En: diario *El Siglo*, Santiago (2 noviembre 1958). Breve comunicación fechada "Octubre de 1958" y dirigida al Cuarto Congreso de Escritores Argentinos (Mendoza, octubre 1958).

926. *Desmentido a "El Mercurio"*. En: diario *Última Hora*, Santiago (18 noviembre 1958).

927. *"En este Congreso ha cobrado vida el largo territorio de Chile"*. En: diario *El Siglo*, Santiago (23 noviembre 1958). Intervención durante el XI Congreso Nacional del Partido Comunista de Chile.

928. *"Esta Sara Vial es trinadora..."* En: SARA VIAL, *La ciudad indecible*, poemas. Valparaíso, Imprenta Victoria, 1958, prólogo.

929. *"Chile es tierra de canto y de cántaros"*. En: MATILDE LADRÓN DE GUEVARA, *Desnuda*, poemas. Buenos Aires, Losada, 1958, prólogo fechado "Isla Negra, diciembre 1958".

1959

930. (e) *Diez horas de Pablo Neruda en Lima*. Texto de una entrevista, en: revista *Semanario Peruano*, Lima (25 enero 1959).

931. *Al pueblo boliviano*. En: revista *Semanario Peruano*.

Lima (25 enero 1959). Mensaje en prosa, fechado "A bordo del *Ussodimare*, enero de 1959".

932. *Saludo a la ciudad.* En: JUAN LISCANO, JOSÉ RAMÓN MEDINA, MIGUEL OTERO SILVA, LUIS PASTORI y RAFAEL PINEDA, *Fuego de hermanos a Pablo Neruda*, cuaderno de homenaje. Caracas, Editorial Arte, 1960. Respuesta de Neruda ante el Consejo Municipal de Caracas, en la ocasión de ser declarado Huésped de Honor de la Ciudad, febrero 1959.

933. *El viaje de regreso a Chile / Abril 1959.* Mensaje del poeta a los escritores venezolanos, escrito en el mar, de vuelta a la patria. En: Juan LISCANO..., *Fuego de hermanos a Pablo Neruda* (f. 932).

934. *Los lobos vestidos de corderos budistas - o Indignidad en un cine central.* En: diario *El Siglo*, Santiago (19 junio 1959). Artículo en prosa.

935. *"Estos antiguos versos de Nicomedes Guzmán".* En: NICOMEDES GUZMÁN, *La ceniza y el sueño*, poemas, 2ª edición, Santiago, Ediciones Grupo Fuego de la Poesía, 1960. Prólogo en prosa, fechado "Isla Negra, setiembre 1959".

936. —. Mismo texto, en: diario *El Siglo*, Santiago (5 julio 1964).

937. *Al Congreso Latinoamericano de Mujeres.* En: diario *El Siglo*, Santiago (22 noviembre 1959). Poema-saludo, sin fecha, primer verso: "Antes del hombre, la mujer, la madre".

938. *Salvatore Quasimodo.* En: revista *Atenea*, Concepción, núm. 386 (octubre-diciembre 1959). Texto leído por Neruda en la Biblioteca Nacional, Santiago, día 27 noviembre 1959, con motivo del homenaje al Premio Nóbel de Literatura 1959.

939. *"Esta es una antología incompleta."* Prólogo a: *Poemas a Mariátegui*. Lima, Editorial Amauta, 1959, volumen 9 de la serie "Ediciones Populares de las Obras Com-

pletas de José Carlos Mariátegui". El texto de Neruda. fechado "Casa La Chascona", Santiago de Chile, 1959", se reproduce tipográficamente y en facsímil.

1960

940. *Saludo a Cuba.* En: revista *Idea*, Lima, núm. 43 (abril-junio 1960). Nota en prosa.

941. *Prólogo.* En: FERNANDO GONZÁLEZ URIZAR, *Las nubes y los años*, poemas. Caracas, edición de la revista *Lírica Hispana*, núm. 207 (mayo-junio 1960).

942. *Neruda contesta desde Moscú los ataques de Maluenda y Bazán.* En: diario *El Siglo*, Santiago (5 mayo 1960). Nota en prosa.

943. (rt) *Prefacio para la segunda edición de "Tout L'Amour.* En: revista *Mapocho*, Santiago, núm. 9 (1965). Prólogo en prosa para una antología bilingüe editada en París (f. 817), retraducido por Hernán Loyola. El texto original, que nunca se publicó en español, va fechado "París, noviembre 1960".

944. *"Aguas antárticas, ventisqueros..."* Prosa breve fechada "París, 1960", en: *Zañartu*, catálogo de exposición. Santiago, Galería Marta Faz, [1963].

945. *"Tengo que hablar geográficamente del pintor Nemesio Antúnez..."* Prosa breve, en: *Nemesio Antúnez*, catálologo de exposición. Lima, Instituto de Arte Contemporáneo, 1960.

946. *Pequeña Historia* (del libro *Veinte poemas de amor...*). Nota en prosa, fechada "1950", en: PABLO NERUDA, *Veinte poemas de amor y una canción desesperada*, edición especial denominada "1.000.000 de ejemplares". Buenos Aires, Losada, Biblioteca Contemporánea, 1961, 7-10.

947. *Pez en el agua.* En: periódico *Lunes de revolución*, La Habana, núm. 88 (26 diciembre 1960). Saludo en verso al pueblo cubano.

948. (e) *"Lunes" conversa con Pablo Neruda.* Versión de una extensa entrevista, en: periódico *Lunes de revolución*, La Habana, núm. 88 (26 diciembre 1960). Interrogaron al poeta: Carlos Franqui, César Leante, Pedro de Araá, Jaime Sarusky, Virgilio Piñera, Julio Mata, Alberto Martínez, Calvert Casey, Oscar Hurtado, Walterio Carbonnell, Fayad Jamís, Juan Arcocha, Néstor Almendros, Antón Arrufat, Frank Rivera, Miriam Acevedo, Ambrosio Fornet, Heberto Padilla, Pablo Armando Fernández y Guillermo Cabrera Infante.

Todo el núm. 88 de *Lunes de Revolución* viene dedicado *A Pablo Neruda* (título de portada). Contiene una nutrida selección de poemas de Neruda, reproduce *Infancia y poesía* (f. 866) y la *Bibliografía de P. N.* de Jorge Sanhueza (tomada de *Obras completas*, 1957). Trae además una serie de trabajos sobre Neruda y su obra escritos por autores cubanos: Antón Arrufat, Edmundo Desnoes, Pablo Armando Fernández, Heberto Padilla, Enrique Labrador Ruiz, Pedro de Araá, Luis Marré. Edición de 48 pp. tamaño tabloide.

949. *No es el pueblo el que lo encarcela.* En: revista *Política*, México, núm. 17 (1 enero 1961). Discurso leído en La Habana, diciembre 1960, en el acto público por la libertad de David Alfaro Siqueiros.

1961

950. *A Siqueiros, al partir.* Breve poema de saludo, fechado 'México, D. F., 9 de enero de 1961", impreso en un cartel. México, s. p. de i., 1961.

951. (e) [*Declaraciones.*] En: MANUEL RIVERO DE LA CALLE, *Pablo Neruda, poeta y naturalista.* Artículo-reportaje, en revista ISLAS, Universidad Central de Las Villas, Santa Clara, Cuba, núm. 9 (mayo agosto 1961). Este reportaje es un eco de la visita de Pablo Neruda a Cuba, diciembre 1960 y enero 1961.

952. (e) *Neruda habla de sus diez meses por el mundo.* Texto de una entrevista, en: revista *Vistazo*, Santiago, núm. 435 (17 enero 1961). Entrevistó: Luis Alberto Mansilla.

953. *Corona para mi maestro.* En: diario *El Siglo*, Santiago (26 febrero 1961). Poema fechado "en avión entre Iquique y Vallenar 19 de febrero de 1961", homenaje en la muerte del dirigente comunista chileno Elías Lafertte.

954. *En la pampa con don Elías.* En revista *Ercilla*, Santiago, núm. 1344 (22 febrero 1961). Artículo en recuerdo de Elías Lafertte.

955. *Respuesta a Rómulo Betancourt.* En: diario *El Siglo*, Santiago (31 marzo 1961).

956. *¡Viva Fidel! ¡Viva Cuba!* En: diario *El Siglo*, Santiago (19 abril 1961). Artículo condenando al Pte. Kennedy por la agresión a Cuba.

957. *A los escritores y artistas de Chile y América.* En: diario *El Siglo*, Santiago (26 abril 1961). Texto de un mensaje motivado por la frustrada invasión a Cuba, abril 1961.

958. *Cable a la OEA pidiendo examen psiquiátrico para Kennedy.* En: diario *El Siglo*, Santiago (27 abril 1961).

959. *"Eras esencia de mujer y lección para un millón de hombres."* En: diario *El Siglo*, Santiago (27 mayo 1961). Discurso en los funerales de la periodista chilena Lenka Franulic.

960. —. Mismo texto, en diario *Última Hora*, Santiago (27 mayo 1961).

961. (e) *Neruda editado en todo el mundo.* Texto de una entrevista, en: diario *El Siglo*, Santiago (22 octubre 1961). Entrevistó: Juan Lenin Araya.

962. *Palabra.* Breve nota en prosa, fechada "Valparaíso", octubre de 1961" en Miguel Budnik, *Cuento para un poema*, poemas. Santiago, Arancibia Hnos., 1961.

963. *"El joven y triunfante estado socialista..."* En: diario *El Siglo*, Santiago, día 12 noviembre 1961, durante un homenaje popular al 44 aniversario de la URSS.

964. *Crónica rimada para una bomba de cincuenta megatones.* En: diario *El Siglo*, Santiago (19 noviembre 1961). Poema leído en el Teatro Caupolicán, Santiago, 12 noviembre 1961, homenaje a la URSS.

965. *Crónica rimada para una bomba de cincuenta megatones.* Carpetilla de saludo de Año Nuevo. Santiago, Imp. Horizonte, 1961.

966. *Crónica rimada para una bomba de cincuenta megatones.* Carpetilla sin datos de edición. Probablemente impresa fuera de Chile. [¿1961?]

1962

967. *Las vidas del poeta. Memorias y recuerdos de Pablo Neruda.* En: revista *O Cruzeiro Internacional*, Río de Janeiro, diez números sucesivos (16 enero 1962 al 1 junio 1962). Diez crónicas autobiográficas, en prosa:
967.1. *El joven provinciano.* 16 enero 1962.
967.2. *Perdido en la ciudad.* 1 febrero 1962.
967.3. *Los caminos del mundo.* 16 febrero 1962.
967.4. *La calle oriental* 1 marzo 1962.
967.5. *La luz en la selva.* 16 marzo 1962.
967.6. *En Ceylán, la soledad luminosa.* 1 abril 1962.
967.7. *Tempestad en España.* 16 abril 1962.
967.8. *Las entrañas de América.* 1 mayo 1962.
967.9. *Lucha y destierro.* 16 mayo 1962.
967.10. *Dicciones y contradicciones finales.* 1 junio 1962.

968. *Al Partido Comunista de Chile en su cuadragésimo aniversario.* En: revista *Principios*, Santiago, núm. 88 (enero-febrero 1962).

969. *Neruda escribe a Marcos Ana.* En: diario *El Siglo*, Santiago (28 febrero 1962).

970. *Los héroes nuevos de América.* En: diario *El Siglo*, Santiago (17 marzo 1962). Intervención durante el XII Congreso Nacional del Partido Comunista de Chile.

971. *Mariano Latorre, Pedro Prado y mi propia sombra.* En:

Pablo Neruda y Nicanor Parra, * *Discursos.* Santiago, Nascimento, 1962. (91 pp.)

Nota en p. 5: "Discursos de incorporación de Pablo Neruda a la Facultad de Filosofía y Educación de la Universidad de Chile, en calidad de Miembro Académico, y de recepción de Nicanor Parra."
Nota en p. 7: "El 30 de marzo de 1962, la Facultad de Filosofía y Educación de la Universidad de Chile, en sesión pública celebrada en el Salón de Honor, recibió a Pablo Neruda en calidad de Miembro Académico, en reconocimiento a su vasta labor poética de categoría universal. El acto fue presidido por el Rector Juan Gómez Millas, por el Decano de la Facultad, Eugenio González, y por el Secretario General, Alvaro Bunster. Nicanor Parra, miembro docente de la Corporación, tuvo a su cargo el discurso de recepción."
Pp. 9-48: Discurso de Bienvenida en Honor de Pablo Neruda (Nicanor Parra).
Pp. 49-88: discurso de Neruda.

972. *Pablo Neruda saluda al VII Festival Mundial de la Juventud y los Estudiantes, de Helsinki.* En: diario *El Siglo,* Santiago (26 abril 1962). Mensaje fechado "abril 1962, Santiago de Chile".

973. *Nuestros libros aparecen ásperos y amargos: vienen de la verdad terrible.* En: diario *El Siglo,* Santiago (29 julio 1962).

974. *Neruda escribe sobre la hazaña soviética.* En: diario *El Siglo,* Santiago (18 agosto 1962). Nota en prosa, escrita "en el avión entre Socchi y Moscú", sobre el vuelo de los cosmonautas A. Nikoláiev y P. Popóvich.

975. *El continente de la esperanza.* En: revista *Principios,* Partido Comunista de Chile, Santiago, núm. 91 (setiembre-octubre 1962). Discurso en Moscú.

976. (e) *Neruda de regreso.* Texto de una entrevista, en: diario *El Siglo,* Santiago (6 octubre 1962).

977. *"Debemos luchar, católicos y no católicos, contra la degradación que impone la miseria."* En: diario *El Siglo,* Santiago (14 octubre 1962). Discurso leído en el Teatro Caupolicán, Santiago, el 12 octubre 1962.

978. *Con los católicos hacia la paz: Pablo Neruda contesta a los obispos.* Mismo texto anterior, en folleto. Santiago, Imp. Horizonte, 1962 (42 pp.)

979. *Carta de Neruda al presidente Alessandri.* En: diario *La Nación*, Santiago (18 octubre 1962). Sobre la política exterior del gobierno chileno.

980. —. Mismo texto, en: diario *El Siglo*, Santiago (28 octubre 1962).

981. "Esta calle que habla por boca de Jurema..." En: Jurema Finamour, *Vais bem, Fidel*. [Prefacio de Leonel Brizola y epílogo de Pablo Neruda.] Sao Paulo, Editora Brasiliense, 1962. Epílogo fechado "noviembre 1962".

1963

982. *Pablo Neruda acusa: Kennedy roba a los muertos.* En: diario *El Siglo*, Santiago (21 marzo 1963). Texto de una declaración vinculada a un desastre aéreo en Bolivia.

983. *Los conservadores descuartizan a Chile.* En: diario *El Siglo*, Santiago (28 marzo 1963). Discurso leído por radio el 27 marzo 1963.

984. *Mensaje a René Frías.* En: diario *El Siglo*, Santiago (1 abril 1963).

985. *Primero de mayo en otoño.* En: diario *El Siglo*, Santiago (30 abril 1963). Poema.

986. "*Manuel Balbontín se dedica en este libro...*" Prólogo en prosa, fechado "mayo 1963", en: Manuel G. Balbontín, *La epopeya de los húsares*, 2ª edición. Santiago, Orbe, 1963. (El texto de Neruda: reproducción facsimilar del original manuscrito, en dos hojas fuera de paginación.)

987. *Un globo para Matilde.* Hoja volante. Valparaíso, s.p. de i., 1963. Soneto de homenaje en el cumpleaños de Matilde Urrutia, 3 mayo 1963.

988. *Corona de invierno para Nazim Hikmet.* En: diario *El Siglo*, Santiago (9 junio 1963). Poema en memoria del poeta turco, fechado el 8 junio 1963.

989. *Todo Chile contra Durán!* En: diario *El Siglo*, Santiago (9 junio 1963). Intervención en la Sesión Plenaria del Comité Central del Partido Comunista de Chile, 8 junio 1963.

990. *Prólogo.* En: *España canta a Cuba*, antología. Santiago, Ruedo Ibérico, 3ª edición, 1963. Texto fechado "Valparaíso, 13 de junio, 1963".

991. *Retrato del gladiador.* En: diario *El Siglo*, Santiago (28 julio 1963). Texto original de una semblanza de Fidel Castro, escrita para el diario *Pravda* de Moscú con ocasión del viaje del líder cubano a la URSS. Prosa.

992. *"Milka regresa a nuestra piedra natal..."* Prosa breve, fechada "Isla Negra, julio 1963", en: *Milka Kukoc*, catálogo de exposición. Santiago, Centro Brasileiro de Cultura, 1963.

993. (e) *Neruda recuerda...* Versión (en ocho entregas) de una entrevista, en: diario *El Siglo*, Santiago (27, 28, 29, 30, 31 agosto y 2, 3, 4 setiembre 1963). Declaraciones y recuerdos sobre el período 1948-1952.

994. *R. L. V.* En: PABLO NERUDA, GUSTAVO HERNAN y GUILLERMO ATIAS, *Presencia de Ramón López Velarde en Chile*, volumen editado por la SECH y la Embajada de México. Santiago, Prensas de la Editorial Universitaria, 1963, 12-27. Prosa fechada "Isla Negra, agosto de 1963" y leída en la inauguración del Refugio "Ramón López Velarde" en el local de la SECH, Santiago, día 17 agosto 1963.

995. *Bajo la máscara anticomunista.* En: diario *El Siglo*, Santiago (30 setiembre 1963). Discurso en el Parque Bustamante, Santiago.

996. *El hombre más importante de mi país.* Prosa-prólogo, en: ALEJANDRO LIPSCHÜTZ, *El problema racial en la*

conquista de América y el mestizaje. Santiago, Austral, 1963.

997. —. Mismo texto, en: *Boletín de Editora Austral,* Santiago, núm. 3 (octubre 1963).

998. *El escultor Alberto.* En: revista *Realidad,* órgano de los comunistas españoles en el exilio, Roma, año I, núm. 1 (setiembre-octubre 1963). Artículo de ohmenaje al artista español Alberto Sánchez, fallecido en Moscú, 1963. No confundir con f. 637, aunque ambos textos se refieren a la misma persona.

999. —. Mismo texto, en: diario *El Siglo,* Santiago (2 febrero 1964).

1000. *Ecuador: "se ha entronizado allí un ciclo de la más desnuda barbarie".* En: diario *El Siglo,* Santiago (16 octubre 1963). Mensaje en prosa, fechado "Isla Negra, octubre 1963".

1001. (e) *Neruda: "No vivo obsesionado por el Premio Nobel".* Texto de una entrevista, en: revista *Flash,* Santiago, núm. 16 (18 octubre 1963). Entrevistó: Ligeia Balladares.

1002. *Saludo a Marcos Ana.* En: diario *El Siglo,* Santiago (13 octubre 1963). Texto en prosa, leído en el Teatro Caupolicán, Santiago, durante un homenaje al poeta español en el Día de la Raza.

1003. *Saluuuuud! a Diego Muñoz.* Nota en prosa, fechada "Isla Negra, primavera 1963", en: DIEGO MUÑOZ, *De repente,* novela, 2ª edición. Santiago, Orbe, 1964, prólogo.

1004. *Explicación.* Nota en prosa, fechada "Isla Negra, noviembre 1963", en: PABLO NERUDA, *Los versos del capitán,* poemas de amor. Buenos Aires, Losada, 1963. Biblioteca Contemporánea, 250. (Ver f. 328.)

1005. *Quiénes mataron a Kennedy?* En: diario *El Siglo,* Santiago (1 diciembre 1963). Texto de una declaración difundida por radio.

1964

1006. *Inaugurando el año de Shakespeare.* En: revista *Anales de la Universidad de Chile*, Santiago, núm. 129 (enero-marzo 1964). Artículo.

1007. *Versaina Popular. Contribución al triunfo del Doctor Naranjo en Curicó.* Hoja volante. Curicó, Chile, Imp. Hispana, 1964.

1008. —. Mismo texto, en: diario *El Siglo*, Santiago (7 marzo 1964).

1009. (rt) *Cierta flor de loto.* En: Revista *Principios*, Santiago, núm. 102 (julio-agosto 1964). Artículo retraducido desde el semanario *France Nouvelle*, Paris, núm. 968 (12 mayo 1964).

1010. (rt) Mismo texto, reproducido en: revista *Momento*, Caracas, núm. 427 (20 setiembre 1964), bajo el título: *Pablo Neruda contra los chinos y la violencia.*

1011. *Un mural elevado por el amor, es destruido por el odio.* En: diario *El Siglo*, Santiago (15 junio 1964). Artículo de protesta por la destrucción del mural allendista de Puente Capuchinos, Valparaíso.

1012. (e) *"Para mí, escribir poesía es como ver u oír".* Texto de una entrevista, en: diario *El Siglo*, Santiago (12 julio 1964). Entrevistó: Raúl Mellado.

1013. *Con Francia y con su idioma!* En: *Boletín de la Asociación de Profesores de Francés de Chile*, único número anual (1964). Facsímil de un mensaje manuscrito fechado "18 de julio 1964, Isla Negra".

1014. *Cable de Neruda a la OEA.* En: diario *El Siglo*, Santiago (24 julio 1964). Mensaje denunciando maniobras políticas internacionales contra Cuba.

1015. *Neruda rectifica a "El Mercurio".* En: diario *El Siglo*, Santiago (28 julio 1964). Carta fechada "Valparaíso, 26 de julio de 1964" contestando a un artículo editorial de *El Mercurio*, 25 julio 1954.

1016. *Palabras de Pablo Neruda ante la tumba de Gabriela Mistral en Monte Grande* (día 29 julio 1964), en: diario *El Siglo*, Santiago (9 agosto 1964).

1017. *Algunas reflexiones improvisadas sobre mis trabajos.* En: revista *Mapocho*, Santiago, núm. 6 (1964). Palabras del poeta durante el acto inaugural de un ciclo de conferencias en torno a su obra poética, auditorium de la Biblioteca Nacional, Santiago, viernes 7 agosto 1964.

1018. —. Mismo texto, en: *La Biblioteca Nacional y Pablo Neruda*, separata de revista *Mapocho*, Santiago, número 6 (1964).

1019. *"Mucho me honró la atención..."* Facsímil de un mensaje manuscrito, en: revista *Mapocho*, Santiago, núm. 6 (1964).

1020. —. Mismo texto, en: *La Biblioteca Nacional y Pablo Neruda* (f. 1018).

1021. *Un alcance de Neruda.* En: diario *El Siglo*, Santiago (8 agosto 1964). Breve nota fechada "Isla Negra, 5 de agosto de 1964".

1022. (e) *"En Cautín es emocionante el fervor allendista".* Texto de una entrevista, en: diario *El Siglo*, Santiago (15 agosto 1964).

1023. *"Para abrazar a Coloane..."* Facsímil de un mensaje manuscrito, en: revista *Alerce* (de la SECH), Santiago, núm. 6 (primavera de 1964). Saludo y homenaje a Francisco Coloane, Premio Nacional de Literatura 1964.

1024. *Palabras de Pablo Neruda para el programa de "Romeo y Julieta".* Breve nota fechada "Isla Negra, octubre 1964", en: [*Programa para la representación de "Romeo y Julieta" de William Shakespeare, traducción de Pablo Neruda.*] Santiago, Instituto del Teatro de la Universidad de Chile, [Imp. Hispano Suiza], 1964.

1025. (e) *"Conservar la poesía fue lo más difícil".* Texto de una entrevista, en: diario *El Siglo*, Santiago (18 octubre 1964). A propósito del estreno de *Romeo y Julieta*, traducción Neruda, por el conjunto del ITUCH. Entrevistó: Raúl Mellado.

1026. *"El menor sentimiento de gratitud hacia Shakespeare..."* Nota-prefacio, en: WILLIAM SHAKESPEARE, *Romeo y Julieta* (acto II, escena II), traducción de Pablo Neruda. Cuadernillo. Buenos Aires. Editorial Talía, s.f. [1964.]

1027. *Navidad sin presos en América latina.* En: diario *El Siglo.* Santiago (16 diciembre 1964). Carta abierta dirigida al "Señor *Gorila* del Ecuador" y fechada en "Chile, diciembre 1964".

1028. *Éste es un saludo de Navidad. Y un breve mensaje para el Año Nuevo de 1965.* Hoja suelta, más un dibujo del poeta en papel de color, sin datos de edición. [Santiago, diciembre 1964.]

1029. —. Mismo texto, en: diario *El Siglo.* Santiago (22 diciembre 1964).

1030. *Los ministros de la OEA.* En: diario *El Siglo*, Santiago (31 diciembre 1964). Imprecación en prosa contra los representantes de la OEA por haber votado el bloqueo a Cuba, leída en actos de homenaje al Sexto Aniversario de la Revolución Cubana en Santiago (Salón de Honor de la Universidad de Chile, 30 diciembre 1964), y en Valparaíso (Teatro Imperio, 10 enero 1965).

1965

1031. *Hablando en prosa sobre Cuba.* En: diario *El Siglo*, Santiago (12 enero 1965). Discurso en el Teatro Imperio, Valparaíso, 10 enero 1965.

1032. * *"Distinguido amigo: Las elecciones parlamentarias presentan una vez más a nuestro pueblo el problema..."* Hoja volante, sin datos de edición. [Santiago, enero 1965.] Carta-circular llamando a los ciudadanos de la provincia de Santiago a adherir a la campaña senatorial de Volodia Teitelboim (elecciones de marzo 1965).

1033. *Pequeño prólogo para su poesía.* En: Sergio Hernández, *Registro (1959-1964)*, poemas. Santiago, Nascimento, 1965.

1034. *Una vida fecunda en construcciones, trabajo y dolores.* En: diario *El Siglo*, Santiago (17 febrero 1965). Breve nota en memoria de Juan Chacón Corona, dirigente comunista chileno fallecido en esos días.

1035. *Una rosa para María.* Hoja volante, sin datos de edición. [Santiago, Impresora Horizonte, febrero 1965.] Contribución en prosa para la campaña electoral de María Maluenda.

1036. *Una carta para usted.* En: diario *El Siglo*, Santiago (2 marzo 1965). Mensaje llamando a votar por Volodia Teitelboim en la elección senatorial por Santiago.

1037. (e) *Neruda viaja a Inglaterra.* Texto de una entrevista, en: diario *La Nación*, Santiago (28 marzo 1965). Entrevistó: Sara Vial.

1038. *"Desde que Thiago llegó a Chile..."* En: diario *El Siglo*, Santiago (11 abril 1965). Saludo en prosa, fechado "En el mar, marzo 1965", leído durante el homenaje de despedida al poeta y diplomático brasileño Thiago de Mello.

1039. (e) *Pablo Neruda en París (abril 1965).* En: diario *El Siglo*, Santiago (10 abril 1966). Versión española de una entrevista publicada originalmente en: *Les Lettres Françaises*, París, núm. 1076 (15-21 abril 1965). Entrevistó: Claude Couffon.

1040. *Sangre en Santo Domingo.* En: diario *El Popular*, Revista de los Viernes, Montevideo (4 junio 1965). Artículo.

1041. —. Mismo texto, en: diario *El Siglo*, Santiago (17 junio 1965).

1042. *Hazaña en nombre de la libertad.* En: diario *El Siglo*, Santiago (2 julio 1965). Artículo.

1043. [*"La sangre de Vietnam es nuestra sangre".*] En: diario

El Siglo, Santiago (23 julio 1965). Discurso en el Congreso de los Pueblos por la Paz, Helsinki, julio 1965.

1044. *Soneto a Homero Arce*. En: HOMERO ARCE, *El árbol y otras hojas*, sonetos. Santiago, Zig-Zag, 1967.

> El soneto de Neruda fue escrito en París el 19 sept. 1965, según se señala en nota sobre el texto. Primer verso: "Homero, en la verdad de tu diamante".

1045. *Enrique Huaco*. En: revista *Anales de la Universidad de Chile*. Santiago, núm. 136 (octubre-diciembre 1965). Nota en prosa: presentación de un poeta peruano.

1046. —. Mismo texto, en: ENRIQUE HUACO, *Piel del tiempo*, poesía. Santiago, Editorial Universitaria, 1967, prólogo.

1047. (e) *Neruda firmó sonetos de amor en París y emprendió regreso*. En: diario *El Siglo*, Santiago (5 diciembre 1955). Versión española de una entrevista publicada originalmente en: diario *L'Humanité*, París (29 noviembre 1965).

1966

1048. (e) *Una vieja tradición de juglaría*. Texto de una entrevista, en: revista *Confirmado*, Buenos Aires, núm. 36 (6 enero 1966).

1049. (e) *"Soy libre para escribir de lo divino y de lo humano"*. Texto de una entrevista, en: revista *Desfile*, Santiago, núm. 17 (13 enero 1966). Entrevistó: Santiago del Campo:

1050. (e) *Neruda: viaje y regreso a la fe en los hombres*. Texto de una entrevista, en: diario *El Siglo*, Santiago (16 enero 1966). Entrevistó: Guillermo Ravest.

1051. *El color del mundo en 1966*. En: diario *El Siglo*, Santiago (11 febrero 1965). Artículo.

1052. *Versainograma a Santo Domingo*. Hoja volante. [Valparaíso,] Ediciones Faramalla [1966]. Bajo el título: "Desde Isla Negra (Chile) en febrero 1966".

1053. *Versainograma a Santo Domingo*. Hoja suelta tamaño oficio, doblada en tres. Sin datos de edición. [Santiago, Imp. Horizontes, 1966.]

1054. *Masacradores culpan a los masacrados*. En: diario *El Siglo*, Santiago (13 marzo 1966). Declaración en prosa, denunciando a los culpables de la masacre de trabajadores en el mineral El Salvador, Chile.

1055. *Palabras de Pablo Neruda*. En: revista *Checoslovaquia*, Montevideo, núm. 7 (julio 1966). Discurso evocador y anecdótico leído el 10 mayo 1966 en el Salón de Honor de la Universidad de Chile, Santiago, durante el acto de homenaje al 21º Aniversario de la República Socialista de Checoslovaquia.

1056. (e) *Neruda y Joaquín Murieta*. Texto de una entrevista, en: revista *Ercilla*, Santiago, núm. 1614 (11 mayo 1966). Entrevistó: Juan Ehrmann.

1057. (e) *El niño mimado de las multitudes*. Texto de una entrevista, con muchos datos erróneos, en: revista *Confirmado*, Buenos Aires, núm. 47 (12 mayo 1966). Entrevistó: Luis Alberto Murray.

1058. (e) *Pablo Neruda con la puerta abierta*. Texto de una entrevista, en: revista *Portal*, Santiago, núm. 2 (junio 1966). Entrevistó: Luis Alberto Mansilla.

1059. (e) *El poeta Neruda y los "Gorilas"*. Texto de una entrevista, en: diario *Novedades*, México (30 junio 1966). Entrevistó: Guillermo Ochoa.

1060. (e) *Entrevista arrítmica*. En: revista *Oiga*, Lima, número 182 (8 julio 1966). Entrevistó: Francisco Bendezú.

1061. *"Mi contacto con los escritores norteamericanos..."* En: diario *El Mercurio*, Santiago (16 julio 1966). Texto de una declaración, en prosa, entregada durante una conferencia de prensa en el Senado, día 15 julio 1966.

1062. —. Mismo texto, en: diario *El Siglo*, Santiago (16 julio 1966).

1063. (e) *"Estados Unidos es un país maravilloso".* Texto de una entrevista, en: revista *Flash,* Santiago, número 157 (22 julio 1966). Entrevistó: Mario Cruz.

1064. (e) *Neruda habla de los Estados Unidos.* Texto de una entrevista, en: diario *El Siglo,* Santiago (24 julio 1966). Entrevistó: Martín Ruiz.

1065. (e) *"Adoro a Nueva York, aunque no viviría en ella".* Texto de una entrevista, en: revista *Life en Español,* Chicago, vol. 28, núm. 3 (1 agosto 1966). Entrevistó: Carlos Fuentes.

1066. *"Nuestra responsabilidad es mutua en el mantenimiento de la unidad antimperialista continental".* En: diario *El Siglo,* Santiago (2 agosto 1966). Texto de un cable (respuesta a la Carta de los Intelectuales Cubanos) fechado el 1 agosto 1966.

1067. —. Mismo texto, en: diario *El Mercurio,* Santiago (2 agosto 1966).

1068. *Neruda solidariza con los universitarios argentinos.* En: diario *El Siglo,* Santiago (4 agosto 1966). Texto de una carta.

1069. *Presentando este disco a los que quieran oírlo.* Texto en prosa, fechado "Isla Negra, 12 agosto, 1966", en: carátula del disco *"Estravagario / Pablo Neruda",* Long Play *Odeón* LDC-36586. Santiago, Industrias Eléctricas y Musicales ODEON, 1966.

1070. *Discurso de Pablo Neruda.* En: diario *El Siglo,* Santiago (28 agosto 1966). Palabras de agradecimiento al recibir el Premio *Atenea* de la Universidad de Concepción, Chile. Texto fechado "I. N., 12 de agosto de 1966".

1071. *Discurso del poeta Pablo Neruda.* Mismo texto anterior, en: revista *Atenea,* Concepción, núm. 413 (julio-setiembre 1966).

1072. *"Nunca haré nada para dividir a los que quieren el bien del mundo".* En: diario *El Siglo,* Santiago (2 setiembre 1966). Fragmentos de un discurso leído durante un homenaje de la SECH al poeta.

1073. (e) *Neruda revive a Federico*. Texto de una entrevista, en: diario *El Siglo*, Santiago (2 octubre 1966). Entrevistó: Raúl Mellado.

1074. *Trabajemos por asegurar una Navidad de paz a niños de Vietnam y Cuba!* En: diario *El Siglo*, Santiago (13 octubre 1966). Intervención del poeta en una reunión plenaria del Comité Central del PC de Chile.

1075. *Sobre "Fulgor y muerte de Joaquín Murieta"*. Versión de una charla radial, en: diario *El Siglo*, Santiago (6 noviembre 1966).

1076. *"Todos te debemos algo, y muchos te lo deben todo"*. En: diario *El Siglo*, Santiago (6 noviembre 1966). Discurso en el Estadio Nataniel, Santiago, durante un homenaje al 49º aniversario de la URSS.

1077. *"Lo que hay en la pintura de Gastón Orellana es tan vivo..."* Notas en prosa, en: * *Gastón Orellana / Inauguración lunes 14 de noviembre, 19 horas*. Invitación a una muestra de pinturas. Santiago, Galería Carmen Waugh, 1966.

1078. *La agresión yanqui al Vietnam: una herida abierta en el corazón y la conciencia de los hombres*. En: diario. *El Siglo*, Santiago (16 noviembre 1966). Adhesión a la campaña de Bertrand Russell y al proceso público que auspicia contra Lyndon B. Johnson.

1079. *Una corbata para Nicanor*. En: revista *Portal*, Santiago, núm. 5 (julio 1967). Poema dedicado a Nicanor Parra. Reproducción facsimilar del manuscrito original, fechado "19 noviembre 1966, Isla Negra".

1967

1080. *Un libro con muchos muertos*. En: diario *El Siglo*, Santiago (8 enero 1967). Artículo a propósito de la novela *A sangre fría*, de Truman Capote.

1081. *Canción de los comunistas.* En: diario *El Popular*, Revista de los Viernes, Montevideo (31 marzo de 1967).

1082. *"Los comunistas están presentes en todas las luchas de los pueblos".* En: diario *El Siglo*, Santiago (2 abril 1967). Texto de un discurso.

1083. *"Enfoque", magnífica iniciativa.* En: revista *Enfoque Internacional*, Bogotá, núm. 1 (abril 1967). Nota en prosa.

1084. —. Mismo texto, en: revista *Enfoque Internacional*, Santiago, núm. 7 (julio 1967).

1085. (e) *Neruda entra a escena con Murieta.* Texto de una entrevista, en: diario *El Mercurio*, Revista del Domingo, Santiago (7 mayo 1967).

1086. *"Mi buen hermano Santos Leoncio..."* En: diario *El Siglo*, Santiago (21 mayo 1967). Texto de un cable desde Moscú con motivo de la muerte de Santos Leoncio Medel, dirigente comunista chileno.

1087. (e) *Moscú desde su más hermoso balcón.* Texto de una entrevista, en: diario *El Siglo*, Santiago (23 mayo 1967). Entrevistó en Moscú: Anatoli Ladiguin.

1088. (e) *Volvió Neruda.* Texto de una entrevista, en: diario *El Siglo*, Santiago (5 agosto 1967). Entrevistó: Raúl Mellado.

1089. *Continuando una entrevista.* En: diario *El Siglo*, página Las Letras y los Días, Santiago (9 agosto 1967). Nota en prosa.

1090. (e) *Neruda: poesía, premios, el mundo, odio y pasión.* Texto de una entrevista, en: diario *El Siglo*, Santiago 27 agosto 1967). Entrevistó: Raúl Mellado.

1091. *Por qué Joaquín Murieta?* En: revista *Sucesos*, Santiago, núm. 5 (s.f.) [octubre 1967]. Nota en prosa, fechada "setiembre 1967":

1092. —. Mismo texto, en: * ITUCH, *"Fulgor y muerte de Joaquín Murieta" de Pablo Neruda*, folleto-programa de la representación. Santiago, [Imprenta Hispano-Suiza.] 1967.

1093. Mismo texto, en: diario *El Siglo*, Santiago (8 octubre 1967).

1094. *El autor dedica su obra a los trabajadores.* En: diario *El Siglo*, Santiago (15 octubre 1967). Carta dirigida a Luis Figueroa y a Fidelma Allende, dirigentes de la Central Única de Trabajadores de Chile (CUT) con motivo del pre-estreno de *Fulgor y muerte de Joaquín Murieta.*

1095. *"Quiero aprovechar estos minutos para enviarle un saludo a España..."* En: *Boletín Cultural* del Ministerio de Relaciones Exteriores, Santiago, núm. 9 (1967).

1096. —. Mismo texto, en: diario *La Nación*, Santiago (29 octubre 1967), bajo título: *Neruda en TV española.*

1097. —. Mismo texto, en: diario *La Nación*, Santiago (17 diciembre 1967), bajo título: *Neruda al pueblo español.*

1098. —. Mismo texto, en: diario *El Siglo*, Santiago (24 diciembre 1967).

1099. (e) *Neruda el Bautista.* Texto de una entrevista, en: diario *El Mercurio*, Revista del Domingo, Santiago (15 octubre 1967). Entrevistó: Luis Alberto Ganderats.

1100. *Neruda: amar y defender a la URSS es un honor de la inteligencia.* En: diario *El Siglo*, Santiago (6 noviembre 1967). Discurso de clausura en la fiesta popular de homenaje a los 50 años de la Revolución Rusa.

1101. (e) *Diez preguntas a Pablo Neruda.* Texto de una entrevista, en: diario *La Nación*, Santiago (31 diciembre 1967). Entrevistaron: Patricio Ríos y Jorge Román Lagunas.

1102. *"Aquí en la Isla Negra..."* En: RODOLFO ARÁOZ ALFARO, *El recuerdo y las cárceles (Memorias amables).* Buenos Aires, Ediciones de la Flor, 1967. Prefacio en prosa fechado "Isla Negra, agosto de 1967".

1968

1103. *"Doy a usted las gracias, ministro y compañero, por su generosa invitación"*. En: revista *Ercilla*, Santiago, núm. 1702 (31 enero 1968). Texto de una carta a José Llanusa Gobel, ministro de Educación de Cuba.

1104. (e) *Pablo Neruda de hoy*. Texto de una entrevista en: revista *Siete Días / Zig-Zag*, Santiago, núm. 3274 (2 febrero 1968). Entrevistó: Patricio Hernández.

1105. *Búsqueda de Vicente Huidobro*. En: revista *Ercilla*, Santiago, núm. 1703 (7 febrero 1968). Artículo.

1106. *J. S.* En: revista *Árbol de Letras*, Editorial Universitaria, Santiago, núm. 3 (febrero 1968). Poema en memoria de Jorge Sanhueza.

1107. *Cerca de los cuchillos*. En: revista *Marcha*, Montevideo (8 marzo 1968). Poema.

1108. —. Mismo texto, en: diario *El Siglo*, Las Letras y los Días, Santiago (3 abril 1968).

1109. *Vietnam*. En: diario *El Siglo*, Santiago (10 marzo 1968). Poema.

1110. *"El nombre de esta medalla es más ancho que mi pecho"*. En: diario *El Siglo*, Santiago (10 abril 1968). Texto completo del discurso de Neruda al recibir la Medalla Joliot-Curie, Teatro Municipal, lunes 8 de abril de 1968.

1111. *"Olga Acevedo, clara oscura,/ ..."* En: OLGA ACEVEDO, *La víspera irresistible*, poemas. Santiago, Nascimento, 1968. Prólogo en verso.

1112. *A un escarabajo*. En: diario *El Día*, Montevideo (8 marzo 1968). Poema.

1113. —. Mismo texto, en: revista *Ercilla*, Santiago, núm. 1714 (24 abril 1968). Fechado "Punta del Este, 1968".

1114. *Escarabagia dispersa*. En: revista *Ercilla*, Santiago, número 1714 (24 abril 1968). Artículo fechado "Isla Negra, abril 1968".

D. NERUDA TRADUCTOR

1115. *Marcel Schwob, "La ciudad durmiente"*. Fragmento en prosa traducido por Romeo Murga y Pablo Neruda. En: revista *Zig-Zag*, Santiago, núm. 953 (26 mayo 1923).

1116. *Marcel Schwob, "El incendio terrestre"*. Fragmento en prosa traducido por Sachka (Pablo Neruda). En: revista *Zig-Zag*, Santiago, núm. 974 (20 octubre 1923).

1171. *Rainer María Rilke, "Los cuadernos de Malte Laurids Brigge"*. Fragmento traducido desde una versión francesa, en: revista *Claridad*, Santiago, núm. 135 (octubre noviembre 1926).

1118. *James Joyce, "Música de cámara"*. Dos textos de *Chamber Music*, en: revista *Poesía*, Buenos Aires, números 6-7 (octubre-noviembre 1933).

1119. —. Los mismos textos en: revista *Orfeo*, Santiago, núm. 3 (diciembre 1963).

1120. —. Los mismos textos, y los textos ingleses correspondientes, en: *Studi di Letteratura Spagnola*. Roma, 1965, 236-237.

Los mencionados *Studi di Letteratura Spagnola*, compilación de trabajos académicos, incluyen un artículo de Dario Puccini, distinguido humanista italiano y traductor de Neruda, titulado *Due*

NOTA: En esta sección consignaremos textos de otros autores traducidos por Pablo Neruda, directamente del inglés o del francés, o indirectamente desde otros idiomas a través del inglés, del francés, del italiano o del portugués. En orden cronológico de publicación.

Note su Pablo Neruda (pp. 225-241). La segunda de estas dos notas se titula "Neruda Traduttore di Joyce" (pp. 234-241), y es precisamente un análisis de los textos que registramos aquí.

1121. *William Blake, "Visiones de las hijas de Albión"* y *"El viajero mental".* Textos traducidos del inglés, en: revista *Cruz y Raya,* Madrid, núm. 20 (noviembre 1943).

1122. —. Los mismos textos, editados en cuadernillo. Buenos Aires, Ediciones Botella al Mar, 1947. (28 páginas.)

1123. *Walt Whitman, "Pasto de llamas".* Texto de un poema traducido del inglés, en: *El aviso de escarmentados del año que acaba y escarmiento de avisados para el que empieza de 1935.* Libro-calendario. Madrid, Cruz y Raya, 1935, 61-64.

1124. —. Misma traducción, en: revista *Repertorio Americano,* San José, Costa Rica, núm. 922 (20 setiembre 1941).

1125. *Nazim Hikmet, "La voz de Henri Martin".* Texto de un poema, traducción desde el francés, en: diario *Democracia,* Santiago (28 octubre 1951).

1126. *Stephan Hermlin, "El recuerdo: I, Terzine. II, Las cenizas de Birkenau."* Poema en dos partes, fechado "Auschwitz-Birkenau, julio de 1949", en: revista *La Gaceta de Chile,* Rosa de Poesía, Santiago número 1 (setiembre 1955).

1127. *Walter Lowenfels, "For the Reader".* Texto original inglés y versión española de Pablo Neruda, en: revista *La Gaceta de Chile,* Rosa de Poesía, Santiago, núm. 1 (setiembre 1955).

1128. *Walt Whitman, "Saludo mundial".* Texto de un poema traducido del inglés, en: revista *La Gaceta de Chile,* Rosa de Poesía, Santiago, núm. 2 (octubre 1955).

1129. *Semion Kirsánov, "Cumbre".* Texto de un poema, traducción combinada de P. Slébov y Pablo Neruda, en: revista *La Gaceta de Chile,* Rosa de Poesía, Santiago, núm. 2 (octubre 1955).

1130. *Adam Mickiewicz, "Año 1812".* Poema, fragmento de *Pan Tadeusz,* traducción indirecta, en: revista *La Ga-*

ceta de Chile, Rosa de Poesía, Santiago, núm. 3 (diciembre 1955).

1131. *Dos poemas de Thiago de Mello. Traducidos por Pablo Neruda.* Carpeta. Santiago, Prensas de la Editorial Universitaria, 1963. (20 pp.)

> Edición de 100 ejemplares numerados y fuera de comercio. Contiene: 1, "Los barcos", poema; 2, "Noticia de la mañana", poema; 3, colofón por Thiago de Mello, incluyendo la reproducción de una breve nota de Pablo Neruda sobre sus antepasados, y que comienza: "Ya que Thiago se puso a hablar de sus abuelos fluviales..."

1132. *William Shakespeare, "Romeo y Julieta".* Buenos Aires, Losada, 1964. (110 pp.)

1133. *William Shakeskpeare, "Romeo y Julieta", acto II, escena II.* Cuadernillo. Buenos Aires, Editorial Talía, s.f. [1964.]

1134. *Charles Baudelaire, "El enemigo".* Soneto, en: revista *Árbol de Letras*, Editorial Universitaria, Santiago, núm. 1 (diciembre 1967).

1135. *Evgueni Evtushenko, "El mar".* Poema, traducción indirecta desde el portugués, en: diario *El Siglo*, Santiago (21 enero 1968).

E. NERUDA EDITOR

1136. *Anatole France, "Páginas escogidas". Selección de Pablo Neruda.* Santiago, Nascimento, 1924. (306 pp.) Ver f. 583.

1137. *Revista "Dionysos", Santiago, núm. 2, junio 1924.* [A partir de este número, Pablo Neruda y Alberto Rojas Jiménez tomaron la dirección de la revista. Pero no hubo nuevos números.]

1138. *Revista "Caballo de Bastos", Santiago, núm. 3, 1925.* [En revista, dirigida por Fuentes Vega y Pablo Neruda, apareció como una continuación de la revista *Andamios*, cuyos dos primeros números a su vez aparecieron con el subtítulo "suplemento de *Nuevos Rumbos*", revista de la Asociación General de Profesores de Chile.]

1139. *Poesías de Villamediana presentadas por Pablo Neruda.* En: revista *Cruz y Raya*, Madrid, núm. 28 (julio 1935).

1140. *Poesías de Villamediana presentadas por Pablo Neruda.* En revista *Cruz y Raya*, Madrid, núm. 28 (julio 1935).

NOTA: Registraremos en esta sección los nombres y otros datos fundamentales acerca de obras, fragmentos de obras, revistas y otras publicaciones cuya aparición fue posible gracias al esfuerzo directo de Pablo Neruda.

1141. *Revista "Caballo Verde para la Poesía"*. Director: Pablo Neruda. Impresores: Concha Méndez y Manuel Altolaguirre. Madrid, 1935-1936.

> Núm. 1: octubre 1935; Núm. 2: noviembre 1935; Núm. 3º diciembre 1935; Núm. 4: enero 1936; El núm. 5 nunca circuló aunque estaba ya impreso al iniciarse el levantamiento franquista (julio 1936) y venía dedicado a la memoria de Herrera y Reissig.

1142. *Quevedo (Cartas y sonetos de la muerte)*. Selección de Pablo Neruda. En: revista *Cruz y Raya*, Madrid, núm. 33 (diciembre 1935).

1143. *Revista "Los Poetas del Mundo Defienden al Pueblo Español"*, Madrid, núm. 1, noviembre 1936. Dirigida e impresa a mano por Pablo Neruda y Nancy Cunard.

> Unico número impreso en España y en español. Ocho páginas sin numeración. En la portada: "Madrid será la tumba del fascismo internacional. Escritores: combatid en vuestra patria a los asesinos de Federico García Lorca. Pedimos dinero, alimentos, ropa y armas para la República Española. No pasarán." Más abajo, también en la portada: Número Uno. Compuesto personalmente por Nancy Cunard y Pablo Neruda. Todo el producto de la venta irá en ayuda del pueblo español."

1144. *Revista "Les Poètes du Monde Défendent le Peuple Espagnol"*, París, núm. 2, 3, 4, 5 y 6, 1937. Prolongación de la revista en español, impresa ahora en París.

> En la portada de los cinco números: "Madrid sera la tombe du Fascismo International. Intellectuels! Combattez dans vos propres pays les assassins de Federico García Lorca. Nous demandons de l'argent, du matériel sanitaire, des vivres et des vêtements pour le peuple de l'Espagne Républicaine. Ils ne passeront pas." Más abajo: "Numéro Deux (Trois, etc.). Composé à la main par Nancy Cunard et Pablo Neruda. Tout le produit de la vente ira au peuple de l'Espagne Républicaine."

1145. *Revista "Aurora de Chile"* · Alianza de Intelectuales para la Defensa de la Cultura, Santiago, núm. 1, agosto 1938. Director: Pablo Neruda (núms. 1 al 10).

> En esta etapa (hubo otra posterior), la revista publicó 20 números, bajo la dirección de Pablo Neruda los diez primeros. Núm. 1: 1 ag. 1938; Núm. 2: 17 ag. 1938; Núm. 3: 3 sept. 1938;

Núm. 4: 18 sept. 1938; Núm. 5: 12 oct. 1938; Núm. extraordinario: 23 oct. 1938; Núm. 6: 3 dic. 1938; Núm. 7: 23 dic. 1938; Núm. 8: 4 feb. 1939; Núm. 9: 6 abr. 1939; Núm. 10: 6 may. 1939.

1146. *Revista "La Gaceta de Chile", Santiago, 1955-1956.* Director: Pablo Neruda. Diagramación y diseño: Galvarino Rodríguez. Impresión: Talleres Gráficos Lautaro.

Cinco números. Núm. 1: septiembre 1955; Núm. 2: octubre 1955; Núm. 3: diciembre 1955; Núm. 4: junio 1956; Núm. 5: julio 1956.

1147. *J. M. C. El Húsar desdichado, libro que contiene la memoria de Manuel A. Pueyrredón; poesía y canciones que tratan de la vida y la muerte de don José Miguel Carrera.* Santiago, Ediciones Isla Negra, 1962.

Este libro fue el primero de una serie que Pablo Neruda proyectó editar en 1961, impresa por Editorial Universitaria, y que no pudo proseguir entonces. La idea —una colección de libros curiosos y olvidados en conexión con Chile, América y la poesía— vive aún en el ánimo del poeta. Tiene ya bien establecidos por lo menos los veinte primeros títulos.

1148. *Poesía y prosa de Ramón López Velarde. Selección de Pablo Neruda.* En: PABLO NERUDA, GUSTAVO ORTIZ Y GUILLERMO ATIAS*, *Presencia de Ramón López Velarde en Chile.* Santiago, Prensas de la Editorial Universitaria, 1963, 29-58.

2. PUBLICACIONES EN OTROS IDIOMAS

CLAVES

CLAVES ESPECIALES. La clave *(b)*, colocada antes del título, designa a las ediciones bilingües. Los libros de Neruda son nombrados según la siguiente tabla de abreviaturas:

Crepusc	=	*Crepusculario*, 1923.
VPAmor	=	*Veinte poemas de amor y una canción desesperada*, 1924.
THInf	=	*Tentativa del hombre infinito*, 1926.
HabEsp	=	*El habitante y su esperanza*, 1926.
Anillos	=	*Anillos*, 1926.
HEnt	=	*El hondero entusiasta*, 1933.
RTierra	=	*Residencia en la tierra*, 1933 y 1935.
R3	=	*Tercera residencia*, 1947.
CGen	=	*Canto general*, 1950.
VCap	=	*Los versos del Capitán*, 1952.
UVient	=	*Las uvas y el viento*, 1954.
OElem	=	*Odas elementales*, 1954.
Viajes	=	*Viajes*, 1955.
NOElem	=	*Nuevas odas elementales*, 1956.
TLOdas	=	*Tercer libro de las odas*, 1957.
Estrav	=	*Estravagario*, 1958.
NRegr	=	*Navegaciones y regresos*, 1959.
CSAmor	=	*Cien sonetos de amor*, 1959.
CGest	=	*Canción de gesta*, 1960.

NOTA: En esta sección sigo un orden alfabético de idiomas. Dentro de cada uno de éstos, las referencias se agrupan según los países en que se publicaron las traducciones. Este registro abarca fundamentalmente los volúmenes y sólo por excepción incluye las publicaciones en revistas o periódicos.

PChile   = *Las piedras de Chile*, 1961.
CCerem   = *Cantos ceremoniales*, 1961.
PPod   = *Plenos poderes*, 1962.
MINegr   = *Memorial de Isla Negra*, 1964.
ArtPájaros = *Arte de pájaros*, 1966.
CArena   = *Una casa en la arena*, 1966.
JMurieta = *Fulgor y muerte de Joaquín Murieta*, 1967.
Barc   = *La Barcarola*, 1967.

1. NERUDA EN ALEMÁN

1.1. ALEMÁN (RDA)

1149. *Beleidigtes Land*. Traducción de Stephan Hermlin con prefacio de Anna Seghers. Berlín, Verlag Volk und Welt, 1949. (48 pp.) Edición encuadernada.

   CONTIENE: Selección de poemas, en su mayoría de *R3*, más algunos de *CGen* y la "Oda a Federico García Lorca" de *RTierra*. El título del volumen corresponde al poema "Tierras ofendidas".

1150. *Der Grosse Gesang*. Traducción de Erich Arendt con ilustraciones de José Venturelli. Berlín, Verlag Volk und Welt, 1953. (687 pp.)

   Original: *CGen*, texto completo. Edición encuadernada.

1151. (b) *Holzfaller, Wach Auf! / Que Despierte el Leñador!* Texto en español y traducción de Erich Arendt. Leipzig, Insel-Verlag, 1955. (66 pp.) Edición encuadernada, 18 x 12 cm, con un grabado de Venturelli.

1152. *Die Trauben und der Wind*. Traducción de Erich Arendt. Berlín, Verlag Volk und Welt, 1955. (356 pp.) Edición encuadernada.

   Original: *UVient*, texto completo.

1153. *Spaniem im Herzen*. Traducción de Erich Arendt y Stephan Hermlin. Berlín, Verlag Volkk und Welt, 1956. (59 pp.) Edición encuadernada.

   Original: "España en el corazón", *R3*.

1154. *Elementare Oden.* Traducción de Erich Arendt. Berlín, Verlag Volk und Welt, 1957. (321 pp.) Edición encuadernada.

Original: *OElem*, texto completo.

1155. (b) *Zwanzig Liebesgedichte und ein Lied der Verzweiflung / Veinte poemas de amor y una canción desesperada.* Textos en español y traducciones de Erich Arendt. Leipzig, Insel-Verlag, 1958. (72 pp.) Edición bilingüe, encuadernada, 18 x 12 cm.

1156. *"Liebe Anna, ich schreibe Dir aus meinem Hause auf der Isla Negra..."* Traducción de una carta, inédita en español, en: ANNA SEGHERS, *Briefe ihrer Freunde.* Berlín, Aufbau-Verlag, 1960, 70-71.

1157. *Elementare Oden.* Traducción de Erich Arendt. Berlín, Verlag Volk und Welt, 1961. (628 pp.) Edición encuadernada.

Original: *OElem, NOElem* y *TLOdas*, textos completos.

1158. *Ode an die Druckerei.* Traducción de Géza Engl. Leipzig, Hochschule für Grafik und Buchkunst, 1961. (29 pp.) Edición de lujo, encuadernada, con estuche, 29 x 20 cm.

Original: "Oda a la tipografía", *NOElem*.

1159. *Amerika, ich Rufe deinen Namen nicht Vergeblich an.* Traducción de Erich Arendt. Leipzig, Verlag Philipp Reclam Jun., 1964. (70 pp.) Edición en rústica, 15 x 9,5 cm.

Original: *CGen*, selección.

1160. *Ode an die Typografie.* Traducción de Erich Arendt con ilustraciones de Frank Ruddigkeit. Leipzig, Institut für Buchgestaltung "Leipzig" und der Ingenieurschule für Polygrafie "Otto Grotewohl", 1964. (36 pp.) Edición encuadernada en tela, 30 por 20 cm.

Original: "Oda a la tipografía", *NOElem*.

1161. *Extravaganzen Brevier.* Traducción de Erich Arendt y Katja Hayek-Arendt. Berlín, Verlag Volk und Welt, 1967. (176 pp.) Edición encuadernada, 19 por 12 cm.

Original: *Estravagario*, texto completo.

1.2. ALEMÁN (RFA)

1162. *Aufenthalt auf Erden.* Traducción de Erich Arendt. Hamburgo, Claasen Verlag, 1960. (118 pp.) Ediciones encuadernada y en rústica.

Original: *RTierra*, texto completo.

1163. (b) *Gedichte.* Textos en español, traducciones y postfacio de Erich Arendt. Frankfurt-am-Main, Suhrkamp Verlag, 1963. (268 pp.) Antología bilingüe, encuadernada, 18 x 11 cm.

CONTIENE: selección de poemas tomados de *VPAmor* 6-11, *RTierra* 12-47, *R3* 48-53, *CGen* 54-189, *UVient* 190-201, *OElem* 202-226, *Estrav* 226-241; Nachfort von Erich Arendt, 243-261.

1164. *Abschiede.* Traducción de Friedrich Hitzer, en: revista *Kürbiskern*, München, núm. 1 (1965).

Original: "Adioses", *MINegr*, II.

1165. *Die Höhen von Macchu Picchu / Alturas de Macchu Picchu.* Texto en español y traducción de Rudolf Hagelstange, con ilustraciones de Hap Grieshaber. Hamburgo, Hoffmann und Campe, 1965. (36 y 27 pp.)

La edición consta de dos fascículos, presentados en un estuche de cartulina. El fascículo principal, 42x31 cm, encuadernado en tela, 36 pp., trae el texto traducido al alemán y las ilustraciones de Hap Grieshaber. El fascículo adicional es un cuaderno de 27 pp., tapas en cartulina fina, 37 x 26 cm., que contiene: a) el texto del poema en español, 3-15; b) "Licht, Stein un Stille - Ein Besuch in Macchu Picchu", nota de Ernst Kneuder, 17-19; c) "Alturas de Macchu Picchu - Ein Kommentar zur Dichtung", comentario de Jürgen V. Stackelberg, 21-26.

1.3. ALEMÁN (RFA Y BERLÍN-OESTE)

1166. *Dichtungen 1919-1965.* Selección, introducción y traducción de Erich Arendt. Neuwied (RFA) y Berlín Oeste,

Luchterhand Verlag, 1967. (437 y 438 pp.) Antología general de Pablo Neruda en alemán: dos volúmenes encuadernados en tela, 34 x 16 cm.

Contenido del tomo i: a) "Vorwort", Arendt, 5-23; b) antología en alemán con textos de: *Crespusc* 25-28, *HEnt* 29-31, *VPAmor* 33-47, *THInf* 49-51, *Anillos* 53-55, *RTierra* 57-124, *CGen* 125-428. Contenido del tomo ii: c) continúa la antología con textos de: *R3* 5-38, *VCap* 39-51, *UViend* 53-96, *OElem*, *NOElem* y *TLOdas* 97-184, *Estrav* 185-240, *NRegr* 241-253, *CSAmor* 255-269, *PChile* 271-278 *CGest* 279-288, *CCerem* 289-327, *PPod* 329-342, *MINegr* 343-430.

1.4. ALEMÁN (SUIZA)

1167. *Valparaíso*. Artículo en prosa, traducido al alemán por Pierre Imhasly y Hans Hofstetter, con fotografías de Sergio Larraín, en: revista *Du Atlantis*, Zürich (febrero 1966).

Original: "Valparaíso", inédito en español.

1.5. ALEMÁN (CHILE)

1168. (b) *Cuatro poemas de amor*. Textos en español y traducciones de Tótila Albert, en: revista *Deutsche Blatter*, Santiago, núm. 5 (mayo 1943).

Textos: Poemas 6, 10, 13 y 15, *VPAmor*.

2. NERUDA EN ARMENIO

2.1. ARMENIO (URSS)

1169. [*Que despierte el leñador y otros poemas.*] Traducción del ruso al armenio. Erevan, RSS de Armenia, A.G.I., 1952. (79 pp.)

Original: *CGen*, fragmentos.

3. NERUDA EN BÚLGARO

3.1. BÚLGARO (BULGARIA)

1170. [*Znamiénata se Razhdat.*] Traducciones de Alexandr Murátov. Sofía, Narodna Kultura, 1951. (103 pp.)

Contiene: antología en búlgaro.

4. NERUDA EN CHECO

4.1. CHECO (CHECOSLOVAQUIA)

1171. *Spanelsko v. Srdci*. Traducción de Frantisek Nechvatal y Jaroslav Kuchválek. Praga, Nakladatelství Svoboda, 1946. (83 pp).

Original: "España en el corazón", *R3*.

1172. *Projev na Druhém Svetovém Kongresu Obráncu Miru ve Varsavé*. Traducción de Zdenek Hampejs. Praga, Céskoslovensky Spisovatel, 1951. (29 pp.) Cuadernillo, 15 x 10 cm.

Original: "Discurso en el Congreso Mundial de Partidarios de la Paz en Varsovia", 1950.

1173. *At Procitne Drevorubec*. Traducción de Jan Pilar y Jaroslav Kuchválek. Praga, Céskoslovensky Spisovatel, 1951. (49 pp.)

Original: "Que despierte el leñador", *CGen*.

1174. *Básné. Cybor z Díla*. Traducciones de Jaroslav Quchválek, Jan Pilar, Zdenek Hampejs y otros. Praga, Céskoslovensky Spisovatel, 1952. (210 pp.) Antología.

CONTIENE: antología en checo: poemas de *R3* y *CGen*, 5-166. Postfacio (Kamil Uhlir), 167-188. Notas, 189-207.

1175. *Nezahynudo Svetlo*. Traducción de Adolf Kroupa y Jaroslav Kuchválek. Praga, Statní Nakladatelství Krásné Literatury, Hudby a Umení, 1953. (29 pp.) Carpeta.

Original: "En su muerte", *UVient*.

1176. *Juliu Fucikovi - Prazky Rozhovor*. Traducción de Vítezslav Nezval y Zdenek Hampejs. Praga, Céskoslovensky Spisovatel, 1953. (28 pp.) Cuadernillo, 21 x 14 cm.

Original: "A Julius Fucik — Conversación de Praga", *UVient*.

1177. *Hrozny a Vítr*. Traducciones de Adolf Kroupa. Praga, Nase Vojsko, 1959. (266 pp.)

CONTIENE: antología con textos de *UVient* 9-79, *OElem* 81-169, *NOElem* 171-237. "Doslov", A. Kroupa, 239-256. Notas y bibliografía.

1178. *Semena Boure*. Traducción de Ja Pilar. Praga, M'adá Fronta, 1961. (117 pp.) Traducción encuadernada, 15 x 10 cm.

CONTIENE: antología breve con poemas de *CGen*, *UVient* y *CGest*, 7-96. "Doslov" (Jan Pilar), 97-106. Notas, 107-115..

1179. *Dvacet Básni o Lásce a Jedna Písen ze Zoufalství*. Traducción de Lumín Civrny, edición diseñada e ilustrada por Zdenek Chotenovsky. Praga, Statní Nakladatelství Krásné Literatury a Umení, 1964. 1964. (79 pp.) Edición miniatura encuadernada, 7 x 7 cm.

Original: *VPAmor*, texto completo.

5. NERUDA EN CHINO

5.1. CHINO (Rep. POPULAR CHINA)

1180. [*Que despierte el leñador. Los muertos en la plaza.*] Traducción al chino de Sun-Yung. Shangai, 1950. (75 pp.)

1181. [*Que despierte el leñador. Los muertos en la plaza.*] Misma edición anterior, en estuche.)

1182. [*Poesías de Pablo Neruda.*] Traducción al chino. Pekín, 1951. (167 y 97 pp.) Edición en dos volúmenes dentro de un estuche.

1183. [*Poesías de Pablo Neruda.*] Traducción al chino. Pekín, 1951. (264 pp.) Misma edición anterior, en un volumen, sin estuche.

1184. [*Poemas de Pablo Neruda.*] Traducción al chino. Pekín, 1954. (297 pp.) Edición corriente.

6. NERUDA EN DANÉS

6.1. DANÉS (DINAMARCA)

1185. *Digte*. Traducción de Ivan Malinovski. Copenhague, Borgens Forlag, 1951. (51 pp.) Cuadernillo, 24 x 17 cm.

CONTIENE: antología breve en danés: "Forord", prólogo de I. Malinovski. 17 poemas traducidos al danés, tomado de *RTierra, R3* y *CGen,* 9-51.

1186. [*Siete poemas de Neruda.*] Traducción de Ivan Malinovski, en: IVAN MALINOVSKI, *Glemmebogen. Femten Digtere I Dansk Gendigtning.* Copenhague, Borgens Forlag, 1962, 75-83.

7. *NERUDA EN ESLOVACO*

7.1. ESLOVACO (CHECOSLOVAQUIA)

1187. *Kiez Prebudí sa Drevorubac.* Traducción de Vladimír Oleríny y Rudolf Fabry. Bratislava, Tatran, 1951. (54 pp.) Ediciones encuadernada y en rústica.

Original: "Que despierte el leñador", *CGen.*

1188. *Vám Patrím, Vám Spievam.* Traducciones de Stephan Záry y Vladimir Oleríny. (Bratislava), Slovensky Spisovatel, 1953. (135 pp.)

CONTIENE: a) antología con poemas de *R3, CGen* y *UVient* 7-107; b) "Poézia Pabla Neruda" (I. Ehrenburg, traducción); c) "Poznámby" 131-133.

8. *NERUDA EN ESTONIANO*

8.1. ESTONIANO (URSS)

1189. *Valik Luuletusi.* Tallin, RSS de Estonia, Eesti Riiklik Kirjastus, 1953. (87 pp.) Edición encuadernada, 17 x 11 cm.

CONTIENE: a) "Pablo Neruda", prólogo en prosa, sin firma, 3-19; b) antología en estoniano, con poemas de *R3* y de *CGen* 21-79; c) notas.

9. *NERUDA EN FINÉS*

9.1. FINÉS (FINLANDIA)

1190. *Runoja.* Traducción y prólogo de Pentii Saaritsa. Helsinki, Kustannusosakeyhtiö Tammi, 1964. (91 pp.) Edición en rústica.

CONTIENE: a) "Pablo Neruda", prefacio de Pentti Saaritsa, 5-18; b) "Epäpuhtaan runouden puolesta" ("Sobre una Poesía sin Pureza"), Pablo Neruda, 19-20; c) antología de poemas traducidos al finés y tomados de *VPAmor* 21-28, *RTierra* 29-50, *R3* 53-55, *CGen* 57-79, *OElem, NOElem, TLOdas* y *NRegr* 81-92.

1191. [*Selección de poemas.*] Traducciones de Ma'ti Rossi, en: NÄJN IHMINEN VASTAA (Antología de poesía hispanoamericana: César Vallejo, Pablo Neruda, Octavio Paz, Nicanor Parra y Pablo Armando Fernández.) Turku, Finlandia, Tajo, 1964.

10. NERUDA EN FRANCÉS

10.1. FRANCÉS (FRANCIA)

1192. *Influence de la France et de l'Espagne sur la Littérature Hispanoaméricaine.* París, Institut des Études Américaines, 1938. (7 pp.) Folleto de la serie Cahiers de Politique Estrangère, núm. 21.

Original: conferencia dictada en París, julio 1937, inédita en español.

1193. *L'Espagne au Coeur.* Traducción de Louis Parrot con prólogo de Louis Aragon. París, Éditions Denoël, 1938.

Original: "España en el corazón", *R3*.

1194. *Hauteurs de Macchu-Picchu (Fragment).* Traducción de Roger Caillois, en: revista *Confluences*, París, núm. 9 (febrero 1946).

Original: *CGen*, cap. II, fragmentos IV al XI.

1195. *Hauteurs de Macchu-Picchu (Fragment).* Traducción de Roger Caillois, en: revista *La Licorne*, París, núm. 1 (1947).

Original: *CGen*, cap. II, fragmentos I al III.

1196. *Que S'Eveille le Bucheron.* Traducción de Alice Ahrweiler en: revista *Europe*, París, núm. 35 (noviembre 1948).

Original: "Que despierte el leñador", *CGen*.

1197. (b) *Trois Poèmes*. Textos en español y traducciones de Jean Garamond, en: *Le Temps de la Poésie*, cahier 2. París, Editions GLM, diciembre 1948, 40-53.

> Los 3 poemas: "Sólo la muerte" y "Colección nocturna" de *RTierra*, y "Reunión bajo las nuevas banderas" de *R3*.

1198. (b) *Trois Poèmes*. Textos en español y traducciones de Jean Garamond. París, Editions GLM, 1949. (14 pp.) Separata de la publicación anterior.

1199. *Le Chant Général, I.* Traducción de Alice Ahrweiler. París, Les Éditeurs Français Réunis, 1950. (199 pp.) Edición en rústica, 18 x 12 cm.

> Original: *CGen*, caps. I, II, III y IV. Tiradas en este formato: a) tirada corriente, no se indica número de ejemplares; b) tirada especial, "hors commerce", en papel Vélin, 30 ejemplares numerados del HC 21 al HC 50.

1200. *Le Chant Général. I.* (Misma edición anterior, tirada especial en papel Vergé de Holanda, formato 26 x 20 cm, 125 ejemplares numerados del I al CXXV.)

1201. *Le Chant Général, II.* Traducción de Alice Ahrweiler. París, Les Éditeurs Français Réunis, 1952. (219 pp.). Edición en rústica, 18 x 12 cm.

> Original: *CGen*, caps. V, VI, VII, VIII, IX y X. Tiradas: a) tirada corriente, no se indica número de ejemplares; b) tirada en papel Vélin: 125 ejemplares numerados del 1 al 125, más 30 ejemplares "hors commerce" numerados del HC I al HC XXX.

1202. *Pablo Neruda.* Estudio de Jean Marcenac y selección de textos traducidos por Louis Parrot, Jean Garamond, Alice Ahrweiler, Carmen Meyer y Jean Marcenac. París, Pierre Seghers, éditeur, 1954. (223 pp.) Colección "Poètes d'Aujourd'hui", núm. 40.

1203. *Les Raisins et le Vent.* Cuatro poemas traducidos por Jean Cau, en: revista *Les Temps Modernes*, París, núm. 104 (julio 1954), 1-11.

> Original: poemas "Palabras a Europa", "Vuelve, España", "Cuándo de Chile" y "El canto repartido", todos de *UVient*.

1204. *Le Chant Général, III*. Traducción de Alice Ahrweiler. París, Les Éditeurs Français Réunis, 1954. (175 pp.) En rústica, 18 x 12 cm.

> Original: *CGen*, caps. XI, XII, XII, XIV y XV. Tiradas a) tirada corriente, no se indica número de ejemplares; b) tiradas en papel Vélin: 125 ejemplares numerados del 1 al 125, más 30 ejemplares "hors commerce" numerados HC I al HC XXX.

1205. *Le Chant Général*. Traducción de Alice Ahrweiler con ilustraciones de Fernand Léger. París, Les Amis du Livre Progressiste (Les Éditeurs Français Réunis), 1954. (575 pp.) Edición en un volumen, encuadernada, 20 x 13 cm.

> Original: *CGen*, texto completo.

1206. (b) *Tout l'Amour*. Antología: textos en español y traducciones de Alice Ahrweiler. París, Pierre Seghers, éditeur, 1954. (95 pp.) Edición encuadernada, 19 x 12 cm. Colección "Autour du Monde", 16.

> CONTIENE: texto completo de *VPAmor*, 32-77, más 4 poemas de *Crepusc*, 1 poema de *THInf*, 2 poemas de *HEnt*, 1 poema de *CGen* y un poema especial ("Serenata" / "Sérénade") no incluido en libros ni publicado antes en español.

1207. (b) *Tout l'Amour*. Antología: textos en español y traducciones de Alice Gascar. París, Pierre Seghers, éditeur, 1961. (95 pp.) Edición encuadernada, 19 x 12 cm. Colección "Autour du Monde", 16, 2ª edición.

> CONTIENE: "Préface" de Pablo Neruda (ver. f. 943). El resto del libro repite el contenido de la edición 1954 (f. 1207). Alice Ahrweiler y Alice Gascar son la misma persona.

1208. (b) *Hauteurs de Macchu-Picchu*. Texto en español y traducción de Roger Caillois París, Pierre Seghers, éditeur, 1961. (63 pp.) Edición encuadernada, 19 x 12 cm. Colección "Autour du Monde", 63.

> CONTIENES a) "Préface" de Roger Callois, 7-9; b) texto bilingüe del poema, 10-57; c) "Note bibliographique" de Roger Caillois (sobre aspectos de su traducción) 59.

1209. (b) *Toro*. Texto en español y traducción de Jean Marcenac, más 15 láminas de Pablo Picasso, inéditas, en portafolio. París, Éditions "Aux Vent d'Arles", 1961. Edición encuadernada, 55 cm.

Original: "Toro" de *CCerem*. Tiraje: 500 ejemplares numerados del 1 al 500, más 20 ejemplares "hors commerce" numerados HC I al HC XX.

1210. *Mon Enfance et ma Poésie*. Traducción de Vidal Sephiha, en: revista *Europe*, París, núms. 419-420 (marzo-abril 1964), 92-105.

Original: "Infancia y poesía" (ver f. 863).

1211. *Cavalier Seud. Tango du Veuf*. Dos poemas traducidos por Robert Marrast, en: revista *Europe*, París, núms. 419-420 (marzo-abril 1964), 105-107.

Original: "Caballero solo" y "Tango del viudo", *RTierra*.

1212. (b) *Poèmes*. Seis textos, en español y traducidos por Alice Gascar, en: revista *Mercure de France*, París, núms. 1213 (noviembre 1964).

Original: poemas "Galope muerto", "Alianza (Sonata)", "Establecimientos nocturnos", "Entierro en el este", "Melancolía en las familias" y "El desenterrado", todos de *RTierra*.

1213. (b) *La Centaine d'Amour. Sonnets.* / *Cien Sonetos de Amor*. Textos en español y traducciones de Jean Marcenac y André Bonhomme. París, Club des Amis du Livre Progressiste, 1965. (217 pp.) Edición de lujo, encuadernada, 20 x 19 cm.

10.2. FRANCÉS (BÉLGICA)

1214. *Ode a Federico García Lorca*. Traducción de Manuel Maples Arce y Edmond Vandercammen, en: *Hommage à F. García Lorca*. Bruselas, Imprimerie Van Doorslaer, 1938 (33 pp.), 15-21.

Original: "Oda a Federico García Lorca", *RTierra*.

1215. [*Dos poemas de Neruda.*] Traducidos al francés por Fernand Verhesen, en: *L'Journal des Poètes*, Bruselas, núm. 3 (marzo 1948).

Los poemas: "Sistema sombrío" y "Sonata y destrucciones", *RTierra*.

10.3. FRANCÉS (INGLATERRA)

1216. *Hauteurs de Macchu-Picchu (Fragment)*. Traducción de Roger Caillois, en: revista *France Libre*, Londres (1945).

Original: *CGen*, cap. II, fragmentos I a III. Esta versión al francés, reproducida en 1947 en rev. *La Licorne* (f. 1196), es la primera publicación de que se tiene noticia, vinculada al célebre poema.

1217. [*Cinco poemas de Pablo Neruda.*] Traducidos al francés por Nathalie Monauprince, Louis Parrot y Fernand Verhesen, en: *Pablo Neruda. With a Portrait of the Poet: Adam International Review*, Londres, año XVI, núms. 180-181 (marzo-abril 1948).

Los poemas: 1, "Barcarolle"; 2, "La Victoire des Armes du Peuple"; 3, "Bruxelles"; 4, "Enterrement dans l'Est"; 5, "Tyrannie", traducidos de *RTierra* (1, 4 y 5) y de *R3* (2 y 3). Traductores: Nathalie Monauprince (1), Louis Parrot (2) y Fernand Verhesen (3, 4 y 5).

10.4. FRANCÉS (SUIZA)

1218. *Barcarolle. Seul la Mort*. Dos poemas traducidos por Nathalie Monauprince, en: revista *Lettres*, Ginebra, año III, núm. 2 (1945), 38-42.

Original: "Barcarola" y "Sólo la muerte", *RTierra*.

1219. (b) *Hauteurs de Macchu-Picchu / Alturas de Macchu-Picchu*. Libro-objeto proyectado por Hundertwasser, con texto del poema en español y traducción al francés [de Roger Caillois]. Ginebra, Éditions Claude Givaudan, 1966.

Descripción del libro-objeto y detalles de la edición: a) Collages de papeles y una litografía original de Hundertwasser. b) Caja de fieltro que contiene un conjunto de *33 piezas*: dos series de 15 cajas de cartón (unas dentro de otras), dispuestas sobre dos bases triangulares y de un modo simétrico con relación a una pieza central y vertical (de madera). c) El exterior de las cajas va recubierto de collages (paneles litográficos en colores sobre las cartas trapezoidales; sobre las otras caras, reproducciones en colores, papeles jaspeados, texlos sobre etiquetas transparentes). d) El interior de las cajas va recubierto de papel negro. e) *Libro cerrado*: alto 21 cm, largo 48 cm, profundidad 29 cm. f) *Libro abierto*: alto 44 cm, largo 46 cm, profundidad variable (mínimum 26 cm). g) *Edición de 66 ejemplares*, según este detalle: 10 ejemplares numerados del 1 al 10 y firmados por Hundertwasser, más 51 ejemplares numerados del 11 al 61 y firmados por Hundertwasser, más 5 ejemplares marcados LB, JD, FH, PN, ECG, y firmados por Hundertwasser. h) *El texto* se compuso en tipo Univers y se imprimió en la Imprimerie Unión, París, y la litografía en las prensas manuales de Michel Cassé, París. i) *Equipo de producción*: "Adine", París, para el cartonaje; el Atelier Jean Duval, para los collages; Michel Duval, París, para los papeles jaspeados; Hammerlunds-Kunsthandel, Orlo, proyectó los catálogos para los collages. j) La Edición no trae el nombre del traductor, que es Roger Caillois.

11. NERUDA EN GRIEGO

11.1. GRIEGO (GRECIA)

1220. [*Piimata. Ekloghi.*] Traducciones de Rigas Kappatos. Atenas, Ediciones A. Karavías, 1966. (XVI más 146 pp.) En rústica.

CONTIENE: a) "Prólogos", prólogo del traductor, IX-XVI; b) "Infancia y poesía", traducción, 1-22; c) "Diálogo Lorca-Neruda en memoria de Rubén Darío", traducción, 23-26; d) selección de 39 poemas, traducidos al griego, 27-138; e) notas.

1221. [*Ta Hipsómata tu Macchu Picchu.*] Traducción de Danái (Danái S'ratigopoulou) con portada de Julio Escámez. Atenas, Difros, 1967. (40 pp.)

CONTIENE: a) nota-prefacio de Gerardo Mello Mourao, en francés (p. 6) y en griego (p. 7); b) prefacio de la traductora, 9-14; c) texto de la traducción, 15-37; d) bibliografía y vocabulario, 38-39.
Original: *CGen*, cap. II.

12. NERUDA EN HEBREO

12.1. HEBREO (ISRAEL)

1222. [*Mivhar Shirim.*] Traducciones de Nathan Agmon Bistrikski. Tel-Aviv, Sifriyat Poalim, 1954. (178 pp.) Edición encuadernada, 19 x 11 cm.

CONTIENE: antología en hebreo.

13. NERUDA EN HÚNGARO

13.1. HÚNGARO (HUNGRÍA)

1223. *Amerikak 1948. Három Koltemény.* Traducciones de György Somlyó. Budapest, Hungária Kónyvkiadó, 1949. (58 pp.)

Original: "Que despierte el leñador", "El fugitivo" y "La arena traicionada (crónica de 1948)", de *CGen*. El volumen incluye además: "Pablo Neruda" de I. Ehrenbunrg, en húngaro, prólogo, y "Pablo Nerudáról Való Énk", poema de G. Somlyó.

1224. *Ébredj Favágó!* Traducción y prólogo de György Somlyó. Budapest, Szépirodalmi Konyvkiadó, 1951. (143 pp.)

Original: "Que despierte el leñador" y otros poemas de *CGen*.

1225. *A Szólok es a Szél.* Traducción y notas de György Somlyó. Budapest, Szépirodalmi Konyvkiadó, 1954. (297 pp.)

Original: *Uvient*, texto completo.

1226. *Elemi Ódák.* Traducciones de György Somlyó con ilustraciones de János Kass. Budapest, Magyar Helikon, 1961. (258 pp.) Edición encuadernada.

CONTIENE: a) "A Köoltó Elószava a Magyar Kiadáshoz", prólogo especial de Pablo Neruda, fechado en París, 16 sept. 1960, inédito en español, 5-6; b) antología con poemas de *OElem*, *NOElem*, *TLOdas* y *NRegr*, 7-235; c) "Az Enciglopédikus Költó", postfacio de G. Somlyó, 237-253.

1227. *Száz Szevelmes Szonett.* Traducción de György Somlyó con ilustraciones de Endre Szász. Budapest, Magyar Helikon, 1962. (147 pp.) Edición miniatura, encuadernada en seda, 9 x 10 cm.

Original: *CSAmor*, texto completo.

14. NERUDA EN INGLÉS

14.1. INGLÉS (INGLATERRA)

1228. *To the Mothers of the Dead Militia.* Traducción de Nan cy Cunard, en: *Left Review*, Londres, vol. 3, núm. 3 (abril 1937).

Original: "A las madres de los milicianos muertros", *R3*.

1229. *Celery. Barcarolle*. Traducciones de G. S. Fraser y George Elliott, en: revista *Poetry*, Londres, núm. 12 (noviembre-diciembre 1947).

Original: "Apogeo del apio" y "Barcarola", *R.Tierra*.

1230. [*12 textos de Pablo Neruda.*] Traducidos por G. S. Fraser, G. R. Coulthard y Jorge Elliott, en: *Pablo Neruda. With a Portrait of the Poet: Adam International Review*, Londres, año XVI, núms. 180-181 (marzo-abril 1948).

Textos: 1, "Entering Wood"; 2, "Melancholia in Families"; 3, "Winter Ode to the River Mapocho"; 4, "Phantasm"; 5, "Disappearance or Death of a Cat"; 6, "Maternity"; 7, "There Is No Forgetting"; 8, "Song for the Death and Resurrection of Captain Luis Companys"; 9, "Province of Chidhood"; 10, "The Poetic Art"; 11, "Heights of Macchu Picchu", IX y X; 12, "Walking Around".
Procedencias: de *RTierra* (1, 2, 4, 6, 7, 10 y 12), de *Anillos* (5 y 9), de *R3* (8) y de *CGen* (3 y 11).
Traductores: G. S. Fraser (4, 5, 8, 9, 10); G. R. Coulthard (2, 6, 11, 12); G. S. Fraser y G. R. Coulthard (1, 3); Jorge Elliott (7).

1231. *The Inhabitant and his Hope*. Traducción de G. S. Fraser, en: *Pablo Neruda. With a Portrait of the Poet: Adam International Review*, Londres, año XVI, núm. 180-181 (marzo-abril), 19-27.

Original: *HabEsp*, texto completo.

1232. *The Furies and the Griefs*. Traducción de G. R. Coulthard y G. S. Fraser, en: revista *Poetry*, Londres, núm. 14 (noviembre-diciembre 1948).

Original: "Las furias y las penas", *R3*.

1233. *The Liberators*. Traducción de Robert Pring-Mill, en: *The Oxford Magazine*, Oxford (27 mayo 1965).

Original: *CGen*, cap. III, poema inicial.

1234. (b) *The Heights of Macchu Picchu.* Texto en español, traducción de Nathaniel Tarn y prefacio de Robert Pring-Mill. Londres, Jonathan Cape, 1966. (48 pp.) Edición encuadernada, 22 x 15 cm.

CONTIENE: a) "Ackowledgments" N. Tarn, 5; b) "Preface", Robert Pring-Mill, 7-13; c) "Alturas de Macchu Picchu", texto bilingüe, 15-47.

1235. *Twelve Poems by Pablo Neruda.* Traducidos por Alastair Reid, en: revista *Encounter,* Londres, vol. XXIX, núm. 6 (diciembre 1967).

Los poemas: 1, "Cat's Dream" ("Sueño de gatos"); 2, "Ballad"; 3, "To Sorrow, II"; "To Wash a Child"; 5, "Planet"; 6, "Apropos My Bad Education" ("Sobre mi mala educación"); 7, "Oh, What Bottomless Saturdays!" ("Ay qué sábados más profundos!"; 8, "Return to a City"; 9, "Through a Closed Mouth the Flies Enter" ("Por boca cerrada entran las moscas"); 10, "Horses"; 11, "Summary"; 12, "Full Powers" ("Plenos poderes").
Procedencias. de *Estrav* (1, 2, 6, 7, 8, 9, 10) y de *PPod* (3, 4, 5, 11, 12).

1236. *We Are Many.* Traducciones de Alastair Reid. Londres, Cape Goliard Press, 1967. (36 pp.) Ediciones encuadernada y en rústica.

Original: *Estrav,* selección de poemas.

1237. [*Poems by Pablo Neruda,*] traducidos por W. S. Merwin, A. Kerrigan, A. Reid y N. Tarn, en: revista *Afrasian,* School of Oriental and African Studies Students Union University of London, Londres, núm. 1 (1968).

Textos: 1, "Walking Around"; 2, "Discoverers of Chile"; 3, "Ars Poetica"; 4, "Death Alone"; 5, "Some Beasts"; 6, "There's no Forgetting (Sonata)"; 7, "Apropos my Bad Education"; 8, "Brussels"; 9, "A Dream of Trains"; 10, "Cat's Dream"; 11, "Alliance (Sonata)"; 12, "Waltz".
Originales en: *RTierra* (1, 3, 4, 6, 11); *R3* (8, 12); *CGen* (2, 5); *Estrav* (7, 9, 10).
Traductores: Anthony Kerrigan (2, 5, 8); W. S. Merwin (1, 4, 12); Alastair Reid (7, 9, 10); Nathaniel Tarn (3, 6, 11).

14.2. INGLÉS (EE. UU.)

1238. *Canto general de Chile* (*Fragments*). Traducciones de Joseph Leonard Grucci, en: revista *American Prefaces*, State University of Iowa, Iowa City (Winter 1942).

Textos: "Almagro" y "Hymn and Return", *CGen*.

1239. *Pablo Neruda*. Breve nota y traducciones de Joseph Leonard Grucci, en: *3 Spanish American Poets: Pellicer, Neruda, Andrade*; traducidos por Lloyd Mallan, Mary & C. V. Wicker y J. L. Grucci. Albuquerque, New Mexico, Sage Books (Swallow & Critchlow), 1942. (73 pp.)

Textos: 1, "Poem to Bolívar"; 2, "Slow Lament"; 3, "Death Alone"; 4, "Autumn Returns"; 5, "It's Sure, My Love"; 6, "Entrance to the Wood"; 7, "Apogee of Celery"; 8, "Statute of Wine"; 9, "Poem 10"; 10, "Walking Around"; 11, "Almagro"; 12, "Botany"; 13, "Atacama"; 14, "Ocean"; 15, "Hymn and Return".
Procedencias: *RTierra* (2, 3, 4, 6, 7, 8, 10); *HEnt* (5); *VPAmor* (9); *R3* (1); *CGen* (11, 12, 13, 14, 15).

1240. *It is Sure, My Love*. Traducción de J. L. Grucci, en: revista *Fantasy*, Pittsburgh, Pa., núm. 26 (1942).

Original: "Es cierto, amada mía...", *HEnt*.

1241. (b) [*Poemas de Pablo Neruda,*] traducidos por H. R. Hays, Dudley Fitts y Ángel Flores, en: (b) *Anthology of Contemporary Latin American Poetry*, editada por Dudley Fitts. Norfolk, Connecticut, New Directions, 1942 (667 pp.), 305-315.

Textos: 1, "Walking Around"; 2, "Liturgy of my Legs"; 3, "Burial in the East"; 4, "November 7, Ode to a Day of Victories", traducidos de *RTierra* (1, 2, 3) y de *R3* (4). Traductores: H. R. Hays (1), Dudley Fitts (2, 4) y Ángel Flores (3).

1242. *Seventh of November*. Traducción de Mercedes de Acosta, en: revista *Tomorrow*, Nueva York, vol. II, núm. 7 (marzo 1943).

Original: "7 de noviembre, Oda a un día de victorias", *R3*.

1243. (b) *Residence on Earth and Other Poems*. Traducciones de Ángel Flores. Norfolk, Conn., New Directions. 1944. (205 pp.) Edición bilingüe, encuadernada.

CONTIENE: antología con poemas *RTierra*, 7-113, de *R3* y *CGen*, 115-205.

1244. *Heights of Macchu Picchu*. Traducción de H. R. Hays, en: revista *The Tiger's Eye*, Nueva York, vol. 1, núm. 5 (20 octubre 1948).

Original: *CGen*, cap. II.

1245. (b) *Three Material Songs / Tres Cantos Materiales*. Textos originales, traducciones de Ángel Flores y aguafuertes de Nemesio Antúnez. Nueva York, East River Editions, 1948. (31 pp.) Cuaderno en papel estraza, 30 x 23 cm.

Textos: "Entrada a la madera", "Apogeo del apio" y "Estatuto del vino", de *RTierra*.

1246. *Our Duty Toward Life*. Versión al inglés por traductor no identificado, en: revista *Masses and Mainstream*, Nueva York, vol. 2, (noviembre 1949).

Original: "Mi país, como ustedes saben...", discurso, México, 1949 (ver f. 796). El traductor es Joseph M. Bernstein (ver f. 1250).

1247. *The Fugitive*. Traducción de Waldeen, en: revista *Masses and Mainstream*, Nueva York, vol. 3, núm. 1 (enero 1950).

Original: *CGen*, cap. X.

1248. *To Miguel Hernández, Murdered in the Prisons of Spain*. Traducción de Waldeen, en: revista *Masses and Mainstream*, Nueva York, vol. 3, núm. 4 (abril 1950).

Original: "A Miguel Hernández, asesinado en los presidios de España", *CGen*.

1249. *Let the Rail Splitter Awake and Other Poems*. Traducciones de Waldeen y otros. Nueva York, Masses & Mainstream, noviembre 1950. (95 pp.) Compilación de traducciones publicadas en revista *Masses and Mainstream*.

CONTIENE: 1, "Our Duty Toward Life", 9-18; 2, "Let the Rail Splitter Awake", 19-40; 3, "The Dead in the Square", 41-48; 4, "Song for Bolívar", 49-51; 5, "The Fugitive", 52-71; 6, "To Miguel Hernández, Murdered in the Prisons of Spain", 72-74, 7, "The Heights of Macchu Picchu", 75-91, texto completo; 8, "To Howard Fast", 92-95.

Referencias: textos tomados de *R3* (4), de *CGen* (2, 3, 5, 6, 7). Texto 1: ver ff. 1245 y 796. Texto 8: no incluido en libros, inédito en español.

Traductores: Waldeen (2, 5, 6, 7); Joseph M. Bernstein (1); Robert Brittain (3); A. L. Lloyd (4); "Isabel" (8).

1250. *Let the Rail Splitter Awake and Other Poems.* Reimpresión. Nueva York, Masses & Mainstream, enero 1951. (95 pp.)

1251. *Let the Rail Splitter Awake and Other Poems.* Reimpresión. Nueva York, Masses & Mainstream, diciembre 1952. (95 pp.)

1252. *Heights of Macchu Picchu.* Traducción de Ángel Flores, en: *The World's Best.* Antología universal contemporánea, editada por Whit Burnett. Nueva York, Dial Press, 1950 (1186 pp.), 355-367.

Original: *CGen,* cap. II.

1253. *Lamp in the Earth: "America My Love (1400)". "Coming of the Rivers".* Traducciones de Waldeen, en: *The California Quarterly,* Los Ángeles, Cal., vol. 1, núm. 3 (Spring 1952).

Original: "Amor América (1400)" y "Los ríos acuden", de *CGen,* cap. I.

1254. *Poetry and Obscurity.* Versión al inglés, traductor no identificado, en: revista *Masses and Mainstream,* Nueva York, vol. 6, núm. 7 (jul. 1953).

Original: "A la paz por la poesía" (ver f. 854).

1255. (b) *Selected Poems of Pablo Neruda,* editados y traducidos por Ben Belitt, con prefacio de Luis Monguió. Nueva York, Grove Press, 1961. (321 pp.) Antología bilingüe, ediciones encuadernada y en rústica ("paperback"), 21 x 14 cm.

CONTIENE: a) "Introduction", Luis Monguió, 7-29; "Translator's Foreword", B. Belitt, 30-38; "Toward an Impure Poetry", Pablo Neruda, 39-40; b) antología bilingüe con poemas de *RTierra* 41-99, *R3* 100-115, *CGen* 117-189, *OElem*, *NOElem*, *TLOdas* y *NRegr* 191-297, *Estrav* 299-317; c) "Selected Bibliography", 319-320.

1256. (b) *The Elementary Odes of Pablo Neruda*. Traducciones de Carlos Lozano con prefacio de Fernando Alegría. Nueva York, Cypress Books (Las Américas Publishing Company), 1961. (157 pp.) Edición bilingüe, encuadernada, 22 x 14 cm.

CONTIENE: a) "Introducción", Fernando Alegría, 7-17; b) selección de *Odas elementales*, en español y en inglés, tomadas de *OElem*, *NOElem* y *TLOdas*, 18-155.

1257. *A Pinecone, a Toy Sheep...* Traducción de Ben Belitt, en: *Evergreen Review*, Nueva York, vol. 6, núm. 22 (enero-febrero 1962).

Original: "Infancia y poesía" (f. 863).

1258. (b) *Bestiary / Bestiario*. Texto en español, traducción de Elsa Neuberger y grabados de Antonio Frasconi. Nueva York, Harcourt, Brace & World, 1965. (46 pp.) Edición encuadernada en tela, sobrecubierta ilustrada, 30 x 21 cm.

CONTIENE: a) nota de presentación, Ángel Flores; b) texto bilingüe del poema "Bestiario", de *Estrav*.

1259. (b) *The Heights of Macchu Picchu*. Texto en español, traducción de Nathaniel Tarn y prefacio de Robert Pring-Mill. Nueva York, Farrar, Straus & Giroux, 1967. (xix + 73 pp.) Ediciones encuadernada y en rústica, 21 x 15 cm. (Ver f. 1235.)

CONTIENE: a) nota preliminar del traductor, 5-6; b) "Preface", R. Pring-Mill, 7-19; c) texto bilingüe de "Alturas de Macchu Picchu", 1-71.

1260. (b) *Amores: Matilde*. Cinco fragmentos iniciales del poema: textos en español y traducciones de Ben Belitt, en: revista *Mundus Artium*, Ohio University, Athens, Ohio, vol. 1, núm. 1 (Winter 1967).

1261. *Pablo Neruda: Poems*. Traducciones de Cinna Lomnitz, en: CHILE / *Contemporary Writing in the Longest Land: Arizona Quarterly*, The University of Arizona, Tucson, vol. 23, núm. 2 (Summer 1967).

> Poemas: 1, "To the Foot from his Child"; 2, "Where Is Guillermina?"; 3, "Bestiary"; 4, "A Certain Weariness" ("Una cierta tristeza"); 5, "Larynx"; 6, "Fable of the Siren and the Drunkards", todos ellos de *Estrav*.

14.3. INGLÉS (FRANCIA)

1262. *Two Poems by Pablo Neruda: "Melancholy Inside Familier". "Friends on the Road (1921)"*. Traducciones de James Wright y Robert Bly, en: *The Paris Review*, París, Londres, Nueva York, vol. 10, núm. 39 (Fall 1966).

> Original: "Melancolía en las familias", *RTierra*, y "Compañeros de viaje (1921)", *CGen*, XV.

14.4. INGLÉS (JAPÓN)

1263. *Residence on Earth*. Traducciones de Clayton Eshelman. Kioto, Japón, Shimbi Printers, 1962. (63 pp.)

> CONTIENE: a) *RTierra*, I, 9 poemas, 7-21; b) *RTierra*, II, 13 poemas, 23-55; c) "Pecho de pan", Clayton Eshelman, postfacio, título en español y texto en inglés, 57-61.

14.5. INGLÉS (CHECOSLOVAQUIA)

1264. *Let the Rail Splitter Awake*. Traducción de Waldeen con ilustraciones de Alberto Beltrán y Leopold Méndez. (Praga), Mladá Fronta, 1951. (8 pp.) Folleto: *"Supplement to World Student News,* vol. 5, núm. 4, 1951".

14.6. INGLÉS (CHILE)

1265. *Poems in which Neruda refers to his own work*. Traducciones de George Eliot, in: ANDEAN QUARTERLY, Instituto Chileno-Norteamericano de Cultura, Santiago (Christmas, 1944), 12-28.

> Textos: 1, "A Poetry without Purity"; 2, "Arte Poética"; 3, "There Is No Forgetting"; 4, "Poem I"; 5, "Poem XIX"; 6,

"Units"; 7, "Savour"; 8, "The Ritual of my Legs"; 9, "Freighter's Phantom'; 10, "Joaquín's Absence"; 11, "Families with Melancholia"; 12, "Entering Wood"; 13, "The Laws of Wine"; 14, "Clock Fallen in the Sea"; 15, "I Wish to Return South"; 16, "Atacama".

Referencias: textos traducidos de *RTierra* (2, 3, 6, 7, 8, 9, 10, 11, 12, 13, 14), de *VPAmor* (4, 5); de *CGen* (15, 16). Texto 1: ver f. 632.

1266. *Verses Fashioned on López Velarde's as a Tribute to Waldo Vila*. Poema traducido por George Elliott, en: ANDEAN QUARTERLY, Instituto Chileno-Norteamericano de Cultura, Santiago (Fall 1945).

Original: "Versos a la manera de López Velarde para el pintor Waldo Vila" (ver f. 721).

15. NERUDA EN ISLANDÉS

15.1. ISLANDÉS (ISLANDIA)

1267. *Skógarhöggsmadurinn Vakni (Kvaedi)*. Traducción de Jón Óscar y Sigfús Dadason, en: revista *Tímarit Máls Og Menningar*, Reykjavik, Islandia, núm. 3 (diciembre 1951).

Original: "Que despierte el leñador", fragmentos IV y V, *CGen*.

16. NERUDA EN ITALIANO

16.1. ITALIANO (ITALIA)

1268. *Si Desti il Taglialegna*. Traducción de Darío Puccini y Mario Socrate. Roma, Rinascita, 1951.

Original: "Que despierte el leñador", *CGen*.

1269. (b) *Poesie di Neruda*. Traducción de Salvatore Quasimodo, con ilustraciones de Renato Guttuso. Turín, Giulio Einaudi editore, 1952. (174 pp.) Antología bilingüe, 22 x 16 cm.

CONTIENE: poemas de *VPAmor* 6-11, *RTierra* 13-55, *R3* 57-85, *CGen* 87-169.

1270. (b) *Poesie di Neruda*. Traducción de Quasimodo con

ilustraciones de Guttuso. Turín, Einaudi, 1954. (174 pp.), 22 x 16 cm.

CONTENIDO: como la edición 1952.

1271. (b) *Canto Generale. La Lampada sulla Terra.* Textos en español, traducción y prefacio de Dario Puccini. Parma, Ugo Guanda editore, 1955. (XXIV + 305 pp.) Edición bilingüe, 23 x 15 cm.

CONTIENE: a) "Introduzione", D. Puccini, V-XXIV; b) "Elenco dei nomi e dei termini ricorrenti", 1-4; c) texto bilingüe de *CGen*, caps. I al IV, 5-295; d) "Nota bibliográfica", 297-299.

1272. (b) *Poesie di Neruda.* Traducción de Quasimodo con ilustraciones de Guttuso. Turín, Einaudi, 1959. (174 pp.), 22 x 16 cm.

CONTENIDO: como la edic. 1952 (f. 1270).

1273. (b) *Pablo Neruda. Poesie.* Selección, traducción, introducción y notas de Giuseppe Bellini. Milán, Nuova Accademia Editrice, 1960. (279 pp.) Edición bilingüe, encuadernada, 18 x 11 cm.

CONTIENE: a) "Introduzione", Bellini, 7-49; b) "Calendario di Neruda", 51-57; c) "Nota bibliográfica", 58-62; d) antología lírica en italiano con textos de *VPAmor* 65-70; de *RTierra* 71-106, de *R3* 107-120, de *CGen* 121-165, de *OElem*, *NOElem* y *TLOdas* 167-194, de *Estrav* 195-201; d) "Note", 203-208; e) textos originales de los poemas antologados, 209-275.

1274. (b) *Pablo Neruda. Poesie.* (Misma edición anterior, presentada en un conjunto que incluye un estuche con el libro y un disco con poemas de Neruda leídos en italiano por Giorgio Albertazzi.) Milán, Nuova Accademia, 1960.

1275. (b) *Cento Sonetti d'Amore.* Traducción, introducción y notas de Giuseppe Belini. Milán, Nuova Accademia, 1960. (225 pp.) Edición bilingüe, encuadernada.

CONTIENE: a) "Presentazione", Bellini; b) texto bilingüe de *CSAmor*.

1276. *Pagine d'Autunno.* Selección, traducción e introducción de Giuseppe Bellini. Milán, Nuova Accademia, 1962. (166 pp.) Edición encuadernada, 18 x 11 centímetros.

CONTIENE: a) "Presentazione", Bellini, 7-22; b) "Pablo Neruda", G. Lorca, en it., 23-27; c) antología en italiano de textos nerudianos en prosa: 1, "Infanzia nel Sud", 29-54; 2, "L'Abitante e la sua Speranza", 55-84; 3, "Anelli", 85-111; 4, "Prima Residenza sulla Terra", prosas, 113-125; 5, "La Coppa di Sangue", 127-131; 6, "Intorno a una Poesia senza Purezza", "I Temi", "Condotta e Poesia" y "G.A.B.", 133-144; 7, "Oceanografia Dispersa", 145-152; 8, "Federico García Lorca", 153-163.
Originales: texto 1, ver f. 863; 2. *HabEsp*, texto completo; 3, *Anillos*, todos los textos nerudianos; 4, *RTierra*, I, prosas; 5, ver f. 661; 6, ver ff. 632, 633, 634 y 635; 7, ver f. 840; 8, ver f. 638.

1277. (b) *20 Poesie d'Amore e una Canzone Disperata*. Traducción de Giuseppe Bellini y texto en español. Milán, Nuova Accademia, 1962. (110 pp.) Edición encuadernada, 21 x 19 cm, ilustrada con fotografías y con reproducciones de conocidas pinturas de tema erótico, más dos discos pequeños (33 1/3 RPM) con poemas leídos por Giorgio Albertazzi.

CONTIENE: a) "Presentazione", Bellini, 9-24; b) "Calendario di Neruda", 25-30; c) texto bilingüe de *VPAmor*, 31-95; d) "Nota bibliográfica", 97-101.

1278. *Poesie*. Selección, traducción, introducción y notas de Darío Puccini. Florencia, Sansoni, 1962. (XXVIII + 780 pp.) Antología general en italiano, edición encuadernada en cuero, 21 x 13 cm.

CONTIENE: a) "Introduzione", Puccini, IX-XXVIII; b) traducciones de: *VPAmor* 1-20, *RTierra* 21-95; *R3* 97-147, *CGen* 148-439, *UVient* 441-479, *OElem*, *NOElem* y *TLOdas* 481-494, *NRegr* 595-622, *Estrav* 623-646, *CSAmor* 647-656; c) "Note", Puccini, 657-767.

1279. (b) *Stravagario*. Traducción, introducción y notas de Giuseppe Bellini, y texto en español. Milán, Nuova Accademia, 1963. (374 pp.) Edición bilingüe, encuadernada, ilustrada, de la serie "Tutte le Opere di Neruda". 22 x 14 cm.

CONTIENE: a) "Introduzione", Bellini, 7-28; b) texto bilingüe de *Estrav*, 29-335; c) notas bibliográficas, 337-342.

1280. *Sommario. Libro dove Nasce la Pioggia.* Traducción y notas de Giuseppe Bellini. Alpignano, Alberto Tallone, impresor, 1963. (125 pp.) Edición encuadernada, sobretapa sólida y estuche, 30 x 19 centímetros.

Contiene: a) prefacio, Neruda, en italiano, 11-13; b) texto de la traducción, 15-112; c) "nota del traduttore", 113-120.
Original: *MINegr*, tomo I. El texto y las características de la edición hacen de este libro una réplica de la edición en español (ver f. 451).
Tiraje: 430 ejemplares distribuidos así: 15 en papel japan Kaji numerados de I al XV, más 30 en papel vejurado Van Gelder Zonen numerados del XVI al XLV, más 385 en papel de las Manufacturas Magnani de Pescia, numerados del 1 al 385.

1281. (b) *Poesia d'Amore.* Traducción, introducción y notas de Giuseppe Bellini, y textos en español. Milán, Nuova Accademia, 1963. (416 pp.) Edición encuadernada, 22 x 14 cm, de la serie "Tutte le Opere di Neruda".

Contiene: a) "Introduzione", Bellini, 7-26; b) texto bilingüe de *VPAmor*, 27-81; c) texto bilingüe de *HEnt*, 83-125; d) texto bilingüe de *VCap*, 127-281; e) texto bilingüe de *CSAmor*, 283-401.

1282. (b) *I Versi del Capitano.* Traducción e introducción de Giuseppe Bellini, y texto en español. Milán, Nuova Accademia, 1963. (192 pp.) Edición en rústica, 18 x 12 cm, colección "I Cristalli".

Contiene: a) "Presentazione", Bellini, 7-13; b) texto bilingüe de *VCap*, 15-187.

1283. (b) *Pablo Neruda. Poesie.* Selección, traducción, introducción y notas de Giuseppe Bellini, y textos en español. Milán, Nuova Accademia, abril 1964. (279 pp.) Edición en rústica, 18 x 12 cm, colección "I Cristalli".

Contenido: como la edic. 1960. Ver f. 1273.

1284. (b) *Cento Sonetti d'Amore.* Traducción, introducción y notas de Giuseppe Bellini, y textos en español. Milán, Nuova Accademia, 1964. (225 pp.) Edición en rústica, 18 x 12 cm, colección "I Cristalli".

Contenido: como la edición 1960. Ver f. 1275.

1285. (b) *Pablo Neruda*. Selección, traducción, introducción y notas de Giuseppe Bellini, y textos en español. Milán, Nuova Accademia, septiembre 1964. (279 pp.) Edición en rústica, 18 x 12 cm, colección "I Cristalli".

CONTENIDO: como las edics. 1960 y abril 1964. Ver ff. 1273 y 1283.

1286. *Storia di Acque, di Boschi, di Popoli*. Selección, traducción, introducción y notas de Giuseppe Bellini. Milán, Nuova Accademia, 1965. (174 pp.) Edición en rústica, 18 x 12 cm, de la colección "I Cristalli".

CONTENIDO: este libro reproduce puntualmente, bajo nuevo título, el contenido del volumen *Pagine d'Autunno* (ver f. 1277).

1287. (b) *Poesie*. Traducciones de Quasimodo y textos en español. Turín, Einaudi, 1965. (149 pp.) Edición bilingüe, en rústica, 18 x 10 cm.

CONTENIDO: este libro, bajo nueva presentación y en formato de bolsillo, y sin las ilustraciones de Guttuso, reproduce la antología editada por Einaudi en 1952, 1954 y 1959 (ver ff. 1269, 1270 y 1272).

1288. (b) *Cento Sonetti d'Amore*. Traducción, introducción y notas de Giuseppe Bellini, y textos en español. Milán, Nuova Accademia, junio 1965 (225 pp.) Edición en rústica, colección "I Cristalli".

CONTENIDO: como edics. 1960 y 1964. Ver ff. 1275 y 1284.

1289. (b) *I Versi del Capitano*. Traducción de Giuseppe Bellini y textos en español, Nuova Accademia, 1905. (192 pp.) Edición en rústica, colección "I Cristalli".

CONTENIDO: como la edic. 1963. Ver f. 1282.

1290. (b) *Memoriale di Isla Negra*. Traducción e introducción de Giuseppe Bellini y textos en español. Milán, Nuova Accademia, octubre 1965. (566 pp.) Edición encuadernada, 22 x 14 cm, de la serie "Tutte le Opere di Neruda".

CONTIENE: a) "Introduzione", Bellini. 7-18; b) textos bilingües de los cinco volúmenes de la obra: I. *Donde nace la lluvia*, 19-

105; II, *La luna en el laberinto*, 107-211; III, *El juego cruel*, 213-319; IV, *El cazador de raíces*, 321-419; V, *Sonata crítica* 421-557.

1291. (b) *Cento Sonetti d'Amore*. Traducción de Giuseppe Bellini y textos en español. Milán, Nuova Accademia, noviembre 1965. (225 pp.) Edición en rústica, colección "I Cristalli".

CONTENIDO: como edics. 1960, 1964 y jun. 1965. Ver ff. 1275, 1284 y 1288.

1292. (b) *Poesie d'Amore*. Selección, traducción e introducción de Giuseppe Bellini y textos en español. Milán, Nuova Accademia, ene. 1966. (416 pp.) Edición encuadernada, 22 x 14 cm, de la serie "Tutte le Opere di Neruda".

CONTENIDO: como la edic. 1963. Ver f. 1281.

1293. (b) *Poesie*. Traducciones de Quasimodo y textos en español. Turín, Einaudi, feb. 1966. (149 pp.)

CONTENIDO Y RASGOS DE LA EDICIÓN: como la de jun. 1965. Ver f. 1287.

1294. (b) *Todo el Amor. Antología Personale*. Traducción, introducción y notas de Giuseppe Bellini, y textos en español. Milán, Sansoni-Accademia, 1968. (304 pp.) Edición bilingüe, en rústica. 21 x 12 cm.

Original: el plan de esta antología es muy similar al del volumen *Todo el amor*: Buenos Aires, Losada, 1964. Ver f. 23.

17. NERUDA EN JAPONÉS

17.1. JAPONÉS (JAPÓN)

1295. [*Kikori yo mezame yo.*] Tokio, Otsuki Shoten, 1952. (17 pp.)

Original: "Que despierte el leñador", *CGen*.

18. NERUDA EN LETÓN

18.1. LETÓN (URSS)

1296. *Zvanu Avots. Dzeja.* Traducciones de Egils Plaudis y Rainis Remass. Riga, RSS de Letonia, Izdevnieciba "Liesma", 1967. (126 pp.) Antología en letón, en rústica, 14 x 11 cm.

CONTIENE: antología en letón con textos de: *CGen* 5-22; *Crepusc* 23-27; *VPAmor* 28-39; *RTierra* y *R3* 40-64; *VCap* 65-68; *UVient* 69-73, *OElem*, *NOElem* y *TLOdas* 74-84, *Estrav* 85-115, poemas varios 116-123.

19. NERUDA EN LIBANÉS (ÁRABE LIBANÉS)

19.1. LIBANÉS (LÍBANO)

1297. [*Pablo Neruda.*] Estudio y selección de poemas nerudianos por Jean Marcenac, traducciones desde el francés por Ahmed Suwid. Beirut, Dar al-Mu'yim al Arab, s.f. (252 pp.) Edición en rústica, 19 x 13 cm.

CONTIENE: traducción al libanés del estudio y de la antología nerudiana compuestos por Jean Marcenac y publicados en París, 1954 (ver f. 1202).

20. NERUDA EN LITUANO

20.1. LITUANO (URSS)

1298. *Miku Kirtéjas Tepabunda!* Traducción de Eug. Matuzevivius. Vilnius, RSS de Lituania, Valstybine Grozinés Literatúros Leidykla, 1953. (35 pp.) Edición encuadernada, 17 x 13 cm.

Original: "Que despierte el leñador", *CGen*.

21. NERUDA EN POLACO

21.1. POLACO (POLONIA)

1299. *Niech sie Zbudzi Drwal.* Traducción de L. A. Pijanowski. Varsovia, Ksiazka i Wiedza, 1949. (44 pp.) Cuadernillo, 20 por 14 cm.

Original: "Que despierte el leñador", *CGen*.

1300. *Niech sie Zbudzi Drwal.* Traducción de Lech Andrzej Pijanowski y Jerzy Borejsza. Varsovia, Ezytelnik, 1951. (62 pp.) Edición encuadernada en cartoné, 24 x 17 cm, ilustr. de Tadeusz Kulisiewicz.

CONTIENE: a) "Pablo Neruda Warszawie", palabras de Neruda, traducción, 5-6; b) "Glos Narodów Ameryki Lacinskiej", Jorge Amado, 7-9; c) texto de la traducción, 11-48; d) "Przypisy", vocabulario, 49-52; e) "Poslowie", postfacio de Jerzy Borejsza, 53-59.

1301. *Tam Umarla Smierc.* Traducción de Jaroslav Iwaszkiewicz con ilustraciones de Tadeusz Kulisiewicz. Varsovia, Czytelnik, 1953. (100 pp.) Edición en rústica, 23 x 16 centímetros.

Original: "Regresó la sirena" (Allí murió la muerte) y otros poemas de *UVient*.

1302. *Piesn Powszechna.* Traducción de Konstanty Ildefons Galczynski, Jaroslaw Iwaszkiewicz, Lech Pijanowski y Janusz Strasburger, con ilustraciones de Jerzy Jaworowski. Varsovia, Czytelnik, 1954 (471 pp.) Edición encuadernada, 24 x 17 cm.

Original: *CGen*, texto completo. Contenido del volumen: a) "Slowo Wstepne", prefacio de Jaroslaw Iwaszkiewicz, 5-12; b) texto de la traducción, 13-450; c) "Przypisy", notas y vocabulario, 451-464.

22. NERUDA EN PORTUGUÉS

22.1. PORTUGUÉS (PORTUGAL)

1303. *A Lâmpada Marinha.* Traducción de E. Carrera Guerra, en: *Jorge Amado e Pablo Neruda em Defesa de Alvaro Cunhal.* Cuadernillo. Lisboa, s.p. de i., 1954. (11 pp.)

22.2. PORTUGUÉS (BRASIL)

1304. *20 Poemas de Amor e uma Cançao Desesperada.* Traducción de Domingos Carvalho da Silva con prefacio de Jorge Amado. Sâo Paulo, Livraria Martins Editora. 1946. (69 pp.) Edición en rústica, 18 por 13 cm.

Original: *VPAmor*, texto completo. Contenido del volumen: a) "O-

Vinte Poemas de Amor de Neruda", 7-8: b) "Nota do Tradutor", 9-10; c) texto de la traducción, 11-65.

1305. *A Lâmpada Marinha*. Traducción de E. Carrera Guerra, en: diario *Imprensa Popular*, Rio de Janeiro (21 jun. 1953.) Ver f. 1303.

1306. *Antologia Poética de Pablo Neruda*. Traducciones de Thiago de Mello. Rio de Janeiro, Editora Letras e Artes, 1964. (158 pp.) Edición en rústica, 21 x 14 cm.

CONTIENE: a) "Apresentação", Neruda, en español, 9-10; b) antología en portugués con textos de: *Crepusc* 13-15, *VPAmor* 15-17, *R3* 17-19, *CGen* 19-43, *UVient* 43-70, *VCap* 7083, *OElem*, *NOElem*, *TLOdas* 83-142, *Estrav* 142-145, *NRegr* 145-146, *MINegr* 146-153; c) "Notas sôbre os poemas traduzidos" 155-158.

1307. *Alturas de Macchu Picchu. Canto IX*. Traducción de Thiago de Mello. En: *Gemini. Galerías de Arte*. Tarjetón publicitario. Río de Janeiro, Prog-Rizza Conde, dic. 1965.

22.3. PORTUGUÉS (CHILE)

1308. (b) *Farewell*. Texto en español y traducción de Thiago de Mello. Santiago, Centro Brasilero de Cultura, 1963. (19 pu.) Cuadernillo, 21 x 12 cm, impreso por Editorial Universitaria.

23. NERUDA EN RUMANO

23.1. RUMANO (RUMANIA)

1309. *Sa se Trezeasca Padurarul*. Traducción de Constantin Varta, en: rev. *Viata Romaneasca*, Unión de Escritores de la R.P.R., Bucarest, año II, núms. 3-4 (mar.-abr. 1949), 79-95.

Original: "Que despierte el leñador". *CGen*.

1310. *Poeme*. Traducciones de Constantin Varta con prefacio (en rumano) de Ilya Ehrenburg. Bucarest, Editura de Stat, 1950. (77 pp.) Edición en cartoné, 27 x 18 cm.

CONTIENE: a) "Poezia lui Pablo Neruda". Ehrenburg, 3-22; b) traducciones de poemas tomados de *R3* y de *CGen*.

1311. *Pablo Neruda. Poeme.* Traducciones de Eugen Jebeleanu con ilustraciones de Florica Cordescu. Bucarest, Editura de Stat Pentru Literatura si Arta, 1951. (73 pp.) Edición en rústica, 23 x 17 cm.

CONTIENE: selección de poemas de *CGen* (más uno de *UVient*).

1312. *Strugurii si Vintul.* Traducción de Maria Banus. Bucarest, Editura de Stat Pentru Literatura si Arta, 1956. (325 pp.) En rústica.

Original: *UVient*, texto completo.

1313. *Poezii Noi.* Traducciones de Maria Banus. Bucarest, Editura Pentru Literatura Universala, 1963, (230 pp.) Edición en rústica, 20 x 13 cm.

CONTIENE: antología en rumano con poemas de *OElem* 7-62, *NOELem* 63-117, *TLOdas* 119-145, *Estrav* 147-185, *NRegr* 187-227.

24. NERUDA EN RUSO

24.1. RUSO (URSS)

1314. [*Stiji.*] Traducciones de F. Kelin, O. Sávich, I. Tiniánova e I. Ehrenburg. Moscú, Izdatelstvo Inostrannoi Literaturi, 1949. (159 pp.) Edición encuadernada, 17 x 11 cm.

CONTIENE: a) "Pablo Neruda", Ehrenburg, 5-36; b) selección de textos de *R3* y *CGen*, 37-125; c) "Carta íntima para millones de hombres", traducción al ruso, 127-156.

1315. [*Vseóbschaia Piesn.*] Traducciones de F. Kelin, O. Sávich, I. Ehrenburg, I. Tiniánova, S. Kirsánov, y otros. Moscú, Izdatelstvo Inostrannoi Literaturi, 1954. (343 pp.) Edición encuadernada, 21 x 14 cm.

CONTIENE: a) "Pablo Neruda", Ehrenburg, 5-22; b) selección en ruso de *CGen*, 23-325; c) "Kommentarii", 326-342.

1316. [*Izbránnoie.*] Traducciones de A. I. Paladin y V. A. Zhuravliev. Moscú, Gosudarstvennoie Izdatelstvo Judozhestvennoi Literaturi, 1954. (439 pp.) Antología en ruso, edición encuadernada, 23 x 15 cm.

Contiene: a) prefacio de Boris Polevói; b) antología en ruso con textos de: varios libros (1921-1953), 13-98; *R3* 99-134; *CGen* 135-348; *UVient* 349-425; c) "Kommentarii" 426-435.

1317. [*Izbránnie Proizvediénia.*] Antología en dos volúmenes, puesta en ruso por un equipo de traductores y editada bajo la dirección de Ovadi Sávich. Moscú, Gosudarstvennoie Izdatelstvo Judozhestvennoi Literaturi, 1958. (495 y 415 pp.) Edición encuadernada, 2 tomos. 21 por 14 cm.

Contenido del tomo i: a) "Ot Avtora", Neruda, 3-5; b) antología en ruso con textos de: *primeros libros* 6-55, *R3* 57-132, *UVient* 133-256, *OElem, NOElem, TLOdas* 257-469, *poemas recientes* 470-486. Traductores: N. Razgovórov, L. Martínov, O. Sávich, V. Lugovskói, I. Tiniánova, A. Tvierskói, D. Smírnov, V. Grisháiev, S. Seviértsiev, I. Ehrenburg, F. E. Kelin, M. Baksmájer, A. Gólemba, R. Pojlievkin, B. Zhuravliev.

Contenido del tomo ii: c) texto completo de *CGen*, 3-393; d) "Pablo Neruda", nota de V. Kutiéishchikova, 394-396; e) notas a la traducción de *CGen*, 397-413. Traductores de *CGen*: V. Derzhavin, A. Gólemba, F. Kelin, V. Zhuravliev, O. Sávich, S. Seviértsiev, A. Tverskói, I. Tiniánova, S. Kirsánov, I. Ehrenburg, M. Siénkevich.

1318. [*Guímni Kúbe i Druguie Poémi (Himno a Cuba y otros poemas).*] Traducción de Pável Grushkó. Moscú, Izdatelstvo "Pravda", 1961. (32 pp.) Cuadernillo de la serie "Biblioteca Ogoniok", núm. 33.

Contiene: pequeña selección en ruso con textos de: *CGest* 3-9, *NRegr* 10-16, *Estrav* 17-23, *TLOdas* 24-26, *CSAmor* 27, otros poemas 28-30.

1319. [*Kamni Chile (Piedras de Chile).*] Traducción de Ovadi Sávich, en: rev. *Inostránnaia Literatura*, Moscú, núm. 3 (mar. 1963), 57-60.

Original: *PChile*, siete poemas.

1320. [*Plávania i Vozrashchénia (Navegaciones y Regresos).*] Traducciones de Margarita Aliguer y Ovadi Sávich, con prefacio de Ilya Ehrenburg. Moscú, Izdatelstvo "Progress", 1964. (399 pp.) Edición encuadernada, 17 x 13 cm, diseñada por G. Fisher. (Antología en ruso con textos 1958-1964).

Contiene: a) "Pablo Neruda", Ehrenburg, 7-24; b) selección de poemas tomados de: *Estrav* 25-70, *NRegr* 71-114, *CSAmor* (texto completo del libro) 117-216, *CCerem* 217-254, *PChile* 255-290, *PPcd* 291-304, *MINegr* 305-387, más dos poemas no incluidos en libros, 389-394.

1321. [*Ptitsi Chili (Pájaros de Chile)*.] Traducción de Ovadi Sávich con ilustraciones de N. y P. Borisov. Moscú, Izdatelstvo "Progress". 1967. (80 pp.) Edición en rústica, 16 x 12 cm.

Original: *ArtPájaros*, texto completo.

1322. [*Zviezda i Smiert Joakina Murieti.*] Traducción de Pável Grushkó, en: rev. *Inostránnaia Literatura*, Moscú, núm. 2 (feb. 1968), 3-40.

Original: *JMurieta*, texto completo.

25. NERUDA EN SUECO

25.1. SUECO (SUECIA)

1323. *The Dikter: "Den Förtvivlade Sängen"; 2, Södra Oceanen"; 3 "Himlens Drunkknade"*. Traducciones de Artur Lundkvist y M. J. P. Casanovas, en: rev. *BLM* (Bonniers Litterära Magasin). Estocolmo (abr. 1948).

Originales: 1, "La canción desesperada", *VPAmor*; 2, "El sur del océano", *RTierra*; 3, "La ahogada del cielo", *R3*.

1324. *Vistelse po Jorden. Dikter av F. García Lorca och Pablo Neruda*. Traducciones de Artur Lundkvist. Estocolmo, Bonniers, 1950. (205 pp.) En rústica.

Contiene: a) "Inledning", Lundkvist, 7-25; b) "Federico García Lorca", selección de poemas vertidos al sueco, 27-129; c) "Pablo Neruda", selección de poemas vertidos al sueco, 131-201.

1325. *Den Stora Oceanen*. Traducción de Artur Lundkvist. Estocolmo, FIB:S Lyrikklub, 1956. (79 pp.) Edición encuadernada, 19 x 12 cm.

Contiene: a) "Inledning", Lundkvist, 5-10; b) texto de la traducción, 11-78.
Original: "El gran océano", *CGen*, XIV.

1326. [*Oda a una Mañana en Stockholm.*] Poema traducido por Sun Axelsson, en: rev. *BLM*, Estocolmo (dic. 1960).

Original: poema de *NRegr*.

1327. [*Es Cierto, Amada Mía...*] Poema traducido por Sun Axelsson, en: *Dagens Nyheter*, Estocolmo (19 febrero 1961).

Original: poema de *HEnt*.

1328. [*Sonata y Destrucciones.*] Poemas traducido por Sun Axelsson, en: rev. *Lyrikvännen*, Estocolmo, núm. 2 (mar. 1961).

Original: poema de *RTierra*. I.

1329. *Den Mjuka Orkanen*. Antología con traducciones de Sun Axelsson. Estocolmo, Bonniers, 1961. (98 pp.) Edición en rústica, 21 x 13 cm.

CONTIENE: a) "Barndom och Poesi" ("Infancia y poesía", fram.), Neruda, 5-9; b) "Över en Oren Poesi" ("Sobre una poesía sin pureza"), Neruda, 10-11; c) antología en sueco con textos de: *libros juveniles* 13-29. *RTierra* 31-40. *CGen* (incluyendo texto completo de "Alturas de Macchu Picchu") 41-70, *poemas (1954-1959)* 7-92; d) notas y vocabulario, 93-96.

1330. *Lampan po Marken*. Antología: traducciones de Artur Lundkvist y Francisco J. Uriz. Estocolmo, Bonniers, 1963. (243 pp.) Edición en rústica, 24 x 17 cm.

CONTIENE: importante antología en sueco con textos de: *RTierra* y *R3* 5-29, *CGen* 31-148, *OElem*, *NOElem* 149-217, *CCerem* 219-238.

26. NERUDA EN YIDDISH

26.1. YIDDISH (MÉXICO)

1331. *Gezangen tsu Stalingrad*. [Cantos a Stalingrado. España en el corazón.] Traducciones de Isaías Austridom (Austri-Dunn). México D.F., Yikuf-Farlag, 1949. (52 pp.) Edición en papel couché, 23 x 17 cm.

CONTIENE: a) prefacio de la editorial, 5-10; b) traducción de "Canto a Stalingrado", 11-14; c) traducción de "Nuevo canto de amor a Stalingrado", 15-20; d) carta de Manuel Altolaguirre, 23; e) traducción de 15 fragmentos de "España en el corazón", 25-52.

3. ADDENDA

1. PUBLICACIONES EN ESPAÑOL

A. ANTOLOGÍAS Y COMPILACIONES

1332. *Diez Odas, para 10 grabados de Roser Bru*. Barcelona, ediciones El Laberint, 1966. (91 pp.) Edición de gran tamaño, encuadernada en arpillera, 55 por 44 cm, con sobretapa sólida de lujo, con estuche. Tiraje: 216 ejs.

CONTENIDO: 1, Oda a la fertilidad de la tierra; 2, Oda al secreto del amor; 3, Oda a los nacimientos; 4, Oda lavando a un niño; 5, Oda para planchar; 6, Oda al albañil tranquilo; 7, Oda a una lavandera nocturna; 8, Oda a la mesa; 9, Oda a la cama; 10, Oda al difunto pobre.
Origen: estas odas fueron tomadas de *OElem* (1), *NOElem* (2,7), *TLOdas* (6), *NRegr* (8, 9), *PPod* (3, 4; 5; 10).
Colofón: "De este libro, *Diez odas de Pablo Neruda para diez grabados de Roser Bru*, primer volumen de la colección El Laberint, se ha hecho una tirada de 216 ejemplares numerados a prensa, sobre papel de hilo con filigrana dibujada por la autora de los grabados, fabricado especialmente para esta obra por las Manufacturas L. Guarro Casas S. A. de Gélida. Todos los ejemplares van firmados por sus autores."

1333. *Antología Poética*. Textos en español, con introducción y notas en italiano por Giuseppe Bellini. Milán, Murcia, 1968. (202 pp.) Edición en rústica, 20 × 13 cm.

CONTIENE: *poemas de amor* 17-22, *RTierra* 23-52, *R3* 53-68, *CGen* 69-102, *OElem*, *NOElem*, *TLOdas* 103-114, *Estrav* 115-128, *NRegr* 129-136, *CSAmor* 137-148, *CGest* 149-156, *PChile* 157-162, *CCerem*

163-172, *MINegr* 173-194. Notas biográficas y bibliográficas, 197-202.

1334. *Antología esencial.* Selección y prólogo de *Hernán Loyola.* Buenos Aires, Losada, 1971. Biblioteca Clásica y Contemporánea, 373; 340 pp.

B. NERUDIANA ORGÁNICA

VEINTE POEMAS DE AMOR

1335. *Primeros Poemas de Amor.* Madrid, Ediciones Héroe. 1936. (32 pp.) Edición encuadernada, 10 × 12 cm.

Contiene: 9 poemas *de VPAmor*: I, Cuerpo de mujer; II, Es la mañana; III, Ebrio de trementina; IV, Casi fuera del cielo; V, He ido marcando; VI, Juegas todos los días; VII, Pensando, enredando sombras; VIII, Aquí te amo; IX, *Una canción desesperada*: Emerge tu recuerdo.
Colofón: "Este libro se acabó de imprimir por Concha Méndez y Manuel Altolaguirre el 6 de marzo de 1936, en Viriato. 73. Madrid."

TERCERA RESIDENCIA

1336. *Canto a las Madres de los Milicianos Muertos.* Texto en español y partitura para soprano, coro y orquesta, de Flavio Testi. Milán. Ricordi. 1967. (38 pp.) Cuaderno. 33 × 25 cm.

CANTO GENERAL

1337. *Alturas de Macchu Picchu.* Edición ilustrada con fotografías de Graziano Gasparini. Buenos Aires. Losada. 1972.

LA BARCAROLA

1338. *La Barcarola (Fragmentos)* En: revista *Papeles*, Caracas, núm. 4 (mayo-junio-julio 1967).

OBRAS COMPLETAS

1339. Obras completas. Buenos Aires. Losada. 1968. Colección

Cumbre. Tercera edición aumentada; 2 vol. de 1588 y 1649 pp.

1340. Obras completas, Losada. 1973. Colección Cumbre. Cuarta edición aumentada: 3 vol. de 1047. 1236 y 1210 pp.

C. NERUDIANA DISPERSA

1341. *"El poeta persa, bajo una ojiva de siete colores..."* Prólogo en prosa. en: *Antología poética de Pablo Neruda*, 1964. Ver f. 1307.

1342. *Ramón*. [Ramón Gómez de la Serna.] Artículo. en: revista *Ercilla*, Santiago, núm. 1716 (8 mayo 1968). Segunda entrega de la serie "Reflexiones desde Isla Negra".

1343. *Pablo Neruda. Miembro de la Academia Norteamericana de Artes y Letras*. Texto de una carta (y sus antecedentes) en: diario *El Mercurio*, Santiago (12 mayo 1968).

1344. *Neruda: no acepta recibir premio de manos del embajador de USA*. Mismo texto anterior, y sus antecedentes. en: diario *El Siglo*, Santiago (13 mayo 1968).

1345. *Sonata con recuerdos*. Artículo. en: revista *Ercilla*, Santiago, núm. 1718 (22 mayo 1968). Tercera entrega de la serie "Reflexiones desde Isla Negra".

2. PUBLICACIONES EN OTROS IDIOMAS

7.1. ESLOVACO

1346. *Oda na typografie*. Traducción de Nélida Noskovicova. Vydavatel'stvo. Bratislava. Tatran, 1972.

1347. *Plamenny mec*. Traducción de Nélida Noskovicova. Slovensky Spisovatel, 1972.

14.1. INGLÉS (INGLATERRA)

1348. *Songs*. Traducción de Christopher Logue. En: Hutchinson & Co. *LTD*, London, 1959.
    CONTIENE: *CPAmor (texto completo)*.

11.2. INGLES (ESTADOS UNIDOS)

1349. *Further Poems*. Traducción de Ben Belitt y Alastair Reid. En: Grove Press, New York. 1968.

1350. *Selected Poems*. Traducción de A. Kerrigan, W. S. Merwin, Alastair Reid, Nathaniel Tarn. A Delta Book, New York, Dell Publishing Co., 1973.

16.1. ITALIANO (ITALIA)

1351. *Canto General*. Traducción de Dario Puccini. En: Sansoni, Firenza, Italia.

CONTIENE: *CGen (texto completo)*.

22.1. PORTUGUÉS (PORTUGAL)

1352. *Antología de Pablo Neruda*. Traducción de José Bento. Porto, Editorial Inova, SARL, 1973.

24.1. RUSO (URSS)

1353. *Oda a la tipografía*. Versión rusa de Pável Grushcó. Moscú, Editorial "Kaiga", 1972.

25.1. SUECO (SUECIA)

1354. *20 Kärleksdikter och en förtvivlad sáng*. Traducción de Peter Landelis. En: Alb. Bonniers boktryckeri, Estocolmo, 1968 (48 pp.), 18 × 10 cm.

CONTIENE: *VPAmor (texto completo)*.

1355. *Personliga Dikter*. Traducción de Artur Lundkvist y Marina Torres. Stockholm, Albert Bonniers Forlag, 1973.

MOLDAVO

1356. *Odas elementales*. Editorial Kartya Moldavenyaske, Moldavia, 1969.

1357. *Las cuatro estaciones del alma*. Recopilación. Editorial Kartya Moldavenyaske, Moldavia, 1970.

1358. *Cien sonetos de amor*. Traducción de Liviu Damián. La recopilación incluye los ciclos Mañana, Mediodía, Tarde y Noche. Editorial Kartya Moldavenyaske, Moldavia, 1973.

TURCO

1359. *Sürler*. Traducción de Enver Gokce. Yugel Yayinlari. Istanbul, 1971.

1360. *Sürler*. Traducción de Hilmi Yavuz. Yaylacik Matbaasi. Istanbul, 1971.

1361. *Kara Ada Defteri*. Traducción de Said Maden. Altinkitaplar, 1971.

BIBLIOGRAFÍA
II

FUENTES PARA EL CONOCIMIENTO DE PABLO NERUDA

por ALFONSO M. ESCUDERO, O. S. A.

EQUIVALENCIA DE ABREVIATURAS

A	= Revista *Atenea*, Concepción-Santiago, Chile.
AUCh	= *Anales de la Universidad de Chile*, S.
DIL	= *El Diario Ilustrado*, S.
E	= semanario *Ercilla*, S.
M	= *El Mercurio*, S.
Marcha	= semanario *Marcha*, Montevideo.
N	= *La Nación*, S.
Nacional	= *El Nacional*, Caracas.
PA	= revista *Pro Arte*, S.
RAm	= *Repertorio Americano*, de don Joaquín García Monge, San José de Costa Rica.
RHM	= *Revista Hispánica Moderna*, Universidad de Columbia, N. York.
RNC	= *Revista Nacional de Cultura*, Caracas.
S	= (como ciudad) Santiago de Chile.
S	= (como periódico) *El Siglo*, S.
Universal	= *El Universal*, Caracas.
UNot	= *Las Últimas Noticias*, S.
V	= semanario *Vistazo*, S.
ZZ	= según el caso, el semanario o la editorial *Zig-Zig*, S.

Cuando no se diga otra cosa, se entiende que la publicación es de Santiago (Chile).

1. *Ecos de los Juegos Florales.*
   Asteroides, Cauquenes, n. 7, octubre de 1919.

   Habían sido premiados Abel González, Aída Moreno Lagos y Neftalí Reyes.

2. *Juegos Florales de Maule*, Cauquenes, 1919.

   Neftalí Reyes, de 15 años, se presentó con los seudónimos de *Kundalini* y *Ricardo Aramís*.

   El jurado (Aníbal Jara Letelier, Domingo Melfi y Alberto Méndez Bravo) resolvió:

   "*Comunión ideal* de Kundalini nos parece digna de una tercera recompensa por la amplitud de visión y el concepto de belleza que revela su autor. Su forma demuestra inexperiencias de lenguaje que empañan el sentimiento.

   En el mismo tema, estimamos digna de una mención honrosa la composición "Las emociones eternas", colección de tres sonetos firmados por Ricardo Aramís" (p. 47).

3. RAÚL SILVA CASTRO: *Los nuevos: Pablo Neruda.*
   Claridad, 22 de enero de 1921. Firmado Fernando Osorio.

   Creo que es la primera vez que Neftalí Reyes Basoalto aparece como *Pablo Neruda*, firma que había comenzado a usar hacía poco.

4. PABLO NERUDA: Sobre *Los gemidos.*
   Claridad, 16 de diciembre de 1922.

5. RAÚL SILVA CASTRO: *Notas sobre la juventud literaria de Chile* (artículo V).

6. HERNÁN DÍAZ ARRIETA (ALONE): *Crespusculario, por Pablo Neruda.*
   N, 2 de setiembre de 1923.

7. ROMEO MURGA: (Sobre *Crepusculario*).
 Claridad, setiembre de 1923.

8. SALVADOR REYES: *Crepusculario, por Pablo Neruda.*
 ZZ, 6 de octubre de 1923.

9. FERNANDO GARCÍA OLDINI: *Crepusculario.*
 Números 108 y 110 de *Claridad*, octubre de 1923.

10. PABLO NERUDA: *Figuras de la noche iluminada. La infamia de los poetas.*
 ZZ, 20 de octubre de 1923.

11. PEDRO PRADO: *Pablo Neruda y su libro "Crepusculario".*
 ZZ, 20 de octubre de 1923. y *Claridad*, 27 de octubre de 1923.
 El espaldarazo

12. RICARDO A. LATCHAM: *Crepusculario, por Pablo Neruda.*
 DIL, 31 de octubre de 1923.

13. RAÚL SILVA CASTRO: *Un poeta y su pueblo. Literatura y primavera en Temuco.*
 Claridad, 2 de noviembre de 1923.

14. *Crepusculario.*
 La Nación, Buenos Aires, 4 de noviembre de 1923.

15. EMILIO VAÏSSE (OMER EMETH): *Crepusculario, versos de Pablo Neruda.*
 M, 5 de noviembre de 1923.

16. ALFONSO M. ESCUDERO (O. S. A.): *La actividad literaria chilena en 1923.*
 Revista *España y América*, Madrid, 15 de mayo de 1924, p. 282.

17. GUILLERMO ROJAS CARRASCO: *Crepusculario, de Neruda.*
 Cultura, mayo-junio de 1924, pp. 115-18.
 Rojas Carrasco ya había intervenido en destacar al poeta de 15 años en los Juegos Florales de Cauquenes (1919).

18. ALONE: *Veinte poemas de amor y una canción desesperada.*
 N, 3 de agosto de 1924.

19. Ángel Cruchaga Santa María: *El libro de Pablo Neruda.*
 N, agosto de 1924.
 Se trata de *Veinte poemas de amor y una canción desesperada.*

20. Mariano Latorre: *Veinte poemas de amor y una canción desesperada.*
 ZZ, 16 de agosto de 1924.

21. Pablo Neruda: *Exégesis y soledad.*
 N, 20 de agosto de 1924.
 Artículo en que lo que hemos llamado susceptibilidad excesiva se desahoga contra Latorre y Alone.

22. Raúl Silva Castro: *La poesía de Pablo Neruda.*
 Claridad, n. 125, setiembre de 1924.

23. Ricardo A. Latcham: *Veinte poemas de amor y una canción desesperada.*
 Revista Católica. S. n. 555. 20 de setiembre de 1924. pp. 465-67
 Reproduce *Exégesis y soledad*, n. 21.

24. González Vera: *Disquisiciones sobre Neruda.*
 M, 23 de noviembre de 1924.

25. Armando Donoso: *Nuestros poetas.* Nascimento (1924). pp. 445-56.

26. Alfonso M. Escudero: *La actividad literaria chilena en 1924.*
 A, 31 de marzo de 1925, p. 69; y *España y América*, Madrid, 1º de mayo de 1925, p 206.

27. Iván Petrov: *Pablo Neruda.*
 Ariel, n. 1, junio de 1925.
 Sobre *Veinte poemas.*

28. Alone: *Tentativa del hombre infinito, por Pablo Neruda.*
 N, 10 de enero de 1926.

29. Raúl Silva Castro: *Tentativa del hombre infinito.*
 M, 31 de enero de 1926.

30. Alfonso M. Escudero: *La actividad literaria chilena en 1925.*
 A, 31 de marzo de 1926, p. 68.

31. Raúl Silva Castro: *Las revistas: Panorama. Número 1. Abril* (1926).
   M, 9 de mayo de 1926.

32. Humberto Díaz Casanueva: *El último libro de Pablo Neruda.*
   Claridad, n. 132, julio de 1926.

33. Pablo de Rokha: *Tentativa del hombre infinito, poema de Pablo Neruda.*
   N, probablemente a mediados de 1926.

34. *El habitante y su esperanza, por Pablo Neruda. A*, setiembre de 1926, p. 84.

35. Alone: *El habitante y su esperanza, novela por Pablo Neruda.*
   N, 26 de setiembre de 1926.

36. Ricardo A. Latcham: *Una novela de Pablo Neruda.*
   DIL, 3 de octubre de 1926.

37. Ginés de Alcántara: *El habitante y su esperanza, por Pablo Neruda.*
   M, 4 de octubre de 1926.
   Ginés de Alcántara era uno de los seudónimos de Juanita Quindos de Montalva.

38. Raúl Silva Castro: *Una hora de charla con Pablo Neruda.*
   M, 10 de octubre de 1926.

39. *Anillos, por Pablo Neruda y Tomás Lago.*
   A, noviembre de 1926, p. 369.

40. Augusto Iglesias: *El habitante y su esperanza, novela por Pablo Neruda.*
   Los Tiempos, S, 15 de noviembre de 1926.
   Firmado: *Doctor Canopus.*

41. Ginés de Alcántara: *Anillos, por Pablo Neruda y Tomás Lago.*
   M, 28 de noviembre de 1926.

42. Ricardo A. Latcham: *Anillos, por Pablo Neruda y Tomás Lago.*
   DIL, 5 de diciembre de 1926.

43. ALONE: *Anillos, por Pablo Neruda y Tomás Lago.*
    N, 19 de diciembre de 1926, p. 6.

44. *Índice de la nueva poesía americana.* El Inca, Buenos Aires, 1926. Prólogos de *Alberto Hidalgo, Vicente Huidobro y Jorge Luis Borges.*
    Ver pp. 189-96.

45. ALONE: *Segundas ediciones de Pablo Neruda y Pedro Antonio González.*
    N, 13 de marzo de 1927.

46. MANUEL EDUARDO HÜBNER: *Ecos literarios. Pablo Neruda.*
    ZZ, 9 de julio de 1927.

47. ALFONSO M. ESCUDERO: *La actividad literaria chilena en 1926.*
    A, 31 de julio de 1927, pp. 456 y 461; y *España y América*, Madrid, 15 de setiembre de 1927, p. 421, y 1º de octubre de 1927, p. 39.

48. PABLO NERUDA: *Imagen viajera.*
    N, 14 de agosto de 1927.
    Firmado en Alta Mar.

49. E. SALAZAR CHAPELA: (Sobre *El habitante y su esperanza*).
    SOL, Madrid, 25 de setiembre de 1927.

50. MIGUEL PÉREZ FERRERO: *El habitante y su libro. Gaceta Literaria*, Madrid, 1º de octubre de 1927.

51. PABLO NERUDA: *Danza de África.*
    N, 20 de noviembre de 1927.
    Desde Djibouti.

52. PABLO NERUDA: *Colombo dormido y despierto.*
    N, 4 de diciembre de 1927.

53. ALFREDO CONDON: (Sobre *Anillos*).
    Gaceta Literaria, Madrid, 15 de diciembre de 1927.

54. FRANCISCO SOTO Y CALVO: *Índice y fe de erratas de la nueva poesía americana*, Samet, Buenos Aires, 1927, pp. 179-81.
    Respuesta burlesca al *Índice* del n. 44.

55. FERNAND VANDÉREM: *Les lettres et la vie.*

Revue de France, Paris, 1º de noviembre, pp. 153-64; 1º de diciembre de 1927, pp. 534-44; 1º de enero, pp. 143-62; 1º de marzo, pp. 151-171, y 1º de abril de 1928, pp. 516-30.
Sobre la oscuridad en poesía.

56. Pablo Neruda: *Port Said.*

57. Pablo Neruda: *Diurno de Singapore.*
N, 5 de febrero de 1928.

58. Pablo Neruda: *Madras. Contemplación del acuario.*
N, 12 de febrero de 1928.

59. Pablo Neruda: *El sueño de la tripulación.*
N, 26 de febrero de 1928.
Desde el golfo de Bengala.

60. Pablo Neruda: *Contribución al dominio de los trajes.*
N, 4 de marzo de 1928.
Enviada desde Rangún.

61. Pablo Neruda: *Invierno en los puertos.*
N, 8 de abril de 1928.

62. Alone: *Tres prosistas chilenos contemporáneos.*
ZZ, 28 de abril de 1928.
Son Pablo Neruda, Pedro Prado y Augusto D'Halmar.

63. Pablo Neruda: *Nombre de un muerto.*
N, 20 de mayo de 1928.
Al llegarle la noticia de la muerte de Augusto Winter.

64. G. Guerra: *Pablo Neruda.*
N, 10 de junio de 1928.

65. O. Márquez: *Charlas literarias con don Pedro Prado. Charla peripatética sobre Pablo Neruda.*
Universidad, Bogotá, 18 de agosto de 1928.

66. Emilio Vaïsse (Omer Emeth): *La muerte de la poesía; oscurismo; "clarteísmo" y musicismo.*
M, 27 de diciembre de 1928.

67. Gilko Orellana: *Viéndolos pasar. VI: Pablo Neruda.*

Creo que en M, allá por 1928-29.
Gilko Orellana era, según Silva Castro, Armando Donoso.

68. RAÚL SILVA CASTRO: (Carta a Omer Emeth).
M, 6 de enero de 1929.
En la crónica de Omer Emeth. Respuesta al número anterior.

69. PABLO NERUDA: *Oriente y oriente.*
N, 7 de febrero de 1929.
Desde Wellawatta, Ceylán.

70. PABLO NERUDA: *Ceylán espeso.*
N, 7 de noviembre de 1929.
Crónica fechada en Ceylán.

71. WILLYS KNAPP JONES: (Sobre *Crepusculario*).
Books Abroad, University of Oklahoma, Norman, 1929,
III, p. 42.

72. FERNANDO GARCÍA OLDINI: *Doce escritores,* Nascimento, 1929, pp. 141-54.

73. JULIO CHACÓN DEL CAMPO: en *La Provincia de Linares,* 1929.

74. PABLO NERUDA: *Refuta influencias indirectas.*
N, 15 de octubre de 1930.
Desde Weltevreden, Java.

75. RAÚL SILVA CASTRO: *Arbitrariedades sobre la poesía.*
Índice, S, n. 5, agosto de 1930.

76. SAMUEL A. LILLO: *Literatura chilena.*
5ª edición, Nascimento, 1930, p. 537.

77. TOMÁS GATICA MARTÍNEZ: *Ensayos sobre literatura hispanoamericana. I: La poesía en Chile, Argentina y Perú,* 1930, pp. 129-32.

78. *Señorita Maruca Hagenaar, cuyo matrimonio con don Pabol Neruda, cónsul de Chile en Singapore y Java, verificóse el 6 de diciembre en Batavia, isla de Java.*
N, 19 de marzo de 1931.

79. ALONE: *Pablo Neruda.*
Gaceta Literaria, Madrid, 15 de enero de 1931; luego

en *Panorama de la literatura chilena durante el siglo* xx. Nascimento, 1931, pp. 116-18.

80. Pablo Neruda: *Introducción a la poética de Ángel Cruchaga.*
A, mayo-junio de 1931, pp. 82-83; y en *Afán de corazón*, Santiago, 1933, y en la *Antología* de Cruchaga, Buenos Aires, Losada, 1946.

81. Ricardo A. Latcham: *Diagnóstico de la nueva poesía chilena.*
Sur, Buenos Aires, n. 3, invierno de 1931, pp. 138-54.

82. Rubén Azócar: *La poesía chilena moderna.*
S, 1931, pp. 303-04.

83. Virgilio Figueroa.: *Diccionario histórico, biográfico y bibliográfico de Chile*, t. IV-V, 1931, pp. 360-02.

84. *La poésie.*
Le Mois, París, enero de 1932.

85. Miguel Hernández: *Folletones de El Sol: Residencia en la Tierra.*
Sol, Madrid, 2 de enero de 1932.

86. Alfonso Bulnes: *Presentación de Neruda.*
A, n. 87, mayo de 1932, pp. 233-37.

87. Luis Enrique Delano: *Regreso de Neruda.*
M, 15 de mayo de 1932.

88. Roberto Meza Fuentes: *Perfil de un poeta.*
M, 22 de mayo de 1932.

89. Pablo Neruda: *Discurso* en la manifestación que se le hizo a su regreso a Chile.
M, 30 de mayo de 1932.

90. *Una hora con Pablo Neruda.*
Cédula, n. 3, 31 de mayo de 1932.

91. *De las cosas fantásticas que conoció en la India nos habla Pablo Neruda.*
Entrevista en *UNot*, 21 de junio de 1932.

92. Roberto Meza Fuentes: *Veinte poemas de amor y una canción desesperada por Pablo Neruda.*
M, 11 de setiembre de 1932.

93. ALONE: *Veinte poemas de amor y una canción desesperada por Pablo Neruda.*
    N, 18 de setiembre de 1932.

94. JOAQUÍN EDWARDS BELLO: *Neruda esta tarde en el Miraflores.*
    N, 10 de noviembre de 1932.

95. PABLO DE ROKHA: *Pablo Neruda, poeta a la moda.* Opinión, S, 11 de noviembre de 1932.

96. PABLO NERUDA: Carta a Raúl Silva Castro y Alone, a propósito del *Tratado del bosque*, de Juvencio Valle, y en la que toma el pelo al runrunista Alfonso Reyes Messa.
    N y M, 27 de noviembre de 1932·

97. PABLO DE ROKHA: *Neruda y Cía.*
    Opinión, 23 de noviembre de 1932.

98. BENJAMÍN MORGADO: *Carta de un runrunista a Pablo Neruda.*
    N y M, 27 de noviembre de 1932.

99. A. L. V.: *Runrunismo.*
    M, 18 de diciembre de 1932.

100. RAÚL SILVA CASTRO: *Retratos literarios.* S, Ercilla, 1932, pp. 199-215.

101. ALFRED HENRY HOLMES: *Spanish America in song and story*, Holt, N. York, 1932.

102. ABEL VALDÉS ACUÑA: *El hondero entusiasta de Pablo Neruda.*
    M, 9 de febrero de 1933.

103. ANTONIO ROCCO DEL CAMPO: *Glosa del "Hondero entusiasta".*
    N, 23 de febrero de 1933, p. 7.

104. JOSÉ SANTOS CHOCANO: *Panorama lírico. A través de un recital poético* (de Neruda).
    La Prensa, Buenos Aires, 12 de marzo de 1933.
    N, 2 de abril de 1933; RAm, 8 de junio de 1935.
    Ausente en las *Obras completas* de Chocano.

1117

105. Luis Felipe Vivanco: *La desesperación en el lenguaje: Residencia en la tierra.*
Cruz y Raya, Madrid, n. 8, abril de 1933, pp. 149-58.

106. Roberto Meza Fuentes: *El hondero entusiasta, por Pablo Neruda.*
M, 14 de mayo de 1933.

107. Rafael Cabrera Méndez: *Neruda acusado de plagio.*
M, 21 de mayo de 1933.

108. Pablo de Rokha: *Epitafio a Neruda.*
Opinión, S, 22 de mayo de 1933.

109. Norberto Pinilla: *Residencia en la tierra.*
N, 11 de junio de 1933.

110. Magdalena Petit: *Pablo Neruda (analizado en una de sus poesías).*
A, n. 99, julio de 1933, pp. 99-105.
Se trata del poema 9: *Ebrio de trementina*...

111. Alfredo Condon: *Memorándum: Residencia en la tierra.*
ZZ, 28 de julio de 1933.

112. Carlos Préndez Saldías: *Poetas chilenos en* Atenea.
A, n. 100, agosto de 1933, pp. 294-305.

113. Alfonso Bulnes: *Residencia en la Tierra.*
MAS, S, agosto de 1933.

114. W. Mayer: *La poésie d'aujourd-hui. De l'incohérence à l'hermétisme.*
Revue Bleue, París, creo que setiembre de 1933, pp. 588-91.

115. José María Souvirón: *Presidencia en la Tierra.*
M, 11 de setiembre de 1933.

116. E. Salazar Chapela: *Residencia en la Tierra.*
Sol, Madrid, y luego, *Meditaciones*, S, setiembre-octubre de 1933, pp. 63-64.

117. Guillermo de Torre: *Un poeta chileno en Madrid: Pablo Neruda y su último libro Residencia en la Tierra.*
Luz, Madrid, 17 de agosto de 1934.

118. *Veinte poemas de amor*, por Pablo Neruda.
Prensa, Buenos Aires, 14 de octubre de 1934.

119. JENARO PRIETO: *Poesía y aviación*.
DIL, 29 de octubre de 1934.
Firmado P.

120. CHELA REYES: *Sobre un poema de Neruda*.
DIL, 29 de octubre de 1934.
Sobre *Alberto Rojas Jiménez viene volando*.

121. *El affaire Neruda-Tagore*.
Revista *Pro*, n. 2, noviembre de 1934.
Reproducción en *Vital*, enero de 1935, con comentario de Vicente Huidobro.

122. LUIS ENRIQUE DÉLANO: *Esquema de la poesía joven de Chile*.
A, n. 113, noviembre de 1934, pp. 24-35.

123. *Neruda sería campeón en el truco para plagiar poemas*.
UNot. 28 de noviembre de 1934.
Los poemas en discusión son el 20 de *El jardinero de Tagore*. y el 16 de *20 poemas de amor* de Neruda.

124. TOMÁS LAGO (y) DIEGO MUÑOZ: *No era plagio; era paráfrasis*. *UNot*, ¿de noviembre o diciembre de 1934?

125. JAIME DVOR (y) EDUARDO LIRA: *Directores de* Pro *refutan la teoría de la paráfrasis*.
Creo que en *UNot* de noviembre o diciembre de 1934.

126. FEDERICO GARCÍA LORCA: Presentación de Neruda en Madrid el 6 de diciembre de 1934.
Solapa de la 5ª edición de *Crepusculario*, Nascimento, 1945, y en *Obras completas* de FGL, Aguilar, Madrid, 1960.

127. PABLO DE ROKHA: *Esquema del plagiario*.
Opinión, 16 de diciembre de 1934.

128. ALFONSO TOLEDO ROJAS: *Desenmascarando a Pablo Neruda, el poeta de los versos ajenos*.
Opinión, 10 de diciembre de 1934.

129. JUSTICIERO: *Neruda, plagiario o gran poeta*.
Opinión, 15 de diciembre de 1934; y en *Vital*, enero de 1935.

130. Antonio Rocco del Campo: *El caso de Neruda se ve con frecuencia en las letras.*
 UNot, 19 de diciembre de 1934.

131. Federico García Lorca (y) Pablo Neruda: *Discurso al alimón sobre Rubén Darío.*
 Sol. Madrid, 30 de diciembre de 1934.

132. Domingo Amunátegui Solar: *Las letras chilenas.* Nascimento, 1934, pp. 306-12.

133. G. Dundas Craig: *The modernist trend in Spanish Poetry.*
 Berkeley, 1934, pp. 226-35 y 330-33.

134. Federico de Onís: *Antología de la poesía española e hispanoamericana.*
 Madrid, 1934, pp. 1154-55 y 1195.

135. Volodia Teitelboim: *Habla el descubridor del plagio de Neruda.*
 Vital, enero de 1935.

136. Vicente Huidobro: *Precisemos.*
 Vital, enero de 1935.

137. *Homenaje a Pablo Neruda.* Plutarco, Madrid, 1935.
 Firman: Rafael Alberti, Vicente Aleixandre, Manuel Altolaguirre, Luis Cernuda, Gerardo Diego, León Felipe, Federico García Lorca, Jorge Guillén, Pedro Salinas; y Miguel Hernández, José A. Muñoz Rojas, Leopoldo y Juan Panero, Luis Rosales, Arturo Serrano Plaja, Luis Felipe Vicanco.
 Apareció en abril y anticipa *Tres cantos materiales.*

138. Isaac Felipe Azofeifa: *Pablo Neruda.*
 RAm, 8 de junio de 1935.

139. *Poetas jóvenes de España saludan a Pablo Neruda. UNot,* 19 de junio de 1935.

140. Alone: *Homenaje a Pablo Neruda en España.*
 N, 30 de junio de 1935.

141. J. Herrera Silva: *La musa en el país de las maravillas (Visión de la poesía chilena nueva).*
 A, n. 121, julio de 1935, pp. 22-50.

142. Mariano Picón Salas: *Nueva poética de Pablo Neruda.*
La Hora, 7 de julio de 1935; *RAm,* 6 de diciembre de 1935; y en *Un viaje y seis retratos, AEV,* 24, Caracas, 1940, pp. 67-72.
Trata del homenaje del n. 137 y de los *Tres cantos materiales.*

143. Norberto Pinilla: *Homenaje a Pablo Neruda.*
Revista del Pacífico, n. 2. julio de 1935. p. 53.

144. Pablo Neruda: *Sobre una poesía sin pureza.*
Caballo Verde para la Poesía, Madrid, I. octubre de 1935; más tarde en *Obras Completas.*

145. José Alfredo Hernández: *Pablo Neruda, poeta insigne.*
La Prensa, Lima, 3 de noviembre de 1935.

146. Alone: *Residencia en la Tierra, por Pablo Neruda.*
N, 24 de noviembre de 1935.

147. Pablo Neruda: *Conducta y poesía.*
Caballo Verde para la Poesía. Madrid, n. 3. diciembre de 1935; más tarde en *Obras completas.*

148. Eduardo Anguita (y) Volodia Teitelboim: *Antología de la poesía chilena nueva,* 1935, pp. 112-33.

149. Genaro Estrada: (Sobre *Residencia en la Tierra*). *Revista, de Revistas,* México, 26 de enero de 1936: *El Argentino,* La Plata, 23 de marzo de 1936.

150. Miguel Pérez Ferrero: *Dos poetas españoles en América y uno americano en Madrid.*
Tierra Firme, Madrid, año II, 1936, n. 1, pp. 38-45.
Trata de García Lorca, Alberti y Neruda.

151. Marcel Brion : (Sobre *Residencia en la Tierra*). *Nouvelles Littéraires,* París, 18 de abril de 1936; y *Revista de las Indias,* Bogotá, n. 1, julio de 1936, pp. 59-60.

152. A. Prats: *El poeta chileno Pablo Neruda dice que el mundo da la sensación de que se hace pedazos.*
RAm, 23 de abril de 1936.

153. Gabriela Mistral: *Recado sobre Pablo Neruda.*
RAm, 23 de abril de 1936; *M,* 26 de abril de 1936;

Contando a Chile, Santiago, Pacífico, 1957, páginas 165-69.

154. *Sobre Neruda.*
 A, n. 131, mayo de 1936, pp. 262-63.

155. María Alicia Domínguez: *Lo abstracto y lo humano en la poesía de Neruda.*
 El Argentino, La Plata, 18 de mayo de 1936.

156. *Pablo Neruda.*
 Hoy, n. 239, 19 de junio de 1936, pp. 16-17.

157. Arturo Aldunate Phillips: *El nuevo arte poético y Pablo Neruda. Apuntes de una charla en la Universidad de Chile y en la Sociedad Amigos del Arte*, Nascimento, 1936, 71 pp.

158. Gabriela Huneeus de Izquierdo: *El nuevo arte poético y Neruda.*
 ¿M?, 12 de julio de 1936.

159. Arturo Capdevila: *Pablo Neruda o aquel que se cansó de ser hombre.*
 Nosotros, Buenos Aires, n. 7, octubre de 1936; *RAm*, 2 y 16 de diciembre de 1936.

160. Concha Meléndez: *Pablo Neruda en su Extremo Imperio.*
 RHM, año III, n. 1, octubre de 1936, pp. 1-31; y revista *Universidad de Antioquia*, Medellín, n. 15-16, abril-mayo de 1937, pp. 407-54; probablemente el mismo de *Brújula*, San Juan de Puerto Rico, 1936, pp. 157-66.

161. Sidonia C. Rosenbaum: *Pablo Neruda: Bibliografía.*
 RHM, año III, n. 1, octubre de 1936.

162. Norberto Pinilla: *Capdevila y Neruda.*
 Revista *Mujeres de América*, probablemente de primavera de 1936 o verano de 1937.

163. Norberto Pinilla; *Apuntaciones sobre Pablo Neruda.*
 SECh, n. 3, diciembre de 1936, pp. 50-56.

164. Benjamín Subercaseaux: *El Pablo Neruda de Arturo Aldunate.*
 SECh, n. 3, diciembre de 1936, pp. 56-59.

165. ALFONSO HERNÁNDEZ CATÁ: *Una carta sobre Pablo Neruda.*
N, 3 de enero de 1937.

166. PABLO NERUDA: *Federico García Lorca.*
Conferencia homenaje de febrero de 1937 en París. *Hora de España*, París, 1937; E, 2 de abril de 1937; y *Obras completas*, 1962, pp. 1828-32.

167. PABLO ROJAS PAZ: *Pablo Neruda. La poesía y su inseguridad.*
Nosotros, Buenos Aires, n. 19, octubre de 1937, pp. 131-34; y en el libro *Cada cual y su mundo*, Poseidon Buenos Aires, 1944, pp. 101-20.
Parte de ese estudio debe ser lo aparecido en E, 26 de noviembre de 1937: *Neruda, precursor de una época poética.*

168. RAÚL MORALES ALVAREZ: *Habla Neruda: El arte de mañana será un quemante reportaje hecho a la actualidad. Comunista, no; y sí escritor libre.*
T, 12 de noviembre de 1937.

169. *España en el corazón.*
Hoy, n. 313, 18 de noviembre de 1937, p. 53.

170. ALONE: *España en el corazón... por Pablo Neruda.*
N, supongo que en los últimos meses de 1937.

171. CAMILO QUINZIO: *Pablo Neruda.*
Las Novedades Literarias, Artísticas y Científicas, S, diciembre de 1937.
Firmado Leander Osirius.

172. MANUEL SEOANE: *Pablo Neruda, hasta ayer cónsul de Chile en Madrid, conversa con..., en Santiago, acerca de la tragedia española.*
Hoy, n. 317, 16 de diciembre de 1937, pp. 50-54.

173. (JENARO) P(RIETO): *Con ojos de poeta.*
DIL, 1937.

174. F. DE MOTA: *Residencias de Pablo Neruda.*
Revista Americana de Buenos Aires, 1937, LXX, 18-31.

175. JUAN MARINELLO: *Recodo de Pablo Neruda.*
Pp. 73-77 de *Literatura hispanoamericana*, México, 1937.

176. Antonia Palacios: *París y tres recuerdos.* Caracas, eds. Suma, 1937.

177. Hernán del Solar: *Indice de la poesía chilena contemporánea.*
Ercilla, S, 1937, pp. XXII-III y 261-74.

178. *Veinte poemas...*
Hoy, n. 322, 20 de enero de 1938, p. 55.

179. Juan Marín: *Madrid-Temuco, ida y vuelta.*
E, 11 de febrero de 1938.

180. *Una declaración de la "Alianza de intelectuales de Chile para la defensa de la cultura" y su respuesta.* Sur, Buenos Aires, febrero de 1938.

181. *El hondero entusiasta.*
Hoy, n. 336, 28 de abril de 1938, p. 51.

182. Rafael Coronel. *Campanario literario. Pablo Neruda.*
La Semana Internacional, Valparaíso, 4 de junio de 1938.

183. *Conférence extraordinaire tenue à Paris le 25 juillet 1938. Association Internationale des Ecrivains pour la Défense de la Culture.* París, 1938.

184. Pablo Neruda: *César Vallejo ha muerto.*
Aurora de Chile, n. 1, agosto de 1938.

185. Louis Aragon: Prólogo a *L'Espagne au coeur,* de Neruda. París, 1938, eds. Desnoel.

186. *Residencia en la Tierra.*
Hoy, n. 359, 6 de octubre de 1938, pp. 58-59.

187. Clarence Finlayson: *Paisaje en Neruda.*
A, n. 160, octubre de 1938, pp. 47-60.

188. J. Portogalo: *Conversación con Pablo Neruda.* Columna, Buenos Aires, 1938, II, n. 9, 39-44.

189. Octavio Paz: *Pablo Neruda en el corazón.*
Ruta, México, 1938, n. 4, pp. 24-33.

190. Clarence Finlayson: *Pablo Neruda en "Tres cantos materiales",* pp. 19-28 de *Poetas y poemas,* eds. Revista Universitaria, 1938.

191. Lizardo Zía: *Retrato de un poeta*, prólogo de *Veinte poemas*, ed. Tor, Buenos Aires, 1938.

192. Pablo Neruda: *España*.
 N, 22 de enero de 1938.

193. Clarence Finlayson: *Visión de la muerte en Pablo Neruda*.
 RAm, 23 de mayo de 1942. Revista *Universidad de Antioquia*, Medellín, 1939, VIII, pp. 207-27.

194. Oreste Plath: *Itinerario sin rumbo del poeta Pablo Neruda*.
 N, 2 de abril de 1939.

195. Pablo Neruda: *En este desgarrador crepúsculo del mundo...*
 Aurora de Chile, n. 10, 6 de mayo de 1939.
 En el homenaje realizado en Buenos Aires en marzo de 1939.

196. *Residencia en la Tierra*.
 Hoy, n. 396, 22 de junio de 1939, pp. 63-64.

197. Víctor Franzani: *Las furias y las penas de Pablo Neruda*.
 N, 2 de julio de 1939.

198. Amado Alonso: *Algunos símbolos insistentes en la poesía de Pablo Neruda*.
 RHM, V, 3, julio de 1939, pp. 191-220.

199. Emilio Oribe, Juan Marinello y Pablo Neruda: *Pablo Neruda entre nosotros*, Montevideo, Aiape, 1939, 62 páginas.

200. Andrés Iduarte: (sobre) *Pablo Neruda entre nosotros*.
 RHM, V, octubre de 1939, pp. 327-28.

201. Amado Alonso: *La poesía de Pablo Neruda*.
 Nación, Buenos Aires, 5 de noviembre de 1939.

202. Juan Marinello: *Superación de Neruda*, en pp. 249-56 de *Momento español*, La Habana, 1939, creo que lo mismo de *Orto*, Manzanilla, 1939, XXVIII, 121-24.

203. Noemí Vergara de Bietti: *Pablo Neruda el poeta*. *Boletín del Colegio de Graduados* de la Facultad de Filosofía y Letras, Buenos Aires, 1939, IX, 26-28.

204. Antonio Rocco del Campo: *Panorama y color de Chile*, Ercilla, 1939, ps. 104-05, 230, 219-220..

205. *Neruda entre nosotros.*
Aurora de Chile, n. 17-18, diciembre de 1939 y enero de 1940.

206. *Neruda, hombre y poeta.*
Entrevista en *Qué Hubo*, 9 de enero de 1940.

207. W. J. Peñaloza: *La poesía de Pablo Neruda.*
Revista 3, Lima, núm. 4, marzo de 1940, pp. 69-87.

208. Clarence Finlayson: *Poesía de Neruda, Significación de elementos.*
Revista *Universidad Católica Bolivariana*, Medellín, creo que de mayo de 1940, pp. 17-48.

209. Trigueros de León: *Bajo el signo de Neruda.*
América, La Habana, julio de 1940.

210. *Los genios se alcanzan.*
Mandrágora, julio de 1940; N, 4 de agosto de 1940.

211. Concha Meléndez: *España en el corazón de Pablo Neruda.*
RAm, 14 de setiembre de 1940; más tarde, en las pp. 113. 25 del libro *Asomante*, Universidad de Puerto Rico, 1943.

212. Oscar Cerruto: *El mundo de Pablo Neruda.*
Argentina Libre, Buenos Aires, 5 de diciembre de 1940.

213. Amado Alonso: *Poesía y estilo de Pablo Neruda*, Losada, Buenos Aires, 1940, 294 pp. Segunda edición, ed. Sudamericana, Buenos Aires, 1951. Tercera edición, 1966.

214. Maurice Halperin: *Pablo Neruda in Mexico.*
Books Abroad, Norman, Oklahoma, XVI, 1941, n. 2, pp. 164-68.

215. Alone: *Poesía y estilo de Pablo Neruda [de A. Alonso].*
M, 12 de enero de 1941; y AUCh, 1941, XCIX, n. 42-43, pp. 277-81.

216. Luis Emilio Soto: *Exploración crítica de la poesía de Pablo Neruda.*
 Argentina Libre, Buenos Aires, 16 de enero de 1941; y Hoy, 13 de febrero de 1941, pp. 56-57.

217. Clarence Finlayson: *El problema de la muerte ontológica y la poesía de Pablo Neruda.*
 Revista Universidad Católica Bolivariana, Medellín, ns. 19-20; febrero-mayo de 1941, pp. 299-319. Hay separata.

218. Pablo Neruda: *Discurso.*
 Tierra Nueva, Universidad Nacional Autónoma de México, ns. 9-10, mayo-agosto de 1941, pp. 120-22.

219. María Victoria Prati: (sobre) *Alonso: Poesía y estilo de Pablo Neruda.*
 Sur, Buenos Aires, X, n. 82, julio de 1941, pp. 69-76.

220. Alone: *El poeta chileno Pablo Neruda según el crítico español Amado Alonso.*
 RNC, Caracas, n. 29, setiembre-octubre de 1941, pp. 103-05.

221. Alone: *Crepusculario.*
 M, 5 de octubre de 1941.

222. Luis Favio Xammar: *Amado Alonso: Poesía y estilo de Pablo Neruda.*
 Revista 3, n. IX, Lima, setiembre-diciembre de 1941.

223. Pedro Salinas: (sobre) *Alonso: Poesía y estilo de Pablo Neruda.*
 Modern Language Notes, Baltimore, 1941, LVI, 459-62.

224. R. Salmon: (sobre) *Alonso: Poesía y estilo de Pablo Neruda.*
 Anales del Instituto de Lingüística, Mendoza, 1941, I, 183-89.

225. Oreste Plath: *Poetas y poesía de Chile.*
 1941, pp. 77-98.

226. Carlos Poblete: *Exposición de poesía chilena.*
 Claridad, Buenos Aires, 1941, pp. 231-55.

227. Juan Ramón Jiménez: *Carta a Pablo Neruda.*
 RAm, 17 de enero de 1942.

228. José Revueltas: *América sombría.*
RAm, 9 de mayo de 1942.

229. J. R. Castro: *Neruda: dimensión y acento de americanidad.*

230. *Ciro Alegría escribe sobre Neruda.*
Norte (EE. UU.), mayo de 1942.

231. Fitts, Dudley: *Anthology of Contemporary Latin American Poetry*, Norfork, Connecticut, 1942.

232. Ilya Ehrenburg: *Carta abierta... a Pablo Neruda.*
La Literatura Internacional, Moscú, n. 6, 1942, pp. 29-31.

233. Juan Ramón Jiménez: *Pablo Neruda,* en *Españoles de tres mundos,* Losada, Buenos Aires, 1942.
Reproducción en *Índice,* Madrid, n. 110, marzo de 1958; y *Cuadernos,* n. 30, París, mayo-junio de 1958; y *Mito y verdad de Pablo Neruda,* México, 1958, pp. 67-69, y en el *Diario de Hoy,* El Salvador, 13 de noviembre de 1955.

234. Andrés Sabella: *La cuarta edición de Crepusculario.*
Hoy, 25 de junio de 1943, pp. 64-67.

235. Alone: *Nuevo canto de amor a Stalingrado, por Pablo Neruda.*
M, 4 de julio de 1943.

236. Luis Pastorini: *Pablo Neruda.*
RNC, Caracas, n. 39, julio-agosto de 1943, pp. 101-102.

237. Daniel Arango: *Carta a Pablo Neruda.*
Tiempo, Bogotá; y *Revista de las Indias,* Bogotá, n. 56, agosto de 1943, pp. 207-16.

238. Andrés Holguín: *Tres conferencias de Pablo Neruda.*
Revista de las Indias, Bogotá, n. 56, agosto de 1943, pp. 267-70.

239. Juan Ramón Jiménez: *¿América sombría?*
RAm, 14 de agosto de 1943; recogida en *La corriente infinita,* Aguilar, Madrid, 1961, pp. 187-198.

240. Octavio Paz: *Respuesta a un cónsul.*
Letras de México. 15 de agosto de 1943.

241. Lauro Escorel: *Poesia de Pablo Neruda.*
O Estado de Sao Paulo, 26 de agosto de 1943, pp. 4-5.

242. Arturo Aldunate: *Neruda,* en *Pablo Neruda: Selección,* Nascimento, S, 1943.

243. Manuel Altolaguirre: *Carta* (en noviembre de 1941), recogida en *Selección* de Neruda por A. Aldunate, S, 1943, pp. 319-22.

244. Alone: *Selección de Pablo Neruda* [de A. Aldunate], M, 29 de agosto de 1943.

245. Ramón Gómez de la Serna: *Neruda, grandísimo poeta.*
Saber Vivir, Buenos Aires, n. 37, agosto-setiembre de 1943. Pasó a *Nuevos retratos contemporáneos,* Sudamericana, Buenos Aires, 1945, pp. 269-86.

246. Pablo Neruda: *Palabras en el homenaje panameño de 3 de setiembre de 1943.*
RAm. 13 de octubre de 1943.

247. Pablo Neruda: *Viaje alrededor de mi poesía.*
Conferencia en Santiago a su regreso de México, el 8 de octubre de 1943.

248. *Temporal de ataques y contraataques literario dejó Neruda en Colombia.*
ZZ, S, 29 de octubre de 1943.

249. Ángel María Criales Díaz: *42 nudillos en el rostro de Neruda.*

250. Zoólogo: *Escarabajo lírico.*
ZZ, 29 de octubre de 1943.

251. Pablo Neruda: *Tres sonetos punitivos para Laureano Gómez.*
SUR, Buenos Aires, N. 221-222, marzo-abril de 1953.

252. Pablo Neruda: *Carta al Concejo de Medellín.*
Revista Municipal, Medellín, octubre de 1943.

253. Volodia Teitelboim: *Pablo Neruda habla.* Entrevista.
S, 5 de diciembre de 1943.

254. Simón Latino: *Pablo Neruda,* en *Los mejores versos,* colección Cuadernillos de poesía, 4, Bogotá, 1943. Segunda edición, Buenos Aires, 1957.

255. H. R. Hays: *Twelve Spanish American Poets.* New Haven, Yale University Press, 1943, pp. 240-65.

256. Alejandro Manco Campos: *Pablo Neruda en Lima.*
RAm, 15 de enero de 1944.

257. César Fernández Moreno: *Carta chilena: Neruda. Nación,* Buenos Aires, 30 de abril de 1944.

258. Francisco Coloane: *Neruda y el mar.*
Antártica, S, n. 4, diciembre de 1944.

259. Concha Meléndez: *The Spanish American Books.*
Books Abroad, 1944, XVIII, 225-30.

260. Mahfud Massis: *Los tres,* S, 1944. 103 pp. (Sobre Rokha, Huidobro y Neruda).

261. Jorge Elliot: *Pablo Neruda.*
Andean Quarterly, Santiago, Christmas, 1944, pp. 5-12.

262. Antonio Acevedo Escobedo: *Poesía hispanoamericana contemporánea.*
BEP, 24, México, 1944, pp. 42-44.

263. Carlos René Correa: *Poetas chilenas,* S, 1944, pp. 371-84.

264. Juan Larrea: *El surrealismo entre el viejo y nuevo mundo,* México, 1944, especialmente pp. 84-94.

265. Roque Esteban Scarpa: *Lecturas chilenas.*
Zig-Zag, 1944, pp. 379-86.

266. *Quién es Pablo Neruda,* S, ed. del Comité Intelectuales pro candidatura de Pablo Neruda, 1945.

267. (Jenaro) P(rieto): *Proclama lírica.*
DIL, 25 de febrero de 1945.

268. Antonio de Undurraga: *Neruda al Senado.*
UNot, 11 de marzo de 1945.

269. Sady Zañartu: *Pablo Neruda, Premio Nacional 1944.*

La Gaceta Literaria, S, marzo de 1945 (salió más tarde).

270. Diego Muñoz: *Pablo Neruda.*
S, 25 de mayo de 1945.

271. Lenka Franulic: *Neruda.*
E, 29 de mayo de 1945.

272. *Neruda, senador y poeta residente en la Tierra, obtuvo los cien mil del Premio Nacional de Literatura.*
E, 29 de mayo de 1945.

273. Juan Figari: *A propósito del Premio Nacional de Literatura.*
Crisol, Concepción, mayo de 1945.

274. Eduardo Carranza: *El canto general de Chile.*
Tiempo, Bogotá, 3 de junio de 1945.

275. Tomás Lago: *Pablo Neruda: tras el rostro de un perfil.*
Antártica, S, ns. 10-11, junio-julio de 1945. Más tarde en *PA*, n. 22, 9 de diciembre de 1948, con el título de *Neruda en la época de Crepusculario.*

276. *A inteligéncia brasileira e Pablo Neruda.*
Leitura, 31, Julho 1945, Río de Janeiro.

277. Julio Durán Cerda: *Pablo Neruda.*
Boletín del Instituto Nacional, S, agosto de 1945.

278. Tomás Lago: *Pablo Neruda, Premio Nacional de Literatura.*
Revista de Educación, S, 30 de agosto de 1945.

279. (Palabras de Neruda con motivo del Premio Nobel a Gabriela Mistral.)
Boletín de sesiones del Senado. Legislatura extraordinaria. Sesión del 20 de noviembre de 1945, pp. 297-98; y *M*, 21 de noviembre de 1945.

280. Alberto Lefebvre: *Poetas chilenos contemporáneos.*
Zig-Zag, 1945, pp. 136-50.

281. Leopoldo Panero: *Antología de la poesía hispanoamericana desde Rubén Darío hasta nuestros días*, t. II, Ed. Nacional, Madrid, 1945, pp. 483-95.

282. Carlos Salazar Barra: *Neruda, De Rokha y Huidobro. Tres poetas contemporáneos.*
Memoria de prueba. 1945.

283. Álvaro Sanclemente: *La pasión en la poesía de Pablo Neruda.*
Revista de las Indias, Bogotá, n. 91, julio de 1946, pp. 41-58.

284. Ney Himiob: *Oda a Pablo Neruda.*
RNC, Caracas, n. 57, julio-agosto de 1946, pp. 86-88.

285. Eulalia Puga: *Carta al senador Pablo Neruda.*
E, 27 de agosto de 1945, p. 5.

286. Mario Osses: *La poesía erótico-panteísta de Pablo Neruda.* (Extracto.)
Vértice, S. noviembre de 1946, pp. 50-53.

287. José Zañartu Bezanilla: *Neruda.*
Amargo, ns. 1 (agosto, pp. 14-19) y 3 (diciembre de 1946, pp. 13-20).

288. Manuel Bianchi: *Pablo Neruda.*
N, 15 de diciembre de 1946.

289. Ermilo Abreu Gómez: *Pablo Neruda.* pp. 197-99 de *Sala de retratos*, México, Leyenda, 1946.

290. Sergio Atria: *Antología de la poesía chilena.* Cruz del Sur, 1946; pp. 88-112.

291. Juan Jacobo Bajarlía: *Literatura de vanguardia. El "Ulises" de Joyce y las escuelas poéticas.* Buenos Aires, Araujo, 1946, pp. 124-38.

292. Pablo Neruda: *Discurso de despedida a Nicolás Guillén,* el 10 de enero de 1947.
S, 11 de enero de 1947; y RAm, 22 de febrero de 1947.

293. Andrés Iduarte: *La literatura de hoy. Tercera residencia, de Pablo Neruda.*
RHM, XIII, enero-abril de 1947, pp. 42-43.

294. Pablo Neruda: *Viajes: Al corazón de Quevedo y Por las costas del mundo,* ediciones Sociedad de Escritores de Chile, otoño de 1947.

295. JUANA DE IBARBOUROU: (Charla radial sobre Neruda el 17 de abril de 1947).
Letras del Ecuador, Quito. ns. 24-25. junio-julio de 1947.

296. ALEJANDRO CARRIÓN: *Una victoria del hombre mediocre*.
Letras del Ecuador, Quito. ns. 24-25. junio-julio de 1947.

297. GRACIELA AMADOR: *Pablo Neruda*.
N, 3 de agosto de 1947.

298. ALONE: *Neruda*.
M, 7 de setiembre de 1947.
Reproducido en parte en *Crisol*. Concepción. setiembre-octubre de 1949, p. 321.

299. *Tercera residencia*.
Prensa, Buenos Aires, 21 de setiembre de 1947.

300. ALONE: *Crepusculario* (ed. Cruz del Sur).
M, 5 de octubre de 1947.

301. HUMBERTO RIVAS MIJARES: (Sobre *Viajes*).
RNC. Caracas. n. 64. setiembre-octubre de 1947. pp. 175-77.

302. EMIR RODRÍGUEZ MONEGAL: *Tercera residencia, de Pablo Neruda*.

302b. PABLO NERUDA: *Carta íntima para ser leída por millones de hombres*.
Nacional, 27 de noviembre de 1947.

303. EDOARDO CREMA: *La sintaxis en Píndaro y Neruda*.
Cultura Universitaria, Caracas, 1947. n. 3, pp. 68-79.

304. MARIO OSSES: *Trinidad poética de Chile*.
Separata de la revista *Conferencia*. Universidad de Chile, ns. 6-9, junio a diciembre de 1947.

305. JUVENCIO VALLE: *Sur y Norte de una poesía*, en *Obra poética de Pablo Neruda*. ed. Cruz del Sur. S, 1947.

306. RONALD HILTON: *Who's who in Latin America*, part IV, Stanford-Marquis, 1947, p. 111.

307. *Brújula. El mundo de las quimeras*.
ZZ, 2 de enero de 1948.

308. Tito Castillo: *Alambradas meridianas.*
 E, 6 de enero de 1948, pp. 6-7.

309. Pablo Neruda: *¡Yo acuso!* (Discurso pronunciado en el Senado el 6 de enero de 1948).

310. Misael Correa Pastene: *La defensa de Neruda.*
 DIL, 8 de enero de 1948.

311. Ismael Edwards Matte: *Hoy. Permiso inconveniente.*
 E, 3 de febrero de 1948.

311b. *Se busca a Neruda por todo el país.*
 Imparcial, Santiago, 5 de febrero de 1948.

312. *Hommage à Pablo Neruda.*
 Les lettres françaises, París, 11 de marzo de 1948.
 Colaboran Louis Aragon, Paul Eluard, Gilbert Ancian y Claude Sernet.

313. *Pablo Neruda with a portrait of the poet.*
 ADAM, International Review, London, marzo-abril de 1948. Colaboran Miron Grindea, C. S. Fraser, G. R. Coulthard.

314. Nelly E. Richard: *Sonrisas y lágrimas.*
 Panameño, 1º de agosto de 1948.

315. Milton Rossel: *Pablo Neruda: Viajes.*
 ZZ, 22 de agosto de 1948.

316. Corpus Barga: *El poeta escondido. Una visita a Pablo Neruda.*
 Nacional, 3 de octubre de 1948.

317. Santiago del Campo: *Neruda está en Macchu Picchu.*
 PA, n. 17, 4 de noviembre de 1948.

318. (Tomás Lago): *Neruda en los 25 años de su poesía.*
 PA, n. 22, 9 de diciembre de 1948.

319. Ester Matte: *Palabras de Cruz Coke sobre Crepusculario.*
 PA, n. 22, 9 de diciembre de 1948.

320. *Cómo lo ha visto el pensamiento europeo.*
 PA, n. 22, 9 de diciembre de 1948.

321. *Siete poetas chilenos,* diciembre de 1948, Buenos Aires, pp. 26-31.

322. Ángel Augier: *Presencia de Pablo Neruda,* pp. 7-10 de *Homenaje cubano a Pablo Neruda.*
La Habana, 1948, que, además, contiene las siguientes piezas:

323. Rafaela Chacón Nardi: *La voz rebelde,* pp. 11-12;

324. José Luis Galbe: *El hombre está en su sitio,* pp. 13-30;

325. Nicolás Guillén: Evocación chilena en torno a *Pablo Neruda,* pp. 31-45;

326. Juan Marinello: *¡Que se liberte al leñador!,* pp. 45-55 (inserto también en *RAm,* 1º de setiembre de 1948);

327. Mirta Aguirre: *En un lugar de América,* pp. 56-58;

328. E. Labrador Ruiz: *El perseguido,* pp. 56-58.

329. Betsy Scone: *Comparison of Pablo Neruda and T. S. Eliot,* University of N. Mexico, Alburquerque, 1948.

330. Ricardo Boizard: *La casa de Neruda,* en *Patios interiores,* Nascimento, 1948.

331. *Pablo Neruda entrega su Canto General.*
PA, n. 39, 7 de abril de 1949.

332. Luis Hernández Parker: *Neruda vuelve, pero el 21 de febrero fue el plazo fatal.*
E (La semana política), 10 de mayo de 1949, p. 4.

333. Alfredo Varela: *Neruda en el Congreso Mundial para la Paz* (fragmento).
PA, n. 48, 9 de junio de 1949.

334. Howard Fast: *Neruda en el Congreso Mundial para la Paz.*
PA, n. 48, 8 de junio de 1949.

335. Luis Oyarzún: *Comentario a Dulce Patria.*
UNot, 11 de junio de 1949.

336. Eleazar Huerta: *Pablo Neruda: Dulce Patria.*
UNot, 11 de junio de 1949.

337. Alone: *Dulce Patria, poemas, por Pablo Neruda.*
M, 12 de junio de 1949.

338. MISAEL CORREA PASTENE: *Revista de libros: Dulce Patria.*
    DIL, 19 de junio de 1949.

339. MILTON ROSSEL: *Dulce Patria, por Pablo Neruda.*
    ZZ, 6 de agosto de 1949.

340. PABLO GARCÍA: *Interpretación de "Alturas de Macchu Picchu" de Pablo Neruda.*

341. ILYA EHRENBURG: *La poésie de Pablo Neruda.*
    Paralelle 50, París, 2 de setiembre de 1949.
    Traducido y reproducido en *Poesía política,* Austral, S, 1953.

342. ROBERTO GUERRERO GUERRERO: *Entre Ovalle y Neruda.*
    Lagarto, n. 2, setiembre de 1949.

343. RICARDO PASEYRO: *Noticia actual sobre Pablo Neruda.*
    Marcha, 30 de setiembre de 1949.

    Muy lejos todavía de la posición de enemigo que hoy se le reconoce.

344. A. LIPSCHÜTZ: *Alturas de Macchu Picchu de Pablo Neruda, visión indiana americana.*
    RAm, 1º de noviembre de 1949.

345. CÉESAR ANDRADE Y CORDERO: *Efigie de Neruda.*
    RAm, 10 de noviembre de 1949.

346. PABLO NERUDA: *Declaraciones.*
    RAm, 10 de noviembre de 1949.

347. G. S. FRASER: *News from South America,* London, The Harvill Press, 1949.

348. ELÍAS DE LA CRUZ HOYL: *El reloj caído en el mar, de Pablo Neruda.*

    Trabajo de cuando era alumno de segundo de Castellano en la Universidad Católica de Chile, 1949.

349. GREGORY RABASSA: (Sobre *Veinte poemas de amor y una canción desesperada,* ed. Pleamar, Buenos Aires, 1948).
    RHM, XV, enero-diciembre de 1949, p. 124.

350. Félix Schwartzmann: *El mundo poético de Pablo Neruda como voluntad de vínculo.*
Histonium, Buenos Aires; diciembre de 1949; y pp. 63-80 de *El sentimiento de lo humano en América*, Universidad de Chile, 1953.

351. Germán Bleiberg: *Pablo Neruda*, en *Diccionario de literatura española*, ed. Revista de Occidente, Madrid, 1949. Segunda edición, 1952 (pp. 502-03). Tercera edición, 1964 (pp. 554-55).

352. *El Señor Neruda.*
DIL, 22 de enero de 1950.

353. Fernando Arbeláez: *Antología de Pablo Neruda. Revista de las Indias*, Bogotá, n. 112, enero-marzo de 1950, pp. 88-90.

354. *Vida de príncipe lleva Neruda, pero aparenta miseria.*
N, 30 de mayo de 1950.

355. Francisco Coloane: *Neruda como voz del cosmos.*
PA, n. 95, 15 de junio de 1950.

356. *Los matrimonios de Pablo Neruda.*
E, 29 de agosto de 1950.

357. Manuel Torre: *Estética y lógica de lo barroco de Pablo Neruda.*
El Nacional, México, diciembre de 1950, pp. 257-89.

359. Jean Marcenac: *El Canto General de Pablo Neruda hace de Chile la imagen del mundo.*
PA, n. 120, 21 de diciembre de 1950.

360. Darío Puccini: *Lettura del Canto General.*
Apartado de la revista *Societá*, Torino, diciembre de 1950.

361. Wilberto L. Cantón: *Pablo Neruda en México* (1940-43), pp. 9-118 de *Posiciones*, México, 1950. Reproducción en *Diario del Sureste*, Letras Yucatecas, 24 de agosto de 1952.

362. *Neruda en Guatemala*, ediciones Saker-Ti, n. 9, Guatemala, 1950, que contiene: B. M. Alvarado: *Neruda, poeta y militante;*

363. H. Alvarado: *Dos notas sobre Neruda;*

364. A. Jiménez: *Con Neruda.*

365. R. Leiva: *Neruda, hombre de dos mundos;*

366. J. M. López: *Manifiesto a Pablo Neruda;*

367. J. L. Palma: *Homenaje a la juventud;*

368. R. Sosa: *La voz de Pablo Neruda;*

369. Pablo Neruda: *El esplendor del mundo* (que, después, disminuido, pasa a *Viajes,* 1955).

370. Carlos Préndez Saldíaz: *Pablo Neruda y el comunismo chileno.*
DIL, 11 de febrero de 1951.

371. H. A. Murena: *A propósito del Canto General de Pablo Neruda.*
Sur, Buenos Aires, n. 198, abril de 1951, pp. 52-58; y *Revista Cubana,* La Habana, XXVIII, enero-junio de 1951, 233-42.

372. Sarandy Cabrera: *Primera teoría del Canto General.*
Número, 13-14, marzo-junio de 1951, Montevideo, pp. 189-95.

373. Guillermo de Torre: *Carta abierta a Pablo Neruda.*
Cuadernos Americanos, México, mayo-junio de 1951, pp. 277-82; y *Bolívar,* Bogotá, n. 2, agosto de 1951, pp. 324-27.

374. *En la frontera tropical.*
ZZ, 9 de junio de 1951.

375. Pablo Llona Barros: *Sobre el Canto General de Neruda.*
PA, n. 138, 31 de julio de 1951.

376. Benjamín Subercaseaux: *Carta a Neruda.*
ZZ, 1º de setiembre de 1951.

377. *Poesías completas por Pablo Neruda,* Losada.
Nación, Buenos Aires, 28 de octubre de 1951.

378. V. Masiukevich: *Pablo Neruda, cantor de la paz y de la democracia.*

Boletín de Información de la Embajada de la URSS,
México, 1951, VIII, n. 27, 21-22.

379. José Santos González Vera: *Neruda y su banda*, en
Cuando era muchacho. Nascimento, 1951.

380. (Enrique Bello): *Que vuelva a Chile Neruda*.
PA, n. 151, 22 de enero de 1952.

381. Matilde Ladrón de Guevaba: *Carlos Sabat Ercasty ¿bebió su influjo Neruda?*
ZZ, 2 de febrero de 1952.

382. Umberto Gigli: *Homenaje sin precedentes tributó Italia a Neruda*.
PA, n. 52, 11 de marzo de 1952.

383. Ramuccio B. Bandelli: *Huéspedes indeseables*.
Il Mattino, de Roma. *PA*, n. 152, 11 de marzo de 1952.

384. *Abogan por la amnistía de Pablo Neruda para que regrese al país; aquí lo espera otro proceso judicial*.
UNot, 22 de marzo de 1952.
Firmas de Eduardo Barrios, Eduardo Frei, Salvador Allende, Francisco A. Encina, Eugenio González R., Carlos Ibáñez del C., Gabriela Mistral, Marcial Hora.

385. *Historiador: El caso Neruda*.
N. 30 de marzo de 1952.

386. E.: *El caso Neruda*.
M, 2 de abril de 1952.

387. E.: *Neruda y la realidad chilena*.
M, 9 de abril de 1952.

388. Oscar Edmundo Palma: *Chile, Neruda*.
Diario de Centroamérica, Guatemala, 8 de mayo de 1952;
RAm, 15 de agosto de 1952.

389. Lenka Franulic: *Neruda escribe Canto General a Europa y piensa llegar a Chile antes de la elección*.
E, 27 de mayo de 1952, p. 18.

390. Sergio Fernández Larraín: *Enérgico discurso del senador don...*, ayer en el Senado.
DIL, 11 de junio de 1952.

391. Julio Arriagada Augier y Hugo Goldsack: *Forma y*

mensaje de la primera Residencia de Pablo Neruda.
Occidente, n. 78, junio de 1952.

392. SARANDY CABRERA: *El tema de América en el Canto General.*
Marcha, 27 de junio de 1952.

393. J.: *Neruda.*
Nuestra América, Santiago, n. 16, julio de 1952.

394. PABLO DE ROKHA: *Retorno de Neruda.*
Última Hora, 11 de julio de 1952; y *Multitud,* n. 76, agosto de 1952.

395. *El regreso de Neruda.*
N, 20 de julio de 1952.

396. RENATO LABRA: *Ese cantar de Neruda.*
N, 29 de julio de 1952.

397. (ENRIQUE BELLO): *Bienvenido, Pablo Neruda.*
PA, n. 157, 11 de agosto de 1952, que, además, contiene lo siguiente:

398. TEÓFILO CID: *Testimonio inaugural;*

399. NICANOR PARRA: *Salutación a Neruda;*

400. CARLOS VATTIER: *Saludo;*

401. JOSÉ MIGUEL VARAS: *Presente, aquí estoy;*

402. MARIANO LATORRE: *2 palabras;*

403. DIEGO MUÑOZ: *Universidad de su poesía;*

404. RUBÉN AZÓCAR: *Don Pablo y el agente X;*

405. ALEJANDRO LIPSCHÜTZ: *Pablo Neruda como indigenista.*

406. ÁNGEL CRUCHAGA: *Arcoiris del regreso o Elogio de Pablo Neruda* (también en *RAm,* 15 de agosto de 1952);

407. J. S. GONZÁLEZ VERA: *Neruda;*

408. LOUIS ARAGÓN: *El cantor de Chile.*
(traducción de A. Cruchaga).

409. JUVENCIO VALLE: *Preguntas para el patriota Pablo Neruda;*

410. GUSTAVO MUJICA: *Una palabra que recorre el mundo;*

411. Paul Eluard: *Diálogo* (trad. de A. Cruchaga);
412. Marta Vergara: *Ingenio y magnetismo de Neruda.*
413. Pablo Neruda: *Yo soy chileno del Sur.*
Palabras en la manifestación de bienvenida el 12 de agosto de 1952 en la plaza Bulnes (Santiago).

414. Tomás Lago: *Neruda en la lucha civil.* (Discurso pronunciado en la plaza Bulnes el 12 de agosto de 1952). En *Poesía política de Pablo Neruda*, t. II, Austral, 1953.

415. Emir Rodríguez Monegal: *Con Pablo Neruda en Montevideo. Poetas, poetas y bibliófilos.*
Marcha, 15 de agosto de 1952.

416. Lenka Franulic: *4 años después llegó un nuevo Neruda.*
E, 19 de agosto de 1952.

417. *Las palabras de ayer de Neruda.*
Democracia, S, 1º de setiembre de 1952.

418. Juan José Manauta: *Canto General, culminación del tema del hombre en la poesía de Pablo Neruda.*
Cuadernos de Cultura, Buenos Aires, n. 8, octubre de 1952, pp. 40-49.

419. Pablo Neruda: *Oceanografía dispersa.*
V, 21 de octubre de 1952.

420. *Neruda no pudo escribir sus versos más tristes anoche.*
La 3ª de *La Hora*, 28 de octubre de 1952.

421. *El poeta Pablo Neruda y su esposa, heridos al chocar su coche con un camión.*
N, 28 de octubre de 1952.

422. Pablo Neruda: *El olor del regreso.*
V, 11 de noviembre de 1952.

423: (Enrique Bello): *Reportaje a Neruda.*
PA, n. 160, 28 de noviembre de 1952.

424. Terezinha Éboli: *Neruda. Triunfante regreso do poeta a Chile.*
Jornal de Letras, Río de Janeiro, dezembro 1952, p. 13.

425. Lucho Loli: *A golpe de doce.*
Última Hora, Lima, 16 de diciembre de 1952.

426. Darío Puccini: *La poesía di Neruda tra la metafora e l'epos.*
América Latina, Milán. 1952. I, n. 1. 18-20.

427. Alejandro Lora Risco: *Problemática y crítica de la poesía mestiza* [sobre Neruda].
Revista de la Universidad de Buenos Aires. 1952. IX. n. 21, 191-218.

428. Lenka Franulic: *Pablo Neruda.* pp. 685-95 de *Cien autores contemporáneos.* 3ª edición. Ercilla. 1952.

429. *Antología de Caballo de Fuego: La poesía del siglo veinte en América y España.* Buenos Aires. 1952. pp. 146-50. 219-21. 238-41 y 298-300.

430. Ben Bellit: *Pablo Neruda and the "gigantesque opinion",* Chicago, Poetry, 1952.

431. *Ayer regresó al país. Neruda pulveriza las calumnias antisoviéticas.*
S, 23 de enero de 1953.

432. Pablo Neruda: *A la paz por la poesía.* (Discurso de Neruda en el Congreso de la Cultura, celebrado en Santiago, entre el 29 de febrero y el 2 de marzo).
S, 21 de mayo de 1953.

433. *Intelectuales chilenos opinan sobre el Congreso de la Cultura.*
E, 21 de marzo de 1953.

434. *Pablo Neruda y SUR.*
SUR, Buenos Aires. n. 221-222. marzo-abril de 1953. (Contra entrevista de *PA*, 28-XI-52).

435. Manuel Vega: *"Todo el amor" de Pablo Neruda.* DIL, 17 de mayo de 1953.

436. Mario Osses: *"Todo el amor" de Pablo Neruda.*
N, 7 de junio de 1953.

437. *Con prólogo de Ilya Ehrenburg apareció nuevo libro de Pablo Neruda: Poesía política.*
S, 23 de julio de 1953.

438. Leopoldo Panero: *Canto personal. Una carta perdida a Pablo Neruda.*
 Índice. Madrid, 30 de julio de 1953; luego en edición Cultura Hispánica, Madrid, 1953.

439. Margarita Aguirre: *La presentación de "Poesía política".*
 S, 1º de agosto de 1953.

440. *Ovacionado ayer Neruda en el acto en que dio a conocer su última obra, titulada "Poesía política".*
 S, 1º de agosto de 1953.

441. Juan de Luigi: *Pablo Neruda y su obra.*
 S, 2 de agosto de 1953.

442. Curzio Malaparte: *Pablo Neruda lleva en la sangre la poesía de Indoamérica.*
 N, 25 de octubre de 1953 (de *TEMPO*, Roma).

443. Pablo García: *La poética de Pablo Neruda.*
 A. n. 339-40, setiembre-octubre de 1953, 76-90.

444. Catón: *Poesía política, de Pablo Neruda.*
 Polémica, S, 1 [octubre de 1953].

445. Inna Tanianova: *El Canto General de Pablo Neruda.*
 Revista *Literatura Soviética*, Moscú, noviembre de 1953, pp. 165-71.

446. Orlando Millas: *Neruda, premio Stalin de la Paz.*
 S, 22 de diciembre de 1953.

447. Alfredo de Amesti y Olga Poblete: *Saludo a Neruda por los partidarios de la Paz.*
 S, 22 de diciembre de 1953.

448. Joaquín Edwards Bello: *Neruda sin partido.*
 N, 23 de diciembre de 1953.

449. *"Canto personal" frente al "Canto General".*
 E, 15 de diciembre de 1953.

450. Emir Rodríguez Monegal: *Un viajero de la otra mitad del mundo.*

451. Gaston Baisette: *Les poètes et les cosmogonies*, París, Seghers, 1953.

452. R. Bazin: *Histoire de la littérature américaine de langue espagnole*, Hachette, París, 1953, pp. 322-23.

453. *Poesía por valor de millones regaló Neruda a la Universidad.*
V, 12 de enero de 1954.

454. Baltazar Castro: *Saludo a Pablo Neruda.*
S, 17 de enero de 1954.

455. *Conferencias de Neruda. Un viaje apasionante por las letras chilenas durante 30 años.*
V, 26 de enero de 1954.
Las conferencias las dio Neruda entre el 20 y el 28 de enero en Santiago. Información en *Ercilla* y *Vistazo* el 2-II.
A continuación se citan los textos de las dos primeras:

456. Pablo Neruda: *Mi infancia y mi poesía.*
Capricornio, 6, Buenos Aires, junio-julio de 1954; y al frente de las *Obras completas*, Losada, edición de 1962.

457. Pablo Neruda: *Algo sobre mi poesía y mi vida.*
Aurora, S, julio de 1954, pp. 10-21; y *PA*, ns. 174-75, 15-31 de julio de 1954.

458. Jorge Sanhueza: *Pablo Neruda, ejemplo de tenacidad y progreso.*
Paz, Santiago, enero de 1954.

459. *Pablo Neruda obtiene el premio Stalin de la Paz. PA*, enero de 1954.

460. Mahfud Massis: *Neruda, Panero, Ridruejo y Cía. Polémica*, enero de 1954.

461. Feliciano Delgado, S. J.: *Una carta perdida a Pablo Neruda.*
Razón y Fe, Madrid, febrero de 1954, pp. 151-68.

462. Julio Tagle: *Neruda al desnudo.*
Polémica, S, febrero de 1954.

463. Lenka Franulic: *Pablo Neruda: su vida y su obra en prosa y poesía.*
E, 2 de febrero de 1954.

464. Joaquín Aurelio Guzmán: *En cinco conferencias Neruda se confesó con Chile.*
V, 2 de febrero de 1954.

465. Sarandy Cabrera: *Andando por Santiago con Neruda.*
Marcha, 6 de febrero de 1954.

466. Ilya Ehrenburg: ... *enjuicia la poesía de Pablo Neruda.*
S, 7 de febrero de 1954.

467. *Frente a frente: Pablo de Rokha y Pablo Neruda, dos poetas que no caben en Chile.*
Vea, 10 de febrero de 1954.

468. Ricardo Paseyro: *Pablo Neruda y su mito.*
Marcha, 12 de marzo de 1954.

469. Mario Ferrero: *Cómo nació* Las uvas y el viento, *de Pablo Neruda.*
S, 14 de marzo de 1954.

470. Benjamín Subercaseaux: *Comentario en torno a "Las uvas y el viento".*
N, 14 de marzo de 1954.

471. Francisco Dussuel: *Las uvas y el viento, por Pablo Neruda.*
DIL, 21 de marzo de 1954.

472. *¿Puede un poeta ser militante político? Supercaseaux, Alone, Tomás Lago y De Luigi enjuician a Pablo Neruda por su posición en "Las uvas y el viento".*
E, 23 de marzo de 1954.

473. Ricardo Paseyro: *Lectores de "Marcha".*
Marcha, 26 de marzo de 1954.

474. Alone: *Pablo de Rokha y Pablo Neruda.*
M, 28 de marzo de 1954.

475. Volodia Teitelboim: *"Las uvas y el viento" y la evolución de Neruda.*
S, 28 de marzo de 1954.

476. *¿Quién es el capitán? Enigma con versos de amor.*
E, 30 de marzo de 1954.
Atisbos de la tertulia de Augusto Iglesias, Manuel Vega y Ernesto Galliano.

477. *Entrega del premio internacional Stalin... al poeta chileno Pablo Neruda.*
 Novedades de la Unión Soviética, Buenos Aires, año 1, n. 2, 1954.

478. Volodia Teitelboim: *Mirando desde la colina de los 50 años de Neruda.*
 Supongo que es lo mismo que lo inserto en *Capricornio,* n. 6. Buenos Aires, junio-julio de 1954; y en *El Nacional,* el 7 de mayo de 1954.

479. Baltazar Castro: *Neruda es un salvaje* (entrevista a Ehrenburg).
 Vea, S, 13 de mayo de 1954.

480. Emir Rodríguez Monegal: *Los versos del capitán.*
 Marcha, 14 de mayo de 1954.

481. Pablo Neruda: *Carta de... a Roberto Aldunate, Ministro de Relaciones Exteriores, sobre Guatemala.*
 S, 20 de junio de 1954.

482. Inauguración de la Fundación Pablo Neruda para el Estudio de la Poesía, en avenida Lynch 164, el 20 de junio de 1954. (Datos de una tarjeta invitación.)

483. *Discursos del Rector de la Universidad de Chile don Juan Gómez Millas, y de Pablo Neruda, pronunciados en el acto inaugural de la Fundación, el día 20 de junio de 1954.*
 Es la Fundación Pablo Neruda para el Estudio de la poesía. Gómez Millas, pp. 5-16; Neruda, pp. 17-20.

484. Fermín Chávez: *Pablo Neruda y su Canto épico americano.*
 Capricornio, 6, Buenos Aires, junio-julio de 1954, pp. 37-39.

485. María Rosa Oliver: *Dos momentos de un día.*
 Capricornio, 6, Buenos Aires, junio-julio de 1954, ps. 25-26.

486. Pedro G. Orgambide: *Neruda en América.*
 Capricornio, 6, Buenos Aires, junio-julio de 1954.

487. *Entrevista* con Neruda en *Viento Sur.* n. 1. julio de 1954.

488. EUGENIO FLORIT: (Sobre *Poesías completas*, Losada, 1951).
RHM, julio de 1954, p. 234.

489. V.: *Propaganda comunista*.
M, 3 de julio de 1954.
Se refiere a observaciones de Valdés Larraín en la Cámara.

490. PABLO NERUDA: *La infancia de Pablo Neruda*.
Nacional, 6 de julio de 1954.
¿Lo mismo que 456?

491. *Neruda fue en el Parlamento un poeta que miró al fondo de los problemas humanos*.
V, 6 de julio de 1954.

492. *El cincuentenario de Neruda: Chile: 7 días corazón de la cultura mundial*.
V, n. 98, 6 de julio de 1954.

493. *Pablo Neruda: 50 años de vida, de lucha y de poesía*.
V, n. 98, 6 de julio de 1954, páginas centrales.

494. MARCEL BRION: *Pablo Neruda, poeta chileno*.
Le Monde, París, 8 de julio de 1954; PA, ns. 174-75, 15-31 de julio de 1954.

495. *Cumpleaños de Pablito*.
DIL, 11 de julio de 1954.

496. Reunión en casa de Neruda, avenida Lynch 164, el 11 de julio de 1954.
(Datos de una tarjeta invitación).

497. *Nacimiento de un poema*.
S, 11 de julio de 1954.

498. SIMÓN KIRSANOV: *Neruda, laureado con el premio Stalin*.
S, 11 de julio de 1954.

499. *El desafuero*.
S, 11 de julio de 1954.

500. *Mañana se inician los actos de homenaje al cincuentenario del poeta Pablo Neruda*.
S, 11 de julio de 1954.

501. José Miguel Varas: *50 años de Pablo Neruda.*
S, 11 de julio de 1954; y *Aurora,* n. 1, julio de 1954, pp. 7-9.

502. Edesio Alvarado: *Odas elementales.*
Aurora, n. 1, julio de 1954, pp. 109-09.

503. Cincuentenario de Pablo Neruda, celebrado del 11 al 18 de julio de 1954 en la Casa Central de la Universidad de Chile.
(Datos de la invitación.)

504. Pedro Lastra: (Sobre Neruda).
La Discusión, Chillán, ¿12 de julio de 1954?

505. Norah Lange: *En el cincuentenario de Pablo Neruda.*
Palabras leídas el 12 de julio de 1954 y recogidas en *A,* CXVI, n. 349-50, julio-agosto de 1954.

506. *Desafortunadas confusiones.*
M, 12 de julio de 1954.

507. Pedro León Loyola: *Carta abierta al poeta Pablo Neruda.*
N, 13 de julio de 1954.

508. Diego Muñoz: *La vida de Neruda y la evolución de su poesía.*

509. *Neruda recibe cables de saludo de escritores de todo el mundo.*
S, 18 de julio de 1954.

510. Alone: *Dos cumpleaños.*

511. *Neruda celebró una semana de cumpleaños.*
E, 20 de julio de 1954.

512. Alone: *El peligro que representa Pablo Neruda.*
ZZ, 24 de julio de 1954.

513. *Pretexto para propaganda comunista el poeta Neruda.*
M, 28 de julio de 1954.

514. Orlando Millas: *Odian a Neruda los que odian a Chile.*
S, 30 de julio de 1954.

515. (Enrique Bello): *Pablo Neruda cumple 50 años. ¡Viva Pablo Neruda!*
PA, ns. 174-75, 15-31 de julio de 1954, que, fuera de otras cosas mencionadas en números anteriores, contiene también lo siguiente:

516. Santiago del Campo: *Conversaciones con Pablo Neruda;*

517. (Jorge Sanhueza): *Cronología de Pablo Neruda* (aumentada en *Obras completas* de 1962; en *Europe*, marzo-abril de 1954; y S, 12 de julio de 1954);

518. Aldo Torres: *Una nube, una bota, un barquito y otras cosas para Pablo Neruda.*

519. Jorge Sanhueza: *Pablo Neruda y las ediciones de sus obras;*

520. Tomás Lago: *Allá por el año veintitantos...;*

521. Pablo García: *"El hondero entusiasta" en la obra de Neruda.*

522. Róbinson Saavedra Gómez: *Los niños y la poesía de Pablo Neruda.*
S, 1º de agosto de 1954.

523. *Ehrenburg entregará el martes a Neruda el premio de la paz.*

524. *Ehrenburg y Neruda.*
La Nación, San José, Costa Rica, 10 de agosto de 1954.

525. Orlando Millas: *El premio Stalin.*
S, 11 de agosto de 1954.

526. Ilya Ehrenburg: *Vibrante saludo de... al pueblo chileno.*
S, 11 de agosto de 1954.

527. Pablo Neruda: *No se ha detenido la lucha por la independencia nacional de nuestros pueblos.*
S, 11 de agosto de 1954.

528. *En su propio nido.*
DIL, 14 de agosto de 1954.

529. Raúl González Tuñón: *Neruda.*
Cuadernos de Cultura, Buenos Aires, n. 17, agosto de 1954.

530. San Tander: *El vate Neruda consagrado a la Virgen del Rosario.*
En periódico cuyo nombre no descifro, agosto de 1954.

531. A. A. de A.: *La Tragedia de Pablo Neruda.*
DIL, 29 de agosto de 1954.

532. Olga Arratia: *Glosario artístico.*
En Viaje, S, agosto de 1954, p. 49.

533. *Odas elementales, por Pablo Neruda.*
Clarín, Buenos Aires, 5 de setiembre de 1954.

534. Alone: *Pablo Neruda y Gabriela Mistral.*
M, 12 de setiembre de 1954.

535. Ilya Ehrenburg: *7 días en Chile.*
S, 26 de setiembre de 1954.

536. Juan Salario: *Carta abierta a Pablo Neruda.*
S, 10 de octubre de 1954.

537. Sergio Fernández Lqrraín: *Informe sobre el comunismo*, S, 1954.

538. Pablo Neruda: *El señor Fernández Larraín no cambiará la historia.*
S, 12 de octubre de 1954.

539. J(orge) G(orkin): *Los 50 años de Pablo Neruda.*
Cuadernos, París, n. 9, noviembre-diciembre de 1954, pp. 89-81.

540. Fray Verísimo: *Odas elementales.*
Criterio, Buenos Aires, n. 1225-6, 23 de diciembre de 1954, p. 1035. Reproducido en S, 6 de febrero de 1955.

541. Alone: *Historia personal de la literatura chilena*, Zig-Zag S, 1954. Segunda edición, 1962, pp. 297-300 y 440-54.

542. Francisco Dussuel: *Historia de la literatura chilena*, 1954, pp. 206-25.

543. Hernán Loyola Guerra: *Orígenes y estructura del Canto General. Un aporte para la comprensión de la obra de Pablo Neruda.* Memoria de prueba. Instituto Pedagógico de la Universidad de Chile, departamento de Castellano, 1954.

544. Francisco Yndurain: *Una nota a Poesía y estilo de Pablo Neruda de Amado Alonso.*
Archivum, Oviedo, 1954, IV, 238-46.

545. A. M. Gallina: (sobre) *Pablo Neruda: Poesie.*
Quaderni Ispano-Americani, Torino, 1954, n. 16, 549-50.

546. E. M.: *Pablo Neruda faz cincoenta anos.*
SUB, 22, Florianópolis (1954).

547. Aníbal Nunes Pires: *Liçao de Neruda.*
SUB, 22, Florianópolis (1954).

548. Jean Marcenac: *Poètes d'aujourd'hui: 40: Pablo Neruda*, París, Seghers, 1954, 134 ps. Con gran *choix de textes*, pp. 135-221.

549. *Receta de cocina en poemas de Neruda.*
E, 11 de enero de 1955.

550. Alone: *Muerte y transfiguración de Pablo Neruda.*
M, 30 de enero de 1955.

551. *El poeta cuenta su libro* (entrevista).
S, 6 de febrero de 1955.

552. Francisco Dussuel: *Odas elementales de Pablo Neruda.*
DIL, 27 de febrero de 1955; y *Mensaje*, S, IV, n. 37, abril de 1955, 62.

553. José Miguel Varas: *Odas elementales y una crítica jesuítica.*
S, 6 de marzo de 1955.

554. Jorge Sanhueza: *Las Odas elementales de Pablo Neruda.*
Extremo Sur, n. 2, marzo de 1955, pp. 21-22.

555. Miguel Arteche: *Sobre unas palabras de Neruda.*
Finis Terrae, primer trimestre de 1955, pp. 56-61.

556. Osvaldo Escobar Velado: *Pablo Neruda: el más chileno de todos los chilenos.*
Cultura, San Salvador, n. 2, marzo-abril de 1955.

557. Eugenio Mediano Flores: *Poesía y prosa en Las uvas y el viento.*
Occidente, marzo-abril de 1955, pp. 59-65.

558. Tomás Lago: *La nueva poesía de Neruda.*
El Nacional, 12 de mayo de 1955.

559. Alone: *Los últimos libros de Pablo Neruda y Gabriela Mistral.*
RNC, n. 110, mayo-junio de 1955, pp. 102-09.

560. *En Alemania, Rumania, Suecia y Dinamarca editan obras de Neruda.*
S, 19 de junio de 1955.

561. Alfredo Cardona Peña: *Pablo Neruda y otros ensayos*, México, De Andrea, 1955.
Lo de Neruda supera el artículo de 1950 (n. 358).

562. Salvador Reyes Nevares: *Ensayos de Cardona.*
El Nacional, México, 3 de julio de 1955.

563. Pablo de Rokha: *Neruda y yo.*
S, ed. Multitud, 1955.

564. *Entre Pablos.*
Topaze, S, julio de 1955.

565. Alice Ahrwiler: *Poésie autour du monde. Chili. Pablo Neruda, le péon universel.*
Poésie, París, 13 au 19 juillet 1955.
Trata de la ed. Seghers (n. 548).

566. Manuel Bianchi: *Teatro y libros.*
M, 31 de julio de 1955.

567. Pablo Neruda: *Unidos al pueblo.*
DIL, 3 de octubre de 1955.

568. *Un artículo de Neruda.*
   DIL, 4 de octubre de 1955.

569. *Neruda debutó en una tonada.*
   E, 25 de octubre de 1955.

570. Arturo Echeverría Loria: *El libro de Alfredo Cardona Peña.*
   Prensa Libre, 25 de octubre de 1955; *Armas y Letras,* Monterrey, 1955, XII, n. 6; y *RAm.* enero de 1956.

571. Pablo Neruda: *Viajes,* Nascimento, 1955.
   Edición muy aumentada sobre la de 1947.

572. Francisco Dussuel: *Viajes de Pablo Neruda.*
   DIL, 30 de octubre de 1955; y *Mensaje,* S, IV, n. 44, noviembre de 1955, 425.

573. Pablo Neruda: *Homenaje a Mariano Latorre.*
   N, 12 de noviembre de 1955; p. 18; *A,* n. 370, junio de 1956.

574. (Héctor Fuenzalida): *Odas elementales.*
   AUCh, n. 100, cuarto trimestre de 1955, pp. 172-5; y *Esquemas y perfiles,* Santiago, ediciones AUCh, 1955.

575. Darío Puccini: Introducción a la edición de *Canto General,* Parma, 1955.

576. E. Vuolo: (sobre) *Neruda: Canto generale. La campana sulla terra. A cura di Dario Puccini.* Parma, 1955.
   Cultura Neolatina, Roma, 1955, XV, 171.

577. Ernesto Livacic Gazzano y Alejo Roa Bleck: *Literatura chilena,* ed. Salesiana, 1955, pp. 64-68, 282-85.

578. Federico de Onís: *España en América,* ediciones de la Universidad de Puerto Rico, impreso en Santander (España), 1955, p. 278.

579. Joel Pontes: *El Canto General de Neruda.*
   Traducción de Roberto Velandia, Bogotá, 1955.

580. Mario Rivas González: *Exégesis del poema "Alturas de Macchu Picchu"* de Pablo Neruda, Santiago, 1955.

581. Carlos Poblete: *Los mejores poetas de Chile*, Numen, 1955, segunda edición, pp. 51-56.

582. Zdenek Hampejs: *Pablo Neruda nemecky*.
Casopis pro Modreni Filologii, Praga, 1955, XXXVII, 253.

583. Alone: *Viajes por Pablo Neruda*.
M, 1: de enero de 1956.

584. Eugenio Florit: *Un nuevo acento en Pablo Neruda*.
RHM, XXII, enero de 1956, pp. 34-36.

585. Francisco Dussuel: *Neruda y Stalin*.
DIL, 25 de marzo de 1956.

586. "América para la poesía".
Plática, Buenos Aires, abril de 1956; S, 8 de julio de 1956.

587. Mario Rodríguez Fernández: *Exégesis del poema Alturas de Macchu Picchu de Pablo Neruda*.
AUCh, n. 102, segundo trimestre de 1956, pp. 128-31.

588. *En Nuevas odas elementales Neruda canta desde el calcetín al desnudo*.
E, 1º de mayo de 1956.

589. Santiago del Campo: *New Books from Chile*.
Américas, mayo de 1956, pp. 39-42. (En inglés y en castellano.)
De Neruda, habla de los *Viajes*.

590. Julieta Gómez Paz: *Pablo Neruda, poeta realista*.
Negro sobre Blanco, n. 2, Buenos Aires, junio de 1956.

591. Darío Puccini: *L'ultimo Neruda, I sentimenti primordiali*.
Il Contemporáneo, Roma, 9 de junio de 1956. En castellano: *A*, noviembre-diciembre de 1956, pp. 448-55.

592. A. Z.: *Uno miente*.
DIL, 16 de junio de 1956.

593. Pablo Neruda: *Una carta para los escritores de todos los países*.

Firmada en Colombo, el 26 de junio de 1956.

594. MARIO FERRERO: (Entrevista sobre el premio nacional y precisiones respecto a Neruda).
Entretelones, 10 de agosto de 1956.

595. CARLOS D. HAMILTON: *Itinerario de Pablo Neruda.*
RHM, XXII, julio-octubre de 1956, pp. 286-297.

596. GERMÁN SEPÚLVEDA: *Odas elementales y Nuevas odas elementales, por Pablo Neruda.*
N, 14 de octubre de 1956.

597. EMIR RODRÍGUEZ MONEGAL: *Madurez de Pablo Neruda. Rasgos esenciales de las Odas elementales.*
Marcha, 26 de octubre y 1º de noviembre de 1956.

598. LENKA FRANULIC: *Los "Veinte poemas" tienen mucho rostro.*
Eva, S, 2 de noviembre de 1956.

599. *El poeta y la luna. Neruda: ¡Cómo envidio a la tierra, que sólo tiene un satélite eclipsado!*
DIL, 18 de noviembre de 1956.

600. ALONE: *Oda a la tipografía*, por Pablo Neruda.
22, 22 de noviembre de 1956.

601. PAULO MENDES CAMPOS: *Un poeta enfermo de si mesmo prefere conversar.* (Entrevista a Neruda.)
Manchete, 1º de diciembre de 1956.

602. *Poesía puesta al día. Neruda detiene las prensas.*
Visión, Nueva York. 7 de diciembre de 1956, pp. 31-32.

603. *Francisco recitó a Pablo Neruda en congreso español.*
E, 12 de diciembre de 1956.
Fue el P. Honorio Aguilera, chileno, hoy en Collipulli.

604. E. LABRADOR RUIZ: *De la vida literaria. Los versos del Capitán.*
Alerta, La Habana, 17 de diciembre de 1955; y *El Nacional*, 28 de febrero de 1957.

605. *Neruda recoge el guante. Responde a Congreso de la Cultura y jesuita Dussuel.*
E, 19 de diciembre de 1956.

606. *Neruda y Hungría.*
M. 24 de diciembre de 1956.

607. Sección chilena del Congreso por la Libertad de la Cultura: *Réplica al poeta Neruda.*
M, 26 de diciembre de 1956.

608. *Así veían a Stalin.*
S, 1956.

609. Paul Verdevoye y Jorge Bogliano: *Littératures hispanoaméricaines,* en *Histoire des littératures,* La Pléiade, París, II, 1956, 721-22.

610. Guillermo Díaz Plaja: *El reverso de la belleza,* Barcelona, 1956, pp. 223-25.

611. Hugo Montes: *Antología de medio siglo.*
Pacífico, 1956, pp. 176-262.

612. Manuel H. Guerra: (Sobre *Todo el amor*).
Books Abroad, University of Oklahoma, Norman, 1956, XXX, p. 176.

613. Neruda: "Me uno con Dios y con el Diablo". *Poeta responde de nuevo al Congreso de la Cultura.*
E, 2 de enero de 1957.

614. *El Congreso de la Libertad pone fin a controversia con P. Neruda.*
N, 8 de enero de 1957.

615. La Comisión de Intelectuales Comunistas: *Una querella contra la Libertad y la Cultura.*
S, 20 de enero de 1957.

616. Pablo Neruda: *Confidencias sobre los Veinte poemas.*
Marcha, 25 de enero de 1957.

617. Juan de Luigi: (Sobre *Odas elementales, Nuevas Odas elementales y Oda al pícaro ofendido*).
Última Hora, S, 3 de febrero de 1957.

618. *Los separa "enemistad particular". Neruda y De Luiggi pelean con antifaz.*
E, 6 de febrero de 1957.

619. Pascaline Bettys: *El recital de Pablo Neruda.*
   Diario Austral, Temuco, 24 de febrero de 1957.

620. *Batida anti PC argentino pilló a Neruda con flebitis.*
   E, 17 de abril de 1957.

621. *Trueque de Neruda por Latcham en elecciones sin cohecho.*
   E, 19 de mayo de 1957, p. 13.

622. Fernando Alegría: *Pablo Neruda.*
   The Berkeley Review, 1957, I, n. 2, pp. 23-24.

623. Fernando Alegría: *Pablo Neruda: Two worlds in conflict.*
   The Berkeley Review, 1957, I, n. 2, 27-41; más tarde a *Las fronteras del realismo,* 1962.

624. *Nuevo sabor en inglés adquirió cebolla de Neruda.*
   E, 15 de mayo de 1957.

625. José Ramón Medina: *Una defensa de Neruda.*
   Nacional, Caracas, 26 de junio de 1957.

626. *Pablo Neruda y Miguel Serrano en N. Delhi.*
   N, 30 de junio de 1957.

627. *Neruda vuelve al país de "Residencia en la tierra".*
   (Entrevista en Ceilán.)
   V, 16 de julio de 1957, p. 11.

628. Eduardo Ovaz: *Premios Nacionales de Literatura. IV: Pablo Neruda.*
   N, 11 de agosto de 1957.

629. Julio Moncada: *Extraordinario éxito de Neruda en Uruguay.*
   S, 5 de setiembre de 1957.

630. *Obras completas de Pablo Neruda.*
   La Nación, Buenos Aires, 22 de setiembre de 1957.

631. Donald F. Fogelquist: *Nuevas odas elementales,* Losada, 1956.
   RHM, XXI, julio-octubre de 1957, pp. 326-27; y en *Negro sobre Blanco,* 8, Buenos Aires.

632. SUSANA THENON: *Neruda: El habitante y su esperanza.*
Ficción, Buenos Aires, n. 9, setiembre-octubre de 1957,
180-81.

633. HERNÁN LOYOLA: *A propósito de Neruda.*
S, 24 de noviembre de 1957.
Charla en el Liceo de Temuco.

634. RICARDO PASEYRO: *Pablo Neruda o el deshonor de la palabra.*
Índice, Madrid, n. 107, diciembre de 1957, pp. 3, 4 y 25.
En folleto, con el título de *La palabra muerta de Pablo Neruda*, Madrid, enero, 1958, 41 pp.

635. JORGE ENRIQUE ADOUM: *Poesía del siglo XX. CCE*, Quito, 1957.
No he tenido tiempo de verificarlo, pero creo que la parte nerudiana es lo mismo que insertó *N*, el 22 de junio de 1958.

636. JORGE ELLIOT: *Antología de la nueva poesía chilena*, Nascimento, 1957, pp. 196-213.

637. MARIO JORGE DE LELLIS: *Pablo Neruda*, La Mandrágora, Buenos Aires, 1957, 157 pp. Segunda edición corregida y aumentada, en 1959.

638. MARIO MORLA LYNCH: *En España con Federico García Lorca*, Aguilar, Madrid, 1957.
Neruda aparece en diversos pasajes.

639. ROBERTO SALAMA: *Para una crítica de Pablo Neruda*, edit. Cartago, Buenos Aires, 1957, 254 pp.

640. TITO MUNDT: *Con Neruda en Isla Negra.*
Última Hora, S, 26 de enero de 1958.

641. RICARDO A. LATCHAM: *Antología por Pablo Neruda.*
Última Hora, S, 26 de enero de 1958.

642. *Pablo Neruda.*
Times, Londres, 31 de enero de 1958; traducción de Luis Oyarzún en *Calicanto*, S, n. 13, octubre de 1958, pp. 6-7.

643. J. C. G.: (Sobre) Neruda: *Obras completas*, Losada, 1956.
Ficción, Buenos Aires, n. 11, enero-febrero de 1958, pp. 210-213.

644. Germán Sepúlveda: *Antología de Pablo Neruda.*
 M, 23 de febrero de 1958.

645. Daniel Nothaf: *Pablo Neruda en Guayaquil.*
 Cuadernos del Guayas, n. 16, febrero de 1958.

646. I. F. H.: *Tercer libro de las Odas por Pablo Neruda.*
 La Prensa, Buenos Aires, 4 de mayo de 1958.

647. *Pablo Neruda tiene la palabra.*
 Entrevista con motivo de su designación como Presidente de la SECh (Sociedad de Escritores de Chile).
 Vea, S, 29 de mayo de 1958.

648. Pablo Neruda: *Carta abierta a S. E. dirigió Pablo Neruda.*
 N, 30 de mayo de 1958.
 Con motivo de la rehabilitación del partido comunista.

649. Ricardo Paseyro: *Prólogo a la edición española*, pp. 5-10, de *Mito y verdad de Pablo Neruda*, México, 1958, Asociación mexicana por la Libertad de la Cultura, que además, contiene *La palabra muerta de Pablo Neruda* (citada en el n. 634), el retrato debido a J. R. Jiménez (n. 233), y lo siguiente:

 650. Arturo Torres Rioseco: *Neruda y sus detractores*, pp. 43-51 (también en *Cuadernos*, 30, mayo-junio de 1958, pp. 49-52);

 651. Ricardo Paseyro: *Neruda: vuelta y fin*, pp. 53-65 (y en *Cuadernos*, 30, mayo-junio de 1958, pp. 53-58).

652. *Cursado el decreto de jubilación del poeta Pablo Neruda.*
 DIL, 15 de junio de 1958.

653. Pablo Neruda: *No dejaré jamás de ser comunista.* Conferencia en el teatro Baquedano.
 S, 16 de junio de 1958.

654. Luis López Álvarez: *Neruda, por segunda vez.*
 Índice, Madrid, junio de 1958, pp. 1 y 2. (Respuesta a Paseyro.)

655. José Ramón Medina: *Réplica a un crítico antinerudiano.*
Nacional, 12 de junio de 1958.
Larga respuesta, de 5 páginas, al artículo de Paseyro en *Indice* (ver n. 634. No confundirlo con n. 625).

656. *Viñeta. Neruda-Nagy.*
DIL, 20 de junio de 1958.

657. E. Salazar Chapela: *Pablo Neruda.*
Nacional, 26 de junio de 1958.

658. Alone: *Neruda en una novela de Maurois.*
ZZ, 28 de junio de 1958.

659. Carlos Crisóstomo: *Mi colega Neruda.*
DIL, 28 de junio de 1958.

660. Hugo Montes: *La poesía política de Neruda.*
Presencia, La Paz, 3 de julio de 1958.

661. Pilar Paz Pasamar: *Lo chico en la poesía de Neruda.*
Cuadernos Hispanoamericanos, Madrid, n. 103, julio de 1958, pp. 95-99.

662. *El intercambio cultural entre Chile y Argentina.*
La Prensa, Buenos Aires, 24 de agosto de 1958.

663. P. B.: (sobre) *Cardona Peña: Pablo Neruda y otros ensayos.*
El Universal, 7 de setiembre de 1958.

664. Augusto Tamayo Vargas: *Tres poetas de América: César Vallejo, Pablo Neruda y Nicolás Guillén.*
Mercurio Peruano, Lima, n. 377, setiembre de 1958, pp. 483-503.

665. León Ospovat: *Un crítico argentino de la creación de Neruda.*
Revista *Problemas de Literatura,* Moscú, 1958, n. 2; en *Cuadernos de Cultura,* Buenos Aires, n. 37, setiembre de 1953; y revista *Principios,* S, n. 53, enero de 1959.
Sobre el libro de Salama.

666. Lenka Franulic: *Neruda le pone nombre al amor. Su esposa es su musa.*
E, 17 de setiembre de 1958.

667. Volodia Teitelboim: *Estravagario.*
S, 19 de octubre de 1958.

668. Francisco Dussuel: *Estravagario de Pablo Neruda.*
DIL, 2 de noviembre de 1958.

669. *Nerudismo y antinerudismo: algunos puntos sobre las íes.*
Universal, 6 de noviembre de 1958.

670. Jorge Iván Hübner: *Un candidato singular.*
DIL, 15 de noviembre de 1958.

671. *Neruda elogia a Pasternak, habla bien de Alessandri y dice que no desea ser senador.*
N, 17 de noviembre de 1958.

672. Pablo Neruda: *En este Congreso ha cobrado vida el largo territorio de Chile.*
S, 23 de noviembre de 1958.

673. Félix Guzmán: (sobre) *Alfredo Cardona Peña: Pablo Neruda y otros ensayos.*
Cultura Universitaria, Caracas, n. 65, octubre-diciembre de 1958.

674. Mercedes Rein: *El "Estravagario", testamento de otoño de Pablo Neruda.*

675. Alone: *Estravagario, por Pablo Neruda.*
M, 21 de diciembre de 1958.

676. N(éstor) M(adrid) M(alo): (sobre) *Neruda: Tercer libro de las odas.*
Revista del Atlántico, Barranquilla, 1958, I, n. 1, 132, 33.

677. Félix Durán: *Ricardo Paseyro ante Pablo Neruda.*
Revista *Nuestras Ideas*, 5, Bruselas, pp. 55-59.

678. Pablo Antonio Cuadra: *Dos mares y cinco poetas*, Managua, Torre de Dios, 1958.

679. Néstor Madrid Malo: *Neruda y los versos del Capitán: un ensayo de identificación literaria.* Barranquilla, Delta, 1958, 41 pp.

680. Julio Caillet-Bois: *Antología de la poesía hispanoamericana,* Aguilar, Madrid, 1958, pp. 1522-38.

681. Alfredo Lefebvre: *Poesía española y chilena,* Pacífico, 1958, pp. 149-62.

682. Hugo Montes y Julio Orlandi: *Historia de la literatura chilena,* Pacífico, S, cuarta edición, pp. 185-94.

683. Delia Domínguez: *El poeta de la tierra,* pp. 17-19, del libro *Obertura siglo xx,* Pacífico, S. 1958; más tarde, en el número 6, primavera de 1964, de la revista *Alerce,* pp. 20-21.

684. Antonio de Undurraga: *Atlas de la poesía chilena,* Nascimento, 1958, pp. 305-35.

685. *Estravagario por Pablo Neruda.*
Nación, Buenos Aires, 18 de enero de 1959.

686. Pablo Neruda: *Difundamos la obra literaria de los escritores americanos.*
Universidad Central, Caracas, 19 de enero de 1959.

687. Juan Liscano: *Ventana abierta. Pablo Neruda.*

688. *Diez horas con Pablo Neruda.* (Entrevista.)
Seminario Peruano, Lima, 25 de enero de 1959.

689. Eduardo Concha: *Entrevistas apócrifas: Pablo Neruda, el poeta apolítico.*
UNot, 31 de enero de 1959.

690. Julián Gorkin: *Pablo Neruda y el Congreso por la libertad de la Cultura.*
M, 31 de enero de 1959.

691. Hugo Pedemonte: (sobre) *Neruda: Estravagario.*
Universal, 12 de febrero de 1959.

692. *Buenos días, deslealtad.*
DIL, 12 de febrero de 1959.

693. *Neruda afónico bate record lingüístico. Cifras le marcan como "el poeta vivo más traducido"; en silencio escribe 4 libros.*
E, 19 de febrero de 1959, p. 12.

694. Jean Aristiguieta: *(Todo lleva tu nombre).*
RNC, n. 12, enero-febrero de 1959, pp. 142-43.

695. *El poeta se enoja.*
N, 26 de febrero de 1959.

696. *Neruda actúa contra el interés de Chile.*
N, 5 de marzo de 1959.

Se refiere a observaciones de Luis Valdés Larraín.

697. *Un auto amarga los éxitos de Neruda.*
E, 29 de mayo de 1959, p. 10.

698. Alejandro Lora Risco: *Problemas estéticos en torno al lenguaje de "Residencia en la tierra".*
A, n. 384, abril-junio de 1959, pp. 101-20.

699. Jorge Alessandri R.: *El Presidente Alessandri responde a Pablo Neruda.*
N, 21 de junio de 1959.

700. *Cuenca nerudiana.*
N, 24 de junio de 1959.

701. José Ramón Medina: *Aproximación a Neruda.*
Nacional, 2 de julio de 1959.

702. *20 preguntas íntimas de cumpleaños.*
V, n. 356, 14 de julio de 1959.

703. *Neruda: 55.*
E, 29 de julio de 1959.

704. *Juan de Luigi enjuicia a Neruda.*
Multitud, n. 87, setiembre de 1959.

705. Hugo Acevedo: (sobre): *Neruda: Estravagario.*
Ficción, Buenos Aires, n. 21, setiembre-octubre de 1959, 128-29.

706. Giovanni Meo Zilio: *Influencia de Sabat Ercasty en Pablo Neruda.*
Revista Nacional, Montevideo. n. 202, octubre-noviembre de 1959, pp. 589-625.

707. *Diálogo entre Carlos Real de Azúa, Angel Rama y Emir Rodríguez Monegal: Evasión y arraigo de Borges y y Neruda.*
Revista Nacional, Montevideo. n. 202, octubre-diciembre de 1959.

708. Volodia Teitelboim: *Una juventud intelectual que trabaja con la esperanza.*
Principios, noviembre de 1959, pp. 23-31.

709. Luis García Abrines: *La forma de la última poesía de Neruda.*
RHM, XXV, 1959, p. 303, y A, n. 386. octubre-diciembre de 1959, pp. 95-107.

710. Arturo Torres Rioseco: (sobre) *Cardona Peña: Pablo Neruda y otros ensayos.*
Américas, 1959, XV, n. 4. 421-22.

711. Alberto Baeza Flores: *Antología de la poesía hispanoamericana*, Buenos Aires, 1959, pp. 192-94.

712. *Cuatro grandes poetas de América*, librería Periado, Buenos Aires, 1959, pp. 87-119.

713. Louis Lamothe: *Los mejores poetas latinoamericanos de 1850 a 1950.*
Mex, México, 1959, pp. 233-40.

714. José María Valverde: *Historia de la literatura universal* (por M. Riquer y J. M. Valverde), t. III, Barcelona, 1959, pp. 395-500.

715. Lenka Franulic: *Más sonetos de amor. Neruda en edición privilegiada.*
E, 27 de enero de 1969, p. 13.

716. Alone: *La palabra muerta de Pablo Neruda, por Ricardo Paseyro.*
M, 31 de enero de 1960.

717. ANTONIO DE UNDURRAGA: *Poesía y aquelarre: Neruda y su técnica.*
RNC, n. 138, enero-febrero de 1960, pp. 51-68.

718. ANGEL RAMA: *Pablo Neruda: Navegaciones y regresos.*
Marcha, 18 de febrero de 1960; y UNot, de 2 de abril de 1960, con el título de *Afectación y cosmético.*

719. FRANCISCO ICHASO: *Neruda encuentra en las Antillas el Edén Perdido.*
La Segunda, S, 28 de febrero de 1960.

720. ALONE: *Unas declaraciones de Pablo Neruda.*
M, 26 de abril de 1960.
Firmado H. D.

721. *Neruda contesta desde Moscú ataques de Maluenda y Bazán.*
S, 5 de mayo de 1960.

722. MIGUEL ARTECHE: *Una oda bien aderezada.*
M, 10 de mayo de 1960.

723. PABLO PORLADUDA: *Boris Latjonjiménez, vienes volando.*
N, 8 de junio de 1960.

724. HERNÁN LOYOLA: *Un panorama de la poesía nerudiana.*
S, 9 de octubre de 1960.
Sobre la segunda edición del libro de De Lellis (n. 637).

725. *Prefacio* para la segunda edición de *Tout l'amour*, París, noviembre de 1960.
Recogido en la *Summa bibliográfica de la obra nerudiana*, por H. Loyola, Mapocho, n. 9, 1965.

726. HUGO MONTES: *Caos y cosmos en la poesía.*
Finis Terrae, n. 28, cuarto trimestre de 1960, pp. 41-57, y pp. 103-24 de *Poesía Actual de Chile y España*, Sayma, Barcelona, 1963.

727. YERKO MORETIC: *Notas para el estudio del realismo socialista en Chile.*
Principios, órgano del comité central del Partido Comunista de Chile, n. 76, diciembre de 1960, pp. 28-39.

728. JUAN URIBE ECHEVERRÍA: *Antología para el sesquicentenario.*
AUCh, 21, 1960, pp. 118-21, 183, 185, 189-90.

729. Juan Liscano: *Ayúdenos a ser,* pp. 11-18 de *Fuego de hermanos a Pablo Neruda,* Caracas, Arte, 1960, que, además, contiene lo siguiente:

730. José Ramón Medina: *Palabras para un recital,* pp. 19-23;

731. Miguel Otero Silva: *Cantándolo todo,* pp. 24-25;

732. Luis Pastori: *Con su viento del sur,* pp. 26-29;

733. Rafael Pineda: *América y Pablo Neruda,* páginas 30-32.

734. Pablo Neruda: *El viaje de regreso a Chile,* abril 1957, pp. 8-9; y *Saludo la ciudad,* pp. 33-34.

735. Jorge Vargas S., mercedario, y Alfonso Aperribay, marianista: *Neruda, una instancia del hombre sin Dios.* Memoria para optar al título de profesor de Filosofía, Escuela de Pedagogía de la Universidad Católica de Chile, 1960.

736. Giuseppe Bellini: (Introducción a *Poesía,* Milano, 1960).

737. Marino Muñoz Lagos: *Chile a través de sus poetas,* Punta Arenas, 1960, pp. 1-2.

738. Arturo Torres Rioseco: *Nueva historia de la gran literatura iberoamericana,* Emecé, Buenos Aires, tercera edición, 1960, pp. 129-30.

739. Gabriel Celaya: *A Pablo Neruda.*
Ultramar, S, n. 9, ¿1960?

740. Crainqueville: *Licencia poética.*
N, 12 de enero de 1961.

741. Luis Alberto Mansilla: *Neruda nos habla de sus diez meses por el mundo.*
V, 17 de enero de 1961.

742. John H. R. Polt: *Elementos gongorinos en "El gran océano", de Pablo Neruda.*
RHM, enero de 1961, pp. 23-31.

743. Juan Pueblo: *Oda a Pablo Neruda.*
Revista de la Semana de *El Universal,* México, 5 de febrero de 1961; y en *Examen,* México, febrero de 1961.

744. E. C. D.: *Cien sonetos de amor.*
La Razón, Buenos Aires, 25 de marzo de 1961.

745. Angel Valbuena Briones: *La aventura poética de Pablo Neruda.*
Cuadernos Americanos, México, XX, marzo-abril de 1961, pp. 205-23; después en pp. 432-51 de *La literatura hispanoamericana,* Barcelona, 1962, t. IV de la Literatura española de Valbuena Prat.

746. J. González Muela: *Navegaciones y regresos.*
RHM, XXVII, abril de 1961, pp. 152-53.

747. Z.: *Sin autoridad.*
M, 27 de abril de 1961.

748. *Vate versus político. Betancourt choca con Neruda.*
Visión, N. York, 5 de mayo de 1961, p. 16.

749. Pablo Neruda: *Eras esencia de mujer y lección para un millón de hombres.* Palabras en los funerales de Lenka Franulic.
S, 27 de mayo de 1961.

750. *Picasso y Neruda exponen juntos.*
S, 23 de julio de 1961.

751. Sergio Latorre: *En viejo vaso.*
Última Hora, S, 25 de julio de 1961.

752. Silvio de la Torre: *Salutación a Pablo Neruda. Islas,*
Las Villas (Cuba), mayo-agosto de 1961, pp. 89-97.

753. Manuel Rivero de la Calle: *Pablo Neruda, poeta y naturalista.*
Islas, Las Villas (Cuba), mayo-agosto de 1961, pp. 99-106.

754. *Neruda: editado en todo el mundo.*
S, 22 de octubre de 1961.

755. Germán Sepúlveda: *Poesía y política.*
M, 9 de noviembre de 1961.

756. Hannon: *Licencia poética.*
N, 14 de noviembre de 1961.

757. *Neruda: 40 años publicando versos.*
Última Hora, 19 de noviembre de 1961.

758. Crainqueville: *Ojo de plata.*
N, 18 de diciembre de 1961.

759. Fernando Alegría: *Introducción a The elementary odes of Pablo Neruda*, Las Américas, Nueva York, 1961.

760. Luis Monguió: *Introduction to Selected Poems of Pablo Neruda*, transl. by Ben Bellit. A bilingual edition, Nueva York, Grove Press, 1961; traducción en A, n. 401, julio-setiembre de 1963, pp. 65-80.

761. Pablo Neruda: *Pequeña historia* (de los *Veinte poemas...*) en la edición de Losada, Buenos Aires, 1961, pp. 7-10.

762. Manuel Mantero: (sobre) *Cien sonetos de amor. Ágora*, Madrid, 1961, n. 51-52, pp. 48-49.

763. Ginés de Albareda y Francisco Garfias: *Antología de la poesía hispanoamericana. Chile*, Biblioteca Nueva, Madrid, 1961, pp. 46-48 y 340-358.

764. Joaquín Gutiérrez: *Antología de poetas americanos*, Nascimento, 1961, pp. 281-325.

765. Raúl Silva Castro: *Panorama literario de Chile*, Editorial Universitaria, 1961, pp. 109-16.

766. Noemí Vergara de Bietti: *Evolución de Pablo Neruda.*
La Prensa, Buenos Aires, 7 de enero de 1962.
Sobre *Cien sonetos de amor.*

767. Noemí Vergara de Bietti: *Poemas de las figuras de piedra.*
La Prensa, Buenos Aires, 11 de febrero de 1962.

768. Hernán Loyola: *Las piedras de Chile.*
S, 18 de febrero de 1962.

769. Mario Rodríguez Fernández: *Imagen de la mujer y el amor en un momento de la poesía de Pablo Neruda.*
AUCh, n. 125, primer trimestre de 1962, pp. 74-70.

770. Luis Alberto Sánchez: *Neruda.*
Cuadernos Americanos, México, 1962, n. 2, pp. 235-47.
Supongo que es lo mismo que recogió en la segunda parte de *Escritores representativos de América*. Gredos, Madrid, 1964, pp. 196-213.

771. Crainqueville: *Neruda y el Premio Nobel.*
N, 5 de abril de 1962.

772. Oreste Macrí: *Pablo Neruda en italiano.*
La Nazione, Firenze, 10 de abril de 1962.

773. Julio Silva Solar: *El pueblo y la persona humana.*
Última Hora, abril de 1962.
Comentario a un poema de Neruda.

774. Noemí Vergara de Bietti: *Cantos ceremoniales, por Pablo Neruda.*
Prensa, Buenos Aires, 27 de mayo de 1962.

775. Pablo Neruda: *Las vidas del poeta. Memorias y recuerdos.*
O Cruzeiro Internacional, 16 de enero al 1º de julio de 1962.

776. Jorge Sanhueza: *Bibliografía de Neruda*, en segunda edición de *Obras completas*, aparecida el 24 de agosto de 1962 en Buenos Aires (Losada).

777. Edmundo Concha: *"J. M. C., el húsar desdichado".*
UNot, 1º de setiembre de 1962.

778. John A. Coleman: *Cien sonetos de amor.*
RHM, XXVIII, abril-octubre de 1962, p. 241.

779. D.: *Pastoral y pastoreo.*
M, 27 de setiembre de 1962.
Se refiere a una pastoral episcopal, y a la anunciada respuesta de Neruda.

780. *Cónyuge (anterior) demandó a Pablo Neruda por alimentos.*
UNot, 5 de octubre de 1962.

781. *Radiografía de la hora actual hará Neruda.*
S, 11 de octubre de 1962.

782. *Hoy habla Neruda: ¡al Caupolicán!*
S, 12 de octubre de 1962.

783. *Con los católicos hacia la paz: Pablo Neruda contesta a los obispos.* Conferencia el 12 de octubre de 1962. Folleto de 42 pp.
S, 14 de octubre de 1962.

784. *Discurso político pronunciado por don Pablo Neruda.*
M, 13 de octubre de 1962.

785. *La palabra comunista de Neruda en el Caupolicán: Debemos luchar católicos y no católicos contra la degradación que impone la miseria.*
S, 14 de setiembre de 1962.

786. Neruda: *Señores obispos, cuidado con las encíclicas. La caridad no hará cambios.*
V, 16 de octubre de 1962.

787. *Carta de Neruda al presidente* (Jorge) *Alessandri.*
N, 18 de octubre; y 28 de octubre de 1962.

788. Alberto Núñez Villalón: *Neruda y el Premio Nobel.*
S, 21 de octubre de 1962.

789. *Dicen de Suecia: Neruda con gran opción al Nobel.* Estocolmo, 24 (UPI).
S, 25 de octubre de 1962.

790. Pablo Neruda: *Mariano Latorre, Pedro Prado y mi propia sombra. (Discurso),* Nascimento, 1962, pp. 49-88.

791. Nicanor Parra: *Discurso de bienvenida en honor de Pablo Neruda.*
Nascimento, S, 1962, pp. 9-48. Fragmentos, en *Marcha,* 13 de setiembre de 1963.

792. Edmundo Palacios: *Los libros. Pablo Neruda y Nicanor Parra: Discursos.*
S, 13 de noviembre de 1963.

793. Martín Ruiz: *Discursos académicos de Nicanor Parra y Pablo Neruda.*
S, 25 de noviembre de 1962.

794. Estuardo Núñez: (sobre) *Nuevas piedras de Machu Pichu de Neruda,* Hidalgo y M. Adán, Lima, 1961; *Machu Pichu en voces triunfales,* de Mario Florián, Lima, 1961.
Revista de Historia de América, México, 1962, n. 53-54, pp. 263-74.

795. Fernando Alegría: *La evolución poética de Pablo Neruda,* pp. 177-90, de *Las fronteras del realismo. Literatura chilena del siglo* xx, ed. Zig-Zag, 1962 (segunda edición, 1967).

796. Pablo Luis Ávila: *Ensayo introducido* a la *Antología poética de Pablo Neruda* (Quaderni Iberoamericani, Torino, Gheroni, 1962).

797. Mario Ferrero: *Premios nacionales de literatura,* t. I, ed. Zig-Zag, 1962, pp. 63-101.

798. Darío Puccini: *Introducción a Poesíe* (Firenze, 1962).

799. Alone: *Las cien mejores poesías chilenas,* Zig-Zag, S, s/f, pp. 138-46. Cuarta edición, 1962, pp. 152-76.

800. Juan Ramón Jiménez: *El modernismo,* Aguilar, México, 1962.
Neruda en varios pasajes.

801. Ángel Castillo: *Los poderes de Pablo Neruda.*
S, 6 de enero de 1963.

802. Pablo Neruda: *Je ne dirais jamais...*
Mercure de France, París, enero de 1963, pp. 113-14.
En homenaje a Valéry.

803. Hernán Loyola: *Plenos poderes.*
S, 3 de febrero de 1963.

804. Hernán Loyola: *Premios nacionales de Ferrero.*
S, 24 de febrero de 1963.

805. José Olivio Jiménez: *Cantos ceremoniales de Neruda.*
RHM, XXIX, abril de 1963, 177-78.

806. *Dijo Alone en Caracas: Pablo Neruda es un excelso poeta y un hombre muy noble.* (Entrevista en *El Nacional*).
S, 7 de abril de 1963.

807. HERNÁN LOYOLA: *En los 40 años de Crepusculario.*
S, 14 de abril de 1963; A, n. 400, abril-junio de 1963, pp. 98-101.

808. *Una novela sobre Neruda: "El senador de los mineros".*
S, 21 de abril de 1963.
Se refiere a artículo de *Izvestia* del 21 de marzo.

809. MIREYA JAIMES FREYRE: *The elementary Odes of Pablo Neruda*, transl. by Carlos Lozano.
RHM, XXIX, abril de 1963, pp. 176-77.

810. A. BLANCO AMORES DE PAGELLA: *Plenos poderes.*
Prensa, Buenos Aires, 5 de mayo de 1963.

811. HERNÁN DEL SOLAR: *Premios nacionales de literatura: Pablo Neruda.*
Firmado: Gastón Colina.
N, 19 de mayo de 1963; más tarde en el libro *Breve estudio y antología de los Premios Nacionales de Literatura*, ZZ, 1965, pp. 61-86.

812. JAIME CONCHA: *Interpretación de Residencia en la Tierra.*
Mapocho, n. 2, junio de 1963, pp. 5-39.

813. MAHFUD MASSIS: *Alcántara, Neruda y Panchito Franco.*
Polémica, 15 de julio de 1965.

814. RAQUEL JODOROWSKY: *Oda a Pablo Neruda.*
Polémica, 15 de julio de 1965.

815. PABLO NERUDA: *Retrato del gladiador.* Semblanza de Fidel Castro, con motivo de su viaje a la URSS.
S, 28 de julio de 1963.

816. PABLO NERUDA: *Cuando el "generalísimo" de Durán era Presidente. Proceso a Neruda.*
S, 27 de agosto de 1963.

817. EDUARDO MEDRI: *Anticipación fragmentaria de Neruda.*
El Nacional, México, 11 de agosto de 1963.

818. *Neruda recuerda* (sobre los años 1948-52).
S, días 27, 28, 29, 30, 31 de agosto; y 2, 3 y 4 de setiembre de 1963.

819. Ángel Rama: *Competidor de la naturaleza.*
Marcha, 13 de setiembre de 1963.

820. Jano Neruda (a propósito de la oda a la muerte de Stalin y el discurso de Neruda en el parque Bustamante).
N, 2 de octubre de 1963.

821. *Neruda, Sartre y Beckett candidatos para obtener el Premio Nobel de literatura.*
M, 14 de octubre de 1963.

822. Ligeia Balladares: *No vivo obsesionado por el Premio Nobel.* Entrevista.
Flash, 18 de octubre de 1963.

823. Ricardo Paseyro: *Carta abierta a la Academia Sueca.*
Combat, París, 21 de octubre de 1963; El Plata, Montevideo, 3 de diciembre de 1963.

824. Xavier Domingó: *En torno a la concesión del premio Nobel de literatura.*
M, 28 de octubre de 1963.

825. Jaime Concha: *Cantos ceremoniales.*
Mapocho, S, n. 3, octubre de 1963, pp. 294-96. (Apareció en enero de 1964.)

826. Mahfud Massis: *Neruda o el epílogo de un bufón.*
Polémica, n. 10 (15 de octubre de 1963).

827. Ernesto Dethorey: *Pablo Neruda y el premio Nobel.*
M, 27 de noviembre de 1963.

828. Arthur Lundkvist: *Neruda.*
Bonniers Litterata Magasin, Estocolmo; Boletín de la Universidad de Chile, n. 45, pp. 48-66; 14 de junio de 1964.

829. Giuseppe Bellini: *Introduzione a Pablo Neruda; Poesíe d'amore*, Milano, 1963, pp. 7-21; traducido por J. M. Varas en homenaje de revista *Aurora*, julio-diciembre de 1964 (n. 896).

830. Hugo Montes: *La nueva poesía épica*, pp. 145-60 de *Poesía actual de Chile y España*, Sayma, Barcelona, 1963.

831. J. M. Cohen: *Poesía de nuestro tiempo*, traducción de Augusto Monterroso, *FCEc*, México, 1963, pp. 317-27.

832. Pablo Neruda: *RLV*.
En pp. 23-27 de *Presencia de Ramón López Velarde en Chile*, Santiago, 1963.

833. Luis Enrique Délano y Edmundo Palacios: *Antología de la poesía social de Chile*, Austral, S, 1964, pp. 85-103.

833b. Pablo Neruda: *Memorial de Isla Negra*, 5 volúmenes, Losada, Buenos Aires.

834. Ludovico Silva: *Pablo Neruda: Memorial de Isla Negra*, 5 vols.
Universal, 26 de enero de 1964.

835. Luis Alberto Mansilla: *Neruda y el premio Nobel*.
Aurora, S, enero-marzo de 1964.

836. Alone: *Pablo de Rokha y Pablo Neruda*.
M, 28 de marzo de 1954.

837. Rafael Alberti: *De mon amitié avec Pablo Neruda*.
Europe, París, ns. 419-20, marzo-abril de 1964, pp. 71-75, que contiene, además, las siguientes piezas nerudianas:
838. Pierre Darmangeat: *Aller à Neruda*, pp. 74-84;
839. Jorge Edwards: *L'évolution de la poésie de Pablo Neruda*, pp. 84-91.
La traducción del castellano fue hecha por Pierre Gamarra.

840. Alfredo Lozada: *"Residencia en la tierra": algunas correcciones*.
RHM, XXX, abril de 1964, 108-18.

841. *Neruda contra Stalin*.
La Prensa, Lima. Reproducción en *El Español*, Madrid, 6 de junio de 1964.

842. Mortimer Gray: *60 años de un genio de la poesía*.
V, 6 de julio de 1964, pp. 8, 9, 10 y 11.

843. *Pablo Neruda.*
Editorial de *S*, 12 de julio de 1964, en el que, además, se puede leer lo siguiente:

844. Raúl Mellado: *Homenaje a los 60 años de Pablo Neruda. Neruda responde 23 preguntas de El Siglo*, p. 2.

845. Benjamín Subercaseaux: *"Mi" Neruda*, p. 13; luego, en el homenaje de *Alerce*, fines de 1964 n. 907).

846. Luis Alberto Mansilla: *Una vida entregada a la poesía*, pp. 5 y 6.

847. Hernán Loyola: *"Memorial de Isla Negra"*, p. 7.

848. Jorge Sanhueza: *Bibliografía fundamental de y sobre Pablo Neruda*, p. 8.

849. Pablo Neruda: *Para mí escribir poesía es como ver u oír*. Declaraciones a Raúl Mellado.
S, 12 de julio de 1964.

850. *Pablo Neruda en sus sesenta años.*
M, 13 de julio de 1964.

851. *La Biblioteca Nacional y Pablo Neruda.*
Homenaje recogido en parte en *Mapocho*, t. II, n. 3, 1964, y que comprende:
Palabras pronunciadas por el Director de la Biblioteca Nacional, Guillermo Feliú Cruz, el 7 de agosto, 178-179.

852. Pablo Neruda: *Algunas reflexiones improvisadas sobre mis trabajos*, 180-82.

853. Diego Muñoz: *Pablo Neruda: vida y poesía*, 183-94.

854. Luis Sánchez Latorre (Filebo): *Agenda Paulina*, 195-201; más tarde, hasta cierto punto, en *Los expedientes de Filebo*, ZZ, 1965.

855. Hugo Montes: *Acerca de Alturas de Macchu Picchu*, pp. 202-09; más tarde en *La lírica chilena de hoy*, ZZ, 1967, pp. 120-34.

856. Jaime Giordano: *Introducción al Canto general*, pp. 210-26.

857. Nelson Osorio T.: *El motivo del amor en Versos del capitán*, 227-37.

858. Mario Rodríguez Fernández: *Reunión bajo las nuevas banderas o de la conversión poética de Pablo Neruda*, pp. 238-48.

859. Alfonso M. Escudero: *Fuentes para el conocimiento de Neruda*, 249-79 (con tirada aparte).

860. *Palabras finales* de Guillermo Feliú Cruz, el 28 de setiembre, pp. 280-81.

861. Guillermo Ferrada Partarrieu: *Pablo Neruda y otros ensayos, por Alfredo Cardona Peña*, pp. 282-85.

862. Jaime Concha: *Pablo Neruda, por Raúl Silva Castro*, pp. 282-93.
    Además, programas, declaración autografiada de Neruda, fotos, etc.

863. Raúl Silva Castro: *Pablo Neruda*, editorial Universitaria, C, 1964, 237 pp.
    (Apareció a mediados de julio.)

864. *De todo el mundo saludan a Neruda.*
    S, 19 de junio de 1964.

865. Carlos Altamirano: *"Con Neruda hemos aprendido a amar de nuevo".*
    Palabras del diputado socialista en la Cámara y en S, 19 de julio de 1964.

866. Guillermo Atías: *Invitación a la perplejidad.*
    Discurso en la Universidad de Chile en la inauguración de la Exposición bibliográfica, y en S, 19 de julio de 1964.

867. Ramón de la Serna: *García Lorca y Neruda.*
    M, 28 de julio de 1964.

868. Vicente Mengod: *Radiografía de Neruda.*
    ZZ, 31 de julio de 1964.

869. Emir Rodríguez Monegal: *Reflexiones de cumpleaños: Pablo Neruda.*
La Gaceta, FCEc., México, julio de 1964, pp. 1 y 6.

870. Socorro Pinto Montoya: *La poesía de Neruda en América,* Universidad Javeriana, Bogotá, 1964, 106 pp. (De mediados de año).

871. Julio López: *60 años de Neruda. Gran poeta del amor, pequeño poeta del odio.*
Voz, S, 2 de agosto de 1964.

872. *Se inauguró el ciclo nerudiano.*
S, 9 de agosto de 1964.

873. Civerny: *Saludo checoslovaco para Pablo Neruda.*
S, 9 de agosto de 1964.

874. Alone: *Neruda, poeta comprometido.*
M, 16 de agosto de 1964.

875. *Homenaje a Neruda* en Anales de la Universidad de Chile, n. 131, julio-setiembre de 1964.
Comprende:
Mario Rodríguez Fernández: *El tema de la muerte en "Alturas de Macchu Picchu",* pp. 23-50.

876. César Bunster: *Discurso de...* director del Instituto de Literatura Chilena, 163-65.

877. Edmundo Concha: *Introducción a la poesía de Pablo Neruda,* 166-72 (hay reedición en folleto de 15 pp. en Navidad de 1964 y con el título de *Ahí va Pablo Neruda*).

878. Jorge Sanhueza: *Catálogo de la Exposición Bibliográfica por...,* pp. 173-207 (hay tirada aparte en folleto de 44 pp.).

879. Edmundo Concha: *Pablo Neruda* por Raúl Silva Castro, 232-33.

880. Luz Machado de Arnao (sobre Homenaje de *Mapocho* a Neruda).
Universal, 8 de setiembre de 1964.

881. Luis María Anson: *Neruda como es.*
ABC, Madrid, 8 de octubre de 1964.

882. Baltasar Castro: *Premio Nobel para Neruda.*
Clarín, 10 de octubre de 1964.

883. Juan Tejeda: *El poeta en Antofagasta.*
UNot, 15 de octubre de 1964.

884. Frank Peñaloza: (sobre) *Donde nace la lluvia*, de Neruda.
Universal, 20 de octubre de 1964.

885. Raúl Silva Castro: *Romeo y Julieta.*
M, 21 de octubre de 1964.

886. Alberto Spikin-Howard: *Poesía para una élite.*
N, 22 de octubre de 1964.

887. Oscar Rojas Jiménez: (sobre) *La luna en el laberinto*, de Neruda.
Universal, 3 de noviembre de 1964.

888. Manuel Rojas: *Apunte sobre el sentimiento de la soledad en la poesía de Pablo Neruda.*
A, n. 406, octubre-diciembre de 1964, pp. 163-72; luego en *Cuadernos Americanos*. México, 1965. XXIV, n. 1, 208-17.

889. Hernán Loyola: *Shakespeare-Neruda.*
S, 27 de diciembre de 1964.
(Sobre la versión de *Romeo y Julieta.*)

890. Fernando Quiñones: (sobre) *Las piedras de Chile*, de Neruda.
Cuadernos Americanos, México, 1964, LVII, 597-99.

891. Alfredo Lozada: *Estilo y poesía de Pablo Neruda: examen de la interpretación de Amado Alonso de "Residencia en la tierra".*
PMLA, LXXIX, diciembre de 1964, 648-63.

892. *Los 60 años de Neruda.* Homenaje de *Aurora*, ns. 3-4, julio-diciembre de 1964.
VOLODIA TEITELBOIM: *Neruda, 60 años*, pp. 5-27.
También en *Capricornio*, Buenos Aires, n. 6, 1954.

893. JORGE SANHUEZA: *Pablo Neruda, los poetas y la poesía*, pp. 28-63.

894. HERNÁN LOYOLA: *Los modos de autorreferencia en la obra de Pablo Neruda*, pp. 64-125 (hay tirada aparte de 68 pp.).

895. JAIME CONCHA: *El descubrimiento del pueblo en la poesía de Neruda*, pp. 128-38.

896. GIUSEPPE BELLINI: *El amor en la poesía de Pablo Neruda*, traducción debida a José Miguel Varas de la *Introduzione* al volumen *Pablo Neruda: Poesie d'amore* (n. 829), aquí pp. 139-58.

897. HÉCTOR P. AGOSTI: *Los caminos de la poesía*, pp. 150-75.

898. YANNIS RITSOS: *A Pablo Neruda*, en trad. de Luis Bocaz Q., 176-96.

899. LUIS CORVALÁN: *Saludo a Pablo Neruda*, 197-201.

900. *Testimonios* de Margarita Aguirre, Rafael Alberti, Homero Arce, Rubén Azócar, Luis Enrique Délano, Julio Escámez, González Vera, Julio Moncada, Diego Muñoz, Orlando Oyarzún Garcés, Sylvia Thayer, Jaime Valdivieso, Juvencio Valle, pp. 203-49. Estos testimonios fueron reproducidos en *S*, 10 de enero de 1965.

901. Homenaje de *Alerce*, publicación de la Sociedad de Escritores de Chile, n. 6, primavera de 1964.
Comprende:
Anónimo: *Pablo Neruda, homenaje: 60 veranos, otoños, inviernos, primaveras*, p. 3.

902. PABLO NERUDA: Dos poemas autografiados, 4-5.

903. JORGE SANHUEZA: *1921-1926: Neruda, colaborador y redactor de la revista Claridad, de la Federación de Estudiantes*, 6-11.

904. NERUDA: *Poesías publicadas en 1922 en la revista Claridad*, 12-14.

905. GUILLERMO ATÍAS: *Neruda es un bien común*, 14.

906. LUIS MERINO REYES: *Sobre los Cien sonetos de amor*, 14-15.

907. BENJAMÍN SUBERCASEAUX: *"Mi" Neruda*, 15-16. (Ver n. 845).

908. VINICIUS DE MORAES: *Un mundo de poesía que os habla* (trad. de Ana María Vergara), 17.

909. MARÍA ROSA OLIVER: *Agradecimiento a 20 años de amistad*, 17-18.

910. EUGENIO GONZÁLEZ ROJAS: *La Universidad se dirige a la Academia sueca*, 18.

911. LUIS OYARZÚN: *El romanticismo de Neruda*, 19.

912. THIAGO DE MELLO: *Canto de companheiro em tempo de cuidados*, 20.

913. DELIA DOMÍNGUEZ: *El poeta en la tierra*, 20-21. (Ver n. 683).

914. PABLO NERUDA: *Francisco Coloane, Premio Nacional de Literatura 1964*, 21 (fotocopia).

915. MARGARITA AGUIRRE: *Genio y figura de Pablo Neruda*, Eudeba, Buenos Aires, fines de 1964. Segunda edición, a mediados de 1967.

916. JUAN AGUSTÍN PALAZUELOS: *Neruda en 15 páginas*. N, 2 de enero de 1965.
Firmado J. P. (sobre el folleto de E. Concha, n. 877).

917. HELENA SASSONE: (sobre) *El fuego cruel*, de Neruda. *Universal*, 12 de enero de 1965.

918. HERNÁN LOYOLA: *Genio y figura de Pablo Neruda,* por Margarita Aguirre.
   S, 14 de febrero de 1965, y *A,* n. 408, abril-junio de 1965, pp. 267-68.

919. *Pablo y Volodia: uno para el otro.*
   Pec, 2 de marzo de 1965.

920. *La caída de Lisenko, una Academia inquisitorial y otro traspié de Neruda.*
   Pec, 2 de marzo de 1965.

921. RAÚL SILVA CASTRO: *En el ambiente de Pablo Neruda.*
   M, 7 de abril de 1965.

922. CLAUDE COUFFON: *Pablo Neruda en París.*
   Lettres françaises, París, 15 y 21 de abril de 1965.
   Trad. de Hernán Loyola en *S,* 1º de abril de 1966.

923. ÁNGELA BLANCO AMORES DE PAGELLA: (sobre el *Neruda* de R. Silva Castro).
   La Prensa, Buenos Aires, 16 de mayo de 1965; *M,* 13 de junio de 1965.

924. EDUARDO ANGUITA: *La popularización de Neruda.*
   N, 20 de mayo de 1965.

925. JAIME CONCHA: *Proyección de "Crepusculario".*
   A, n. 408, abril-junio de 1965, pp.. 188-210.

926. MARIO RODRÍGUEZ FERNÁNDEZ: (sobre) *Fuentes para el conocimiento de Neruda,* de Alfonso M. Escudero.
   AUCh, n. 134, abril-junio de 1965, pp. 236-38.

927. *Neruda sacó lágrimas.*
   UNot, 3 de junio de 1965.
   Sobre cuando la Universidad de Oxford lo declaró *doctor honoris causa.*

928. MAGDALENA PETIT: *Experiencias de Neruda.*
   N, 20 de junio de 1965.

929. TOMÁS P. MAC HALE: *Genio y figura de Pablo Neruda.*
   Unión, Valparaíso, 1º de agosto de 1965.

930. Tito Mundt: *Neruda será el próximo premio Nobel.*
Última Hora, 11 de agosto de 1965.

931. Fidel Araneda Bravo: *Los modos de autorreferencia en la obra de Neruda* (por H. Loyola).
La Segunda, 24 de setiembre de 1965.

932. *Distinciones al escritor Raúl Silva Castro y a los poetas Gonzalo Rojas y Pablo Neruda.*
M, 25 de setiembre de 1965.

933. *De Rokha, defensor de Neruda.*
UNot, 23 de octubre de 1965.

934. W.: *Entretelones del premio Nobel.*
M, 23 de octubre de 1965.

935. Antonio de la Nuez: (sobre) *Todo el amor.*
Universal, 2 de noviembre de 1965.

936. Hernán Loyola: *Summa biobibliográfica de la obra nerudiana.*
Mapocho, 1965, III, n. 9, pp. 178-213.

937. Jaime Alazraki: *Poética y poesía de Pablo Neruda,*
Las Américas, N. York, 1965, 222 pp.

938. Alastair Reid: *A visit to Neruda.*
Encounter, London, setiembre de 1965.

939. Ricardo Navas Ruiz: *Neruda y Guillén; un caso de relaciones literarias.*
Revista Iberoamericana, n. 60, julio-diciembre de 1965, pp. 250-62.

940. Mauricio de la Selva: (sobre) *Neruda: Memorial de Isla Negra...,* 1964, 5 vols.
Cuadernos Americanos, México, 1965, XXIV, n. 2, pp. 317-25.

941. Luis Sánchez Latorre: *Los expedientes de Filebo.*
ZZ, 1965, pp. 15-28.

942. Guillermo Ravest: *Neruda: Viaje y regreso a la fe en los hombres.*
S., 16 de enero de 1966.

943. Santiago del Campo (hijo): *Entrevista con Neruda, en Isla Negra.*
Desfile, 13 de enero de 1966.

944. *Silencio ante las persecusiones de escritores.*
M, 19 de febrero de 1966.

945. *El silencio de Pablo Neruda.*
Pec, 22 de febrero de 1966.
Reproduce una entrevista de 7 días de ZZ, de 18 de febrero, supongo.

946. *Escritores soviéticos. Bomba de tiempo para rojos chilenos.*
UNot, 26 de febrero de 1966.

947. Efraín Subero: *El mar en la poesía de Pablo Neruda.*
Cultura Universitaria, Caracas, XC, enero-marzo de 1966, pp. 11-16.

948. Alfredo Lozada: *El contenido social en la obra de Pablo Neruda.*
Journal of Interamerican Studies, abril de 1966.
Fragmento (Interpretación socioeconómica de "Residencia en la tierra"), en Pec, 14 de junio de 1966.

949. Nena Ossa: *Pablo Neruda y Murieta.*
Pec, 10 de mayo de 1966.

950. *La otra cara de la medalla.*
Pec, 10 de mayo de 1966.

951. *¿Merece Neruda el premio Nobel? Una gestión de Volodia Teiteboim ante el canciller Valdés. El problema que tendrá la Academia sueca. Historia documentada de una servidumbre intelectual.*
Pec, 24 de mayo de 1966.

952. SHERLOCK (RAÚL MORALES ÁLVAREZ): *De Rokha frente a Neruda.*
Clarín, 20 de junio de 1966.

953. SHERLOCK: *Ahora que viene el foro de los Pablos grandes.*
Clarín, 24 de junio de 1966.

954. *Silone atacó a Neruda.*
Pec, 28 de junio de 1966.

955. LUIS ALBERTO MANSILLA: *Pablo Neruda con la puerta abierta.*
Portal, n. 2, junio de 1966, pp. 12, 13 y 20.

956. EMIR RODRÍGUEZ MONEGAL: *El Memorial de Isla Negra.*
Mundo Nuevo, París, n. 1, julio de 1966, pp. 70-74.

957. *Neruda en Estados Unidos.*
M, 3 de julio de 196.

958. SELDOM RODMAN: *All American.*
The New York Times Book Review, 10 de julio de 1966, pp. 5, 34, 36 y 37.

959. *Neruda se refiere a su viaje.*
M, 16 de julio de 1966, pp. 27 y 37.

960. *Neruda rechaza sectarismo de los comunistas cubanos. Responde a los ataques lanzados en su contra a través de radio La Habana, de Cuba.*
N, 17 de julio de 1966.

961. *El Congreso de los Pen Clubes y el escritor libre.*
M, 17 de julio de 1966.

962. JUAN EHRMAN: *El polémico viaje de Pablo Neruda.*
E, 20 de julio de 1966.

963. PEDRO BERMEJO: *De Rokha-Neruda, una controversia histórica.*
UNot, 23 de julio de 1966.

964. MARTÍN RUIZ: *Impresiones de un viaje triunfal. Neruda habla de los Estados Unidos.*
S, 24 de julio de 1966.

965. *Carta abierta a Pablo Neruda.*
Granma, La Habana, 31 de julio de 1966; luego en *Casa de las Américas*, n. 38, setiembre-octubre del mismo año, pp. 131-135.
Firmas de Alejo Carpentier, Nicolás Guillén, Juan Marinello, Roberto Fernández Retamar, José Lezama Lima, etc.

966. CARLOS FUENTES: *El P.E.N.: entierro de la guerra fría en la literatura.* "Se derribaron viejas barreras mentales". *En América latina el escritor aún exorciza. Neruda: "Adoro a Nueva York, aunque yo no viviría en ella".*

967. *PC defiende a Neruda del paredón de Fidel.*
UNot, 6 de agosto de 1966.

968. IGNACIO GONZÁLEZ GINOUVÉS: *Discurso del Rector de la Universidad de Concepción, doctor...* (en el homenaje a Neruda) el 17 de agosto de 1966.

969. PABLO NERUDA: *Discurso* (de agradecimiento) *del poeta Pablo Neruda.*
A, n. 413, julio-setiembre de 1966, pp. 15-17 (verlo también en *M*, 31 de agosto).

970. EMIR RODRÍGUEZ MONEGAL: *El viajero inmóvil. Introducción a Pablo Neruda*, Losada, Buenos Aires, 1966, 348 pp. Se terminó de imprimir el 19 de agosto.

971. *Pablo Neruda recibió premio "Atenea" de la U. de Concepción.*
S, 21 de agosto de 196.

972. ALONE: *Genealogía y ubicación de Pablo Neruda* (a propósito de Jaime Alazraki).
M, 28 de agosto de 1966.

973. *Neruda y Pasternak.*
Pec, 6 de setiembre de 1966.

974. FILEBO (L. SÁNCHEZ LATORRE): *Agenda. Pablo Neruda en la Sech.*
N, 6 de setiembre de 1966.

975. CARNET 2.064.490, Santiago: *Neruda y el premio Nobel.*
Desfile, 20 de setiembre de 1966.

976. G. J. E.: *Pablo Neruda.*
Hispania, vol. XLIX, setiembre de 1966.

977. DONALD F. FOGELQUIST: *El Memorial de Isla Negra.*
RHM, XXXII, julio-octubre de 1966, pp. 344-47.

978. GEMA ROBERT: JAIME ALAZRAKI: *Poética y poesía de Pablo Neruda.*
RHM, XXXII, julio-octubre de 1966, p. 349.

979. EMIR RODRÍGUEZ MONEGAL: *Diario del P.E.N. Club.*
Nuevo Mundo, París, n. 4, octubre de 1966, pp. 41-51.

980. RAÚL MELLADO: *Junto al mar de Isla Negra, Neruda revive a Federico.*
S, 2 de octubre de 1966.

981. DR. JOAQUÍN DE MONTEZUMA DE CARVALHO: *Gabriela-Pablo en Estocolmo.*
Desfile, 4 de octubre de 1966.

982. PABLO NERUDA: *"Fulgor y muerte de Joaquín Murieta".*
Charla radial de su autor, el poeta...
S, 6 de noviembre de 1966.

983. FERNANDO DURÁN V.: *Arte de pájaros*, por Pablo Neruda.
M, 14 de diciembre de 1966.

984. *En 17.500 escudos fue vendido libro de Neruda.*
M, 15 de diciembre de 1966.

985. JOSÉ MIGUEL IBÁÑEZ LANGLOIS: *Neruda a vuelo de pájaro.*
M, 18 de diciembre de 1966.
(Firmado Ignacio Valente, su seudónimo).

986. ANTONIO R. ROMERA: *Unas ilustraciones (Arte de pájaros).*
M, 21 de diciembre de 1966.

987. HERNÁN LOYOLA: *Arte de pájaros.*
S, 25 de diciembre de 1966.

988. ENRIQUE ANDERSON IMBERT: *Historia de la literatura hispanoamericana.*

989. *Una casa en la arena,* por PABLO NERUDA (textos) y SERGIO LARRAÍN (fotografías), Barcelona, 1966.

990. JAIME PERALTA: *España en tres poetas hispanoamericanos: Neruda, Guillén y Vallejo.*
Boletín Cultural y Bibliográfico de la Biblioteca L. A. Arango, Bogotá, vol. IX, n. 10, 1966, pp. 1939, 48.

991. ABEL FUENZALIDA ABARCA: *Yo y Neruda.*
El Labrador, Melipilla, 1º de enero de 1967.

992. ALONE: *Pablo Neruda o "el viajero inmóvil",* por Emir Rodríguez Monegal.
M, 5 de febrero de 1967.

993. ALFONSO CALDERÓN: *Neruda: años, libros, voces.*
E, 8 de febrero de 1967.

994. EDMUNDO CONCHA: *Una casa en la arena.*
M, 11 de febrero de 1967.

995. MARIO SÁBATO: *El rayo verde del poeta.*
UNot, 1º de abril de 1967.

996. *En Inglaterra gestionan premio Nobel para Neruda.*
UNot, 1º de abril de 1967.

997. IGNACIO VALENTE: *El mejor libro sobre el mejor Neruda* (sobre la 2ª ed. del libro de Alonso).
M, 2 de abril de 1967.

998. HERNÁN LOYOLA: *Una casa en la arena* por Pablo Neruda (textos) y *Sergio Larraín* (fotografías).
S, 23 de abril de 1967.

999. *Improvisado homenaje a Neruda en Moscú.*
S, 21 de mayo de 1967.

1000. PABLO NERUDA: *Tricanto de movimientos pausados en su honor* (en el de Darío).
A, n. 415-16, enero-junio de 1967, pp. 25-28.

1001. VÍCTOR CASTRO: *El viajero inmóvil.*
N, 4 de junio de 1967.

1002. HERNÁN LOYOLA: *Ser y morir en Pablo Neruda, 1918-1945.*
S, 1967, 247 pp.

1003. VICENTE MENGOD: *Historia de la literatura chilena.*
ZZ, 1967, pp. 96-99.

1004. ANDRÉS VIELMAN: *Mirador* (sobre *Ser y morir en Pablo Neruda*).
S, 9 de julio de 1967.

1005. RAÚL ALDUNATE PHILLIPS: *La casa comprada con versos.*
Portal, S, n. 5, julio de 1967, pp. 11 y 17.

1006. MARIO BENEDETTI: *Vallejo y Neruda: dos modos de influir.*
Casa de las Américas, La Habana, n. 43, julio-agosto de 1967, pp. 91-93.

1007. *Neruda, gran poeta, gran fresco.*
Pec, 11 de agosto de 1967.

1008. CARLOS ALBERTO CORNEJO: *Neruda: cumpleaños en Londres.*
E, 16 de agosto de 1967.

1009. RAÚL MELLADO: *Neruda: poesía, premios.*
S, 27 de agosto de 1967.

1010. *Neruda en festival mundial de poesía.*
N, 1º de octubre de 1967.

1011. ANTONIO AVARIA: *Si me topo con la muerte, chileno soy (Fulgor y muerte de Joaquín Murieta).*
N, 8 de octubre de 1967.

1012. *Murieta con el pie en el estribo.*
E, 11 de octubre de 1967.

1013. *Personalidades en el estreno de "Joaquín Murieta".*
N, 12 de octubre de 1967.

1014. *Neruda asistió al ensayo de "Joaquín Murieta".*
N, 12 de octubre de 1967.

1015. *Hoy es el estreno mundial de la obra teatral de Neruda.*
N, 14 de octubre de 1967.

1016. Raúl Mellano: *El estreno mundial de "Fulgor y muerte de Joaquín Murieta".*
S, 15 de octubre de 1967.

1017. Pedro Orthous: (("Joaquín Murieta") *es un canto de amor a la confraternidad humana.*
S, 15 de octubre de 1967.

1018. *Pro y contra de Joaquín Murieta... Las visitas hablan.*
E, 18 de octubre de 1967.

1019. Ítalo García Nuttini: *Fulgor y muerte de Joaquín Murieta.*
Pec, 20 de octubre de 1967.

1020. Magdalena Petit: *Neruda en el teatro.*
N, 25 de octubre de 1967.

1021. Yerko Moretió: *Fulgor y muerte de Joaquín Murieta, por Pablo Neruda.*
S, 29 de octubre de 1967.

1023. Alejo Videla: *Neruda y el mito de Murieta.*
S, 29 de octubre de 1967.

1024. Juan Quezada: *Pablo Neruda, dramaturgo: "Fulgor y muerte de Joaquín Murieta".*
Plan, n. 18, octubre de 1967.

1025. Hugo Montes: *La lírica chilena de hoy*, ZZ, 1967, pp. 85-134: *Importancia de Crepusculario, Residencia en la Tierra, Acerca de Alturas de Macchu Picchu* (ver n. 855).

1189

1026. HERNÁN DEL SOLAR: *Pablo Neruda: Fulgor y muerte de Joaquín Murieta.*
M, 5 de noviembre de 1967.

1027. *De Parral. Pablo Neruda será declarado hoy hijo ilustre en solemne ceremonia.*
La Discusión, Chillán, 25 de noviembre de 1967.

1028. ALBERTO ARRAÑO: *6 años vivió en Parral el poeta Pablo Neruda.*
La Discusión, Chillán, 25 de noviembre de 1967.

1029. HERNÁN LOYOLA: *Pablo Neruda, hijo ilustre de Parral.*
S, 3 de diciembre de 1967.

1030. FRANCISCO COLOANE: *Pablo Parral, Pablo Primavera.*
S, 3 de diciembre de 1967.

1031. RAÚL MELLADO: *Con Neruda en su propia tierra.*
S, 3 de diciembre de 1967.

1032. ROLANDO CARRASCO: *El traductor al ruso de "Joaquín Murieta".*
S, 17 de diciembre de 1967.

1033. *Neruda al pueblo español.*
N, 17 de diciembre de 1967.
(Del Boletín Cultural n. 9 del Ministerio de Relaciones Exteriores).

1034. MARGARITA AGUIRRE: *Las vidas de Pablo Neruda.*
ZZ, diciembre de 1967, 331 pp.
Reelaboración ventajosa de *Genio y figura* (915) con muchas novedades.

1035. RAÚL SILVA CASTRO: *Notas para la vida de Pablo Neruda.*
M, 27 de diciembre de 1967.

1036. PATRICIO RÍOS S. y JORGE ROMÁN LAGUNAS: *Diez preguntas a Pablo Neruda.*
N, 31 de diciembre de 1967.

1037. EDUARDO SUCAPINA FILHO: *"Yo vivo para cantar y para que cantes conmigo".*
Fundamentos, ¿São Paulo? ¿Oe cuándo?

En la edición de 1964, escribí:

"El fichero de las páginas siguientes, que cerré el 18 de julio y no consulta sino piezas en los idiomas más accesibles, lo prepararé fundamentalmente con elementos de mi biblioteca particular y de mi archivo de recortes. Y, además, conté con la ayuda, generosa y copiosa, de mi viejo amigo J. S. González Vera y la cooperación de otros amigos como Hernán Loyola, Raúl Silva Castro, José Zamudio, Pedro Lastra y Jorge Sanhueza".

Para esta edición (que cierro el último día de 1967), me he reducido más todavía a los elementos de mi archivo. Aun con esa limitación, la cosecha es copiosa.

Pero, después de tanta ficha, vuelvo a salir bastante decepcionado. Los buenos estudios son muy pocos. La militancia política ha perjudicado al poeta. De un lado, burlas incomprensivas, denuestos con frecuencia incontrolados; y de otro, ditirambos comprometidos, más incontrolados aún.

Todavía se impone otra observación: en nuestra América, existen grupos argentinos, mexicanos, peruanos, cuyas simpatías por determinadas figuras locales se traducen en miradas atravesadas hacia Neruda. ¿Y los españoles? Don Federico de Onís no toma en cuenta a Neruda en su *Anthologie de la poésie ibero-americaine* (Unesco-Nagel, París, 1956). Y don Guillermo Díaz Plaja habla de mi comprovinciano a propósito de *El reverso de la belleza*.

ALFONSO M. ESCUDERO

Para facilitar al lector la búsqueda de los autores citados en las "Fuentes para el conocimiento de Pablo Neruda", se ha confeccionado un índice donde cada nombre remite al número de ficha que le corresponde.

ÍNDICE DE AUTORES

A. de A., A, 531
A. L. V., 99
A. Z., 592
Acevedo, Hugo, 705
Abreu Gómez, Emilio, 289
Acevedo Escobedo, Antonio, 262
Adoum, Jorge Enrique, 635
Agosti, Héctor P., 897
Aguilera, Honorio, 603
Aguirre, Margarita, 439, 900, 915, 1034
Aguirre, Mirta, 327
Ahrwiler, Alice, 555.
Alasraki, Jaime, 937
Albareda, Ginés de, 763
Alberti, Rafael, 137, 837, 900
Aldunate Phillips, Arturo, 157, 242
Aldunate Phillips, Raúl, 1005
Alegría, Ciro, 230
Alegría, Fernando, 622, 623, 759, 795
Aleixandre, Vicente, 137
Alessandri R., Jorge, 699
Alone (Hernán Díaz Arrieta):
   6, 18, 28, 35, 43, 45, 61, 79, 93,
   140, 146, 170, 215, 220, 221, 235,
   244, 293, 300, 337, 472, 474, 510,
   512, 534, 541, 550, 559, 583, 609,
   658, 675, 716, 720, 799, 806, 836,
   874, 972, 992
Alonso, Amado, 198, 201, 213
Altamirano, Carlos, 865
Altolaguirre, Manuel, 137, 243
Alvarado, Edesio, 502
Alvarado, Huberto, 363

Alvarado, M. B., 362
Allende, Salvador, 384
Amador, Graciela, 297
Amesti, Alfredo de, 447
Amunátegui Solar, Domingo, 132
Ancian, Gilbert, 312
Anderson Imbert, Enrique, 988
Andrade y Cordero, César, 345
Anguita, Eduardo, 148, 924
Anson, Luis María, 881
Aperribay, Alfonso, 735
Aragon, Louis, 185, 312, 408
Araneda Bravo, Fidel, 931
Arango, Daniel, 237
Arbeláez, Fernando, 353
Arce, Homero, 900
Aristiguieta, Jean, 694
Arteche, Miguel, 555, 722
Arraño, Alberto, 1028
Arratia, Olga, 532
Arriagada Augier, Julio, 391
Atías, Guillermo, 866, 905
Atria, Sergio, 290
Augier, Ángel, 322
Avaria, Antonio, 1011
Ávila, Pablo Luis, 796
Azócar, Rubén, 82, 404, 900
Azofeifa, Isaac Felipe, 138

Baeza Flores, Alberto, 711
Baisette, Gastón, 451
Bajarlía, Juan Jacobo, 291
Balladares, Ligeia, 822
Bandelli, Ramuccio B., 383
Barga, Corpus, 316

1193

Barrios, Eduardo, 384
Bazin, R., 452
Bellini, Giuseppe, 736, 829, 896
Bellit, Ben, 430
Bello, Enrique 380, 397, 423, 515
Benedetti, Mario 1006
Bermejo, Pedro, 963
Bettys, Pascaline, 619
Bianchi, Manuel, 288, 566
Blanco Amores de Pagella, Ángela, 810, 923
Bleiberg, Germán, 351
Bogliano, Jorge, 609
Bcizard, Ricardo, 330
Brion, Marcel, 151, 494
Bulnes, Alfonso, 86, 113
Bunster, César, 876

Cabrera, Sarandy, 372, 392, 465
Cabrera Méndez, Rafael, 107
Caillet-Bois, Julio, 680
Calderón, Alfonso, 993
(Camino), León Felipe, 137
Campo, Santiago del, 317, 516, 589
Campo (hijo), Santiago del, 943
Cantón, Wilberto L., 361
Capdevila, Arturo, 159
Cardona Peña, Alfredo, 358, 561
Carnet 2.064.490 Santiago, 975
Carpentier, Alejo, 955
Carvalho, Joaquín de Montezuma, 981
Carranza, Eduardo, 274
Carrasco, Rolando, 1032
Carrión, Alejandro, 296
Castillo, Ángel, 801
Castillo, Tito, 308
Castro, Baltasar, 454, 479, 882
Castro, J. R., 229
Castro, Víctor, 1001
Catón, 444
Celaya, Gabriel, 739
Cernuda, Luis, 137
Cerruto, Oscar, 212
Cid, Teófilo, 398
Civerny, 873
Cohen, J. M., 831
Coleman, John A., 778
Coloane, Frascisco, 255, 258, 1030

Concha, Edmundo, 689, 777, 877, 879, 994
Concha, Jaime, 812, 825, 862, 895, 925
Condon, Alfredo, 53, 111
Cornejo, Carlos Alberto, 1008
Coronel, Rafael, 182
Corvalán, Luis, 899
Correa, Carlos René, 263
Correa Pastene, Misael, 310, 338
Couffon, Claude, 922
Coulthard, G. R., 313
Craig, G. Dundas, 133
Crainqueville, 740, 758, 771
Crema, Edoardo, 303
Criales Díaz, Ángel María, 249
Crisóstomo, Carlos, 659
Cruchaga Santa María, Ángel, 19, 406
Cruz Coke, Eduardo, 319
Cruz Hoyl, Elías de la, 348
Cuadra, Pablo Antonio, 678
Chacón del Campo, Julio, 73
Chacón Nardy, Rafaela, 323
Chávez, Fermín, 484
Chocano, José Santos, 104

D., 779
Darmangeat, Pierre, 838
Délano, Luis Enrique, 87, 122, 833, 900
Delgado, Feliciano, 461
Detherey, Ernesto, 827
Díaz Casanueva, Humberto, 32
Díaz Plaja, Guillermo, 610
Diego, Gerardo, 137
Domingó, Xavier, 824
Domínguez, Delia, 683, 913
Domínguez, María Alicia, 155
Donoso, Armando, 25
Durán, Félix, 677
Durán V., Fernando, 983
Durán Cerda, Julio, 277
Dussuel, Francisco, 471, 542, 552, 572, 585, 668
Dvor Jaime, 125

E., 386, 387
E. C. D., 744

E. M., 546
Éboli, Terezinha, 424
Echeverría Loria, Arturo, 570
Edwards, Jorge, 839
Edwards Bello, Joaquín, 94, 448
Edwards Matte, Ismael, 311
Ehrman, Juan, 962
Ehrenburg, Ilya, 232, 341, 437, 466, 479, 526, 533
Eluard, Paul, 312, 411
Elliot, Jorge, 261, 636
Encina, Francisco A., 384
Escámez, Julio, 900
Escobar Velado, Osvaldo, 556
Escorel, Lauro, 241
Escudero, Alfonso M., 16, 26, 30, 47, 859
Estrada, Genaro, 141

Fast, Howard, 334
Feliú Cruz, Guillermo, 851, 860
Fernández Larraín, Sergio, 390, 537
Fernández Moreno, César, 257
Fernández Retamar, Roberto, 965
Ferrada Partarrieu, Guillermo, 861
Ferrero, Mario, 469, 594, 797
Figari, Juan, 273
Figueroa, Virgilio, 83
Finlayson, Clarence, 187, 191, 193, 208, 217
Fitts, Dudley 231
Florit, Eugenio, 488, 564
Fogelquist, Donald F., 631, 977
Franulic, Lenka, 271, 389, 416, 428, 463, 598, 666, 715
Franzani, Víctor, 197
Fraser, G. S., 313, 347
Fray Verísimo, 540
Frei, Eduardo, 384
Fuentes, Carlos, 966
Fuenzalida, Héctor, 574
Fuenzalida Abarca, Abel, 991

G. J. F., 976
Galbe, José Luis, 324
Galliano, Ernesto, 476
Gallina, A. N., 545

García, Pablo, 340, 443, 521
García Abrines, Luis, 709
García Lorca, Federico, 126, 137
García Nuttini, Ítalo, 1019
García Oldini, Fernando, 9, 72
Garfias, Francisco, 763
Gatica Martínez, Tomás, 77
Gigli, Umberto, 382
Giordano, Jaime 856,
Goldsack, Hugo, 391
Gómez Millas, Juan, 483
Gómez Paz, Julieta, 590
Gómez de la Serna, Ramón, 245
González Ginouvés, Ignacio, 968
González Muela, J., 746
González Rojas, Eugenio, 384, 910
González Tuñón, Raúl, 529
González Vera, José Santos, 24, 379, 407, 900
Gorkin, Jorge, 539, 690
Gray, Mortimer, 842
Grindea, Miron, 313
Guerra, G., 64
Guerra, Manuel G., 612
Guerrero Guerrero, Roberto, 342
Guillén, Jorge, 137
Guillén, Nicolás, 325, 965
Gutiérrez, Joaquín, 764
Guzmán, Félix, 673
Guzmán, Joaquín Aurelio, 464

Halperin, Maurice, 214
Hamilton, Carlos D., 595
Hampejs, Zdenek, 582
Hannon, 756
Hays, H. R., 255
Hernández, José Alfredo, 145
Hernández, Miguel, 85, 137
Hernández Catá, Alfonso, 165
Hernández Parker, Luis, 332
Herrera Silva, J., 141
Hilton, Ronald, 306
Himiob, Ney, 284
Historiador, 385
Holguín, Andrés, 238
Holmes, Alfred Henry, 101
Hübner, Jorge Iván, 670
Hübner, Manuel Eduardo, 46
Huerto, Eleazar, 336

1195

Huidobro, 136
Huneeus de Izquierdo, Gabriela, 158
I. F. H., 646
Ibáñez del Campo, Carlos, 384
Ibáñez Langlois, José Miguel (Ignacio Valente), 985, 997
Ibarbourou, Juana de, 293
Ichaso, Francisco, 719
Iduarte, Andrés, 200, 293
Iglesias, Augusto (Doctor Canopus), 40, 476

J., 393
J. C. G., 643
Jaimes Freyre, Mireya, 809
Jara Letelier, Aníbal, 2
Jiménez, A., 364
Jiménez, José Olivio, 805
Jiménez, Juan Ramón, 227, 233, 239, 649, 800
Jodoropsky, Raquel, 814
Jones, Willys Knapp, 71
Justiciero, 129

Kirsanov, Semion, 498

Labra, Renato, 396
Labrador Ruiz, E., 328, 601
Ladrón de Guevara, Matilde, 381
Lago, Tomás, 124, 275, 278, 318, 414, 472, 520, 558
Lamothe, Luis, 713
Lange, Norah, 505
Larraín, Sergio, 989
Larrea, Juan, 264
Lastra, Pedro, 504
Latchman, Ricardo, A., 12, 23, 36, 42, 81, 641
Latino, Simón, 254
Latorre, Mariano, 20, 402
Latorre, Sergio, 751
Lefebvre, Alfredo, 280, 681
Leiva, R., 365
Lellis, Mario Jorge de, 637
Lezama Lima, José, 955
Lillo, Samuel A., 76
Lipschütz, Alejandro, 344, 405

Lira, Eduardo, 125
Liscano, Juan, 687, 729
Livacic Gazzano, Ernesto, 577
Loli, Lucho, 425
López, J. M., 366
López, Julio, 871
López Álvarez, Luis, 654
Lora Risco, Alejandro, 427, 698
Loyola, Pedro León, 507
Loyola Guerra, Hernán, 543, 633, 724, 768, 803, 804, 807, 847, 889, 894, 918, 936, 987, 998, 1002, 1029
Lozada Alfredo, 840, 891, 948
Luigi, Juan de, 441, 472, 617, 704
Lundkvist, Arthur, 828
Llona Barros, Pablo, 375

Mac Hale, Tomás P., 929
Machado de Arnao, Luz, 880
Madrid Malo, Néstor, 676, 679
Malaparte, Curzio, 442
Manauta, Juan José, 418
Manco Campos, Alejandro, 256
Mansilla, Luis Alberto, 741, 835, 846, 955
Mantero, Manuel, 762
Marcenac, Jean, 359, 548
Marín, Juan, 179
Marinello, Juan, 175, 199, 202, 326, 955
Márquez, O., 65
Masiukevich, V., 378
Massís, Mahfud, 260, 460, 813, 826
Matte Alessandri, Ester, 319
Mayr, W., 114
Mediano Flores, Eugenio, 557
Medina, José Ramón, 623, 655, 701, 730
Medri, Eduardo, 817
Meléndez, Concha, 160, 211, 259
Melfi, Domingo, 2
Mellado, Raúl, 844, 849, 980, 1009, 1016, 1031
Mello, Thiago de, 912
Mendes Campos, Paulo, 601
Méndez Bravo, Alberto, 2
Mengod, Vicente, 868, 1003
Meo Zilio, Giovanni, 706
Merino Reyes, Luis, 906

Meza Fuentes, Roberto, 88, 29, 106
Millas, Orlando, 446, 514, 525
Mistral, Gabriela, 153, 334
Moncada Julio, 629, 900
Monguió, Luis, 760
Montes, Hugo, 611, 660, 682, 726, 830, 855, 1025
Mora, Marcial, 384
Moraes, Vinicius de, 908
Morales Álvarez, Raúl (Sherlock), 168, 952, 953
Moretié, Yerko, 727, 1021
Morgado, Benjamín, 98
Moria Lynch, Carlos, 638
Mota F. de, 174
Mujica, Gustavo, 410
Mundt, Tito, 640, 930
Muñoz, Diego, 124, 270, 403, 508, 853, 900
Muñoz Lagos Marino, 737
Muñoz Rojas, José A., 137
Murena, H. A., 371
Murga, Romeo, 7

Nacrí, Oreste, 772
Navas Ruiz, Ricardo, 939
Neruda, Pablo, 4, 10, 21, 48 51, 52, 56, 57, 58, 59, 60, 61, 63, 69, 70, 74, 80, 89, 90, 91, 96, 131, 144, 147, 166, 168, 172, 184, 195, 199, 206, 218, 246, 247, 251, 252, 253, 279, 292, 294, 302b, 309, 311b, 346, 369, 413, 417, 419, 422, 423, 432, 455, 456, 457, 481, 483, 487, 490, 527, 538, 567, 571, 573, 593, 613, 616, 627, 647, 648, 653, 671, 672, 686, 688, 702, 721, 725, 734, 749, 761, 775, 783, 784, 785, 786, 787, 790, 802, 815, 816, 818, 822, 832, 833b, 844, 849, 852, 902, 904, 914, 960 969, 982, 989, 1000, 1036
Nothard, Daniel, 645
Nuez, Antonio de la, 935
Nunes Pires, Aníbal, 547
Núñez, Estuardo, 794
Núñez Villalón, Alberto, 788

Oliver, María Rosa, 485, 909
Onís, Federico de, 134, 578
Orellana, Gilkok (¿A. Donoso?), 67
Orgambide, Pedro G., 486
Oribe, Emilio, 199
Orlandi, Julio, 682
Orthous, Pedro, 1017
Osorio T., Nelson, 857
Ospovat, León, 665
Ossa, Nena, 919
Osses, Mario, 286, 304, 436
Otero Silva, Miguel, 731
Ovaz, Eduardo, 628
Oyarzún, Luis, 335, 911
Oyarzún Garcés, Orlando, 900

P. B., 663
Palacios, Antonia, 176
Palacios, Edmundo, 792, 833
Palazuelos, Juan Agustín, 916
Palma, J. L., 367
Palma, Oscar Edmundo, 388
Panero, Juan, 137
Panero, Leopoldo, 137, 281, 438
Parra Nicanor, 399, 791
Paseyro Ricardo, 343, 468, 473, 634, 649, 650, 651, 823
Pastori, Luis, 236, 732
Paz, Octavio, 189, 240
Paz Pasamar, Pilar, 661
Pedemonte, Hugo, 691
Peñaloza, Frank, 854
Peñaloza, M. J., 207
Peralta, Jaime, 990
Pérez Ferrero, Miguel, 50, 150
Petit, Magdalena, 110, 928, 1020
Petrov, Iván, 27
Picón Salas, Mariano, 142
Pineda, Rafael, 733
Pinilla, Norberto, 109, 143, 162, 163
Pinto Montoya, Socorro, 870
Plath, Oreste, 194, 225
Poblete, Carlos, 226, 581
Poblete, Olga, 447
Polt, John H. R., 742
Pontes, Joel, 579
Porladuda, Pablo, 723
Portogalo, J., 188

1197

Prado, Pedro, 11, 65
Prati, María Victoria, 219
Prats, A., 152
Préndez Saldías, Carlos, 112, 370
Prieto, Jenaro, 119, 173, 267
Puccini, Darío, 360, 426, 575, 591, 798
Pueblo, Juan, 743
Puga, Eulalia, 285

Quezada, Juan, 1024
Quindos de Montalva, Juana (Ginés de Alcántara), 37, 41
Quinzio, Camilo (Leander Osirius), 171
Quiñones, Fernando, 890

Rabassa, Gregory, 349
Rama, Ángel, 704, 718, 819
Ravest, Guillermo, 942
Real de Azúa, Carlos, 707
Reid, Alastair, 938
Rein, Mercedes, 674
Revueltas, José, 228
Reyes, Chela, 120
Reyes, Salvador, 8
Reyes Nevares, Salvador, 562
Richard, Nelly E., 314
Ríos S., Patricio, 1036
Ritsos, Yannis, 898
Rivas González, Mario, 580
Rivas Mijares, Humberto, 301
Rivero de la Calle, Manuel, 753
Roa Bleck, Alejo, 577
Roberts, Gemma, 978
Rocco del Campo, Antonio, 103, 130, 204
Rodman, Seldon, 958
Rodríguez Fernández, Mario, 587, 769, 858, 875, 926
Rodríguez Monegal, Emir, 302, 415, 450, 480, 597, 707, 869, 956, 970, 979
Rojas, Manuel, 888
Rojas Carrasco, Guillermo, 17
Rojas Jiménez, Oscar, 887
Rojas Paz, Pablo, 167
Rokha, Pablo de, 33, 95, 97, 108, 127, 394

Román Lagunas, Jorge, 1036
Romera, Antonio R., 986
Rosales, Luis, 137
Rosenbaum, Sidonia, 161
Rossel, Milton, 315, 339
Ruiz, Martín, 793, 964

Saavedra Gómez, Robinson, 522
Sábato, Mario, 995
Sabella, Andrés, 234
Salama, Roberto, 633
Salario, Juan, 535
Salazar Barra, Carlos, 232
Salazar Chapela, Esteban, 49, 116, 657
Salinas, Pedro, 137, 223
Salmon, R., 224
San Tander, 530
Sánchez, Luiz Alberto, 770
Sánchez Latorre, Luis (Filebo), 854, 911, 974
Sanclemente, Álvaro, 283
Sanhueza, Jorge, 458, 517, 519, 554, 776, 848, 878, 893, 903
Sassone Helena, 917
Scarpa, Roque Esteban, 265
Scone, Betay, 329
Schwartzmann, Félix, 350
Selva, Mauricio de la, 940
Seoane, Manuel, 172
Sepúlveda, Germán, 596, 644, 755
Serna, Ramón de la, 867
Sernet, Claude, 312
Serrano Plaja, Arturo, 137
Silva, Ludovico, 834
Silva Castro, Raúl, 3, 5, 13, 22, 29, 31, 38, 68, 75, 100, 765, 863, 885, 921, 1035
Silva Solar, Julio, 773
Solar, Hernán del (Gastón Colina), 177, 811, 1026
Sosa, R., 368
Soto, Luis Emilio, 216
Soto y Calvo, Francisco, 54
Souviron, José María, 115
Spikin-Howard, Alberto, 886
Subercaseaux, Benjamín, 164, 376, 470, 472, 845, 907
Subero, Efraín, 947
Sucapina, Eduardo, 462

Tagle, Julio, 462
Tamayo Vargas, Augusto, 664
Tanianova, Inna, 445
Teitelboim, Volodia, 135, 148, 253, 475, 478, 667, 708, 892
Tejeda, Juan, 883
Thayer, Sylvia, 900
Thenon, Susana, 632
Toledo Rojas, Alfonso, 128
Torre, Guillermo de, 117, 373
Torre, Manuel, 357
Torre, Silvio de la, 752
Torres, Aldo, 518
Torres Rioseco, Arturo, 650, 710, 738
Trigueros de León, 209

Undurraga, Antonio de, 268, 684, 717
Uribe Echeverría, Juan, 728

V., 489
Vaïsse, Emilio (Omer Emeth)) 15, 66
Valbuena Briones, Ángel, 745
Valdés Acuña, Abel, 102
Valdés Larraín, Luis. 489, 696
Valdivieso, Jaime. 900
Valverde, José María, 714

Valle, Juvencio, 305, 409, 900
Vandérem, Fernand, 55
Varas, José Miguel, 401, 501, 553
Varela, Alfredo, 333
Vargas S. Jorge, 735
Vattier, Carlos, 400
Vega, Manuel, 435, 476
Verdevoye, Paul 609
Vergara, Marta, 412
Vergara de Bietti, Noemí, 203, 766, 767, 774
Videla, Alejo, 1023
Vielman, Andrés, 1004
Vivanco, Luis Felipe, 105, 137
Vuolo, E., 576

W., 934

Xammar, Luis Fabio, 222

Yndurain, Francisco, 594

Z.. 747
Zañartú, Sady, 269
Zañartú Bezanilla, José, 287
Z'a. Lizardo, 191
Zoólogo, 250

ÍNDICES

INDICES

ÍNDICE DE PRIMEROS VERSOS

A — *Aún.*
AP — *Arte de pájaros.*
B — *La Barcarola.*
FM — *Fin de mundo.*
GI — *Geografía infructuosa.*

LEE — *La espada encendida.*
LMD — *Las manos del día.*
LPC — *Las piedras del cielo.*
PPNI — *Poesía y prosa no incluidas en libro.*
UCA — *Una casa en la arena.*

A diez días de viaje largo. — *FM* 440.
A la Isla de Pascua y sus presencias — *GI* 583.
Ahora, el que cuenta esta historia te pregunta viajero, — *LEE* 481.
Al azar de la luz — *GI* 575.
Al azar de la rosa — *LMD* 328.
Al mar! dice Rosía, — *LEE* 525.
Al que me mire frente a frente — *AP* 43.
Alguien toca una piedra y luego estalla — *LMD* 290.
Algo de ayer quedó en el día de hoy, — *LMD* 326.
Alguna vez, cerca de Antofagasta, — *A* 350.
Allá voy, allá voy, piedras, esperen! — *LPC* 564.
Allí viene el quemante, — *LEE* 534.
Amada perdona el papel que acumula la vida en mi casa, — *B* 142.
Amanecí nublado — *GI* 581.
Amante, te amo y me amas y te amo: — *B* 89.
Amiga, es tu beso el que canta como una campana en el agua — *B* 94.

Amigo de este invierno, y del ayer, — *LMD* 331.
Amigos, oh todos, Albertos y Olgas de toda la tierra! — *B* 97.
Amor, bienamada, a la luz solitaria y la arena de invierno — *B* 96.
Amor mío, al buscarte recién despertado recorrí con mis manos tus dedos, — *B* 125.
Amor mío, en el mar navegamos de vuelta a la raza, — *B* 95.
Amor mío, en la Isla Saint Louis se ha escondido el otoño — *B* 110.
Andando, moviendo los pies sobre el ancho silencio de nieve — *B* 146.
Andando por San Antonio arriba — *LMD* 333.
Angel sucede seco — *A* 343.
Antártica patria que desde el racimo oloroso hasta los cereales, *B* 126.
Aquel invierno de color de hierro — *LEE* 488.
Aquí en el árbol canta — *LMD* 301.
Aquí está el árbol en la pura piedra, — *LPC* 556.
Araucanía, rosa mojada, diviso — *A* 340.

Ardiente es volver a la espuma
que acosa mi casa, al vacío —
B 111.
Arenas de Isla Negra, cinturón,
— A 350.
Arpa de Osorno bajo los volcanes!
— A 344.
Así pues, buenos días — LMD
301.
Así pues enseñémonos, — GI
571.
Aun aquel que volvió — LMD
291.
Aún no vuelvo, — LMD 326.
Ay que grito en las soledades! —
AP 23.
Ay qué manera de caer hacia arriba — PPNI 751.
Ay que se permita padecer al feliz, — LMD 315.

Boroa clara, — A 344.
Bueno pues, llegaron otros: — A
341.
Busqué una gota de agua, — LPC
550.

Cada uno en el saco más oculto
guardó — A 347.
Cada vez resurrecto — GI 547.
Canta Cortázar su novena — FM
449.
Celebro el mensaje indirecto y la
copa de la transparencia — B
171.
Ciento treinta años tenía Rhodo,
el viejo — LEE 480.
Como el mundo había muerto —
LEE 539.
Como en el mercado se tiran al
saco carbón y cebollas, — B 96.
Como poeta carpintero — FM 399.
Cómo quitamos el azul — FM 454.
Con mi pajarita terestre, — AP
52.
Con sus tres patas rasca el oro,
— AP 48.
Contemplad al Halcón que prepara con ojos de fuego tranquilo
—B 160.

Contra la claridad de la pradera
— GI 588.
Corría el hombre, corría la lava,
— 533.
Crece el hombre con todo lo que
crece — A 345.
Crucificado en la roca, — AP
19.
Cuando brotaba sangre — GI 584.
Cuándo me vio ninguno — LMD
288.
Cuando muy joven me extravié en
el mundo, — LMD 293.
Cuando nació el volcán no sabía
— LEE 499.
Cuando se desplomó la ciudad de
oro — LEE 486.
Cuando se toca el topacio — LPC
561.
Cuando todo era altura — LPC
549.
Cuántas cosas caen del pino, —
LMD 323.

Chilenos del mar! Al asalto! Soy
Cochrane. Yo vengo de lejos!
— B 162.

Dale un golpe de fuego a tu guitarra, — LMD 335.
De alguna manera haré tu elogio
— PPNI 618.
De aquellas aldeas que cruza el
invierno y los ferrocarriles —
B 93.
De cuántas duras manos — LMD
334.
De distraído murió Jorge Sanhueza. — LMD 319.
De endurecer la tierra — LPC
547.
De las melancolías que consumí
hasta llegar a joven — GI 594.
(De pronto el día rápido se transformó en tristeza — B 180.
De tanto ver y no ver — AP 48.
De tu destino dame una bandera,
— LMD 292.
De un sueño al sueño de otros!
— PPNI 632.

Déjame un subterráneo, un laberinto — *LPC* 562.
Dejé de ver a tantas gentes, — *GI* 578.
Del estallido a la ruptura férrea, — *LPC* 553.
Del mar vino algún día — *UCA* 68.
Desde Chile llegó la noticia mal escrita por mano de Muerte: — *B* 116.
Desde hoy te proclamo estival, hija de oro, tristeza, — *B* 177.
Desfallece en León el león y lo acuden y lo solicitan, — *B* 155.
Desgarbado pájaro de agua, — *AP* 45.
Dice el hombre: en la calle he padecido — *LMD* 302.
Dice Rhodo: "Tal vez somos dos árboles — *LEE* 497.
Dice Rhodo: "Yo me consumí" — *LEE* 541.
Dice Rosía: Rompimos la cadena — *LEE* 541.
Dice Rosía sin mover los labios — *LEE* 513.
Dijo al hallar a Rhodo: Tengo miedo — *LEE* 519.
Dónde estás, oh paloma marina que bajo mis besos caíste — *B* 116.

El alto vuelo sigo — *AP* 31.
El aparente mar, el mar redondo — *GI* 583.
El barco camina en la noche sin pies resbalando — *B* 102.
El brillo — *GI* 574.
El carpintero toco toc: — *AP* 30.
El colibrí de siete luces, — *AP* 35.
El cuadrado de cristal llega cayendo — *LPC* 563.
El cuarzo abre los ojos en la nieve — *LPC* 548.
El día es liso, suavizado, — *LMD* 312.
El fundador detuvo el paso: Rosía Verde — *LEE* 478.
El hombre caminando hacia la silla: — *GI* 572.
El hombre maldice de pronto la aurora recién descubierta — *B* 160.
El hombre se llama Rhodo — — *LEE* 536.
El jote abrió su Parroquia, — *AP* 28.
Él le dijo: He caído — *LEE* 494.
El liquen en la piedra, enredadera — *LPC* 554.
El Mapús, el Mapís, se preocupa, — *LMD* 319.
El medio día estaba abierto: — *AP* 16.
El rey azul es un día elevado — *GI* 586.
El río abre las aguas de repente — *LEE* 138.
El sufrimiento fue como una sangre negra — *LEE* 431.
El tontipájaro sentado — *AP* 51.
El volcán es un árbol hacia abajo. — *LEE* 523.
El volcán perforaba el peso — *LEE* 503.
El volcán recogía — *LEE* 511.
El vuelo del águila azul es transparente — *LEE* 522.
Ella le dijo: Fui piedra de oro — *LEE* 491.
Ella, Rosía, suave y salvaje, dice — *LEE* 495.
Ella sintió crecer adentro de ella — *LEE* 529.
En alta mar navega el viento — *AP* 13.
En Ecuador sale una putipintora — *LMD* 317.
En el perímetro y la exactitud — *LMD* 333.
En esta tienda — *LMD* 313.
En estas soledades he sido poderoso — *UCA* 83.
En la laguna la espadaña, — *AP* 39.
En mi infancia las patas rojas — *AP* 42.

En su ataúd de hierro vive — *AP* 18.
Encontré a Rubén Darío en las calles de Valparaíso, — *B* 152.
Entre agua y aire brilla el Puente Curvo — *LMD* 322.
Entre los álamos pasó — *AP* 27.
Entre Yumbel y Cuatro Trigos — *AP* 17.
Entrecruzado pluma a pluma — *AP* 47.
Entrelazado he sido hoy — *FM* 360.
Era de ventana cerrada el día, — *GI* 588.
Era en el ejercicio — *LMD* 308.
Era siempre de noche — *LEE* 509.
Era un agudo monte — *LEE* 512.
Ercilla el ramificado, el polvoriento, — *A* 341.
Es el ancho camino de la luz, — *LEE* 527.
Es ésta el alma suave que esperaba — *LMD* 299.
Es hacia atrás este hoy, hacia el recuerdo, — *GI* 599.
Es la época de la nieve sola en la estepa, — *LEE* 492.
Es mía la hora infinita de la Patagonia, — *B* 111.
Es mi patria y comprendo tu canto y tu llanto — *B* 128.
Es muy serio el viento del mes de marzo en el océano: — *GI* 585.
Es tarde y es temprano a cada hora — *GI* 582.
Esta es la larga historia de un hombre encendido: — *B* 129.
Esta es mi copa, ves — *LMD* 329.
Estaba redonda la luna y estático el círculo negro — *B* 156.
Estoy esperando a mi novia — *PPNI* 619.
Europa vestida de viejas violetas y torres de estirpe agobiada — *B* 91.
Exhalación! Corrió, voló. — *AP* 33.

Fimbia rubia de un sol que no atardece nunca. — *PPNI* 622.
Florece este día de invierno — *FM* 377.
Frío en la cara entre árboles sin hojas — *GI* 593.
Fue el escritor con su pequeña bestia — *LMD* 327.
Fue la ofensa tal vez del amor escondida y tal vez la incerteza, el dolor vacilante. — *B* 90.
Fue temblorosa la noche de septiembre. — *A* 348.
Fundé con pájaros y gritos de sol la morada: — *GI* 601.

(Habla el lago Rupanco — *B* 166.
Hacia el mar, hacia el mar! dijo el creciente. — *LEE* 501.
Hacia el mes de noviembre me dirigí, con sombrero. — *GI* 587.
Hacia países donde crece la mostaza — *GI* 593.
Hasta aquí estoy. — *A* 353.
Hasta cuándo este yo me preguntaba a todos. — *GI* 595.
Hasta luego, invitado. — *A* 353.
Hay que hablar claro de las piedras claras, — *LPC* 563.
Hay que recorrer la ribera — *LPC* 555.
Hermosa es la rue Huchette, pequeña como una granada — *B* 107.
Hermoso es septiembre en mi patria cubierto con una corona de mimbre y violetas — *B* 121.
Hombre para penumbra necesito, — *LMD* 310.
Homero, en la verdad de tu diamante — *PPNI* 734.
Hora verde, hora espléndida! He vuelto a decir sí — *B* 163.
Hoy es el día más, el que traía — *A* 339.
Hoy es el veintisiete, un veintisiete — *GI* 573.
Hoy, este momento, este hoy destapado, aquí afuera. — *B* 168.

Hoy que la tierra madura se cimbra — *PPNI* 607.

Ilustre calcedonia, — *LPC* 557.
Inaceptable, necesario, — *AP* 41.
Invierna, Araucanía, Lonquimaya! — *A* 340.

La Ballenera de Quintay, vacía — *A* 351.
La boca de él en su boca. — *LEE* 539.
La cierta luz de un día tiene — *FM* 431.
La diminuta pica el vidrio — *AP* 49.
La embarcación salta de las lagunas — *LEE* 535.
La espada derretida — *LEE* 537.
La gaviota abrió con destreza — *AP* 26.
La golondrina que volvió — *AP* 27.
La isla sostiene en su centro el alma como una moneda — *B* 91.
La mano en la palabra, — *LMD* 330.
La marejada se llevó — *FM* 369.
La nave! — *LEE* 532.
La nave es la rosa más dura del mundo: florece en el sol tempestuosa — *B* 159.
La nave ya estaba llena de pájaros, — *LEE* 530.
La nieve inmóvil tiene 2 — *AP* 26.
La piedra y los clavos, la tabla, la teja se unieron: he aquí levantada — *B* 97.
La tierra, mi tierra, mi barro, la luz sanguinaria del orto volcánico, — *B* 93.
La torre del pan, la estructura que el arca construye en la altura — *B* 94.
La viña en la roca, las grietas del musgo, los muros que enredan — *B* 91.
Lágrimas de hierro tuvieron — *LEE* 524.

Largos labios de ágata marina, — *LPC* 551.
Las grandes bestias del bosque, — *LEE* 518.
Las montañas ignívomas — *LEE* 506.
Las pétreas nubes, las amargas nubes — *LPC* 559.
Lo cierto es que en la cordillera necesaria, — *LEE* 473.
Lo que comprendo y lo que canto — *PPNI* 682.
Lord del mar, ven a nos, somos agua y arena oprimidas! — *B* 159.
Los días no se descartan ni se suman, son abejas — *A* 348.
Los desnudos del frío, — *LEE* 526.
Los dioses blancos duermen — *LMD* 330.
Los dos amantes interrogaban la tierra: — *LEE* 521.
Los resurrectos, el antiguo varón — *LEE* 487.
Los saurios verdes escondidos — *LEE* 514.

Llegó a la orilla el tintitrán — *AP* 50.
Llegó el marinero! Los mares del Sur acogieron al hombre que huyó de la niebla — *B* 161.
Llueve en Punta del Este sobre el verde — *LMD* 325.

Manos que sólo ropas y cuerpos — *LMD* 289.
Más tarde en la calle Delambre con Vallejo bebiendo calvados — *B* 109.
Me declaro culpable de no haber — *LMD* 285.
Me despertaste ayer, amigo, — *AP* 21.
Me gustó desde que era nonato escuchar las campanas — *B* 123.
Me llamo pájaro Pablo, — *AP* 53.
Mi abuelo don José Ángel Rojas vivió — *A* 349.

(Mi pueblo recién despertaba y los pobres laureles manchados de sangre y de lluvia — *B* 160.
Mientras tanto el volcán buscaba hierro: — *LEE* 504.
Mirad los pedernales de Aconcagua: — *LMD* 291.
Miró Martín desde su rama — — *AP* 29
Muda es la fuerza (me dicen los árboles) — *LMD* 325.

Nace, vive y muere en octubre — *AP* 46.
Nadie conoce como los dos solos, — *LEE* 489.
Nave arranca, atraviesa — *LEE* 534.
Ni bobo ni niño ni negro — *AP* 36.
Niño era yo, Pablo Neruda, — *AP* 25.
No hablaban sino para desearse en un grito, — *LEE* 493.
No hay día, luz, no hay nada. Sólo — *LEE* 521.
No sólo — *PPNI* 735.
No volverán aquellos anchos días — *LMD* 328.
Norte, llegó por fin a tu bravío — *PPNI* 654.
Nosotros, los perecederos, tocamos los metales, — *A* 347.

Ocho troncos cortados — *GI* 580.
Oh actitud sumergida — *LPC* 550.
Oh amada mía, acércate y aléjate. — *LEE* 517.
Oh amada, oh claridad bajo mi cuerpo, — *LEE* 506.
Oh amor, oh victoria de tu cabellera agregando a mi vida — *B* 123.
Oh amor, pensó el acongojado — *LEE* 528.
Oh clara de luna, oh estatua pequeña y oscura — *B* 124.
Oh clara! Oh delgada sonata! Oh cascada de clan cristalino! — *B* 154.

Oh delgada cascada de música silvestre! — *B* 164.
Oh dolor que envolvieron relámpagos y fueron guardándose — *B* 90.
Oh estatuas en la selva, oh soledad, — *LEE* 540.
Oh noche cenital, — *LMD* 304.
Oh noche, oh substancia que cambia tu cuerpo y devuelvo a la tierra la estrella, — *B* 126.
Oh sol lleno de uñas, — *LMD* 294.
O tal vez aquí debo recordar en el canto que canto — *B* 109.
Otras cosas he visto, tal vez nada, países — *A* 349.
Os condeno a cagar de mañana y de noche — *PPNI* 634.

Pero la mano busca cumplir y en vano vuela — *LMD* 314.
Pero la selva antártica dormía — *LEE* 502.
Pero no alcanza la lección al hombre: — *LPC* 556.
Pájaro amargo, águila fría, — *AP* 13.
Para este país, para estos cántaros de greda: — *B* 174.
Para la misa, con su manto, — *AP* 24.
Patria de mi ternura y mis dolores, — *PPNI* 660.
Pena de mala fortuna — *PPNI* 608.
Pequeño vecino redondo, — *AP* 20.
Pequeño país sobre los montes huraños y el agua infinita — *B* 127.
Perdón sin cuando quiero — *A* 342.
Pero ahora no fue el enemigo que acecha montando en su escoba amarilla, — *B* 149.
Pero debajo de la alfombra — *FM* 387.
Piedra rodante, de agua o cordillera, — *LPC* 554.

Poderoso del mar, desconocido — *LMD* 310.
Poeta provinciano, — *AP* 54.
Porque, bienamada, es el hombre que canta el que muere muriendo sin muerte — *B* 93.
Porque el espacio los atropelló — *LEE* 493.
Porque ese grito no tiene palabras — *LMD* 314.
Por qué los ojos de Rosía se mojaron — *LEE* 500.
Por qué me muestras cada día — *AP* 29.
Por qué te has muerto, Nazim? Y ahora qué haremos sin tus — *PPNI* 702.
Por sobre los follajes de Traihuán — *LEE* 477.

Qué había pasado en la tierra? — *EE* 482.
Qué haces tú, casi muerto, si el nuevo día lunes — *LMD* 332.
Qué hiciste de tus manos. — *LMD* 311.
Que la razón no me acompaña más, — *LMD* 325.
Qué siglo permanente! — *FM* 357.
Quién separa el ayer de la noche y del hoy que preñaba su copa? — *B* 122.

Recuerdas las calles de Praga qué duras sonaban — *B* 89.
Recuerdo la fina ceniza celeste que se desprendía — *B* 100.
Repártase en la crisis, — *LPC* 562.
Resbala en la húmeda suma la luna — *B* 118.
Resbaló el pidén por la sombra — *AP* 36.
Rhodo al dejar atrás lo que se llama el pasado — *LEE* 484.
Rhodo alisaba el mástil, — *LEE* 510.
Rhodo cortó una flor y la dejó en su lecho. — *LEE* 505.
Rhodo dijo: Quiero tu cabellera para sembrarla en el mar. — *LEE* 511.
Rhodo el guerrero había transmigrado — *LEE* 474.
Rhodo, el refundador, sobreviviente, — *LEE* 490.
Rhodo en el bosque, donde estaba — *LEE* 517.
Rhodo, en la soledad, entre las muertas, — *LEE* 476.
Rhodo levanta una mano invisible. — *LEE* 520.
Rhodo olvidó el pasado, — *LEE* 508.
Rhodo, pétreo patriarca, la vio sin verla, era — *LEE* 473.
Rhodo puso su cuerpo en Rosía, — *LEE* 540.
Rhodo y Rosía: he aquí los dos hallados, — *LEE* 515.
Ricardo, no hay que buscarte en el pasado, no eres — *PPNI* 664.
Ronca es la americana cordillera, — *LPC* 558.
Rosía, cierra tus ojos pasajeros: — *LEE* 498.
Rosía desnuda en la agricultura enmarañada, — *LEE* 477.
Rosía despertó sola: un rumor — *LEE* 510.
Rosía era nacarada y dorada — *LEE* 503.

Salí a encontrar lo que perdí — *FM* 424.
Salitre, harina de la luna llena, — *PPNI* 659.
Santos! Es en Brasil, y hace ya cuatro veces diez años — *B* 169.
Se concentra el silencio — *LPC* 557.
Se deseaban, se lograban, se destruían, — *LEE* 479.
Se escapó el fuego y fue llevado — *AP* 34.
Se fue ayer, se hizo luz, se hizo humo, se fue, — *B* 122.
Se hizo uso del cuerpo? — *LMD* 313.

Se movía, era un hombre, — *LEE* 486.
Se repite una vez, más hacia el fondo — *LMD* 297.
Se soltó el barco, el barco — *LEE* 533.
Se va el hoy. Fue una cápsula — *A* 352.
Se vio llegar desde Osorno — *AP* 45.
Sentado en el mar el pelicano — *AP* 4.
Si hay una piedra devorada — *A* 352.
Si me encontré en estas regiones reconcentradas y calcáreas — *B* 175.
Sí, no se altera nada pero tal vez se altera — *GI* 582.
Sí, soy culpable — *LMD* 305.
Sin duda, sí, contesto — *GI* 597.
Sobre la nieve natatoria — *AP* 17.
Soy de anteayer como todo rumiante — *GI* 570.
Su lamento repercutió — *AP* 46.
Subió la sangre del volcán al cielo, — *LEE* 529.
Sucedió en ese mes y en esa patria. — *GI* 577.
Surge saltando entre las piedras — *AP* 39.
Sus setenta mujeres se habían convertido en sal; — *LEE* 475.

Tal vez el amor restituye un cristal quebrantado en el fondo — *B* 95.
También llegué al escarabajo — *LMD* 318.
También te amo, calle repleta de rostros que arrastran zapatos — *B* 124.
Te amé sin por qué sin de donde, te amé sin mirar, sin medida — *B* 94.
Tinta que me entretiene gota a gota — *LMD* 321.
Tocar la acción, vivir la transparencia — *LMD* 297.

Todo el día una línea y otra línea, — *AP* 9.
Todo el mundo sentado — *LMD* 287.
Todo está aquí viviendo, — *LMD* 296.
Todos los poetas excelsos — *FM* 412.
Todos me reclamaban — *A* 346.
Torre fría del mundo, — *A* 345.
Trabajé mucho para estar inmóvil — *LMD* 324.
Tú, clara y oscura, Matilde, morena y dorada, — *B* 92.
Tu mano en mis labios, la seguridad de tu rostro, — *B* 106.
Turquesa, te amo como si fueras mi novia, — *LPC* 548.
Tus párpados de leguas he debido recorrer. — *PPNI* 623.
Tuvo tantas hojas el árbol — *AP* 23.

Un largo día se cubrió de agua, — *LPC* 552.
"Un teniente que pierde un brazo, recibe una pensión de 91 libras". — *B* 157.
Una mano es un cuerpo, — *LMD* 309.
Una mano hizo el número. — *LMD* 306.
Una victoria. Es tarde, no sabías — *LMD* 306.

Va el tiempo bajando tal vez en mi cuerpo, una rosa, — *B* 120.
Valdivia! La pólvora barrió las insignias de España! — *B* 162.
Varona, dijo el señor silvestre, — *LEE* 480.
Ved el recinto huraño — *LEE* 485.
Venid con vuestro cargamento de direcciones rojas, — *PPNI* 635.
Vi un halcón blanco suspendido — *AP* 34.
Viajero, estoy solo en la rue de la Huchette. Es mañana. — *B* 108.

Vive la niebla como un gran octopus hinchado de gas amarillo — *B* 158.
Volantín de los niños, alto sobre los pueblos, designas tu subida. — *PPNI* 620.
Voló el queltehue centelleando — *AP* 38.
Volviendo a la madera, por el mes del frío, — *GI* 592.
Voy a arrugar esta palabra, — *LMD* 329.

Y ahora, a dolerme el alma y todo el cuerpo, — *GI* 597.
Y ahora a la lluvia redonda color hemisferio — *B* 129.
Y ahora pregunto al vacío, al pasado de sombra, quién era, — *B* 163.
Y cómo se hace el mar — *LMD* 286.
Y continuó Rosía: Me vi clara, — *LEE* 496.
Y ella, la leñadora, — *LEE* 516.
Y fue allí donde ella se apareció desnuda — *LEE* 474.
Y me darán las mismas doce — *LMD* 321.
Y quién hizo la guerra? — *LMD* 315.

Ya no hay dudas, continuaré — *AP* 22.
Yo cambio de rumbo, de empleo, de bar y de barco, de pelo — *B* 172.
Yo cuento tantas cosas a mis manos — *LMD* 307.
Yo, el anterior, el hijo de Rosa y de José — *LMD* 303.
Yo las fluviales aguas conozco — *AP* 15.
Yo me disminuyo en cada día que corre y que cae, — *B* 122.
Yo no encendí sino un papel amargo. — *LMD* 298.
Yo observé el día como si lo criara, — *GI* 594.
Yo quiero que despierte — *LPC* 553.
Yo soy el matinal: aquí llegó — *LMD* 312.
Yo te invito al topacio, — *LPC* 552.
Yo viví en la baraja de patrias no nacidas, — *A* 350.
Yo vivo ahora en un país tan suave — *GI* 591.
Yumbel! — *A* 343.

Zerzal, seguro en el jardín, — *AP* 44.

ÍNDICE DE NOMBRES PROPIOS Y GEOGRÁFICOS

Abel: 483.
Abigail: 476.
Acapulco: 410.
Acario: 49.
Aconcagua: 131, 208, 291.
Adán: 508, 516, 762.
África: 117, 331, 374, 446, 667, 732, 748, 759.
Afrodita: 689.
Aguilera: 104, 290.
Aguirre: 104.
Alain: 79.
Alberti, Rafael: 269, 642, 643, 648, 649, 677, 715.
Alberto: 97, 433.
Albión: 767, 770, 773, 778.
Aldebarán: 296, 395, 726.
Aldunate, A.: 651.
Alegría: 104.
Alegría (calle): 109.
Aleixandre, V.: 642, 646, 647.
Alejandro, don: 290.
Alexandrovsk: 790.
Aligher, M.: 718, 719, 720.
Alighieri: 705.
Alone: 686.
Altolaguirre, M.: 642, 695, 908, 909.
Altuehuapi: 165.
Álvarez: 104.
Amazonas: 48, 661.
América: 153, 155, 234, 263, 264, 513, 630, 642, 644, 651, 652, 653, 654, 655, 661, 662, 663, 680, 682, 692, 701, 724, 738, 742, 743, 744, 748, 767, 768, 909.
Ampuero: 104.
Anahuac: 451.
Ancud: 118, 186.

Andalucía: 640, 642.
Andes: 14, 414, 543.
Andrómeda: 156.
Andrómena: 677.
Angol: 177, 186, 211, 239, 343.
Angola: 446.
Angus: 705.
Antártico, Mar: 78, 668.
Antillas: 340, 451.
Antiñana: 555.
Antofagasta: 82, 92, 175, 186, 335, 350, 380, 562, 658, 661, 664.
Antonieto: 593.
Antonio: 290.
Aparicio, Antonio: 643.
Apocalipsis: 416.
Apollinaire, G.: 649, 687, 694, 697.
Aragby: 267.
Aragon, L.: 108, 186, 389, 690.
Araucanía: 116, 160, 340, 650, 665.
Araucaria: 476.
Arauco: 64, 162, 263, 342, 652.
Arca: 100.
Arce, Homero: 75, 104, 724, 734.
Archipiélago: 340.
Arden, lord: 158.
Argensola: 631.
Arguijo: 631.
Arica: 127, 186, 658.
Arile: 705.
Artigas: 187, 654.
Arroyo Cantova: 233, 244.
Asia: 180, 267, 373, 741, 748, 759.
Assam: 727.
Astrolabio: 419.
Asturias: 640.
Asturias, M. A.: 262.
Atacama: 175.
Atlántico: 117, 668, 670.

Atlántida: 759.
Atocha: 647.
Anthenay: 588, 590.
Australia: 108.
Avsén: 50, 346, 474.
Azócar, R.: 104, 116, 117, 186.

Babilonia: 193.
Baby Sweet: 726.
Bacon: 672.
Bacoria: 722.
Bach: 706.
Badaesony: 268.
Bahía: 434.
Balaton (lago): 270, 279.
Balboa: 60.
Baleares: 155.
Balmaceda: 153, 186.
Balzac: 398, 662, 677.
Banus, M.: 723.
Barbusse: 760.
Bartolomé, don: 730.
Barrios, Eduardo: 680.
Basoalto: 104.
Bastión de Pescadores: 266.
Baudelaire: 398, 697, 765.
Beatriz: 475.
Becquer: 677.
Bélgica: 740.
Ben Barka: 374.
Ben Bella: 374, 375.
Bengala, Golfo: 625.
Beniuc, Mihai: 724.
Benjamín: 224.
Benvolio: 708.
Berenice: 726.
Berlín: 367, 782.
Bergamín: 648.
Bernal: 104.
Bikavér: 271.
Bilbao: 667.
Bio-Bio: 211, 221.
Birkenau: 784, 785.
Birmania: 507.
Blancaflor: 476.
Blake, W.: 767, 773.
Boca, La: 178.
Bokhara: 102.
Bolívar, S.: 653, 654.
Bolivia: 386.

Boreanu, Radu: 724.
Boroa: 117, 186, 344.
Botez, Demóstenes: 724.
Boulevard Saint Michel: 186.
Brand, Ion: 724.
Brasil: 49, 169, 187, 435.
Brasilia: 434.
Brigge Ulsgaard, Ch., D.: 764, 765.
Bromión: 768, 769, 770, 772.
Bronte, Emilia: 398.
Brooklin: 145.
Bucarest: 723.
Buckingham, lord: 158.
Buda (ciudad): 264, 272.
Budapest: 90, 263, 267, 272, 274, 275, 276, 277, 279.
Buenaventura: 142, 233.
Buenos Aires: 345, 630, 642, 649.
Búffalo Bill: 78.
Burdeos: 109.
Byron: 672.

Caballero, José: 578, 579.
Cabo de Hornos: 668, 727.
Caboto, Sebastián: 543, 544.
Cabrona: 367.
Cádiz: 677.
Caín: 483.
"Caio de Santa Marta": 169.
Calaveras: 233.
California: 132, 135, 139, 178, 186, 191, 193, 202, 203, 204, 205, 208, 210, 211, 212, 214, 216, 220, 223, 225, 229, 231, 242, 254, 672, 722, 724, 725, 726, 727.
Castillo: 104.
Castro, F.: 119, 450.
Callao: 162.
Camden: 145.
Campden, lord: 158.
Camula: 233.
Candia: 104.
Capitán: 90.
Capri: 91, 92.
Caracas: 76, 435, 713.
Caramelaira: 435.
Cerampangue: 133, 215.
Carcarañá: 543.

Cárdenas, L.: 701.
Caribe: 742.
Carlos: 89.
Carmela: 726.
Caro, Rodrigo: 631.
Carvajal: 104.
Carrera, J. M.: 161, 187.
Carrillo: 104.
Casa del Arte: 719.
Casa Blanca: 743.
Cascabela: 476.
Casiopea: 677, 726.
Castilla: 154, 263, 275, 342, 642, 643, 676, 715.
Catalina: 476.
Cataluña: 908, 909.
Cauquenes: 349.
Cautín: 296.
Cava Baja: 647.
Cavada, F. J.: 544.
Cementerio General: 701.
Centauro: 727.
Cerda: 104.
Cernuda: 642.
Cervantes: 643, 747.
Cerro de Acevedo: 728.
Cerro Alegre: 728.
Cerro de las Alfareras: 728.
Cerro del Almendral: 728.
Cerro del Almendro: 728.
Cerro del Árbol Copado: 728.
Cerro de la Artillería: 728.
Cerro de Astorga: 728.
Cerro de Atalaya: 728.
Cerro del Buey: 728.
Cerro del Cabo: 728.
Cerro de la Cabritería: 728.
Cerro de la Calahuala: 728.
Cerro de la Caleta: 728.
Cerro de los Caños: 728.
Cerro del Cardonal: 728.
Cerro de Carvallo: 728.
Cerro de la Concepción del Cementerio: 728.
Cerro de los Chaparro: 728.
Cerro de los Chercanes: 728.
Cerro de don Elías: 728.
Cerro de doña Elvira: 728.
Cerro de la Esmeralda: 728.
Cerro de la Florida: 728.

Cerro del Hospital: 728.
Cerro del Hospital Inglés: 728.
Cerro de las Jarcias: 728.
Cerro de los Lecheros: 728.
Cerro del Litre: 728.
Cerro de la Lobería: 728.
Cerro Mariposa: 728.
Cerro del Membrillo: 728.
Cerro de la Mesilla: 728.
Cerro del Molino: 728.
Cerro del Pajonal: 728.
Cerro de la Palma: 728.
Cerro de la Parrasia: 728.
Cerro de los Pequenes: 728.
Cerro de Pocuro: 728.
Cerro Polanco: 728.
Cerro del Presidio: 728.
Cerro de la Reina Victoria: 728.
Cerro de la Rinconada: 728.
Cerro de Rodríguez: 728.
Cerro de San Esteban: 728.
Cerro de San Juan de Dios: 728.
Cerro de Vizcaya: 728.
Cerro de las Zorras: 728.
César, Francisco: 543, 544.
Césares (ciudad de los): 471, 481, 501, 526, 543, 544.
Ceylán: 445, 648.
Cifuentes, Joaquín: 68.
Cifuentes Sepúlveda: 709.
Citadelle Borozó: 272.
Ciudad Bolívar: 349.
Ciudad Universitaria (Madrid): 646.
Clansdalle: 705.
Cochrane, lord Thomas: 157, 158, 159, 161, 162, 163, 176, 187.
Coihueco: 133, 214.
Coleridge, S. T.: 749.
Colombia: 172, 452, 549, 550, 743.
Colón: 341.
Concepción: 621, 624, 718.
Conejero: 104.
Congo: 445.
Conley: 222.
Consejo Mundial de la Paz: 740.
Constanza: 722.
Cook: 60.
Copenhague: 669.
Copiapó: 218, 241.

1215

Coquimbo: 131, 186, 201.
Córdoba: 66.
Corea: 666, 742.
Coronel: 699.
Cortázar: 449, 450.
Cotapos, A.: 693.
Cotnari: 722.
Coyhaique: 429.
Crevel: 109.
Cristina: 476.
Cruchaga, Ángel: 626.
Crusoe, Robinson: 727.
Cruz Austral: 726.
Cruz Estrellada: 161.
Csengöd: 271.
Cuadrado, A.: 909.
Cuatro Caminos (Madrid): 646.
Cuatro Triges: 17.
Cuba: 119, 384, 385, 423, 450, 451, 672, 701, 742, 909.
Cuernavaca: 233.
Curanilahue: 699.
"Cymbelina": 77, 80.

Chandra, Romesh: 741.
Chapanal: 233.
Chaplin: 701.
Charaquira: 550.
Chenco: 699.
Cherquenco: 253.
Chevchenko: 790.
Chicago: 144, 375, 383, 414.
Chile: 11, 44, 55, 69, 76, 77, 78, 92, 99, 102, 103, 105, 111, 114, 116, 123, 124, 128, 130, 131, 139, 142, 152, 161, 162, 163, 173, 177, 179, 185, 186, 187, 191, 200, 201, 211, 213, 217, 220, 228, 254, 257, 279, 353, 380, 453, 475, 543, 544, 561, 580, 583, 587, 603, 631, 646, 649, 653, 658, 659, 667, 671, 674, 678, 680, 681, 682, 689, 698, 699, 702, 703, 718, 719, 726, 740, 741, 743, 749, 909, 910.
Chilecito: 193.
Chiloé: 186, 544.
Chillán: 52, 185, 437, 751.
Chillán Viejo: 233.
China: 193, 396, 627, 666, 675.

Chivilcoy: 172.
Chuquicamata: 657.

D'Annunzio: 692.
Dafna: 476.
Daiquiri: 384.
Danubio: 264, 265, 266, 272, 276, 279, 722.
Darío, R.: 118, 152, 154, 629, 630, 631, 649, 680, 695.
Datitla: 96, 185.
De Gaulle: 744.
Delambre: 109.
Delgadina: 476.
Delia: 166.
Dentley, Richard: 187.
Desnos, R.: 150, 645.
Diablo: 125.
Díaz: 104.
Diederich: 125.
Diego, Gerardo: 648.
Dinamarca: 670.
Dios: 28, 100, 125, 130, 222, 232, 267, 304, 316, 324, 330, 372, 375, 392, 408, 422, 471, 482, 494, 497, 501, 502, 512, 528, 530, 536, 537, 539, 540, 617, 692, 759.
"Don Eladio": 66.
Dorada: 476.
Doralisa: 476.
Dorotea: 476.
Dos'oyevski, Fiodor, 397.
Drácula: 720, 721.
Dragesani: 722.
Dublé Urrutia, D.: 691.
Dulceluz: 476.
Dumas: 662.
Duncan: 705.

Ecuador: 317.
Echegaray: 154.
Edén: 469, 471, 482, 489, 490, 493, 504, 505, 539, 540.
Egipto: 392.
El Callao: 186.
"El Ciervo de Oro": 277, 278, 279.
Eliot: 412.
Elsa: 108.
Elsinor: 705.

Eluard, Paul: 68, 269, 649, 673, 674, 676.
Elliot, J.: 711.
Enescu: 724.
Ercilla, A. de: 64, 341, 689, 699.
Erenburg, I.: 690, 740.
Erika: 273.
Escalus, príncipe: 707.
Escobar, Zoilo: 729.
Escocia: 108.
España: 108, 109, 162, 259, 275, 341, 365, 462, 543, 544, 630, 631, 640, 642, 643, 644, 645, 647, 648, 649, 689, 690, 699, 700, 715, 717, 727.
Espinosa, Pedro de: 38, 647.
Estados Unidos: 383, 742, 743, 744, 746, 750.
Europa: 92, 102, 166, 271, 346, 366, 389, 462, 476, 587, 592, 708, 722, 748, 909.
Eva: 494, 506, 508, 762.
Evarosa: 481.
Evtushenko, E.: 792.
Extremadura: 643, 644.

Facultad de Filosofía y Educación: 701, 702.
Fernández de Castro, José Antonio: 908.
Feval, P.: 697.
Figari: 390.
Figueroa, C.: 700.
Finlandia: 740.
Fe de Dios: 726.
Flora: 154.
Flora Tristán: 727.
Florencia: 679.
Florencio: 67.
Floridor: 43.
Fonseca, Ricardo: 664, 666, 667.
Foppens: 676.
Francia: 109, 110, 186, 587, 598, 645, 672, 673, 674, 676, 687, 689, 690, 724, 783.
Frontera: 342.
Fuentes, Carlos: 104, 451.

Gagarin, Yuri: 739, 740.
Galán, Paco: 908.

Gallimard: 186.
García, Alejandro: 67.
García, Lorca, F.: 68, 150, 578, 629, 630, 631, 640, 642, 643, 644, 676, 696, 908.
García Márquez: 452.
García Rico: 676.
Garcilaso: 649, 676.
Gauguin: 727.
Genil: 38.
Genil de Espinosa: 62.
Georgia: 267, 720.
Germán: 67.
Girondo, Oliverio: 387, 388, 389, 390.
Gobi: 178.
Golfo de México: 108.
Golfo de Roloncaví: 24.
Goliat: 410.
Gómez de la Serna, R.: 687.
Gómez Millas, J.: 675, 701.
Goneril: 705.
Góngora: 642, 649, 676, 696, 706.
González: 104.
González, E.: 701.
González, Jesús: 380.
González, Pedro Antonio: 688, 697.
González Camarena: 719.
González Vera: 62.
Gorki: 700.
Gotha: 675, 676.
Goya: 275, 631.
Gran Espíritu: 241.
Granada: 476, 642, 643, 789, 790, 791.
Granada, fray Luis de: 630.
Greco: 275.
Guadalquivir: 339.
Guadarrama: 579.
Guatemala: 340, 663.
Guayaquil: 345, 727.
Guevara, Che: 386.
Guillevic: 269.
Gulliver: 703.

Hamburgo, 452.
Hamlet: 705.
Hennessy: 749.
Hércules: 667.

1217

Hermlin, Stephan: 783.
Hernández, Miguel: 63, 150, 578, 643, 647, 648.
Hikmet, N.: 702, 781.
Hiroshima: 723.
Hölderlin: 706.
Huantajaya: 698.
Hubner Bezanilla, Jorge: 688.
Huchette, rue de la: 107, 108, 186.
Hugo, Víctor: 269, 398, 669, 672, 676, 677, 705.
Huidobro, Vicente: 689, 711, 712.
Hungría: 263, 264, 266, 269, 270, 271, 272, 273, 275, 279.

Ilonka: 268.
Indico: 626.
India: 267, 669, 730, 741.
Inglaterra: 187.
Invierna: 340.
Iquique: 658.
Isabel: 617.
Isabela: 612.
Isla Margarita: 276.
Isla de Capri: 669.
Isla Negra: 27, 38, 62, 63, 65, 66, 79, 80, 121, 350, 587, 603, 668, 720, 723, 725, 726, 910.
Isla de Pascua: 583.
Isla Saint Louis: 110.
Italia: 91, 740.
I. W. W.: 687.

Jacob: 459.
Japón: 740.
Jara, Max: 688.
Jaramillo Restrepo: 172.
Jarkov: 790.
Java: 445, 629, 636, 705.
Jebeleanu: 723.
Jiménez: 104.
Jiménez, J. R.: 631.
Johnson: 278, 743.
Johore: 629.
Joliot-Curie, Federico: 738, 745.
José: 303.
Joyce, J.: 766.
Juan: 288, 401.
Juan de la Cruz, San: 67.

Juan Fernández: 727.
Juárez, Rosendo: 197 y ss.

Kadarka: 271.
Kafka: 662, 697.
Kali: 686.
Kansas: 307.
Katiabar: 345.
Kecskemét: 266, 267.
King, M. L.: 742.
Kirsanov: 267.
Kiskorós: 271.
Kiskunhalas: 271.
Kremlin: 414.
Krudy Giula: 265.
Ku-Klux-Klan: 195.

"La Barraca": 643.
"La Bonita": 80.
Lacasa, L.: 717.
La Chascona: 97, 185.
Lafertte: 657, 682, 683, 684.
Laforgue: 662.
Lago Maihue: 16.
Lagos: 104.
La Habana: 384, 743, 908, 909.
Lakatos, Sandor: 268.
"La Llave": 59.
Lamartine: 697.
"La Medusa": 75.
Larrea, Juan: 645.
"La Sebastiana": 99, 185.
La Serena: 253.
Latorre, F. de: 676.
Latorre, M.: 681, 682, 684, 685, 689, 701.
Lautréamont: 433, 688.
Lavatier, Friné: 109.
Lebu: 253.
Leman: 670.
Lenin: 700.
León: 155.
Leona: 476.
Leontes: 705.
Leperouse: 60.
Lethé: 758.
Leutha: 767, 768.
Liceo: 396.
Liguria: 648.
Lilliput: 708.

Lima: 655.
Lina: 62.
Linares: 427.
Lincoln: 383.
Lisboa: 186.
Liszt: 271.
Loncoche: 59, 93, 185, 346.
Loncomilla: 253.
Londres: 158, 163, 187.
Longoleo: 477.
Lonquimay: 580, 663.
Lonquimaya: 340.
López: 104.
López Velarde: 280.
Loreto: 476.
Los Coyotes: 233.
Lota: 118, 186, 699.
Lowenfels, Walter: 786.
Loyola: 101.
Lucía: 476.
Lumumba: 374.
Luna (calle): 578.

Llanquihue: 16, 94.

Mabraux, A.: 690.
Macbeth: 706.
Machado, hermanos: 631.
Machuca: 104.
Madrid: 275, 631, 640, 644, 647, 648, 649, 676, 715, 716.
Madrás: 624, 625, 669.
Magallanes: 60, 80.
Maiacovsky, V.: 649, 706, 737.
Maipú: 743.
Malabar: 628.
Maldonado: 322.
Malasia: 628.
Mallarmé: 398, 687, 706.
Malleco: 699.
Mamblas, vizconde: 648.
Mandalay: 170.
Manrique, J.: 154.
Mántaras: 96, 185.
Mantecón, J. I.: 908.
"Manuel Arnús": 66.
Mapís: 319.
Mapús: 319.
Mar Negro: 722.
Mar del Sur: 60.

Mares del Sur: 160, 703.
Marina, Avenida: 625.
Maruri: 908.
Marx: 700, 706.
Mao Tse Tung: 422.
María: 62, 401.
"María Celeste": 59, 79, 672.
María Polvillo: 657.
Mariátegui: 654.
Marisc: 109.
Marsella: 676.
Marte: 277.
Martin, Henri: 781, 782.
Martínez: 104.
Martínez, Rafael: 193.
Mascarona: 75.
Massachusetts: 78.
Matazán: 80.
Matucana: 690.
Maule: 681, 682.
Mayab: 453.
Melipilla: 133, 215, 392.
Medina: 544.
Mediterráneo: 668.
Medusa: 76.
Mendoza: 414.
Menéndez, padre: 544.
Menilmontant: 109.
Metrenco: 581.
México: 118, 649, 661, 673, 675, 698, 720, 743.
Micaela: 81.
Millán Astray: 647.
Miró: 717.
Mistral, Gabriela: 75, 680, 688, 689, 703.
Moltedo, E.: 724.
Mollendo: 345.
Mondaca: 638.
Mongolia: 175.
Monna Lisa: 688.
Monserrat: 908.
Monte Valeriano: 783.
Montes, Eugenio: 104, 647.
Montevideo: 96, 157, 173, 584.
Montiel: 587.
Morales: 654.
Moreno: 104.
Mortimer: 705.
Morelia: 307, 451.

1219

Moscú, 267, 413, 648, 714, 717, 718, 720, 792.
Mozart: 397.
Muerte: 446, 447.
Multicula: 726.
Murfatlar: 722.
Murieta, Joaquín: 129, 130, 132, 133, 134, 135, 136, 137, 138, 139, 140, 142, 186, 191 y ss., 725, 726.
Murieta, Teresa: 197 y ss.
Murillo: 276.
Musco Raffles: 628.
Muzo: 549.

Nacimiento: 205, 253.
Nahuelbuta: 124, 186, 428, 480.
Nantucket: 78.
Nápoles: 668.
Nápoli: 581.
Narval Ramírez: 669.
Narvala Carvajal: 669.
Nascimento, C. C.: 622, 651, 686, 702, 909.
Navarrete: 104.
Navarro: 104.
Nazim: 68.
Nena: 666.
Neponiavsky: 415.
Neptuno Marinero: 65.
Neruda, P.: 25, 53, 140, 186, 193, 256, 303, 629, 630, 631, 640, 645, 651, 678, 697, 714, 907, 908, 909, 910.
Nerval: 269.
Niágara: 413.
Nicaragua: 152, 153, 155, 172, 630.
Nietzsche: 118.
Niobe: 475.
Nobel: 62.
Normandía: 590, 598, 603.
Noruega: 193.
Notre Dame: 660, 663.
Nueva York: 383, 729.
Núñez: 104.

Nuble: 92, 185.

Obuda: 265.
Occidente: 692.

Oceana: 340.
Oceanía: 67.
O'Higgins: 161, 187, 654, 667.
Olga: 97, 433.
Oothoon: 768, 769, 770, 773, 775, 776, 777, 778.
Oriente: 692, 698.
Orihuela: 647.
Orinoco: 49, 349, 451.
Orpi: 908.
Ortega: 104.
Ortega, S.: 725.
Orthous, P.: 725.
Oruro: 173.
Osorno: 45, 344, 380.
Otero Silva, M.: 451, 713.
Ovalle: 222.
Ovarzún: 104.

Pablo: 697.
Pacífico (Océano): 60, 63, 159, 186, 668, 680, 723, 726, 743.
Padre de la Patria: 76.
Palacio Real: 266.
Panamá: 118.
Panda: 85.
Paraguay: 451, 453, 543, 662.
Paraíso: 127.
Paricutín: 437.
París: 107, 108, 110, 155, 186, 269, 374, 645, 661, 663, 672, 675, 676, 677, 688, 698, 717, 740, 749.
Partido Comunista: 347, 664, 667.
Parra, N.: 104, 702, 735, 736, 737.
Parra, Violeta: 752.
Parral: 253, 349, 397, 462, 699.
Pascual: 578.
Patagonia: 78, 111, 143, 145, 160, 173, 402, 474, 524, 570, 661, 743, 748.
Pauling, L.: 701.
Pavín Cerdo: 312.
Pedregala: 80.
Pedro: 138, 240, 345, 401, 558.
Pelé: 169.
Pemán: 647.
Pen Club: 746, 750.
Penas, golfo: 191.

Pereira: 104.
Pérez: 104.
Pérez Rosales, Vicente: 201, 202.
Perquenco: 253.
Perse: 412.
Perseo: 677.
Perú: 118, 450, 570, 651, 652, 653, 655, 659, 698, 743.
Pest: 272.
Petere: 648.
Petofi: 280, 281.
Petrarca: 346, 679.
Petronila: 476.
Picasso: 687, 700, 701, 717, 740.
Pichivar: 477.
Pilsen: 270.
Pilvax: 280, 281.
Pillanlehbún: 92, 185.
Pinto: 104.
Pisagua: 666.
Pizarro: 341.
Plano: 730.
Plaza Mayor (Madrid): 579.
Plaza Szilágyi: 266.
Ploesti: 722.
Plotzensee: 783.
Polinesia: 162.
Polo: 103, 105, 130, 143, 146, 153, 351, 490, 515.
Polo Sur: 340, 580.
Polo del Sur: 160.
Pomona: 154.
Pomona de Jardín: 76.
Pompeya: 92.
Portón de Viena: 266.
Perumbacu: 724.
Polyanta: 726.
Prado (museo del): 275, 718.
Prado, Manuel: 654.
Prado, P.: 684, 685, 686, 687, 688, 689, 690, 691, 693, 701.
Prados, Emilio: 643.
Praga: 89, 345, 364, 415.
Princesa (calle): 68.
Próspero: 706.
Púa: 253.
Pucatrihue: 165, 166, 187.
Puente del Arzobispado: 110.
Puente Cadenas: 265.
Puente Curvo: 322.

Puente Margarita: 265.
Puerto: 74.
Puerto Montt: 698, 699.
Puerto Natales: 661, 699.
Puerto San Antonio: 79.
Puerto de Santa María: 66.
Pulgas (Mercado): 79.
Punta dle Este: 320, 325, 433.
Punta de Tralca: 85.
Punta del Trueno: 369.
Pushkin: 76, 676, 706.
Pusztamérges: 271.

Quartier Latin: 186.
Quebrada del Mirasol: 351.
Quebrada Verde: 350.
Quepe: 697.
Quevedo: 104, 389, 631.
Quilicaro: 205.
Quilpué: 218.
Quillota: 131, 186, 201, 218, 253.
Quinchamalí: 92, 185, 699.
Quintay: 172, 351.
Quirihue: 93, 185.
Quisco Sur: 561.

Racine: 346.
Rafi'a: 67.
Ralún: 177, 481.
Rama: 475, 476.
Ramírez: 104.
Rancagua: 93, 133, 185, 215, 253, 666.
Ranco, lago: 16, 678.
Rapa Nui: 60.
Raúl: 59.
Rayaruca: 475.
Recabarren: 657, 667, 693.
Recaredo: 290.
Regan: 705.
Reile, Géza: 266.
Remedios: 476.
Renaico: 93, 185, 253.
Rengo: 93, 185, 699.
República Española: 655.
Revueltas: 451.
Rey Matías: 267, 268.
Reyes: 104.
Reyes, Adalberto: 197 y ss.
Reyes, J. A.: 349.

Rhodo: 473, 474, 475, 476, 478, 479, 480, 484, 485, 488, 490, 492, 494, 495, 497, 503, 504, 505, 507, 508, 511, 515, 517, 519, 520, 525, 531, 533, 534, 536, 538, 539, 540, 541, 542.
Ribera: 275.
Riesling: 270, 271.
Rilke: 697, 763.
Rimbaud: 397, 462, 697.
Rimbaud, Isabelle: 676.
Río Dulce: 661.
Río Grande: 748.
Río de Janeiro: 434.
Río Roto: 508.
Rivas, Lorenzo: 619.
Roa Bastos: 451.
Robinson: 177.
Robles: 104.
Roces: 649.
Rodig, Laura: 680.
Rodríguez: 104, 121, 161.
Rodríguez, M.: 187.
Rodríguez Monegal, E.: 711.
Rojas: 104.
Rojas Giménez: 68.
Rolland, R.: 700.
Roma: 91.
Rosa: 303.
Rosaflor: 481.
Rosales: 104.
Rosía: 473, 747, 475, 477, 478, 479, 480, 486, 487, 488, 490, 491, 494, 495, 496, 498, 499, 500, 501, 502, 503, 504, 506, 507, 508, 510, 513, 515, 516, 517, 519, 523, 525, 528, 531, 534, 536, 538, 539, 540, 541, 542.
Rotterdam: 462.
Ruca Diuca: 151.
Rueda, Lope de: 643.
Rugendas: 201.
Rulfo, Juan: 451.
Rumania: 721, 722, 723, 724.
Rumay: 392.
Rupanco: 165, 166, 168, 187.
Rusia: 146, 423.
Russell, B.: 701.

Saba: 723.
Sabat Ercasty, C.: 709, 710, 711.
Sacramento: 221, 233.
Sagitario: 726.
Salas Viú, V.: 649.
Salazar: 446.
Salgari: 672, 697.
Salinas: 104.
Samain, A.: 697.
Samarkanda: 100.
San Antonio: 333.
San Blas: 225.
San Diego: 122, 233.
San Diego (calle): 693.
San Fernando: 699.
San Francisco: 193, 202, 217, 218, 231, 233, 259.
San Gabriel: 233.
San Luis Obispo: 233.
San Martín: 654.
San Melchor: 225.
San Petersburgo: 193.
San Ramón: 225.
Sancti Spiritus: 543.
Sancha, Clara: 716.
Sánchez: 104.
Sánchez, A.: 714, 715, 716, 717, 718.
Sánchez, Francisca: 155.
Sandokán: 345, 628.
Sandwich: 193.
Sanhueza, J.: 319.
Santiago: 626, 659, 660, 907.
Santiago (Cruz de): 275.
Santiago de Chile: 122, 185, 544, 580, 608, 622, 623, 634, 636, 650, 663, 667, 674, 671, 678, 682, 691, 699, 702, 703, 708, 709, 714, 718, 735, 745, 907, 909, 910.
Santocristo: 661.
Santa Ana (iglesia): 266.
Santa Cruz: 233.
Santa Inés: 225.
Santa Lucía: 225.
Santa Mama: 225.
Santo Domingo: 649.
Santos: 169, 170, 187, 585.
São Paulo: 434.
Saturno: 396.

Schweitzer, Ch.: 701.
Schwob, M.: 755, 759.
Segarcea: 722.
Sena: 259, 660, 663, 677.
Sepúlveda: 104.
Seraphim: 224.
Serrano Plaja: 643, 648, 649.
Sèvres: 764.
Shakespeare: 705, 706, 707, 708, 725, 795.
Siberia: 368.
Sierra Madre: 191.
Sierra Overa: 657.
Silva: 104.
Silva Castro, R.: 907.
Símonov: 267.
Sindicato de Cargadores: 699.
Singapore: 627, 629.
Siniestro: 74.
Siqueiros: 451.
Sirena: 78.
Sirio: 156.
Sobrino, Eladio: 66.
Somló: 271.
Sonora: 191, 233.
Soto: 104.
Soto de Rojas: 647, 676.
Stalin: 717.
Stradivarius: 729.
Sucre: 654.
Suecia: 108.
Suipacha (calle de Buenos Aires): 390.
Suiza: 670.
Sujumi: 792.
Sullivan: 230.
Sully Prud'homme: 389.
Sumatra: 629, 727.
Szepmuveszeti: 275.

Tabán: 277, 278, 279.
Tahití: 60.
Taitao: 15.
Talagante: 128, 186, 253.
Talcachifa: 456.
Taltal: 151, 186. 253, 658.
Tambo: 173.
Tapia: 104.
Tarapacá: 659.
Tarento, 452.

Tejas: 233.
Telesfora, doña: 697.
Templo Medieval: 266.
Temuco: 59, 75, 117, 124, 186, 344, 595, 700, 709.
Tennyson: 706.
Teresa: 132, 133, 134, 140.
Teresara: 476.
Terzine: 783.
Theotormón: 767, 768, 769, 770, 771, 775, 776, 777, 778.
Tierra del Fuego: 127, 160.
Tihany: 270.
Tirnave: 722.
Tisza: 266.
Tocopilla: 658, 666.
Tokay: 264, 273.
Toledo: 315, 717.
Tolén: 438.
Tolstoy: 398, 700.
Toltén: 25.
Tomás el Marino: 158, 159.
Tongoy: 253.
Tornú de Rojas Paz, Sara: 635, 903.
Torre, C. de la: 672.
Tragosoldo, lago: 555
Traihuán: 477.
Tralca: 560.
Transylvania: 720, 721.
Trasmañán: 560.
Tresdedos, Juan: 197 y ss.
Trigo, F.: 697.
Tritetonga: 726.
Tritón: 154.
Tybaldo: 708.
Tzara, T.: 724.

Ucrania: 790.
Ubú Dada: 398.
Unión Nacional: 658.
Unión de Pescadores: 426.
Unión Soviética: 655, 666, 675, 718, 739, 744, 789.
Urales: 414, 698, 720.
Urizen: 773.
Urquijo: 648.
Uruguay: 185, 187, 909.
Urrutia, Matilde: 62, 65, 76, 83,

92, 97, 104, 114, 169, 170, 185, 725.

Valdivia: 162, 136.
Valdivia, P. de: 341.
Vargas Llosa, 450.
Varela, A.: 738.
Valle Inclán: 631.
Valle, Rosamel del: 647.
Valdepeñas: 717.
Vallenar: 218.
Vargas Vila: 692.
Varennes: 108.
Valentina Astronauta: 277, 278.
Valparaíso: 74, 76, 80, 99, 131, 152, 153, 154, 155, 157, 171, 185, 186, 191, 192, 193, 200, 201, 218, 220, 231, 233, 279, 388, 570, 603, 631, 680, 687, 699, 725, 726, 727, 728, 730, 732, 734.
Vallejo, C.: 109, 450, 645, 654.
Vega, Daniel de la: 697.
Vega, Lope de: 643, 705, 725.
Vega Central: 699.
Velázquez: 631.
Veltelini: 271.
Venezuela: 76, 435, 661.
Ventisquero: 50.
Venus: 123, 179, 454.
Veracruz: 66.
Verlaine: 398.
Verona: 706, 708.
Vésenaz: 670.
Vía Láctea: 726.
Victoria: 253, 681, 698.
Vicuña Cifuentes, Julio: 544.

Vicuña Mackenna: 194.
Vietnam: 181, 259, 260, 315, 317, 372, 383, 423, 742, 743, 744.
Vigilantes: 193.
Villafranca: 278.
Villamediana: 647.
Villany: 271.
Villar, Amado: 630.
Villarrica: 438, 581.
Virginia: 697.
Virreinato del Río de la Plata: 187.
Volcania: 514.
Votshinin: 739.

"Wager": 727.
Washington: 423.
Welingtonia: 646.
Wellesley: 158.
Westmoreland: 423.
Whitman, Walt: 82, 118, 383, 398, 705, 745, 747, 748.
Williams Beebe: 668.

Yablotchko: 789, 790, 792.
Yankas: 62.
Yokohama: 195.
Yoronka, I.: 724.
Yucatán: 672.
Yufú: 85.
Yumbel: 17, 343.

Zamora: 233.
Zig Zag: 910.
Zola, Emile: 398, 700.
Zúñiga: 104.
Zurbarán: 275.

ORDEN DEL LIBRO

ARTE DE PÁJAROS

	Pág.
Migración	9

PAJARINTOS

Albatros errante	13
Águila	13
Alcatraz	14
Bandurria	15
Cernícalo	16
Cisne	17
Codorniz	17
Cóndor	18
Cormorán	19
Chercán	20
Chincol	21
Chirigüe	22
Choroy	23
Chucao	23
Diuca	24
Flamenco	25
Garza	26
Gaviota	27
Golondrina	27
Jilguero	27
Jote	28
Loica	29
Martín Pescador	29
Pájaro carpintero	30

INTERMEDIO

El vuelo	31
Perdiz	33
Peuco	34
Picaflor I	34
Picaflor II	35
Pidén	36

1225

Pingüino	36
Queltehue	38
Siete colores	39
Tapaculo	39
Tenca	40
Tiuque	41
Torcaza	42
Tordo	43
Zorzal	44

PAJARANTES

El barbitruqui	45
El humarante	45
La quebrantaluna	46
La octubrina	46
El pájaro jeroglífico	47
La rascarrosa	48
El pájaro corolario	48
La tiumba	49
El tintitrán	50
El tontivuelo	51
El pájaro ella	52
El pájaro yo	53

EPÍLOGO

El poeta se despide de los pájaros	54

UNA CASA EN LA ARENA

La llave	59
El mar	60
El mar	60
El mar	61
La arena	61
Las ágatas	62
Las plantas	62
Premio Nobel en Isla Negra (1963)	62
Las piedras	65
La casa	66
Don Eladio	66
El pueblo	67
El pueblo	67
Los nombres	68
Diente de cachalote	68
La Medusa. I	74
La Medusa. II	75
El armador	76

	Pág.
Ceremonia	77
El gran jefe comanche	78
La sirena	78
La María Celeste	79
La novia	79
La Cymbelina	80
La Bonita	80
La Micaela	81
La bandera	82
El ancla	82
El locomóvil	82
Amor para este libro	83
El mar	84
El mar	84
El mar	84
El mar	85
El mar	85
El mar	85
El mar	85
El mar	86

LA BARCAROLA

Comienza la barcarola:	89
Primer episodio:	
Terremoto en Chile	102
Sigue la barcarola	106
Segundo episodio:	
Serenata de París	107
Sigue la barcarola	111
Tercer episodio:	
Corona de archipiélago para Rubén Azócar	116
Sigue la barcarola	120
Cuarto episodio:	
Fulgor y muerte de Joaquín Murieta	129
Sigue la barcarola	142
Quinto episodio:	
Las campanas de Rusia	146
Sigue la barcarola	149
Sexto episodio:	
R D.	152
Sigue la barcarola	156
Séptimo episodio:	
Lord Cochrane de Chile	157
Sigue la barcarola	163
Octavo episodio:	
Santos revisitado (1927-1967)	169
Sigue la barcarola	171

	Pág.
Noveno episodio:	
Habla un transeúnte de las Américas llamado Chivilcoy	172
Sigue la barcarola	174
Décimo episodio:	
El astronauta	175
Sigue la barcarola	177
Onceno episodio:	
La máscara marina	178
La barcarola termina	180
Referencias	185

FULGOR Y MUERTE DE JOAQUÍN MURIETA

Antecedencia	191
Prólogo	199
Cuadro primero	200
Cuadro segundo	209
Cuadro tercero	217
Cuadro cuarto	229
Cuadro quinto	238
Cuadro sexto	247
Tres canciones	258

COMIENDO EN HUNGRÍA

Brindis en la taberna "El Puente"	264
Antes del almuerzo bajaron del cielo	265
Hacia Keoskemét	266
Alabardero	267
El pez y la flecha	268
Tihany	270
Foie gras	270
Los gitanos	270
La copa grande	271
Citadelle	272
Tokay	273
Medio domingo en Budapest	
I. Españoles en la pared	274
II. Terraza con isla	276
III. El ciervo sonríe	277
El almuerzo	277
Pequeña balada saliendo del "Ciervo de Oro" en 1965	279
Sopa de pescado	279
Las artes del repollo	279
Legumbres	280
Sangre de toro	280
Pilvax y melancolía	280

LAS MANOS DEL DÍA

		Pág.
I.	El culpable	285
II.	El vacío	286
III.	A sentarse	287
IV.	Las manos negativas	288
V.	El olvido	289
VI.	Una casa	290
VII.	El frío	291
VIII.	El campanero	291
IX.	Destinos	292
X.	El viajero	293
XI.	Ausentes	293
XII.	Astro en el día	294
XIII.	El hijo de la luna	296
XIV.	La mano central	297
XV.	Ciclo	297
XVI.	Adioses	298
XVII.	Cerca de los cuchillos	299
XVIII.	Regresando	301
XIX.	Pájaro	301
XX.	El sol	301
XXI.	El llanto	302
XXII.	El que cantó cantará	303
XXIII.	Los soberanos	305
XXIV.	Enigma con una flor	306
XXV.	28325674549	306
XXVI.	La luna	307
XXVII.	El coro	308
XXVIII.	El cuerpo de la mano	309
XXIX.	Nacimiento nocturno	309
XXX.	El fondo	310
XXXI.	El viajero	310
XXXII.	La ceremonia	311
XXXIII.	Temprano	312
XXXIV.	El uso de los días	312
XXXV.	El sello del arado	313
XXXVI.	Son preguntas	313
XXXVII.	Semen	314
XXXVIII.	Es así el destino	314
XXXIX.	Nos ahogamos	315
XL.	En Viet-Nam	315
XLI.	A pesar	317
XLII.	Un escarabajo	318
XLIII.	J. S.	319
XLIV.	Escribidores	319
XLV.	Construcción a mediodía	320
XLVI.	El golpe	321
XLVII.	Las doce	321
XLVIII.	Al Puente Curvo de la Barra de Maldonado, en Uruguay	322

		Pág.
XLIX.	Casa de Mántaras en Punta del Este	323
L.	Retratos muertos	324
LI.	Esto es sencillo	325
LII.	La lluvia	325
LIII.	Moralidades	325
LIV.	No todo es hoy en el día	326
LV.	La sombra	326
LVI.	Un tal, su propia bestia	327
LVII.	Las manos de los días	328
LVIII.	El pasado	328
LIX.	El vino	329
LX.	Verbo	329
LXI.	El canto	330
LXII.	Otros dioses	380
LXIII.	Invierno	331
LXIV.	El enfermo toma el sol	332
LXV.	Ya no sé nada	333
LXVI.	Arrabales	333
LXVII.	El regalo	334
LXVIII.	La bandera	335

AUN

I.	*Hoy es el día más, el que traía*	339
II.	*Araucanía, rosa mojada, diviso*	340
III.	*Invierna, Araucanía, Lonquimaya!*	340
IV.	*Ercilla el ramificado, el polvoroso,*	341
V.	*Bueno pues, llegaron otros:*	341
VI.	*Perdón si cuando quiero*	342
VII.	*Yumbel!*	343
VIII.	*Angol sucede seco*	343
IX.	*Temuco, corazón de agua,*	344
X.	*Boroa clara,*	344
XI.	*Arpa de Osorno bajo los volcanes!*	344
XII.	*Torre fría del mundo,*	345
XIII.	*Crece el hombre con todo lo que crece*	345
XIV.	*Todos me reclamaban,*	346
XV.	*Nosotros, los perecederos, tocamos los metales,*	347
XVI.	*Cada uno en el saco más oculto guardó*	347
XVII.	*Fue temblorosa la noche de septiembre.*	348
XVIII.	*Los días no se descartan ni se suman, son abejas*	348
XIX.	*Mi abuelo don José Ángel Reyes vivió*	349
XX.	*Otras cosas he visto, tal vez nada, países*	349
XXI.	*Yo viví en la baraja de patrias no nacidas,*	350
XXII.	*Alguna vez, cerca de Antofagasta,*	350
XXIII.	*Arenas de Isla Negra, cinturón,*	350
XXIV.	*La Ballenera de Quintay, vacía*	351
XXV.	*Se va el hoy. Fue una cápsula*	352

		Pág.
XXVI.	*Si hay una piedra devorada*	352
XXVII.	*Hasta aquí estoy.*	353
XXVIII.	*Hasta luego, invitado.*	353

FIN DE MUNDO

La puerta ... 357

I

La pasión ... 360
El tardío ... 361
Un recuerdo ... 362
El mismo ... 362
Mares ... 363
El ocio ... 363
1967 ... 364
El tiempo en la vida ... 365
Otra vez ... 366
La ceniza ... 367
El culto (I) ... 367

II

Marejada en 1968. Océano Pacífico ... 369
Época ... 370
El peligro ... 371
Sepan lo sepan lo sepan ... 371
Las guerras ... 373
Los desaparecidos ... 374
Vamos a ver ... 375
Siempre nacer ... 376

III

Hoy es también ... 378
Cayendo ... 378
Tal vez ... 379
Diablos ... 379
Sí, señor ... 380
Caminos ... 380
Paisaje ... 380
El fuego ... 381
El siglo muere ... 382
Por qué Señor? ... 383
En Cuba ... 384
Tristeza en la muerte de un héroe ... 385

IV

Oliverio Girondo ... 387
Caminando caminos ... 391

	Pág.
La soledad	391
El viento	392
La música	393
Metamorfosis	393
El estrellero	395
El XIX	397

V

Artes poéticas (I)	399
Artes poéticas (II)	400
Abejas (I)	401
Abejas (II)	402
La rosa del herbolario	403
Agua	403
Otoño	404
Alianza	404
Razón	404
Árbol	405
Silencio	405
Unidad	405
La rosa	405
El malherido	406
Cae la flor	406
Bestiario (I)	406
Bestiario (II)	407
Animal	407
Perro	408
Caballo	408
Otro perro	409
Pez	410
La tierra	410
Bodas	411

VI

Ayer	412
Se llenó el mundo	413
Bomba (I)	414
Así somos	415
Muerte de un periodista	415
Resurrecciones	417
Siglo	418
La guerrillera	419
Qué pasó	420
El culto (II)	420
Nunca más	421
El culto (III)	422
La luz	422
Viet Nam	423

VII

	Pág.
El que buscó	424
Morir	425
Siempre yo	425
Condiciones	426
Anduve	427
Relámpago	427
Volver volviendo	428
Sexo	429
Bomba (II)	431

VIII

Adentro	431
Punta del Este 1968	432
Janeiro	434
Venezuela	435
Retrato de una mujer	435
Nacimientos	437
Canción con paisaje y río	438
Puertos	439

IX

Regresando	440
Prensa	441
El enemigo	442
El puño y la espina	443
Coloniando	444
Es demasiado	447
Ciertos conspiradores	448

X

Escritores	449
Algunos	450
García Márquez	452
Vienen de lejos	453

XI

Contrazul	454
Física	454
Proverbios	455
El viajero	455
Fundaciones	456
El caballero natural	457
Tristísimo siglo	458
Exilios	459
Libro	460
Vivir cien años	462
El mar	463

1233

		Pág.
Canto		454
Canto		465
Canto		465
Canto		465
Adiós		465

LA ESPADA ENCENDIDA

Argumento		471
I.	El poeta comienza a cantar	473
II.	Rhodo y Rosía	473
III.	Aparición	474
IV.	Desde las guerras	474
V.	Las estatuas	475
VI.	El solitario	476
VII.	La tierra	477
VIII.	El amor	477
IX.	El hallazgo	478
X.	Las fieras	479
XI.	El hombre	480
XII.	El conocimiento	480
XIII.	La culpa	481
XIV.	El poeta interroga	482
XV.	Sobrevivientes	482
XVI.	La soledad	484
XVII.	El reino desolado	485
XVIII.	Alguien	486
XIX.	Rosía liberada	486
XX.	Dos	487
XXI.	Invierno en el sur	488
XXII.	El amor	489
XXIII.	Los constructores	490
XXIV.	La virgen	491
XXV.	El gran invierno	492
XXVI.	Los destructores	493
XXVII.	La cadena	493
XXVIII.	Rhodo habla	494
XXIX.	Habla Rosía	495
XXX.	Sigue hablando Rosía	496
XXXI.	Habla Rhodo	497
XXXII.	El enlutado	498
XXXIII.	La espada se prepara	499
XXXIV.	El llanto	500
XXXV.	El dolor	501
XXXVI.	El espacio	502
XXXVII.	Volcán	503
XXXVIII.	La silvestre	503
XXXIX.	Volcán	504

		Pág.
XL.	La flor azul	505
XLI.	La claridad	506
XLII.	Volcán	506
XLIII.	La culpa	507
XLIV.	La esperanza	508
XLV.	Volcán	509
XLVI.	La selva	510
XLVII.	La nave	510
XLVIII.	Volcán	511
XLIX.	Habla el adánico	511
L.	Volcán	512
LI.	El mar	513
LII.	Animales	514
LIII.	La fugitiva	515
LIV.	Dos	516
LX.	La muerte y la vida	517
LVI.	El extravío	517
LVII.	Volcán	518
LVIII.	El miedo	519
LIX.	La nave	520
LX.	Volcán	521
LXI.	La fuga	521
LXII.	Águila azul	522
LXII.	Volcán	523
LXIV.	Sonata	523
LXV.	Volcán	524
LXVI.	Los unos	525
LXVII.	Volcán	526
LXVIII.	La sombra	527
LXIX.	La historia	528
LXX.	Advenimiento	529
LXXI.	La espada encendida	529
LXXII.	La nave y sus viajeros	530
LXXIII.	El viaje	532
LXXIV.	Volcán	533
LXXV.	El viaje	533
LXXVI.	La nave	534
LXXVII.	Volcán	534
LXXVIII.	La nave	535
LXXIX.	Los dioses	536
LXXX.	Volcán	537
LXXXI.	La catarata	538
LXXXII.	La luz	539
LXXXIII.	Los nuevos dioses	539
LXXXIV.	El pasado	540
LXXXV.	Amanecer	540
LXXXVI.	Aquí termina y comienza este libro	541
LXXXVII.	Dicen y vivirán	541
Nota		
La ciudad de los Césares		543

LAS PIEDRAS DEL CIELO

		Pág.
I.	De endurecer la tierra	547
II.	El cuarzo abre los ojos en la nieve	548
III.	Turquesa, te amo como si fueras mi novia,	548
IV.	Cuando todo era altura,	549
V.		549
VI.	Busqué una gota de agua,	550
VII.	Oh actitud sumergida,	550
VIII.	Largos labios del ágata marina,	551
IX.	Un largo día se cubrió de agua,	552
X.	Yo te invito al topacio,	552
XI.	Del estudio a la ruptura férrea,	553
XII.	Yo quiero que despierte	553
XIII.	El liquen en la piedra, enredadera,	554
XIV.	Piedra rodante, de agua o cordillera,	554
XV.	Hay que recorrer la ribera	555
XVI.	Aquí está el árbol en la pura piedra,	556
XVII.	Pero no alcanza la lección al hombre:	556
XVIII.	Ilustre calcedonia,	557
XIX.	Se concentra el silencio	557
XX.	Ronca es la americana cordillera,	558
XXI.	Las pétreas nubes, las amargas nubes	559
XXII.	Entré en la gruta de las amatistas:	559
XXIII.	Yo soy este desnudo	559
XXIV.		560
XXV.	Cuando se toca el topacio	561
XXVI.	Déjame un subterráneo, un laberinto,	562
XXVII.	Repártase en la crisis,	562
XXVIII.	El cuadrado al cristal llega cayendo	563
XXIX.	Hay que hablar claro de las piedras claras,	563
XXX.	Allá voy, allá voy, piedras, esperen!	564

GEOGRAFÍA INFRUCTUOSA

El sol	569
Ser	570
Sucesivo	571
Todos sentados	572
A numerarse	573
Posesiones	574
Sonata con dolores	574
Soliloquio inconcluso	575
Cerezas	577
A José Caballero, desde entonces	578
Troncos cortados sobre un camión en un camino de Chile	580
Siempre por los caminos	581
Sigue lo mismo	582
Pero tal vez	582

	Pág.
Hacia tan lejos	583
De viajes	585
Sonata de Montevideo	584
Paisaje en el mar	586
A plena ola	586
Invierno en Europa	587
Nace un día	588
El campanario de Authenay	588
País	591
La morada siguiente	592
Fuga de sol	593
Primer invierno	594
El mismo siempre	594
No sé cómo me llamo	595
Felicidad	597
El cobarde	597
Al frío	598
Donde se escoge el pasado	599
El sobreviviente saluda a los pájaros	601
Nota declaratoria	603

POESÍA Y PROSA NO INCLUIDAS EN LIBRO

La canción de la fiesta	607
Un hombre anda bajo la luna	608
El barco de los adioses	610
Los héroes	611
La lucha por el recuerdo	611
Canción	612
Vientos de la noche	612
Es muy temprano	613
Un amor	613
La leprosa	614
La carpa	614
Mujer lejana	615
La bondad	615
El humo	616
República	618
Viaducto	618
Poema de la provincia	619
Poesía del volantín	620
Poema 9	622
Exégesis y soledad	622
Cercanía de sus párpados	623
Madras, contemplaciones del acuario	624
Diurno de Singapore	627
Discurso al alimón sobre Rubén Darío por Federico García Lorca y Pablo Neruda	629

	Pág.
Número y nombre	632
Severidad	634
Oda tórrida	635
Sobre una poesía sin pureza	636
Los temas	637
Conducta y poesía	638
G. A. B. (1836-1936)	639
Federico García Lorca	640
César Vallejo ha muerto	645
Amistades y enemistades literarias	646
La copa de sangre	650
Las lámparas deben continuar encendidas	651
Saludo al Norte	655
Salitre	659
La patria prisionera	660
Vámonos al Paraguay	660
A la memoria de Ricardo Fonseca	664
Oceanografía dispersa	667
El olor del regreso	671
Mi amigo ha muerto	673
Discurso con motivo de la Fundación Neruda	674
Discurso en la Universidad de Chile en su 50º aniversario	678
Despedida a Mariano Latorre	681
Corona para mi maestro	682
Latorre, Prado y mi propia sombra	684
Corona de invierno para Nazim Hikmet	702
Prólogo	703
Inaugurando el año de Shakespeare	705
Algunas reflexiones improvisadas sobre mis trabajos	708
El escultor Alberto Sánchez	714
La visita de Margarita Aligher	718
Palabras para una traducción de poesía rumana	720
Por qué Joaquín Murieta?	725
Valparaíso	726
Soneto	734
Una corbata para Nicanor	735
El nombre de esta medalla es más ancho que mi pecho	735
Vengo a renegociar mi deuda con Walt Whitman	745
Elegía para cantar	751

TRADUCCIONES

La ciudad durmiente, de Marcel Schwob	755
El incendio terrestre, de Marcel Schwob	759
Los cuadernos de Malte Laurids Brigge, de Rainer María Rilke	763
El enemigo, de Baudelaire	765
Música de cámara, de James Joyce	766
Visiones de las hijas de Albión, de William Blake	767

El viajero mental, de William Blake	778
La voz de Henri Martin, de Nazim Hikmet	781
El recuerdo, de Stephan Hermlin	783
For the reader, de Walter Lowenfels	786
El pasaporte, de Vladimiro Maiakovski	787
Granada, de Svetlov	789
El mar, de Eugenio Evtushenko	792
Romeo y Julieta, de William Shakespeare	
Prólogo	799
Acto primero	800
Acto segundo	830
Acto tercero	854
Acto cuarto	882
Acto quinto	892
Referencias	907

BIBLIOGRAFÍA

I

La obra de Pablo Neruda, por *Hernán Loyola*	911
1. Publicaciones en español	915
2. Publicaciones en otros idiomas	1057
3. Addenda	1102

BIBLIOGRAFÍA

II

Fuentes para el conocimiento de Pablo Neruda, por *Alfonso M. Escudero*   1107

Impreso en Brasil
Printed in Brazil
Companhia Melhoramentos de São Paulo, Indústrias de Papel
Rua Tito, 479 — São Paulo — SP